南宁统计年鉴

NANNING STATISTICAL YEARBOOK

2006

《南宁统计年鉴》编委会　编

中国统计出版社

China Statistics Press

(京)新登字 041 号

图书在版编目(CIP)数据

南宁统计年鉴. 2006/南宁市统计局编.
—北京：中国统计出版社，2006.6
ISBN 7-5037-4974-1

Ⅰ. 南…
Ⅱ. 南…
Ⅲ. 统计资料-南宁市-2006-年鉴
Ⅳ. C832.671—54

中国版本图书馆 CIP 数据核字（2006）第 028199 号

南宁统计年鉴—2006

作　　者/南宁市统计局
责任编辑/蔡启新
E - mail/yearbook@stats.gov.cn
责任校对/覃伊曼
封面设计/广西壮族自治区民族印刷厂
出版发行/中国统计出版社
通信地址/北京市西城区三里河月坛南街 75 号　中国统计出版社
邮　　编/100826
电　　话/（010）63376907
印　　刷/广西壮族自治区民族印刷厂
经　　销/新华书店
开　　本/880×1240 毫米 1/16
字　　数/13.9 万字
印　　张/43.25
印　　数/1—1300 册
版　　别/2006 年 8 月第 1 版
版　　次/2006 年 8 月第 1 次印刷
书　　号/ ISBN 7-5037-4974-1/F·2321
定　　价/160.00 元

《南宁统计年鉴－2006年》编委会和编辑人员

绿城市概况：南宁，是一个拥有1680多年历史的城市，36个民族在这里和睦共处。南宁市行政区域现辖六个城区和六个县，全市总面积22112平方公里，市区面积6479平方公里，总人口为659.54万人。

南宁，广西壮族自治区的首府行政中心，也是经济、文化、科技、金融和信息中心，各种资源和要素的积聚，吸引着有识之士纷纷前来投资置业。

经济发展：南宁，一座经济蓬勃发展的活力城市。2005年，全市实现地区生产总值723.36亿元，比上年增长13.4%。产业结构继续向突出第三产业、做强第二产业，三次产业全面发展的方向调整，第三产业仍然是经济增长的主动力，第二产业对经济增长的推动作用进一步增强。财政收入保持较快增长。全年全市财政收入突破100亿元，达到100.22亿元，比上年增长20.99%。农业生产稳步发展。全年实现农林牧渔业总产值191.41亿元，比上年增长8.61%。继续推进工业强市战略，工业生产保持快速增长。全年完成工业总产值490.92亿元，比上年增长21.49%，其中，规模以上工业总产值370.18亿元，增长23.26%。全社会固定资产投资迅猛增长。全年完成全社会固定资产投资362.9亿元，比上年增加101.95亿元，增长39.07%。消费市场繁荣兴旺。全年实现社会消费品零售总额378亿元，比上年增长13.84%。人均收入水平不断提高。2005年，全市人均生产总值11057元，比上年增长11.9%，人均财政收入1532元，城镇居民可支配收入9203元，农民人均纯收入2680元，分别比上年增长32.41%、14.18%和8.63%。

“十五”期间，南宁经济发展进入了快速扩张阶段，生产总值增长持续走高。“十五”时期：全市GDP年均增长11.5%，高于全国和全区年平均增长速度；全市财政收入年均增长22.41%，比“九五”期高11.09个百分点；全市全社会固

2005’南宁国际人居展

南宁国际民歌艺术节开幕晚会——《大地飞歌·2005》

朝阳商业中心一瞥

美景在埌东

高官论坛

定资产投资累计达 1082.99 亿元，大于前 50 年的投资总和，年均增长 26.24%；全社会消费品零售总额年均增长 12.22%；“十五”时期的五年，是我市综合实力显著提升的五年，是人民生活质量不断改善的五年，是取得辉煌成就，实现跨越发展的五年，是南宁市经济社会协调发展最好的时期，成就最显著的时期。

区位优势：南宁，一座区位优势明显的枢纽城市。南宁东邻粤港澳，西接东南亚，南临北部湾，西靠云贵川。南宁距防城港、钦州港、北海港分别只有 173、104 和 204 公里，出海相当快捷。南宁是中国西南经济圈、华南沿海经济圈与东盟自由贸易区三大经济圈的交通枢纽中心，是中国惟一与东盟既有陆地接壤又有海上通道的首府城市，是具有明显区位优势的交通枢纽城市。

绿城之夜

城市环境：南宁，一座南国风光的园林城市。城市建成区绿地率、绿化覆盖率、人均公共绿地面积分别达到 26.77%、32.29%、和 7.44 平方米。1997 年荣获国家“园林城市”称号，跻身中国园林绿化最好的城市行列。

南宁，一座人居环境良好的宜居城市，碧水、蓝大、宁静、安居。2000 年，南宁市因城市环境综合治理与发展的成就荣获“联合国迪拜国际改善居住环境良好范例奖”；2001 年，南宁市荣获“中国人居环境奖”称号，率先成为中国人居环境最好的五大城市之一。

旅游文化：南宁，一座歌唱美好生活的魅力城市。南宁国际民歌艺术节源于壮族“三月三”传统歌节，是一个集文化、经贸、旅游为一体的节日庆典，与民歌节同期举行的各种商贸洽谈会、产品交易会，成交活跃，受到了海外宾客的广泛关注。从 2004 年起，中国—东盟博览会与南宁国际民歌艺术节同期举行，标志着南宁市开始成为一座歌唱美好生活具有浓郁文体品味的魅力城市。

对外开放：南宁，一座区域发展的龙头城市。南宁市在中国—东盟自由贸易区、泛珠三角区域合作、西部大开发、大湄公河次区域经济合作、“南宁—谅山—河内—海防—广宁”经济走廊建设、环北部湾区域合作、南贵昆经济带等多区域合作中具有重要地位，是区域发展的龙头城市。2006 年，中国—东盟建立对话关系 15 周年纪念峰会、第三届中国—东盟博览会、第三届中国—东盟商务与投资峰会将同时在广西南宁举行，南宁的区域龙头城市地位将更加凸显。

南湖名树博览园

NAN NING SHI TONG JI JU

南宁市统计局

南宁市统计局是主管全市统计和国民经济核算的市人民政府工作部门。内设办公室、综合科、核算科、工交科、固定资产投资科、贸易外经科、农村科、法规科、人口社会科、人教科10个科室，下设计算站和普查中心2个事业单位。干部职工60人。2005年，南宁市统计工作在市委、市政府的领导及自治区统计局的指导下，发扬求真务实的工作作风，围绕市委、市政府的中心工作，辛勤工作，无私奉献，圆满地完成了各项工作任务，全市统计业务建设、信息化建设、法制建设都有新的突破。在全国、全区统计系统和全市各项工作评比中，市统计局共获奖56项，其中全国奖3项，自治区奖33项，市级奖20项。并连续两年获得南宁市行风建设、政务公开与效能监察“十佳单位”，荣获了由国务院经济普查领导小组授予的全国经济普查先进集体荣誉称号和自治区人事厅及自治区统计局联合授予的广西统计系统集体二等功。

定期召开新闻发布会已成为我局制度

南宁市县区统计工作会议

经普审核录入

认真审核基层数据

荣获南宁市行政效能“十佳单位”

谢小萍局长调研香蕉生产情况

关注新区规划

统计事业的发展任重而道远，作为统计人，我们未雨绸缪，以赤诚之心、精诚之言、竭诚之行，精心打造南宁统计新形象。集统计人之智慧，扬统计人之精神，为建设南宁做出新贡献。

到农户家中调研

高新区考察调研

军民一家亲，共建鱼水情

团结奋进，赛场夺冠

统计系统迎春大联欢

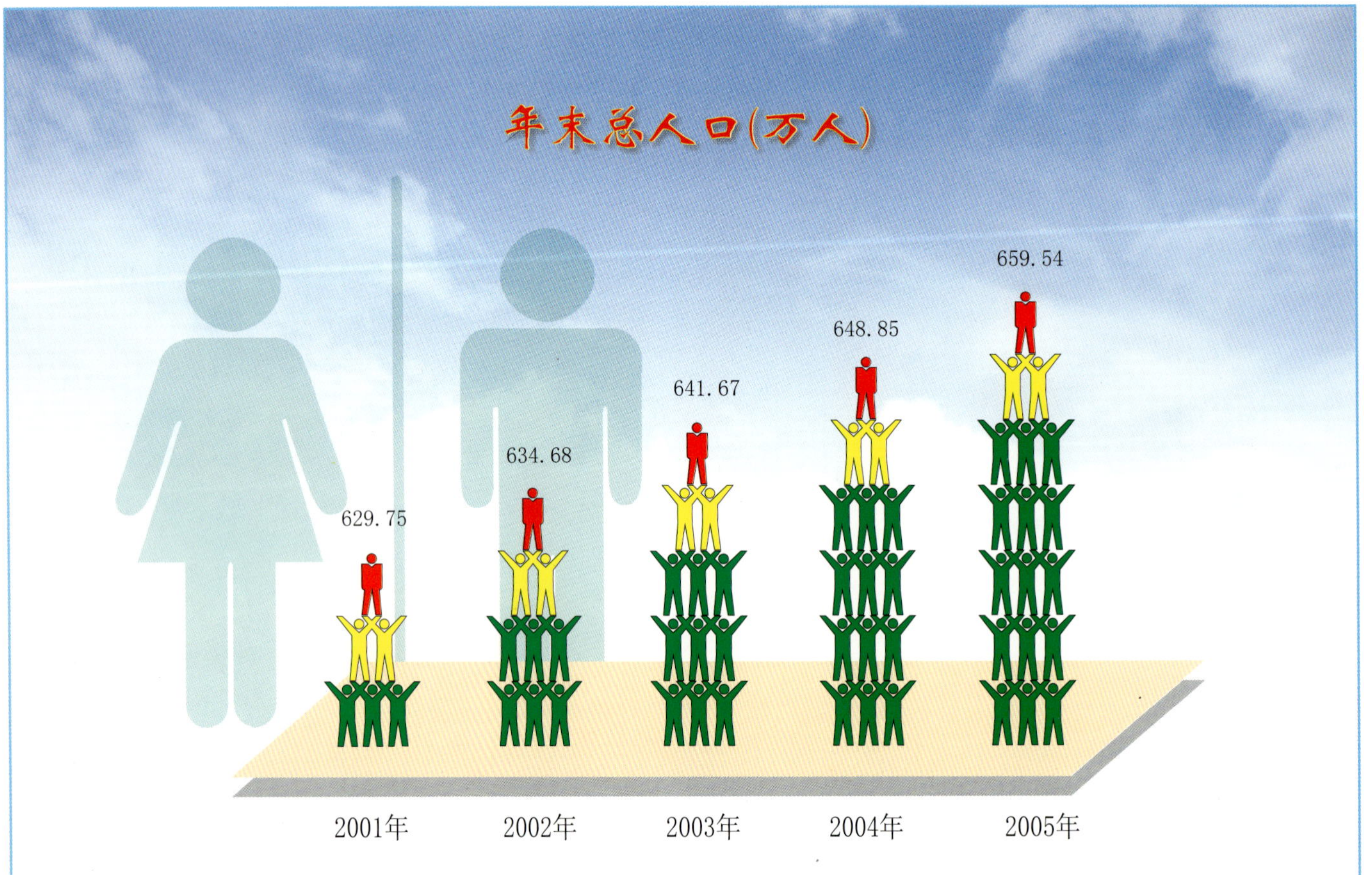

年末总人口(万人)
629.75
634.68
641.67
648.85
659.54
2001年
2002年
2003年
2004年
2005年

国内生产总值(亿元)
418.17
463.18
521.78
619.12
723.36
2001年
2002年
2003年
2004年
2005年

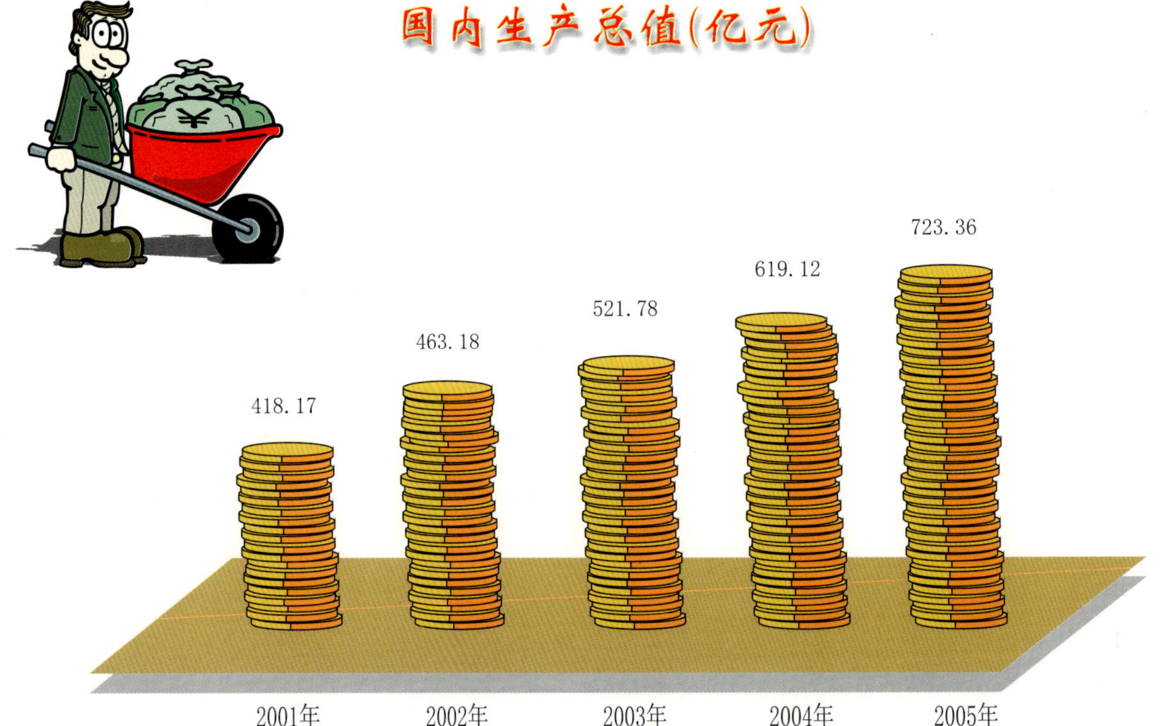

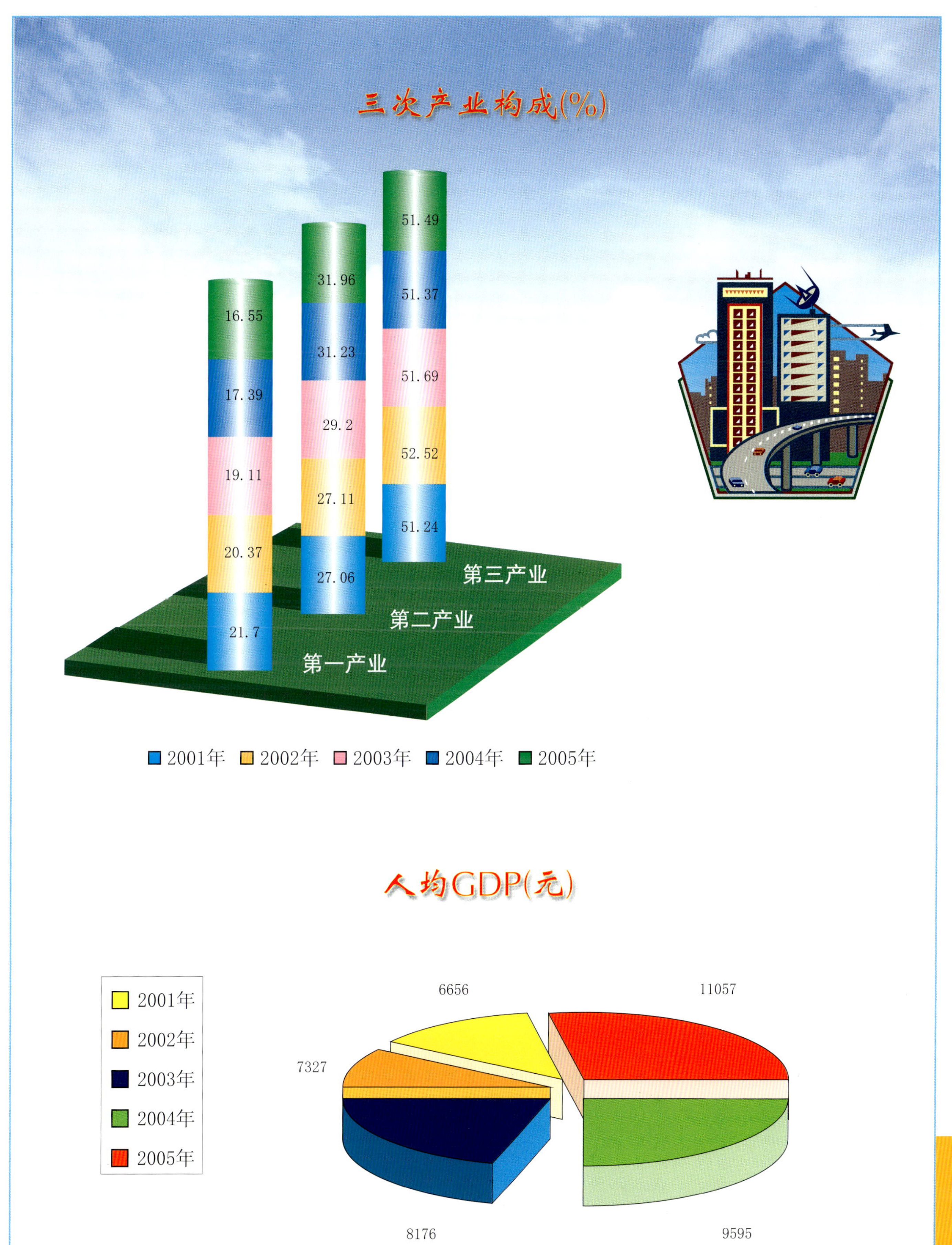
三次产业构成(%)
16.55
17.39
19.11
20.37
21.7
31.96
31.23
29.2
27.11
27.06
51.49
51.37
51.69
52.52
51.24
第三产业
第二产业
第一产业
2001年
2002年
2003年
2004年
2005年
人均GDP(元)
2001年
2002年
2003年
2004年
2005年
6656
11057
7327
8176
9595

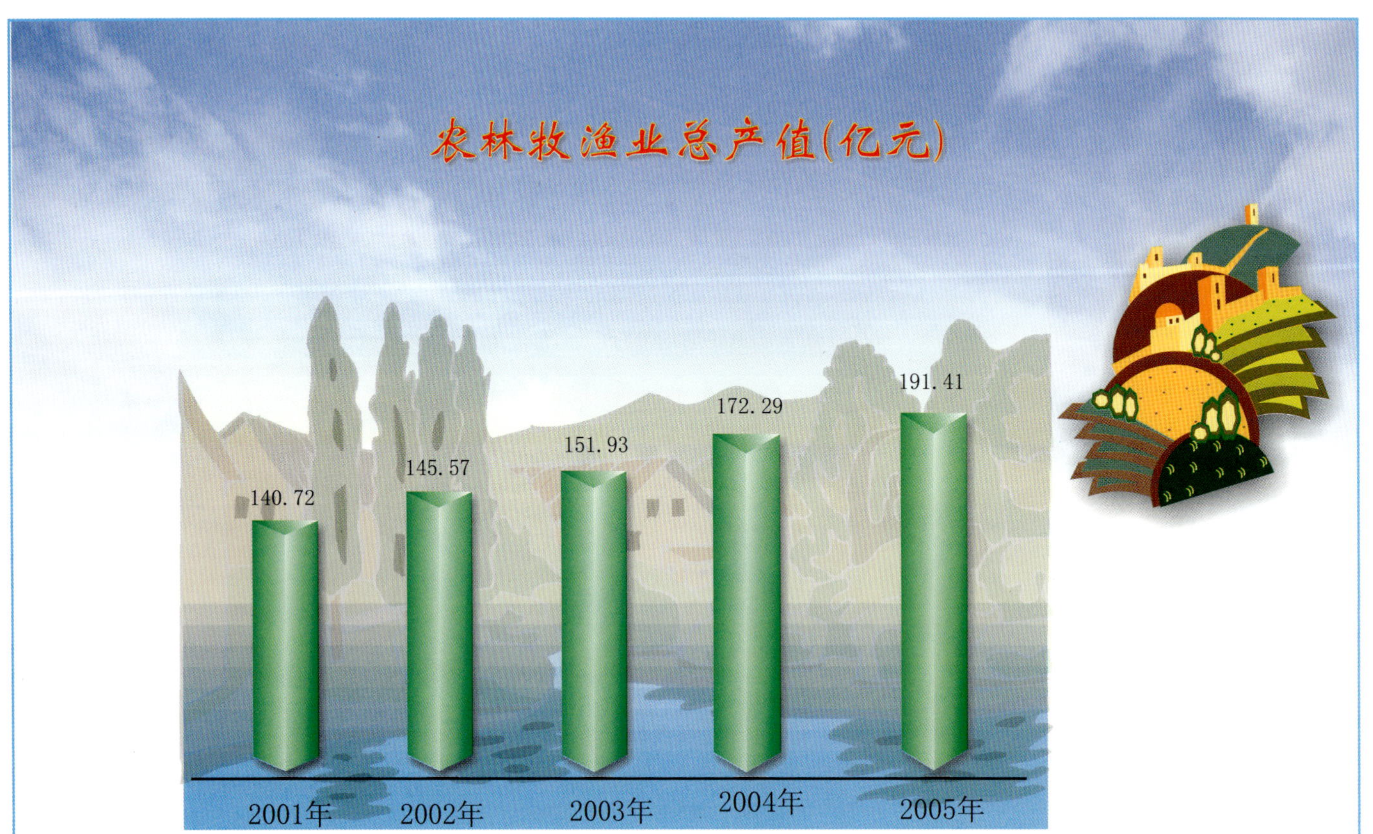

农林牧渔业总产值(亿元)
140.72
145.57
151.93
172.29
191.41
2001年
2002年
2003年
2004年
2005年

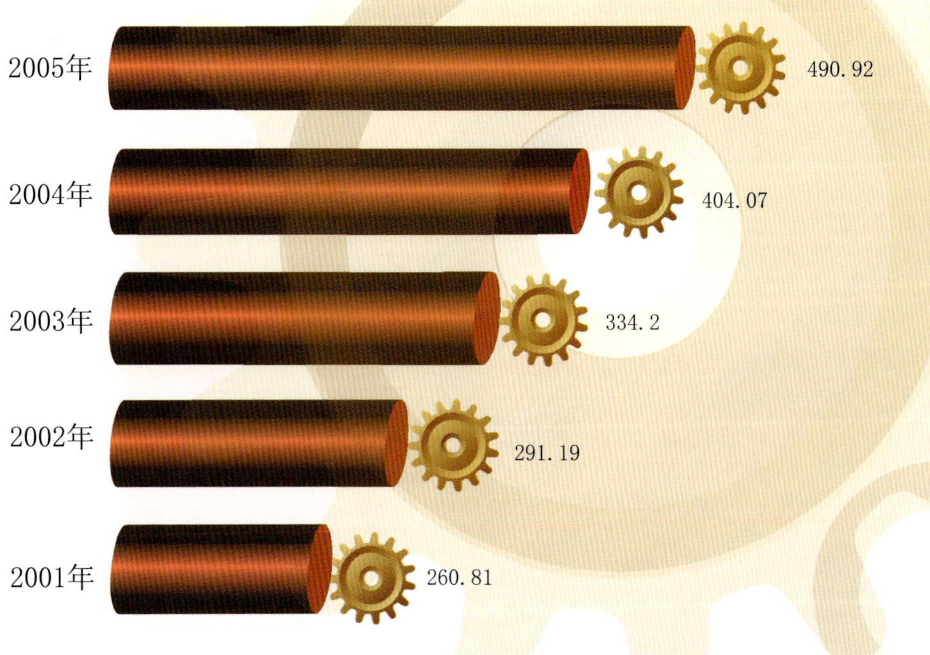

全部工业总产值(亿元)
2005年
490.92
2004年
404.07
2003年
334.2
2002年
291.19
2001年
260.81

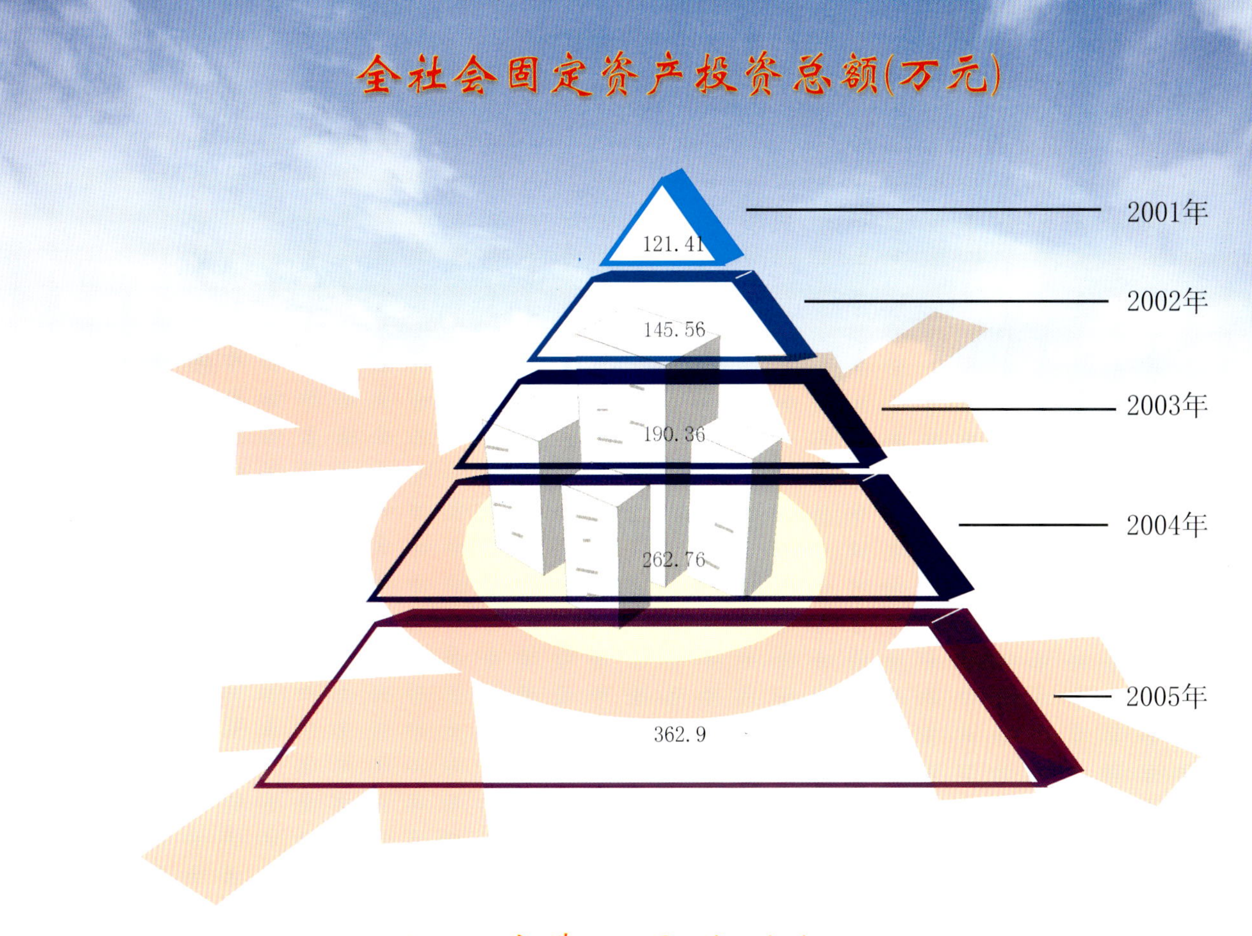
全社会固定资产投资总额(万元)
121.41
2001年
145.56
2002年
190.36
2003年
262.76
2004年
362.9
2005年

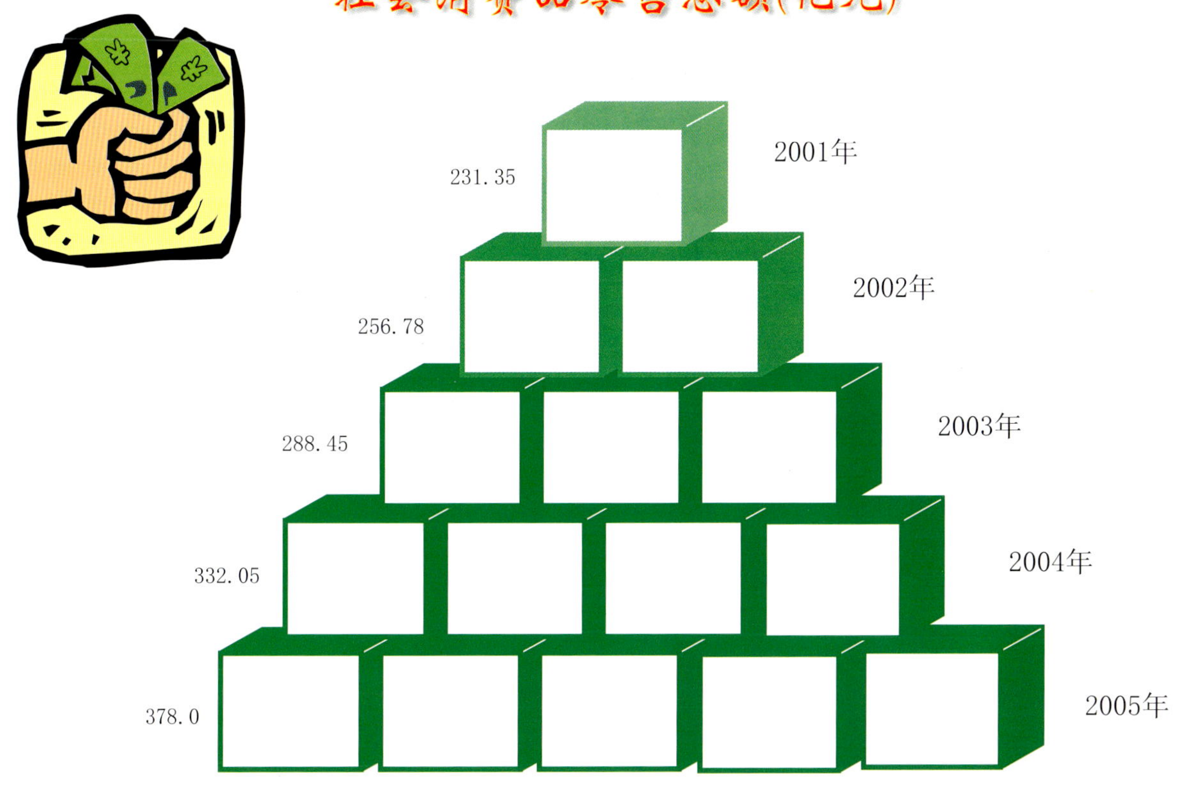
社会消费品零售总额(亿元)
231.35
2001年
256.78
2002年
288.45
2003年
332.05
2004年
378.0
2005年

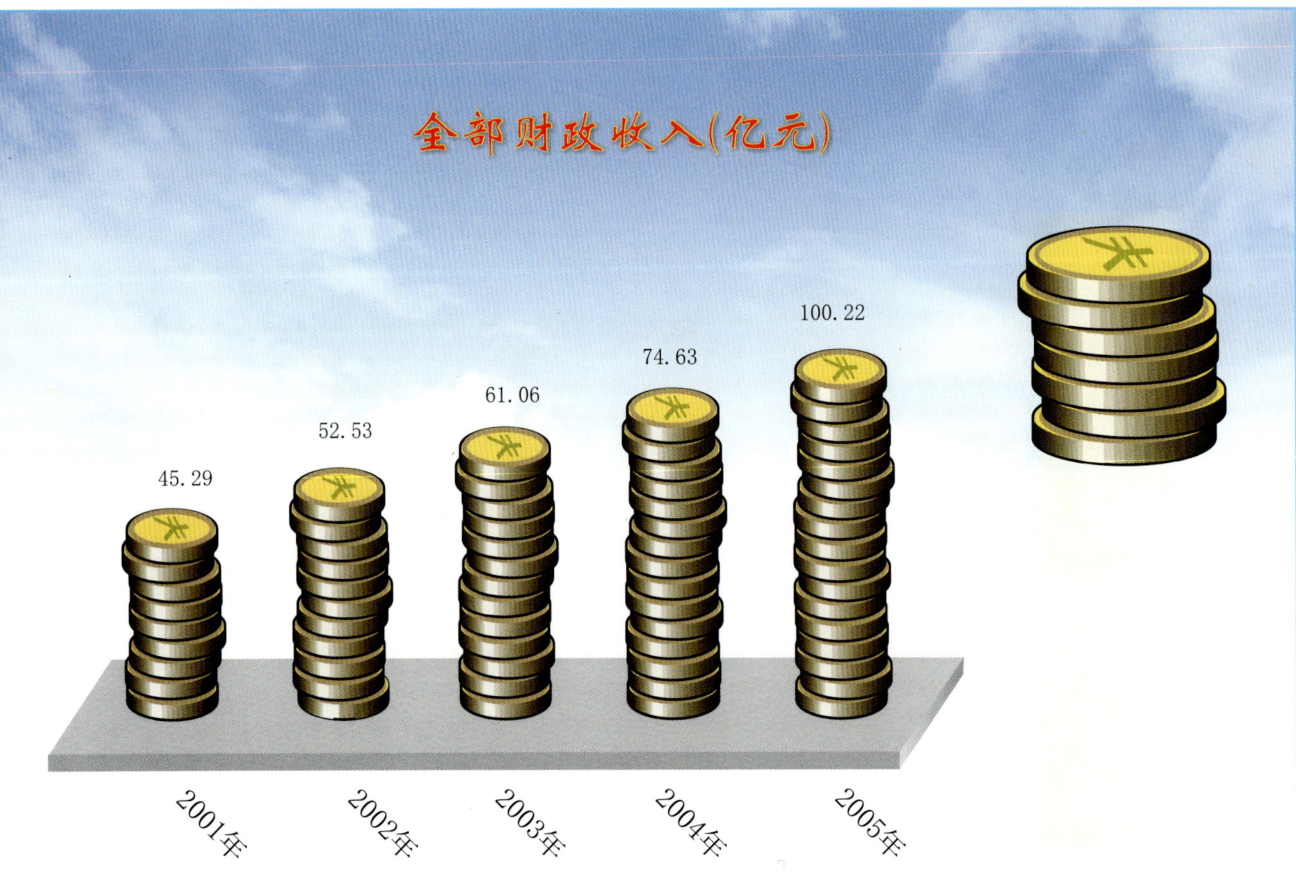
全部财政收入(亿元)
45.29
52.53
61.06
74.63
100.22
2001年
2002年
2003年
2004年
2005年

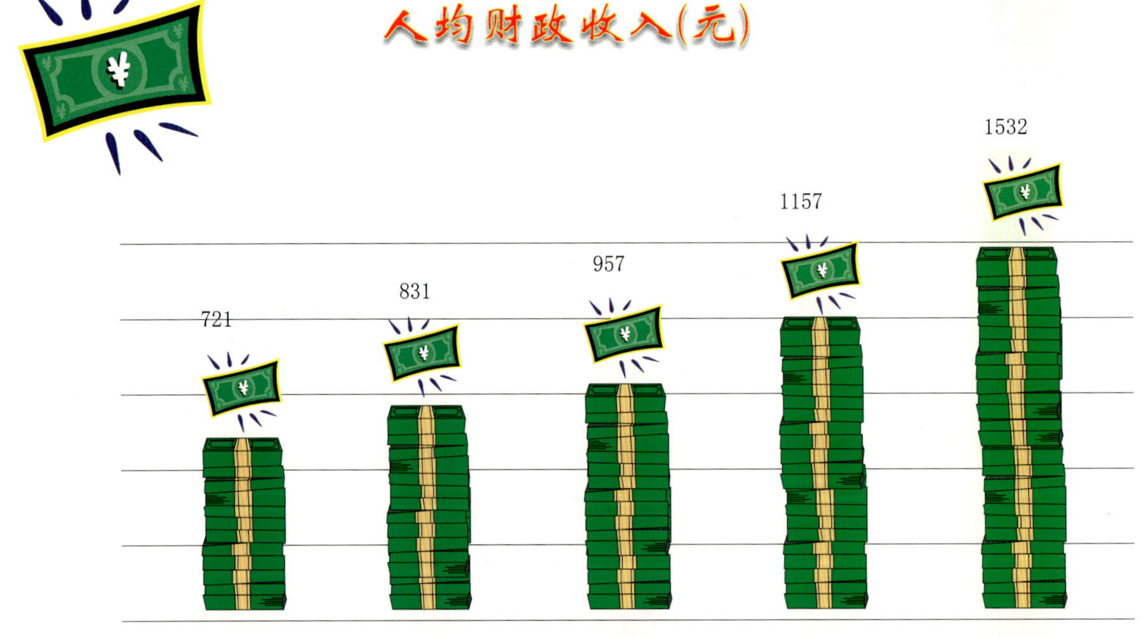
人均财政收入(元)
721
831
957
1157
1532
2001年
2002年
2003年
2004年
2005年

在岗职工平均工资(元)

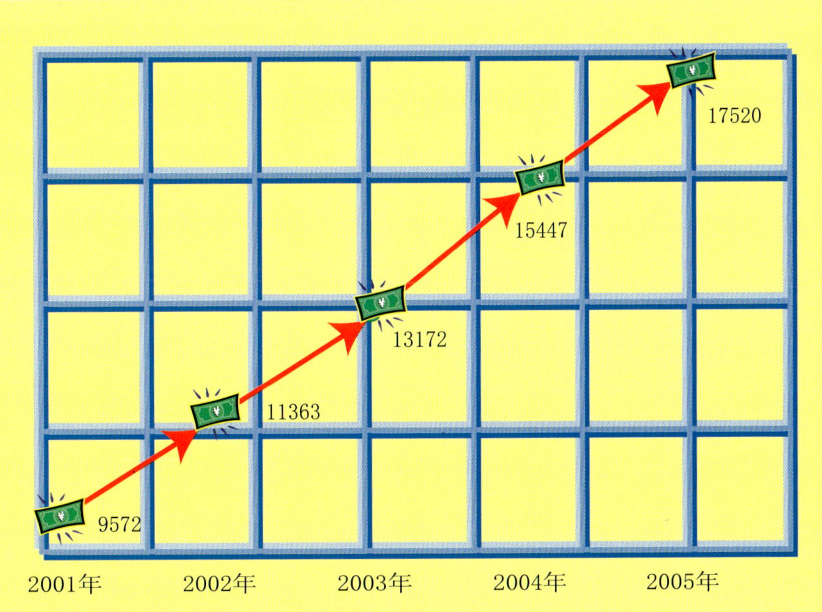

农民人均纯收入(元)

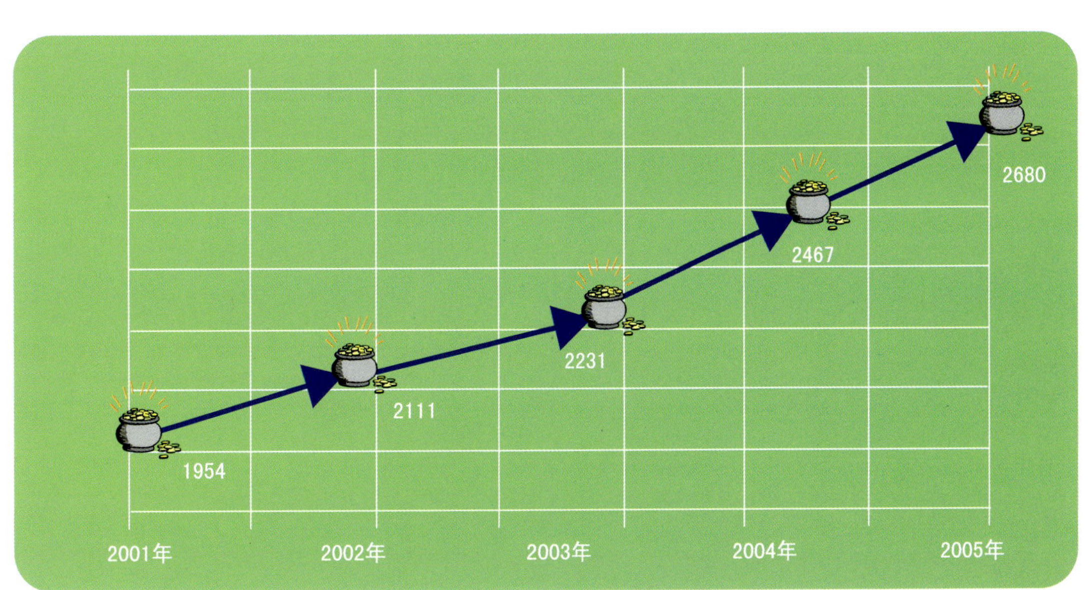

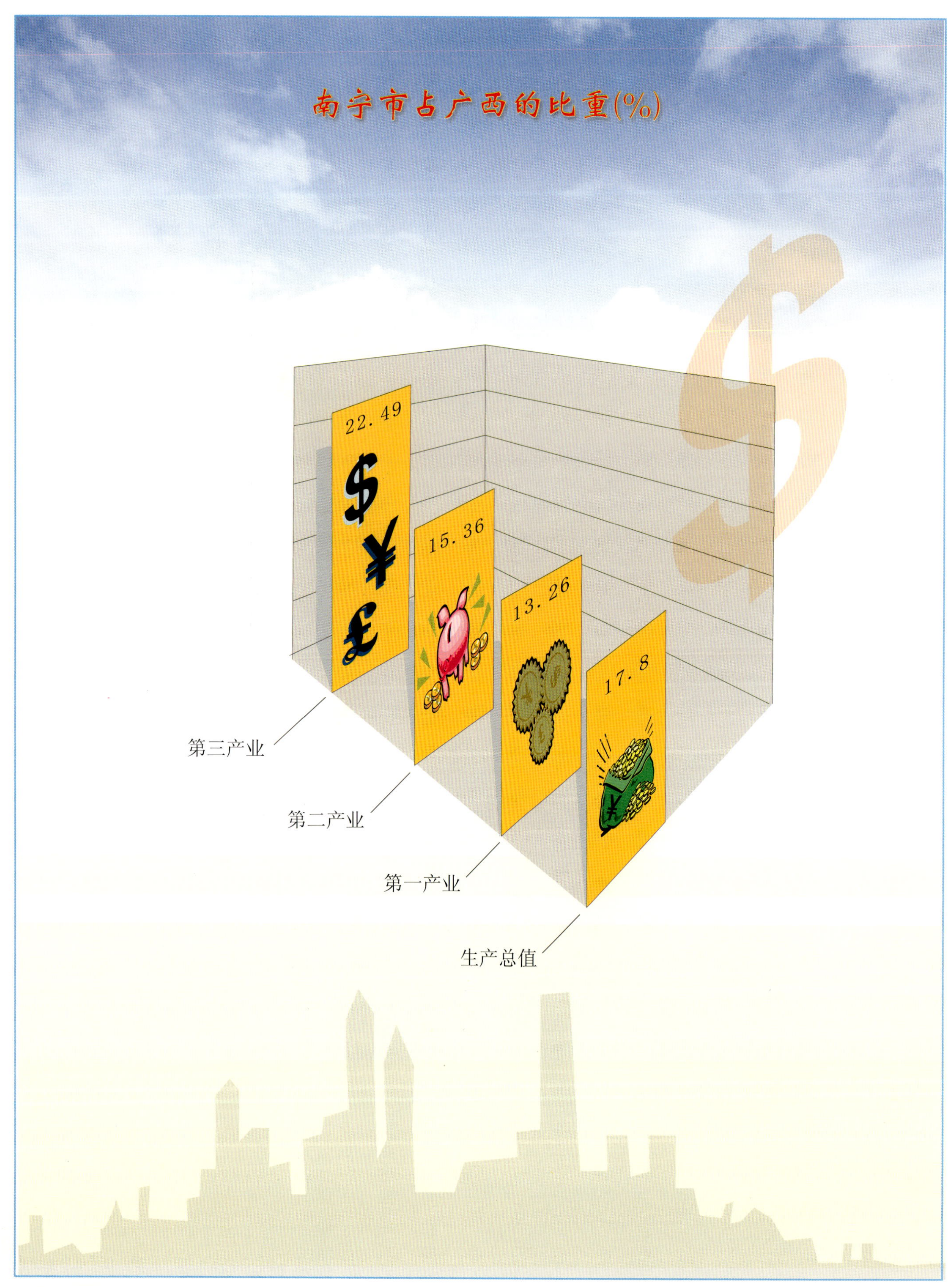
南宁市占广西的比重(%)
22.49
15.36
13.26
17.8
第三产业
第二产业
第一产业
生产总值

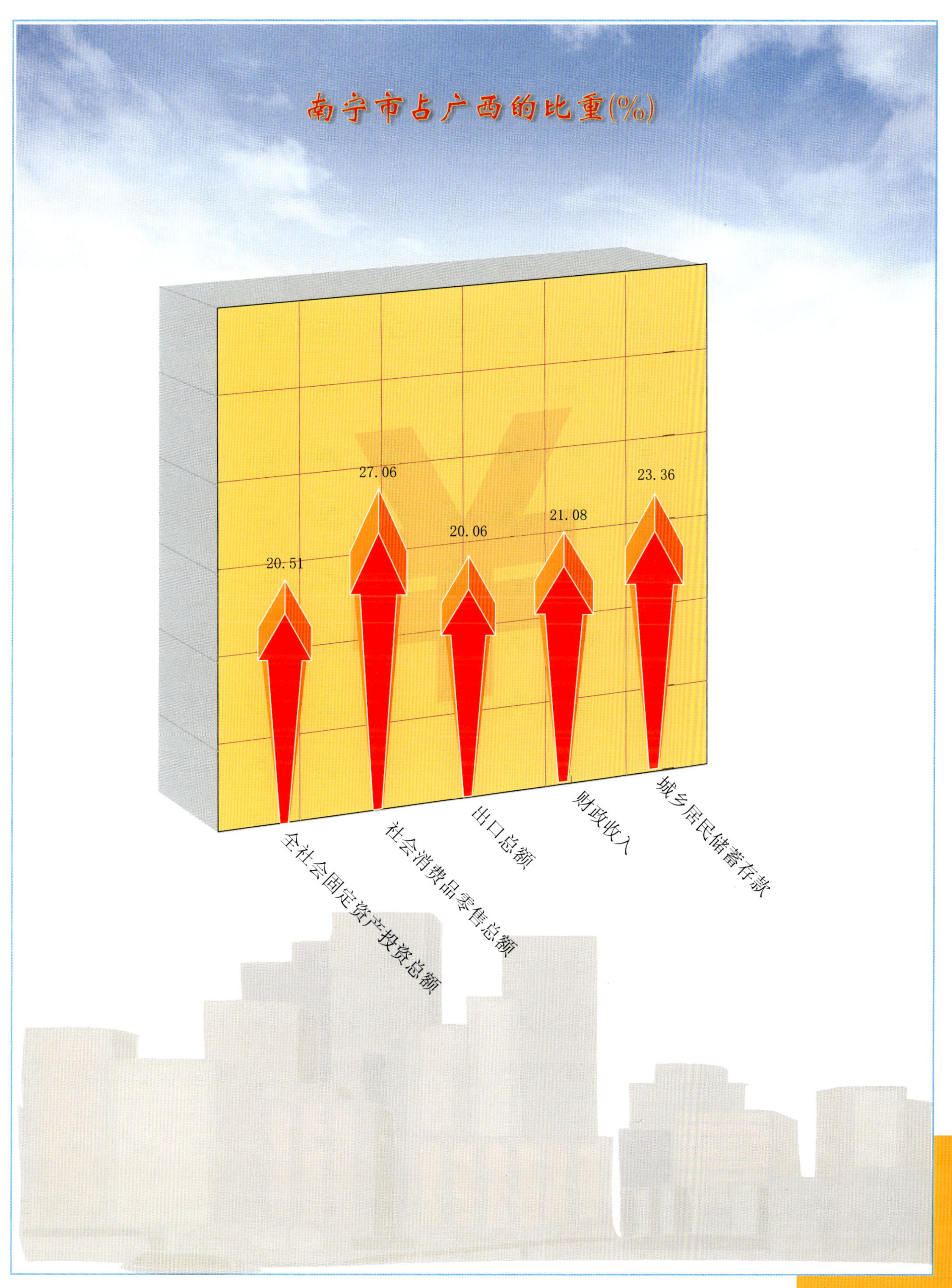
南宁市占广西的比重(%)
20.51
27.06
20.06
21.08
23.36
全社会固定资产投资总额
社会消费品零售总额
出口总额
财政收入
城乡居民储蓄存款

编 者 说 明

一、《南宁统计年鉴—2005》是一本集社会、经济信息资料为一体的大型工具书。本书全面系统地汇集了2004年南宁经济和社会各方面的数据，以及历史重要年份的主要统计数据。是党政领导部门和各部门了解“市情”、“市力”，进行定性定量分析、预警预测、宏观规划、宏观调控、科学决策的重要依据；是研究机构和各企业事业单位了解社会经济基本情况、进行微观策划的重要依据；也是社会各界了解南宁经济、社会状况的指南。

二、本年鉴内容分两大部分。（一）特辑：包括南宁概览、政府工作报告、国民经济发展计划、财政工作报告、统计公报等；（二）统计资料：内容分为16个篇目，1.综合；2.国民经济核算；3.人口、劳动力；4.农业；5.工业；6.运输、邮电；7.固定资产投资；8.城市公用事业、环境保护；9.能源购进、消费、库存；10.商业、外贸、旅游、物价；11.财政、金融、保险；12.文化、教育、科技、卫生、体育；13.人民生活；14.乡镇经济；15.企业排序情况一览表；16.广西及省会城市主要统计指标。为方便读者正确使用资料，附有主要统计指标解释。

三、本年鉴编辑的统计数据，以2005年为主，为方便读者使用，主要指标还列入了建国以来主要年份的统计数据。

四、2003年6月27日南宁市委、市政府签约正式接管横县、宾阳、隆安、马山、上林五个县，南宁市行政区划扩大，辖县数由原来的两个县增加为七个县。2005年3月，南宁市部分行政区划又进行调整，撤销邕宁县、永新区、新城区、城北区，设立邕宁区、良庆区、青秀区、西乡塘区，市区行政区划扩大，辖城区数由原来的兴宁区、新城区、永新区、江南区、城北区五城区调整为兴宁区、青秀区、江南区、西乡塘区、良庆区、邕宁区六城区。本年鉴2004年、2005年的市区统计数据口径均为新市区口径，历年全市口径数据中，2000年以后均为行政区划调整后的数据，其余年份数据统计口径请注意各页的注脚。

五、2006年版《南宁市统计年鉴》作了如下修订：

1.在综合篇增加了“十五”时期主要经济和社会发展资料。

2.在能源篇增加了全社会用电量、规模工业综合能耗、规模工业产值能耗资料。

3.在附录部分增加了2004年南宁市第一次全国经济普查按地域划分的行业法人单位数、按登记注册类型分的法人单位数、按地域划分的个体经营户数资料。

4.2005年版《南宁统计年鉴》，由于第一次全国经济普查数据审核汇总时间较晚，年鉴中有关核算、工业、建筑业、房地产投资及批发零售贸易业的统计数据为统计快报数据，2006年版《南宁统计年鉴》在相应的章节和附录部分恢复了相关统计年报数据资料。

5.按照惯例，本年鉴依据南宁市经济普查结果对主要指标的历史数据予以调整，主要内容包括：地区生产总值、工业产值、社会消费品零售总额数据，调整的历史区间上溯到2000年。

六、本年鉴中符号使用说明：表内“空格”表示该项指标无数据；“…”表示该数据极小，不足计量单位；“#”表示其中的主要项。

七、本年鉴中由于数据小数位四舍五入，某些指标分项合计数据与总计项数据尾数略有出入。

八、《南宁统计年鉴》公开出版以来，得到广大读者的关心和支持，对此我们深表谢意。竭诚欢迎对本年鉴的结构、指标体系、提出宝贵意见，使《南宁统计年鉴》更趋完善，更好地服务社会。

二〇〇六年八月

目　录

Contents

第一部分　特　辑

Part I　Special Issue

第二部分　统计资料

Part II　Statistical Data

一、综　合

Chapter 1　General Survey

二、国民经济核算
Chapter 2 National Accounts

三、人口、劳动力和职工工资
Chapter 3 Population, Labor Force And Worker's Salary

四、农　业
Chapter 4　Agriculture

五、工业
Chapter 5 Industry

六、运输、邮电

Chapter 6　Transport, Postal And Telecommunications

七、固定资产投资

Chapter 7　Investment In Fixed Assets

八、城市公用事业、环境保护

Chapter 8 Urban Public Utilities, Environmental Protection

九、能源购进、消费与库存

Chapter 9 Purchase, Consumption And Stock Of Energy

十、商业、外贸、旅游、物价
Chapter 10 Business, Foreign Trade, Travel, Price

十一、财政、金融、保险
Chapter 11 Government Finance, Banking And Insurance

十二、文化、教育、卫生、体育
Chapter 12 Culture, Education, Hygiene And Sports

十三、人 民 生 活
Chapter 13 People's Livelihood

十四、乡镇经济
Chapter 14 Villages And Towns Economy

十五、企业排序情况一览表
Chapter 15 List Of Enterprises By Main Indicators

十六、广西及省会城市主要统计指标
Chapter 16 Main Indicators of Guangxi And Provincial Capital Cities

附 录
APPENDIX

2004年工业、交通运输、建筑业、批零餐饮业财务状况（经济普查数据）

Financial Status Of Industry, Traffic Transport Industry, Building Industry, Wholesale Establishment, Retail Trades And Restaurants In Year 2004 (Data Of Economic Census)

2004年南宁市法人单位个数及个体经营户数（经济普查数据）

Total Numbers Of Legal Persons And Self-employed Laborers In Year 2004 (Data Of Economic Census)

第一部分　特辑

PART Ⅰ　SPECIAL ISSUE

南宁概况

【行政区划、人口】南宁现辖6县6城区，即兴宁区、青秀区、江南区、西乡塘区、邕宁区、良庆区六个城区和武鸣县、横县、宾阳县、上林县、马山县、隆安县六个县。全市共有18个乡，84个镇，21个街道办事处。全市聚居着壮、汉、瑶、苗、侗、仫佬、毛南、回、京、彝、水、仡佬等12个民族。2005年，全市户籍人口659.54万人，其中市区人口249.67万人，全市非农业人口177.32万人，农业人口482.22万人。

【地理位置及特点】南宁市位于广西的南部，东径107°45′-108°51′，北纬22°13′—23°32′之间。全市南北长201公里，东西宽234公里。 南宁市作为华南、西南、东南亚三大经济圈的交汇中心，沿海与腹地的经济区域结合部，拥有规模完善的水陆空立体的交通运输网络。以南宁为中心的全区公路网四通八达，境内有国道（322 、324、325、209、210）5条纵横贯通，国道、省道把南宁与全区各地市相连接，构成了广西公路网的主骨架。目前，南宁市已形成以公路为骨干，铁路、水运和民用航空共同组成的综合运输网络。高速公路由南宁可直达桂林、柳州、北海等地；内河航道下行可直达广州、珠海、香港和澳门等地，上行可通龙州、百色等地；民用航空已开通多条国际、国内航线，通达国内各主要大中城市，国际航班可直达泰国、越南等东盟国家；经过南宁的铁路有湘桂线、南防线、南昆线，纵横贯通的铁路网可直达全国各大中城市。南宁是链接东南沿海与西南内陆的重要枢纽，也是西部各省区唯一沿海的省会城市。在国家实施西部大开发中，具有承东启西，连南接北的区位优势。南宁不仅是我国西南出海大通道枢纽城市，也是中国走向东盟的前沿城市。

【土地、气候】 全市总面积22112平方公里，市区面积6479平方公里，建成区面积170平方公里。南宁地处北回归线以南，受海洋气候调节，属亚热带季风区，阳光充足，雨量充沛，霜少无雪。年平均气温 21.7℃，年平均降雨量达1342毫米，全年无霜期345—360天。有“草经冬而不枯，花非春仍奔放”之说。全市森林覆盖率达40.2%。

【自然资源】 全市拥有丰富的水资源、矿产资源、农副产品资源、动植物资源、森林资源、中草药资源、旅游资源。南宁地处岭南有色金属地带，已勘查发现的有锰、锌、铅、金、银、煤、石英砂、水晶、重晶石、白云石，花岗岩等41种，为全国已知矿种的三分之一。常见动物有哺乳类、鸟类、鱼类、爬行两栖类和昆虫类等60多种，既有国家一级保护动物金丝猴等，又有大量的饲养动物。全市植物种类约180多科600多属3000多种，被列为国家重点保护的珍稀危植物27种，其中有一级保护的被称为“茶花皇后”的金花茶。南宁盛产水稻、玉米、甘蔗、木薯、花生、豆类、麻类、茶叶等农副土特产品。还盛产西瓜、香蕉、菠萝、芒果、荔枝、扁桃、龙眼等40多种亚热带水果，一年四季瓜果飘香。中草药资源丰富，有砂仁、淮山、半夏、茯苓、银花、田七、桂皮等300多种。以南宁市为中心的桂南旅游是广西三大旅游区之一，优美的绿城风貌、迷人的中越边境风光、浓郁的壮乡民俗风情、壮丽的南国边关以及扬美古风、青山塔影、明山锦绣、望仙怀古、伊岭神宫、九龙戏珠、南湖情韵、龙虎猴趣、凤江绿野、邕江春泛等十大景观，构成南宁多层次的旅游景观。

【经济概况】2005年是南宁市经济社会协调发展，国民经济持续稳健快速增长的一年。一年来，全市各族人民在市委、市政府的正确领导下，认真贯彻落实科学发展观，紧紧把握发展机遇，开拓创新，扎实工作，奋力拼搏，进一步促进了全市经济总量与结构、速度与效益的协调发展，城市综合实力进一步提高，城市服务功能进一步增强，各项社会事业不断进步，城乡居民收入继续增加，为“十五”计划目标的完成划上了圆满的句号，为“十一五”开局奠定了良好的基础。

【综合实力】 经济发展迈上新台阶，增长速度保持两位数增长。2005年，全市实现地区生产总值723.36亿元，比上年增长13.4%，其中，第一产业增加值119.71亿元，增长8.2%；第二产业增加值231.21亿元，增长15.6%；第三产业增加值372.44亿元，增长14.0%。产业结构继续向突出第三产业、做强第二产业、三次产业全面发展的方向调整，第二产业对经济增长的推动作用进一步增强。

【财政金融】 财政收入保持较快增长。2005年全市财政收入突破100亿元，达到100.22亿元，比上年增长20.99%。其中一般预算收入45.20亿元，增长26.53%。地方财政支出73.55亿元，比上年增长18.49%。年末，全市金融机构存款余额1263.63亿元，比年初增长14.36%，其中，城乡居民储蓄存款余额598.23亿元，比年初增长15.98%；全市金融机构贷款余额1381.65亿元，比年初增长17.19%。

【农村经济】 农业生产稳步发展。2005年全市实现农村社会总产值为409.91亿元，其中非农行业总产值为

218.49亿元；农林牧渔业总产值为191.41亿元，比上年增长8.61%，农业结构进一步优化。种植面积继续增加，农产品产量平稳增长。全年粮食种植面积42.01万公顷，比上年增加0.59万公顷，增长1.43%；全年粮食总产量为181.02万吨，比上年增加10.97万吨，增长6.45%。其他主要农产品产量均呈增长态势。全市肉类总产量46.48万吨，增长10.71%，水产品产量16.73万吨，增长5.35%，禽蛋产量1.63万吨，增长12.69%，牛奶产量2.65万吨，增长10.46%，蔬菜产量268.5万吨，增长5.95%，水果产量71.82万吨，增长7.13%。

【工业经济】 工业生产保持快速增长。2005年我市继续推进工业强市战略，全市完成工业总产值490.92亿元，比上年增长21.49%，其中，规模以上工业总产值370.18亿元，增长23.26% 。全年规模以上工业企业经济效益综合指数达164.73，实现利税总额40.25亿元，增长12.37%，其中实现利润13.33亿元，增长18.67%，实现税金26.91亿元，增长9.49%。

【固定资产投资】 全社会固定资产投资迅猛增长。全年完成全社会固定资产投资362.9亿元，比上年增加100.13亿元，增长38.11%。其中城镇固定资产投资346.24亿元，比上年增长39.24%，基本建设投资161.45亿元，比上年增长28.92%，更新改造投资59.53亿元，比上年增长47.91%，房地产开发投资105.11亿元，比上年增长54.91%.

【国内贸易】 消费市场繁荣兴旺。全市流通领域在经济持续快速发展的大好环境下，有力地促进了消费市场的发展。全年实现社会消费品零售总额378亿元，比上年增长13.84%。其中，城市市场消费品零售额309.66亿元，增长13.77%，农村市场消费品零售额68.35亿元，增长14.16%，农村市场零售额增速高于城市市场零售额增速0.39个百分点。

【外经外贸】 外贸进出口总值保持增长态势。2005年，全市实现进出口总值7.19亿美元，比上年增长13.03%。其中出口总值5.77亿美元，增长10.10%；进口总值1.42亿美元，增长26.74%。贸易顺差4.35亿美元，比上年增长5.58%。

外资引进平稳增长。全市新签利用外资合同项目89项，比上年增长28.99%，合同外资额3.17亿美元，增长13.09%。外商直接投资0.86亿美元，比上年增长10.43%。年末全市实有三资企业450家，建成投产385家。

【旅游】 旅游业加快发展。在节庆活动和会展经济的拉动下，旅游、参观、访问等活动的游客增多。2005年共接待国内旅游者1631.8万人次，比上年增长17.1%；国内旅游收入83.26亿元，增长16.21%。接待国外旅游者8.33万人次，增长26.98%；国际旅游收入2459.93万美元，增长43.47%。

【物价】 市场价格总水平涨幅回落。全年居民消费价格总水平比上年上升1.1%。其中，食品类价格上升3.6%，烟酒及用品类价格上升0.5%，家庭设备用品及服务类价格上升1.2%，居住类价格上升5.8%，衣着类价格下降6.0%，医疗保健和个人用品类价格下降0.7%，交通和通讯类价格下降3.0%，文教娱乐用品及服务类价格下降2.7%。

【人均收入】 人均收入水平不断提高。2005年，全市人均生产总值11057元，比上年增长11.9%，人均财政收入1532元，上年增长32.41%，在岗职工平均工资17520元，上年增长13.42%，城镇居民可支配收入9203元上年增长14.18%，农民人均纯收入2680元，上年增长8.63%。

【“十五”回顾】 “十五”期间，南宁市经济进入了快速发展阶段，生产总值增长持续走高。“十五”时期：全市GDP年均增长11.5%，高于全国和全区年平均增长速度；全市财政收入年均增长22.41%，比“九五”期高11.09个百分点；全市农林牧渔业总产值年均增长7.51%，高于全国、全区平均水平。主要农产品较快增长，除粮食生产受旱涝灾害以及缩减面积的影响产量略有下降外，甘蔗产量年均增长8.06%，蔬菜产量年均增长6.92%，水果产量年均增长7.06%，肉类总产量年均增长6.95%，水产品总产量年均增长4.82%；“十五”期间，我市工业经济规模不断扩大，规模以上工业企业个数由2000年的473家发展到625家，五年净增规模以上工业企业152家，规模以上工业总产值年均增长20.04%；“十五”期间，全市全社会固定资产投资累计达1082.99亿元，大于前50年的投资总和，年均增长26.24%；消费需求进一步升级。“十五”以来，消费市场热点迭现，居民消费热点已转向汽车、住房、通信、教育、休闲娱乐等领域，带动了相关产业的发展。2005年，全社会消费品零售总额实现378亿元，比2000年增长77.94%，年均增长12.22%；城乡人民收入增加。“十五”时期，我市城乡居民收入逐年增加。2005年，城市居民人均可支配收入突破万元，达到10323元，比2000年增长了38.6%，年均增长6.8%。全市农民人均纯收入达到2680元，比2000年增长了49.64%，年均增长8.39%。“十五”时期的五年，是我市综合实力显著提升的五年，是人民生活质量不断改善的五年，是取得辉煌成就，实现跨越发展的五年，是南宁市经济社会协调发展最好的时期，成就最显著的时期。

政 府 工 作 报 告

——2006年2月15日在南宁市第十一届人民代表大会第十一次会议

市 长 林国强

各位代表：

现在，我代表市人民政府向大会报告工作，请予审议，并请市政协各位委员及其他列席同志提出意见。

"十五"时期的主要成就和2005年工作回顾

一、"十五"时期的主要成就

"十五"时期，市人民政府在自治区党委、政府和市委的正确领导下，在市人大及其常委会的监督、支持和市政协的帮助下，在历届政府卓有成效的工作基础上，团结和依靠全市各族人民，解放思想，开拓创新，奋勇拼搏，圆满实现了"十五"计划所确定的各项目标，国民经济持续快速健康发展，经济总量和财政实力明显增强。"九五"期末至2005年，全市地区生产总值从377.94亿元增至722.66亿元，年均增长11.40%；农业总产值从137.79亿元增至191.07亿元，年均增长7.53%；全部工业总产值从241.73亿元增至489.71亿元，年均增长15.17%；规模以上工业实现利润从2.74亿元增至13.60亿元，年均增长37.77%；财政收入从36.46亿元增至100.22亿元，年均增长22.41%；全社会固定资产投资从112.58亿元增至362.90亿元，五年累计投资1094亿元，年均增长26.38%；社会消费品零售总额从212.43亿元增至378亿元，年均增长12.22%。"十五"时期是我市历史上投入最多、变化最大的时期。这五年，工业及商贸经济持续快速增长，农业产业化步伐加快，新兴服务业发展迅速，城市基础设施更为完善，改革改制不断深入，各项事业蓬勃发展，对外开放逐年扩大，招商引资连年攀高，"两会一节"成功举办，城乡人民生活水平不断提高，全市焕发出了前所未有的生机和活力，三个文明建设取得了丰硕的成果。

二、2005年工作回顾

2005年，全市经济社会全面协调发展，社会政治稳定，人民安居乐业。据统计，生产总值实现722.66亿元，比上年净增103.54亿元，增长13.20%；财政收入实现100.22亿元，同比增长20.99%；全社会固定资产投资实现362.90亿元，比上年净增100.14亿元，增长38.11%。经济发展"三个百亿"目标全面实现，我市经济发展又有了新突破。其他各项经济指标也按年初确定的目标顺利完成，其中，社会消费品零售总额增长13.84%；城镇居民人均可支配收入9203元，增长14.20%；农民人均纯收入2677元，同比增收210元，增长8.50%。

（一）农业和农村经济发展势头良好，农村基础设施明显改善

农业和农村经济保持稳定发展势头。全市农林牧渔总产值191.10亿元，同比增长8.21%；农业增加值119.60亿元，同比增长8.20%。农业产业结构进一步优化。种植业稳步发展，粮食、甘蔗、水果在种植面积与上年基本持平的情况下，总产量分别增长6.31%、0.88%和8.11%；畜牧水产等养殖业发展势头喜人，肉类、牛奶和水产品产量分别增长10.11%、3.81%和5.10%。农产品标准化生产步伐加快，无公害农作物基地面积达67.50万亩，上市蔬菜卫生质量标准排名居全国前列。林业产业迅猛发展，全年完成植树造林32万亩，其中速生丰产林27.40万亩。

农村基础设施建设"三大会战"成效显著。全市投入"三大会战"建设资金达4.60亿元，其中市财政安排2亿元。修建完工乡村道路165条865.24公里；完成水利建设项目301项，解决了8.73万农村人口的饮水困难，改善了63.96万亩土地的灌溉条件；新建30151座沼气池；建成100个生态文明村。

（二）工业经济快速增长，经济效益明显提高

工业经济快速增长。全市规模以上工业总产值完成369.81亿元，同比增长23.32%；工业经济综合效益同比好于上年，规模以上工业企业实现利税41.28亿元，同比增长13.40%；实现利润13.60亿元，同比增长9.14%。

"实力工程"取得新突破。全市产值超亿元的企业77家，比上年增加17家。销售收入超亿元的企业有67家，其中南宁卷烟分厂26.12亿元，南糖20.15亿元，南化10.15亿元，南铝6.27亿元。

开发区龙头作用逐步显现。高新技术产业开发区、经济技术开发区、华侨投资区规模以上工业企业共完成产值76.13亿元，同比增长47.90%，占全市规模以上工业总产值20.60%，拉动全市规模以上工业增长8.23个百分点。

技术改造投资和技术创新成效突出。全市完成更新改造投资59.53亿元，同比增长47.91%；完成技术创新项目230项、技术创新投资4.20亿元。

（三）服务业发展迅速，产业整体素质和实力不断增强

商贸中心地位凸显，发展态势强劲。扎实推进“商贸活市百亿投资工程”，88个重点项目建设进展顺利，一批商贸项目提前竣工投入运营，首府商贸基础设施功能得到较快完善和提高。

旅游业发展形势喜人。旅游开发力度加大，旅游宣传促销工作得到加强，旅游业各项指标均创历史最高水平，全年接待旅游者1631.80万人次，同比增长17.10%；接待入境旅游者8.33万人次，同比增长27.02%；旅游总收入85.29亿元，同比增长16.72%。

“放心工程”取得良好成效。严格执行食品安全市场准入制度，粉、肉、奶、药等“放心工程”顺利实施。加强食品安全管理，建立健全食品安全的检验检测、流通配送、信息共享、社会监督、政府监管五大体系，营造安全放心的食品生产、消费环境。着力抓好农产品检测和防疫检疫工作，药品安全信用分类管理不断完善，完成了对全市批发和零售连锁企业的药品安全信用分类的现场检查及安全信用等级分类。

信息化建设取得新突破。全年市财政对信息化建设投入1.20亿元，对推进“数字南宁”建设发挥了引领和示范效应。电子政务等一批政务与公共服务领域信息化重点项目完成建设，信息化项目推广应用成效逐步显现，信息资源整合与利用力度明显加大，以信息化带动工业化和农业产业化工作顺利推进，服务中国-东盟博览会信息化建设工作取得较好成绩。信息化政策法规体系进一步完善。

（四）城市建设管理工作再上新台阶，“136”工程稳步推进

城市规划水平不断提高，城市基础设施建设成效明显。城市总体规划和城市土地利用总体规划修编工作有序推进，大明山风景旅游区总体规划等规划编制顺利完成。城市基础设施建设步伐加快，完成投资77.15亿元，开工建设92个城建项目。完成了26.90公里的江南堤路园、友爱南路延长线、334条小街小巷改造、新建8个公共停车场等项目；葫芦鼎、桃源等6座越江桥梁建设加快推进，初步形成“五横三纵四环”的路网格局，城市大交通网络体系按规划初步建成。建成服务中国-东盟博览会的南宁国际会展中心二期及其配套工程21项。南宁国际会展中心工程被评为“2005年第五届詹天佑土木工程大奖”，南宁国际会展中心荣获“2005年全国十大优秀会展中心”称号。相思湖新区和中国-东盟商务区已进入实质性开发建设阶段，越南、马来西亚、老挝联络部（办事处）已开工建设。旧区改建项目稳步推进，全年完成拆迁任务72万平方米。加大拆除违章建筑工作力度，全年完成拆除违章建筑36万平方米。市政公用事业快速发展，新增燃气管道24公里，惠及市民3.90万户；投资2.78亿元建成三津水厂一期工程、埌东加压站3万立方米/日扩建工程，完成管网改造50.24公里，新增供水管网62公里，日供水能力达119.50万立方米。城市功能日趋完善。

城市管理进一步加强，土地开发利用制度得到完善。积极推进市政设施有偿使用改革，形成国有市政资产、回收资金、滚动发展的良性循环。城市管理体制改革不断深化，相对集中行政处罚权管理走向成熟。实施“1858”工程，精品线路和主要干道的“穿衣戴帽”工程顺利进行，市容整治力度加大，市容市貌焕然一新；垃圾无害化处理率达100%；荣获广西第五届城市市容环境综合整治“南珠杯”特等奖。在切实抓好建筑市场监管的同时，积极做好工程建设清欠工作，清偿、核销网上拖欠工程款7.54亿元，清欠率95.98%。房地产市场管理规范有序，运行平稳。抓好土地资源开发利用和耕地保护工作，加强土地收购储备，通过“招拍挂”形式出让国有土地总收入13.30亿元。

生态建设和环境整治力度加大，人居环境得到改善。矿产资源管理进一步加强，乱挖乱采现象得到有效遏制。完成竹排冲整治一期工程，抓紧建设江南污水处理厂和埌东污水处理厂二期工程；抓好污染企业搬迁改造和邕江饮用水源专项整治，邕江水质保持在三类水标准以上，确保了首府用水安全。创建“全国绿化模范城市”工作通过国家检查团检查。“花花大世界”园林产业示范园一期工程建成对外开放。城市建成区绿化覆盖率39.80%、绿地率33%、人均公共绿地面积10.73平方米。成功承办了联合国2005'城市可持续发展南宁国际会议，我市城市建设和城市人居环境建设被誉为贯彻以人为本理念、坚持城市可持续发展的成功典范。

（五）各项改革稳步推进，对外开放不断扩大

企业改革取得良好成果。全面推进南宁手拖-柳州五菱、专用汽车-玉柴集团、南重-南发等重点企业的重组工作。重点对 40 家企业进行改革改制，已完成了 39 家。把建立健全现代企业制度和企业改革结合起来，实行“一企一策”，形成了产权主体多元化的格局，劣势企业和资源枯竭型企业逐步退出市场。在财税、信贷、用地等方面为非公有制企业营造更为宽松的环境，非公有制经济增加值占全市生产总值的比重有所提高，对全市经济增长贡献率达 63.60%，拉动全市经济增长 8.40 个百分点。

各项配套改革稳步推进。顺利完成了南宁市行政区划调整，拓展了城市发展空间；全面取消农业税，切实减轻了农民负担；行政审批制度改革继续深化，行政许可项目进一步规范，审批效率不断提高；干部人事制度改革进一步深化，重点抓好六县事业单位聘用制改革；财政改革继续深化，政府采购、国库集中收付、非税收入收缴管理、部门预算等进一步改革措施顺利推进；积极推进南宁信用体系建设，建立了南宁市现代信用网；深化农村信用社改革，增股改制工作顺利进行；全市县级（城郊）供销社综合改革和粮食企业改革工作成效显著。

招商引资工作再上新台阶。全市坚持以推进制造业、高新技术产业、城建、商贸、旅游招商为工作重点，创新招商方式，加大对重点区域、重点产业、重点企业的招商工作力度；各项招商活动成效显著；“两会一节”经贸合作取得了丰硕成果；开展了“百企入邕”活动，区域经济合作呈现良好发展势头。全市合同引进资金 372.80 亿元，同比增长 45.58%；实际到位资金 180.37 亿元，同比增长 47.19%。

（六）社会保障体系建设日趋完善，就业和再就业工作不断加强

社会保障体系进一步完善。全市养老保险、失业保险、医疗保险新增参保单位、参保人员同比大幅度增加，社会保险配套政策和社会化管理服务逐步完善。健全了基本医疗保险医疗费用预警告知机制，有效控制医疗费用的不合理增长。企业离退休人员养老金全部按时足额发放。符合条件的失业人员全部享受失业保险待遇，城市居民最低生活保障得到落实，实现了分类施保、应保尽保。建立了城乡医疗救助制度，进一步落实优抚政策，完成了各项救灾救济工作。90%的市属单位建立了住房公积金制度。

就业和再就业工作稳步推进。全年新增就业岗位 52570 个，完成年计划任务的 105.14%，其中下岗失业人员再就业 12650 人，帮助大龄就业困难人员再就业 2916 人，分别完成计划的 115%和 162%；城镇登记失业率 3.90%，低于年控制数 0.10 个百分点；劳务输出 62600 人；城镇从业人员职业技能培训 47285 人，完成计划的 135.10%；农村劳动力转移职业技能培训 31000 人，完成计划的 137.78%。

（七）统筹兼顾，社会事业全面发展

科技与经济结合取得新进展。全面启动第三轮科技创新计划，全年组织实施创新计划项目 349 项。顺利通过 2003－2004 年度国家科技进步考核，连续三次获得“全国科技进步先进市”荣誉称号；承担的国家“十五”重大科技专项-全国“重要技术标准研究”专项地方试点工作以优异成绩通过国家验收；科技项目获国家重点支持创历史新高，争取到国家、自治区补助科技经费达 2229.50 万元；重点立项实施市本级科学研究与技术开发计划 173 项；签约科技合作项目 55 项，签约金额 11.63 亿元。

教育成果进一步巩固。“两基”和“普九”攻坚工作有序开展，隆安、马山两县顺利通过自治区“普九”验收，全市提前两年实现“两基”达标。服务“三农”计划和“城乡帮扶”计划有效实施。资助贫困生就学制度逐步完善，为 7 万多名贫困生和 5 万多名农民工子女减免学习费用 6000 多万元。各级各类教育进一步发展。农村中小学危房改造力度加大，全市改造 29.23 万平方米中小学 D 级危房任务顺利完成。

文化建设取得优异成绩。社会文化工作卓有成效，在全区率先完成城区图书馆建设，知识工程、文化信息资源共享工程深入开展。文化遗产进一步得到保护，完成了一批历史文化景观建设。文化市场发展健康有序。对外文化交流也有新的拓展。壮族舞剧《妈勒访天边》荣获国家舞台艺术精品工程十佳剧目大奖。

卫生工作成效显著。全力做好“非典”、人感染高致病性禽流感等重大传染病预防控制工作，全市无重大传染病暴发流行。农村医疗卫生状况不断改善，疾病预防控制、妇幼保健工作进一步加强。加大卫生执法力度，全市食品卫生质量和公共卫生水平得到全面改善，“两会一节”等重大节庆活动，全市没有发生一起食品污染和食物中毒事件。

体育事业蓬勃发展。全年开展群体活动 615 项次，直接参与人数 250 万人（次）。我市运动员在全区比赛中夺得 225 枚金牌、165 枚银牌、157 枚铜牌。成功承办了全国龙舟月中国南宁国际龙舟邀请赛、首届中国南宁-东南亚国际围棋邀请赛、中国-东盟（10+1）国际汽车场地越野赛暨2005年全国汽车场地越野锦标赛广西南宁分站赛、全国竞走锦标赛暨全运会竞走预选赛等三项国际赛事、两项全国赛事。

人口低生育水平保持稳定。深入开展“婚育新风进万家”活动并获得国家十部委的奖励，率先在全区启动农村计划生育家庭奖励扶助试点工作，利益导向机制建设取得新突破，加强人口和计划生育综合治理，深入开展创建全国计划生育优质服务先进县（区）活动。全市人口出生控制在自治区下达的指标内，各县、区均完成自治区下达的类别指标任务。

（八）社会主义民主政治和精神文明建设取得新成就

民主法制建设成效显著。各级政府自觉接受人大及其常委会的法律监督和工作监督，认真执行人大通过的决议、决定，主动接受政协的民主监督，重大决策之前广泛征求各民主党派、工商联和社会各界的意见，密切与各人民团体的联系。认真办理人大代表建议和政协提案，办复率达100%。政府法制工作得到加强，全年共受理行政复议案158件，其中依法撤销和纠正22件不当行政行为，进一步规范了政府的行政行为。对现行有效的53件地方性法规进行了清理审查，依法提请人大废止了8件地方性法规和修订了13件地方性法规；对现行有效的52件市政府规章进行了清理，废止10件市政府规章，修改12件市政府规章；对市政府及办公厅发布的规范性文件进行了清理审查，废止了20件规范性文件。同时对全市600多项行政许可项目进行了清理，其中取消行政许可项目252项，改善了本市的投资环境。“四五”普法教育深入开展，公民、法人和其他组织的合法权益得到有效保障。基层民主政治建设得到加强，完成了1391个村委会换届选举。

平安南宁建设全面开展。社会秩序保持稳定，治安防范和控制能力进一步提高，驾驭社会局势的能力不断增强。整合资源、整体联动的“大调解”工作机制初步形成，化解人民内部矛盾取得新进展；开展了“大接访”活动，农民土地征收、城镇房屋拆迁、国有企业改制、农村“三大纠纷”涉法涉诉等信访突出问题得到了妥善处理，群体性上访和群体性事件明显下降；社会治安综合治理深入推进，有效遏制了刑事案件上升势头，社会政治和治安大局持续稳定，人民群众安全感明显增强；全力做好“两会一节”安全保卫工作，确保了重要活动的成功举办。抓好安全生产监督检查和专项整治，事故防范工作成效显著，事故死亡人数比去年下降了10%，安全生产形势进一步好转。

精神文明建设扎实推进。在巩固“三个一”、拓展“五个进”的基础上，以点带面，整体推进城乡精神文明创建活动，创建文明县区达标竞赛和文明单位、文明社区、文明村镇、文明行业创建等各项活动全面推进，取得明显成效，再次荣获“全国创建文明城市工作先进城市”。以开展社会公德、职业道德、家庭美德、十个“十佳”公民道德建设活动为载体，塑造了文明、健康、向上的精神风貌。社区建设逐步完善，全面组建了179个社区居委会，实现全市市区居民全部纳入社区管理的预期目标。“双拥”工作和军民、警民共建活动深入开展，军政军民关系进一步密切，民兵和预备役建设得到加强。

机关自身建设进一步加强。廉政建设和反腐败工作扎实推进，行政效能监察深入开展，政务公开全面实行。在全市行政机关中全面推行机关效能建设和目标管理，整顿投资软环境，有力地促进了机关和公共服务部门政风、行风的优化和转变。开通了“政风行风热线”，46个市直重点部门和行业通过与群众直接对话，促进了机关工作作风的转变和服务意识的提高，更好地为群众办好事、办实事。

20件为民办实事项目已基本完成。完成了江南“堤路园”工程；农村“三大会战”工程完成投资4.60亿元（其中市财政安排2亿元）；建成了友爱南路；修建、改造了市区小街小巷334条；完成了三津水厂一期工程建设；完成了竹排冲整治一期工程（埌东污水处理厂至市中级法院段）；新建了8个公共停车场；经济适用住房开工建设81.66万平方米、竣工50.60万平方米；创建了67个文明社区（平安小区）；扶助了3001名贫困生读书；对农村劳动力22.80万人进行了职业技能培训；建设或完善了7个三级以上城区图书馆；修复、建设了5个历史、文化景观项目；实现了村村（50户以上自然村）通广播电视；为生活困难的2470名城乡肺结核病患者提供了免费治疗；为5000对农村新婚夫妇免费进行了地中海贫血筛查；从2005年1月1日起，我市市区城市居民最低生活保障标准由每月190元提高到210元；新增就业岗位5.21万个；完成了1102户农村贫困残疾人危房改造；解决了7个法庭、80个公安派出所的办公用房；新建了3个消防站，新安装了150个消防栓。20件为民办实事任务已基本完成。

（九）举全市之力，服务“两会一节”工作取得突出成效

“两会一节”期间，共邀请了800多名国内外重要客商到我市参加经贸活动。全市共签订投资项目90个，总投资181.98亿元，其中内资项目122.35亿元，外资项目7.36亿美元；签订贸易购销合同1245份，总金额135.67亿元，均比上年有大幅度增长。去年南宁国际民歌艺术节再创辉煌，在2005年度国际节庆协会（IFEA）全球节庆行业奖评选中获得综合类铜奖，这是中国节庆活动首次入围全球大奖。同时，还获得中国最具影响力十大节庆活动奖。参加去年东南亚旅游美食节的游客达36万人次，销售收入达1200万元，比上年翻了一番，南宁在打造“美食天堂”的进程中又迈出了坚实的一步。

此外，我市还发挥了中国-东盟博览会的影响力，不断拓展与东盟、日韩和其他世界各国城市的友好交流与合作。与韩国果川市、英国纽斯利市缔结为友好城市，还与马来西亚怡保市、越南海防市、美国奥克兰市达成结好意向，现我市共与6个国家的6个城市正式结为友好城市，是广西各城市中与国外缔结友城最多的城市，荣获全国友协授予的“中国国际友好城市工作贡献奖”。同时，我市还成功承办了一系列重要会议和国际体育比赛，进一步提高了南宁在国内外的知名度和影响力，为加快形成全方位、多层次、宽领域的对外开放格局打下了良好的基础。

一年来，我市民族、台湾事务、宗教、档案、物价、口岸、审计、统计、侨务、人防、扶贫、农机、地震、机关事务管理、市志、社会科学、气象、老龄等部门和单位都做了大量的工作，取得了显著成绩。国家安全、金融、保险、税务、电信、邮政、供电、烟草、工商、技术监督、铁路、民航、海关、海事、边防、药品监督、检验检疫等中央、自治区驻邕单位为我市经济社会发展提供了有力保障，作出了积极贡献。

各位代表，过去的一年，我市物质文明、政治文明和精神文明建设方面取得的成绩，是在自治区党委、政府和市委的正确领导下，在市人大的监督、支持和市政协的帮助下取得的，是全市各县区努力工作、各族人民团结奋斗的结果。这些成绩的取得，也是与各民主党派、工商联、各人民团体、社会各界人士、驻邕部队、港澳台同胞、爱国侨胞和境外友好人士的关心、支持分不开的。在此，我代表市人民政府表示衷心的感谢和崇高的敬意！

回顾过去一年的工作，我们也清醒地看到我市经济和社会发展中还存在一些比较突出的困难和问题：如经济总量不大，质量与效益不高，工业化、城镇化水平较低，“三农”工作任务很重，对外开放程度不高，创新能力与国际竞争能力不强，投资环境特别是软环境建设有待进一步加强，劳动就业压力依然较大，社会治安和环境保护工作有待进一步加强，等等。这些问题的存在，既有客观方面的原因，也与我们相关方面的工作做得不够有关。我们一定继续以负责任的态度，高度重视并认真加以解决，使我市在新的发展起点上不断向全面建设小康社会和富民兴桂新跨越的宏伟目标迈进。

“十一五”时期的发展目标和2006年的主要工作

一、“十一五”时期经济社会发展的指导思想和主要目标

“十一五”时期是我市加快小康社会建设、实现经济社会发展历史性跨越的关键时期，我市正面临着千载难逢的历史机遇，进入了全方位、多层次、宽领域开放的新阶段，我们必须抓住机遇，艰苦奋斗，扎实工作，力争实现“十一五”时期经济和社会发展的预期目标。

“十一五”时期经济社会发展的指导思想和总体要求是：**以邓小平理论和“三个代表”重要思想为指导，坚持以科学发展观统领经济社会发展全局，坚定不移地贯彻党的十六大、十六届五中全会和自治区党委八届六次全会精神，坚持发展这个党执政兴国的第一要务，坚持以经济建设为中心，坚持用发展和改革的办法解决前进中的问题，坚持以人为本，落实“五个统筹”，坚持开放带动，走开放型经济发展道路。“十一五”期间，要切实把经济社会发展转入科学发展的轨道，转变发展观念、创新发展模式、提高发展质量，转变经济增长方式，以大开放带动大发展，做大做强经济总量，推进区域性国际化城市建设。以提高人民生活水平和促进人的全面发展为根本出发点和归宿，建设富裕南宁、文化南宁、生态南宁、平安南宁，构建和谐南宁，开创经济建设、政治建设、文化建设和社会建设新局面，在富民兴桂新跨越中率先实现跨越式发展。**

“十一五”时期发展的目标是：**经过“十一五”时期的发展，形成全方位、多层次、宽领域的开放格局，工业化、城镇化、信息化、农业产业化、市场化、国际化进程明显加快，区域性的加工制造中心、商贸中心、物流中心、金融中心和科技创新基地、文化交流平台建设取得明显成效，城市综合经济实力明显增强，区域性国际化城市功能明显提升，中国绿城建设取得明显成效，成为最适宜人居的城市之一。主要目标是：在优化结构、提高效益和降低消耗的基础上，生产总值年均增长12%；力争到2010年，**

生产总值、工业总产值突破 1000 亿元；人均生产总值比 2000 年翻 1.5 番；工业增加值、财政收入、全社会固定资产投资、外贸出口总额比 2005 年翻一番；资源利用效率有新的提高，万元生产总值能耗比“十五”期末明显降低；形成一批具有自主知识产权和知名品牌、市场竞争力较强的优势企业；社会主义市场经济体制比较完善，开放型经济达到新水平；社会发展状况显著改善，九年义务教育水平和质量全面提高，城镇就业岗位持续增加，社会保障体系比较健全，贫困人口继续减少；城乡居民收入水平和生活质量普遍提高，居住、交通、教育、文化、卫生和环境等方面的条件有较大改善；民主法制建设和精神文明建设取得新进展，社会治安和安全生产状况进一步好转，构建和谐社会取得新进步。

二、2006 年的主要工作

2006 年是实施“十一五”规划的第一年，也是我市的“开放创新年”，我们将深入开展开放创新大讨论，不断增强市民开放创新意识，进一步改善投资环境，提高服务水平，坚持走开放型经济发展道路，为实现“十一五”规划的良好开局奠定坚实基础。

2006 年经济和社会发展的主要预期目标为：地区生产总值增长 12%，财政收入增长 13%，全社会固定资产投资增长 19%，工业增加值增长 15%，社会消费品零售总额增长 13%，外商直接投资增长 20%，外贸出口增长 20%，城镇居民人均可支配收入增长 8%，农民人均纯收入增长 7%，居民消费价格总指数控制在 103%以内，人口自然增长率控制在 10‰以内，城镇新增就业岗位 5 万个，城镇登记失业率控制在 5%以内。为实现上述目标，我们将重点抓好以下十个方面工作。

（一）切实加强农业和农村工作，建设社会主义新农村

扎实推进社会主义新农村建设。按照“生产发展、生活宽裕、乡风文明、村容整洁、管理民主”的要求，做好总体规划，有计划、有步骤、有重点地推进新农村建设。积极配合自治区重点抓好武鸣县和原邕宁县所辖区域新农村建设连片试点示范工作。各县区也要选择一个乡镇开展新农村建设试点工作。结合社会主义新农村建设，扎实做好“整村推进”扶贫开发，大力发展农村公共事业，搞好农村道路、水利、能源、医疗卫生、教育、广播电视和生态文明村等基础设施建设，加强抗旱、防灾、救灾工作，明显改善农村面貌和广大农民的生产生活条件。

大力发展县域经济。要充分挖掘农业内部增收潜力，发展农村二、三产业，发展和壮大县域经济。发展农村工业，形成布局合理、各具特色的县域工业经济结构。充分发挥比较优势，以发展特色产业为重点，依靠科技进步搞好农副产品深加工。大力发展各具特色的农业产业带，提高农产品综合竞争力。推进农村城镇化，加快城乡一体化进程。

加快农业产业化步伐。用工业化的思维谋划农业，加快实施产业化经营，着力培育壮大以农产品加工为主的龙头企业，推进农产品的品牌化。建立完善农业科技推广体系和农产品质量检测、认证体系，加大科技兴农和标准化生产力度，不断提高粮食、蔗糖、养殖、果蔬、林竹、花茶等特色产业的发展水平和市场竞争能力。着力培育发展农民专业合作经济组织和营销组织，使其真正成为市场主体，提高农产品的市场化程度。

积极引导农村富余劳动力转移。启动“百万农民转移就业工程”，有效整合各级各类培训教育资源，加大投入力度，多渠道、多形式地培训农民，不断提高农民的就业和创业技能，引导农村富余劳动力向非农产业和城镇有序转移，促进农民收入较快增长。

认真落实党在农村的各项政策。巩固农村税费改革成果，清理化解镇村两级债务，进一步落实好对种粮农民直补和良种、购置农机具补贴的政策，确保农民得到实惠。

（二）大力推进新型工业化，促进工业持续快速发展

以项目为载体，加大工业投入力度。加强项目策划研究，收集、筛选一批带动性强、关联度大、发展前景好的项目列入前期项目库储备。加强跟踪协调服务，对重点在建项目统一列入在建项目库进行管理。千方百计为“百项工业项目大会战”协调解决资金、土地等问题，确保招商项目、业主、资金、服务四到位。

抓好开发区和工业集中区建设。开展园区开发模式专题研究，优化整合开发区资源，探索园区低成本、高效率的发展道路。推进开发区共享服务机构和设施建设，提升园区整体服务功能。积极解决高新技术产业开发区发展用地不足问题；推进经济技术开发区运用 BT（建设-移交）模式，加快银凯工业园整体开发；引导华侨投资区（中国-东盟经济园区）多渠道筹集资金完善路网及配套设施的建设。加快县（区）工业集中区的规划和基础设施建设，争取年内部分工业集中区入园企业明显增加，经济总量初具规模。

创造条件争取上级机关加大对园区建设的扶持力度，发挥财政资金的引导和拉动作用。

继续实施“实力工程”。以“千亿工程”重点扶持和培育的工业企业为重点，加大对企业的扶持力度。继续落实我市有关培育和扶持工业大企业、大集团的各项政策措施，鼓励企业加快规模扩张，加大技改投入。加大各类资金的扶持力度，使重点骨干企业和工业项目尽快投产达产、尽快发挥规模效益和产业集聚效应。

积极开展技术创新。在加快规模扩张的同时要加紧进行工业结构的调整优化，主要以技术创新、装备创新、管理创新、质量创新、名牌战略以及引导培育主导产业战略的实施来推动工业结构合理化，使我市资源利用水平随着经济技术的进步不断向更高水平发展，代表现代产业技术水平的高效率的产业部门比重不断增大，工业产业内部的持续创新能力显著增强。

加快发展循环经济。以提高资源利用效率为核心，以节能、节水、节材、节地、资源综合利用和发展循环经济为重点，逐步形成节约型的增长方式和消费模式，充分利用太阳能、风能等多元能源，提倡建设适应南方气候特点的节能性住宅和办公用房。鼓励企业学习和创新，按循环经济模式发展生产，促进我市工业经济可持续发展。

加大经济运行协调工作力度。实行目标考核责任制，将各项工业发展指标分解落实到各有关部门和单位，明确重大工业项目的责任单位和责任人，加大督办工作力度。加强经济运行监测与调节，及时研究和解决经济运行中出现的矛盾和问题。重点抓好煤、电、油、气、运的协调服务工作。

（三）加快发展新兴业态，提升服务业水平

积极构建区域性旅游集散中心和目的地。以争创中国最佳旅游城市为载体，加快旅游资源开发和旅游基础设施建设，着力培育在全国和东南亚具有影响力的旅游精品。创造条件，利用中国-东盟博览会优势，争取南宁成为全年落地签证城市，方便海外客人来访。重点抓好大明山风景区、昆仑关战役遗址、青秀山美食街等重大项目建设。加强旅游行业管理，做好旅游宣传合作推介工作，进一步开拓国内外旅游市场，把我市建设成为具有现代化水准的以亚热带自然风光和民族风情为特色的旅游胜地，努力打造“北有桂林、南有南宁”的广西旅游发展新格局，使旅游产业成为我市新的经济增长点和支柱产业。

抓好商圈建设，搞活商贸流通。继续按照发展“两区两带两级城镇”商业布局的思路，加强对以朝阳路为核心的城市商业中心区商圈的扶持改造，全面推进特色商业街、专业批发市场、社区商业中心建设，加快餐饮业发展，打造美食天堂。继续实施“商贸活市百亿投资工程”，重点抓好一批有较大影响力的现代化商场和专业市场建设，促进商贸流通的发展。

大力发展现代服务业。依托大工业形成的巨大物流，构建畅通快捷的物流通道体系、商品和要素市场体系、大通关体系，形成商贸和物流枢纽，加快构建中国-东盟自由贸易区区域性商贸和物流中心。重点加快江南、安吉、金桥、玉洞四个物流园区建设，争取引进更多龙头物流企业在园区落户。加快会展经济发展，不断打造会展品牌。充分利用我市被列为对外国银行开放人民币业务办理的全国25个城市之一的契机，大力发展现代金融业。

全力推进信息化建设。围绕项目建设为中心，抓好一批信息化重点项目建设，重点完成电子政务三期工程、数据资源中心、中国-东盟区域性中心城市信息化平台等一批信息化重点项目建设，继续加大信息化推广应用力度，全力开展信息资源整合、共享与利用工作，继续加大信息化带动工业化和农业产业化工作。加强指导，加快推进县区和部门信息化建设。加快信息技术在城市经济社会各个领域的普及应用。

（四）坚持抓好城市规划建设管理，增强综合服务功能

坚持高起点规划，突出体现城市特色。围绕申报“联合国人居奖”和建设区域性国际化城市的目标，充分发挥规划部门的职能作用。以城市规划为龙头，抓好城市总体规划修编、土地利用总体规划和近期建设规划修编，抓好各个层次和各个片区的建设发展规划修编，抓好五象岭新区规划编制、岭南骑楼风格建筑规划和城市主干道“穿衣戴帽”和亮化美化的规划设计，进一步修订完善各县县城和重点镇规划。认真做好城市轨道交通前期论证规划工作。依法加强规划管理，增强规划的严肃性和权威性，促进城市结构和功能的不断完善。加强对社会主义新农村建设的规划指导，提高其档次和水平。

坚持高标准建设，努力增强城市功能。围绕城市建设管理“六年大变化”目标，以畅通的城市路网系统建设为重点，从服务中国-东盟博览会、改善生态环境和人居环境、新区开发、旧城改造以及迎接自治区成立五十周年重大项目等入手，加快城市基础设施建设。进一步完善城市交通网络，切实抓好大沙田至蒲庙10公里等城市干道、快速环道与环城高速公路连接线道路、城市立交、跨江大桥等工程建设；稳步推进新区开发建设，完善建成区功能，加快启动五象岭新区建设，推动江南、良庆、邕宁区发展；加快相思湖新区、东沟岭区、凤岭区、仙葫开发区的配套建设。推进城市供水、供气、供电、环卫、排水、防洪防震减灾等设施建设，发展城市公用事业。实施植树造林、生态林业等工程，积极推进国家生态示范试点城市建设，继续抓好“花花大世界”园林产业示范园建设，加快城镇街道以及铁路、公路、水路等交通线的绿化美化，形成“林在城中，城在林中，树要成林，花要成片”、具有亚热带特色的园林绿化系统。坚持依法治水，抓好邕江等主要河流的水污染防治，加大城市污水处理设施和垃圾处理设施建设力度，重点加快埌东污水处理厂二期、江南污水处理厂一期工程建设，使全市生活污水处理率达60%以上，工业废水排放达标率在95%以上；加大对朝阳溪、竹排冲等城市内河的综合整治，做好创建“国家环保模范城市”工作。要进一步推进城镇建设工作，在不断完善城市功能的同时，大力规范房地产业发展，抓好经济适用住房、廉租住房和商品房建设，促进房地产市场稳健快速发展，让收入水平不同的市民都享受到城市建设发展的成果和环境优化的实惠。

坚持高质量经营，着力盘活城市存量资产。积极探索经营城市新机制，进一步拓宽融资渠道，建立多元投资体系，增加社会投入。健全完善城市土地的征用、储备和出让制度，提高土地集约利用和效益，严格保护耕地。深化城市基础设施和市政公用设施管理体制改革，有效盘活城市公用存量资产。

坚持高效能管理，进一步改善市容市貌。以创建全国文明城市为目标，加强城市环境保护和治理，逐步完善城市管理法规体系，加大综合执法力度，加强对道路、广场、照明、健身设施的管理，加强以治理环境卫生、清理整治违章建筑、规范建筑市场行为、整治水气声光污染和实施道路畅通工程为重点的城市环境综合治理工作，全面改善城区环境，对城乡结合部实行城市化管理，营造整洁优美的市容环境。

（五）积极构建区域合作平台，促进全方位、多层次、宽领域开放

服务中国—东盟博览会，扩大与东盟各国的交流。按照“一届比一届办得更好”的目标，及早做好服务南博会的方案。加大对南博会的宣传力度。不断完善服务南博会的软硬设施条件。充分发挥南博会平台与纽带作用，积极推动和扩大与东盟国家在各领域的交流与合作，开拓东盟市场；加快建设中国-东盟商务区等项目；支持东盟和其他国家、地区在南宁设立总领事馆、联络处；争取与东盟及其他国家建立一批友好城市。积极参与中越“两廊一圈”经济建设，努力在农业、旅游、交通、矿产等方面的合作开发实现突破。

大力开展招商引资，积极推进区域经济合作。充分利用国内外两种资源、两个市场，切实抓好工业、城建、商贸物流、旅游、农业产业等领域的招商引资工作，重点抓好加工制造业、高新技术产业和具有主导带动作用产业的重大项目招商。推动县域经济发展的项目招商。要采取境外招商与境内招商相结合、规模招商与小分队招商相结合等形式，突出抓好对世界500强、中国500强和粤港澳台重点企业的招商。进一步创造条件，争取国内外知名企业在我市设立面向中国-东盟自由贸易区市场的地区总部、制造业基地、物流中心和销售结算中心。切实抓好招商引资环境建设，特别是软环境建设，市监察部门和有关单位都要重视投资投诉工作，切实为外来投资者排忧解难；今年试行招商引资工作经费与引进项目资金挂钩包干制。认真做好招商项目的前期工作，完善“招商项目库”；加强招商重点项目的跟踪与协调，努力提高项目履约率、资金到位率和项目开工率；积极推进区域经济合作，发展与长三角经济区各省市间的经济交流与合作，积极参与大湄公河次区域合作开发；落实泛珠三角区域合作框架协议，全面推进我市与泛珠三角城市的经贸合作，促进产业对接，推进形成区域产业协作和战略合作联盟；加强与粤港澳中小企业在服务贸易领域的合作，以积极的姿态加快融入粤港澳经济圈；加强与台湾以及区内外其他地区的经贸合作与交流；推进南贵昆经济带和北部湾（广西）经济区建设。

努力扩大对外贸易，积极开拓国际市场。深入实施市场多元化和以质取胜战略，优化出口商品结构，扩大机电、高新技术产品出口，推动具有竞争优势的品牌产品出口。巩固传统出口市场，扩大优势产品对东盟国家的出口。在继续开拓欧美市场的基础上，重点开拓东盟市场特别是越南市场。支持和推动制糖、机械等优势行业企业到境外尤其到东盟各国开展境外加工贸易、对外承包工程和劳务合作。鼓励和支持有实力的企业到周边国家合作开发和进口煤矿、铁矿及有色金属。加强南宁口岸的基础设施建设，发挥口岸对外向型经济的促进作用。

（六）加大各项改革力度，积极推进非公有制经济快速健康发展

深化国有企业改革。调整优化市级国有资产经营公司，进一步完善授权经营制度；加大企业改制步伐，今年基本完成国有企业的改制工作；以国有企业产权为主要内容，以投资主体多元化为重点，大力发展具有核心竞争力的大企业；继续加大国有资产的运营力度，特别是全面强化机关事业单位国有资产的管理，鼓励有条件的企业上市，并做大做强做好上市公司。

继续完善各项配套改革。以构建“和谐南宁”和建设完善的社会主义市场经济体制为目标，以培育市场化运作的现代信用服务企业为支撑，以政府信用为主导、企业信用为重点、个人信用为基础，扎实推进信用体系建设；继续深化国库集中收付和政府采购等财政体制改革；扎实推进乡镇机构、农村流通体制、农村义务教育为主要内容的综合配套改革；推进行政管理体制改革，进一步减少和规范行政审批事项，提高行政效率；进一步改革和完善投资体制；建立健全与城镇化健康发展相适应的征地、行政管理和公共服务等制度；改革户籍管理办法；推进以事业单位改革为重点的人事制度改革。

大力发展非公有制经济。完善各级发展非公经济的工作机构和工作网络；将非公经济发展纳入全市经济发展中长期规划和年度计划并认真贯彻执行；努力营造有利于非公经济发展的软硬环境，清除影响非公经济发展的体制性障碍，确立平等的市场主体地位，实现公平竞争；进一步执行国家有关法律法规和政策，依法保护非公企业、个体经营户及其从业人员的合法权益；进一步加强和改进政府监督、管理、服务职能，为非公经济发展创造良好环境；改善金融服务，加大财税支持，鼓励各类银行加大信贷支持力度，开发适合中小企业特点的金融产品和服务；发展社会中介服务；积极开展创业服务，支持开展企业经营者和员工的素质培训；支持企业开拓国内外市场，鼓励有条件的企业做大做强；对发展科技类、优势传统制造类、外贸出口类项目等给予大力支持；用好用活扶持中小（非公有制）企业专项资金，支持非公有制企业技术创新、信用担保体系建设，为中小企业发展资金和科技型中小企业技术创新基金提供配套；积极协调建立健全非公有制企业信用评级制度；积极引导各类商会和行业协会发挥“鼓劲、自律、维权、发展”的功能作用。

（七）推进科教兴市和人才强市战略，增强城市创新能力

加快科技创新步伐。把加强自主创新、加快区域创新体系建设、提高企业竞争力摆在突出位置，坚持以产品创新为核心，以创新、转化、产业化为主线，全面实施“自主创新环境建设、第三轮创新计划推进、科技兴农、科技兴企、科技创新成果转化平台建设、科技创新能力提升、专利和技术标准推进、科学素养提高”等八项工程和“企业自主创新试点示范、农业特色优势产业科技创新示范、科技服务特色优势工业产业、科技服务县域经济、中药新产品开发与产业化、节能降耗与循环经济技术开发研究”等六大科技项目，强化科技对经济社会的支撑作用。认真做好科普工作，提高市民科学素质。充分发挥科普在科技创新中的基础性作用。

大力发展教育事业。深化教育教学改革，以新课程改革为核心，扎实推进素质教育，逐步建立符合国家课程标准要求、具有南宁特色的基础教育课程体系。继续调整学校布局，全面优化教育资源配置，提高各级各类学校的办学水平和效益。以创建示范性普通高中为重点，加快发展普通高中教育。合理调整教育结构，大力发展职业教育，整合技工教育资源，启动南宁高级技工学校建设。加快教育信息化建设，提高教育科研水平。积极推进义务教育均衡化建设，认真落实各项义务教育政策，加大对农村教育的扶持力度，完善农村义务教育管理体制，促进城乡教育协调发展。积极鼓励和支持社会力量举办非义务教育阶段教育，逐步形成以政府办学为主、社会共同参与、公办学校与民办学校并举的发展格局。

加强人才工作。深化干部人事制度改革，完善人才培养、评价、选拔、任用和激励保障机制。落实人才政策，营造年轻人才脱颖而出的环境和氛围。加强人才资源能力建设，实施人才重点开发工程，加强党政人才、企业经营管理人才和专业技术人才三支队伍建设；抓紧培养外经外贸人才、高技能人才和农村实用人才；加强人才小高地建设，创新人才汇集机制，加强聚集一批与我市产业发展相适应的优势人才群体；加强与东盟、泛珠三角等区域城市间的人才交流与合作，鼓励引进国内外高素质人才以多种方式服务南宁建设；加强人才工作载体建设，加强首府人才大厦和南宁市人才公共服务信息平台建设，建立健全人才市场体系，促进市级人才市场与县区人才市场互联互通。

（八）努力改善人民生活，切实维护好人民群众的根本利益

积极推进财政增收，合理安排好财政支出。按照中央和自治区的要求，努力开拓财源，做大做强财源，确保财政收入较快增长。依法强化税收征管，严格税收政策，做到应收尽收。建立健全财政收入增长激励机制。合理安排好财政支出，优化支出结构，加大专项资金整合力度，压缩一般性财政支出，优先保证政权运转、农业、科技、教育、社会保障等重点支出的需要，提高财政资金使用效率。进一步加强资金筹措力度，集中财力更好地为“136”工程和中国－东盟博览会服务。加强财政管理，健全财政监督，开源节流，增收节支，努力防范和化解政府债务风险，确保财政收支平衡。

进一步扩大就业。继续实施积极的就业政策，推进城乡统筹就业。围绕经济发展多渠道开发就业岗位，千方百计扩大就业总量；大力发展社区就业，采取灵活多样的就业方式，努力扩大就业空间。完善公共就业服务制度，提高公共就业服务的质量和效率。完善职业技能培训机制，提高城乡劳动者就业和创业能力。统筹做好大中专毕业生、退役军人、城镇新增劳动力和农村劳动力转移就业工作，推动就业稳定增长。加大劳动保障监察执法力度，切实维护城乡劳动者合法权益。进一步做好失业调控和失业预警工作，加强对企业裁员工作的指导，规范企业裁员行为，鼓励企业稳定就业。

推进社会保障体系建设。逐步建立健全与我市经济发展水平相适应的社会保障体系。完善企业职工基本养老保险制度，建立基本养老金正常调整机制，改革基本养老保险计发办法，调整个人账户规模，统一城镇个体工商户和灵活就业人员参保缴费政策，确保企业离退休人员基本养老金按时足额发放。以各开发区为主的各类非公有制单位从业人员、个体工商户和灵活就业人员作为重点，继续扩大各项社会保险覆盖面。加强社会保险费征缴和监管。认真研究解决农民工和失地农民的社会保障问题，继续完善失地农民社会保障政策，积极探索进城务工人员参加社会保险的政策和办法，创造条件为进城务工农村劳动者提供必要的社会保障。整合资源，全面启动“金保工程”，为群众提供直接的社会公共服务网络。进一步健全住房供应保障体系，完善住房公积金制度，改善干部职工住房条件。

关注城乡困难群众的生产生活问题。规范和完善城市低保工作，帮助城镇低收入家庭解决居住、子女上学等特殊困难。加强社会福利事业建设，完善城乡医疗救助，为城乡特困人口提供必要的医疗救助。大力发展慈善事业，开展社会救助；建立并完善自然灾害紧急救助体系，做好灾区群众生活救济、生产恢复和灾后重建工作。增加农村“五保户”供养、特困户救济、“五保村”建设经费投入。扎实抓好农村贫困残疾人危房维修改造。继续分批整村推进贫困村扶贫开发，帮助现有贫困群众尽快脱贫致富。重视做好劳动关系的协调处理工作，尤其是切实解决好拖欠农民工工资等容易影响社会安定的劳动纠纷问题。大力整顿消费市场秩序，加快改善城乡居民的物质文化生活条件。加快发展妇女、儿童、老年人、未成年人和残疾人事业。关心和支持“春蕾计划”的实施，帮助失学和辍学女童重返校园。改建华侨农林场的归侨危房，改善归侨住房条件。

加强全民公共卫生体系建设。健全突发公共卫生事件应急机制，做好重大传染病的监测、报告、防控、救治和监督工作。深化医疗卫生体制与运行机制改革，规范和加强卫生行业管理，切实解决群众看病贵、看病难问题，为市民提供更好的医疗卫生服务。推进城市社区卫生工作和农村卫生事业的发展，完善农村基本医疗救助制度和合作医疗制度，争取农村合作医疗人口覆盖率超过自治区所确定的目标。

建立和完善社会矛盾化解工作机制。进一步做好信访工作，加大信访事项的督查督办力度，全力做好处理信访突出问题及群体性事件工作，完善信访排查制度，健全人民内部矛盾纠纷排查调解机制，充分发挥基层人民调解组织的作用，把矛盾消除在基层，化解在萌芽状态，确保群众合理的利益要求得到妥善解决。

切实加强社会治安综合治理。深入推进平安南宁建设，不断扩大平安覆盖面。保持对严重刑事犯罪的高压态势，严厉打击爆炸、杀人、绑架等严重暴力犯罪和盗窃、抢夺、抢劫等侵财性犯罪。推进基层治安防控体系建设，提高基层维护稳定的能力。整合基层综治组织，不断壮大群防群治队伍，形成综合治理合力。整合技防资源，构建电子监控网络，提高科技防范水平。不断提高流动人口及出租屋管理服务水平。继续深入开展禁毒人民战争和禁赌斗争，推进禁吸戒毒和“无毒社区”创建，不断减少社会吸毒人员。进一步落实刑释解教人员安置帮教工作，减少重新犯罪。积极实施“为了明天—预防青少年违法犯罪工程”，开展“未成年人零犯罪社区”创建活动。深化学校及周边治安整治工作，优化青少年健康成长环境。

切实抓好生产安全和交通安全。强化各级安全生产责任制，建立健全安全生产考核制度和问责制。加强安全生产监督管理，落实安全防范措施，抓好安全生产专项整治和各项基础工作。完善消防站、消防装备和道路交通等基础设施建设，继续开展消防隐患大排查、大整改、保安全专项治理，坚决遏制重、特大消防、交通事故的发生。

（九）加强社会主义政治文明和精神文明建设，全面推进社会进步

开展精神文明建设教育实践活动。积极开展“爱国、守法、诚信、知礼”现代公民教育活动和“讲文明、懂礼貌、守秩序”教育实践系列活动。加强和改进青年学生和未成年人思想道德建设。广泛开展群众性精神文明创建活动，继续深入开展创建全国文明城市活动。继续开展科教、文体、法律、卫生和环保进社区活动，加大文明城区、文明社区和文明示范村镇创建力度。

积极发展文化体育事业。繁荣绿城文化，挖掘、保护、开发历史文化遗产，培育地方文化品牌，打造一批精品力作，重点办好“南宁国际民歌艺术节”等精品文化活动。挖掘文化内涵，整合文化资源，深化文化体制改革，完善文化产业政策，做大做强文化产业。做好文化设施建设规划，完善文化设施布局。加强基层公益性文化设施建设。进一步推动全民健身活动，提高竞技水平，加大体育产业开发力度，加快体育场馆建设步伐，提高承办各类体育大赛能力，积极争取承办国际国内重大赛事，特别是加强与东南亚的体育交流。加快实现广播电视数字化进程。积极促进广播电视、新闻出版、社会科学等各项社会文化事业发展。

推动人口与计划生育等社会事业发展。全面推进综合改革，加快建立和完善“依法管理、村（居）民自治、优质服务、政策推动、综合治理”的工作新机制。健全以“县服务站为龙头、乡镇中心站为骨干，乡镇服务所为依托、村服务室为基础、流动服务车为纽带”的服务网络。大力推进“婚育新风进万家”活动，加强人口和计划生育综合管理，全面推进计划生育优质服务区的创建活动，建立完善计划生育管理机制。稳定低生育水平，提高人口素质，综合治理出生人口性别比升高问题。建立完善计划生育利益导向机制，实施农村计划生育家庭奖励扶助制度和“少生快富”扶贫工程。实施妇女儿童发展项目，切实保障妇女儿童的合法权益。全面贯彻执行党的民族宗教政策，促进民族团结。加强国防后备力量建设和国防教育，继续抓好双拥工作、优抚安置工作，大力巩固军民军政团结。实施依法护侨，进一步扩大海外交流与合作。认真做好全国首次经济普查成果利用工作。做好外事、统计、人防、档案、文史、地方志等工作。

（十）适应新形势新任务要求，着力加强政府自身建设

完善民主政治制度。各级政府要自觉接受同级人大及其常委会的法律监督、工作监督和政协的民主监督，及时办理人大代表建议和政协提案。密切与各民主党派、工商联、无党派人士的联系，发挥好工会、共青团、妇联等群众团体的作用，促进科学决策、依法决策、民主决策。

推进法治政府建设。各级政府要自觉运用法律手段调节、管理经济和社会事务，积极开展行政立法、执法监督、行政复议和规范性文件的管理工作。深入贯彻行政许可法，提高行政效能和工作效率，依法有序推进政务公开，增强政府工作透明度，建立健全公众参与、专家论证和政府决策相结合的科学民主决策机制，完善行政决策程序。

加强勤政廉政建设。各级政府要积极巩固保持共产党员先进性教育成果，增强立党为公、执政为民的责任意识，激励广大公务员勤奋工作，廉洁从政。深入贯彻实施公务员法，加强对公务员的教育、管理和监督，进一步改进工作作风，增强服务意识，规范办事程序，提高工作效率。继续推行行政执法责任制和行政效能建设。加大执法监察和行政效能监察力度，继续整顿投资软环境，对违法和不当的行政执法行为，以及行政不作为，要坚决纠正和严肃处理。各级领导要树立正确的政绩观，弘扬求真务实精神，保持谦虚谨慎、艰苦奋斗的优良作风，重实际、说实话、办实事、求实效。深入开展纠风专项治理和民主评议政风行风活动，切实纠正损害群众利益的不正之风。加大反腐败力度，充分发挥行政监察、审计等职能部门的作用，建立健全与社会主义市场经济体制相适应的教育、制度、监督并重的惩治和预防腐败体系，促进公务员尤其是领导干部廉洁自律。

继续抓好为民办实事项目建设。在抓好全面工作的同时，按照量力而行、尽力而为的原则，在广泛征求各方面意见的基础上，经过筛选、论证，今年继续安排20件为民办实事项目：

1. 实施城市内涝整治工程（改造明秀、沙井、植物等泵站；朝阳溪清淤），完成部分道路排水渠与泵站改造建设、内河清淤工程；

2. 建设经济适用房100万平方米，竣工80万平方米；

3. 完成邕宁区、良庆区 30 条小街小巷改造；

4. 为生活困难的城乡肺结核患者免费治疗；

5. 为贫困高危孕产妇提供免费救治；

6. 建立 50 个城市社区卫生服务机构；

7. 新增 5 万个就业岗位；

8. 继续实施农村基础设施建设“三大会战”工程；

9. 绿化种树 150 万株、实施 20 公里城市主干道绿化、美化、彩化、亮化工程；

10. 修建、恢复 2 处历史文物保护项目；

11. 扶助 3000 名贫困生读书；

12. 完成 1000 户农村贫困残疾人危房改造；

13. 改造市区 50 条人行道；

14. 完成农村 8 万个劳动力转移就业；

15. 为 1000 个分散居住的无房或危房五保户修建住房；

16. 为 200 户华侨农林场归侨进行危房改造；

17. 为 5000 对农村新婚夫妇免费进行地中海贫血筛查；

18. 解决农村 8 万人饮水问题；

19. 实现电话村村通；

20. 建设装备一批公、检、法、司办公用房及设备。

关于“十一五”规划纲要（草案）的简要说明

各位代表，制定一个切实可行而又鼓舞人心的“十一五”规划，作为指导我市新时期经济社会发展的行动指南，意义十分重大。根据党的十六届五中全会、自治区党委八届六次全会和市委九届十二次全会精神，按照《中共南宁市委员会关于制定国民经济和社会发展第十一个五年规划建议》（以下简称《建议》）的要求，制定了我市国民经济和社会发展第十一个五年规划纲要（草案）（以下简称纲要（草案））。提交本次会议审议的《纲要（草案）》是在市委的直接领导下研究制定的，广泛征求了各县区、各部门、各民主党派以及社会各界的意见，是集思广益和民主决策的成果。为了便于大家进行审议，我就《纲要（草案）》作个简要说明。

一、关于《纲要（草案）》的基本框架

《纲要(草案)》共有 12 篇 52 章，第一篇（1-4 章）主要是分析“十一五”时期发展的基础条件，提出总体要求和发展目标；第二篇至第十一篇（5-49 章）阐述“十一五”时期主要发展任务；第十二篇（50-52 章）提出了规划实施的保障措施。

《纲要(草案)》的框架和中共南宁市委《建议》框架是互相衔接的，并充分体现市委在《建议》中对制定“十一五”规划的总体要求，即“四个突出”：一是突出以科学的发展观统领经济社会发展的全局；二是突出走开放型发展道路的主线；三是突出做大做强经济总量、在富民兴桂新跨越中率先实现跨越式发展、推进区域性国际化城市建设的战略目标；四是突出以提高人民生活水平和促进人的全面发展为根本出发点和归宿，建设富裕南宁、文化南宁、生态南宁、平安南宁，构建和谐南宁，开创经济建设、政治建设、文化建设和社会建设新局面。

二、关于“十一五”时期面临的形势、总体要求和发展目标

关于“十一五”时期面临的形势和总体要求。市委的《建议》对我市“十一五”期间面临的形势和机遇以及在全面建设小康社会进程中面临的问题和困难作了全面、客观的分析，并在此基础上作出了今后五年乃至更长一段时期，是我市在富民兴桂新跨越中率先实现跨越式发展，全面建设小康社会的重要时期，作出了我市已进入全方位、多层次、宽领域对外开放的关键时期的基本判断，提出了走开放型经济发展道路的总体要求，高瞻远瞩，完全符合我市的实际，因此，《纲要(草案)》中对形势的分析和总体要求与市委《建议》的提法是一致的。

关于发展目标。根据市委《建议》中提出的“十一五”时期的发展目标，《纲要(草案)》做了进一步的细化和量化，提出了经济总量、经济结构、资源利用和可持续发展、城市建设、人口和人民生活、公共服务构成的指标体系。指标分为导向性、预期性和约束性三种，考虑到未来五年物价变动的不确定以及统计基数的调整等因素，部分经济指标只提出相对数，不提出具体的绝对数。

三、关于“十一五”时期的主要任务

为实现“十一五”规划各项发展目标，今后五年我们主要抓好以下十一项工作：

加快新型工业化进程。“十一五”期间，加速推进工业化是做大做强我市经济总量，实现经济发展目标的关键。根据《建议》提出“要实施工业强市战略”的要求，《纲要(草案)》提出“十一五”期间要以推进“百项工业项目大会战”为突破口，调整产业结构，推进特色优势产业迅速扩张，重点发展铝加工、化工与精细化工、食品、制浆造

纸、建材、机械、电子信息、生物工程与制药、电力能源等产业，形成产业集群。着力推进一批重大项目建设。加强工业园区建设，增强开发区发展能力。加大招商引资，抓好技术改造，推进资本扩张，增强创新能力，抓好企业家队伍建设。实施知名品牌战略，做大做强骨干龙头企业。

加快推进城镇化。“十一五”期间，我市推进城镇化的重点任务：一是扩大中心城市规模。二是加快发展六个县城和一批中心镇（重点镇），逐步扩大城镇规模，构筑县域政治、经济、文化中心。同时协调推进一般建制镇建设。

建设社会主义新农村。《纲要(草案)》提出的新农村建设重点是根据自治区党委、政府的意见选择武鸣县、原邕宁县辖区开展新农村建设试点，加大投入，加强农村基础设施建设，改善农村发展条件，大力发展县域经济，促进百万农民进城，提高农业综合生产能力，建设一批农产品基地，推进农业产业化，加强农村公共基础设施建设，深化农村体制改革，稳步推进社会主义新农村建设。

加快发展服务业。一是打造旅游品牌，大力发展南宁山水、历史文化、民族风情等特色旅游，建设中国绿城、购物中心、美食天堂、区域性国际旅游目的地和集散地。二是加快发展商贸物流业，突出抓好重点商贸物流项目建设，重点发展汽车以及农副产品、建材、服装、机电等商品贸易；建设一批专业市场和物流中心项目。三是扩大对外贸易，大力发展加工贸易和服务贸易，扩大进出口贸易规模。四是加快发展金融业，推进金融体制创新，增强我市金融业的辐射力和影响力，建设区域性金融中心。五是积极推进信息化，建设“数字南宁”。六是大力发展会展、房地产等其他服务行业。

统筹区域协调发展。一是促进城乡协调发展。形成以城带乡、以工带农、城乡互动、工农互动、优势互补、相互促进、共同发展的新格局。二是调整优化区域产业布局，特别是优化工业布局，逐步形成经济与人口资源环境相协调、区域之间分工合理的有序发展格局。三是积极参与区域合作，特别是积极参与北部湾（广西）经济区建设，实施一批对接北部湾（广西）经济区的基础设施项目，完善城市综合服务功能，实现优势互补，共赢发展。

推进先进文化建设。建设文化南宁的重点：一是加强社会主义精神文明建设；二是大力发展文化事业和文化产业，重点发展新闻出版、广播影视、节庆文化、演出娱乐、网络文化、博览会展、体育健身等文化产业；三是加强文化设施建设，完善文化设施布局，突出抓好一批迎接自治区 50 周年大庆的重要文化设施项目建设。

建设资源节约型和环境友好型社会。建设生态南宁的四个重点任务：一是大力倡导节约资源，大力发展循环经济，推进节能、节水、节材、节地和资源综合利用；二是推进生态环境建设，建设环境友好型城市；三是加大环境保护力度；四是促进人口和计划生育事业健康发展，实现人与自然、人与社会的和谐发展。

构建和谐社会。一是千方百计扩大就业；二是不断提高人民生活水平；三是健全社会保障体系；四是发展妇女儿童、青少年、老龄人口和残疾人事业；五是加强公共卫生建设，构建首府科学完善的全民公共卫生体系；六是大力发展体育事业；七是加强应急体系建设，提高保障公共安全和处置突发事件的能力；八是推进社会主义民主政治和法制建设；九是维护社会稳定。

深入实施“科教兴市”和“人才强市”战略。一是加快科技进步与创新；二是坚持优先发展教育；三是建设高素质人才队伍。

推进体制改革与创新。一是深入推进体制改革。二是推进全方位创新，以创新增强城市的竞争力，以创新提升城市的价值。

建立规划实施保障机制。一是强化政策保障；二是进一步拓宽项目融资渠道，加强项目建设；三是强化规划组织实施。做好年度计划与总体规划、专项规划的衔接；加强规划实施的监督考核；建立和完善规划评估修订机制。

各位代表！随着“十一五”规划的启动，我们已进入新的发展时期，新的目标令人鼓舞，新的形势催人奋进。让我们紧密地团结在以胡锦涛同志为总书记的党中央周围，高举邓小平理论和“三个代表”重要思想的伟大旗帜，全面落实科学发展观，解放思想，与时俱进，开拓创新，扎实工作，在市委的领导下，紧密团结和依靠全市人民，为全面完成“十一五”规划和2006年的各项任务而努力奋斗！

关于南宁市 2005 年国民经济和社会发展计划执行情况及 2006 年国民经济和社会发展计划草案的报告

——2006 年 2 月 15 日在南宁市第十一届人民代表大会第十一次会议

市发展和改革委员会主任　刘　雄

各位代表：

我受市人民政府委托，向大会报告我市 2005 年国民经济和社会发展计划执行情况及 2006 年国民经济和社会发展计划草案，请予审议，并请市政协各位委员和其他同志提出意见。

一、2005 年全市国民经济和社会发展计划执行情况

2005 年，我市牢固树立和落实科学发展观，按照“千方百计做大做强经济总量，千方百计提高城乡人民群众生活水平”的要求，乘势而上，加快发展，全市经济保持了持续健康发展的良好态势，“三个百亿”目标全面实现，经济增长质量和效益明显提高，各项社会事业不断进步，年初确定的各项工作任务基本完成，为胜利实现“十五”计划目标划上了圆满的句号。

(一) 经济持续快速发展，主要预期目标顺利完成

初步统计，全年实现地区生产总值 722.66 亿元，比上年净增 103.54 亿元，增长 13.20%，完成计划的 107.86%。其中第一产业增加值 119.57 亿元，增长 8.20%，完成计划的 105.81%；第二产业增加值 230.99 亿元，增长 15.90%，完成计划的 106.45%，其中工业增加值 164.97 亿元，增长 15.40%，完成计划的 111.47%；第三产业增加值 372.10 亿元，增长 13.30%，完成计划的 109.44%。经济结构进一步优化，三次产业比重为 16.55：31.96：51.49，第二产业增加值占 GDP 的比重比上年提高了 0.8 个百分点。财政收入 100.22 亿元，增长 20.99%，完成计划的 119.88%。全社会固定资产投资 362.90 亿元，比上年净增 100.14 亿元，增长 38.11%，完成计划的 115.94%，其中基本建设投资 161.45 亿元，增长 28.92%，完成计划的 107.42%；更新改造投资 59.53 亿元，增长 47.91%，完成计划的 123.25%。社会消费品零售总额 378 亿元，增长 13.84%，完成计划的 139.74%。实际利用外资 1.15 亿美元，增长 14.60%，完成计划的 95.51%，其中，外商直接投资 8578 万美元，增长 10.43%，完成计划的 96.02%。外贸出口总额 5.77 亿美元，增长 10.10%，完成计划的 104.72%。城镇居民人均可支配收入 9203 元，增长 14.19%，完成计划的 107.70%。农民人均纯收入 2677 元，比上年增收 210 元，增长 8.51%，完成计划的 102.88%。居民消费价格总指数 101.10%，低于计划 2.9 个百分点。城镇登记失业率 3.90%、人口自然增长率 6.84‰，均在计划控制范围内。

（二）重大项目建设稳步推进，投资高速增长

2005 年我市紧紧围绕“三个百亿”目标，坚持以项目为中心，把扩大投资和加强重大项目建设作为全市经济工作的重点，全力推进新项目开工和在建项目建设进度，促进投资实现快速增长，投资对经济增长的贡献率为 64.10%。

城市建设管理“六年大变化”初见成效。江南堤路园、南宁国际会展中心二期工程、友爱南路延长线、中国—东盟商务区基础设施建设 6 条道路等博览会配套基础设施项目建成投入使用。启动“百项工业项目大会战”，工业投资快速增长。全年完成工业投资 62.30 亿元，增长 39.41%。南化股份公司新增年产 6 万吨烧碱和 6 万吨 PVC 项目、南糖股份公司伶俐糖厂日榨甘蔗 6000 吨技改工程、皇氏乳业有限公司新增年产 10 万吨液态奶生产基地等项目建成投产，南南铝加工公司 30 万吨高精度铝板带、华润水泥（南宁）公司日产 4000 吨新型干法水泥生产线等一批项目开工建设。商贸基础设施进一步完善。南百五象购物中心、10+1 商业大道、荣宝华商城等一批大型商贸设施投入运营。农村基础设施建设“三大会战”工程顺利推进，全年完成投资 4.60 亿元。新扩建农村道路 165 条、总长 865.24 公里，完成水库除险加固 26 座、渠道防渗 145 公里，实施人饮工程 93 项，解决 8.73 万人的人饮困难，建成 100 个生态文明村和 3.02 万座沼气池。亚行贷款南宁城市环境改善、城市轨道交通等重大项目前期工作进展顺利。

（三）工业经济快速增长，经济效益明显提高

工业经济呈现出“增速快、效益好”的良好发展势头。全市规模以上工业总产值 369.81 亿元，位居全区第二位，增长 23.32%，工业经济拉动全市经济增长 3.5 个百分点。

做大做强优势企业，“实力工程”取得新进展。全市产值超亿元的企业达77户，比上年增加17户。开发区和工业集中区建设取得新成效，开发区龙头作用凸显。高新技术开发区、经济技术开发区、华侨投资区三个开发区完成规模以上工业总产值 76.13 亿元，占全市规模以上工业总产值的20.58%，拉动全市规模以上工业增长8.23个百分点。工业经济效益好于上年，规模以上工业实现利税 41.28 亿元，增长13.40%；工业经济效益综合指数156.91，比上年提高9.35个百分点，是1997年以来最好的一年。

（四）首府商贸中心功能逐步凸显，新型服务业发展迅速

随着“中国绿城、美食天堂、购物中心和旅游胜地”建设的顺利实施，区域商贸中心功能日益显现，消费需求稳步增长。食品、汽车、通讯产品等保持热销势头，房地产销售稳步增长，黄金周和“南博会—民歌节”假日消费持续活跃。国美电器、苏宁电器等国内外知名连锁企业进驻南宁，连锁业、电子商务、物流配送等新型现代流通方式有力推动了消费增长，城市、县及县以下消费分别增长13.77%和14.16%。博览会效应进一步显现，会展、信息和旅游等新型服务业快速发展。第二届中国—东盟博览会交易总额达11.50亿美元，增长6%；完成了“两会一节”综合服务和组织管理信息系统、中国—东盟区域性中心城市信息化平台一期等信息化项目建设；全市接待国内旅游者1623.47万人次，增长17.06%；接待入境旅游者8.33万人次，增长27.02%；旅游总收入85.29亿元，增长16.72%。

（五）优势特色产业发展壮大，农村经济稳步发展

农业产业结构进一步优化，产业化经营发展势头良好。粮食、畜牧水产养殖、水果、蔬菜等优势特色产业规模不断扩大。全年粮食产量180.78万吨，增长6.31%；畜牧业产量46.22万吨，增长10.11%；水产品产量16.69万吨，增长5.11%；蔬菜产量267.95万吨，增长5.73%；水果产量72.48万吨，增长8.11%。培育壮大了一批龙头企业，有效带动优势农产品基地建设，规模养殖快速发展。黑五类、金泰尔、万利来、兴辉、温氏、凤翔、皇氏乳业等龙头企业的发展，带动了优质谷、甜玉米、水果、蘑菇、蔬菜生产基地建设及“公司+农户”养殖小区、养殖标准化、无公害生产的有效推进。全市新建家禽养殖小区 305 个，带动规模养殖户3451户；新建养羊小区42个、养殖肉牛小区和奶源基地15个。着力打造西津优质米、兴辉果蔬罐头、金坛王香蕉、马山黑山羊、丁当鸡等一批名优农产品品牌，增强了我市农产品的竞争力。农业产业化经营水平的提高，有力促进了农业实现增产增收、农民收入稳步增长。

（六）招商引资取得新成效，外贸实现较快增长

充分借助博览会平台，招商引资工作成效显著。全年内外资合同引进资金、实际到位资金分别达到372.80亿元、180.37亿元，分别增长45.58%、47.19%。“两会一节”期间，我市签约投资项目90个，投资总额181.98亿元。加强了重点签约项目的协调推进，提高项目履约率和开工率，全年推进 209 个重点招商引资项目开工、竣工。通过抓好重点市场、重点产品和重点企业的发展，瞄准东盟市场，积极扩大对外出口。私营企业出口增长加快，食品类和机电类产品出口旺盛。出口形势好于上年，全年外贸进出口总额7.19亿美元，增长13.03%，其中出口总额5.77亿美元，增长10.10%。

（七）努力开拓财源，财政收入继续高速增长

经济较快增长带动财政收入高速增长，各县、开发区财政收入全面增收，土地增值税、耕地占用税、契税保持强劲增长。全年财政收入100.22亿元，按可比口径比上年增收17.39亿元。

（八）统筹兼顾，社会事业全面发展

实施技术标准与专利战略，企业技术创新与竞争力不断提升。我市承担的全国“重要技术标准研究”专项地方试点研究已形成国家标准1个、广西地方标准8个、南宁地方标准1个。继续加大对教育的投入。农村基础教育工程129个项目顺利建成，极大地改善了农村教育基础设施；二中东校区、三中、三十三中等优质高中建设项目顺利开工或竣工。卫生基础设施建设进展加快，各县疾控中心已竣工，各县传染病医院建设进入收尾阶段，市疾控中心二期、中医院搬迁、红会医院综合门诊楼等工程建设进度明显加快。旅游文化产业加快发展，南宁孔庙迁建、“东南亚美食街”、“花花世界”、“九曲湾温泉度假村”等一批文化旅游项目开工、竣工；城区“文化馆、图书馆”建设基本完成，全市已通电50户以上的自然村“村村通”广播电视工程建设超额完成年初制定任务，基层文化设施得到较大改善。社会事业所取得的进步为构建和谐南宁打下了良好基础。

（九）就业和再就业工作稳步推进，城乡居民生活继续得到改善

全年新增就业岗位5.26万个，完成计划的105.14%；下岗失业人员实现再就业12650人，完成计划的115%，其中帮助大龄就业困难人员实现再就业2916人，完成计划的162%；城镇登记失业率3.90%，低于年度控制目标0.1个百分点；城镇居民人均可支配收入9203元，增长14.19%；农民人均纯收入2677元，增长8.51%。

（十）加强重点领域改革，经济体制改革取得新进展

投资体制改革全面推进。出台了《政府投资项目实行代建制管理暂行办法》、《政府核准的投资项目目录》、《南宁市企业投资项目核准暂行办法》、《南宁市外商投资项目核准暂行管理办法》、《南宁市企业投资项目备案暂行办法》和《鼓励社会资金参与重大项目前期工作管理办法》等，进一步规范了项目管理，改善了投资环境。加大对国有企业改革创新力度，完成了39家企业改革改制工作，重点推进南宁手拖—柳州五菱、南宁专用汽车—玉柴集团、自来水公司—排水公司—琅东污水处理厂等企业的重组、改制工作。启动了城镇企业职工基本养老保险基金市级统筹。

总体上看，2005年我市经济社会发展的形势是好的，特别是“三个百亿”目标的全面完成，标志着我市经济发展进入了新的阶段。在煤电油运和土地、资金等瓶颈制约因素加剧的情况下，我们能够取得这样的成绩的确非常不容易。这是市委正确领导、市人大加强监督、市政协大力支持的结果，是全市各族人民全面落实科学发展观，万众一心、奋力拼搏的结果。在肯定成绩的同时，我们必须清醒地看到，当前我市经济社会发展还面临着不少突出困难和问题，主要是：我市经济总量还不大，经济整体质量和效益还不高；煤电油运供求紧张矛盾仍然突出；国家继续严把土地和信贷两个闸门，将给我市扩大投资、新上项目增加难度。特别是经济发展中一些长期性和深层次矛盾仍然存在，工业化、城镇化水平还较低，农业基础薄弱，开放程度不高，创新能力不强，参与国际竞争能力较弱，制约经济社会发展的体制性机制性障碍远未消除，等等。

面对存在的困难和问题，我们必须转变发展观念，创新发展模式，创新体制机制，破解发展难题，改善发展环境，确保实现又快又好地发展。

二、2006年经济和社会发展主要预期目标

2006年我市经济发展，总体上面临着的仍将是机遇与挑战并存，有利条件多于不利因素的环境。从当前情况看，我市经济发展存在很多有利条件：

从国际看，世界经济增长的基本态势不会改变，国际生产要素流动和产业转移加快，有利于我市充分利用两个市场、两种资源，扩大发展空间。

从国内看，2006年国家将努力扩大内需，总体上仍将保持宏观经济政策的连续性和稳定性，保持经济平稳较快增长，宏观经济环境有利于我市经济加快发展。

从区内看，自治区党委、政府明确提出加快发展北部湾经济区，建设以南宁为核心的沿海城市群，南北钦防将成为发展重点。

从我市看，经济发展面临多重机遇：两届中国—东盟博览会的成功举办，博览会的拉动作用日益显现；中国—东盟自由贸易区建设加快推进，广西参与大湄公河次区域经济合作，中越加快推进“两廊一圈”建设，使得我市在中国—东盟自由贸易区中所处的地位越来越重要；泛珠三角区域合作进一步加强，使南宁成为沿海发达地区产业往西部转移的重要地区；“十一五”期间国家继续深入实施西部大开发战略，加大对西部地区、少数民族地区的支持力度，南宁作为南贵昆经济带中心城市的地位日益凸显；迎接自治区成立50周年大庆等。我市作为华南经济圈、西南经济圈与东盟经济圈的结合部，区位优势越来越突出，已步入全方位开放的关键时期，具备加快发展的条件。这些为我市经济社会发展提供了良好的条件和新的契机。

根据对2006年发展环境的分析，综合考虑需要和可能以及与“十一五”规划相衔接，体现加快发展和积极进取的要求，为“十一五”规划顺利实施开好局、起好步，2006年国民经济和社会发展的主要预期目标是：

地区生产总值	增长12%
其中：第一产业增加值	增长5%
第二产业增加值	增长16%
其中：工业增加值	增长15%
第三产业增加值	增长12%
财政收入	增长13%
全社会固定资产投资	增长19%
其中：基本建设投资	增长15%
更新改造投资	增长20%
房地产开发投资	增长30%
社会消费品零售总额	增长13%
外商直接投资	增长20%
外贸出口总额	增长20%
城镇居民人均可支配收入	增长8%
农民人均纯收入	增长7%
居民消费价格总指数	103%以内
人口自然增长率	10‰以内

城镇新增就业岗位　　　　　　　5万个

城镇登记失业率　　　　　　　　5%以内

三、2006年经济社会发展的主要任务和措施

2006年是全面贯彻党的十六届五中全会精神的第一年，也是“十一五”的开局之年。我们要坚持以科学发展观统领经济社会发展全局，突出以更快更好发展为主题，以开放、创新为主线，坚持开放带动，走开放型经济发展道路，努力开创全方位、多层次、宽领域开放的新局面。突出抓好经济结构调整，扩大总量，提升发展速度。突出抓好项目建设，进一步加大投入力度。突出抓好全方位开放，加快改革创新，把我市发展面临的八大机遇转化为现实优势和发展实力。突出抓好社会主义新农村建设，统筹城乡和经济社会协调发展，改善人民生活。全面推进“中国绿城、美食天堂、购物中心和旅游胜地”及区域性的加工制造中心、商贸中心、物流中心、金融中心和科技创新基地、文化交流平台建设，建设富裕南宁、文化南宁、生态南宁、平安南宁，构建和谐南宁。重点做好以下八个方面的工作。

第一，坚持以科学发展观统领经济社会发展全局

科学发展观是我们党关于社会主义建设思想的新发展，是我国经济社会发展必须长期坚持的指导方针。我们要坚持以人为本，落实“五个统筹”，要把经济社会发展切实转入全面协调可持续发展的轨道。通过扩大投资规模，调整优化投资结构，加大对社会主义新农村、优势产业、交通、能源、水利、社会事业建设项目投入力度，促进经济实力不断增强，经济结构不断优化，经济增长方式加快转变，经济社会发展更加协调，人民生活水平进一步提高，推动我市经济社会发展全面协调可持续发展。

第二，突出抓好项目建设，千方百计扩大固定资产投资

按照“开工一批、续建一批、投产一批、储备一批”的要求，突出重大项目建设，形成大中小项目一起上的格局。

全力以赴推进“百项工业项目大会战”，争取年内一批工业项目开工和竣工投产。全力推进30万吨高精度铝板带等重大项目建设，加快推进金鸡滩水电站、华润水泥（南宁）公司日产4000吨新型干法水泥生产线等项目的实施，实现工业项目建设新突破。

加快旅游、文化设施建设。重点建设府城—雷江二级公路、大明山风景旅游区基础设施、青秀山主干道二期工程、青秀山东南亚美食街、“梦幻东南亚”、观光塔、昆仑关战役遗址纪念馆等项目。配合自治区抓好广西民族博物馆、广西文化艺术中心、广西体育中心、广西科技馆等项目建设。

加快现代物流项目建设。重点抓好新希望大商汇、新朝阳商业广场等一批商贸流通基础设施建设项目。加快建设江南、玉洞、安吉、金桥等物流园区。

围绕建设社会主义新农村目标，全面完成农村基础设施建设“三大会战”工程。重点抓好农村道路、农田水利、生态文明村、农村沼气池等建设。积极争取中央、自治区资金支持，全力推进农村基础设施建设。

继续实施城市建设管理“136”目标“六年大变化”项目建设，以五象岭新区为重点，加快推进城市基础设施建设。抓好新区路网、市区道路、越江桥梁等工程建设，重点推进大沙田至蒲庙大道等一批项目开工建设。加快城市水环境综合整治工程、亚行贷款南宁城市环境改善等项目建设。推进中国—东盟博览会通信保障与综合信息服务系统工程等项目，加快信息化基础设施建设。

加大对各项社会事业的投入。加快市疾控中心二期工程、紧急救援中心及武鸣、隆安两县乡镇卫生院、二中东校区等项目建设。完善城市功能，加快推进青少年活动中心、妇女儿童活动中心等项目前期工作，尽早启动建设。

扎实推进项目前期工作。抓紧做好“十一五”规划头两年重点项目前期工作，全力推进自治区成立五十周年大庆项目及城市轨道交通、上林风能电站等一批标志性及能源、交通项目前期工作；加快推进老年人活动中心、残疾人活动中心等项目的前期准备工作。完善项目库，做好项目储备。

千方百计筹措项目建设资金。根据中央投资的方向、重点，有针对性地做好项目申报工作，争取更多的国债和中央专项资金支持。主动汇报，积极争取自治区的资金支持。加强向银行推介项目，建立完善与银行尤其是国家开发银行的沟通联动机制，争取更多银行贷款。加强组织、策划项目，争取国际金融组织和外国政府贷款。充分利用中国—东盟博览会平台，加大项目储备，突出抓好“招大引强”，吸引更多国内外企业到我市投资。盘活存量资产，通过转让一批城市基础设施经营权和特许经营权等方式，吸引社会资金。

第三，以“百项工业项目大会战”为突破口，做大做强工业经济

以开展“百项工业项目大会战”为突破口，以项目建设带动工业结构调整，做大做强工业经济总量。

突出发展重点领域。大力发展铝加工、食品、制浆造纸、建材、电力能源等资源型工业及其后续产业；改造提升机械制造、化工等传统优势产业；加快发展生物工程与制药、电子信息等高新技术产业，促进工业结构的优化。

积极培育、引进骨干龙头企业。对南宁糖业股份公司、南宁化工股份公司、南南铝箔有限公司等一批具有一定发展基础和潜力、成长性好的企业，在改制、融资、技改投入等方面给予重点支持，逐步形成行业龙头；引进一批主业突出、核心竞争力强的大企业。

优化工业布局。积极引导各类工业项目向开发区和工业集中区集聚。

第四，加快县域经济发展，扎实推进社会主义新农村建设

继续推进农业产业化，发展特色优势农业。重点发展粮食、糖料蔗、畜牧水产养殖、果蔬、花茶、林竹等六大产业群。建立优质农产品规模化生产基地。养殖业方面新建3000万羽家禽、15个肉奶牛和1万头黑山羊养殖小区、1万网箱水产品标准化养殖基地，种植业方面重点抓好10万亩蔬菜、菠萝、香蕉、水稻无公害基地建设和桑蚕、食用菌、马铃薯、甜玉米及亚热带水果等特色产业，推进产业化经营。继续引进、培育和支持农业龙头企业。支持广西富丰集团肉鸭产业化加工、广西集盛公司和横县兴辉食品的蘑菇、甜玉米深加工等产业化项目建设。加快农民合作经济组织、专业协会和农产品行业协会建设。扶持农产品名优品牌，提高农业生产规模化、经营组织化程度。

以项目为中心，大力发展县域经济。继续实施工业园区和工业集中区发展战略，突出发展特色产业，加快启动一批重大项目，做大做强县域工业。加强县城和中心镇基础设施建设，推进城镇化进程。以环大明山旅游圈开发建设为龙头，加快发展县域特色旅游业。

继续抓好农产品的标准化生产。突出抓好动物防疫体系、农业标准化体系建设，确保质量安全，力争有一批种养基地通过国家和自治区认定。

抓好农村劳动力培训转移就业工程。完成20万农村劳动力转移培训工作，做好“促进百万农村劳动力转移就业”、“百万农民党员实用技术大培训”、“绿色证书工程”培训、新型农民科技培训等工作，不断提高农民的综合素质。

按照“生产发展、生活宽裕、乡风文明、村容整洁、管理民主”的目标要求，进一步完善农村交通、水利、能源、教育和医疗卫生等基础设施条件，扎实推进社会主义新农村建设。以武鸣县、原邕宁县辖区连片开展社会主义新农村建设的试点工作为重点，全面启动社会主义新农村示范县、示范乡、示范村的建设。加快推进首批135个整村贫困村的综合开发。

第五，突出旅游文化等重点领域，加快发展现代服务业

加快发展旅游产业。围绕建设“中国绿城、美食天堂、购物中心和旅游胜地”目标，加强“奇山秀水绿南宁”的宣传，进一步开拓国内外旅游市场，重点加快大明山风景旅游区、青秀山风景名胜旅游区、昆仑关旅游景区等精品景区景点建设。优化精品线路，形成特色旅游。

打造文化品牌，推动地方特色文化产业发展。充分借助“大地飞歌”、“绿城南宁”、“壮乡首府”等文化品牌影响，促进我市文化事业发展。鼓励和支持新兴文化产业，特别是网络文化业、演出娱乐业、广播影视业、节庆文化业的发展。继续承办一系列有区域影响的体育赛事，着手培育地方体育赛事品牌。

大力推进信息化建设。抓好信息技术在重点单位、行业以及社会公共领域的推广应用。重点推进电子政务系统、服务中国—东盟博览会综合信息系统等重大信息化基础工程，着力推进基本建设项目管理、公共卫生信息管理、社会治安综合管理等项目建设，进一步加大信息化对传统产业的改造力度，努力提升产品竞争力。

大力发展现代服务业。紧紧抓住我市获准向外资金融机构开放人民币业务的机遇，扩大金融领域对外开放，加快发展金融业。建设一批功能齐全、设备现代化的综合性物流项目。借力中国—东盟博览会平台，加快会展业发展。以博览会、南宁国际民歌艺术节为龙头，突出发展专题特色会展。

改造提升商贸流通、餐饮等传统服务业，提高消费对经济增长的拉动作用。不断拓宽消费领域和改善消费环境，完善城乡流通设施，促进城乡消费同步增长。中心城区要继续打造“南宁百货”、“梦之岛”等购物中心品牌，继续引进国内外大型连锁企业、知名品牌，培育一批具有较强服务功能的大型连锁综合超市、专业店、加盟店，建设区域性城市商贸中心、特色商业街。结合实施“万村千乡”市场工程建设，加快中小商场、超市、连锁经营店、集贸市场等农村流通市场建设，构建与农业产业化、农产品物流加工配送相适应的市场流通网络。培育地方餐饮龙头企业和连锁店，大力发展特色餐饮业。

第六，突出重点，全面推进城镇化进程

突出发展中心城市。城市建设以邕江为轴线，东建西扩，完善江北，提升江南，逐步拉开城市框架，扩大城市规模。重点加快建设五象岭新区，启动江南沙井片区和龙岗新区建设。加快邕宁、良庆、相思湖、东沟岭新区建设步伐。加快推进东盟商务区基础设施、江南堤路园后续工程、六座越江桥梁建设，抓好城市主次干道、快速环道、环城高速连接道路等一批公共设施建设，完善城市功能。

打造“中国绿城”品牌，推进中国绿城建设。积极推进中国绿城建设和国家生态示范试点城市建设，提高规划和建设水平,要在市区开展大规模植树造林活动，种植150万株树木，形成“林在城中，城在林中，树要成林，花要成片”、具有亚热带特色的园林绿化体系。

积极探索经营城市新机制，加快城市经营性基础设施市场化进程，围绕城市基础设施建设，加强土地储备、资金筹措和招商引资工作。建立健全便捷高效的城市管理机制，提升城市管理现代化水平。

加快发展县城和中心镇，协调发展一般小城镇，提高城镇化率。重点建设6个县城和19个中心镇，逐步扩大规模。

第七，以“开放创新年”为契机，突出抓好全方位开放和改革创新

通过实施“开放创新年”，推动全方位开放和全方位创新，把发展机遇转化为现实经济优势和发展实力。

紧紧抓住“八大机遇”，全面加强区域合作，形成全方位、多层次、宽领域开放的格局。积极参与中国—东盟自由贸易区、中越“两廊一圈”、大湄公河次区域、泛珠三角区域经济合作，全力服务好第三届中国—东盟博览会，推动我市与东盟各国及沿海地区的经贸合作实现新突破。以项目为载体，大力吸引国内外资金、技术、人才集聚。全力启动对接北部湾经济区项目建设，加快编制良庆、邕宁、江南片区建设详规，完善连接北钦防公路等区域交通基础设施，充分利用北钦防港口、原材料工业等优势，加快我市加工制造和现代物流等产业发展。支持东盟及其他国家在南宁设立领事馆和办事处。

做好招商引资工作，扩大对外贸易。加强招商引资全过程服务，确保已签合同的外资项目在我市落户。深入开展招商引资“千百十”活动和“百企入邕”活动。继续优化出口商品结构，重点扩大向东盟国家出口，鼓励有条件的企业到东盟国家和其他国家投资办厂。

围绕项目建设，创新项目建设、投融资、招商引资等机制、体制。创新项目建设工作机制。建立政府引导、市场运作、法人主体到位的政府投资项目代建制，选择一批项目进行代建工作试点；完善重大项目建设的项目选择办法、滚动机制、责任机制和激励机制。创新项目前期工作机制。选择、策划风能、汽车、石化等一批重点产业发展项目，积极引导社会资金开展前期工作。创新项目投融资体制。以有收益的公路、桥梁、垃圾和污水处理等城市基础设施为重点，积极拓宽 BOT（建设—经营—转让）、BTO（建设—转让—经营）、TOT(转让—经营—转让)等方式的应用领域，吸引社会资金对公共设施建设的投入，增强政府的再投资能力；以现有资产经营公司、投资开发公司为基础，积极培育融资功能强的融资平台；促进融资渠道多样化，重点推进直接融资工作，支持有条件的企业上市融资或发行企业债券。创新招商引资体制。开展网络招商、中介招商、以商招商等新方式招商，增强招商实效。加快项目信息网络建设步伐，推进网上招商工作；在重点区域委托专业咨询机构代理推介信息和招商引资；发挥商会的桥梁作用和外来投资企业的引导作用，形成“引进一个，带来一批”的集聚效应。

突出企业产品、技术创新，提高企业核心竞争力。以骨干企业、人才“小高地”以及高等院校和科研院所为主体，以高新区、经开区等为依托，不断提高我市原创性创新能力、集成创新能力和引进消化吸收再创新能力。

深化国有企业改革，大力发展非公有制经济。调整优化市级国有资产经营公司，完善授权经营制度。加大企业转制改革步伐，2006年基本完成国有企业的改制工作。进一步改善非公有制经济发展环境，放宽市场准入，用好用活扶持中小（非公有制）企业专项资金，支持非公有制企业技术创新、信用担保体系建设，积极协调建立健全非公有制企业信用评级和信贷制度。

完善各项配套改革。进一步改革完善投资体制，加快公共财政体制建设，支持公共卫生、社会保障等公共事业发展。

加快信用体系建设。全面落实《中共南宁市委、南宁市人民政府关于加快南宁市信用体系建设的决定》，实施《南宁市信用体系建设规划》。整合相关部门的信用信息系统，逐步建立起全市信用信息交换处理系统、信用信息查询系统、信用信息公示系统。出台《南宁市企业信用信息征集与发布管理暂行办法》、《南宁市个人信用信息征集与发布管理暂行办法》及配套的法规、规章。建立企业信用征信系统，力争在2006年底前试运行。大力开展信用体系建设的宣传工作。

第八，突出抓好经济社会协调发展，改善人民生活

要按照中央、自治区的要求，从解决人民群众最关心、最直接、最现实的利益问题入手，以扩大就业、完善社会保障体系、发展社会事业为着力点，扎实推进构建和谐社会。优先发展教育事业。进一步巩固和提高九年义务教育水平，全面实施素质教育，继续推进职业教育专项建设计划，拓宽资金渠道，规划筹备一批新学校，缓解教育资源紧缺局面。加强卫生能力建设，以乡镇卫生院建设为重点，改善农村就医环境，完善全市医疗救助体系。积极发展文化、广播影视、体育等事业，加强县区群众文体设施建设，鼓励创作更多的文化艺术精品。进一步做好就业再就业工作，不断完善社会保障体系。继续稳定低生育水平，提高人口出生素质，不断推进人口和计划生育事业健康发展。大力开展全民健身活动，不断提高竞技体育总体水平。

关于南宁市与市本级2005年预算执行情况和2006年预算草案的报告

——2006年2月15日在南宁市第十一届人民代表大会第十一次会议

市财政局局长　黄伟京

各位代表：

我受市人民政府的委托，向大会报告2005年全市与市本级预算执行情况和2006年全市与市本级预算草案，请予审查全市预算草案，批准市本级预算草案，并请市政协委员和列席会议的同志提出意见。

一、2005年全市与市本级预算执行情况

2005年，全市各族人民在市委的正确领导下，坚持以邓小平理论和“三个代表”重要思想为指导，全面贯彻十六大、十六届五中全会及自治区党委八届六次、市委九届十二次全会精神，紧紧围绕自治区党委、自治区人民政府“双过千”和全市“三个百亿”奋斗目标，牢牢抓住举办中国--东盟博览会的历史性机遇，牢固树立科学发展观，以经济建设为中心，支持解决“三农”问题，全力推进工业化、城镇化进程；推进各项财政改革，强化财政收支管理，财政收入突破百亿元，较好完成市十一届人大九次会议确定的各项财政收支计划。

（一）2005年全市预算执行情况

2005年全市财政总收入（预算执行数，下同）911727万元，财政总支出801007万元，收入和支出相抵，年终滚存结余110720万元。

2005年，全市地方一般预算收入完成451957万元，完成预算的110.91%，按可比口径比上年增收94805万元，增长26.54%（全市组织的财政收入完成1002186万元，完成预算的104.99%，按可比口径比上年增收173850万元，增长20.99%）。2005年全市一般预算支出完成736052万元，完成预算的94.05%，比上年增加114861万元，增长18.49%。

全市地方一般预算收入主要项目的执行情况是：(1)工商税收269581万元，完成预算的102.13%，比上年增长21.98%。(2)农业四税50188万元，完成预算的150.26%，比上年增长40.45%。(3)企业所得税48126万元，完成预算的104.71%,比上年增长26.33%。(4)国有资产经营收益15959万元，完成预算的132.41%，比上年增长34.70%。(5)行政性收费收入14638万元，完成预算的94.44%，比上年增长12.66%。(6)罚没收入28344万元，完成预算的167.36%，比上年增长46.79%。(7)专项收入17097万元，完成预算的105.94%，比上年增长15.89%。

2005年全市财政收入增收因素有:卷烟、化工等支柱工业和服务业保持较快发展，相关的增值税、所得税、营业税等重点税收增收105664万元。土地增值税、耕地占用税、契税继续保持较高增幅，三项税收合计增收37121万元。加强税收稽查,严格清理欠税，全年稽查和清欠入库税款31000

万元。非税收入增收 21738 万元。

全市一般预算支出主要项目的执行情况是：(1) 生产建设性支出 146750 万元，完成预算的 92.65%，比上年增加 20600 万元，增长 16.33%。其中：基本建设支出 78918 万元，完成预算的 91.14%，比上年增加 15427 万元，增长 24.30%。科技三项费用 10423 万元，完成预算的 81.25%，比上年增加 3074 万元，增长 41.83%。农业支出 31425 万元，完成预算的 95.62%，比上年增加 2836 万元，增长 9.92%。(2) 事业行政经费支出 450594 万元，完成预算的 95.10%，比上年增加 79306 万元，增长 21.36%。其中：教育支出 109576 万元，完成预算的 98.83%，比上年增加 17976 万元，增长 19.62%；医疗卫生支出 37468 万元，完成预算的 97.15%，比上年增加 11072 万元，增长 41.95%。(3) 城市维护费 81631 万元，完成预算的 97.26%，比上年增加 1890 万元，增长 2.37%。(4) 专项支出 12043 万元，完成预算的 76.42%，比上年减少 1093 万元，下降 8.32%。

2005 年全市财政支出按照人大通过的支出预算，调整和优化财政支出结构，优先安排农业、教育、科技、社会保障等社会发展重点事业的支出，全力支持“农业稳市”、“工业强市”、“城建美市”、“商贸活市”四大工程建设和中国--东盟博览会举办。全市财政农业投入、教育支出、科技三项费用、公检法司支出等支出增幅分别达到 25.01%、19.62%、41.83%、25.04%。同时，各级财政加强对一般性支出的管理，在各项事业发展较快，财力紧缺的情况下，基本实现了收支平衡。

此外，2005 年全市基金预算收入完成 34821 万元，基金预算支出完成 37757 万元（含上年基金预算结转安排支出）。

（二）2005 年市本级预算执行情况

2005 年市本级财政总收入 722401 万元，财政总支出 655788 万元，收入和支出相抵，年终滚存结余 66613 万元，扣除结转下年度继续使用的专款 36771 万元，净结余 29842 万元。年终滚存结余主要是部分上级财政下达较晚而来不及拨付到预算单位的专款结余，还有少部分是年初预算安排的项目因各种原因未能如期执行，需要结转到 2006 年继续使用。当年预算净结余除安排部分调整工资、增人增支以及偿还到期政府债务的支出以外，全部结转到 2006 年，主要用于增加安排农业、科技、教育、公共卫生、社会保障等方面的支出。上述预算执行数与决算数相比会有一些变化，待决算汇编完成后，再按照有关规定报市十一届人大常委会批准。

市本级地方一般预算收入完成 218340 万元，完成预算的 117.08%，按可比口径比上年增收 59193 万元，增长 37.19%(市本级组织的财政收入完成 510308 万元，完成预算的 107.11%，按可比口径比上年增收 80115 万元，增长 18.62%)。市本级一般预算支出完成 332129 万元，完成预算的 91.96%，比上年增加 58714 万元，增长 21.47%。

市本级地方一般预算收入主要项目的执行情况是：(1) 工商税收 108090 万元，完成预算的 98.73%，比上年增长 11.37%。(2) 农业四税 45015 万元，完成预算的 173.47%，比上年增长 1.97 倍。(3) 企业所得税 36456 万元，完成预算的 105.68%，比上年增长 25.46%。(4) 国有资产经营收益 1378 万元，比上年增长 28.96 倍。(5) 行政性收费收入 2584 万元，完成预算的 66.94%，比上年下降 3.26%。(6) 罚没收入 16507 万元，完成预算的 257.48%，比上年增长 83.37%。(7) 专项收入 7805 万元，完成预算的 101.02%，比上年增长 16.28%。

市本级财政收入增收主要来自卷烟、化工、造纸、商业、服务业等增值税、消费税、营业税以及土地增值税、耕地占用税、契税、个人所得税的增收；加强税收征管和稽查增加的收入；严格实行“收支两条线”管理，非税收入的增收。

市本级一般预算支出主要项目的执行情况是：(1) 生产建设性支出 86010 万元，完成预算的 92.62%，比上年增加 11046 万元，增长 14.74%。其中：基本建设支出 46044 万元，完成预算的 89.91%，比上年增加 6978 万元，增长 17.86%。科技三项费用 4100 万元，完成预算的 97.74%，比上年增加 1385 万元，增长 51.01%。农业支出 18042 万元，完成预算的 92.76%，比上年增加 1812 万元，增长 11.16%。(2) 事业行政经费支出 157572 万元，完成预算的 90.79%，比上年增加 33169 万元，增长 26.66%。其中：教育支出 19656 万元，完成预算的 99.36%，剔除原在市本级现下放城区的义务教育段学校经费 5742 万元，按可比口径比上年增加 5001 万元，增长 34.12%；医疗卫生支出 20633 万元，完成预算的 96.30%，比上年增加 7100 万元，增长 52.46%。(3) 城市维护费 56505 万元，完成预算的 97.33%，比上年增加 2638 万元，增长 4.90%。(4) 专项支出 7107 万元，完成预算的 72.52%，比上年增加 656 万元，增长 10.17%。

本级财政支出重点安排农村基础设施、农业产业化、生态文明村建设；扶持农村公共事业，进行新型农村合作医疗试点、实施农村贫困家庭医疗救助；支持“工业兴市”战略，增加安排工业结构调整和园区项目贴息资金；提高“低保”标准、增加在乡老复退军人生活补贴和残废军人抚恤金、实施城镇义务兵优抚政策，增加抚恤和社会福利救济事业费支出；保障政法机关办案经费、支持派出所建设、科技强警；支持“科教兴市”，实施“两基”攻坚和巩固提高，农村义务教育基础设施建设工程、“两免一补”和资助贫困生入学等。

此外，2005年市本级基金预算收入完成20365万元，基金预算支出完成 22871 万元（含上年基金预算结转安排支出）。

二、2005年为完成全年预算所做的主要工作

2005 年，我市财政工作在市委的正确领导下和市人大、政协的监督支持下，坚持服从服务于全市改革、发展、稳定的大局，为完成全年工作任务做了以下几个方面的工作：

（一）大力支持经济发展，努力做大财政“蛋糕”

我们把促进经济发展作为财政工作的重要职责。全年全市投入企业挖潜改造资金 25984 万元。其中：市本级安排工业结构调整资金 12500 万元，用于高新区、经开区和中国--东盟经济园区项目贴息、建设3000万元，工业技改项目贴息1006万元，城区工业经济园建设及铝工业园的基础设施建设 2000 万元；投入 2608 万元重点支持南宁糖业股份公司日榨6000吨项目伶俐糖厂改扩建工程、南宁卷烟厂生产 50 万大箱技改项目、华润日产 3200 吨新型干法水泥生产线、浮法玻璃公司三线项目、皇氏乳业公司10万吨乳品项目、南化股份“双六”项目、南南铝业铝型材规模、铝板带加工和凤凰纸业技改项目等建设；拨付财政贴息资金2400万元，支持县区工业集中区基础设施建设；安排信息化建设资金 6000 万元，打造“数字南宁”；投入补助、贴息资金6000万元，完善服务中国—东盟博览会的宾馆设施；安排引导资金1000万元，支持服务商贸流通企业做大做强。

（二）大力支援农业，努力解决“三农”问题

我们继续在资金和政策上同时向“三农”倾斜。一是全力支持农村“三大会战”。全年完成投资 46049 万元，其中市本级财政安排农村基础设施建设“三大会战”资金 20000 万元，修建完成乡村道路165条865.24公里、桥梁11座317米，使全市32个乡镇、120个村委会共61万人受益，解决7.7万户33.6万人行路难问题；完成301个农田水利建设项目，新增农田灌溉面积1.35万亩，改善农田灌溉面积63.96万亩，保护耕地4.25万亩，解决8.72万人饮水困难问题；建成100个生态文明村及30151座沼气池。二是加强农业综合开发扶持力度。投入1600万元支持农业产业化经营发展；市本级财政配套资金123万元，帮助县（区）争取到7个中央立项的农业综合开发项目；拨付 89 万元补贴农民购置联合收割机23台、大型拖拉机20台，加快农业机械化发展。三是支持农村义务教育工程。投入 7648 万元实施农村基础教育建设工程，完成102所学校129个项目13.6万平方米教学设施建设工程；投入1303万元为13.9万名农村家庭贫困生免费发放教科书，1521万元资助6.1万名农村贫困学生免杂费，303 万元补助农村义务教育贫困家庭寄宿制学生生活费，203万元扶助3001名贫困生读书。四是增加农村公共卫生投入。拨付 777 万元改造 20 个乡镇卫生院业务用房；安排500万元支持农村卫生事业发展；投入180万元为5000对农村新婚夫妇免费进行地中海贫血筛查。五是支持农民技能培训工作。安排100万元对农村劳动力进行职业技能培训。六是全面停征农业税，免收农业税13307万元，农民人均免税 27.25 元；及时安排下达农村税费改革转移支付资金，支持农村税费改革工作的实施。

（三）依法加强收入管理，实现财政收入“百亿”目标

我们加强财政、税收、国库等部门的协调配合，在受财政减免税政策和国家宏观调控政策影响全市财政减收 33300 万元的情况下，采取各项措施努力减少政策性减收影响。通过明确部门责任，落实收入目标，强化监督机制，确保财政收入均衡入库；加强稽查，清理欠税，增加稽查和清欠收入；组织直接征收，加强契税、罚没收入、行政性收费以及政府性基金的收入管理，做到应收尽收。我们立足发展促增收，强化征管堵漏洞，最终确保了百亿财政收入目标的实现，成为我区历史上第一个实现财政收入超百亿元的城市。

（四）优化财政支出结构，促进社会各项事业协调发展

我们切实加强对社会公共事业和公共服务领域的支持力度。安排中小学校舍维修资金 8616 万元；拨付中小学校购置图书、体育设备、音乐器械、课桌椅、卫生设施资金2320万元；安排接收农民工子弟入学资金170万元等，支持教育事业发展。安排科技三项经费 3080 万元，支持科技部门组织实施科技创新项目349项，重点立项实施市本级科学研究与技术开发173项，支持科技基础建设、技术开发、社会公益和农业的专项研究。拨付 1040 万元全市性群众文化活动及文学艺术精品创作经费，多项舞剧、舞蹈荣获国家级大奖；

安排348元修复“广西高等法院办公楼旧址”、“邕江防洪古堤、古城墙”、“昆仑关战役遗址”、双孖井街景、邓颖超出生地纪念石刻等历史文化景观。投入3483万元支持“村村通”广播电视工程建设，解决1836个50户以上自然村屯收听收看广播电视难的问题。安排市中医院搬迁项目经费1000万元、市疾病预防控制中心新址建设500万元，拨付124万元购置120急救车。支持卫生基础设施和公共卫生事业发展。安排计划生育专项经费461万元，用于计划生育“四术”手术、购置药品、耗材、医疗设备及开展计生工作调查、宣传等。安排市公安局“金盾工程”建设285万元、“051”互联网重点阵地控制工程111万元；检察院三级网络建设92万元；特警支队启动资金332万元；中央政法补助项目配套资金156万元；基层政法部门建设资金213万元；80个无房派出所和7个无房法庭规范化建设870万元。投入135万元新安装市内150个消防栓。

（五）支持就业和社会保障，努力扶助困难群体，构建和谐社会

2005年，我们继续加大社会保障投入。一是积极筹措资金，支持再就业工作。2005年共拨付下岗职工基本生活保障和下岗失业人员再就业资金4883万元，累计为下岗失业人员提供小额担保贷款511万元。二是继续做好“两个确保”。全年共发放企业离退休人员基本养老金73966万元、失业人员失业保障金5178万元、发放企业离退休人员生活补贴费用532万元。三是提高城市居民低保标准。从2005年1月起，将市区城市居民最低生活保障费发放标准由原来人均190元/月提高到人均210元/月；全市全年共发放低保资金5224万元，享受低保人数达到71万人（次）；安排资金500万元对全市1000户农村贫困残疾人家庭进行危房改造。四是推行新型农村合作医疗试点工作，全年安排武鸣县建立新型农村合作医疗试点资金585万元。五是做好灾民救灾救济工作。安排2122万元资金用于县（区）自然灾害救济，其中筹集资金248万元补助县（区）367户灾民水毁倒房重建。

（六）深化财政改革，提高财政管理水平和运行效益

我们不断进行财政管理制度的创新，提高财政运行效益。一是继续深化国库集中收付制度改革。实施第三批市本级集中支付改革，使纳入市本级国库集中支付改革试点的单位达到292个；扩大非税收入改革范围，2005年进入非税系统的行政事业性收费增长29.7%。二是稳步推进部门预算改革。进一步调整基本支出综合预算定额标准，推行部门预算备选项目库滚动管理；完善部门预算初审制度，增强预算的科学性、完整性。2005年市本级上报市人大审议部门预算的一级预算单位达到72个，基层预算单位达到348个。三是进一步完善政府采购制度。实行“管采”分离；将公务用车保险纳入政府集中采购范围；完善政府采购制度建设，加强对政府采购各环节的监管。2005年市本级实施采购预算201979万元，实际成交金额143632万元，节约资金58347万元，节约率28.89%。四是完善市对城区财政管理体制。适应城区行政区划调整，及时调整市与城区财政分配关系，实行税收属地管理、分税分成，保证城区抓经济发展和抓财政收入的利益，增强市本级调节城区间财力不均衡的能力；配合新体制，制定《南宁市税收属地管理若干规定（试行）》，防止税源无序流动和税收流失。

（七）多渠道筹集资金，全力支持城市管理项目建设

我们积极筹集资金，支持城市基础设施建设“136”工程。我们加强与金融部门的联系、协作和协调，实施财政、金融互动性融资政策，落实城市建设项目资金806487万元，江南堤路园工程、南宁国际会展中心二期工程、友爱南路延长线、中国—东盟国际商务区6条道路等一批重大项目建成投入使用，优化了我市经济发展环境。

（八）加强财政监督管理，整顿和规范财经秩序

我们建立健全财政监督机制，切实加强财政各项监督检查工作。一是加大收费项目清理力度，严格执行收费公示制度，坚决制止乱收费行为。二是全面贯彻执行《会计法》，开展会计信息质量检查，打击会计造假。三是开展政府专项资金、契税和耕地占用税稽查，共查出违纪金额4275万元，查补入库资金3152万元。四是加大对政府投资项目预决算的评审工作力度。全年共审核工程预(结)算项目2497项，金额600418万元，审核后净核减额111097万元。五是按照中央和自治区要求，全面清理、核查全市行政事业单位发放奖金、补贴、津贴情况，规范津贴补贴发放。六是健全城建项目财务管理制度，加强项目资金管理和监督检查，提高资金使用效率；加强城建项目竣工财务决算审核、批复。

各位代表，过去的一年，我市财政工作取得了较好的成绩，预算执行情况总体良好。但由于各种因素的影响，预算执行中仍存在着一些不容忽视的问题，主要体现在：经济发展的结构性矛盾和体制性问题仍很突出，地方财力受体制政策影响较大，财政资金紧张；县区收入增长的基础还不稳固，结构不尽合理，非税收入比重过大，收入质量有待提高；财政收支矛盾依然尖锐，财政支出范围和结构不尽合理，“越位”和“错位”现象依然存在；县乡政府债务负担过重，财政运行潜在较大风险；个别部门和单位树立过紧日子思想有待于进一步加强。对于这些问题，我们将在以后的工作中，切实采取有力措施，通过推进改革和加强管理等加以解决。

三、2006年全市与市本级预算草案

根据全区、全市经济工作会议和全国、全区财政工作会议的部署，按照市委提出的2006年经济工作目标，结合对全市财政及经济形势的综合分析，编制2006年财政收支预算的指导思想是：**以邓小平理论和“三个代表”重要思想为指导，全面贯彻落实党的十六大、十六届五中全会和自治区党委八届六次全会及市委九届十二次全会精神，全面推进以富裕南宁、文化南宁、生态南宁、平安南宁为中心内容的和谐南宁建设；牢固树立和落实科学发展观，以实施“开放创新年”为契机，充分发挥财政职能作用，围绕我市在全区率先实现跨越式发展的战略目标，努力做大做强支柱财源，依法加强税收征管，确保财政收入的稳定增长；坚持“有所为，有所不为”原则，不断优化财政支出结构，增加农业投入，全力支持社会主义新农村建设，继续完善社会保障体系，保证各项法定支出和市委、市政府重点支出的需要；深入推进各项财政改革，进一步提高财政资金使用的规范性、安全性和有效性；加强财政管理，健全财政监督，确保财政收支平衡。**

（一）2006年全市预算草案

根据以上指导思想和全市经济预期目标，按照积极稳妥的原则，2006年全市地方一般预算收入计划安排493183万元，比2005年预算执行数（以下简称“比上年”）增长9.12%（2006年全市组织财政收入计划安排1132472万元，比上年增长13.00%）。2006年全市财政总收入安排790934万元，全市财政总支出安排784492万元，收支相抵，预算结余6442万元，主要是县区财政结余。此外全市基金预算收入和基金预算支出各安排30708万元。

2006年全市地方一般预算收入主要项目的安排情况是：（1）工商税收312081万元，比上年增长15.77%。（2）农业四税44751万元，比上年下降10.83%。（3）企业所得税（30%部分）59640万元，比上年增长23.92%。（4）行政性收费收入13300万元，比上年下降9.14%。（5）罚没收入22027万元，比上年下降22.29%。（6）其他收入8742万元，比上年增长4.95%。

在全市财政总支出中，全市一般预算支出计划安排718761万元，比2005年年初预算（以下简称“比上年”）增长24.31%，上解自治区财政支出65731万元。在全市一般预算支出中，主要项目的安排情况是：（1）建设性支出120017万元，比上年增长32.95%，其中：基本建设支出52058万元，比上年增长43.49%，企业挖潜改造资金27698万元，比上年增长51.33%，科技三项费用11783万元，比上年增长36.87%，农业支出28478万元，按可比口径比上年增长23.61%。（2）事业行政经费支出443521万元，比上年增长19.61%，其中：教育支出120314万元，比上年增长17.40%；医疗卫生支出38695万元，比上年增长31.67%；行政事业单位离退休支出56184万元，比上年增长2.39%；社会保障补助支出6647万元，比上年增长40.59%；行政管理费支出68681万元，比上年增长23.96%；公检法司支出54606万元，比上年增长23.55%。（3）城市维护费53386万元，比上年增长22.68%；（4）政策性补贴支出1686万元，比上年增长54.54%。（5）支援不发达地区支出3053万元，比上年增长2.51倍。（6）专项支出20074万元，比上年增长28.46%。（7）其他支出33789万元，比上年增长26.03%。（8）总预备费9063万元，比上年增长21.31%。（9）偿债资金23300万元，比上年增长7.25%。（10）预留工改经费支出10872万元（上年无此因素）。

由于目前的全市预算草案是由市本级财政代编而成，尚未经县区人大审查批准，因此，待县区人大批准县区预算后，我们再按有关程序和规定，汇总后报市人大常委会备案。

（二）2006年市本级预算草案

2006年市本级组织财政收入计划安排685366万元，按可比口径比2005年（因市本级从2005年起实行新一轮城区财政管理体制，对市区组织的增值税、营业税、企业所得税、个人所得税等主要税收收入实行市本级与六城区财政按比例分享，为此，按新财政体制对市本级2005年已实现了的财政收入进行调整统计，下同）增长13.32%。其中：上划中央“两税”收入204627万元，比上年增长13.12%；上划中央所得税收入125835万元，比上年增长19.60%；上划自治区“四税”收入78977万元，比上年增长16.29%；地方一般预算收入275927万元，比上年增长8.38%。

2006年市本级财政总收入与总支出拟各安排596781万元，收支平衡。此外，市本级基金预算收入和基金预算支出各安排21270万元。

在市本级财政总收入中，市本级地方一般预算收入275927万元，自治区财政补助收入297751万元，下级财政上解收入23103万元。

市本级地方一般预算收入主要项目的安排情况是：(1)

工商税收 165317 万元，比上年增长 17.66%。(2) 农业四税 40604 万元，比上年下降 9.80%。(3) 企业所得税（30%部分）47615 万元，比上年增长 19.17%。(4) 国有企业计划亏损补贴-1295 万元，比上年增加亏损补贴 4.86 倍。(5) 行政性收费收入 2485 万元，比上年下降 3.83%。(6) 罚没收入 10296 万元，比上年下降 37.63%。(7) 专项收入 10305 万元，比上年增长 26.58%。(8) 其他收入 400 万元，比上年下降 44.90%。

在市本级财政总支出中，市本级财政一般预算支出 303459 万元，比 2005 年年初预算（以下简称“比上年”）增长 26.75%，上解自治区财政支出 65731 万元，补助下级财政支出 227591 万元。

市本级一般预算支出主要项目的安排情况是：(1) 建设性支出 57410 万元，比上年增长 33.13%，其中：基本建设支出 20000 万元，比上年增长 53.85%，企业挖潜改造资金 18700 万元，比上年增长 70.00%，科技三项费用 4500 万元，比上年增长 73.08%，农业支出 14210 万元，按可比口径比上年增长 23.32%。(2) 事业行政经费支出 164139 万元，比上年增长 19.56%，其中：教育支出 23254 万元，按可比口径比上年增长 15.30%；医疗卫生支出 22236 万元，比上年增长 34.96%；行政事业单位离退休支出 17812 万元，比上年增长 10.28%；社会保障补助支出 3535 万元，比上年增长 8.00%；行政管理费支出 21038 万元，比上年增长 41.14%；公检法司支出 32390 万元，比上年增长 36.17%。(3) 城市维护费 23038 万元，比上年增长 13.95%；(4) 政策性补贴支出 550 万元，与上年持平。(5) 支援不发达地区支出 555 万元，比上年增长 2.78%。(6) 专项支出 12305 万元，比上年增长 48.11%。(7) 其他支出 9240 万元，比上年增长 29.52%。(8) 总预备费 2350 万元，比上年增长 4.44%。(9) 偿债资金 23000 万元，比上年增长 15.00%。(10) 预留工改经费支出 10872 万元（上年无此因素）。

2006 年市本级财政支出保障的重点主要是：(1) 大力支援农业，保证农业支出的法定增长，支持我市社会主义新农村建设试点，加大对农村基础设施、公共事业的投入。重点支持水利设施、乡村道路、生态环境建设；支持扩大新型农村合作医疗试点，改善农村医疗卫生条件；建立农村困难群体救助机制。(2) 保证教育、科技经费的增长高于经常性财政收入增长。重点支持建立农村义务教育经费保障机制，落实农村义务教育“两免一补”政策；发展中、高等职业教育，重点支持职业技术学院建设和职业教育实训基地建设；大力推进科技发展和自主创新。(3) 继续安排城镇居民最低生活保障经费，下岗职工基本生活保障和再就业经费。(4) 增加行政事业单位职工正常晋级和提高工资以及离退休职工增加离退休费、机关事业单位年终奖励经费；提高住房公积金安排比例。(5) 支持经济结构调整，推进工业化进程。重点支持开发区建设和支柱产业、优势产业技术改造；大力支持县域经济发展。(6) 安排市委确定的重点项目和市人大会议通过的为民办实事项目资金；继续实施城建“136”工程，完善为中国—东盟博览会服务的各项基础设施；安排自治区成立 50 周年项目的经费。

四、乘势而上，努力完成 2006 年预算任务

2006 年是实施“十一五”规划的第一年，也是市委确定的“开放创新年”。我们将继续贯彻落实科学发展观，按照“五个统筹”的要求，抢抓机遇，乘势而上，坚定信心，突出重点，狠抓落实，扎实工作，确保圆满完成全年财政预算任务，为全面推进富裕、文化、生态、平安南宁建设，构建和谐南宁作出贡献，为“十一五”规划的顺利实施开好局、起好步。

（一）进一步落实科学发展观要求，充分发挥财政职能作用，支持经济发展

我们将切实履行好财政支持和促进经济发展的职责，把支持经济发展的成效充分体现到财政收入上来，实现财政经济的良性循环和快速发展。一是支持优势产业发展。以开展“百项工业项目大会战”为重点，着力支持卷烟、机糖、化学、铝业、建材、造纸等优势产业，提高产业配套能力，推进产业集群式发展，带动经济结构调整。二是支持开发区、工业集中区发展。进一步加大对高新区、经济开发区、中国—东盟经济园区的财政支持力度，以此辐射和带动全市经济的强劲增长，加快推进我市工业化的发展进程。三是支持国有企业改革，筹措国企改革专项资金，促进国有企业改制搞活，支持劣势企业关闭破产，鼓励外资和民营企业参与国企改革。四是积极推进民营经济发展。完善中小企业信用担保体系，拓宽民营经济投融资渠道，为民营企业发展服务。五是大力支持县域经济发展。重点支持县域发展特色经济，把资源优势转化为经济和市场优势，增强造血功能和发展后劲。

（二）加大扶持“三农”力度，着力推进社会主义新农村建设

我们将以建设社会主义新农村为重点，加大对“三农”的扶持力度。一是继续实施农村基础设施建设 “三大会

战”，改善农民生产生活条件，促进农村发展。二是增加农村科技推广、农业产业化、农业综合开发、农村经济专业合作组织等方面的资金安排，提高农业综合生产能力。三是全面促进农村社会事业发展，继续落实新增教育、卫生、文化等事业经费主要用于农村的政策。四是支持农村富余劳动力转移技能培训，提高农村劳动力综合素质。五是创新支持方式，理顺农业综合开发工作管理体制，整合现有的各类涉农资金，形成规模效益。六是支持扩大新型农村合作医疗制度改革试点，提高财政补助标准，缓解农民群众“看病难、看病贵”的问题。七是大力支持武鸣和原邕宁辖区建设社会主义新农村试点，确保试点工作取得实效。

（三）支持社会各项事业协调发展，努力构建和谐社会

我们将按照有保有压，突出重点的原则，继续加强对公共管理和公共服务领域的支持力度，促进社会协调发展。一是增加对教科文卫事业发展的支持力度。教育投入在继续支持市属中小学校发展的基础上，重点落实免除农村义务教育阶段学生学杂费、为贫困学生免费提供教科书并补助寄宿生生活费、提高农村义务教育阶段中小学公用经费保障水平的政策措施，逐步完善基础教育设施，促进义务教育均衡发展；科技投入重点支持对经济社会发展和人民生活产生积极影响的科研项目，加大对基础研究、社会公益研究、前沿技术研究和重大、重点科研项目的投入力度，加快科技创新体系建设，改善科研基础条件，提升科研能力，支持科技基础平台建设，促进科技资源的高效配置和综合利用；卫生投入主要安排公共卫生体系建设，增加公共卫生设施投入，提升基层公共卫生服务能力和水平；文化投入要适应文化体制改革的要求，推动文化创新，积极支持文化事业和文化产业的发展，打造文化品牌，创作艺术精品，丰富广大群众精神文明需求。二是大力支持就业再就业和社会保障工作。认真落实税费减免、小额贷款担保等再就业优惠政策，建立促进就业的长效机制。三是继续实行“两个确保”。完善企业职工基本养老保险制度，认真帮助解决困难群众基本生活问题，进一步做好城市居民低保、城镇职工基本医疗保险、职工工伤和生育保险等工作，促进国有企业下岗职工基本生活保障向失业保险并轨，完善城市低保制度，关心和扶持社会弱势群体。四是高度关注民生，着力解决与老百姓生活生命最关心、最直接、最现实的利益问题。五是完善政法经费保障机制，确保政权运转支出，维护社会稳定。

(四)强化增收节支工作，确保财政收支平衡

我市目前正处于社会经济发展的关键时刻，要促进发展、支持改革、落实“五个统筹”、构建和谐社会，要解决深层次的矛盾和问题，还要帮助困难群体，解决人民群众最关心的实际问题，改革、建设、发展等都需要财力支持和保障，需要花钱的地方很多，而我们的财力仍然有限，为此，我们将继续发扬艰苦奋斗、勤俭节约的优良传统，牢记“两个务必”，树立过紧日子的思想，努力增收节支，缓解财政收支矛盾，确保收支平衡。一是认真贯彻“依法征税，应收尽收，不收过头税，坚决防止和制止越权减免税”的原则，继续整顿和规范财税征管秩序，确保财政收入稳定增长；严格税务登记管理，从源头抓好收入征管工作；继续抓好税源普查工作，加强税收动态管理，对重点税源实施监控；加大税收稽查力度，积极挖掘增收潜力；严厉打击偷逃骗抗税等违法行为，维护税法尊严；继续抓好非税收入的征管，严格查处坐收坐支、私设小金库行为，确保财政收入全部缴入国库；鼓励各级政府发展经济，努力增加财政收入。二是强化支出控制的约束机制，落实支出管理“八个严控”。即：严格控制人员经费；严格控制楼堂馆所等非生产性建设支出；严格控制小汽车配备，严格按标准编制购车预算；严格控制会议费，加强会议审批管理；严格控制出国出境支出，严禁集体和个人动用财政资金旅游；严格控制节庆活动支出，政府组织的节庆活动主要通过市场化方式运作，控制直至取消财政拨款；严格控制检查评比和达标升级活动，严禁与财政支出挂钩；严格控制接待费支出。

(五)坚持改革创新，加快财政改革步伐

我们将进一步通过制度建设和体制创新，着力解决财政运行中存在的深层次矛盾和问题，加快建立与社会主义市场经济相适应的公共财政体制。一是全面推进国库管理制度改革。进一步扩大改革范围，完善各项制度建设，规范操作规程，建立健全国库动态实时监控系统。二是继续深化部门预算改革。进一步细化预算编制，建立科学规范的定员定额管理体系和项目库管理办法，不断提高预算的科学性和透明度，强化预算约束力。三是继续推行政府采购制度改革。强化对集中采购机构的监管，积极推行协议供货，实行市县（区）两级联动，规范政府采购行为，提高政府采购效率。四是建立财政支出绩效考评制度。把绩效评价工作贯穿财政支出全过程，切实提高财政资金的使用效益。五是完善行政事业性资产管理。重点抓好行政单位其他资产和事业单位国有资产清理工作，做到资产合理使用，资产保值增值。六是继续完善市对县区财政管理体制。进一步明确各级政府的财政支出责任，合理划分各级政府的财政收入范围，加大对财政困难县区的支持力度，缩小县区财力差距。

（六）加强财政监督管理，促进依法理财

一是建立财政支出的有效监控机制，继续对财政支出资金分配、拨付、使用、管理实行全过程监督，及时纠正财政资金使用过程中的截留、挪用、损失浪费和效益低下等问题，构建财政支出资金的安全性、效益性监督的有效机制，提高财政支出管理水平。二是与绩效评价工作相结合，进一步加强对大额财政专项资金的跟踪检查。三是依法强化会计监督，严厉打击会计违法行为，提高会计信息质量，维护财政经济秩序。

（七）筹集重点工程资金，全力支持城市建设

2006年国家将实施对土地和信贷的专项调控，进一步规范土地出让收入管理办法，调整土地出让金征收管理和分配政策，筹资工作难度仍然较大。我们将采取措施，全力做好筹资工作。一是继续加强与金融机构合作关系，寻求多种形式的金融贷款模式，探索信托贷款等多种融资方式，并积极引导商业银行支持地方政府经济社会发展和城市建设。二是盘活现有城市资源，采取股份制、BOT等多种形式引进外资和民间资金参与市政公用设施的建设、经营和管理。三是完善政府土地储备制度，使土地储备和道路建设同时进行。四是推行政府投资项目代建制管理制度，鼓励有融资能力的代建单位承建政府公共工程。

各位代表，新的一年，我们将在十六大和十六届五中全会精神的指引下，在上级有关部门和市委的正确领导下，在市人大、市政协的监督支持下，坚持科学发展观，进一步解放思想，开拓进取，规范管理，扎实工作，圆满完成全年财政预算任务，为我市在全区率先实现跨跃式发展，全面建设小康社会作出新的贡献。

2005年南宁市国民经济和社会发展统计公报

南宁市统计局

2006年3月21日

2005年是南宁市经济社会协调发展，国民经济持续快速增长的一年。一年来，全市各族人民在市委、市政府的正确领导下，以“三个代表”重要思想为指导，落实科学发展观，紧紧把握发展机遇，开拓创新，扎实工作，奋力拼搏，进一步促进了全市经济的总量与结构、速度与效益协调发展，城市综合实力进一步提升，城市服务功能进一步增强，各项社会事业不断进步，城乡居民收入继续增加，为“十五”计划目标的完成划上了圆满的句号，为“十一五”开局奠定了良好的基础。

一、综　合

经济发展迈上新台阶，增长速度连续四年保持两位数增长，产业结构进一步优化。初步核算，2005年全市生产总值突破700亿元，达722.66亿元，比上年增长13.2%。其中：第一产业增加值119.57亿元，增长8.2%；第二产业增加值230.99亿元，增长15.9%；第三产业增加值372.10亿元，增长13.3%。产业结构继续向突出第三产业、做强第二产业、三次产业全面发展的方向调整优化。三次产业结构由上年17.4:31.2:51.4调整为16.55:31.96:51.49，第一产业比重下降0.85个百分点，第二、第三产业比重分别上升了0.76和0.09个百分点，三次产业对经济增长的贡献率分别为11.3%、36.9%和51.8%，第三产业仍然是经济增长的主动力，第二产业对经济增长的推动作用进一步增强。全市人均生产总值11047元，比上年增长11.62%。

市场价格总水平涨幅回落。全年居民消费价格总水平比上年上升1.1%，八大类消费品价格呈“四升四降”态势，食品类和居住类价格是影响居民消费价格总水平上涨的主要因素。八大类消费品中，食品类价格上升3.6%，烟酒及用品类价格上升 0.5%，家庭设备用品及服务类价格上升1.2%，居住类价格上升5.8%，；衣着类价格下降6.0%，医疗保健和个人用品类价格下降0.7%，交通和通讯类价格下降3.0%，文教娱乐用品及服务类价格下降2.7%。

财政收入保持较快增长。全年全市财政收入突破 100亿元，达到100.22亿元，比上年增长20.99%。其中各项税收收入91.81亿元，比上年增加15.21亿元，增长19.86%。

就业和再就业工作取得新成效。全市就业服务体系进一步完善，年末全市共拥有就业服务机构 135 家，其中基层劳动保障事务所 121 个；政府积极鼓励和扶持自主创业，就业岗位多渠道开发，就业总量扩大。全市新增城镇就业人数 5.26 万人，帮助 1.27 万下岗失业人员实现再就业，全市年末城镇私营企业从业人员和个体劳动者达 30.87 万人；高校毕业生就业情况良好，全市年末共有 0.47 万名高校毕业生实现就业，就业率达 85.21%；年末城镇登记失业人员 2.85 万人，登记失业率为 3.9%；全力推进农村劳动力转移就业，全年新增农村劳动力转移就业人数9.65万人，其中自治区内跨县转移就业人数 3.39 万人，自治区外跨省转移就业人数 6.26 万人。

国民经济和社会发展中存在的主要困难和问题是：农业产业化程度不高，工业创新能力不足，土地、能源等生产要素供求紧张，社会保障压力较大，社会事业发展有待加强。

二、农 业

农业生产稳步发展。2005 年，全年实现农林牧渔业总产值 191.07 亿元，比上年增长 8.21%。其中，农业产值 111.46 亿元，增长 6.24%；林业产值 5.12 亿元，增长 4.5%；畜牧业产值 60.7 亿元，增长 12.71%；渔业产值 11.65 亿元，增长 5.01%；农业服务业产值 2.14 亿元，增长 7.18%。

农业结构调进一步优化。农林牧渔业全面发展，种植业比重上升，牧业、渔业、林业比重下降。2005 年农业生产中，各业的比重分别为：农业 58.33%，比上年提高 0.64 个百分点；林业 2.68%，下降 0.12 个百分点，畜牧业 31.78%，下降 0.41 个百分点；渔业 6.09%，下降 0.1 个百分点；农业服务业 1.12%，下降 0.01 个百分点。

种植面积增加，产量稳定增长。2005 年，全市农作物种植面积为 85.1 万公顷，比上年增加 1.33 万公顷，增长 1.59%。其中粮食种植面积为 42.01 万公顷，增加 0.59 万公顷，增长 1.43%；经济作物种植面积为 22.87 万公顷，比上年增加 0.45 万公顷，增长 2.02%；其他农作物种植面积为 20.22 万公顷，比上年增加 0.29 万公顷，增长 1.43%。各类经济作物（含其他农作物）种植面积占农作物总播种面积的比重为 50.63%，比上年提高 0.08 个百分点，全年粮食作物和经济作物的种植面积比例为 1：1.03。水稻优良品种覆盖率上升，水稻优质品种种植率 68.26%，比上年提高 5.65 个百分点。主要农产品产量稳定增长。

主要农产品产量如下：

产品名称	2005 年	比上年增长%
粮食产量	181.02 万吨	6.45
# 稻谷	139.72 万吨	4.71
玉米	33.12 万吨	13.74
花生产量	8.70 万吨	4.52
甘蔗产量	860.93 万吨	0.27
蔬菜产量	268.50 万吨	5.95
木薯产量	54.05 万吨	17.74
水果产量	71.82 万吨	7.13

畜牧业、渔业生产发展势头良好。畜牧规模养殖增多，促进了畜禽生产较快增长。水产养殖规模继续扩大，水产品产量稳定增长。

主要畜牧、水产品产量如下：

产品名称	2005 年	比上年增长%
肉类总产量	46.48 万吨	10.71
#猪牛羊肉产量	32.85 万吨	6.26
禽蛋产量	1.63 万吨	12.69
牛奶产量	2.65 万吨	10.46
水产品产量	16.73 万吨	5.11
全年肉猪出栏	413.05 万头	7.48
全年家禽出栏	8228.01 万羽	20.39

林业生产在调整中发展。2005 年，全年共造林 15956 公顷，比上年下降 21.79%，其中用材林 15483 公顷，下降 17.44%；经济林 162 公顷，下降 87.21%；防护林 333 公顷，下降 20.9%。幼林抚育面积 59637 公顷，下降 19.65%。育苗面积 2426 公顷，下降 63.23%。退耕还林面积 2414 公顷，比上年增加 332 公顷。全市森林覆盖率达 40.2%。

农村基础设施和生产条件继续改善。2005 年末，全市拥有农业机械总动力 279.79 万千瓦，比上年增长 0.84%，其中农用排灌机械 43.57 万千瓦，增长 2.06%；大中型拖拉机 2.09 万台，增长 2.45%；大中型拖拉机配套农具 0.38 万部，增长 5.56%；农用运输车（含载重汽车）0.92 万辆，与上年持平。全年农村用电量 49364 万千瓦时，比上年增长 4.95%。化肥使用量（折纯）34.87 万吨，增长 1.31%。有效灌溉面积 23.50 万公顷，旱涝保收面积 19.12 万公顷。农村基础设施建设进一步增强，在村村通电的基础上，通汽车、通电话、通自来水的村所占的比重提高。通汽车村达 1380 个，占村总数的 98.57%，比上年提高 0.67 个百分点；通电话的村 1352 个，占 96.57%，提高 2.83 个百分点；自来水受益村达 1131 个，占 80.78%，提高 1.54 个百分点。

三、工业和建筑业

工业经济快速发展。2005 年，我市继续推进工业强市战略，积极应对电力紧张、能源、原材料价格上涨等不利因素影响，工业生产保持快速增长。全年完成工业总产值 489.71 亿元，比上年增长 15.17%，其中，规模以上工业总产值 369.81 亿元，增长 23. 32% 。全年实现工业增加值 164.97 亿元，比上年增长 15.4%，占生产总值 22.83%，比上年提高 0.5 个百分点，工业对经济增长的贡献率为 26.2%。

轻重工业齐头并进、共同发展。全市规模以上工业中，轻工业完成总产值 184.09 亿元，比上年增长 23.72%；重工业完成总产值 185.72 亿元，比上年增长 22.91%，呈现轻重工业齐头并进的良好局面。轻重工业产值比例为 49.78：50.22，重工业比例首次超过轻工业，工业化进程步伐进一步加快。

支柱行业推动作用明显增强。全市 35 个工业行业中，有 30 个行业的工业产值实现增长，其中，工业主要支柱行业的农副产品加工业完成产值 74.26 亿元，增长 16.36%，化学原料及化学制品制造业完成产值 29.72 亿元，增长 37.91%，电力热力的生产和供应业完成产值 50.46 亿元，增长 16.36%，造纸及纸制品业完成产值 19.59 亿元，增长 40.79%，四大行业实现产值 174.03 亿元，占全市规模以上工业总产值的 47.06%，拉动全市工业生产增长 10.46 个百分点。

全市规模以上工业企业主要产品产量如下：

产品名称	2005 年	比上年增长%
配混合饲料	160.11 万吨	32.96
成品糖	82.59 万吨	-28.80
淀粉	20.52 万吨	6.63
啤酒	89846 千升	19.94
卷烟	260.50 亿支	2.35
机制纸及纸板	19.68 万吨	42.20
烧碱（折 100%）	17.18 万吨	16.20
盐酸（31%以上）	11.02 万吨	-7.70
人造板	35.72 万立方米	0.49
水泥	625.10 万吨	3.55
商品混凝土	251.49 万立方米	26.79
平板玻璃	515.74 万重量箱	5.99
铝材	6.37 万吨	90.00
小型拖拉机	7.89 万台	25.83

工业经济效益创“十五”时期新高。全年规模以上工业企业经济效益综合指数达 156.91，比上年提高 9.35 个百分点，创“十五”时期以来的新高；产品销售率 96.5%；成本费用利润率 4.92%；全员劳动生产率 85255 元/人；全年规模以上工业企业实现利税总额 41.28 亿元，增长 13.4%，其中实现利润 13.6 亿元，增长 9.14%，实现税金 27.68 亿元，增长 15.62%。

建筑业快速增长。随着投资规模扩大，建筑业也在加快发展。2005 年全市实现建筑业增加值 66.03 亿元，比上年增长 17.4%。全市建筑施工企业（具有资质的企业）完成施工产值 170.33 亿元，比上年增长 18.05 %。全年完成房屋施工面积 2486.02 万平方米，增长 24.52%；房屋竣工面积 905.84 万平方米，增长 10.60%。

四、固定资产投资

投资规模扩大，投资增量创历史新高。2005 年，在城市“136”建设工程、工业强市百亿投资工程、城建美市百亿投资工程、商贸活市百亿投资工程等重大项目实施推动下，全社会固定资产投资迅猛增长，投资规模快速扩张。全年完成全社会固定资产投资 362.9 亿元，比上年增加 100.13 亿元，增长 38.11%。其中，城镇固定资产投资 346.24 亿元，增长 39.24%。在城镇固定资产投资中，基本建设投资 161.45 亿元，增长 28.92%；更新改造投资 59.53 亿元，增长 47.91%；房地产开发投资 105.11 亿元，增长 54.91%。

投资结构不断优化。在全社会固定资产投资中，第一产业投资 7.23 亿元，增长 89.76%；第二产业投资 64.80 亿元，增长 41.61%，其中工业投资 62.30 亿元，增长 39.41%；第三产业投资 290.87 亿元，增长 36.43%。三次产业的投资比例为 1.99:17.86:80.15，投资主要集中在人民生活息息相关的基础设施行业。

投资主体发生新变化。私营个体投资快速增长，投资比重上升。全年国有经济投资 175.34 亿元，比上年增长 28.66%，占全社会固定资产投资总额的 48.32%，比重比上年下降 3.55 个百分点；集体经济投资 6.51 亿元，增长 17.25%，比重为 1.79%，下降 0.32 个百分点；私营个体投资 78.82 亿元，增长 73.14%，比重为 21.72%，上升 4.39 个百分点；其他经济投资 102.22 亿元，增长 35.56%，比重为 28.17%，下降 0.47 个百分点。

房地产开发投资保持快速增长。受市区行政区划调整以及需求扩大的影响，房地产开发投资持续快速增长。全年共完成房地产开发投资 105.11 亿元，比上年增长

54.91%。商品房施工面积1498.73万平方米，增长24.15%，其中住宅施工面积1114.32万平方米，增长24.34%；商品房屋竣工面积413.76万平方米，下降0.25%，其中住宅竣工面积323.4万平方米，下降0.98%；商品房销售面积353.89万平方米，增长1.97%，其中住宅销售面积319.71万平方米，增长0.59%；商品房销售额96.99亿元，增长1.84%，其中住宅销售额77.92亿元，下降1.03%。

五、交通和邮电通信业

交通运输持续发展，综合运输能力进一步加强。2005年，全年公路货物运输5728万吨，增长1.99%；水路货物运输1074万吨，增长50.84%；民用航空货物运输1.7万吨，增长19.72%。全年公路旅客运输量8418万人，增长8.52%；水路旅客运输量77万人，下降43.38%；民航旅客运输量90.8万人，增长10.87%。南宁国际机场全年起降航班2.3万架次，比上年增加0.3万架次。南宁民航开通国内航线35条；国际航线12条。

各类民用车拥有量继续增多，私人汽车拥有量增长较快。年末，全市拥有各类民用车辆93.99万辆，增长7.32%，其中汽车14.67万辆，增长30.83%。在汽车拥有量中，私人汽车7.87万辆，增长43.35%；摩托车69.37万辆，增长5.35%。

邮电通信业保持平稳发展，网络信息技术进一步普及。2005年，全年完成邮电业务总量29.36亿元，比上年增长18.36%，其中电信业务总量26.73亿元，增长19.65%；邮政业务总量2.63亿元，增长6.64%。全年发送特快专递192万件，增长15%；邮政储蓄年末余额40.65亿元，比上年增长17.39%。电信业务持续快速增长，通讯能力进一步增强，网络信息技术更加普及。年末市话交换机总容量245.96万门，新增38.7万门；年末固定电话用户（含小灵通）148.43万户，下降3.24%。其中城市固定电话用户114.02万户，下降6.02%；乡村固定电话用户34.41万户，增长7.24%；移动电话用户217.42万户，增长9.05%。电话普及率55.47部/百人，计算机互联网用户73.29万户，增长60.52%。

六、国内商业

消费市场繁荣兴旺，城乡消费同步发展。2005年，全市流通领域在经济持续快速发展的大好环境下，依托实施“商贸活市百亿投资工程”的有利形势，进一步加快商业布局的调整，有力地促进了消费市场的发展。全年实现社会消费品零售总额378亿元，比上年增长13.84%。其中，城市市场消费品零售额309.66亿元，增长13.77%，县及县以下农村市场消费品零售额68.35亿元，增长14.16%，农村市场零售额增速高于城市市场零售额增速0.39个百分点。各种经济类型零售额全部实现增长。商贸流通市场的三大主力，个体、私营、股份制经济共实现零售额353.01亿元，增长14.11%，市场份额由上年93.16%提高到93.39%。批发零售贸易业、餐饮业零售额保持较快增长。批发零售贸易业实现零售额336.61亿元，增长13.58%；餐饮业实现零售额40.74亿元，增长15.25%。

消费热潮迭起，亮点不断涌现。2005年，随着国美、大中、苏宁三大电器巨头加盟南宁市场，进一步刺激了家电市场消费的发展，全市家用电器和音响器材消费火爆，限额以上批零企业的家用电器及音响器材类消费品零售额16.67亿元，比上年增长34.56%；随着私人车辆的增多，石油及制品消费增长较快，全年限额以上批发零售企业石油及制品的零售额达13.07亿元，增长22.73%；服装、鞋帽、针纺织品持续热销，全年限额以上批零企业的服装、鞋帽、针纺织品类消费品零售额达11.50亿元，增长26.32%；食品饮料烟酒类、金银珠宝类、体育娱乐用品类、文化办公用品类、家具类以及儿童玩具类商品零售额增幅均在15%以上。

商贸流通规模继续扩大，各类商品市场不断发展。年末全市共有限额以上批发零售贸易法人企业411家。全年商品销售总额突破千亿元，达1010.89亿元，比上年增长8.60%。全市拥有建材、装饰材料、生产资料专业市场，粮食、蔬菜、果品、水产等农副产品批发市场，以及各类农贸市场共385个，其中成交额超过亿元的市场15个。

七、对外开放和旅游业

外贸进出口总值保持增长态势。2005年，全市实现进出口总值7.19亿美元，比上年增长13.03%。其中出口总值5.77亿美元，增长10.10%；进口总值1.42亿美元，增长26.74%。贸易顺差4.35亿美元，比上年增长5.58%。市属出口贸易保持增长，但所占份额略有下降。在进出口总值中，市属企业完成进出口总值3.63亿美元，增长10.16%。其中出口总值2.84亿美元，增长8.04%，市属出口占全市出口比重的49.17%，比上年下降0.94个百分点；进口总值0.79亿美元，增长18.52%。

境内招商引资发展迅速。随着两届中国－东盟博览会在我市的成功举办，南宁市投资吸引力日趋增强。2005年全年南宁与外地签订的投资合同资金达343.72亿元，比上年增加110.93亿元，增长47.65%。实际到位内资159.43

亿元，增加53.40亿元，增长50.37%。外地在南宁投资亿元以上项目有80个，主要投向制造业、房地产开发、仓储物流和批发零售等行业。

外资引进平稳增长。全市新签利用外资合同项目89项，比上年增长28.99%，合同外资额3.17亿美元，增长13.09%。外商直接投资0.86亿美元，比上年增长10.43%。年末全市实有三资企业450家，建成投产385家。

开发区经济发展增势强劲。高新技术开发区、经济技术开发区、华侨投资区以产业发展和招商引资为重点，加快园区基础设施建设，努力改善投资环境，经济发展步伐加快。全年高新技术开发区、经济技术开发区、华侨投资区三个开发区实现财政收入6.09亿元，比上年增长33.74%，增长速度比全市高12.75个百分点；实现规模以上工业总产值76.13亿元，增长47.95%，占全市规模以上工业总产值的比重比上年提高2.09个百分点；完成全社会固定资产投资40.21亿元，增长74.22%，占全市全社会固定资产投资的11.08%，比上年提高2.23个百分点。

旅游业加快发展，旅游接待能力增强。在节庆活动和会展经济的拉动下，前来我市旅游、参观、访问等活动的游客增多。2005年共接待国内旅游者1623.47万人次，比上年增长17.06%；国内旅游收入83.26亿元，增长16.21%。接待国外旅游者8.33万人次，增长27.02%；国际旅游收入2459.93万美元，增长43.47%。年末全市共拥有星级宾馆84家，比上年增加23家。旅行社66家，其中，国际旅行社16家。

八、金融和保险

金融机构存贷款继续增加。2005年末，全市金融机构11家，营业网点829家。全市金融机构各项存款余额1263.63亿元，增加158.71亿元，增长14.36%。其中企业存款余额452.29亿元，增加29.49亿元，增长6.98%；城乡居民储蓄存款余额598.23亿元，增加82.44亿元，增长15.98%；金融机构贷款余额1381.65亿元，增加202.69亿元，增长17.19%；全年银行现金收入2828.59亿元，现金支出2721.71亿元，收支相抵回笼现金106.88亿元。

保险业平稳发展。2005年末，全市有各类保险公司12家，其中财险公司7家，寿险公司5家。全年保费收入19.72亿元，比上年增长14.99%。其中财产险保费收入6.83亿元，增长23.93%；人身险保费收入12.89亿元，增长10.76%。全年各项保险赔款及给付4.11亿元。

九、科学技术和教育

科技创新能力进一步提高。2005年，全市共组织实施国家级科技计划项目28项，其中国家火炬计划项目5项，国家星火计划项目4项，国家科技攻关项目4项，国家重点新产品计划项目3项，国家中小企业创新基金项目12项；组织实施自治区级科技计划项目48项，其中工业科技项目22项，农业科技项目14项，社会发展科技项目11项；组织实施区市创新计划349项。全市共取得科技成果46项，其中国际先进水平1项，国内领先水平15项，国内先进水平20项，区内领先水平5项，区内先进水平3项；全年签订各类技术合同30项，合同金额2.63亿元。市级科技项目总投资9.12亿元；全年专利申请475件，获得授权专利315件；全市拥有各类专业技术人员18.0万人，其中市属国有企事业单位专业技术人员10.76万人，中级技术职称以上人员4.96万人。

高等教育继续发展，基础教育扎实推进。2005年末，全市共拥有研究生培养单位6个，全年招收研究生2748人，比上年增加614人，在校研究生6415人，增加1756人，毕业生976人；全市共有普通高等院校28所，全年招生5.78万人，增加0.57万人，在校学生16.01万人，毕业生3万人；全市共有中等专业学校32所，在校学生7.61万人，比上年减少1.14万人，毕业生2.3万人；全市共有技工学校17所，在校学生2.52万人，增加0.05万人，毕业生0.72万人；全市共有普通中学413所，在校学生42.49万人，增长1.22%。其中高中88所，在校学生10.75万人，增长3.46%，毕业生3.03万人；初中325所，在校学生31.74万人，增长0.49%，毕业生9.66万人。全市共有职业中学34所，在校学生2.04万人，增长4.41%，毕业生0.69万人。全市共有特殊教育学校6所，在校学生0.17万人。全市初中毕业升学率64.2%，比上年提高4.1个百分点，市区初中毕业升学率79%，全市小学毕业升学率99%，学龄儿童入学率99.5%。幼儿园在园幼儿人数12.08万人，下降5.08%。

十、文化、卫生和体育

文化、新闻、出版和广播电视事业取得新成就。2005年，随着我市会节活动的增多，进一步促进文化事业的发展。第七届南宁国际民歌艺术节再创辉煌，荣获了全球节庆协会（IFFA）节庆行业综合类铜奖。大型壮族舞剧《妈勒访天边》，入选2004—2005年度国家舞台精品工程十佳剧目；小品《张大嘴与李干部》获第五届CCTV全国小品电视大赛三等奖、最佳导演奖；邕剧小戏《县长请客》获得第四届中国戏剧文学奖·小型剧本三等奖；大型历史粤剧《烈火红棉》获第四届中国戏剧文学奖剧本奖。基层文化建设进一步增强。2005 年末，全市共有艺术表演团体 17 个，文化馆 12 个。县级以上公共图书馆 16 个，总藏书量 3732 千册（件）。乡镇文化站 102 个。全市广播人口覆盖率达 94%，电视人口覆盖率达 94.35%。全市有线电视用户 40.66 万户。全年出版报纸 5.43 亿份、杂志 0.44 亿册、各类图书 1.77 亿册。

医疗服务水平继续提高，城乡卫生保健服务网络进一步完善。2005 年末，全市共拥有各类卫生机构 610 个（不含个体），其中医院、卫生院 203 个，门诊部（所）316 个，妇幼保健院 10 个，医院、卫生院病床位 1.73 万张。各类卫生专业技术人员 2.25 万人（不含个体），其中执业医师 0.78 万人。卫生保健服务网络进一步完善，城区已建立社区卫生服务机构 38 个，全市有农村卫生室 1755 个，97.96% 的行政村建立了卫生室。新型农村合作医疗试点继续推进，全市有 212 个行政村建立起新型农村合作医疗体系，参加新型农村合作医疗人数达 37.29 万人。卫生防疫取得较好成效。全市未发现人感染高致病性禽流感疫情，传染病发病率控制在较低水平，全市无重大传染病疫情暴发流行，无甲类传染病发生。儿童计划免疫接种率保持较高水平。儿童计划免疫接种率市区为 99.63%，县区农村为 96.74%。无偿献血工作从城市向农村扩展，全市无偿献血者 7.58 万人次，献血总量 2238 万毫升，增加 527 万毫升，基本保证医疗临床用血。年内为 2470 名生活困难的肺结核病患者提供免费治疗。

体育竞技取得好成绩，全民健身活动蓬勃开展。年内成功举办中国－东盟（10+1）国际汽车场地越野赛暨 2005 年全国汽车场地越野锦标赛广西南宁分站赛；首届中国南宁－东南亚国际围棋邀请赛；全国龙舟月中国南宁国际龙舟邀请赛等三项国际体育赛。南宁市运动员在参加国际比赛中共夺金牌 6 枚、铜牌 1 枚；参加全国性比赛中夺金牌 5 枚、银牌 9 枚、铜牌 6 枚；参加自治区比赛中夺金牌 281 枚、银牌 220 枚、铜牌 196 枚。创世界记录 1 项、创亚洲记录 1 项、创全国记录 1 项。全民健身活动广泛开展，全市有各级老年体协组织 812 个，晨晚练习点 322 个，老年体协会员 16 万人。全年开展各类群众体育活动 615 次，体育运动竞赛 91 次。在学校广泛开展体育锻炼达标活动，倡导“每天锻炼一小时，健康工作 50 年，幸福生活一辈子”的理念，全市中小学在校学生体育锻炼达标率达 96%。

十一、城市建设和环境保护

城市基础设施建设取得新进展。2005 年，在城市建设“三年中变化”目标实现基础上，继续推进“六年大变化”城市建设项目的实施。全年“136”城市建设工程完成投资 89.47 亿元，增长 27.52%。年内共安排城市建设项目 112 项，涉及堤路园工程、相思湖新区、道路桥梁、旧城改造和经济适用住房、会展项目、园林绿化及旅游风景设施、水环境整治、市政公用配套设施等 8 个方面。南宁国际会展中心二期工程、东盟商务区 6 条道路、江南堤路园、友爱路延长线主干道、花花大世界园林示范产业园一期工程、进出城道路及主干道交通流量检测系统、路口信号控制工程、新民路（保爱路—桃源路路段）、衡阳东路延长线、江南污水干线、秀灵路雨水管和唐山路雨水管等 23 个项目已建成并投入使用。城市道路建设成效显著，年内完成 336 条小街小巷的改造，年末实有道路长度 958.99 公里，增加 93.87 公里；道路面积 1939.2 万平方米，增加 334.8 万平方米。“五横四环三纵”的城市路网格局初步形成。

城市公用事业服务水平进一步提高。年末，市区拥有公共汽车营运线路 119 条，新开辟公交线路 19 条，运营线路长度 1723 公里。当年新购置公共汽车 404 辆，年末拥有公交营运车辆 2446 标台（辆），增长 23.47%，全年客运量 4.46 亿人次。年末拥有大小出租汽车 3811 辆。全市用电量 65.76 亿千瓦时，增长 16.47%，其中城乡居民生活用电 13.1 亿千瓦时，增长 19.95%。年末实有燃气供气管道长度 744 公里，新增市政燃气供气管网 25 公里，液化石油气用户 38.76 万户，增长 23.72%，其中管道燃气用户 3.2 万户，增长 39.13%，液化石油气供气总量 6.08 万吨，增长 13%，城市气化率 81.9%。全年自来水供水总量 2.9 亿立方米，增长 7.76%，水质综合合格率 99.96%。

城市绿化取得新进展，城市绿地面积显著增加。年内完成了江南堤路园、江南东堤路园、竹溪民族大道立交桥等十座立交桥垂直绿化工程，共投入绿化资金 6011 万元，新建绿地面积 47.1 公顷。年末建成区绿化覆盖率达 39.8%，人均公共绿地面积 8.10 平方米，“绿城”风貌进一步凸显。

环境保护工作力度继续加大，城市环境质量总体保持良好。2005 年，市政府加大全市污染源整治达标力度，继续实施市中心城区工业企业结构调整和搬迁改造，深化城市环境综合整治，生态保护工作不断加强。全年市区空气质量优良天数达 96.99%，比上年提高 1.91 个百分点；邕江干流水质基本保持国家地表水三类水质标准，城市地面水水质按国家考核功能区达标率为100%，饮用水源水质达标率为97.51%；全市工业废水排放达标率为93.9%，比上年提高3.8个百分点；工业烟尘排放达标率为90.79%，比上年提高4.89个百分点；工业二氧化硫达标排放率为88.04%，比上年提高4.94个百分点；工业固体废物综合利用率为80.54%，比上年提高0.5个百分点。建成区烟尘控制区共7个，烟尘控制区面积为151平方公里；建成区噪音达标区共11个，噪音达标区面积为103.2平方公里。

十二、人口、人民生活和社会保障

人口总量保持平稳增长。据公安部门统计，2005年末，全市户籍人口达659.54万人，比上年增加10.69万人，增长1.65%，其中市区人口249.67万人，增加5.72万人，增长2.34%。全市人口出生率为10.49‰，比上年下降0.01个千分点；人口死亡率3.65‰，比上年下降0.06个千分点；人口自然增长率6.84‰，比上年增加0.05个千分点。

城乡居民收入继续增加。据抽样调查，2005年，全市城镇居民人均可支配收入9203元，比上年增加1143元，增长14.19%。城镇居民人均消费性支出6883元，增长10.81%。农民人均纯收入2677元，比上年增加210元，增长8.51%。农村居民人均消费性支出2270元，增长19.25%。全市在岗职工年平均工资17520元，比上年增长13.42%。

城乡居民住房条件继续改善，据抽样调查，城镇居民人均住房使用面积24.84平方米，农村居民人均居住面积30.78平方米。家庭耐用消费品拥有量继续增加，据抽样调查，年末，每百户城镇居民家庭拥有空调器116台，家用电脑63台，移动电话154部，彩色电视机143台。每百户农村居民家庭拥有彩色电视机79台，摩托车58辆，移动电话62部，家用电脑4台。

社会保障功能进一步完善，社会福利事业进一步发展。全市参加基本养老保险职工人数32.87万人，参加失业保险职工人数29.86万人，参加社会统筹的离退休人数10.42万人，参加基本医疗保险人数43.32万人。全市社会福利机构688个，增加152个，床位10130张，增加1450张，收养人数6902人，增长28.29%。得到抚恤、补助的各类优抚对象13227人，享受城镇最低生活保障人数76405人，得到社会保障救济人数119467人。

注：1.本公报为初步统计数，正式数据以《南宁统计年鉴－2006》为准。

2.地区生产总值、各产业增加值及农业产值绝对数按现行价格计算，增长速度按可比价格计算。

3.本公报的市区数据资料为新市区口径。

南宁市第一次全国经济普查主要数据公报

（第一号）

南宁市人民政府经济普查领导小组办公室

南宁市统计局

2006年元月18日

根据国务院的统一部署，2004年，南宁市开展了第一次全国经济普查，这次普查的标准时点为2004年12月31日，普查的时期资料为2004年度。普查对象为全市行政区域范围内从事第二产业、第三产业的全部法人单位、产业活动单位和个体经营户。普查内容主要包括单位基本属性、就业人员、财务状况、生产经营情况、生产能力、原材料和能源消耗、科技活动情况等。

在市委、市政府以及各级领导的高度重视和有关部门大力配合下，经全市34000多名普查工作人员历时两年的艰苦努力，南宁市第一次全国经济普查的登记填报及数据处理、审核、汇总工作顺利完成。通过普查，全面掌握了南宁市第二产业、第三产业发展状况的基础信息资料，完善了全市基本单位名录库，为研究制定全市国民经济和社会发展规划提供了大量丰富翔实的基本数据。南宁市人民政府经济普查领导小组办公室和南宁市统计局将分三次向社会发布普查公报。现将第一号公报发布如下：

一、单位、个体经营户基本情况

（一）单位数与个体经营户数

2004年末，南宁市拥有从事第二、三产业的产业活动单位31676个。其中：从事第二产业的单位4292个，占13.55%，从事第三产业的单位27384个，占86.45%。产业活动单位中，法人单位21995个，占全部产业活动单位的69.44%。下属产业活动单位9681个，占全市的30.56%。全市21995个法人单位中：企业法人单位12382个，机关、事业法人单位6208个，社会团体法人单位792个，其他法人单位2613个。2004年，全市拥有从事第二、第三产业活动的个体经营户246039户，其中，第二产业30446户，第三产业215593户（详见表1）。

表1　单位数与个体经营户数

	单 位	单位数	比 重(%)
一、产业活动单位	**个**	**31676**	**100**
第二产业	个	4292	13.55
第三产业	个	27384	86.45
二、法人单位	**个**	**21995**	**100**
企业法人	个	12382	56.30
机关、事业法人	个	6208	28.22
社会团体法人	个	792	3.60
其他法人	个	2613	11.88
三、个体经营户	**户**	**246039**	**100**
第二产业	户	30446	12.37
第三产业	户	215593	87.63

注：产业活动单位包括法人单位及法人单位下属的产业活动单位。

（二）单位、个体经营户变动情况

随着经济的不断发展和经济结构的调整，全市产业活动单位的构成也发生了明显变化。与2001年第二次全国基本单位普查的同口径数据比较，这次经济普查第二、三产业的产业活动单位增加3584个，增长12.76%，其中：法人单位增加3010个，增长15.85%。法人单位中，企业法人单位增加2814个，增长29.41%；机关、事业法人单位增加60个，增长0.98%；

社会团体法人单位数增加 68 个，增长 9.39%； 其他法人单位数增加 68 个，增长 2.67%。

与 2001 年第二次全国基本单位普查的同口径数据比较，从事第二、第三产业的个体经营户增加 32660 户，增长 15.31%。其中：从事第二产业的个体经营户增加 2771 户，增长 10.01%；从事第三产业的个体经营户增加 29889 户，增长了 16.09%（详见表 2）。

表 2 全市产业活动单位及个体经营户变动情况

	2004 年	2001 年	增 减	增 减(%)
一、产业活动单位（个）	**31676**	**28092**	**3584**	**12.76**
第二产业	4292	4104	188	4.58
第三产业	27384	23988	3396	14.16
二、法人单位（个）	**21995**	**18985**	**3010**	**15.85**
#企业法人	12382	9568	2814	29.41
事业法人	5042	4686	356	7.60
机关法人	1166	1462	-296	-20.25
社会团体法人	792	724	68	9.39
其他法人	2613	2545	68	2.67
三、个体经营户（户）	**246039**	**213379**	**32660**	**15.31**
第二产业	30446	27675	2771	10.01
第三产业	215593	185704	29889	16.09

（三）企业法人单位结构

随着经济体制改和对外开放的进一步深化，全市企业法人单位的所有制结构发生了明显变化，私营企业和股份制企业发展迅速。2004 年末，全市共有从事第二、三产业的企业法人单位 12382 个。其中，国有企业法人单位有 1353 个，占全市的 10.93%；集体企业法人单位有 1275 个，占全市的 10.30%；股份制企业法人单位共有 1716 个，占全市的 13.86%；私营企业法人单位有 7553 个，占全市的 61.00%；港澳台商投资企业和外商投资企业法人单位有 320 个，占全市的 2.58%（详见表 3）。

表 3 按登记注册类型分组的企业法人单位

	单位数(个)	比 重(%)
总 计	**12382**	**100**
国有企业	1353	10.93
集体企业	1275	10.30
股份制企业	1716	13.86
私营企业	7553	61.00
其他内资企业	165	1.33
港澳台商投资企业	139	1.12
外商投资企业	181	1.46

（四）单位与个体经营户的地区分布

从单位与个体经营户分布情况看：单位、个体经营户主要集中在市区。2004 年末，市区拥有从事第二、三产业的产业活动单位 19351 个，个体经营户 108945 户，分别占全市的 61.09 %和 44.28 % 。各县区中：拥有单位个数最多的县区是青秀区，共有产业活动单位 7603 个，占全市的 24.00 %，拥有个体经营户最多的是横县，共有个体经营户 36844 户，占全市的 14.98%，（详见表 4）。

表 4　各县区产业活动单位、个体经营户数

地区名称	产业活动单位数(个)	比　重（%）	个体经营户数(户)	比　重（%）
全市	**31676**	**100**	**246039**	**100**
市　区	**19351**	**61.09**	**108945**	**44.28**
兴宁区	2795	8.83	25394	10.32
青秀区	7603	24.00	19346	7.86
江南区	1990	6.28	14021	5.70
西乡塘区	4964	15.67	32433	13.18
良庆区	937	2.96	9414	3.83
邕宁区	1062	3.35	8337	3.39
武鸣县	2646	8.35	32404	13.17
隆安县	1020	3.22	10653	4.33
马山县	1072	3.38	9160	3.72
上林县	1083	3.42	11392	4.63
宾阳县	2739	8.65	36641	14.89
横　县	3765	11.89	36844	14.98

（五）单位、个体经营户行业分布

经济普查结果显示：全市单位主要集中在批发和零售业、公共管理和社会组织、制造业、租赁和商务服务业、教育五个行业。其中：批发和零售业 7585 个，占 23.95%；公共管理和社会组织 5394 个，占 17.03%；从事制造业的单位 3049 个，占 9.62%；租赁和商务服务业 2793 个，占 8.82%；教育 2712 个，占 8.56%。以上五个行业合计占全市产业活动单位的 67.98%。

个体经营户比较集中的五个行业是：批发和零售业 128125 户，占 52.08%；交通运输业 42402 户，占 17.23%；制造业 26841 户，占 10.91%，居民服务和其他服务业 21912 户，占 8.91%；住宿和餐饮业 14121 户，占 5.74%。以上五个行业占全市个体经营户 94.86%（详见表 5）。

表 5　单位、个体经营户行业分布情况

	单位数（个）	比　重(%)	个体经营户(户)	比　重（%）
总　　计	**31676**	**100**	**246039**	**100**
一、农、林、牧、渔业服务业　*	82	0.26		
二、采矿业	144	0.45	1497	0.61
三、制造业	3049	9.62	26841	10.91
四、电力、燃气及水的生产和供应业	334	1.05	253	0.10
五、建筑业	765	2.42	1855	0.75
六、交通运输、仓储和邮政业	998	3.15	42402	17.23
七、信息传输、计算机服务和软件业	1230	3.88	1117	0.45
八、批发和零售业	7585	23.95	128125	52.08
九、住宿和餐饮业	561	1.77	14121	5.74
十、金融业	952	3.01	2	…
十一、房地产业	1177	3.72	192	0.08
十二、租赁和商务服务业	2793	8.82	1873	0.76

续表

	单位数（个）	比 重(%)	个体经营户(户)	比 重（%）
十三、科学研究、技术服务和地质勘查业	1047	3.30		
十四、水利、环境和公共设施管理业	279	0.88		
十五、居民服务和其他服务业	403	1.27	21912	8.91
十六、教育	2712	8.56	953	0.39
十七、卫生、社会保障和社会福利业	1713	5.41	3241	1.32
十八、文化、体育和娱乐业	458	1.45	1655	0.67
十九、公共管理和社会组织	5394	17.03		

* 农、林、牧、渔业服务业为第二、三产业法人单位下属的第一产业活动单位

二、就业人员

（一）单位、个体经营户就业人员数

2004 年末，全市从事第二、三产业活动单位拥有就业人员 846186 人。其中第二产业就业人员 338813 人，占 40.04%；第三产业就业人员 507373 人，占 59.96%。全市从事第二、第三产业活动的个体经营户拥有就业人员 448735 人，其中，第二产业就业人员为 92320 人，占 20.57%；第三产业的就业人员为 356415 人，占 79.43%。

从就业人员分布情况看：南宁市就业人员主要集中在市区。2004 年末，市区第二、三产业单位拥有就业人员 653856 人，个体经营户就业人员 228656 人，分别占全市的 77.27%和 50.96 %。各县区中：单位就业人员最多的县区是青秀区，共有 248005 人，占全市单位就业人数的 29.31%，个体经营户就业人员最多的县区是西乡塘区，共有 71028 人，占全市个体经营户就业人数的 15.83%(详见表 6)。

表 6　全部就业人员地区分布

	单 位（人）	比 重(%)	个体经营户	比 重(%)
全市总计	**846186**	**100**	**448735**	**100**
市区	**653856**	**77.27**	**228656**	**50.96**
兴宁区	121781	14.39	49739	11.08
青秀区	248005	29.31	50334	11.22
江南区	84570	9.99	29015	6.47
西乡塘区	157624	18.63	71028	15.83
良庆区	23409	2.77	16583	3.7
邕宁区	18467	2.18	11957	2.66
武鸣县	44021	5.20	51930	11.57
隆安县	18515	2.19	15372	3.42
马山县	15801	1.87	14134	3.15
上林县	17298	2.04	16379	3.65
宾阳县	47699	5.64	64021	14.27
横　县	48996	5.79	58243	12.98

（二）单位就业人员行业分布

在单位就业人员行业分布中，制造业就业人员最多，共拥有就业人员 173545 人，占全市单位就业人数的 20.51%；建筑业 152280 人，占 18.00%；教育 98885 人，占 11.69%；公共管理和社会组织 74601 人，占 8.82%；批发和零售业 69408 人，占 8.20%（详见表 7）。

表 7　全市单位就业人员行业分布情况

	就业人员(人)	比 重(%)
总　计	**846186**	**100**
一、农、林、牧、渔业	20410	2.41
二、采矿业	3247	0.38
三、制造业	173545	20.51
四、电力、燃气及水的生产和供应业	9741	1.15
五、建筑业	152280	18.00
六、交通运输、仓储和邮政业	30542	3.61
七、信息传输、计算机服务和软件业	16694	1.97
八、批发和零售业	69408	8.20
九、住宿和餐饮业	24647	2.91
十、金融业	21798	2.58
十一、房地产业	29015	3.43
十二、租赁和商务服务业	29451	3.48
十三、科学研究、技术服务和地质勘查业	27237	3.22
十四、水利、环境和公共设施管理业	11285	1.33
十五、居民服务和其他服务业	5987	0.71
十六、教育	98885	11.69
十七、卫生、社会保障和社会福利业	35107	4.15
十八、文化、体育和娱乐业	12306	1.45
十九、公共管理和社会组织	74601	8.82

* 此表数据不包括个体经营户从业人员。

（三）单位就业人员性别、学历、职称、技术等级构成

在全市单位就业人员中，女性就业人员 308412 人，占 36.45%，其中具有大专以上学历女性就业人员占全市大专以上学历就业人员的 39.39%；具有技术职称的女性就业人员占全市具有技术职称就业人员的 37.74%； 具有技术等级证书女性就业人员占全市具有技术等级证书人员的 24.89%。

全市单位就业人员中，研究生及以上学历 10825 人，占 1.28%；大学本科学历 101547 人，占 12.0%；大专学历 176181 人，占 20.82%；高中学历 285488 人，占 33.74%；初中及以下学历 272145 人，占 32.16%。

全市具有技术职称的人员 235207 人，占全市单位就业人员的 27.8%。其中高级技术职称 24847 人，占全市具有技术职称的人员的 10.57%； 中级技术职称 90373 人，占 38.42%； 初级技术职称 119987 人，占 51.01%。

全市具有技术等级证书人员 72946 人，占全市单位就业人员的 8.62%。其中高级技师 2245 人，占全市具有技术等级证书人员的 3.08%；技师 5894 人，占 8.08%； 高级工 21722 人，占 29.78%； 中级工 43085 人，占 59.06%（详见表 8）。

表 8　单位就业人员学历、职称、技术等级构成情况

	就业人员（人）	比 重(%)	就业人员中：	
			女性	比 重(%)
一、就业人员合计	846186	100	308412	36.45
具有研究生及以上学历者	10825	1.28	3179	29.37
具有大学本科学历者	101547	12.00	35619	35.08

续表

	就业人员（人）	比 重(%)	就业人员中：	
			女性	比 重(%)
具有大专学历者	176181	20.82	74876	42.50
具有高中学历者	285488	33.74	114292	40.03
具有初中及以下学历者	272145	32.16	80446	29.56
二、具有技术职称的人员合计	235207	27.80	88782	37.74
具有高级技术职称者	24847	10.57	6618	26.64
具有中级技术职称者	90373	38.42	33226	36.77
具有初级技术职称者	119987	51.01	48938	40.79
三、具有技术等级证书人员合计	72946	8.62	18158	24.89
高级技师	2245	3.08	390	17.37
技师	5894	8.08	786	13.34
高级工	21722	29.78	5422	24.96
中级工	43085	59.06	11560	26.83

三、企业实收资本及其构成

2004 年末，南宁市第二、三产业 12382 个企业法人单位的实收资本总额为 617.3 亿元。在全部企业法人单位的实收资本总额中，由国家投入资本 333.9 亿元，占 54.09%；集体投入资本 25.4 亿元，占 4.12%；个人投入资本 193.6 亿元，占 31.36%；港澳台投入资本 28.3 亿元，占 4.58%；外商投入资本 36.1 亿元，占 5.85%。各类企业实收资本来源构成详见表 9。

表 9　企业实收资本来源构成

指标名称	实收资本	国家资本 (%)	集体资本 (%)	个人资本 (%)	港澳台资本 (%)	外商资本 (%)
总　计	100	54.09	4.12	31.36	4.58	5.85
国有企业	100	99.57	0.08	0.35		
集体企业	100	4.58	86.55	8.87		
股份合作企业	100	2.91	37.73	59.36		
国有联营企业	100	89.86		10.14		
集体联营企业	100		93.92	6.08		
国有与集体联营企业	100	57.30	33.23	9.47		
其他联营企业	100	40.21	38.50	21.29		
国有独资公司	100	99.98	0.02			
其他有限责任公司	100	32.85	8.67	58.34	0.02	0.12
股份有限公司	100	66.19	2.77	28.84	2.06	0.14
私营企业	100	0.32	0.77	98.76	0.04	0.11
其他企业	100	10.77	5.93	81.67	1.63	
港、澳、台商投资企业	100	16.15	0.82	7.48	68.92	6.63
外商投资企业	100	18.48	1.30	1.39	18.07	60.76

四、普查数据质量情况

为保证普查数据质量，按全国普查条例及全国经济普查工作要求，南宁市第一次全国经济普查领导小组办公室采取分层随机等距整群抽样方法，对各县区的数据质量进行了抽查，全市共抽查 16 个普查小区的 1637 个法人单位和产业活动单位(抽查比例为 5.17‰)，个体经营户 4816 个(抽查比例为 1.96‰)。抽查汇总结果，数据填报综合差错率为 0.28‰，数据质量控制在预期目标之内。

注释：

[注 1]三次产业的划分

第一产业是指农、林、牧、渔业。

第二产业是指采矿业，制造业，电力、燃气及水的生产和供应业，建筑业。

第三产业是指除第一、二产业以外的其他行业。第三产业包括：交通运输、仓储和邮政业，信息传输、计算机服务和软件业，批发和零售业，住宿和餐饮业，金融业，房地产业，租赁和商务服务业，科学研究、技术服务和地质勘查业，水利、环境和公共设施管理业，居民服务和其他服务业，教育，卫生、社会保障和社会福利业，文化、体育和娱乐业，公共管理和社会组织，国际组织。本次普查未包括国际组织。

[注 2]单位的划分

法人单位是指具备以下条件的单位：⑴依法成立，有自己的名称、组织机构和场所，能够独立承担民事责任；⑵独立拥有和使用(或授权使用)资产，承担负债，有权与其他单位签订合同；⑶会计上独立核算，能够编制资产负债表。在有关部门登记为法人，但不符合上述条件的单位，普查中未作为法人单位统计。

产业活动单位是法人单位的附属单位，且具备以下条件：⑴在一个场所从事一种或主要从事一种社会经济活动；⑵相对独立组织生产经营或业务活动；⑶能够掌握收入和支出等业务核算资料(生产核算资料)。

个体经营户是指除农户外，生产资料归劳动者个人所有，以个体劳动为基础，劳动成果归劳动者个人占有和支配的一种经营单位。包括：(1)经各级工商行政管理机关登记注册并领取《营业执照》的个体工商户。(2)经民政部门核准登记并领取证书的民办非企业单位。(3)没有领取执照或证书，但有相对固定场所、年内实际从事个体经营活动三个月以上的城镇、农村个体户。但不包括农民家庭以辅助劳力或利用农闲时间进行的一些兼营性活动。

[注 3]国有企业包括国有、国有联营、国有独资公司；

集体企业包括集体、集体联营、股份合作企业。

股份制企业：包括其他有限责任公司、股份有限公司；

其它企业：包括国有与集体联营、其他联营、其他。

[注 4]就业人员：是指 2004 年 12 月 31 日在第一、第二、三产业单位和个体经营户在岗的就业人员，未包括上述范围之外的就业人员。

[注 5]实收资本：是指企业投资者实际投入的资本(或股本)，包括货币、实物、无形资产等各种形式的投入。实收资本按投资主体可分为国家资本、集体资本、个人资本、港澳台资本和外商资本等。

南宁市第一次全国经济普查主要数据公报

（第二号）

南宁市人民政府经济普查领导小组办公室

南宁市统计局

2006年元月19日

根据第一次全国经济普查结果，现将南宁市第二产业的主要数据公布如下。

一、工业

（一）企业单位数和就业人员

2004年末，全市共有工业企业法人单位3092个，就业人员186533人；工业个体经营户28591户，就业人员77078人。

在工业企业法人单位中，国有企业及国有独资公司217个，占7.0%；集体企业459个，占14.8%;私营企业1797个，占58.1%；港、澳、台商投资企业74个，占2.4%；外商投资企业88个，占2.9%，其余类型企业457个，占14.8%。

在工业企业法人单位就业人员中，国有企业及国有独资公司占17.9%，集体企业占8.6%，私营企业占32.8%，港澳台商投资企业、外商投资企业占9.4%，其余类型企业占31.3%（详见表1）。

表1　工业企业法人单位和就业人员按登记注册类型分组情况

	单位数（个）	比　重（%）	就业人员（人）	比　重（%）
总　　计	3092	100.00	186533	100.00
国有企业	213	6.89	31684	16.99
集体企业	459	14.84	15977	8.57
股份合作企业	43	1.39	1449	0.78
国有联营企业	2	0.06	80	0.04
集体联营企业	11	0.36	93	0.05
国有与集体联营企业	17	0.55	152	0.08
其他联营企业	8	0.26	295	0.16
国有独资公司	4	0.13	1686	0.90
其他有限责任公司	273	8.83	38668	20.73
股份有限公司	53	1.71	16644	8.92
私营企业	1797	58.12	61264	32.84
其他内资企业	50	1.62	991	0.53
港、澳、台商投资企业	74	2.39	8350	4.48
外商投资企业	88	2.85	9200	4.93

在工业企业法人单位中，采矿业135个，占4.4%，制造业2838个，占91.8%，电力、燃气及水的生产和供应业119个，占3.8%。

在工业企业法人单位的就业人员中，采矿业占1.8%，制造业占93.0%，电力、燃气及水的生产和供应业占5.2%。在工业行业大类中，非金属矿物制品业、农副食品加工业、化学原料及化学制品制造业、造纸及纸制品业、医药制造业的就业人数居前五位，就业人数分别为33798人、33684人、12261人、9997人、9057人，分别占全部就业人数的18.12%、18.06%、6.57%、5.36%、4.86%（详见表2）。

表 2 工业单位和就业人数的行业分布

	单位数（个）	就业人数（人）		单位数（个）	就业人数（人）
总　　计	**3092**	**186533**	医药制造业	91	9057
采矿业	**135**	**3247**	化学纤维制造业	2	60
煤炭开采和洗选业	3	345	橡胶制品业	15	300
黑色金属矿采选业	31	601	塑料制品业	138	4916
有色金属矿采选业	22	591	非金属矿物制品业	456	33798
非金属矿采选业	79	1710	黑色金属冶炼及压延加工业	50	2679
制造业	**2838**	**173545**	有色金属冶炼及压延加工业	23	3199
农副食品加工业	303	33684	金属制品业	113	3186
食品制造业	114	7082	通用设备制造业	113	6151
饮料制造业	151	4101	专用设备制造业	92	5352
烟草制品业	2	1225	交通运输设备制造业	77	3760
纺织业	45	6223	电气机械及器材制造业	62	4032
纺织服装、鞋、帽制造业	44	4076	通信设备、计算机及其他电子设备制造业	18	1352
皮革、毛皮、羽毛(绒)及其制品业	45	2418	仪器仪表及文化、办公用机械制造业	12	1159
木材加工及木、竹、藤、棕、草制品业	91	3144	工艺品及其他制造业	55	2872
家具制造业	57	1404	废弃资源和废旧材料回收加工业	2	11
造纸及纸制品业	235	9997	**电力、燃气及水的生产和供应业**	**119**	**9741**
印刷业和记录媒介的复制	178	5767	电力、热力的生产和供应业	40	6669
文教体育用品制造业	5	124	燃气生产和供应业	1	147
石油加工、炼焦及核燃料加工业	9	155	水的生产和供应业	78	2925
化学原料及化学制品制造业	240	12261			

在工业企业法人单位中，市区有 1804 个，占 58.3%，县域 1288 个，占 41.7%。

在工业企业法人单位的就业人员中，市区就业人数达到 121660 人，占 65.22%，县域就业人数 64873 人，占 34.78%（详见表 3）。

表 3 工业法人单位和就业人员的地区分布

	单位数（个）	就业人员（人）
全　市	**3092**	**186533**
市　区	**1804**	**121660**
兴宁区	316	11309
青秀区	198	11425
江南区	368	38327
西乡塘区	658	41535
良庆区	205	14763
邕宁区	59	4301

续表

	单位数（个）	就业人员（人）
武鸣县	250	14250
隆安县	82	6053
马山县	56	2647
上林县	121	4962
宾阳县	422	18808
横　县	357	18153

（二）工业总产值

2004 年，全市共实现工业总产值 375.7 亿元，其中规模以上工业企业[注2]实现产值 272.0 亿元，规模以下工业(包括个体工业)实现产值 103.7 亿元。在全部工业总产值中，市区工业产值达到 262.0 亿元，占 69.7%；六县工业产值 113.7 亿元，占 30.3%（详见表 4）。

表 4　工业总产值的地区分布

单位：亿元

	合 计	规模以上	规模以下
全　市	**375.70**	**271.97**	**103.73**
市　区	**262.05**	**214.08**	**47.97**
兴宁区	15.34	7.22	8.12
青秀区	20.11	11.56	8.55
江南区	87.10	77.40	9.70
西乡塘区	102.34	88.03	14.31
良庆区	28.67	23.96	4.71
邕宁区	8.49	5.91	2.58
武鸣县	28.03	11.71	16.32
马山县	5.72	3.83	1.89
隆安县	7.75	5.98	1.77
上林县	5.91	3.35	2.56
宾阳县	41.90	18.61	23.29
横　县	24.34	14.41	9.93

在全部工业总产值中，采矿业占 1.44%，制造业占 93.67%，电力、燃气及水的生产和供应业占 4.89%。在工业行业大类中，产值最大的五大行业是农副食品加工业 79.16 亿元、非金属矿物制品业 41.20 亿元、化学原料及化学制品制造业 28.22 亿元、造纸及纸制品业 23.85 亿元、烟草制品业 23.19 亿元，分别占全市工业总产值的 21.07%、10.97%、7.51%、6.35%、6.17%，五大工业行业共占全市工业的 52.07%（详见表 5）。

表 5 工业总产值按行业分组情况

	工业总产值（亿元）	比重（%）		工业总产值（亿元）	比重（%）
总　计	**375.70**	**100**	化学原料及化学制品制造业	28.22	7.51
采矿业	**5.41**	**1.44**	医药制造业	13.72	3.65

续表

	工业总产值（亿元）	比重（%）		工业总产值（亿元）	比重（%）
煤炭开采和洗选业	0.40	0.11	化学纤维制造业	0.13	0.04
黑色金属矿采选业	0.95	0.25	橡胶制品业	0.30	0.08
有色金属矿采选业	1.17	0.31	塑料制品业	13.17	3.51
非金属矿采选业	2.89	0.77	非金属矿物制品业	41.20	10.97
制造业	**351.90**	**93.67**	黑色金属冶炼及压延加工业	10.61	2.82
农副食品加工业	79.16	21.07	有色金属冶炼及压延加工业	10.61	2.82
食品制造业	9.03	2.40	金属制品业	6.24	1.66
饮料制造业	8.40	2.24	通用设备制造业	11.83	3.15
烟草制品业	23.19	6.17	专用设备制造业	8.65	2.3
纺织业	7.27	1.94	交通运输设备制造业	7.40	1.97
纺织服装、鞋、帽制造业	2.16	0.57	电气机械及器材制造业	9.36	2.49
皮革、毛皮、羽毛(绒)及其制品业	3.63	0.97	通信设备、计算机及其他电子设备制造业	4.17	1.11
木材加工及木、竹、藤、棕、草制品业	7.54	2.01	仪器仪表及文化、办公用机械制造业	1.38	0.37
家具制造业	2.38	0.63	工艺品及其他制造业	5.09	1.35
造纸及纸制品业	23.85	6.35	**电力、燃气及水的生产和供应业**	**18.39**	**4.89**
印刷业和记录媒介的复制	11.27	3.00	电力、热力的生产和供应业	15.32	4.08
文教体育用品制造业	0.25	0.07	燃气生产和供应业	0.43	0.11
石油加工、炼焦及核燃料加工业	1.69	0.45	水的生产和供应业	2.64	0.70

（三）主要工业产品产量

2004 年，南宁市主要工业产品产量详见表 6。

表 6　主要工业产品产量

产品名称	计量单位	本年生产量	产品名称	计量单位	本年生产量
饲料	吨	1170528	烧碱（折 100%）	吨	147829
成品糖	吨	1174928	合成氨	吨	89699
液体乳	吨	25824	氮肥(折含氮 100%)	吨	195092
罐头	吨	35009	中成药	吨	95844
软饮料	吨	266114	平板玻璃	重量箱	4866073
人造板	立方米	379708	铝材	吨	33393
卷烟	万支	2545205	小型拖拉机	台	62691
纸浆	吨	179875	变压器	千伏安	80520
机制纸及纸板	吨	240601	家用电风扇	台	145790

续表

产品名称	计量单位	本年生产量	产品名称	计量单位	本年生产量
盐酸（氯化氢）（含量31%以上）	吨	119397	发电量	万千瓦小时	217077
聚氯乙烯树脂	吨	55919	自来水	万立方米	3879872

（四）能源消费

2004年全市工业企业分品种能源消费总量详见表7。

表7　工业企业分品种能源消费总量

	计量单位	消费总量
原煤	吨	3188599
洗精煤	吨	3830
其他洗煤	吨	37601
型煤	吨	1449
焦炭	吨	58068
汽油	吨	17154
煤油	吨	3615
柴油	吨	33760
燃料油	吨	78518
液化石油气	吨	3315
其他石油制品	吨	2635
电力	万千瓦时	405542
其他燃料	吨标准煤	414792

（五）资产负债和所有者权益

2004年末，全市工业企业法人单位资产合计429.67亿元，负债合计282.73亿元，所有者权益合计[注3]146.94元。

全市工业企业法人单位资产负债率为65.8%，采矿业为43.6%；制造业为62.7%；电力、燃气及水的生产和供应业为79.8%。在工业行业大类中，负债比重较大的五大行业是：橡胶制品业104.3%，皮革、毛皮、羽毛及其制品业88.8%，造纸及纸制品业88.4%，电力、热力的生产和供应业86.0%，燃气生产和供应业76.1%（详见表8）。

表8 工业企业法人单位资产负债和所有者权益的行业分布

单位：亿元

	资产合计	负债合计	所有者权益		资产合计	负债合计	所有者权益
总　计	**429.67**	**282.73**	**146.94**	医药制造业	20.18	12.27	7.91
采矿业	**3.35**	**1.46**	**1.89**	化学纤维制造业	0.21	0.02	0.19
煤炭开采和洗选业	0.24	0.17	0.07	橡胶制品业	1.40	1.46	-0.06
黑色金属矿采选业	0.38	0.06	0.32	塑料制品业	6.81	3.18	3.63
有色金属矿采选业	1.32	0.50	0.82	非金属矿物制品业	45.83	28.87	16.96
非金属矿采选业	1.41	0.73	0.68	黑色金属冶炼及压延加工业	2.99	2.00	0.99

续表

	资产合计	负债合计	所有者权益		资产合计	负债合计	所有者权益
制造业	**344.40**	**215.91**	**128.49**	有色金属冶炼及压延加工业	11.09	7.03	4.06
农副食品加工业	75.33	49.56	25.77	金属制品业	3.41	2.07	1.34
食品制造业	9.27	4.97	4.30	通用设备制造业	9.00	6.58	2.42
饮料制造业	16.34	9.49	6.85	专用设备制造业	10.86	7.88	2.98
烟草制品业	26.73	15.24	11.49	交通运输设备制造业	10.64	6.45	4.19
纺织业	4.19	2.11	2.08	电气机械及器材制造业	8.52	5.94	2.58
纺织服装、鞋、帽制造业	1.76	0.81	0.95	通信设备、计算机及其他电子设备制造业	2.47	0.79	1.68
皮革、毛皮、羽毛(绒)及其制品业	1.16	1.03	0.13	仪器仪表及文化、办公用机械制造业	1.13	0.45	0.68
木材加工及木、竹、藤、棕、草制品业	6.96	3.49	3.47	工艺品及其他制造业	2.44	1.12	1.32
家具制造业	0.76	0.41	0.35	废弃资源和废旧材料回收加工业	0.10	0.00	0.10
造纸及纸制品业	30.35	26.84	3.51	**电力、燃气及水的生产和供应业**	**81.92**	**65.36**	**16.56**
印刷业和记录媒介的复制	7.74	4.15	3.59	电力、热力的生产和供应业	63.23	54.35	8.88
文教体育用品制造业	0.06	0.02	0.04	燃气生产和供应业	3.31	2.52	0.79
石油加工、炼焦及核燃料加工业	0.49	0.31	0.18	水的生产和供应业	15.38	8.49	6.89
化学原料及化学制品制造业	26.18	11.37	14.81				

（六）主营业务收入和利税总额

2004 年，全市 3092 个工业企业法人单位主营业务收入达到 279.79 亿元。其中，采矿业 2.5 亿元，占 0.9%；制造业 258.73 亿元，占 92.5%；电力、燃气及水的生产和供应业 18.56 亿元，占 6.6%。主营业务收入超过 10 亿元的行业有：农副食品加工业 70.95 亿元，非金属矿物制品业 30.68 亿元，烟草制品业 22.66 亿元，化学原料及化学制品制造业 21.85 亿元，电力、热力的生产和供应业 15.17 亿元，造纸及纸制品业 13.70 亿元（详见表 9）。

表 9　工业企业法人单位主营业务收入的行业分布

单位：亿元

	主营业务收入		主营业务收入
总　计	**279.79**	化学原料及化学制品制造业	21.85
采矿业	**2.50**	医药制造业	8.58
煤炭开采和洗选业	0.23	化学纤维制造业	0.05
黑色金属矿采选业	0.22	橡胶制品业	0.11
有色金属矿采选业	0.76	塑料制品业	7.37
非金属矿采选业	1.29	非金属矿物制品业	30.68
制造业	**258.73**	黑色金属冶炼及压延加工业	8.62
农副食品加工业	70.95	有色金属冶炼及压延加工业	9.39
食品制造业	6.34	金属制品业	3.57
饮料制造业	6.78	通用设备制造业	4.73
烟草制品业	22.66	专用设备制造业	5.82
纺织业	5.88	交通运输设备制造业	4.38

续表

	主营业务收入		主营业务收入
纺织服装、鞋、帽制造业	1.38	电气机械及器材制造业	6.93
皮革、毛皮、羽毛(绒)及其制品业	2.20	通信设备、计算机及其他电子设备制造业	2.48
木材加工及木、竹、藤、棕、草制品业	4.72	仪器仪表及文化、办公用机械制造业	0.84
家具制造业	0.67	工艺品及其他制造业	2.35
造纸及纸制品业	13.70	**电力、燃气及水的生产和供应业**	**18.56**
印刷业和记录媒介的复制	4.58	电力、热力的生产和供应业	15.17
文教体育用品制造业	0.05	燃气生产和供应业	0.68
石油加工、炼焦及核燃料加工业	1.07	水的生产和供应业	2.71

全市规模以上工业企业法人单位实现利税总额35.82亿元，其中，采矿业占0.59%，制造业占85.62%，电力、燃气及水的生产和供应业占13.79%。利税总额超过亿元的行业有：烟草制品业12.27亿元，农副食品加工业8.01亿元，电力、热力的生产和供应业4.86亿元，非金属矿物制品业3.81亿元，化学原料及化学制品制造业2.56亿元。

（七）企业科技活动

2004年末，在全市622个规模以上工业法人企业中开展科技活动[注4]的有86个，占13.83%。在大中型企业中，开展科技活动的企业所占比重为43.28%，小型企业中开展科技活动的占10.27%。在开展科技活动的企业中，市区占91.86%，企业的科技活动主要集中于市区。

2004年，全市规模以上工业企业投入科技活动经费48316万元，其中，用于新产品开发的经费5357万元，占11.09%。科技活动人员有3052人，其中，科学家和工程师1545人，占50.62%。

在科技活动经费投入中，代表企业自主创新能力的研究与试验发展（R&D）经费为7574万元，投入强度[注5]为0.30%。其中，大中型企业投入研究与试验发展经费2542万元，投入强度为0.19%。

分行业看，研究与试验发展经费投入超过500万元的行业有：农副食品加工业、医药制造业、非金属矿物制品业、有色金属冶炼及压延加工业、专用设备制造业。投入强度在0.5%以上的行业有：食品制造业、印刷业和记录媒介的复制、石油加工业、医药制造业、非金属矿物制品业、有色金属冶炼及压延加工业、专用设备制造业、电气机械及器材制造业、工艺品及其他制造业。

2004年，全市规模以上工业企业实现新产品[注6]产值149324万元，占工业总产值的5.49%。全年专利申请量为79件，其中申请发明专利45件，占56.96%。企业技术改造经费支出110634万元，技术引进经费支出4681万元，消化吸收经费支出282万元。

二、建筑业

（一）企业单位数和从业人员

2004年末，全市共有建筑业法人企业单位583个，就业人员152280人；建筑业个体经营户1855户，就业人员7621人。

建筑业企业法人单位中，国有企业及国有独资公司54个，占9.3%；集体企业44个，占7.5%；私营企业364个，占62.4%；港、澳、台商投资企业2个，占0.3%；外商投资企业4个，占0.7%；其余类型企业115个，占19.7%。

建筑业企业法人单位就业人员中，国有企业及国有独资公司65376人，占42.9%，集体企业6628人，占4.4%，私营企业43627人，占28.6%；其他有限责任公司35120人，占23.1%；其余类型企业1529人，占1.0%（详见表10）。

表10　按登记注册类型分组的建筑业企业法人单位和就业人员

	企业法人（个）	就业人员（人）		企业法人（个）	就业人员（人）
总　　计	583	152280	其他有限责任公司	101	35120
国有企业	46	55312	股份有限公司	11	919

续表

	企业法人（个）	就业人员（人）		企业法人（个）	就业人员（人）
集体企业	44	6628	私营企业	364	43627
股份合作企业	3	88	港澳台商投资企业	2	19
国有独资公司	8	10064	外商投资企业	4	503

建筑业企业法人单位中，房屋和土木工程建筑业占 38.9%；建筑安装业占 20.8%；建筑装饰业占 33.6%；其他建筑业占 6.7%。

建筑业企业法人单位就业人员中，房屋和土木工程建筑业占 75.2%；建筑安装业占 8.5%；建筑装饰业占 4.4%；其他建筑业占 11.9%（详见表 11）。

表 11　建筑业企业法人单位和就业人员的行业分布

	合　计		资质内企业		资质外企业	
	企业法人（个）	就业人员（人）	企业法人（个）	就业人员（人）	企业法人（个）	就业人员（人）
合　计	**583**	**152280**	**369**	**143723**	**214**	**8557**
房屋和土木工程建筑业	227	114515	175	111332	52	3183
建筑安装业	121	12930	67	11776	54	1154
建筑装饰业	196	6657	107	5382	89	1275
其他建筑业	39	18178	20	15233	19	2945

（二）建筑业总产值

2004 年，全市建筑业企业法人单位的建筑业总产值 149.0 亿元。其中，资质内企业[注7]145.5 亿元，资质外企业完成 3.5 亿元。建筑业个体经营户经营收入 2.9 亿元。

在建筑业企业法人单位的建筑业总产值中，市区 145.8 亿元，占 97.8%；县域 3.2 亿元，占 2.2%（详见表 12）。

表 12　建筑业企业法人单位建筑业总产值的地区分布

单位:亿元

	建筑业总产值	资质内企业
全市	**149.03**	**145.54**
市区	**145.76**	**142.46**
兴宁区	54.93	54.78
青秀区	47.08	44.88
江南区	16.13	15.68
西乡塘区	25.51	25.09
良庆区	0.82	0.79
邕宁区	1.29	1.24
武鸣县	0.94	0.77
隆安县	0.35	0.35
马山县	0.26	0.26
上林县	0.49	0.49
宾阳县	0.69	0.69
横　县	0.54	0.52

在建筑业企业法人单位的建筑业总产值中，房屋和土木工程建筑业占81.4%；建筑安装业占13.5%；建筑装饰业占3.1%；其他建筑业占2.0%（详见表13）。

表13 建筑业企业法人单位建筑业总产值的行业分布

单位:亿元

	合　计	资质内企业	资质外企业
合　计	**149.03**	**145.54**	**3.49**
房屋和土木工程建筑业	121.34	119.70	1.64
建筑安装业	20.10	19.09	1.01
建筑装饰业	4.59	4.13	0.46
其他建筑业	3.00	2.62	0.38

（三）房屋建筑面积及竣工价值

2004年，全市总承包和专业承包建筑业企业[注8]房屋建筑施工面积1501.7万平方米，房屋建筑竣工面积493.4万平方米，竣工价值39.7亿元。按用途分房屋建筑完成情况详见表14。

表14 总承包和专业承包建筑业企业房屋建筑完成情况

	房屋建筑竣工面积（平方米）	房屋建筑竣工价值（亿元）
合　计	**4934025**	**39.73**
厂房、仓库	337970	2.58
住宅	3413085	26.80
办公用房	440154	4.19
批发和零售用房	70358	0.47
住宿和餐饮用房	63421	0.44
居民服务业用房	35557	0.29
教育用房	272937	2.01
文化、体育用房	133790	1.36
卫生医疗用房	28808	0.30
科研用房	502	0.00
其他用房	137443	1.29

（四）资产负债和所有者权益

2004年末，全市建筑业企业的资产合计为195.0亿元，负债合计为109.4亿元，企业所有者权益合计为85.6亿元。资产负债率为56.1%（详见表15）。

表15 建筑业企业法人单位资产负债和所有者权益行业分布

单位:亿元

	资产合计	负债合计	所有者权益合计
合　计	**195.00**	**109.43**	**85.57**
房屋和土木工程建筑业	163.57	92.35	71.22
建筑安装业	23.39	13.66	9.73

续表

	资产合计	负债合计	所有者权益合计
建筑装饰业	5.13	2.47	2.66
其他建筑业	2.91	0.95	1.96

（五）工程结算收入和利润总额

2004 年，全市建筑业企业法人单位工程结算收入 150.4 亿元，其中，房屋和土木工程建筑业占 81.6%，建筑安装业占 14.0%，建筑装饰业占 2.7%，其他建筑业占 1.7% 。全市建筑业企业法人单位利润总额 1.23 亿元（详见表 16）。

表 16 建筑业企业法人单位工程结算收入和利润总额

单位：亿元

	工程结算收入	利润总额
合　　计	**150.36**	**1.23**
房屋和土木工程建筑业	122.77	0.13
建筑安装业	21.06	0.97
建筑装饰业	4.02	-0.01
其他建筑业	2.51	0.14

注释：

[注 1]就业人员：是指 2004 年 12 月 31 日在单位和个体经营户在岗的就业人员。未包括上述范围之外的就业人员。

[注 2]规模以上工业企业：是指全部国有工业企业法人和年主营业务收入 500 万元及以上的非国有工业企业法人。

[注 3] 所有者权益：是指企业投资者对企业净资产的所有权，即全部资产减去全部负债后的余额。所有者权益包括投资者最初投入实际到位资产以及资本公积金、盈余公积金和未分配利润。

[注 4]开展科技活动的企业：是指有组织地开展科研和技术开发活动，并有相应经费支出的企业。

[注 5]研究与试验发展经费投入强度：是指研究与试验发展经费支出与销售收入之比。

[注 6]新产品：是指采用新技术原理、新设计构思研制生产的全新产品，或在结构、材质、工艺等某一方面比原有产品有明显改进，从而显著提高了产品性能或扩大了使用功能的产品。包括经政府有关部门认定并在有效期内的新产品，也包括企业自行开发研制，但尚未经政府有关部门认定、投产一年之内的新产品。

[注 7]资质内建筑业企业：是指依据建设部《建筑业企业资质管理规定》（中华人民共和国建设部令 2001 年第 87 号）及《建筑业企业资质等级标准》（建[2001]82 号），已经领取《建筑业企业资质证书》的企业。资质外建筑业企业指虽然没有领取《建筑业企业资质证书》，但实际从事建筑生产经营活动建筑业企业。

[注 8]总承包和专业承包企业：总承包企业是指具有施工总承包资质，可以对工程实行施工总承包或者对主体工程实行施工承包的建筑业企业。专业承包企业是指具有专业承包资质，可以承接总承包企业分包的专业工程或者建设单位按照规定发包的专业工程的建筑业企业。不包括资质以外的建筑业企业和个体经营户。

南宁市第一次全国经济普查主要数据公报

（第三号）

南宁市人民政府经济普查领导小组办公室
南宁市统计局
2006年元月20日

根据第一次全国经济普查结果，现将南宁市第三产业的主要数据公布如下：

一、交通运输、仓储业和邮政业

（一）单位数和就业人员

2004年末，全市交通运输、仓储业和邮政业企业法人单位288个，就业人员25479人；个体交通运输经营户42402户，就业人员49451人；交通运输、仓储业和邮政业的行政事业法人单位82个，就业人员1625人。

在交通运输、仓储业和邮政业企业法人单位数中，交通运输业占81.94%，仓储业占16.7%；就业人员中，交通运输业占93.27%，仓储业占6.55%（详见表1）。

表1　交通运输、仓储业和邮政业企业法人单位和就业人员

	企业法人		就业人员	
	总　数(个)	构　成(%)	总　数(人)	构　成(%)
合　　计	288	100.00	25479	100.00
一、交通运输业	236	81.94	23766	93.27
道路运输业	129	44.79	11781	46.24
城市公共交通业	23	7.99	6052	23.75
水上运输业	28	9.72	2989	11.73
航空运输业	6	2.08	493	1.93
装卸搬运和其他运输服务业	50	17.36	2451	9.62
二、仓储业	48	16.67	1668	6.55
三、邮政业	4	1.39	45	0.18

（二）资产负债和所有者权益

2004年末，交通运输、仓储业和邮政业企业法人单位资产合计752833万元，其中，交通运输业占75.49%，仓储业占24.4%；负债合计353431万元，其中，交通运输业占63.1%，仓储业占36.9%；所有者权益合计399402万元，所有者权益占资产比重为53.1%，其中交通运输业所有者权益占资产比重60.76%，仓储业所有者权益占资产比重29.16%（详见表2）。

表2　交通运输、仓储业和邮政业企业法人单位资产负债和所有者权益

	资产合计（万元）	负债合计（万元）	所有者权益合计（万元）
合　　计	752833	353431	399402
一、交通运输业	568288	222986	345302
道路运输业	390290	156276	234014
城市公共交通业	65969	33882	32087
水上运输业	31669	14612	17057
航空运输业	36011	5245	30766
装卸搬运和其他运输服务业	44349	12971	31378
二、仓储业	184001	130345	53656
三、邮政业	544	100	444

（三）主营业务收入和利润总额

2004 年，交通运输、仓储业和邮政业企业法人单位主营业务收入 248788 万元，其中，交通运输业占 80.1%，仓储业占 19.9%。交通运输个体户营业收入 256433 万元。

交通运输、仓储业企业和邮政业法人单位利润总额 25593 万元。其中，交通运输业占 85.7%，仓储业占 14.3%（详见表 3）。

表 3 交通运输、仓储业和邮政业企业法人单位主营业务收入和利润总额

	主营业务收入（万元）	利润总额（万元）
合　计	248788	25593
一、交通运输业	199167	21924
道路运输业	121558	14944
城市公共交通业	35636	2630
水上运输业	7452	-24
航空运输业	10026	1011
装卸搬运和其他运输服务业	24495	3363
二、仓储业	49396	3669
三、邮政业	225	-0.2

（四）交通运输业行政事业及其他法人单位数、就业人数、资产、收入和支出

2004 年末，交通运输业行政事业及其他法人单位年末资产合计 33293 万元，全年收入 15996 万元，全年支出 14054 万元（详见表 4）。

表 4　交通运输业其他非企业法人单位、人数、资产、收入和支出

	行政事业及其他法人单位（个）	就业人员（人）	年末资产（万元）	全年收入（万元）	全年支出（万元）
合计	82	1625	33293	15996	14054
道路运输业	73	1496	31520	15317	13377
水上运输业	3	42	90	96	75
仓储业	6	87	1683	583	602

二、房地产业

（一）单位数和就业人员

2004 年，全市共有房地产业企业法人单位 1031 个，年末就业人员 29015 人；个体房地产业 192 户，就业人员 198 人（详见表 5）。

表 5　房地产企业法人单位和就业人员总数及构成

	企业法人（个）	比重(%)	就业人员（人）	比 重(%)
合　计	1031	100.00	29015	100.00
房地产开发	516	50.04	12388	42.69
物 业 管理	211	20.47	9627	33.18
中介服务	124	12.03	2591	8.93
其它房地产	180	17.46	4409	15.20

（二）企业资产负债和所有者权益

2004年末，房地产企业法人单位资产合计为4071158万元,负债合计3103681万元,所有者权益合计967477万元。房地产业企业法人单位所有者权益占资产的比重为23.8%,其中,房地产开发业为所有者权益占资产的比重23.5%，物业管理业所有者权益占资产的比重为38.9%，中介服务业所有者权益占资产的比重为43.7%，其他房地产业所有者权益占资产的比重为20.6%（详见表6）。

表6　房地产企业法人单位资产负债和所有者权益

	资产合计（万元）	负债合计（万元）	所有者权益合计（万元）
合　计	4071158	3103681	967477
房地产开发	3652420	2795885	856535
物业管理	81718	49911	31807
中介服务	42358	23857	18501
其它房地产	294662	234028	60634

（三）主营业务收入和利润总额

2004年，房地产业企业法人单位主营业务收入718009万元，利润总额2977万元（详见表7）。

表7　房地产企业法人单位主营业务收入和利润总额

	主营业务收入（万元）	利润总额（万元）
合　计	718009	2977
房地产开发业	648564	3577
物业管理业	25805	1491
房地产中介服务业	16022	1083
其他房地产业	27618	-3174

（四）房地产开发业生产完成情况

2004年，房地产开发业完成投资67853万元；商品房建设施工面积1207万平方米；竣工房屋面积415万平方米；商品房销售面积347万平方米。其中，住宅销售面积318万平方米；商品房销售额952401万元。住宅销售额为787335万元。

2004年，物业管理企业在管房屋建筑面积1542万平方米；中介服务业房屋代理销售成交合同面积164万平方米，房屋代理销售成交合同283668万元。

三、批发零售业

（一）单位数及就业人员和商品销售额

2004年末，全市共有批发零售业企业法人单位4286个，就业人员69408人。批发零售业企业法人单位全年商品销售额合计6927850万元，其中批发业销售额5753624万元，零售业销售额1174226万元（详见表8）。

2004年末，全市批发业个体经营户15000户，就业人员26711人，零售业个体经营户113125户，就业人员172477人。

表8　批发零售业企业法人单位和就业人员及销售额

	法人单位（个）	就业人员（人）	销售额（万元）	其中：零售额（万元）
批发业	2859	41867	5753624	312129
农畜产品批发	176	1871	61004	1661

续表

	法人单位（个）	就业人员（人）	销售额（万元）	其中：零售额（万元）
食品、饮料及烟草制品批发	300	6713	1109634	5591
纺织、服装及日用品批发	182	2597	115470	3588
文化、体育用品及器材批发	126	1703	172822	4749
医药及医疗器材批发	160	2932	130928	13277
矿产品、建材及化工产品批发	826	10512	3044666	176042
机械设备、五金交电及电子产品批发	904	13053	976352	101829
贸易经纪与代理	49	690	38367	1740
其他批发	136	1796	104381	3652
零售业	1427	27541	1174226	1058800
综合零售	137	7394	246941	240017
食品、饮料及烟草制品专门零售	193	2503	25151	21120
纺织、服装及日用品专门零售	127	2025	23256	21612
文化、体育用品及器材专门零售	121	1935	38422	35089
医药及医疗器材专门零售	83	2801	60621	52920
汽车、摩托车、燃料及零配件专门零售	171	3932	552988	503061
家用电器及电子产品专门零售	369	4322	187410	149282
五金、家具及室内装修材料专门零售	163	1722	22163	21068
无店铺及其他零售	63	907	17274	14631

从登记注册类型看，批发零售业企业法人单位数中，国有、国有联营和国有独资公司共占22.1%，集体、集体联营和股份合作企业占7.2%，私营企业占69.5%，外商投资企业占0.2%。

在批发零售业法人企业就业人员中，批发零售业企业法人单位数、就业人数和全年商品销售额，国有、国有联营和国有独资公司共占30.9%，集体、集体联营和股份合作企业占9%，私营企业占47.5%，外商投资企业占0.2%（详见表9）。

表9　按登记注册类型分组的批发零售业法人单位及就业人员

	法人单位（个）	就业人员　（人）
合计	4286	69408
国有企业	445	9861
集体企业	277	5120
股份合作企业	29	806
国有联营企业	4	86
集体联营企业	1	23
国有与集体联营企业	2	15
国有独资公司	17	1835
其他有限责任公司	431	14185
股份有限公司	92	4332
私营企业	2977	32988
其他企业	2	22
港、澳、台商投资企业	1	3
外商投资企业	8	132

（二）企业资产负债和所有者权益

2004 年末，全部批发零售业企业法人单位资产合计 3188766 万元，负债合计 2185033 万元。所有者权益合计 1003733 万元，批发和零售企业法人单位资产负债率为 68.5%，分行业看，批发业资产负债率为 68.6%，零售业资产负债率为 68.3%（详见表 10）。

表 10　批发零售业企业法人单位资产负债和所有者权益

	资产合计（万元）	负债合计（万元）	所有者权益合计（万元）
批发业	2519037	1727580	791457
农畜产品批发	129799	96768	33031
食品、饮料及烟草制品批发	601870	427555	174315
纺织、服装及日用品批发	105762	92529	13233
文化、体育用品及器材批发	150829	91685	59144
医药及医疗器材批发	79378	66029	13349
矿产品、建材及化工产品批发	924235	541104	383131
机械设备、五金交电及电子产品批发	419099	336731	82368
贸易经纪与代理	23828	11185	12643
其他批发	84237	63994	20243
零售业	669729	457453	212276
综合零售	205479	157943	47536
食品、饮料及烟草制品专门零售	44821	24872	19949
纺织、服装及日用品专门零售	32922	22519	10403
文化、体育用品及器材专门零售	36517	18361	18156
医药及医疗器材专门零售	41255	29403	11852
汽车、摩托车、燃料及零配件专门零售	173764	111329	62435
家用电器及电子产品专门零售	100168	70252	29916
五金、家具及室内装修材料专门零售	22006	13573	8433
无店铺及其他零售	12797	9201	3596

（三）主营业务收入和利润总额

2004 年全部批发零售业企业法人单位主营业务收入 5979877 万元，利润总额 109286 万元（详见表 11）。

2004 年批发业个体经营户营业收入 537823 万元；零售业个体经营户营业收入 1645995 万元。

表 11　批发零售业主营业务收入和利润总额

	主营业务收入（万元）	利润总额（万元）
批发业	4971009	97275
农畜产品批发	63463	-1481
食品、饮料及烟草制品批发	960007	22270
纺织、服装及日用品批发	108150	-1011
文化、体育用品及器材批发	133729	5924
医药及医疗器材批发	115203	-69
矿产品、建材及化工产品批发	2646099	59652

续表

	主营业务收入（万元）	利润总额（万元）
机械设备、五金交电及电子产品批发	843864	9069
贸易经纪与代理	5694	588
其他批发	94800	2333
零售业	1008868	12011
综合零售	199581	2477
食品、饮料及烟草制品专门零售	24047	830
纺织、服装及日用品专门零售	21364	759
文化、体育用品及器材专门零售	33925	897
医药及医疗器材专门零售	52401	-720
汽车、摩托车、燃料及零配件专门零售	477055	6446
家用电器及电子产品专门零售	164660	1743
五金、家具及室内装修材料专门零售	20171	-515
无店铺及其他零售	15664	94

四、住宿和餐饮业

（一）单位数、就业人员和营业额

2004年末，全市住宿和餐饮业企业法人单位366个，就业人员24647人。住宿和餐饮业企业法人全年营业额155524万元（详见表12）。

2004年末，全市住宿业个体经营户共有1021户，就业人员2987人；餐饮业个体经营户13100户，就业人员47336人。

表12 住宿和餐饮业企业法人单位和就业人员及营业额

	法人单位（个）	就业人数（人）	营业额（万元）
住宿业	181	15047	95550
旅游饭店	64	11435	76984
一般饭店	92	3109	16692
其他住宿服务	25	503	1874
餐饮业	182	9534	59974
正餐服务	158	8337	43828
快餐服务	7	913	15106
饮料及冷饮服务	5	44	176
其他餐饮服务	12	240	864

从登记注册类型看，在住宿和餐饮业企业法人单位中，国有企业和国有独资公司共占20.66%，集体企业和股份合作企业占19%，私营企业占47.1%，港澳台商投资企业占1.7%，外商投资企业占1.7%，其余类型企业占9.54%。

在住宿和餐饮业法人企业就业人员中，国有企业和国有独资公司共占30.7%，集体企业和股份合作企业占7.6%，私营企业占37.2%，港澳台商投资企业占5.6%，外商投资企业占4.2%，其余类型企业占14.7%（详见表13）。

表13 按登记注册类型分组的住宿和餐饮业企业法人单位及就业人员

	法人单位（个）	就业人员 （人）
合计	363	24581
国有企业	74	7522

续表

	法人单位（个）	就业人员 （人）
集体企业	68	1830
股份合作企业	1	33
国有独资公司	1	20
其他有限责任公司	31	3515
股份有限公司	4	151
私营企业	172	9099
港、澳、台商投资企业	6	1374
外商投资企业	6	1037

（二）企业资产负债和所有者权益

2004年末，全部住宿和餐饮业企业法人单位资产合计为312692万元，负债合计为206938万元，所有者权益合计105754万元（详见表14）。从资产结构看，住宿业所有者权益占资产的比重为30.8%，餐饮业所有者权益占资产的比重为51.0%。

表14 住宿和餐饮业企业法人单位资产负债及所有者权益

	资产合计（万元）	负债合计（万元）	所有者权益合计（万元）
住宿业	266023	184048	81975
旅游饭店	223889	169192	54697
一般饭店	38456	13305	25151
其他住宿服务	3678	1551	2127
餐饮业	46669	22890	23779
正餐服务	35876	20219	15657
快餐服务	9088	1459	7629
饮料及冷饮服务	311	93	218
其他餐饮服务	1394	1119	275

（三）主营业务收入和利润总额

2004年全部住宿和餐饮业企业法人单位主营业务收入152736万元，利润总额-9170万元（详见表15）。

2004年个体住宿业营业收入10945万元；个体餐饮业营业收入306572万元。

表15 住宿和餐饮业企业法人单位主营业务收入及利润总额

	主营业务收入（万元）	利润总额（万元）
住宿业	94464	-9359
旅游饭店	76364	-9123
一般饭店	16350	-260
其他住宿服务	1750	24
餐饮业	58272	189
正餐服务	42155	-1263

续表

	主营业务收入（万元）	利润总额（万元）
快餐服务	15103	1386
饮料及冷饮服务	173	-2
其他餐饮服务	841	68

五、其他第三产业

（一）单位数和就业人员

2004 年末，全市共有从事其他第三产业的法人单位 12081 个，就业人员 311564 人，其中，企业法人单位 2603 个，就业人员 62870 人，行政事业及其他非企业单位 9478 个，就业人员 248694 人（详见表 16）。全市共有从事其他第三产业个体经营户 30753 户，就业人员 64876 人。

表 16　其他第三产业法人单位和就业人员

	法人单位数（个）		就业人员（人）	
	企业	行政事业及其他	企业	行政事业及其他
合　计	2603	9478	62870	248694
信息传输、计算机服务和软件业	738	148	15398	1296
租赁和商务服务业	1039	294	22629	6822
科学研究、技术服务和地质勘查业	399	527	13070	14187
水利、环境和公共设施管理业	41	190	964	10321
居民服务和其他服务业	232	23	5609	378
教育	37	2547	513	98372
卫生、社会保障和社会福利业	22	815	768	34339
文化、体育和娱乐业	95	280	3928	8378
公共管理和社会组织		4654		74601

（二）企业资产负债和所有者权益

2004 年末，其他第三产业企业法人单位的资产合计为 5777971 万元，负债合计 2776470 万元。所有者权益合计 3001501 万元，所有者权益占资产的比重为 51.9%（详见表 17）。

表 17　其他第三产业企业法人单位资产负债和所有者权益

	资产合计（万元）	负债合计（万元）	所有者权益合计（万元）
合　计	5777971	2776470	3001501
信息传输、计算机服务和软件业	1452906	1012258	440648
租赁和商务服务业	3368022	1178125	2189897
科学研究、技术服务和地质勘查业	592934	472311	120623
水利、环境和公共设施管理业	100520	27709	72811
居民服务和其他服务业	34933	20604	14329
教育	14385	4417	9968

续表

	资产合计（万元）	负债合计（万元）	所有者权益合计（万元）
卫生、社会保障和社会福利业	5247	1047	4200
文化、体育和娱乐业	209024	59999	149025

（三）主营业务收入和利润总额

2004年末，其他第三产业企业法人单位的主营业务收入1093195万元，利润总额180459万元。主营业务收入中，信息传输、计算机服务和软件业、租赁和商务服务业、科学研究、技术服务和地质勘查业所占比重分别是36.5%、30.1%、17%，三个行业合计占83.6%。利润总额中，三个行业分别占47.8%、30.8%、8.7%，合计占87.3%（详见表18）。

表18 其他第三产业企业法人单位主营业务收入和利润总额

	主营业务收入（万元）	利润总额（万元）
合　计	1093195	180459
信息传输、计算机服务和软件业	399141	86251
租赁和商务服务业	328745	55638
科学研究、技术服务和地质勘查业	185340	12678
水利、环境和公共设施管理业	33107	72
居民服务和其他服务业	24080	2470
教育	13185	586
卫生、社会保障和社会福利业	2404	184
文化、体育和娱乐业	107193	22580

（四）行政事业和其他非企业法人单位的资产、收入和支出

2004年末，其他第三产业中的行政事业和其他非企业法人单位年末资产合计3541477万元，全年收入1837168万元，全年支出1784758万元（详见表19）。

表19 行政事业和其他非企业法人单位资产、收入和支出

	年末资产（万元）	全年收入（万元）	全年支出（万元）
合计	3541477	1837168	1784758
信息传输、计算机服务和软件业	21186	9805	9539
租赁和商务服务业	225156	41602	40940
科学研究、技术服务和地质勘查业	146191	103074	101087
水利、环境和公共设施管理业	90108	41082	42961
居民服务和其他服务业	6480	2181	2021
教育	890224	424798	421257
卫生、社会保障和社会福利业	524737	323912	307605
文化、体育和娱乐业	157103	74973	72558
公共管理和社会组织	1480292	815741	786790

注释：

[注 1]就业人员：是指 2004 年 12 月 31 日在单位和个体经营户在岗的就业人员。未包括上述范围之外的就业人员。

[注 2]交通运输业：包括道路运输业、城市公共交通业、水上运输业、航空运输业、装卸搬运和其他运输业服务业。

[注 3]批发零售业企业商品销售额：指批发零售业企业售予本企业以外的单位和个人的商品金额，包括零售额和批发额两部分，其中零售额包括售予居民和社会集团商品的金额，批发额包括售予生产经营单位商品的金额和出口商品的金额。

[注 4]住宿和餐饮业营业额：指住宿和餐饮业法人单位、产业活动单位在经营活动中因提供服务或销售商品等取得的收入，包括：客房收入、餐费收入、商品销售收入和其他收入。

[注 5]其他第三产业：包括信息传输、计算机服务和软件业，租赁和商务服务业，科学研究、技术服务和地质勘查业，水利、环境和公共设施管理业，居民服务和其他服务业，教育，卫生、社会保障和社会福利业，文化、体育和娱乐业，公共管理和社会组织等。

[注 6] 第一次全国经济普查部门实施办法规定：铁道部、中国人民银行、中国证券监督委员会、中国保险监督管理委员会、国家邮政局、中国人民解放军总后勤部、中国人民武装警察部队单独组织本部门普查工作，故本公报不包括上述部门普查资料。

[注 7]本公报所列邮政业为属地方普查的其他寄递服务业。

第二部分　统计资料

PART Ⅱ　STATISTICAL DATA

1 综合

CHAPTER 1 GENERAL SURVEY

1-1 行政区划

(2005年)

单位：个

	乡镇、街道办事处	乡	镇	办事处	村民、居民委员会	村委会	社区居委会
全 市	**123**	**18**	**84**	**21**	**1727**	**1392**	**335**
市 区	45	2	22	21	559	349	210
兴宁区	5		3	2	73	37	36
青秀区	9		4	5	102	46	56
江南区	8		4	4	94	68	26
西乡塘区	13		3	10	147	76	71
邕宁区	5	2	3		74	65	9
良庆区	5		5		69	57	12
武鸣县	13		13		218	198	20
横 县	17	3	14		302	276	26
宾阳县	16	1	15		233	191	42
上林县	11	4	7		131	115	16
马山县	11	4	7		151	145	6
隆安县	10	4	6		133	118	15

1-2 乡(镇)、街道办事处一览表

(2005年)

县(区)	乡(镇)、街道办事处
武鸣县	城厢镇、锣圩镇、陆斡镇、双桥镇、宁武镇、太平镇、罗波镇、灵马镇、仙湖镇、府城镇、两江镇、马头镇、甘圩镇
横 县	横州镇、百合镇、那阳镇、南乡镇、新福镇、莲塘镇、平马镇、栾城镇、六景镇、石塘镇、陶圩镇、校椅镇、云表镇、马岭镇、马山乡、平朗乡、镇龙乡、
宾阳县	思陇镇、新桥镇、芦圩镇、新圩镇、大桥镇、邹圩镇、王灵镇、黎塘镇、和吉镇、洋桥镇、武陵镇、中华镇、古辣镇、露圩镇、甘棠镇、陈平乡
上林县	大丰镇、明亮镇、巷贤镇、白圩镇、三里镇、乔贤镇、西燕镇、澄泰乡、木山乡、塘红乡、镇圩瑶族乡
马山县	白山镇、百龙滩镇、古零镇、金钗镇、永州镇、林圩镇、周鹿镇、乔利乡、加方乡、古寨瑶族乡、里当瑶族乡
隆安县	城厢镇、南圩镇、乔建镇、那桐镇、丁当镇、雁江镇、都结乡、布泉乡、屏山乡、古潭乡
兴宁区	三塘镇、五塘镇、昆仑镇、朝阳街道办事处、民生街道办事处
青秀区	新竹街道办事处、中山街道办事处、建政街道办事处、南湖街道办事处、津头街道办事处、刘圩镇、伶俐镇、南阳镇、长塘镇
江南区	福建园街道办事处、江南街道办事处、沙井街道办事处、那洪街道办事处、吴圩镇、苏圩镇、延安镇、江西镇
西乡塘区	衡阳街道办事处、北湖街道办事处、西乡塘街道办事处、安吉街道办事处、华强街道办事处、新阳街道办事处、上尧街道办事处、安宁街道办事处、石埠街道办事处、心圩街道办事处、金陵镇、双定镇、坛洛镇、
邕宁区	蒲庙镇、那楼镇、新江镇、百济乡、中和乡
良庆区	蒲庙镇、那楼镇、新江镇、百济乡、中和乡

1-3 全市气象情况

(2005年)

月 份	平均气温(℃)	降雨量(毫米)	日照时间(小时)
全 年	21.7	1342.0	1550.5
一 月	11.1	32.3	21.0
二 月	12.9	30.8	42.5
三 月	16.4	67.3	94.2
四 月	22.2	87.4	189.1
五 月	27.9	201.7	80.8
六 月	27.6	448.8	234.7
七 月	29.1	150.7	183.3
八 月	28.4	164.9	179.6
九 月	27.4	73.6	180.5
十 月	24.0	8.1	119.9
十一月	20.0	44.4	103.5
十二月	13.0	32.2	121.4

1-4　市区气象情况

(2005年)

月　份	平均气温(℃)	降雨量(毫米)	日照时间(小时)
全　年	21.5	1115.3	1423.2
一　月	11.6	25.9	33.4
二　月	13.4	35.4	19.7
三　月	16.5	62.7	44.0
四　月	22.2	42.2	92.4
五　月	27.7	148.4	189.6
六　月	27.7	393.0	84.9
七　月	28.6	99.3	231.1
八　月	27.7	119.1	171.0
九　月	26.5	144.5	164.0
十　月	23.4	1.9	170.6
十一月	19.5	15.3	121.7
十二月	12.7	27.6	100.8

1-5 各县气象情况

(2005年)

月 份	武鸣县	横 县	宾阳县	上林县	马山县	隆安县
年平均气温(℃)	22.4	21.5	21.4	20.9	21.7	21.8
一 月	11.6	10.8	10.2	10.3	10.5	11.8
二 月	13.6	12.6	11.8	11.8	12.5	13.9
三 月	17.0	15.9	15.9	15.7	16.2	17.0
四 月	22.6	21.9	21.9	21.7	22.1	22.7
五 月	28.5	27.9	27.9	27.2	28.0	28.0
六 月	28.2	27.4	27.5	26.8	27.4	27.6
七 月	29.7	29.0	29.3	28.6	29.4	28.7
八 月	29.2	28.3	28.6	27.9	28.6	28.0
九 月	28.5	27.0	27.5	26.6	27.9	27.2
十 月	24.8	24.2	24.0	23.1	24.2	23.5
十一月	20.7	20.2	19.8	19.1	20.1	19.7
十二月	13.8	13.0	12.3	12.2	13.3	13.0
全年降雨量(毫米)	1051.8	1386.5	1342.3	1541.5	1880.3	1177.3
一 月	28.8	38.1	33.7	41.5	41.8	22.1
二 月	18.9	39.2	30.5	34.5	44.4	14.6
三 月	80.9	80.0	74.6	66.0	70.4	52.7
四 月	69.7	110.1	129.1	78.6	150.6	71.0
五 月	257.4	176.6	163.4	248.0	302.8	162.0
六 月	283.0	540.6	369.6	506.1	697.9	370.4
七 月	77.1	157.4	249.3	142.7	194.5	154.2
八 月	121.8	113.7	133.8	288.4	158.3	132.2
九 月	38.5	65.1	53.6	48.5	78.1	94.0
十 月	2	15	4	2.6	15.2	5.4
十一月	45.1	36.3	60.2	39.0	77.9	67.1
十二月	28.5	14.1	40.8	45.6	48.4	31.6
全年日照时间(小时)	1524.8	1327.4	1413.6	1486.9	1424.3	1599.4
一 月	27.3	26.8	25.7	25.8	17.1	33.8
二 月	26.4	12.7	14.4	27.8	17.0	28.0
三 月	41.3	42.0	43.1	45.3	31.9	42.0
四 月	103.8	77.5	83.8	102.3	96.1	98.3
五 月	207.9	179.9	178.7	183.8	188.3	194.5
六 月	95.9	68.6	64.8	62.2	77.9	110.3
七 月	235.2	228.6	213.2	234.3	247.9	263.8
八 月	189.3	167.4	168.7	184.1	185.8	214.5
九 月	186.3	151.5	187.2	184.5	195.6	194.4
十 月	175.2	162.3	202.2	200.9	165.6	178.0
十一月	124.4	120.1	125.4	117.9	98.9	136.2
十二月	111.8	90.0	106.4	118.0	102.2	105.6

1-6　南宁市主要年份平均每天的主要经济活动

指　标　名　称	单位	1997年	1998年	1999年	2000年	2001年	2002年	2003年	2004年	2005年
出生人数	人	75	84	79	73	61	60	173	218	201
生产总值(当年价)	万元	6345	7057	7522	8063	8898	9755	13768	16133	19818
工农业总产值(当年价)	万元	6348	6875	7099	7512	7822	8236	12434	14719	18694
工业总产值	万元	4649	4999	5125	5451	5691	6043	8271	9999	13450
农业总产值	万元	1699	1876	1974	2062	2131	2193	4162	4720	5244
粮食总产量	吨	2197	2231	2181	2068	1859	2041	4804	4659	4959
甘蔗产量	吨	8952	10375	9241	8845	11447	14267	25422	23524	23587
蔬菜产量	吨	2344	2650	2928	3493	3618	3848	6731	6943	7356
肉类产量	吨	385	424	459	485	505	528	1047	1150	1273
水产品产量	吨	146	166	179	188	178	187	399	435	458
邮电业务总量	万元	238	309	367	521	701	798	525	680	804
全社会固定资产投资总额	万元	1682	1890	2082	2626	2787	3408	5215	7144	9942
新增固定资产	万元	1040	1461	1316	1948	1654	1741	3190	4259	6104
地方财政收入	万元	320	361	410	475	666	717	993	1185	1238
社会消费品零售总额	万元	3161	3524	3757	4098	4478	5017	7903	9097	10356
城乡集贸市场成交额	万元	1524	1802	1989	2258	2938	3655	4483		
银行现金收入	万元	24452	25744	29553	36060	40034	47503	61651	67762	77495
银行现金支出	万元	23615	24969	28756	35046	28933	46028	59782	65352	74567
市区用电量	万千瓦时	525	551	579	660	697	761	869	1028	1377
市区供水量	万吨	79	75	70	69	68	69	72	75	79
市区公共车辆乘客人数	万人次	38	41	42	41	47	63	78	134	122

注：2003年-2005年数据为行政区划调整后大南宁口径的数据，其余年份为原南宁口径的数据。

1-7 “十五”时期全市社会经济主要指标

指标名称	单位	2000年	“十五”时期					2005年比2000年增长(%)	“十五”时期年均增速(%)
			2001年	2002年	2003年	2004年	2005年		
人口、建成区面积									
年末总人口	人	6252697	6297521	6346838	6416736	6488450	6595402	5.48	1.07
#市区人口	人	2268494	2297870	2329934	2388541	2439475	2496652	10.06	1.94
年平均人口	人	6201904	6275109	6322179	6381787	6452593	6541926	5.48	1.07
建成区面积	平方公里	110.2	115.7	119.7	124.7	125.0	170.0	54.26	9.06
经济核算									
国内生产总值(当年价)	万元	3779364	4181684	4631795	5217793	6191189	7233557	72.00	11.50
第一产业	万元	876615	907401	943479	997023	1076785	1197063	30.90	5.50
第二产业	万元	1053679	1131645	1255606	1523485	1933768	2312059	94.40	14.20
工业	万元	790913	852455	933896	1096218	1378322	1651780	82.40	12.80
建筑业	万元	262766	279190	321710	427267	555446	660279	36.50	18.80
第三产业	万元	1849070	2142638	2432710	2697285	3180636	3724435	78.30	12.30
农村经济									
农林牧渔业总产值	万元	1377932	1407186	1455675	1519259	1722877	1914122	43.63	7.51
农业	万元	889321	907068	897032	936298	993849	1107836	29.46	5.30
林业	万元	29672	28533	37751	44241	48190	51365	135.17	18.65
牧业	万元	362916	381030	419220	431564	554602	620079	73.37	11.63
渔业	万元	96024	90555	84538	89587	106746	113730	29.14	5.25
服务业	万元			17134	17569	19490	21112		5.03
农业商品产值	万元				1060681	1178471	1289055		10.24
乡(镇)村从业人员	万人	275.56	276.42	279.85	281.28	282.07	286.11	3.83	0.75
#农林牧渔业从业人员	万人	196.85	196.17	199.79	198.34	196.09	196.72	-0.07	-0.01
年末实有耕地面积	公顷	372826	373111	371338	367092	366222	365626	-1.93	-0.39
农业机械总动力	万千瓦	241.41	255.79	262.40	266.98	277.45	279.79	15.90	2.99
农村用电量	万千瓦时	46903	48515	48287	47817	47034	49365	5.25	1.03
农用化肥施用量(折纯量)	吨	267703	285619	284566	313766	344188	348745	30.27	5.43

注：1、本表数据为行政区划调整后的数据。2、国内生产总值、农业总产值增长速度按可比价计算。

1-7 续表1

指标名称	单位	2000年	"十五"时期					2005年比2000年增长(%)	"十五"时期年均增速(%)
			2001年	2002年	2003年	2004年	2005年		
工业经济									
全部工业企业单位数	个	18594	20062	21398	22995	31683	32049	72.36	11.50
#规模以上工业企业	个	473	487	485	491	622	625	32.14	5.73
大型企业	个	36	37	35	2	2	3		
中型企业	个	63	62	63	67	65	65		
小型企业	个	374	388	387	422	555	557		
全部工业总产值(当年价)	万元	2417251	2608100	2911858	3341979	4040693	4909198	103.09	15.22
#规模以上工业总产值	万元	1485196	1685135	1987028	2418570	3003353	3701812	149.25	20.04
轻工业产值	万元	874899	953267	1132920	1389507	1506141	1847774	111.20	16.13
重工业产值	万元	610655	731868	854108	1029063	1497213	1854038	203.61	24.87
交通运输邮电电力									
货运总量	万吨	4854.65	5005.22	5392.20	5893.60	6790.91	7235.83	49.05	8.31
铁路	万吨	220.8	233.22	302.22	393.48	461.49	432.13	95.71	14.37
公路	万吨	4438	4537	4636	4991	5616	5728	29.07	5.24
水运	万吨	195	234	453	508	712	1074	450.77	40.67
航空	万吨	0.85	1.00	1.00	1.09	1.42	1.70	100.00	14.87
客运总量	万人	7211.05	8286.30	8449.52	7017.06	8451.12	9130.66	26.62	4.83
铁路	万人	397.1	410.30	452.52	422.19	476.22	544.86	37.21	6.53
公路	万人	6742	7792	7836	6393	7757	8418	24.86	4.54
水运	万人	33	38	111	141	136	77	133.33	18.47
航空	万人	38.95	45.00	50.00	60.87	81.90	90.80	133.12	18.44
邮电业务总量(2000年不变价)	万元	117410.1	157858	179658	191649	248049	293587	150.05	20.12
年末电话机用户	万户	100.32	109.5	182.72	267.86	352.78	365.85	264.68	29.53
#移动电话用户数	万户	33.83	42.17	88.27	147.65	199.37	217.42	542.68	45.08
年末互联网用户	万户	5.84	15.73	26.15	34.69	45.66	73.29	1154.97	65.85
全年用电量	万千瓦时	352643	372461	442840	507438	564575	657552	86.46	13.27
#工业用电	万千瓦时	215415	223907	273214	312154	321807	376437	74.75	11.81
城乡居民生活用电	万千瓦时	76394	82853	92486	106152	109171	130956	71.42	11.38
固定资产投资									
全社会固定资产投资总额	万元	1131659	1214061	1455615	1903567	2627634	3628975	220.68	26.24
#城镇固定资产投资额	万元	884761	1062834	1229838	1751740	2486704	3462384	291.34	31.37
基本建设投资	万元	493517	546522	710376	969888	1252317	1614461	227.13	26.75
更新改造投资	万元	148436	166619	213565	277835	402472	595316	301.06	32.02
房地产开发	万元	163848	189995	244768	394830	678524	1051128	541.53	45.03
其他投资	万元	72344	71395	54900	56646	67737	110720	53.05	8.88
本年新增固定资产投资	万元	776010	836988	807002	1367881	1776841	2382248	206.99	25.15
固定资产投资率	%	29.94	29.03	31.43	36.48	42.44	50.17		

注：2003年国家统计制度对大中型工业企业的划分标准作了新的界定，故2003年以后的大中型工业企业单位个数与2002年以前不可比。

1-7 续表2

指 标 名 称	单 位	2000年	"十五"时期					2005年比2000年增长(%)	"十五"时期年均增速(%)
			2001年	2002年	2003年	2004年	2005年		
国内贸易									
社会消费品零售总额	万元	2124265	2313462	2567758	2884483	3320502	3780023	77.94	12.22
#国有经济	万元	131905	131874	129090	130493	129571	142753	8.22	1.59
集体经济	万元	47317	47827	50265	38346	40542	45198	-4.48	-0.91
私营经济	万元	171539	206472	255384	327121	446404	502730	193.07	23.99
个体经济	万元	1283536	1414797	1537153	1636000	1808102	2057801	60.32	9.90
对外经济									
进出口总值（海关）	万美元	66164	53733	49668	65792	63625	71916	8.69	1.68
出口总值	万美元	51238	43053	40746	51143	52421	57716	12.64	2.41
进口总值	万美元	14926	10680	8922	14649	11204	14200	-4.86	-0.99
实际利用外资	万美元	8409	11269	13154	9476	10034	11499	36.75	6.46
#外商直接投资	万美元	8105	6100	11987	8903	7768	8578	5.84	1.14
旅 游									
旅游人数	万人	860.70	964.77	1080.76	1146.20	1393.47	1631.80	89.59	13.65
国内旅游人数	万人	856.14	959.10	1074.84	1142.71	1386.91	1623.47	89.63	13.65
国际旅游人数	万人	4.56	5.67	5.92	3.49	6.56	8.33	82.68	12.81
旅游收入	万元	456057	518406	596020	622004	730686	852937	87.02	13.34
国内旅游收入	万元	450321	507284	583772	615222	716453	832617	84.89	13.08
国际旅游收入	万元	5736	11122	12248	6782	14233	20320	254.25	28.78
财政金融									
全部财政收入	万元	364639	452926	525342	610594	746328	1002186	174.84	22.41
#地方财政一般预算收入	万元	216484	291860	312805	362435	432526	451954	189.40	23.68
地方财政支出	万元	290667	348556	452615	524981	621191	735508	153.04	20.40
金融机构各项存款余额	万元	6834187	7424543	8547872	9434021	10909576	12636347	84.90	13.08
#城乡居民储蓄存款余额	万元	2938619	3329511	3916029	4514961	5157925	5982307	103.58	15.28
金融机构各项贷款余额	万元	4779409	5260807	7701981	9597681	12087669	13816546	189.08	23.65
劳动工资									
年末在岗职工人数	人	544799	524004	497509	506235	542585	583660	7.13	1.39
在岗职工工资总额	万元	445883	502894	568118	668976	829568	985557	121.03	17.19
在岗职工平均工资	元	8185	9572	11363	13172	15447	17520	114.05	16.44

注：地方财政一般预算收入因口径调整，故各年数据无可比性，增速按可比口径计算。

1-7 续表3

指 标 名 称	单 位	2000年	"十五"时期					2005年比2000年增长(%)	"十五"时期年均增速(%)
			2001年	2002年	2003年	2004年	2005年		
物价									
居民消费价格指数	%	100.0	102.8	99.4	100.8	104.2	101.1	8.5	1.6
食品类	%	96.6	99.1	99.3	100.6	110.1	103.6	9.1	2.5
烟酒及用品类	%	100.0	96.9	103.1	98.3	100.6	100.5	-0.7	-0.1
衣着类	%	105.4	95.3	95.0	99.8	98.1	94.0	-12.2	-3.6
家庭设备用品及服务类	%	98.4	97.3	95.8	97.0	100.2	101.2	-9.8	-1.7
医疗保健和个人用品类	%	90.8	99.3	101.2	102.6	101.4	99.3	-5.7	0.8
交通和通讯类	%	86.4	100.1	96.7	95.4	97.8	97.0	-24.3	-2.6
文教娱乐用品及服务类	%	95.5	128.9	102.2	102.7	97.8	97.3	23.0	5.2
居住类	%	107.9	100.6	100.2	105.2	107.0	105.8	29.5	3.7
人民生活									
城镇居民人均可支配收入	元				7388	8060	9203		11.61
城市居民人均可支配收入	元	7448	7906	8796	9162	9531	10323	38.60	6.75
农民人均纯收入	元	1791	1954	2111	2231	2467	2680	49.64	8.39
社会事业									
各类学校在校学生人数(不含成人教育)	人	1242292	1234416	1257897	1270944	1277509	1268728	2.13	0.42
高等学校	人	54764	63802	88164	107292	135562	160124	192.39	23.93
中等专业学校	人	68505	67345	74888	89251	87402	76051	11.02	2.11
普通中学	人	407475	415797	414272	417673	419739	424870	4.27	0.84
职业中学	人	14488	14709	20795	19602	19566	20428	41.00	7.11
技工学校	人	18037	20762	20988	21569	24668	24802	37.51	6.58
小学	人	679023	652001	638790	615557	590572	562453	-17.17	-3.70
图书馆总藏书量	千册/件	2782	2874	3023	3141	3252	3481	25.13	4.58
卫生机构数（含个体）	个	1313	1245	1128	1261	1645	1685	28.33	5.12
#医院、卫生院	个	170	170	198	198	206	203	19.41	3.61
卫生机构床位数	张	15744	16544	16608	17639	18184	18592	18.09	3.38
#医院、卫生院床位数	张	14348	15029	15154	16450	16870	17257	20.27	3.76
卫生技术人员数	人	23830	23919	22188	22268	23934	24907	4.52	0.89
#医　生	人	11023	11007	9390	9421	10049	10457	-5.13	-1.05

1-8　“十五”时期全市总人口、构成及指数

年　份	总户数（户）	总人口（人）	男	女	农业人口	非农业人口	性别比（以女性为100）	年平均人口（人）
绝对数								
2000	1582100	6252697	3256917	2995780	4674537	1578160	108.72	6202198
“十五”时期								
2001	1584300	6297521	3281911	3015610	4705700	1591821	108.83	6275109
2002	1615500	6346838	3306515	3040323	4732600	1614238	108.76	6322179
2003	1656644	6416736	3347842	3068894	4736807	1679929	109.09	6381787
2004	1750997	6488450	3393652	3094798	4770274	1718176	109.66	6452593
2005	1807185	6595402	3452663	3142739	4822202	1773200	109.86	6541926
指数（上年＝100）								
2001	100.14	100.71	100.76	100.66	100.67	100.87	100.10	101.18
2002	101.97	100.78	100.75	100.82	100.57	101.41	99.93	100.75
2003	102.54	101.10	101.24	100.94	100.09	104.07	100.00	100.94
2004	105.69	101.12	101.37	100.84	100.71	102.27	100.52	101.11
2005	103.21	101.65	101.74	101.55	101.08	103.20	100.18	101.38
“十五”时期平均发展速度	102.70	101.07	101.17	100.96	100.62	102.36	100.15	101.07

1-9 “十五”期间全市户籍人口分地区统计

单位：人

指标名称	2000年	“十五”时期					2005年比2000年增长（%）	“十五”时期年均增速（%）
		2001年	2002年	2003年	2004年	2005年		
全市	**6252697**	**6297521**	**6346838**	**6416736**	**6488450**	**6595402**	**5.48**	**1.07**
市区	2268494	2297870	2329934	2388541	2439475	2496652	10.06	1.94
武鸣县	645633	647683	647130	645113	646504	651855	0.96	0.19
横县	1064118	1069622	1072668	1078034	1084422	1098713	3.25	0.64
宾阳县	964531	968422	976473	979000	982141	997604	3.43	0.68
上林县	449834	451489	452862	455719	460011	469313	4.33	0.85
马山县	492536	494402	499050	501034	505100	507481	3.03	0.60
隆安县	367551	368033	368721	369295	370797	373784	1.70	0.34

1-10 “十五”时期全市在岗职工人数、工资总额、平均工资及增速

年 份	单位	2000年	“十五”时期					2005年比2000年增长(%)	“十五”时期年均增速(%)
			2001年	2002年	2003年	2004年	2005年		
年末在岗职工人数	**人**	**544799**	**524004**	**497509**	**506235**	**542585**	**583660**	**7.13**	**1.39**
国有经济	人	409279	389988	345039	353927	363721	369442	-9.73	-2.03
集体经济	人	46455	44496	39573	35024	32842	23797	-48.77	-12.52
其他经济	人	89065	89520	112897	117284	146022	190421	113.80	16.41
在岗职工工资总额	**万元**	**445883**	**502894**	**568118**	**668976**	**829568**	**985557**	**121.03**	**17.19**
国有经济	万元	339842	384613	416947	499260	611737	690902	103.30	15.25
集体经济	万元	28724	32309	30413	31082	31265	26776	-6.78	-1.39
其他经济	万元	77318	85973	120758	138634	186566	267879	246.46	28.21
在岗职工平均工资	**元**	**8185**	**9572**	**11363**	**13172**	**15447**	**17520**	**114.05**	**16.44**
国有经济	元	8342	9867	11917	14082	16969	19202	130.17	18.14
集体经济	元	6062	7151	7718	8870	9753	11326	86.83	13.32
其他经济	元	8591	9507	10908	11721	12914	14960	74.14	11.73

1-11 "十五"时期市区在岗职工人数、工资总额、平均工资及增速

年 份	单位	2000年	"十五"时期					2005年比2000年增长(%)	"十五"时期年均增速(%)
			2001年	2002年	2003年	2004年	2005年		
年末在岗职工人数	**人**	**381221**	**366066**	**360784**	**37204**	**404426**	**447256**	**17.32**	**3.25**
国有经济	人	268386	253111	229806	241132	249167	257061	-4.22	-0.86
集体经济	人	35148	34624	31067	29182	26939	17963	-48.89	-12.56
其他经济	人	77687	78331	99911	101726	12832	172232	121.70	17.26
在岗职工工资总额	**万元**	**350757**	**394954**	**455480**	**543879**	**688500**	**827649**	**135.96**	**18.73**
国有经济	万元	256933	288280	319208	391633	491421	556713	116.68	16.72
集体经济	万元	23742	27471	25129	26650	26262	20335	-14.35	-3.05
其他经济	万元	70082	79203	111143	125598	170817	250601	257.58	29.03
在岗职工平均工资	**元**	**8256**	**9625**	**11423**	**13237**	**15363**	**17693**	**114.30**	**16.47**
国有经济	元	8130	9629	11665	13793	16662	18827	131.59	18.29
集体经济	元	5934	7037	7600	8734	9556	10956	84.63	13.05
其他经济	元	8587	9503	10713	11534	12731	14842	72.83	11.56

1-12 “十五”期间全市农林牧渔业总产值、构成及指数

年　份	农业牧渔业总产值	农　业	林 业	畜牧业	渔 业	服务业
绝对数（万元）						
2000	1377932	889321	29672	362916	96024	
“十五”时期						
2001	1407186	907068	28533	381030	90555	
2002	1455675	897032	37751	419220	84538	17134
2003	1519259	936298	44241	431564	89587	17569
2004	1722877	993849	48190	554602	106746	19490
2005	1914122	1107836	51365	620079	113730	21112
构成（%）						
2001	100.00	64.46	2.03	27.08	6.44	
2002	100.00	61.62	2.59	28.80	5.81	1.18
2003	100.00	61.63	2.91	28.41	5.90	1.16
2004	100.00	57.69	2.80	32.19	6.20	1.13
2005	100.00	57.88	2.68	32.39	5.94	1.10
指数（上年＝100）						
2001	102.85	101.84	108.90	106.21	98.79	
2002	117.34	113.35	148.44	124.07	108.79	
2003	102.92	99.63	137.09	106.72	105.43	101.98
2004	106.47	105.29	102.58	109.31	108.00	107.40
2005	108.61	106.91	103.45	112.78	105.53	105.79
“十五”时期年均发展速度	107.51	105.30	118.65	111.63	105.25	105.03

注：农林牧渔业总产值按当年价格计算，增长速度按可比价格计算；从2003年起农业总产值含农林牧渔服务业产值。

1-13 “十五”时期全市主要农产品产量及指数

年份	粮食产量	甘蔗产量	水果产量	蔬菜产量	肉类总产量	# 猪肉产量	牛奶产量	禽蛋产量	水产品产量
绝对数（吨）									
2000	1847949	5885534	515447	2151212	333757	241978	6282	17867	131888
“十五”时期									
2001	1711033	7382372	523893	2138219	349101	251605	7280	17509	130396
2002	1804051	9111682	596058	2329953	364413	260805	12016	17756	139641
2003	1753387	9279100	572372	2456652	385334	267858	15787	15949	145468
2004	1700479	8586119	670431	2534179	419792	292545	24010	14454	158829
2005	1810164	8609336	718249	2684992	464764	311351	26521	16288	167330
指数（上年＝100）									
2001	92.95	125.50	101.64	104.96	104.63	95.12	116.13	101.60	98.78
2002	105.04	123.50	113.77	115.74	110.63	113.31	165.05	91.90	107.19
2003	97.19	101.84	96.03	105.44	99.46	102.70	131.91	87.88	104.17
2004	96.98	92.53	117.13	103.16	109.80	109.22	151.48	102.22	109.18
2005	106.45	100.27	107.13	105.95	110.71	106.43	110.46	112.69	105.35
“十五”时期年均发展速度	99.59	107.93	106.86	106.96	106.95	105.17	133.44	98.88	104.88

1-14 “十五”时期全市农村基本情况

指标名称	单位	2000年	“十五”时期					2005年比2000年增长(%)	“十五”时期年均增速(%)
			2001年	2002年	2003年	2004年	2005年		
乡村劳动力	万人	275.56	276.42	279.85	281.28	282.07	286.11	3.83	0.75
第一产业	万人	196.85	196.17	199.79	198.34	196.09	196.72	-0.07	-0.01
第二产业	万人	16.90	17.20	17.43	17.84	17.99	17.60	4.14	0.82
第三产业	万人	61.81	63.05	62.63	65.10	67.99	71.79	16.15	3.04
年末实耕地面积	公顷	372826	373111	371338	367092	366222	365626	-1.93	-0.39
农业机械总动力	万千瓦	241.41	255.79	262.40	266.79	277.47	279.79	15.90	2.99
农村用电量	万千瓦小时	46903	48515	48287	47817	47034	49365	5.25	1.03
农用化肥施用量（折纯量）	吨	267703	285619	284566	313766	344188	348745	30.27	5.43
农民人均纯收入	元	1791	1954	2111	2231	2467	2680	49.64	8.39

1-15 “十五”时期全市工业总产值、构成及指数

(按当年价格计算)

年 份	全部工业总产值	轻工业	重工业	规模以上工业总产值	国有企业	集体企业	其他经济	大型企业	中型企业	小型企业
绝对数(万元)										
2000	2417251	1400496	1016755	1485196	486501	177095	821600	667697	296103	521398
“十五”时期										
2001	2608100	1489715	1118384	1685135	358901	194259	1131975	627688	292854	764593
2002	2911858	1579082	1332776	1987028	363601	164196	1459231	719141	332410	935477
2003	3341979	1846907	1495073	2418570	556669	117223	1744678	217991	1215614	984965
2004	4040693	2037693	2003000	3003353	842068	57348	2103937	245898	1388145	1369310
2005	4909198	2559317	2349881	3701812	968474	64551	2668787	279042	1564651	1858119
构成(%)										
2001	100.00	57.12	42.88	100.00	21.30	11.53	67.17	37.25	17.38	45.37
2002	100.00	54.23	45.77	100.00	18.30	8.26	73.44	36.19	16.73	47.08
2003	100.00	55.26	44.74	100.00	23.02	4.85	72.14	9.01	50.26	40.73
2004	100.00	50.43	49.57	100.00	28.04	1.91	70.05	8.19	46.22	45.59
2005	100.00	52.13	47.87	100.00	26.16	1.74	72.09	7.54	42.27	50.19
指数(上年=100)										
2001	107.90	106.37	110.00	113.46	73.77	109.69	137.78	94.01	98.90	146.64
2002	111.65	106.00	119.17	117.92	101.31	84.52	128.91	114.57	113.51	122.35
2003	114.77	116.96	112.18	121.72	153.10	71.39	119.56	30.31	365.70	105.29
2004	120.91	110.33	133.97	124.18	151.27	48.92	120.59	112.80	114.19	139.02
2005	121.49	125.60	117.32	123.26	115.01	112.56	126.85	113.48	112.72	135.70
“十五”时期年均发展速度	115.22	112.82	118.24	120.04	114.76	81.72	126.57	83.99	139.51	128.94

注：2003年国家统计制度对大中型工业企业的划分标准作了新的界定，故2003年以后的大中型工业产值与2002年以前有较大变化。

1-16 “十五”时期市区工业总产值、构成及指数

（按当年价格计算）

年份	全部工业总产值	轻工业	重工业	规模以上工业总产值	国有企业	集体企业	其他经济	大型企业	中型企业	小型企业
绝对数（万元）										
2000	1619323	938196	681126	994937	325908	118636	550392	447291	198360	349285
“十五”时期										
2001	1799588	1027903	771685	1162743	247641	134038	781063	433104	202069	527569
2002	2009182	1089566	919615	1371049	250885	113295	1006869	496207	229362	645479
2003	2305965	1274365	1031600	1668813	384101	80883	1203827	150413	838773	679625
2004	2788078	1406008	1382069	2072313	581026	39570	1451716	169669	957820	944823
2005	3387346	1765928	1621418	2554250	668247	44540	1841462	192538	1079609	1282101
构成（%）										
2001	100.00	57.94	42.06	100.00	32.76	11.92	55.32	44.96	19.94	35.11
2002	100.00	57.12	42.88	100.00	21.30	11.53	67.17	37.25	17.38	45.37
2003	100.00	54.23	45.77	100.00	18.30	8.26	73.44	36.19	16.73	47.08
2004	100.00	55.26	44.74	100.00	23.02	4.85	72.14	9.01	50.26	40.73
2005	100.00	50.43	49.57	100.00	28.04	1.91	70.05	8.19	46.22	45.59
指数（上年=100）										
2001	111.13	109.56	113.30	116.87	75.98	112.98	141.91	96.83	101.87	151.04
2002	111.65	106.00	119.17	117.92	101.31	84.52	128.91	114.57	113.51	122.35
2003	114.77	116.96	112.18	121.72	153.10	71.39	119.56	30.31	365.70	105.29
2004	120.91	110.33	133.97	124.18	151.27	48.92	120.59	112.80	114.19	139.02
2005	121.49	125.60	117.32	123.26	115.01	112.56	126.85	113.48	112.72	135.70
“十五”时期指数	115.91	113.48	118.94	120.75	115.44	82.21	127.32	84.49	140.33	129.70

1-17 “十五”时期全市工业企业主要指标

指标名称	单位	2000年	“十五”时期					2005年比2000年增长(%)	“十五”时期年均增速(%)
			2001年	2002年	2003年	2004年	2005年		
全部工业企业个数	个	18594	20062	21398	22995	31683	32049	72.36	11.50
全部工业总产值	万元	2417251	2608100	2911858	3341979	4040693	4909198	103.09	15.22
规模以上工业总产值	万元	1485196	1685135	1987028	2418570	3003353	3701812	149.25	20.04
规模以下工业总产值	万元	932055	922965	924830	923409	1037340	1207386	29.54	5.31
规模以上工业企业主要指标									
工业企业个数	个	473	487	485	491	622	625	32.14	5.73
工业总产值	万元	1485196	1685135	1987028	2418570	3003353	3701812	149.25	20.04
全部从业人员年平均人数	人	143302	888601	125050	122580	124365	124130	-13.38	-2.83
流动资金年平均余额	万元	948984	989461	1003410	1064843	1190662	1327509	39.89	6.94
固定资产原值	万元	2221856	2216220	2394315	2343533	2626233	2721668	22.50	4.14
固定资产净值	万元	1632695	1590181	1694440	1791486	1614147	1809710	10.84	2.08
产品销售收入	万元	1589528	1542449	1778896	2022731	2541033	3338492	110.03	16.00
利润总额	万元	29339	24313	48561	67563	112361	133334	354.46	35.36
利税总额	万元	166636	178235	208679	262808	358156	402466	141.52	19.29

1-18 “十五”时期市区工业企业主要指标

指标名称	单位	2000年	“十五”时期					2005年比2000年增长(%)	“十五”时期年均增速(%)
			2001年	2002年	2003年	2004年	2005年		
全部工业企业个数	个	12643	13642	14550	15636	21656	22883	80.99	12.60
全部工业总产值	万元	1643730	1773507	1980063	2272546	2747671	3505166.7	113.24	16.35
规模以上工业总产值	万元	1009933	1145891	1351179	1644627	2042280	2643093.6	161.71	21.22
规模以下工业总产值	万元	633797	627615	628884	627918	705391	862073.1	36.02	6.35
规模以上工业企业主要指标									
工业企业个数	个	321	331	329	333	425	443	38.04	6.66
工业总产值	万元	1009933	1145891	1351179	1644627	2042280	2643094	161.71	21.22
全部从业人员年平均人数	人	97445	604248	85034	83354	84568	88628	-9.05	-1.88
流动资金年平均余额	万元	645309	672833	682318	724093	809650	947841	46.88	7.99
固定资产原值	万元	1510862	1507029	1628134	1593602	1785838	1943271	28.62	5.16
固定资产净值	万元	1110232	1081323	1152219	1218210	1097619	1292132	16.38	3.08
产品销售收入	万元	1080879	1048865	1209649	1375457	1727902	2383683	120.53	17.14
利润总额	万元	19950	16532	33021	45942	76405	95200	377.19	36.69
利税总额	万元	113312	121199	141901	178709	243546	287360	153.60	20.46

1-19 “十五”期间全市固定资产投资情况

年 份	全社会固定资产投资额	城镇固定资产投资额	# 基本建设投资额	# 更新改造投资额	#房地产开发投资	新增固定资产
绝对数（万元）						
2000	1131659	884761	493517	148436	163848	776010
“十五”时期						
2001	1214061	1062834	546522	166619	189995	836988
2002	1455615	1229838	710376	213565	244768	807002
2003	1903567	1751740	969888	277835	394830	1367881
2004	2627634	2486704	1252317	402472	678524	1776841
2005	3628975	3462384	1614461	595316	1051128	2382248
指数（上年＝100）						
2001	107.28	120.13	110.74	112.25	115.96	107.86
2002	119.90	115.71	129.98	128.18	128.83	96.42
2003	130.77	142.44	136.53	130.09	161.31	169.50
2004	138.04	141.96	129.12	144.86	171.85	129.90
2005	138.11	139.24	128.92	147.91	154.91	134.07
“十五”时期年均发展速度	126.24	131.37	126.75	132.02	145.03	125.15

1-20 “十五”期间分产业全市全社会固定资产投资情况

年　份	全社会固定资产投资额	第一产业	第二产业	# 工业	第三产业
绝对数（万元）					
2000	1131659	30088	272466	257282	829105
“十五”时期					
2001	1214061	25925	230284	218137	957852
2002	1455615	24207	283574	275136	1147834
2003	1903567	28085	339230	329720	1536252
2004	2627634	38103	457556	446890	2131975
2005	3628975	72306	647961	623031	2908708
构成（%）					
2001	100.00	2.14	18.97	17.97	78.90
2002	100.00	1.66	19.48	18.90	78.86
2003	100.00	1.48	17.82	17.32	80.70
2004	100.00	1.45	17.41	17.01	81.14
2005	100.00	1.99	17.86	17.17	80.15
指数（上年=100）					
2001	107.28	86.16	84.52	84.79	115.53
2002	119.90	93.37	123.14	126.13	119.83
2003	130.77	116.02	119.63	119.84	133.84
2004	138.04	135.67	134.88	135.54	138.78
2005	138.11	189.76	141.61	139.41	136.43
“十五”时期年均发展速度	126.24	119.17	118.92	119.35	128.53

1-21 “十五”期间全市房屋建筑面积

年 份	房屋施工面积	#商品房	# 住宅	房屋竣工面积	#商品房	#住宅
绝对数（万平方米）						
2000	7609734	3279251	2386075	2787421	659042	529313
“十五”时期						
2001	8066595	3642697	2867563	3268381	1242357	1067160
2002	9165892	4704469	3672746	2878357	1234058	1059204
2003	12188172	7265382	5772594	4014080	2150297	1792180
2004	17873990	12072007	8961643	6104440	4147854	3265977
2005	24745474	14872622	11058926	9058375	4137566	3233984
指数（上年＝100）						
2001	106.00	111.08	120.18	117.25	188.51	201.61
2002	113.63	129.15	128.08	88.07	99.33	99.25
2003	132.97	154.44	157.17	139.46	174.25	169.20
2004	146.65	166.16	155.24	152.08	192.90	182.23
2005	138.44	123.20	123.40	148.39	99.75	99.02
“十五”时期年均发展速度	126.13	135.31	135.90	125.34	144.40	143.62

1-22 “十五”期间市区固定资产投资情况

年　份	全社会固定资产投资额	城镇固定资产投资额	# 基本建设投资额	# 更新改造投资额	#房地产开发投资	本年新增固定资产
绝对数（万元）						
2000	895938	773541	427882	133478	155561	633304
“十五”时期						
2001	945158	932866	466509	149961	183443	618060
2002	1169343	1066018	618625	178738	238276	660614
2003	1491169	1426697	780846	209480	384021	988248
2004	2131455	2086589	1022832	309600	657511	1337463
2005	2900178	2873808	1299603	437088	995273	1837604
指数（上年＝100）						
2001	105.49	120.60	109.03	112.35	117.92	97.59
2002	123.72	114.27	132.61	119.19	129.89	106.89
2003	127.52	133.83	126.22	117.20	161.17	149.60
2004	142.94	146.25	130.99	147.79	171.22	135.34
2005	136.07	137.73	127.06	141.18	151.37	137.39
“十五”时期年均发展速度	126.48	130.02	124.88	126.77	144.95	123.75

1-23 “十五”期间分产业市区全社会固定资产投资情况

年　份	全社会固定资产投资额	第一产业	第二产业	#工业	第三产业
绝对数（万元）					
2000	895938	10936	216423	205528	668579
“十五”时期					
2001	948098	11024	166461	157049	770613
2002	1169343	14278	198244	191413	956821
2003	1473059	14125	209951	202123	1248983
2004	2131455	21709	289815	279159	1819931
2005	2900178	28385	390553	366068	2481240
指数（上年=100）					
2001	105.82	100.80	76.91	76.41	115.26
2002	123.34	129.52	119.09	121.88	124.16
2003	125.97	98.93	105.91	105.60	130.53
2004	144.70	153.69	138.04	138.11	145.71
2005	136.07	130.75	134.76	131.13	136.34
“十五”时期年均发展速度	126.48	121.02	112.53	112.24	129.99

1-24 “十五”期间市区房屋建筑面积

年　份	房屋施工面积	#商品房	# 住宅	房屋竣工面积	#商品房	# 住宅
绝对数（万平方米）						
2000	6850296	3197062	2371015	2128705	579653	517053
“十五”时期						
2001	7048355	3592926	2826998	2460839	1217837	1049340
2002	8403032	4655870	3632847	2369101	1205179	1035995
2003	11333046	7192403	5707029	3487590	2131889	1774886
2004	16666215	11887591	8808000	5526106	4101687	3228167
2005	21776646	14221447	10587119	7175505	3973745	3143171
指数（上年=100）						
2001	102.89	112.38	119.23	115.60	210.10	202.95
2002	119.22	129.58	128.51	96.27	98.96	98.73
2003	134.87	154.48	157.10	147.21	176.89	171.32
2004	147.06	165.28	154.34	158.45	192.40	181.88
2005	130.66	119.63	120.20	129.85	96.88	97.37
“十五”时期年均发展速度	126.02	134.78	134.89	127.51	146.96	143.47

1-25　“十五”时期全市社会消费品零售总额及增速

单位:万元

指标名称	2000年	“十五”时期					2005年比2000年增长（%）	“十五”时期年均增速（%）
		2001年	2002年	2003年	2004年	2005年		
社会消费品零售总额	**2124265**	**2313462**	**2567758**	**2884483**	**3320502**	**3780023**	**77.94**	**12.22**
按销售地区分								
市的零售额	1696183	1847888	2095122	2353778	2721819	3096565	82.56	12.79
县的零售额	177352	192829	206894	235297	260205	297875	67.96	10.93
县以下的零售额	250730	272745	265743	295408	338478	385583	53.78	8.99
按经济类型分								
国有经济	131905	131874	129090	130493	129571	142753	8.22	1.59
集体经济	47317	47827	50265	38346	40542	45198	-4.48	-0.91
私营经济	171539	206472	255384	327121	446404	502730	193.07	23.99
个体经济	1283536	1414797	1537153	1636000	1808102	2057801	60.32	9.90
联营经济	12829	12927	15138	19345	17362	13951	8.75	1.69
股份制经济	457187	474614	551128	694167	838999	978649	114.06	16.44
外商投资经济	9669	12922	16182	23875	24988	29236	202.37	24.77
港澳台投资经济	7818	9325	10407	11809	11147	6463	-17.33	-3.73
其他经济	2466	2704	3011	3328	3387	3242	31.47	5.62
按行业分								
批发零售贸易业	1902756	2054150	2270643	2559611	2963591	3366128	76.91	12.09
住宿餐饮业	213107	249629	287402	318557	353524	407436	91.19	13.84
其他行业	8403	9683	9713	6315	3387	6459	-23.13	-5.13

1-26 “十五”时期市区社会消费品零售总额及增速

单位：万元

指标名称	2000年	“十五”时期					2005年比2000年增长（%）	“十五”时期年均增速（%）
		2001年	2002年	2003年	2004年	2005年		
社会消费品零售总额	**1715145**	**1865727**	**2077832**	**2354776**	**2721819**	**3096565**	**80.54**	**12.54**
按经济类型分								
国有经济	98797	99286	96649	103042	108727	125676	27.21	4.93
集体经济	15964	17325	22601	12519	23678	29765	86.45	13.27
私营经济	165617	199855	245470	313944	428008	485049	192.87	23.98
个体经济	969228	1063883	1147353	1207811	1312512	1468757	51.54	8.67
联营经济	12829	12927	15138	19345	17362	13925	8.54	1.65
股份制经济	438493	454262	528584	667674	800486	937092	113.71	16.40
外商投资经济	9669	12922	16182	23875	24988	29236	202.37	24.77
港澳台投资经济	3247	3873	4323	4905	4630	6463	99.05	14.76
其他经济	1302	1394	1532	1662	1428	602	-53.76	-14.30
按行业分								
批发零售贸易业	1540078	1656618	1835785	2089013	2430204	2760909	79.27	12.38
住宿餐饮业	167884	200788	233918	261199	290187	335212	99.67	14.83
其他行业	7184	8321	8129	4564	1428	444	-93.82	-42.69

1-27 “十五”时期分县社会消费品零售总额及增速

单位：万元

指标名称	2000年	“十五”时期					2005年比2000年增长（%）	“十五”时期年均增速（%）
		2001年	2002年	2003年	2004年	2005年		
全市	**2124265**	**2313462**	**2567758**	**2884483**	**3320502**	**3780023**	**77.94**	**12.22**
市区	1715145	1865727	2077832	2354776	2721819	3096565	80.54	12.54
武鸣县	83062	92241	101576	114274	131244	151980	82.97	12.84
横县	118665	124670	133646	146075	162202	183726	54.83	9.14
宾阳县	117801	130524	144229	158652	180864	208175	76.72	12.06
上林县	29852	32665	34301	36832	40361	45035	50.86	8.57
马山县	29940	33535	37538	36606	42194	47441	58.45	9.64
隆安县	29800	34100	38636	37268	41818	47101	58.06	9.59

1-28 南宁市国民经济主要指标占全区比重

(2005年)

指标名称	单位	南宁市	广西	南宁市占广西的比重(%)
年末总人口	万人	659.54	4925.00	13.39
生产总值	亿元	723.36	4063.30	17.80
第一产业	亿元	119.71	902.56	13.26
第二产业	亿元	231.21	1505.04	15.36
#工业	亿元	165.18	1263.02	13.08
第三产业	亿元	372.44	1655.70	22.49
工农业总产值(现价)	亿元	682.33	5400.07	12.64
工业总产值	亿元	490.92	3951.67	12.42
农林牧渔业总产值	亿元	191.41	1448.40	13.22
全社会固定资产投资总额	亿元	362.90	1769.07	20.51
#城镇固定资产投资	亿元	346.24	1588.82	21.79
#基本建设投资	亿元	161.45	900.87	17.92
更新改造投资	亿元	59.53	274.73	21.67
房地产开发投资	亿元	105.11	286.79	36.65
社会消费品零售总额	亿元	378.00	1397.02	27.06
#城市零售额	亿元	309.66	819.16	37.80
海关进出口总额	亿美元	7.19	51.83	13.87
#出口总额	亿美元	5.77	28.77	20.06
实际利用外资额	亿美元	1.15	6.39	18.00
财政收入	亿元	100.22	475.37	21.08
城乡居民储蓄存款	亿元	598.23	2561.34	23.36
年末在岗职工人数	万人	58.37	268.57	21.73
年末职工工资总额	亿元	98.56	410.00	24.04

1-29　全市国民经济和社会发展结构指标

单位：%

指　　标	1985年	1990年	1995年	2000年	2001年	2002年	2003年	2004年	2005年
人口与就业									
人　口									
农业与非农业人口结构									
农业	69.35	66.23	62.12	59.14	58.48	58.32	73.82	73.52	73.11
非农业	30.65	33.77	37.88	40.86	41.52	41.68	26.18	26.48	26.89
性别结构									
男性	51.94	52.14	52.33	52.04	52.02	51.97	52.17	52.30	52.35
女性	48.06	47.86	47.67	47.96	47.98	48.03	47.83	47.70	47.65
就　业									
从业人员产业结构									
第一产业	62.88	57.96	49.60	49.62	48.67	50.08	60.29	58.68	57.73
第二产业	18.19	18.45	20.83	16.10	16.12	15.11	12.77	13.61	14.22
第三产业	18.94	23.59	29.58	34.28	35.21	34.81	26.94	27.71	28.05
国民经济核算									
生产总值结构									
第一产业	38.24	32.59	26.09	23.19	21.70	20.37	19.11	17.39	16.55
第二产业	35.03	35.04	34.26	27.88	27.06	27.11	29.20	31.23	31.96
第三产业	26.73	32.37	39.65	48.93	51.24	52.52	51.69	51.37	51.49
生产总值支出结构									
最终消费				56.77	56.37	56.90	57.50	46.50	45.02
居民消费				44.45	43.66	43.82	45.03	34.60	33.59
政府消费				12.32	12.71	13.08	12.48	11.90	11.43
资本形成总额				31.89	33.00	34.82	39.44	52.29	53.61
固定资本形成总额				31.55	32.12	34.73	37.04	48.84	50.40
存货增加				0.34	0.88	0.09	2.40	3.45	3.22
货物和服务净出口				11.34	10.63	8.28	3.06	1.21	1.37
农　业									
农业牧渔业总产值结构									
农业	68.15	69.61	68.24	65.76	65.57	66.56	61.63	57.69	57.88
林业	2.29	1.58	1.41	1.86	1.97	2.03	2.91	2.80	2.69
牧业	26.90	24.81	24.76	26.62	27.25	26.36	28.41	32.19	32.40
渔业	2.65	3.99	5.59	5.76	5.21	5.05	5.89	6.19	5.94
服务业							1.16	1.13	1.10
工　业									
工业经济类型结构									
国有经济	82.53	82.59	60.07	19.83	16.18	14.06	17.96	20.54	21.15
集体经济	14.43	10.92	15.13	14.82	13.70	9.81	5.86	3.87	2.39
其他经济	3.04	6.49	24.80	65.35	70.12	76.13	76.18	75.59	76.46
#私营、个体经济		1.24	7.19	25.30	28.43	30.39	38.31	39.44	36.08
“三资”经济		2.77	9.27	11.82	10.57	11.60	9.46	13.44	9.73
规模以上工业				63.74	64.40	67.60	69.02	72.24	74.18
规模以下工业				33.30	32.24	28.84	26.44	27.76	25.82

注：2003年—2005年数据为行政区划调整后的数据，其余年份为原南宁口径的数据。

1-29 续表1　　单位：%

指　标	1985年	1990年	1995年	2000年	2001年	2002年	2003年	2004年	2005年
轻重工业结构									
轻工业	69.13	69.64	58.29	57.94	57.12	54.23	55.26	56.36	51.16
重工业	30.87	30.36	41.71	42.06	42.88	45.77	44.74	43.64	48.84
企业规模结构									
大型企业	2.00	3.37	1.43	2.91	3.26	3.49	7.22	9.27	5.68
中型企业	1.72	3.50	3.98	3.17	3.26	3.49	31.49	41.58	31.87
小型企业	96.28	93.13	94.59	93.92	93.48	93.03	61.29	49.15	62.44
固定资产投资									
投资经济类型结构									
国有单位	82.14	76.74	50.50	49.60	57.48	61.29	57.68	55.03	48.32
集体单位	4.45	3.38	12.47	5.28	1.70	0.75	0.67	0.54	1.79
私营及个体投资	13.41	19.88	12.89	17.89	13.34	12.12	6.07	14.02	21.72
其他经济			24.14	27.23	27.48	25.84	35.58	30.41	28.17
投资种类结构									
#基本建设	51.44	34.87	34.39	45.96	47.95	51.55	50.95	50.73	44.49
更新改造	29.33	33.43	18.32	14.43	15.42	15.71	25.41	16.30	16.40
其他投资	5.45	2.67	1.48	6.71	5.82	2.73	2.97	2.74	3.05
房地产		8.13	22.48	16.41	18.24	19.19	20.74	26.75	28.96
交通运输									
货运量结构									
铁路	11.18	14.44	8.08	5.59	5.52	5.78	6.68	6.80	5.97
公路	78.58	79.82	84.29	90.61	90.03	89.54	84.68	82.70	79.16
水路	10.24	5.74	7.63	3.77	4.42	4.65	8.62	10.48	14.84
民航			0.01	0.03	0.03	0.03	0.02	0.02	0.02
客运量结构									
铁路	6.42	7.47	8.87	7.01	7.08	7.06	6.02	5.63	5.97
公路	91.96	91.66	89.92	91.86	91.64	91.58	91.11	91.79	92.19
水路	1.61	0.87	0.44	0.37	0.42	0.43	2.00	1.61	0.84
民航		0.08	0.77	0.76	0.85	0.94	0.87	0.97	0.99
国内贸易									
社会消费品零售总额经济类型结构									
国有经济	44.95	42.55	32.12	6.21	5.70	5.03	4.52	3.90	3.78
集体经济	36.70	22.58	13.87	2.23	2.07	1.96	1.33	1.22	1.20
私营、个体经济	7.85	20.32	28.48	68.50	70.08	69.81	68.06	67.90	67.74
“三资”经济			5.04	0.82	0.96	1.04	1.24	1.09	0.94
其他经济	10.50	14.56	20.48	22.24	21.19	22.17	24.85	25.89	26.34
行业结构									
批发零售贸易业	76.22	68.95	64.99	89.57	88.79	88.43	88.74	89.25	89.05
餐饮业	4.37	5.26	7.50	10.03	10.79	11.19	11.04	10.65	10.78
制造业	7.32	6.81	5.60						
农业生产者	10.50	14.56	12.81						
其 他	1.59	4.42	9.10	0.40	0.42	0.38	0.22	0.10	0.17

1-29 续表2

单位：%

指　　标	1985年	1990年	1995年	2000年	2001年	2002年	2003年	2004年	2005年
财　政									
地方财政收入结构									
＃工商税收	69.68	87.95	67.13	75.97	73.44	78.52	66.59	73.16	52.63
企业所得税	26.37	17.11	11.48	8.95	14.19	5.47	3.56	4.16	10.65
个人所得税		0.01	2.24	8.30	13.20	7.46	6.12	6.96	4.81
农业四税	1.92	3.13	9.91	6.97	4.37	5.69	10.67	8.26	11.11
财政支出结构									
＃基本建设支出	13.23	2.71	4.99	14.43	13.69	11.61	8.64	10.22	10.59
企业挖潜改造资金	9.17	3.07	9.61	5.27	4.94	3.83	4.25	4.30	3.46
科技三项费用	1.02	0.11	0.22	1.05	1.11	1.35	0.96	1.18	1.45
农业支出	2.92	5.49	3.61	3.12	2.54	2.61	3.00	4.60	6.91
文化、教育、卫生支出	29.57	22.46	26.92	24.00	20.92	19.52	23.71	22.61	23.67
社会保障支出				2.79	3.18	4.21	3.14	2.73	2.39
人民生活									
城市居民人均生活消费结构									
＃食品类	54.42	61.99	49.85	36.49	34.67	37.46	37.52	40.09	40.37
衣着类	9.94	8.9	8.19	6.38	6.08	7.36	6.78	6.96	6.44
居住	3.87	3.9	7.16	11.78	12.81	7.73	9.93	8.75	10.05
交通通讯	0.83	1.18	7.52	9.55	9.42	14.96	12.43	10.18	12.65
医疗保健	0.97	1.47	2.2	4.62	3.94	5.5	6.82	8.67	6.31
农村居民人均生活消费结构									
＃食品类					55.99	54.21	56.29	57.88	57.07
衣着类					2.47	2.79	2.41	2.26	2.69
居住					12.99	12.04	11.73	12.29	10.15
交通通讯					5.02	6.09	6.92	7.56	8.62
医疗保健费					3.57	4.37	4.39	3.73	4.22
教　育									
在校学生结构									
大学生	4.29	4.06	4.84	8.27	9.64	12.83	8.43	10.61	12.62
中学生	4.85	23.22	22.56	31.05	31.65	30.49	32.81	32.86	33.49
小学生	67.74	63.16	59.15	45.42	43.17	40.49	48.46	46.23	44.33
专任教师结构									
大学教师	15.28	14.38	15.40	14.22	13.87	18.79	12.93	13.74	15.31
中学教师	22.50	24.91	26.42	29.33	30.55	26.73	33.93	35.08	34.72
小学教师	50.12	43.75	40.03	38.06	39.20	33.36	43.46	42.29	41.92
卫　生									
卫生技术人员结构									
＃医生	46.28	47.72	46.74	45.53	45.16	41.65	42.31	41.99	41.98
护士			9.60	34.09	34.02	37.33	35.42	34.75	35.52

1-30 全市各时期主要经济指标平均增长率

单位：%

时 期	生产总值	第一产业	第二产业	第三产业	全社会固定资产投资	地方财政收入	地方财政支出	社会消费品零售总额
“一五”时期 (1953-1957)	9.5	4.4	29.5	16.5	42.18	24.88	14.87	12.49
“二五”时期 (1958-1962)	5.3	-1.3	8.8	10.0	5.36	-2.28	2.53	7.05
调整时期 (1963-1965)	10.8	11.4	22.7	4.7	28.05	7.46	11.20	3.91
“三五”时期 (1966-1970)	6.9	7.6	13.1	3.1	-7.55	9.59	4.17	2.81
“四五”时期 (1971-1975)	9.0	9.2	11.2	5.9	13.58	14.60	9.03	8.35
“五五”时期 (1976-1980)	8.0	3.2	13.9	8.2	12.85	7.25	13.15	11.85
“六五”时期 (1981-1985)	8.6	6.9	9.1	11.5	20.30	8.97	18.17	16.81
“七五”时期 (1986-1990)	9.4	3.5	10.4	15.9	11.62	14.28	20.21	16.33
“八五”时期 (1991-1995)	14.6	8.5	16.6	18.0	51.74	8.29	16.05	25.02
“九五”时期 (1996-2000)	10.5	7.2	8.4	14.4	9.74	12.94	15.07	14.31
“十五”时期(2001-2005)	11.5	5.5	14.2	12.3	26.24	23.68	20.40	12.22

1-31 全市历年主要指标

年份	年末总人口（万人）	全社会从业人数（万人）	生产总值（万元）	第一产业	第二产业	第三产业	生产总值指数（%）	第一产业	第二产业	第三产业
1950	228.55	106.49	14272	10376	587	3309	100.0	100.0	100.0	100.0
1951	233.89	109.21	16885	12045	844	3996	113.2	110.1	147.6	119.0
1952	239.35	113.05	19369	13449	1228	4692	112.7	109.2	146.4	116.0
1953	245.81	112.99	22355	14565	2283	5507	115.3	108.1	199.9	117.8
1954	251.68	116.45	23675	14713	2557	6405	108.4	103.7	112.6	119.7
1955	254.93	117.64	25529	15113	3053	7363	108.3	102.9	118.6	118.0
1956	261.44	121.05	28189	15404	4048	8737	109.9	102.3	129.6	118.5
1957	266.89	124.98	30015	16262	4163	9590	105.6	104.9	105.2	109.0
1958	279.89	126.74	34627	15512	7887	11228	112.4	96.3	158.0	114.4
1959	286.78	128.50	43541	16522	12986	14033	127.9	106.3	170.1	128.1
1960	290.98	128.23	46193	14144	15527	16522	109.7	89.2	123.6	117.8
1961	292.75	134.30	36679	13623	8305	14751	79.9	94.2	52.7	95.3
1962	298.48	137.21	37274	14913	7279	15082	102.5	109.0	87.1	104.3
1963	309.93	141.33	39195	15925	7771	15499	104.3	106.5	102.9	103.0
1964	318.88	142.33	44568	17948	10157	16463	111.6	112.7	136.0	101.5
1965	329.84	144.92	53362	21483	13309	18570	116.8	115.2	132.0	109.6
1966	338.72	147.66	59518	23441	16911	19166	113.2	109.0	125.2	111.1
1967	345.70	147.71	59634	25458	15366	18810	101.2	108.0	92.8	102.4
1968	352.82	151.89	55120	25297	11956	17867	93.0	99.2	79.0	94.7
1969	361.74	157.08	67743	29168	20006	18569	118.4	109.7	172.4	103.6
1970	368.74	160.76	75982	33585	23099	19298	110.7	112.9	117.1	104.3
1971	380.39	167.49	82528	37749	25116	19663	107.1	108.7	107.7	104.3
1972	390.19	172.10	92412	43136	27863	21413	112.1	113.0	115.0	108.0
1973	401.91	175.94	103457	48440	31523	23494	111.5	113.9	113.6	104.8
1974	413.16	180.46	109354	49650	34988	24716	106.4	103.2	109.8	107.6
1975	423.38	187.05	117937	52955	38654	26328	107.9	107.6	110.3	104.8
1976	432.37	188.90	121775	51557	42621	27597	103.2	97.0	109.7	107.0

注：本表数据均为按2003年行政区划调整后大南宁范围口径的数据。

1-31 续表1

年份	年末总人口(万人)	全社会从业人数(万人)	生产总值(万元)	第一产业	第二产业	第三产业	生产总值指数(%)	第一产业	第二产业	第三产业
1977	440.08	192.21	130702	54687	46009	30006	107.9	103.5	112.7	109.8
1978	451.77	195.33	147407	61866	52192	33349	111.5	110.3	112.1	112.6
1979	460.86	200.40	166868	66443	64096	36329	112.4	100.3	127.9	110.2
1980	470.05	209.82	180111	70093	70017	40001	105.5	105.3	108.0	101.7
1981	480.27	217.08	194836	75578	72684	46574	109.0	107.0	107.5	117.4
1982	490.35	228.19	225795	96967	79171	49657	114.9	125.3	110.1	106.2
1983	497.86	233.96	241907	100133	84744	57030	106.9	103.6	108.0	113.3
1984	509.27	240.73	247810	98513	84852	64445	100.2	97.2	99.2	107.9
1985	519.06	249.12	309278	118263	108351	82664	112.7	103.4	122.1	113.1
1986	529.34	258.76	351522	126421	127214	97887	107.9	101.4	111.7	114.1
1987	538.79	267.21	420513	146358	156696	117459	112.6	105.2	117.6	114.2
1988	540.52	272.57	537786	178831	191331	167624	109.7	92.8	109.0	129.6
1989	547.50	277.27	620446	191616	219227	209603	107.4	107.7	102.8	114.9
1990	558.20	285.93	708788	231018	248354	229416	109.6	111.1	111.6	107.8
1991	563.74	293.26	793241	239063	274634	279544	106.3	100.6	106.9	111.6
1992	571.55	301.14	918098	277741	304726	335631	112.7	115.1	109.3	114.3
1993	579.54	306.12	1346171	344360	499312	502499	123.5	106.9	134.4	128.3
1994	587.86	312.25	1872259	491029	675122	706108	116.5	107.7	119.6	120.7
1995	594.92	317.25	2358085	615225	807943	934917	114.5	112.6	114.9	115.7
1996	601.95	328.50	2671991	690541	845891	1135559	111.4	105.9	110.4	116.5
1997	607.19	334.79	3044914	785856	922155	1336903	112.5	113.9	108.8	115.2
1998	612.20	336.52	3395532	834421	997314	1563797	111.5	108.4	110.3	114.8
1999	615.11	332.10	3569886	852645	1019933	1697308	109.4	107.4	108.1	111.7
2000	625.27	331.21	3779364	876615	1053679	1849070	107.7	100.7	104.6	113.9
2001	629.75	333.86	4181684	907401	1131645	2142638	108.8	102.2	106.4	113.2
2002	634.68	336.07	4631795	943479	1255606	2432710	110.9	107.7	112.2	111.6
2003	641.67	343.45	5217793	997023	1523485	2697285	110.9	103.7	119.3	109.4
2004	648.85	348.13	6191189	1076785	1933768	3180636	113.2	105.9	118.2	113.1
2005	659.54	353.36	7233557	1197063	2312059	3724435	113.4	108.2	115.6	114.0

1-31 续表2

单位：万元

年 份	全社会固定资产投资	财政收入	#地方财政收入	财政支出	农业总产值	工业总产值	社会消费品零售总额
1950	388	781	774	317	14674	1223	5834
1951	458	1648	1624	545	17009	1932	7482
1952	547	1898	1850	1084	19131	2967	9021
1953	2287	2733	2680	1184	20602	4941	11127
1954	1682	3464	3454	1298	20769	5981	13165
1955	1697	3468	3416	1322	21545	7290	13434
1956	3621	4659	4617	1939	22043	9151	16912
1957	3178	5676	5618	2168	23144	9678	16248
1958	6860	5744	5645	4037	22060	18666	18312
1959	14569	7654	7604	4446	23646	30235	23701
1960	16761	6725	6616	5933	20471	36901	25139
1961	6162	4613	4561	3442	19772	19501	20949
1962	4126	5058	5006	2456	21665	17648	22843
1963	4649	5205	5140	2648	23266	18857	22905
1964	7710	5339	5263	3548	26084	23917	22851
1965	8662	6293	6212	3377	31782	32618	25626
1966	7217	7402	7286	3538	34898	44529	27943
1967	3709	6435	6310	3493	37765	40518	26755
1968	2725	5081	4839	3196	37156	31260	22728
1969	4764	7946	7858	4223	43077	53287	29638
1970	5851	9930	9819	4142	50570	63861	29429
1971	6615	12178	12023	4692	56731	65930	29591
1972	8515	14032	13628	8047	64208	75342	32041
1973	8848	16591	16175	5748	70500	86364	36544
1974	9725	19180	18711	6645	71747	96037	39891
1975	11062	19813	19405	6381	75695	106363	43954
1976	12086	19461	19270	6581	73039	117477	45133

单位：万元

年 份	全社会固定资产投资	财政收入	#地方财政收入	财政支出	农业总产值	工业总产值	社会消费品零售总额
1977	11396	21537	21273	7579	76148	127749	49347
1978	20349	23188	23184	10879	81632	136758	54365
1979	28550	24008	23992	9962	91527	144489	62380
1980	20248	27538	27538	11833	97019	157057	76941
1981	18437	28864	28864	12399	106454	168984	83388
1982	22813	31563	31563	13174	126695	182935	92740
1983	24934	32792	32757	13577	136535	198420	104626
1984	28394	33915	33813	16635	143894	211645	123936
1985	51008	42633	42321	27267	172481	260770	167304
1986	67233	47723	47376	39718	184142	305786	186098
1987	78940	55007	54675	45438	215076	376240	224707
1988	108827	64246	64246	60931	272515	490246	294082
1989	84519	74593	74593	60261	286725	607592	339300
1990	88386	82478	82478	68441	361702	671708	356467
1991	103255	89637	89637	71913	379696	766803	410693
1992	147118	94542	94542	75287	444538	938925	493513
1993	288531	141425	141425	107415	563494	1337414	669925
1994	447150	193018	107076	128398	791925	1774347	828756
1995	711065	219576	122823	144050	995180	1984448	1088523
1996	825818	240141	138598	155555	1116908	2044709	1293125
1997	969255	273637	159742	178987	1242108	2159248	1464026
1998	1049861	308392	178092	202323	1317691	2332161	1618304
1999	1111761	339803	201008	245770	1342494	2311969	1724235
2000	1131659	364639	225728	290667	1377932	2417251	2124265
2001	1214061	452926	291860	348556	1407186	2608100	2313462
2002	1455615	525341	312805	452120	1455675	2911858	2567758
2003	1903567	610594	362435	524981	1519259	3341979	2884483
2004	2627634	746328	432526	621191	1722877	4040693	3320502
2005	3628975	1002186	451954	735508	1914122	4909198	3780023

注：2000年以后社会消费品零售总额不含制造业零售和农业生产零售，其余年份仍按当年口径统计。

1-32 全市社会经济主要指标

指标名称	单位	2005年	2004年	2005年为2004年%
人口、土地面积				
年末总人口	人	6595402	6488450	101.65
#男性人口	人	3452663	3393652	101.74
女性人口	人	3142739	3094798	101.55
#农业人口	人	4822202	4770274	101.09
非农业人口	人	1773200	1718176	103.20
年平均人口	人	6541926	6452593	101.38
自然增长率	‰	8.52	7.85	0.67▲
土地面积	平方公里	22111.98	22111.98	100.00
#建成区面积	平方公里	170	125	136.00
生产总值(当年价)	**万元**	**7233557**	**6191189**	**113.40**
第一产业	万元	1197063	1076785	108.20
第二产业	万元	2312059	1933768	115.60
工　业	万元	1651780	1378322	115.00
建筑业	万元	660279	555447	117.40
第三产业	万元	3724435	3180636	114.00
人均生产总值（当年价）	元	11057	9595	111.90
生产总值构成	**%**	**100**	**100**	
第一产业	%	16.55	17.39	-0.84*
第二产业	%	31.96	31.23	0.73*
工　业	%	22.83	22.26	0.57*
建筑业	%	9.13	8.97	0.16*
第三产业	%	51.49	51.37	-0.12*
工农业总产值(当年价)	**万元**	**6823320**	**5763570**	**118.39**
工业总产值	万元	4909198	4040693	121.49
农林牧渔业总产值	万元	1914122	1722877	108.61
农　业				
农村社会总产值(当年价)	万元	4099060	3647322	112.39
#非农行业产值	万元	2184938	1924445	113.54
农林牧渔业总产值(当年价)	万元	1914122	1722877	108.61
农　业	万元	1107836	993849	106.91
林　业	万元	51365	48190	103.45
牧　业	万元	620079	554602	112.78
渔　业	万元	113730	106746	105.53
服务业	万元	21112	19490	105.79
农林牧渔业总产值(1990年不变价)	万元	1137289	1041728	109.17
农林牧渔业商品产值	万元	1289055	1178471	109.38
乡(镇)村从业人员	万人	286.11	282.07	101.43
#农林牧渔业从业人员	万人	196.72	196.09	100.32
年末实有耕地面积	公顷	365626	366222	99.84
粮食总产量	吨	1810164	1700479	106.45

注：1.生产总值 、农业总产值发展速度按可比价计算。2.“▲”为增减千分点，“*”为增减百分点。

1-32 续表1

指 标 名 称	单 位	2005年	2004年	2005年为2004年%
油料产量	吨	87941	84207	104.43
蔬菜产量	吨	2684992	2534179	105.95
甘蔗产量	吨	8609336	8586119	100.27
水果产量	吨	718249	670431	107.13
肉类产量	吨	464764	419792	110.71
水产品产量	吨	167330	158829	105.35
农业机械总动力	万千瓦	279.79	277.45	100.84
农村用电量	万千瓦时	49364.38	47034	104.95
农用化肥施用量(折纯量)	吨	348745	344188	101.32
工 业				
全部工业总产值(当年价)	万元	4909198	4040693	121.49
#规模以上工业总产值	万元	3701812	3003353	123.26
规模以下工业总产值	万元	1207386	1037339	116.39
规模以上工业企业主要指标				
企业单位数	个	625	622	100.48
#亏损企业	个	183	220	83.18
工业总产值(现价)	万元	3701812	3003353	123.26
内资企业	万元	3237322	2648566	122.23
国有企业	万元	968474	842068	115.01
集体企业	万元	64551	57348	112.56
股份合作企业	万元	31266	20168	155.03
股份有限公司	万元	390165	389885	100.07
其他经济类型企业	万元	1782866	1339097	133.14
外商及港澳台商投资企业	万元	464490	354787	130.92
按轻重工业分				
轻工业	万元	1847774	1506141	122.68
重工业	万元	1854038	1497213	123.83

1-32 续表2

指标名称	单位	2005年	2004年	2005年为2004年%
按企业规模分				
大型企业	万元	279042	245898	113.48
中型企业	万元	1564651	1388145	112.72
小型企业	万元	1858118	1369310	135.70
工业增加值	万元	1209033	997895	121.16
产品销售收入	万元	3338492	2824724	118.19
#产品销售税金及附加	万元	114856	99564	115.36
利税总额	万元	402466	358156	112.37
#利润总额	万元	133334	112361	118.67
亏损企业亏损额	万元	33192	47823	69.41
交通、邮电、电力				
货运总量	万吨	7236	6791	106.55
客运总量	万人	9131	8451	108.05
内河港口货物吞吐量	万吨	234	242	96.69
年末邮电局（所）数	处	218	215	101.40
邮电业务总量(2000年价)	万元	293587	248049	118.36
年末电话用户数	户	3658498	3527773	103.71
# 移动电话用户数	户	2174225	1993745	109.05
年末互联网用户	户	732893	456566	160.52
全年用电量	万千瓦时	657552	564575	116.47
#工业用电量	万千瓦时	376437	321807	116.98
城乡居民生活用电量	万千瓦时	130956	109171	119.95
固定资产投资				
全社会固定资产投资总额	万元	3628975	2627634	138.11
#城镇固定资产投资额	万元	3462384	2486704	139.24
基本建设投资	万元	1614461	1252317	128.92
更新改造投资	万元	595316	402472	147.91
其他投资	万元	110720	67737	163.46
房地产开发投资	万元	1051128	678524	154.91
全社会固定资产投资额中				
国有经济	万元	1753432	1362807	128.66
集体经济	万元	75605	55521	136.17

注：工业增加值发展速度按缩减法计算。

1-32 续表3

指标名称	单位	2005年	2004年	2005年为2004年%
新增固定资产	万元	2228021	1640152	135.84
房屋施工面积（含商品房）	万平方米	2474.55	1996.46	123.95
#住宅	万平方米	1599.84	1288.04	124.21
房屋竣工面积（含商品房）	万平方米	905.84	819.5	110.54
#住宅	万平方米	634.61	603.97	105.07
商业、外贸、旅游				
社会消费品零售总额	万元	3780023	3320502	113.84
#国有商业	万元	142753	129571	110.17
集体商业	万元	45198	40542	111.48
私营商业	万元	502730	446404	112.62
个体商业	万元	2057801	1808102	113.81
批发零售贸易业商品销售总额	万元	10108931	9308593	108.60
外贸进出口总值(海关数)	万美元	71916	63625	113.03
进口总值	万美元	14200	11204	126.74
#市属	万美元	7921	6683	118.52
出口总值	万美元	57716	52421	110.10
#市属	万美元	28379	26268	108.04
利用外资新签协议合同数	个	89	69	128.99
利用外资新签协议合同外资金额	万美元	31704	28047	113.04
实际利用外资金额	万美元	11499	10034	114.60
旅游者人数	万人次	1631.8	1393.47	117.10
#国际旅游人数	万人次	8.33	6.56	126.98
旅游收入	万元	852947	730686	116.73
#国际旅游收入	万元	20320	14233	142.77
财政、金融				
全部财政收入	万元	1002186	746328	120.99
#地方财政一般预算收入	万元	451954	432526	126.53
地方财政支出	万元	735508	621191	118.49
金融机构各项存款余额	万元	12636347	10909576	115.83
#城乡居民储蓄存款余额	万元	5982307	5157925	115.98
金融机构各项贷款余额	万元	13816546	12087669	114.30

1-32 续表4

指标名称	单位	2005年	2004年	2005年为2004年%
劳动工资				
年末在岗职工人数	人	583660	542585	107.57
国有单位	人	369442	363721	101.57
城镇集体单位	人	23797	32842	72.46
其他经济类型单位	人	190421	146022	130.41
在岗职工工资总额	万元	985557	829568	118.80
国有单位	万元	690902	611737	112.94
城镇集体单位	万元	26776	31265	85.64
其他经济类型单位	万元	267879	186566	143.58
在岗职工年平均工资工资	元	17520	15447	113.42
国有单位	元	19202	16969	113.16
城镇集体单位	元	11326	9753	116.13
其他经济类型单位	元	14960	12914	115.84
教育、科研、卫生				
在校学生人数(不含成人教育)	人	1270445	1276162	99.55
#普通中学	人	424870	419739	101.22
小　学	人	562453	590573	95.24
专任教师数	人	62164	60347	103.01
#普通中学	人	21540	21164	101.78
小　学	人	26008	25513	101.94
专业技术人员(市、县属国有企事业单位)	人	107671	107877	99.81
#中级技术职称以上人员	人	33599	32494	103.40
卫生机构数(含个体)	个	1695	1645	103.04
#医院、卫生院	个	203	206	98.54
卫生机构床位数	张	18592	18184	102.24
#医院、卫生院床位数	张	17257	16870	102.29
卫生技术人员数(含个体)	人	24907	23934	104.07
#医　生	人	10457	10049	104.06
居民消费价格指数	%	**101.1**	**104.2**	

注：专业技术人员统计口径包括聘用的专业技术人员。

1-33　全市人均主要社会经济指标

指　标　名　称	单位	2005年	2004年
生产总值	元	11057	9595
工农业总产值	元	10430	8932
农业总产值	元	2926	2670
工业总产值	元	7504	6262
固定资产投资额	元	5547	4072
财政收入	元	1532	1157
城乡居民储蓄存款余额	元	9070	7949
社会消费品零售总额	元	5778	5146
在岗职工年平均工资	元	17520	15447
城镇居民年人均可支配收入	元	9203	8060
城镇居民年人均消费性支出	元	6883	6211
农民年人均纯收入	元	2680	2467
耕地面积(按总人口计算)	亩	0.83	0.85
耕地面积(按农业人口计算)	亩	1.14	1.15
粮食产量	公斤	278	264
油料产量	公斤	13	13
蔬菜产量	公斤	410	393
肉类产量	公斤	71	65
水果产量	公斤	110	104
水产品产量	公斤	26	25
甘蔗产量	公斤	1316	1331
电话机	部/万人	5547	5437
普通高等学校在校生	人/万人	243	206
普通中学在校生	人/万人	644	647
小学在校生	人/万人	853	910
医院	个/万人	0.31	0.32
医院病床	张/万人	26.00	26.00
卫生技术人员	人/万人	38.00	36.89
#医生	人/万人	15.85	15.50

注：电话机数含移动电话。

1-34 市区社会经济主要指标

指标名称	单位	2005年	2004年	2005年为2004年%
人口、土地面积				
年末总人口	人	2496652	2439475	102.34
#男性人口	人	1301037	1272021	102.28
女性人口	人	1195615	1167454	102.41
#农业人口	人	1219352	1209175	100.84
非农业人口	人	1277300	1230300	103.82
年平均人口	人	2468061	2414009	102.24
自然增长率	‰	7.84	7.6	0.24▲
土地面积	平方公里	6479	6479	100.00
#建成区面积	平方公里	170	125	136.00
生产总值(当年价)	**万元**	**5163555**	**4405464**	**113.80**
第一产业	万元	415173	374258	105.90
第二产业	万元	1681669	1419332	114.80
工　业	万元	1113044	942979	113.50
建筑业	万元	568625	476353	117.90
第三产业	万元	3066713	2611874	114.30
人均生产总值（当年价）	元	20921	18250	111.30
生产总值构成	**%**	**100**	**100**	
第一产业	%	8.04	8.50	-0.46*
第二产业	%	32.57	32.22	0.35*
工　业	%	21.56	21.40	0.16*
建筑业	%	11.01	10.81	0.20*
第三产业	%	59.39	59.29	0.10*
工农业总产值(当年价)	**万元**	**4163650**	**3504061**	**118.82**
工业总产值	万元	3496526	2904145	120.40
农林牧渔业总产值	万元	667124	599916	107.03
农　业				
农村社会总产值(当年价)	万元	1316638	1377007	
#非农行业产值	万元	649514	777091	
农林牧渔业总产值(当年价)	万元	667124	599916	107.03
农　业	万元	382290	346150	104.51
林　业	万元	20667	20248	90.29
牧　业	万元	214120	184648	115.41
渔　业	万元	34424	34369	98.24
服务业	万元	15623	14501	104.94
农林牧渔业总产值(1990年不变价)	万元	416621	387178	107.60
农业商品产值	万元	427029	394911	108.13
乡(镇)村从业人员	万人	72.9	73.31	99.44
#农林牧渔业从业人员	万人	53.44	54.04	98.89
年末实有耕地面积	公顷	110456	110595	99.87
粮食总产量	吨	461784	437237	105.61

注：1.生产总值、农业总产值发展速度按可比价计算。2.“▲”为增减千分点，“*”为增减百分点。

1-34 续表1

指标名称	单位	2005年	2004年	2005年为2004年%
油料产量	吨	35256	33899	104.00
蔬菜产量	吨	1053091	1030539	102.19
甘蔗产量	吨	3341269	3284482	101.73
水果产量	吨	315867	308377	102.43
肉类产量	吨	159813	138714	115.21
水产品产量	吨	50447	51269	98.40
农业机械总动力	万千瓦	87.04	93.45	93.14
农村用电量	万千瓦时	15112.4	16835	89.77
农用化肥施用量(折纯量)	吨	120153	138916	86.49
工业				
全部工业总产值(当年价)	万元	3496529	2904144	120.40
#规模以上工业总产值	万元	2975047	2424538	122.71
规模以下工业总产值	万元	521482	479606	108.73
规模以上工业企业主要指标				
企业单位数	个	416	435	95.63
#亏损企业	个	121	155	78.06
工业总产值(现价)	万元	2975047	2424538	122.71
内资企业	万元	2600930	2153239	120.79
国有企业	万元	848145	725983	116.83
集体企业	万元	47713	48098	99.20
股份合作企业	万元	29163	18443	158.13
股份有限公司	万元	371781	366329	101.49
其他经济类型企业	万元	1304128	994381	131.15
外商及港澳台商投资企业	万元	374116	271299	137.90
按轻重工业分				
轻工业	万元	1483379	1236577	119.96
重工业	万元	1491668	1187961	125.57

1-34 续表2

指 标 名 称	单 位	2005年	2004年	2005年为2004年%
按企业规模分				
大型企业	万元	279042	245898	113.48
中型企业	万元	1262315	1103821	114.36
小型企业	万元	1433689	1074819	133.39
工业增加值	万元	927211	780027	118.87
产品销售收入	万元	2677464	2278331	117.52
#产品销售税金及附加	万元	109993	95901	114.69
利税总额	万元	323297	284979	113.45
#利润总额	万元	96046	75190	127.74
亏损企业亏损额	万元	22798	38295	59.53
交通、邮电、电力				
货运总量	万吨	4596	4316	106.49
客运总量	万人	7080	6773	104.53
内河港口货物吞吐量	万吨	73	109.3	66.79
年末邮电局（所）数	处	100	97	103.09
邮电业务总量(2000年不变价)	万元	225163	189956	118.53
年末电话用户数	户	2559988	2450057	104.49
#移动电话用户数	户	1514899	1351616	112.08
年末互联网用户	户	646401	387741	166.71
全年用电量	万千瓦时	502559	421397	119.26
#工业用电	万千瓦时	272717	221194	123.29
城乡居民生活用电	万千瓦时	95133	80218	118.59
固定资产投资				
全社会固定资产投资总额	万元	2900178	2131455	136.07
#城镇固定资产投资额	万元	2873808	2086589	137.73
基本建设投资	万元	1299603	1022682	127.08
更新改造投资	万元	437088	309600	141.18
其他投资	万元	86243	35437	243.37
房地产开发投资	万元	995273	657511	151.37
全社会固定资产投资额中:				
国有经济	万元	1482616	1189362	124.66
集体经济	万元	59778	35667	167.60

1-34 续表3

指 标 名 称	单 位	2005年	2004年	2005年为2004年%
新增固定资产	万元	1837604	1292902	142.13
房屋施工面积	万平方米	2177.66	1804.93	120.65
#住宅	万平方米	1413.8	1169.78	120.86
房屋竣工面积	万平方米	717.55	690.91	103.86
#住宅	万平方米	497.35	512.74	97.00
商业、外贸				
社会消费品零售总额	万元	3096565	2721819	113.77
#国有商业	万元	125676	108727	115.59
集体商业	万元	29765	23678	125.71
私营商业	万元	485652	428008	113.47
个体商业	万元	1468756	1305995	112.46
批发零售贸易业商品销售总额	万元	9090936	8393864	108.30
利用外资新签协议合同数	个	81	62	130.65
利用外资新签协议合同外资金额	万美元	26454	26315	100.53
实际利用外资金额	万美元	10936	8651	126.41
财政、金融				
全部财政收入	万元	862807	624310	122.26
#地方财政一般预算收入	万元	375707	352463	130.02
地方财政支出	万元	528007	445395	118.55
金融机构各项存款余额	万元	11207946	9640771	116.26
#城乡居民储蓄存款余额	万元	4805449	4108089	116.98
金融机构各项贷款余额	万元	13309034	11590256	114.83

1-34 续表4

指 标 名 称	单 位	2005年	2004年	2005年为2004年%
劳动工资				
年末在岗职工人数	人	447256	404426	110.59
国有单位	人	257061	249167	103.17
城镇集体单位	人	17963	26939	66.68
其他经济类型单位	人	172232	128320	134.22
在岗职工工资总额	万元	827649	688500	120.21
国有单位	万元	556713	491421	113.29
城镇集体单位	万元	20335	26262	77.43
其他经济类型单位	万元	250601	170817	146.71
在岗职工年平均工资	元	19405	17246	112.52
国有单位	元	22474	19630	114.49
城镇集体单位	元	11330	10157	111.55
其他经济类型单位	元	15579	13409	116.18
教育、科研、卫生				
在校学生人数(不含成人教育)	人	663853	643690	103.13
#普通中学	人	170685	168247	101.45
小 学	人	220457	220671	99.90
专任教师数	人	33773	32331	104.46
#普通中学	人	9211	8862	103.94
小 学	人	10448	10320	101.24
专业技术人员(市县属国有企事业单位)	人	58294	56207	103.71
#中级技术职称以上人员	人	18448	18182	101.46
卫生机构数(含个体)	个	950	987	96.25
#医院、卫生院	个	94	85	110.59
卫生机构床位数	张	13572	13139	103.30
#医院、卫生院床位数	张	12792	12366	103.44
卫生技术人员数	人	17813	17018	104.67
#医 生	人	7203	6859	105.02
居民消费价格指数	**%**	**101.1**	**104.2**	

1-35 市区人均主要社会经济指标

指 标 名 称	单位	2005年	2004年
生产总值	元	20921	18250
工农业总产值	元	16870	14516
农业总产值	元	2703	2485
工业总产值	元	14167	12030
固定资产投资额	元	11751	8830
财政收入	元	3496	2586
城乡居民储蓄存款余额	元	19470	16840
社会消费品零售总额	元	12546	11275
在岗职工年平均工资	元	19405	17246
城市居民年人均可支配收入	元	10037	9085
城市居民年人均消费性支出	元	7588	6962
农民年人均纯收入	元	3059	3178
耕地面积(按总人口计算)	亩	0.67	0.68
耕地面积(按农业人口计算)	亩	1.27	1.30
粮食产量	公斤	187	179
油料产量	公斤	14	14.04
蔬菜产量	公斤	427	426.90
肉类产量	公斤	65	57.46
水果产量	公斤	128	127.74
水产品产量	公斤	20	21.24
甘蔗产量	公斤	1354	1346.39
电话机	部/万人	10254	10043
普通高等学校在校生	人/万人	641	555.70
普通中学在校生	人/万人	684	689.69
小学在校生	人/万人	883	904.58
医院	个/万人	0.38	0.35
医院病床	张/万人	51	50.83
卫生技术人员	人/万人	71	69.76
#医生	人/万人	29	25.12

注：电话机数含移动电话。

1-36 各县社会经济主要指标

指标名称	单位	武鸣县			横县		
		2005年	2004年	2005为2004%	2005年	2004年	2005为2004%
人口、土地面积							
年末总人口	人	651855	646504	100.83	1098713	1084422	101.32
#男性人口	人	340465	337615	100.84	587471	580273	101.24
女性人口	人	311390	308889	100.81	511242	504149	101.41
#农业人口	人	538728	535566	100.59	970682	956813	101.45
非农业人口	人	113127	110938	101.97	128031	127609	100.33
年平均人口	人	649180	645809	100.52	1091568	1081228	100.96
自然增长率	‰	7.85	13.72	-5.87▲	10.08	7.04	3.04▲
土地面积	平方公里	3378.36	3378.36	100.00	3456.36	3456.36	100.00
生产总值(当年价)	**万元**	**559337**	**489699**	**111.9**	**507532**	**435213**	**112.7**
第一产业	万元	243171	221691	109.1	192316	168671	109.8
第二产业	万元	165943	139013	115.0	133322	107689	119.8
工　业	万元	140108	115565	116.1	110353	88624	120.0
建筑业	万元	25835	23448	108.8	22969	19065	118.9
第三产业	万元	150223	128995	113.8	181894	158853	111.7
人均生产总值（当年价）	元	8616	7583	111.3	4650	4025	111.6
生产总值构成	**%**	**100**	**100**		**100**	**100**	
第一产业	%	43.47	45.27	-1.8*	37.89	38.76	-0.87*
第二产业	%	29.67	28.39	1.28*	26.27	24.74	1.53*
工　业	%	25.05	23.60	1.45*	21.74	20.36	1.38*
建筑业	%	4.62	4.79	-0.17*	4.53	4.38	0.15*
第三产业	%	26.86	26.34	0.52*	35.84	36.50	-0.66*
工农业总产值(当年价)	**万元**	**743580**	**629267**	**118.17**	**622018**	**520417**	**119.52**
工业总产值	万元	360657	280334	128.65	308463	243390	126.74
农林牧渔业总产值	万元	382923	348933	110.44	313555	277027	109.13
农　业							
农村社会总产值(当年价)	万元	792170	721849	109.74	672399	536711	125.28
#非农行业产值	万元	409247	372916	109.74	358844	259684	138.18
农林牧渔业总产值(当年价)	万元	382923	348933	110.44	313555	277027	109.13
农　业	万元	225667	203949	108.73	188937	167106	107.61
林　业	万元	12450	10730	116.88	6983	6100	115.70
牧　业	万元	119346	110900	112.70	98588	86411	111.80
渔　业	万元	22632	20760	110.84	18853	17237	108.50
服务业	万元	2828	2594	106.52	194	173	110.40
农林牧渔业总产值(1990年不变价)	万元	237911	215420	110.44	190875	172249	110.81
农业商品产值	万元	297515	271867	109.43	218917	197328	110.94
乡(镇)村从业人员	万人	33.08	32.8	100.85	57.11	56.03	101.93
#农林牧渔业从业人员	万人	26.64	25.01	106.52	36.04	36.51	98.71
年末实有耕地面积	公顷	59215	59594	99.36	62132	62222	99.86
粮食总产量	吨	310978	304786	102.03	328037	315183	104.08

注：1.生产总值、农业总产值发展速度按可比价计算。2.“▲”为增减千分点，“*”为增减百分点。

1-36 续表1

指标名称	单位	武鸣县			横县		
		2005年	2004年	2005为2004%	2005年	2004年	2005为2004%
油料产量	吨	22762	22147	102.78	8786	8727	100.68
蔬菜产量	吨	602758	536839	112.28	341220	327838	104.08
甘蔗产量	吨	1394479	1424058	97.92	1350743	1269772	106.38
水果产量	吨	249230	228254	109.19	35497	33202	106.91
肉类产量	吨	104505	93567	111.69	60970	57894	105.31
水产品产量	吨	33276	30014	110.87	27678	25667	107.83
农业机械总动力	万千瓦	52.93	52.29	101.22	40.99	39.93	102.65
农村用电量	万千瓦时	9067	7100	127.70	7712	6573	117.33
农用化肥施用量(折纯量)	吨	82453	67843	121.54	46102	43510	105.96
工业							
全部工业总产值(当年价)	万元	360657	280334	128.65	308463	243390	126.74
#规模以上工业总产值	万元	173460	117089	148.14	174763	144083	121.29
规模以下工业总产值	万元	187196	163245	114.67	133700	99307	134.63
规模以上工业企业主要指标							
企业单位数	个	70	57	122.81	42	43	97.67
#亏损企业	个	12	12	100.00	19	26	73.08
工业总产值(现价)	万元	173460	117089	148.14	174763	144083	121.29
内资企业	万元	148378	106454	139.38	168753	139481	120.99
国有企业	万元	26612	30969	85.93	26407	24080	109.66
集体企业	万元	12493	5695	219.37	4344	3556	122.16
股份合作企业	万元	1283	1183	108.45	820	542	151.29
股份有限公司	万元	873	1060	82.36			
其他经济类型企业	万元	107117	67547	158.58	137182	111303	123.25
外商及港澳台商投资企业	万元	25082	10636	235.82	6009	4603	130.55
按轻重工业分							
轻工业	万元	112886	69476	162.48	93353	79803	116.98
重工业	万元	60575	47613	127.22	81410	64281	126.65

1-36 续表2

指 标 名 称	单 位	武鸣县			横 县		
		2005年	2004年	2005为2004%	2005年	2004年	2005为2004%
按企业规模分							
大型企业	万元						
中型企业	万元	28213	31275	90.21	104430	79243	131.78
小型企业	万元	145248	85814	169.26	70333	64841	108.47
工业增加值	万元	66064	43090	127.71	61325	52060	109.22
产品销售收入	万元	161842	105532	153.36	158120	137048	115.38
#产品销售税金及附加	万元	1288	694	185.59	1458	985	148.02
利税总额	万元	8498	3403	249.72	21121	18389	114.86
#利润总额	万元	198	-2072		11859	9861	120.26
亏损企业亏损额	万元	5216	5995	87.01	2241	1549	144.67
交通、邮电、电力							
货运量	万吨	777	733	106.00	975	831	117.33
客运量	万人	645.6	582	110.93	462	375	123.20
年末邮电局（所）数	处	18	18	100.00	31	31	100.00
邮电业务总量(2000年不变价)	万元	13943	11760	118.56	16864	13745	122.69
年末电话用户数	户	240783	228462	105.39	279096	269951	103.39
#移动电话用户数	户	152695	139499	109.46	159464	153747	103.72
全年用电量	万千瓦时	38870	34431	112.89	39690	37906	104.71
#工业用电	万千瓦时	28774	26564	108.32	25464	26212	97.15
城乡居民生活用电	万千瓦时	6231	5103	122.10	11014	8022	137.30
固定资产投资							
全社会固定资产投资总额	万元	196318	132065	148.65	169300	113040	149.77
#城镇固定资产投资额	万元	162814	113907	142.94	131382	82212	159.81
基本建设投资	万元	77420	61968	124.94	68390	52172	131.09
更新改造投资	万元	51075	35250	144.89	40610	21760	186.63
其他投资	万元	9646	9535	101.16	3810	1801	211.55
房地产开发投资	万元	17982	3895	461.67	10871	3598	302.14
#区局直统反馈投资额	万元		21553				
全社会固定资产投资额中：							
国有经济	万元	61997	48760	127.15	52769	37463	140.86
集体经济	万元	2813	1003	280.46	10339	8212	125.90

注：区局直统反馈投资额指跨县公路投资分摊给当地的投资额。

1-36 续表3

指标名称	单位	武鸣县			横县		
		2005年	2004年	2005为2004%	2005年	2004年	2005为2004%
新增固定资产	万元	86947	74475	116.75	88928	59254	150.08
房屋施工面积	万平方米	91.2	35.07	260.05	75	54.87	136.69
#住宅	万平方米	47.26	18.91	249.92	46.46	23.02	201.82
房屋竣工面积	万平方米	37.96	15.87	239.19	43.17	29.81	144.82
#住宅	万平方米	27.00	12.74	211.93	29.23	9.76	299.49
商业							
社会消费品零售总额	万元	151980	131244	115.80	183726	162202	113.27
#国有商业	万元	4451	5534	80.43	2994	6172	48.51
集体商业	万元	4995	6104	81.83	3457	3825	90.38
私营商业	万元	5464	6570	83.17	3597	2833	126.97
个体商业	万元	127595	101127	126.17	163433	142488	114.70
批发零售贸易业商品销售总额	万元	232258	201192	115.44	288206	257002	112.14
财政、金融							
财政收入	万元	33598	30100	111.62	35321	30708	115.02
#地方财政一般预算收入	万元	19297	17454	110.56	18703	16675	112.16
地方财政支出	万元	44018	38119	115.48	45789	38303	119.54
金融机构各项存款余额	万元	309450	284115	108.92	422405	370073	114.14
#城乡居民储蓄存款余额	万元	256389	234308	109.42	356985	314352	113.56
金融机构各项贷款余额	万元	132688	127537	104.04	139869	147259	94.98

指标名称	单位	武鸣县			横县		
		2005年	2004年	2005为2004%	2005年	2004年	2005为2004%
劳动工资							
年末在岗职工人数	人	33039	33036	100.01	29872	31265	95.54
国有单位	人	30355	30201	100.51	20823	21980	94.74
城镇集体单位	人	1497	1363	109.83	983	1170	84.02
其他经济类型单位	人	1187	1472	80.64	8066	8115	99.40
在岗职工工资总额	万元	37082	33113	111.99	34801	31837	109.31
国有单位	万元	34024	30191	112.70	26546	24351	109.01
城镇集体单位	万元	1971	1598	123.34	1147	804	142.66
其他经济类型单位	万元	1088	1324	82.18	7109	6682	106.39
在岗职工年平均工资	元	11218	9887	113.46	11931	10304	115.79
国有单位	元	11179	9944	112.42	12792	11065	115.61
城镇集体单位	元	13552	9996	135.57	11458	6769	169.27
其他经济类型单位	元	9329	8652	107.82	9585	8671	110.54
教育、科研、卫生							
在校学生人数(不含成人教育)	人	84684	88363	95.84	161367	169195	95.37
#普通中学	人	39321	40896	96.15	66158	66537	99.43
小学	人	42734	45425	94.08	93576	100480	93.13
专任教师数	人	4386	4301	101.98	7551	7495	100.75
#普通中学	人	2151	2136	100.70	3104	3157	98.32
小学	人	2077	2012	103.23	4355	4219	103.22
专业技术人员	人	8921	8738	102.09	11638	12369	94.09
#中级技术职称以上人员	人	2461	2152	114.36	4183	4159	100.58
卫生机构数(含个体)	个	102	155	65.81	209	170	122.94
#医院、卫生院	个	21	21	100.00	23	25	92.00
卫生机构床位数	张	919	928	99.03	1119	1138	98.33
#医院、卫生院床位数	张	849	837	101.43	984	1023	96.19
卫生技术人员数	人	1264	1282	98.60	1506	1506	100.00
#医生	人	536	512	104.69	756	786	96.18

1-36 续表5

指标名称	单位	宾阳县			上林县		
		2005年	2004年	2005为2004%	2005年	2004年	2005为2004%
人口、土地面积							
年末总人口	人	997604	982141	101.57	469313	460011	102.02
#男性人口	人	523819	514540	101.80	242297	237800	101.89
女性人口	人	473785	467601	101.32	227016	222211	102.16
#农业人口	人	863093	853322	101.15	422764	415963	101.64
非农业人口	人	134511	128819	104.42	46549	44048	105.68
年平均人口	人	989873	980571	100.95	464662	457865	101.48
自然增长率	‰	12.15	7.50	4.65▲	5.95	4.57	1.38▲
土地面积	平方公里	2308.49	2308.49	100.00	1869.64	1869.64	100.00
生产总值(当年价)	**万元**	**515123**	**434304**	**114.1**	**149924**	**135008**	**107.6**
第一产业	万元	138034	119321	112.2	69277	64180	106.0
第二产业	万元	196020	159134	117.5	36228	30359	112.8
工　业	万元	178329	144332	117.4	29290	23944	114.3
建筑业	万元	17691	14803	118.0	6938	6415	106.8
第三产业	万元	181069	155849	112.9	44419	40469	107.2
人均生产总值（当年价）	元	5204	4429	113.0	3227	2949	106.1
生产总值构成	**%**	**100**	**100**		**100**	**100**	
第一产业	%	26.80	27.47	-0.67*	46.21	47.54	-1.33*
第二产业	%	38.05	36.64	1.41*	24.16	22.49	1.67*
工　业	%	34.62	33.23	1.39*	19.54	17.74	1.8*
建筑业	%	3.43	3.41	0.02*	4.63	4.75	-0.12*
第三产业	%	35.15	35.88	-0.73*	29.63	29.98	-0.3*
工农业总产值(当年价)	**万元**	**727489**	**608453**	**119.56**	**178663**	**162529**	**109.93**
工业总产值	万元	508539	419070	121.35	66654	59072	112.84
农林牧渔业总产值	万元	218950	189383	112.57	112009	103457	106.54
农　业							
农村社会总产值(当年价)	万元	785354	563479	139.38	196689	158805	123.86
#非农行业产值	万元	566404	374096	151.41	84680	55348	153.00
农林牧渔业总产值(当年价)	万元	218950	189383	112.57	112009	103457	106.54
农　业	万元	127429	106793	114.97	53456	49719	104.21
林　业	万元	2904	2311	126.14	2257	2171	113.45
牧　业	万元	69313	62761	109.15	48108	44152	108.34
渔　业	万元	17846	16245	108.04	7870	7107	109.82
服务业	万元	1458	1273	113.43	318	308	101.62
农林牧渔业总产值(1990年不变价)	万元	112034	98845	113.34	57029	52719	108.18
农业商品产值	万元	121668	108341	112.30	64015	58606	109.23
乡(镇)村从业人员	万人	52.81	51.1	103.35	22.85	22.69	100.71
#农林牧渔业从业人员	万人	34.65	34.72	99.80	16.00	15.90	100.63
年末实有耕地面积	公顷	54061	53864	100.37	25567	25531	100.14
粮食总产量	吨	311390	269703	115.46	138821	134614	103.13

1-36 续表6

指标名称	单位	宾阳县			上林县		
		2005年	2004年	2005为2004%	2005年	2004年	2005为2004%
油料产量	吨	10770	9968	108.05	5578	5464	102.09
蔬菜产量	吨	284405	245268	115.96	72955	73613	99.11
甘蔗产量	吨	1144407	1023951	111.76	435014	445000	97.76
水果产量	吨	8447	8023	105.28	2420	2402	100.75
肉类产量	吨	45336	42606	106.41	31382	30617	102.50
水产品产量	吨	26258	24322	107.96	11903	10892	109.28
农业机械总动力	万千瓦	33.55	32.35	103.71	32.45	28.35	114.46
农村用电量	万千瓦时	7423	6975	106.42	5212	4918	105.98
农用化肥施用量(折纯量)	吨	44000	40772	107.92	16607	15911	104.37
工业							
全部工业总产值(当年价)	万元	508539	419070	121.35	66654	59072	112.84
#规模以上工业总产值	万元	208726	186141	112.13	46586	33443	139.30
规模以下工业总产值	万元	299813	232929	128.71	20069	25630	78.30
规模以上工业企业主要指标							
企业单位数	个	46	42	109.52	19	16	118.75
#亏损企业	个	17	11	154.55	7	9	77.78
工业总产值(现价)	万元	208726	186141	112.13	46586	33443	139.30
内资企业	万元	151349	117891	128.38	46586	33443	139.30
国有企业	万元	44114	39881	110.61	8033	10680	75.22
集体企业	万元						
股份合作企业	万元						
股份有限公司	万元		1100				
其他经济类型企业	万元	107235	76910		38553	22763	169.37
外商及港澳台商投资企业	万元	57377	68250	84.07			
按轻重工业分							
轻工业	万元	84451	66927	126.18	25257	13754	183.63
重工业	万元	124275	119214	104.25	21329	19689	108.33

指标名称	单位	宾阳县			上林县		
		2005年	2004年	2005为2004%	2005年	2004年	2005为2004%
按企业规模分							
大型企业	万元						
中型企业	万元	113025	128698	87.82	12620	11496	109.78
小型企业	万元	95701	57444	166.60	33966	21947	108.28
工业增加值	万元	68389	58761	135.44	21933	14528	150.97
产品销售收入	万元	199711	182514	109.42	37982	29045	130.77
#产品销售税金及附加	万元	864	922	93.71	437	263	166.16
利税总额	万元	22979	24584	93.47	6292	4274	147.22
#利润总额	万元	10260	12901	79.53	3011	1815	165.90
亏损企业亏损额	万元	2051	878	233.60	474	750	63.20
交通、邮电、电力							
货运量	万吨	502	579	86.70	199	191	104.19
客运量	万人	472	410	115.12	205	159	128.93
年末邮电局（所）数	处	22	22	100.00	18	18	100.00
邮电业务总量(2000年不变价)	万元	18161	16002	113.49	6870	5933	115.79
年末电话用户数	户	279165	276029	101.14	103741	105193	98.62
#移动电话用户数	户	157898	158150	99.84	66125	66909	98.83
全年用电量	万千瓦时	32672	30302	107.82	10910	11020	99.00
#工业用电	万千瓦时	19689	19412	101.43	6620	6482	102.13
城乡居民生活用电	万千瓦时	8273	7037	117.56	3108	3099	100.29
固定资产投资							
全社会固定资产投资总额	万元	139408	96145	145.00	55288	39225	140.95
#城镇固定资产投资额	万元	106631	78868	135.20	45026	29162	154.40
基本建设投资	万元	36393	39163	92.93	18547	14172	130.87
更新改造投资	万元	31899	17839	178.82	20582	4049	508.32
其他投资	万元	5073	6762	75.02	1829	6271	29.17
房地产开发投资	万元	22531	10605	212.46	360	1320	27.27
全社会固定资产投资额中							
国有经济	万元	57024	46893	121.60	20390	16433	124.08
集体经济	万元	1691	5371	31.48		2010	

1-36 续表8

指标名称	单位	宾阳县			上林县		
		2005年	2004年	2005为2004%	2005年	2004年	2005为2004%
新增固定资产	万元	89793	72960	123.07	35286	22277	158.40
房屋施工面积	万平方米	69.21	35.92	192.68	19.69	18.24	107.95
#住宅	万平方米	47.1	23.22	202.84	14.63	13.97	104.72
房屋竣工面积	万平方米	58.41	28.21	207.05	17.99	17.54	102.57
#住宅	万平方米	43.45	18.78	231.36	13.65	13.97	97.71
商业							
社会消费品零售总额	万元	208175	180864	115.10	45035	40361	111.58
#国有商业	万元	6096	5764	105.76	1094	1173	93.27
集体商业	万元	5167	5319	97.14	472	452	104.42
私营商业	万元	5611	6857	81.83	850	763	111.40
个体商业	万元	181365	154586	117.32	40201	35809	112.27
批发零售贸易业商品销售总额	万元	275108	253384	108.57	61966	56016	110.62
财政、金融							
财政收入	万元	35066	30013	116.84	11306	10088	112.07
#地方财政一般预算收入	万元	18496	15440	119.79	6280	6146	102.18
地方财政支出	万元	44894	40099	111.96	22911	19199	119.33
金融机构各项存款余额	万元	329620	302532	108.95	112761	98890	114.03
#城乡居民储蓄存款余额	万元	274739	251214	109.36	94755	85413	110.94
金融机构各项贷款余额	万元	107400	114843	93.52	34605	29076	119.02

指 标 名 称	单 位	宾阳县			上林县		
		2005年	2004年	2005为2004%	2005年	2004年	2005为2004%
劳动工资							
年末在岗职工人数	人	34490	35680	96.66	12163	12163	100.00
国有单位	人	27134	29005	93.55	11416	11338	100.69
城镇集体单位	人	1713	2000	85.65	219	137	159.85
其他经济类型单位	人	5643	4675	120.71	528	688	76.74
在岗职工工资总额	万元	42032	37697	111.50	13281	12471	106.50
国有单位	万元	35053	32217	108.80	12264	11542	106.26
城镇集体单位	万元	1582	1643	96.29	261	104	250.96
其他经济类型单位	万元	5397	3836	140.69	756	825	91.64
在岗职工年平均工资	元	12063	10660	113.16	10987	10264	107.04
国有单位	元	12909	11128	116.00	10814	10202	106.00
城镇集体单位	元	9308	8025	115.99	11909	7569	157.34
其他经济类型单位	元	9012	8795	102.47	14299	11804	121.14
教育、科研、卫生							
在校学生人数(不含成人教育)	人	171253	178877	95.74	70533	71198	99.07
#普通中学	人	70717	68837	102.73	31030	28020	110.74
小 学	人	96744	105123	92.03	39134	42810	91.41
专任教师数	人	7041	6999	100.60	3582	3534	101.36
#普通中学	人	3151	3165	99.56	1539	1476	104.27
小 学	人	3774	3719	101.48	2006	2021	99.26
专业技术人员	人	12520	13110	95.50	5639	5740	98.24
#中级技术职称以上人员	人	3724	3603	103.36	1683	1467	114.72
卫生机构数(含个体)	个	170	158	107.59	96	91	105.49
#医院、卫生院	个	26	30	86.67	12	14	85.71
卫生机构床位数	张	1661	1643	101.10	390	399	97.74
#医院、卫生院床位数	张	1433	1395	102.72	345	354	97.46
卫生技术人员数(含个体)	人	2060	2078	99.13	850	775	109.68
#医 生	人	907	908	99.89	390	346	112.72

1-36 续表10

指标名称	单位	马山县			隆安县		
		2005年	2004年	2005为2004%	2005年	2004年	2005为2004%
人口、土地面积							
年末总人口	人	507481	505100	100.47	373784	370797	100.81
#男性人口	人	262992	258261	101.83	194582	193142	100.75
女性人口	人	244489	246839	99.05	179202	177655	100.87
#农业人口	人	472508	466546	101.28	335075	332889	100.66
非农业人口	人	34973	38554	90.71	38709	37908	102.11
年平均人口	人	506291	503067	100.64	372291	370046	100.61
自然增长率	‰	4.44	7.27	-2.83▲	8.74	7.4	1.34▲
土地面积	平方公里	2345.33	2345.33	100.00	2277.34	2277.34	100.00
生产总值(当年价)	**万元**	**157783**	**140115**	**112.9**	**180301**	**151386**	**113.4**
第一产业	万元	59312	55210	109.2	79780	73454	106.0
第二产业	万元	48785	40572	123.4	50092	37668	125.3
工　业	万元	40869	33831	125.9	39787	29046	127.3
建筑业	万元	7916	6741	115.9	10305	8622	118.0
第三产业	万元	49686	44333	109.1	50429	40264	116.5
人均生产总值（当年价）	元	3116	2785	112.1	4843	4091	112.7
生产总值构成	**%**	**100**	**100**		**100**	**100**	
第一产业	%	37.59	39.40	-1.81*	44.25	48.52	-4.27*
第二产业	%	30.92	28.96	1.96*	27.78	24.88	2.9*
工　业	%	25.90	24.15	1.75*	22.07	19.19	2.88*
建筑业	%	5.02	4.81	0.21*	5.72	5.70	0.02*
第三产业	%	31.49	31.64	-0.15*	27.97	26.60	1.37*
工农业总产值(当年价)	**万元**	**161474**	**143711**	**112.36**	**226446**	**195132**	**116.05**
工业总产值	万元	69765	57173	122.02	98594	77509	127.20
农林牧渔业总产值	万元	91709	86538	108.35	127852	117623	106.80
农　业							
农村社会总产值(当年价)	万元	166952	136171	122.60	168858	153300	110.15
#非农行业产值	万元	75243	49633	151.60	41006	35677	114.94
农林牧渔业总产值(当年价)	万元	91709	86538	108.35	127852	117623	106.80
农　业	万元	42876	39271	109.53	87181	80861	102.86
林　业	万元	2452	3954	62.59	3652	2676	137.48
牧　业	万元	40336	37759	112.12	30268	27971	114.84
渔　业	万元	5743	5281	106.82	6362	5747	108.70
服务业	万元	302	273	107.69	389	368	107.61
农林牧渔业总产值(1990年不变价)	万元	44272	41608	106.40	78547	73709	106.56
农业商品产值	万元	60470	56945	106.19	99441	90473	109.91
乡(镇)村从业人员	万人	27.54	26.47	104.04	19.82	19.67	100.76
#农林牧渔业从业人员	万人	15.69	15.73	99.75	14.26	14.18	100.56
年末实有耕地面积	公顷	22718	22733	99.93	31478	31683	99.35
粮食总产量	吨	128122	110620	115.82	131032	128336	102.10

1-36 续表11

指标名称	单位	马山县			隆安县		
		2005年	2004年	2005为2004%	2005年	2004年	2005为2004%
油料产量	吨	2593	2145	120.89	2196	1857	118.26
蔬菜产量	吨	139500	133604	104.41	191063	186478	102.46
甘蔗产量	吨	89600	106915	83.80	853824	1031941	82.74
水果产量	吨	7039	6547	107.51	99749	83626	119.28
肉类产量	吨	35401	32266	109.72	27357	24128	113.38
水产品产量	吨	8408	8040	104.58	9360	8625	108.52
农业机械总动力	万千瓦	14.99	14.43	103.88	17.83	16.67	106.96
农村用电量	万千瓦时	2613	2500	104.52	2225	2133	104.31
农用化肥施用量(折纯量)	吨	10126	8557	118.34	29304	28679	102.18
工业							
全部工业总产值(当年价)	万元	69765	57173	122.02	98594	77509	127.20
#规模以上工业总产值	万元	46085	38289	120.36	77146	59770	129.07
规模以下工业总产值	万元	23680	18884	125.40	21448	17739	120.91
规模以上工业企业主要指标							
企业单位数	个	13	14	92.86	19	15	126.67
#亏损企业	个	5	5	100.00	2	2	100.00
工业总产值(现价)	万元	46085	38289	120.36	77146	59770	129.07
内资企业	万元	46085	38289	120.36	75240	59770	125.88
国有企业	万元	7241	4718	153.48	7929	5757	137.73
集体企业	万元						
股份合作企业	万元						
股份有限公司	万元	17511	21395	81.85			
其他经济类型企业	万元	21333	12176	175.21	67317	54013	124.63
按轻重工业分							
轻工业	万元	9451	4811	196.45	38997	34794	112.08
重工业	万元	36634	33478	109.43	38148	24976	152.74

1-36 续表12

指标名称	单位	马山县			隆安县		
		2005年	2004年	2005为2004%	2005年	2004年	2005为2004%
按企业规模分							
中型企业	万元				44049	33614	131.04
小型企业	万元	46085	38289	120.36	33096	26156	126.53
工业增加值	万元	32188	26872	89.11	31924	22558	95.38
产品销售收入	万元	39015	36954	105.58	64358	55300	116.38
#产品销售税金及附加	万元	344	366	93.99	471	433	108.78
利税总额	万元	8945	13223	67.65	11334	9304	121.82
#利润总额	万元	4857	9185	52.88	7103	5480	129.62
亏损企业亏损额	万元	366	291	125.77	45.3	65	69.69
交通、邮电、电力							
货运量	万吨	100	87	114.94	87	55	158.18
客运量	万人	155	93	166.67	111	59	188.14
年末邮电局(所)数	处	13	13	100.00	16	16	100.00
邮电业务总量（2000年不变价）	万元	6180	5072	121.85	6406	5581	114.78
年末电话用户数	户	92713	94443	98.17	103012	103638	99.40
#移动电话用户数	户	54559	56704	96.22	68585	67120	102.18
全年用电量	万千瓦时	14965	13384	111.81	17886	16135	110.85
#工业用电	万千瓦时	9922	9430	105.22	13251	12513	105.90
城乡居民生活用电	万千瓦时	4111	3319	123.86	3086	2373	130.05
固定资产投资							
全社会固定资产投资总额	万元	71221	52503	135.65	97262	63201	153.89
#城镇固定资产投资额	万元	52741	40907	128.93	89982	55059	163.43
基本建设投资	万元	42325	30708	137.83	71783	31452	228.23
更新改造投资	万元	3705	900	411.67	10357	13074	79.22
其他投资	万元	2589	6951	37.25	1530	980	156.12
房地产开发投资	万元	1022	895	114.19	3089	700	441.29
#区局直统反馈投资额	万元		16163			7735	
全社会固定资产投资额中:							
国有经济	万元	30022	7963	377.02	48614	15933	305.12
集体经济	万元	984	1289	76.34		1969	0.00

注：区局直统反馈投资额指跨县公路投资分摊给当地的投资额。

指 标 名 称	单 位	马山县			隆安县		
		2005年	2004年	2005为2004%	2005年	2004年	2005为2004%
新增固定资产	万元	51269	101401	50.56	38194	16883	226.23
房屋施工面积	万平方米	11.37	7.96	142.84	30.42	39.47	77.07
#住 宅	万平方米	10.47	7.06	148.30	20.03	32.1	62.40
房屋竣工面积	万平方米	11.37	7.96	142.84	19.38	29.2	66.37
#住 宅	万平方米	10.47	7.06	148.30	13.46	28.92	46.54
商 业							
社会消费品零售总额	万元	47441	42194	112.44	47101	41818	112.63
#国有商业	万元	2025	1867	108.46	417	334	124.85
集体商业	万元	1121	996	112.55	221	168	131.55
私营商业	万元	948	838	113.13	608	535	113.64
个体商业	万元	39950	35304	113.16	36501	32793	111.31
批发零售贸易业商品销售总额	万元	83881	76352	109.86	76576	70783	108.18
财政、金融							
财政收入	万元	9618	8050	119.48	14471	13059	110.81
#地方财政一般预算收入	万元	5397	4356	123.91	8074	7311	110.44
地方财政支出	万元	25778	19876	129.69	24111	20200	119.36
金融机构各项存款余额	万元	103571	87059	118.97	150594	126136	119.39
#城乡居民储蓄存款余额	万元	77373	64841	119.33	116617	99708	116.96
金融机构各项贷款余额	万元	35190	31048	113.34	57760	47651	121.21

1-36 续表14

指标名称	单位	马山县			隆安县		
		2005年	2004年	2005为2004%	2005年	2004年	2005为2004%
劳动工资							
年末在岗职工人数	人	12789	12358	103.49	14051	13657	102.88
国有单位	人	11280	10938	103.13	11373	11092	102.53
城镇集体单位	人	522	543	96.13	900	690	130.43
其他经济类型单位	人	987	877	112.54	1778	1875	94.83
在岗职工工资总额	万元	14051	12159	115.56	16661	13792	120.80
国有单位	万元	12634	11202	112.78	13670	10811	126.45
城镇集体单位	万元	603	388	155.41	876	466	187.98
其他经济类型单位	万元	813	568	143.13	2115	2514	84.13
在岗职工年平均工资	元	10976	9893	110.95	11862	10126	117.14
国有单位	元	11398	10313	110.52	12065	9797	123.15
城镇集体单位	元	14435	7219	199.96	9941	6754	147.19
其他经济类型单位	元	6260	6380	98.12	11648	13268	87.79
教育、科研、卫生							
在校学生人数(不含成人教育)	人	72984	77278	94.44	45771	47561	96.24
#普通中学	人	25539	25485	100.21	21420	21717	98.63
小 学	人	46917	51267	91.52	22891	24797	92.31
专任教师数	人	3218	3257	98.80	2613	2430	107.53
#普通中学	人	1383	1367	101.17	1001	1001	100.00
小 学	人	1803	1844	97.78	1545	1378	112.12
专业技术人员	人	5731	6315	90.75	4928	5398	91.29
#中级技术职称以上人员	人	1826	1841	99.19	1274	1090	116.88
卫生机构数(含个体)	个	90	22	409.09	78	62	125.81
#医院、卫生院	个	13	17	76.47	14	14	100.00
卫生机构床位数	张	410	413	99.27	521	524	99.43
#医院、卫生院床位数	张	378	381	99.21	476	479	99.37
卫生技术人员数(含个体)	人	613	512	119.73	801	764	104.84
#医 生	人	288	258	111.63	377	380	99.21

1-37 各县人均主要社会经济指标

(2005年)

指标名称	单位	武鸣县	横县	宾阳县	上林县	马山县	隆安县
国内生产总值	元	8616	4650	5204	3227	3116	4843
工农业总产值	元	176	52	54	83	63	163
农业总产值	元	5898	2872	221	2410	1811	3434
工业总产值	元	5555	2826	5137	1434	1378	2648
固定资产投资额	元	3024	1551	1408	1190	1407	2612
财政收入	元	518	324	354	243	190	389
城乡居民储蓄存款余额	元	3933	3249	2754	2019	1525	3120
社会消费品零售总额	元	2341	1683	2103	969	937	1265
在岗职工年平均工资	元	11218	11931	12063	10987	10976	11862
农民年人均纯收入	元	3340	2527	2595	2216	2081	2248
耕地面积(按总人口计算)	亩	1.36	0.85	0.81	0.82	0.67	1.26
耕地面积(按农业人口计算)	亩	1.65	0.96	0.94	0.91	0.72	1.41
粮食产量	公斤	479	301	314.57	299	253	352
油料产量	公斤	35.06	8.05	11	12.00	5.12	5.90
蔬菜产量	公斤	928	313	287.31	157	276	513
肉类产量	公斤	161	56	46	68	70	73
水果产量	公斤	384	33	9	5	14	268
水产品产量	公斤	51	25	27	26	17	25
甘蔗产量	公斤	2148	1237	1156	936	177	2293
电话机	部/万人	3694	2540	2798	2211	1827	2756
普通中学在校生	人/万人	603	602	709	661	503	573
小学在校生	人/万人	656	852	970	834	924	612
医院	个/万人	0.32	0.21	0.26	0.26	0.26	0.37
医院病床	张/万人	13.02	8.96	14.36	7.35	7.45	12.73
卫生技术人员	人/万人	19.39	13.71	20.65	18.11	12.08	21.43
#医生	人/万人	8.22	6.88	9.09	8.31	5.67	10.09

注：电话机数含移动电话。

2 国民经济核算

CHAPTER 2 NATIONAL ACCOUNTS

2-1 全市主要年份生产总值

（按当年价格计算）

单位：万元

年 份	生产总值	第一产业	第二产业	工 业	建筑业	第三产业
1950	14272	10376	587	485	102	3309
1965	53362	21483	13309	11307	2002	18570
1978	147407	61866	52192	47482	4710	33349
1980	180111	70093	70017	64475	5542	40001
1985	309278	118263	108351	95852	12499	82664
1986	351522	126421	127214	110951	16263	97887
1987	420513	146358	156696	137468	19228	117459
1988	537786	178831	191331	166666	24665	167624
1989	620446	191616	219227	200622	18605	209603
1990	708788	231018	248354	228325	20029	229416
1991	793241	239063	274634	252011	22623	279544
1992	918098	277741	304726	275905	28821	335631
1993	1346171	344360	499312	436528	62784	502499
1994	1872259	491029	675122	578013	97109	706108
1995	2358085	615225	807943	652156	155787	934917
1996	2671991	690541	845891	666448	179443	1135559
1997	3044914	785856	922155	709756	212399	1336903
1998	3395532	834421	997314	767099	230215	1563797
1999	3569886	852645	1019933	772336	247597	1697308
2000	3779364	876615	1053679	790913	262766	1849070
2001	4181684	907401	1131645	852455	279190	2142638
2002	4631795	943479	1255606	933896	321710	2432710
2003	5217793	997023	1523485	1096218	427267	2697285
2004	6191189	1076785	1933768	1378322	555446	3180636
2005	7233557	1197063	2312059	1651780	660279	3724435

注：1. 全市国民经济核算指标均为行政区划调整后大南宁口径；2. 全市2000年至2004年生产总值及其他各项国民经济核算指标均为与经济普查资料衔接后的数据，下同。

2-2 全市主要年份生产总值构成

(按当年价格计算)

单位：%

年 份	生产总值	第一产业	第二产业			第三产业
				工 业	建筑业	
1950	100.00	72.70	4.11	3.40	0.71	23.19
1965	100.00	40.26	24.94	21.19	3.75	34.80
1978	100.00	41.97	35.41	32.21	3.20	22.62
1980	100.00	38.92	38.87	35.80	3.08	22.21
1985	100.00	38.24	35.03	30.99	4.04	26.73
1986	100.00	35.96	36.19	31.56	4.63	27.85
1987	100.00	34.80	37.26	32.69	4.57	27.93
1988	100.00	33.25	35.58	30.99	4.59	31.17
1989	100.00	30.88	35.33	32.34	3.00	33.78
1990	100.00	32.59	35.04	32.21	2.83	32.37
1991	100.00	30.14	34.62	31.77	2.85	35.24
1992	100.00	30.25	33.19	30.05	3.14	36.56
1993	100.00	25.58	37.09	32.43	4.66	37.33
1994	100.00	26.23	36.06	30.87	5.19	37.71
1995	100.00	26.09	34.26	27.66	6.61	39.65
1996	100.00	25.84	31.66	24.94	6.72	42.50
1997	100.00	25.81	30.29	23.31	6.98	43.91
1998	100.00	24.57	29.37	22.59	6.78	46.05
1999	100.00	23.88	28.57	21.63	6.94	47.55
2000	100.00	23.19	27.88	20.93	6.95	48.93
2001	100.00	21.70	27.06	20.39	6.68	51.24
2002	100.00	20.37	27.11	20.16	6.95	52.52
2003	100.00	19.11	29.20	21.01	8.19	51.69
2004	100.00	17.39	31.23	22.26	8.97	51.37
2005	100.00	16.55	31.96	22.83	9.13	51.49

2-3 全市主要年份生产总值指数

(按可比价计算，以上年为100)

单位：%

年 份	生产总值	第一产业	第二产业			第三产业
				工 业	建筑业	
1951	113.2	110.1	147.6	100.0	100.0	119.0
1965	116.8	115.2	132.0	136.3	112.3	109.6
1978	111.5	110.3	112.1	108.1	180.2	112.6
1980	105.5	105.3	108.0	112.6	73.4	101.7
1985	112.7	103.4	122.1	117.7	171.6	113.1
1986	107.9	101.4	111.7	110.1	123.8	114.1
1987	112.6	105.2	117.6	118.3	112.9	114.2
1988	109.7	92.8	109.0	108.3	114.6	129.6
1989	107.4	107.7	102.8	108.0	67.7	114.9
1990	109.6	111.1	111.6	112.1	106.0	107.8
1991	106.3	100.6	106.9	106.7	109.2	111.6
1992	112.7	115.1	109.3	107.9	125.5	114.3
1993	123.5	106.9	134.4	129.7	178.6	128.3
1994	116.5	107.7	119.6	117.1	136.8	120.7
1995	114.5	112.6	114.9	108.3	154.0	115.7
1996	111.4	105.9	110.4	107.7	121.4	116.5
1997	112.5	113.9	108.8	106.3	118.1	115.2
1998	111.5	108.4	110.3	110.3	110.6	114.8
1999	109.4	107.4	108.1	106.4	113.7	111.7
2000	107.7	100.7	104.6	105.4	102.1	113.9
2001	108.8	102.2	106.4	106.7	105.5	113.2
2002	110.9	107.7	112.0	112.2	111.2	111.6
2003	110.9	103.7	119.3	113.4	140.5	109.4
2004	113.2	105.9	118.2	116.8	122.2	113.1
2005	113.4	108.2	115.6	115.0	117.4	114.0

2-4 全市主要年份人均生产总值

(按当年价格计算)

年 份	人均生产总值 (元)	以上年为100的发展速度 (%)
1950	62	
1965	165	120. 5
1978	331	114. 0
1980	387	107. 6
1985	602	115. 1
1986	671	110. 1
1987	787	114. 8
1988	997	110. 9
1989	1141	108. 3
1990	1282	111. 4
1991	1414	107. 9
1992	1617	114. 1
1993	2339	125. 2
1994	3208	118. 2
1995	3987	116. 0
1996	4465	112. 7
1997	5036	113. 7
1998	5569	112. 4
1999	5817	110. 1
2000	6086	109. 0
2001	6656	110. 1
2002	7327	111. 6
2003	8176	110. 9
2004	9595	111. 9
2005	11057	111. 9

注：发展速度按可比价计算。

2-5 全市各时期生产总值平均指数

(按可比价格计算,以上年为100)　　单位：%

时 期	生产总值	第一产业	第二产业			第三产业
				工 业	建筑业	
恢复时期(1950-1952)	108.5	106.3	129.3	132.5	110.7	111.3
“一五”时期(1953-1957)	109.5	104.4	129.5	127.3	143.0	116.5
“二五”时期(1958-1962)	105.3	98.7	108.8	110.0	102.7	111.4
调整时期(1963-1965)	110.8	111.4	122.7	121.9	127.2	104.7
“三五”时期(1966-1970)	106.9	107.6	113.1	115.5	93.3	103.1
“四五”时期(1971-1975)	109.0	109.2	111.2	111.1	113.9	105.9
“五五”时期(1976-1980)	108.0	103.2	113.9	113.5	118.5	108.2
“六五”时期(1981-1985)	108.6	106.9	109.1	108.3	117.7	111.5
“七五”时期(1986-1990)	109.4	103.5	110.4	111.3	102.8	115.9
“八五”时期(1991-1995)	114.6	108.5	116.6	113.6	138.8	118.0
“九五”时期(1996-2000)	110.5	107.2	108.4	107.2	113.0	114.4
“十五”时期(2001-2005)	111.5	105.5	114.2	112.8	118.8	112.3
1951年至2005年	109.5	105.9	115.0	114.7	116.0	111.4
1979年至2005年	110.7	106.0	112.1	111.2	117.1	113.7
1993年至2005年	112.6	107.0	113.8	111.8	124.0	115.2

2-6 全市财政收入相当于地区生产总值的比例

(按当年价格计算)

年　份	财政收入 (万元)	地区生产总值 (万元)	比 重 (%)
1950	781	14272	5.47
1965	6293	53362	11.79
1978	23188	147407	15.73
1980	27538	180111	15.29
1985	42633	309278	13.78
1986	47723	351522	13.58
1987	55007	420513	13.08
1988	64246	537786	11.95
1989	74593	620446	12.02
1990	82478	708788	11.64
1991	89637	793241	11.30
1992	94542	918098	10.30
1993	141425	1346171	10.51
1994	193018	1872259	10.31
1995	219576	2358085	9.31
1996	240141	2671991	8.99
1997	273637	3044914	8.99
1998	308392	3395532	9.08
1999	339803	3569886	9.52
2000	375390	3779364	9.93
2001	452926	4181684	10.83
2002	529594	4631795	11.43
2003	610594	5217793	11.70
2004	746328	6191189	12.05
2005	1002186	7233557	13.85

2-7 全市总产出

（按当年价格计算） 单位：万元

指标名称	2005年	2004年
总产出	**15754991**	**13389791**
第一产业	**1914122**	**1726877**
第二产业	**7341512**	**6099111**
工 业	5135916	4243697
建筑业	2205596	1855414
第三产业	**6499357**	**5563803**
交通运输、仓储及邮政业	714222	589576
信息传输、计算机服务和软件业	377223	371777
批发和零售业	1107190	995764
住宿和餐饮业	554611	481268
金融业	463453	404471
房地产业	378451	344210
租赁和商务服务	548345	399570
科学研究、技术服务和地质勘查业	321014	273175
水利、环境和公共设施管理业	64803	66793
居民服务和其他服务业	246968	191453
教 育	468491	410764
卫生、社会保障和社会福利业	372734	325420
文化、体育和娱乐业	209697	197541
公共管理和社会组织	672155	512019
国际组织		

2-8 全市生产总值及指数

（按当年价格计算） 单位：万元

指标名称	2005年	2004年	以上年为100的发展速度%
生产总值	**7233557**	**6191189**	**113.4**
第一产业	**1197063**	**1076785**	**108.2**
第二产业	**2312059**	**1933768**	**115.6**
工业	1651780	1378322	115.0
建筑业	660279	555447	117.4
第三产业	**3724435**	**3180636**	**114.0**
交通运输、仓储及邮政业	376618	325680	114.9
信息传输、计算机服务和软件业	248367	237108	115.4
批发和零售业	705442	622387	112.1
住宿和餐饮业	313301	270345	114.4
金融业	382221	331631	115.1
房地产业	249606	233581	103.8
租赁和商务服务	211229	144648	119.4
科学研究、技术服务和地质勘查业	150021	121630	114.2
水利、环境和公共设施管理业	40101	39648	101.3
居民服务和其他服务业	127822	94806	119.4
教育	334294	284064	114.3
卫生、社会保障和社会福利业	174002	144813	118.9
文化、体育和娱乐业	99894	90443	103.6
公共管理和社会组织	311518	239852	120.7
国际组织			

注：发展速度按可比价计算。

2-9 全市生产总值构成

(按当年价格计算)　　单位：%

指标名称	2005年	2004年
生产总值构成	**100.00**	**100.00**
第一产业	**16.55**	**17.39**
第二产业	**31.96**	**31.23**
工　业	22.83	22.26
建筑业	9.13	8.97
第三产业	**51.49**	**51.37**
交通运输、仓储及邮政业	5.21	5.26
信息传输、计算机服务和软件业	3.43	3.83
批发和零售业	9.75	10.05
住宿和餐饮业	4.33	4.37
金融业	5.28	5.36
房地产业	3.45	3.77
租赁和商务服务	2.92	2.34
科学研究、技术服务和地质勘查业	2.07	1.96
水利、环境和公共设施管理业	0.55	0.64
居民服务和其他服务业	1.77	1.53
教　育	4.62	4.59
卫生、社会保障和社会福利业	2.41	2.34
文化、体育和娱乐业	1.38	1.46
公共管理和社会组织	4.31	3.87
国际组织		

2-10 按支出法计算的全市生产总值

(按当年价格计算)　　单位：万元

指标名称	2005年	2004年
支出法国内生产总值	**7233557**	**6191189**
最终消费	**3256760**	**2879171**
居民消费	2429633	2142178
农村居民消费	1253177	1109203
城镇居民消费	1176456	1032975
政府消费	827127	736993
资本形成总额	**3878026**	**3237235**
固定资本形成总额	3645426	3023841
第一产业	72306	60678
第二产业	647961	802186
#工业	623031	614397
第三产业	2925159	2160977
存货增加	232600	213394
第一产业	98080	82198
第二产业	74937	63116
#工 业	39581	30093
第三产业	59583	68080
货物和服务净出口	**98771**	**74783**

2-11　全市全社会从业人员年末数

单位：人

指标名称	2005年	2004年
全社会从业人员总计	**3533627**	**3481348**
第一产业	**2040124**	**2042760**
第二产业	**502274**	**473735**
工　业	311048	290211
建筑业	191226	183524
第三产业	**991229**	**964853**
交通运输、仓储及邮政业	139891	132838
信息传输、计算机服务和软件业	16522	18429
批发和零售业	271088	275923
住宿和餐饮业	83506	80589
金融业	21403	18949
房地产业	27528	29213
租赁和商务服务	41185	33450
科学研究、技术服务和地质勘查业	26567	24037
水利、环境和公共设施管理业	20618	23183
居民服务和其他服务业	57400	56011
教　育	141844	139994
卫生、社会保障和社会福利业	43443	40914
文化、体育和娱乐业	15531	16545
公共管理和社会组织	84703	74778
国际组织		

2-12 市区主要年份生产总值

（按当年价格计算） 单位：万元

年 份	生产总值	第一产业	第二产业	工 业	建筑业	第三产业
1950	5333	2634	276	207	69	2423
1965	28365	5213	9043	7960	1083	14109
1978	75388	16920	35788	32700	3088	22680
1980	101041	21966	52552	48055	4497	26523
1985	170692	32839	77272	65874	11398	60581
1986	195804	37071	88810	74782	14028	69923
1987	235623	44580	108002	92423	15579	83041
1988	302689	52563	135131	115617	19514	114995
1989	364911	58955	156924	135963	20961	149032
1990	424786	78750	175969	152151	23818	170067
1991	465749	78404	190909	164109	26800	196436
1992	541101	90508	213133	183634	29499	237460
1993	826596	114420	337121	277876	59245	375055
1994	1160761	168435	450737	378005	72732	541589
1995	1485083	205728	557557	463357	94200	721798
1996	1700235	231463	582876	459175	123701	885896
1997	1948644	257422	644043	488413	155630	1047179
1998	2216757	273657	694795	515938	178857	1248305
1999	2372337	286378	727494	528237	199257	1358465
2000	2563906	298041	782191	568753	213438	1483674
2001	2887041	318217	836528	610101	226427	1732296
2002	3231074	343136	925067	657021	268046	1962871
2003	3671054	379427	1091181	741145	350036	2200446
2004	4405464	374258	1419332	942979	476353	2611874
2005	5163555	415173	1681669	1113044	568625	3066713

注:1. 市区各项国民经济核算指标均为2005年全市行政区划调整后新市区口径，即包括兴宁区、青秀区、江南区、西乡塘区、良庆区、邕宁区等6城区：2. 市区2000年至2004年生产总值及其他国民经济核算指标均为与经济普查资料衔接后的数据。下同。

2-13 市区主要年份生产总值构成

(按当年价格计算)

单位：%

年份	生产总值	第一产业	第二产业			第三产业
				工业	建筑业	
1950	100.00	49.39	5.18	3.88	1.29	45.43
1965	100.00	18.38	31.88	28.06	3.82	49.74
1978	100.00	22.44	47.47	43.38	4.10	30.08
1980	100.00	21.74	52.01	47.56	4.45	26.25
1985	100.00	19.24	45.27	38.59	6.68	35.49
1986	100.00	18.93	45.36	38.19	7.16	35.71
1987	100.00	18.92	45.84	39.22	6.61	35.24
1988	100.00	17.37	44.64	38.20	6.45	37.99
1989	100.00	16.16	43.00	37.26	5.74	40.84
1990	100.00	18.54	41.43	35.82	5.61	40.04
1991	100.00	16.83	40.99	35.24	5.75	42.18
1992	100.00	16.73	39.39	33.94	5.45	43.88
1993	100.00	13.84	40.78	33.62	7.17	45.37
1994	100.00	14.51	38.83	32.57	6.27	46.66
1995	100.00	13.85	37.54	31.20	6.34	48.60
1996	100.00	13.61	34.28	27.01	7.28	52.10
1997	100.00	13.21	33.05	25.06	7.99	53.74
1998	100.00	12.34	31.34	23.27	8.07	56.31
1999	100.00	12.07	30.67	22.27	8.40	57.26
2000	100.00	11.62	30.51	22.18	8.32	57.87
2001	100.00	11.02	28.98	21.13	7.84	60.00
2002	100.00	10.62	28.63	20.33	8.30	60.75
2003	100.00	10.34	29.72	20.19	9.54	59.94
2004	100.00	8.50	32.22	21.40	10.81	59.29
2005	100.00	8.04	32.57	21.56	11.01	59.39

2-14 市区主要年份生产总值指数

（按可比价格计算，以上年为100）

单位：%

年份	生产总值	第一产业	第二产业	工业	建筑业	第三产业
1950	100.0	100.0	100.0	100.0	100.0	100.0
1965	118.8	117.1	137.1	142.6	115.3	112.1
1978	110.4	108.2	110.3	108.4	171.8	111.1
1980	106.0	103.4	108.2	108.4	106.4	103.8
1985	118.1	97.7	126.0	120.8	168.9	118.2
1986	108.6	108.4	109.5	108.3	117.7	107.9
1987	112.1	106.5	114.4	116.3	105.7	111.6
1988	110.1	93.2	111.0	116.8	77.2	116.5
1989	108.4	109.8	101.3	101.4	100.3	119.4
1990	110.7	112.9	111.1	106.7	153.7	108.8
1991	106.2	97.1	105.4	104.5	110.8	111.0
1992	113.0	117.2	109.7	111.3	100.1	114.5
1993	129.9	112.5	133.7	132.5	142.9	133.5
1994	120.4	115.8	120.0	120.8	115.0	123.6
1995	115.6	112.6	116.2	114.9	124.2	116.2
1996	112.8	102.2	111.2	108.6	126.9	117.8
1997	111.8	108.8	109.1	107.4	118.5	115.2
1998	112.6	107.6	109.8	108.5	118.7	116.5
1999	111.1	109.0	110.1	108.9	116.1	112.4
2000	110.7	101.0	108.4	109.0	105.7	115.0
2001	110.6	100.9	107.7	108.6	104.7	114.0
2002	111.8	110.3	111.7	111.6	112.2	112.0
2003	111.9	103.2	118.9	112.8	139.2	110.1
2004	115.6	107.4	121.4	118.8	127.4	114.0
2005	113.8	105.9	114.8	113.5	117.9	114.3

2-15 市区主要年份人均生产总值

（按当年价格计算）

年　份	人均生产总值（元）	以上年为100的发展速度（%）
1950	88	
1965	277	115.1
1978	533	106.2
1980	671	101.4
1985	1006	114.4
1986	1127	102.2
1987	1322	112.3
1988	1657	106.3
1989	1960	106.0
1990	2247	109.1
1991	2430	104.2
1992	2778	111.0
1993	4148	126.2
1994	5704	117.7
1995	7154	112.7
1996	8022	109.5
1997	9039	109.4
1998	10133	110.6
1999	10733	109.7
2000	11435	109.1
2001	12645	108.6
2002	13964	110.3
2003	15560	109.8
2004	18250	112.7
2005	20921	111.3

注：发展速度按可比价计算。

2-16 市区各时期生产总值平均指数

(按可比价格计算，以上年为100)　　单位：%

时 期	生产总值	第一产业	第二产业	工 业	建筑业	第三产业
恢复时期(1950-1952)	111.1	107.0	131.6	137.8	111.2	112.2
“一五”时期(1953-1957)	114.3	101.6	133.6	131.5	145.3	117.6
“二五”时期(1958-1962)	109.3	98.5	108.0	111.4	92.0	112.2
调整时期(1963-1965)	110.5	115.4	122.0	119.2	151.0	105.3
“三五”时期(1966-1970)	106.2	108.2	112.8	114.2	101.4	101.6
“四五”时期(1971-1975)	108.7	108.9	111.5	111.5	114.0	104.7
“五五”时期(1976-1980)	110.9	106.4	115.1	114.9	121.6	107.6
“六五”时期(1981-1985)	108.8	104.3	108.2	106.8	120.1	112.5
“七五”时期(1986-1990)	110.0	105.9	109.4	109.7	108.2	112.7
“八五”时期(1991-1995)	116.8	110.8	116.6	116.4	117.7	119.5
“九五”时期(1996-2000)	111.8	105.6	109.7	108.5	117.0	115.3
“十五”时期(2001-2005)	112.7	105.5	114.8	113.0	119.7	112.9
1951年至2005年	111.1	106.2	115.4	115.4	116.8	111.4
1979年至2005年	112.1	106.4	112.5	111.7	117.1	113.8
1993年至2005年	114.4	107.4	114.6	113.3	120.2	116.4

2-17 市区财政收入相当于地区生产总值的比例

年　份	财政收入 (万元)	生产总值 (万元)	比重 (%)
1950	358	5333	6.71
1965	3999	28365	14.10
1978	18599	75388	24.67
1980	20585	101041	20.37
1985	32097	170692	18.80
1986	34911	195804	17.83
1987	39082	235623	16.59
1988	44553	302689	14.72
1989	50337	364911	13.79
1990	55132	424786	12.98
1991	59549	465749	12.79
1992	63150	541101	11.67
1993	92425	826596	11.18
1994	127236	1160761	10.96
1995	146913	1485083	9.89
1996	164542	1700235	9.68
1997	189927	1948644	9.75
1998	214564	2216757	9.68
1999	236155	2372337	9.95
2000	281029	2563906	10.96
2001	361091	2887041	12.51
2002	423393	3231074	13.10
2003	499697	3671054	13.61
2004	624310	4405464	14.17
2005	862806	5163555	16.71

2-18 市 区 总 产 出

(按当年价格计算)

指标名称	2005年	2004年
总产出	**11591207**	**9856590**
第一产业	**667124**	**602068**
第二产业	**5526734**	**4625856**
工业	3627179	3034644
建筑业	1899555	1591212
第三产业	**5397349**	**4628667**
交通运输、仓储及邮政业	412112	345731
信息传输、计算机服务和软件业	314669	315133
批发和零售业	957081	863452
住宿和餐饮业	468760	403939
金融业	428418	376231
房地产业	308535	281445
租赁和商务服务	529289	382531
科学研究、技术服务和地质勘查业	309326	264316
水利、环境和公共设施管理业	53937	56214
居民服务和其他服务业	189558	141709
教育	376824	332908
卫生、社会保障和社会福利业	296556	265495
文化、体育和娱乐业	202663	189941
公共管理和社会组织	549620	409622
国际组织		

2-19 市区生产总值

(按当年价格计算)

单位：万元

指标名称	2005年	2004年	以上年为100的发展速度(%)
生产总值	**5163555**	**4405464**	**113.8**
第一产业	**415173**	**374258**	**105.9**
第二产业	**1681669**	**1419332**	**114.8**
工 业	1113044	942979	113.5
建筑业	568625	476353	117.9
第三产业	**3066713**	**2611874**	**114.3**
交通运输、仓储及邮政业	237046	208170	115.3
信息传输、计算机服务和软件业	211126	203587	116.0
批发和零售业	599519	526940	112.5
住宿和餐饮业	272258	233754	114.9
金融业	359704	312883	115.4
房地产业	184023	173759	103.1
租赁和商务服务	202528	136666	120.4
科学研究、技术服务和地质勘查业	143641	116778	113.8
水利、环境和公共设施管理业	31805	31721	101.8
居民服务和其他服务业	99029	69823	120.3
教 育	258247	219609	114.6
卫生、社会保障和社会福利业	131468	112042	117.8
文化、体育和娱乐业	95479	85545	104.2
公共管理和社会组织	240841	180596	122.0
国际组织			

注：发展速度按可比价计算。

2-20 市区生产总值构成

(按当年价格计算)　　单位：%

指标名称	2005年	2004年
生产总值构成	**100.00**	**100.00**
第一产业	**8.04**	**8.50**
第二产业	**32.57**	**32.22**
工　业	21.56	21.40
建筑业	11.01	10.81
第三产业	**59.39**	**59.29**
交通运输、仓储及邮政业	4.59	4.73
信息传输、计算机服务和软件业	4.09	4.62
批发和零售业	11.61	11.96
住宿和餐饮业	5.27	5.31
金融业	6.97	7.10
房地产业	3.56	3.94
租赁和商务服务	3.92	3.10
科学研究、技术服务和地质勘查业	2.78	2.65
水利、环境和公共设施管理业	0.62	0.72
居民服务和其他服务业	1.92	1.58
教　育	5.00	4.98
卫生、社会保障和社会福利业	2.55	2.54
文化、体育和娱乐业	1.85	1.94
公共管理和社会组织	4.66	4.10
国际组织		

2-21 按支出法计算的市区生产总值

(按当年价格计算)

单位：万元

指 标 名 称	2005年	2004年
支出法国内生产总值	**5163555**	**4405464**
最终消费	**1835636**	**1634722**
居民消费	1383347	1233898
农村居民消费	488452	442503
城镇居民消费	894895	791395
政府消费	452289	400824
资本形成总额	**3177959**	**2681923**
固定资本形成总额	2981588	2506313
第一产业	29954	43468
第二产业	403974	623139
#工 业	379489	436427
第三产业	2547660	1839706
存货增加	196371	175609
第一产业	89203	72615
第二产业	60783	47513
#工 业	26906	15867
第三产业	46385	55481
货物和服务净出口	**149960**	**88819**

2-22 市区全社会从业人员年末数

单位：人

指标名称	2005年	2004年
全社会从业人员总计	**1552706**	**1543436**
第一产业	**565001**	**569461**
第二产业	**304278**	**294948**
工 业	192497	185873
建筑业	111781	109075
第三产业	**683427**	**679027**
交通运输、仓储及邮政业	79735	79598
信息传输、计算机服务和软件业	14096	16141
批发和零售业	200338	208956
住宿和餐饮业	66476	64320
金融业	17802	15585
房地产业	26096	27894
租赁和商务服务	36453	29058
科学研究、技术服务和地质勘查业	22573	21069
水利、环境和公共设施管理业	15396	18401
居民服务和其他服务业	12436	10715
教 育	96637	97982
卫生、社会保障和社会福利业	27875	27640
文化、体育和娱乐业	13452	14334
公共管理和社会组织	54061	47334
国际组织		

2-23 武鸣县主要年份生产总值

(按当年价格计算)

单位：万元

年　　份	生产总值	第一产业	第二产业	第三产业
1950	1243	1074	54	115
1965	4632	3110	564	958
1978	13458	7579	4254	1625
1980	15865	8669	5037	2159
1985	28549	15525	8407	4617
1986	33563	17098	11057	5408
1987	42093	18985	15725	7383
1988	51612	24772	18695	8145
1989	54209	24583	20489	9137
1990	67740	32948	23959	10833
1991	73951	34565	27673	11713
1992	83697	42587	27644	13466
1993	114754	51986	41871	20897
1994	171090	68967	67768	34355
1995	230169	87969	97921	44279
1996	254284	102940	100855	50489
1997	313751	140700	111078	61973
1998	358976	166499	120483	71994
1999	373169	177305	118100	77764
2000	379097	188049	108944	82104
2001	402247	199153	112719	90375
2002	420027	201753	116657	101617
2003	442024	203756	124565	113703
2004	489699	221691	139014	128995
2005	559337	243171	165943	150223

2-24 武鸣县主要年份生产总值构成

(按当年价格计算)　　单位：%

年　份	生产总值	第一产业	第二产业	第三产业
1950	100.00	86.40	4.34	9.26
1965	100.00	67.14	12.18	20.68
1978	100.00	56.32	31.61	12.07
1980	100.00	54.64	31.75	13.61
1985	100.00	54.38	29.45	16.17
1986	100.00	50.94	32.95	16.11
1987	100.00	45.10	37.36	17.54
1988	100.00	48.00	36.22	15.78
1989	100.00	45.35	37.80	16.85
1990	100.00	48.64	35.37	15.99
1991	100.00	46.74	37.42	15.84
1992	100.00	50.88	33.03	16.09
1993	100.00	45.30	36.49	18.21
1994	100.00	40.31	39.61	20.08
1995	100.00	38.22	42.54	19.24
1996	100.00	40.48	39.66	19.86
1997	100.00	44.85	35.40	19.75
1998	100.00	46.38	33.56	20.06
1999	100.00	47.51	31.65	20.84
2000	100.00	49.60	28.74	21.66
2001	100.00	49.51	28.02	22.47
2002	100.00	48.03	27.77	24.19
2003	100.00	46.10	28.18	25.72
2004	100.00	45.27	28.39	26.34
2005	100.00	43.47	29.67	26.86

2-25　武鸣县主要年份生产总值指数

(按可比价格计算，以上年为100)　　单位：%

年　份	生产总值	第一产业	第二产业	第三产业
1951	113.7	112.0	121.3	128.7
1965	131.3	134.7	140.6	118.6
1978	113.3	110.7	122.4	100.4
1980	104.0	101.5	107.8	104.9
1985	106.5	103.0	123.2	90.9
1986	116.9	108.7	131.8	111.3
1987	119.3	104.8	132.3	130.6
1988	99.6	98.9	101.7	96.2
1989	104.1	107.4	103.7	97.0
1990	115.2	117.7	111.9	117.4
1991	104.6	98.9	111.9	105.3
1992	112.2	119.9	103.9	109.6
1993	120.6	105.8	133.2	138.9
1994	125.8	106.6	138.0	145.6
1995	119.8	114.0	127.3	114.6
1996	109.5	110.1	109.6	108.3
1997	117.3	127.1	110.7	115.2
1998	112.2	118.3	108.8	107.5
1999	106.6	112.3	99.4	110.2
2000	100.2	102.3	92.3	111.8
2001	104.4	103.6	101.6	110.1
2002	109.7	108.8	108.8	112.5
2003	105.7	104.0	103.6	111.9
2004	108.1	106.8	111.1	107.4
2005	111.9	109.1	115.0	113.8

2-26 武鸣县各时期生产总值平均指数

(按可比价格计算，以上年为100)　　单位：%

时　期	生产总值	第一产业	第二产业	第三产业
恢复时期(1950-1952)	110.8	110.0	118.4	115.5
“一五”时期(1953-1957)	105.8	103.6	128.3	109.5
“二五”时期(1958-1962)	100.9	98.5	103.5	110.2
调整时期(1963-1965)	116.6	114.3	120.2	121.6
“三五”时期(1966-1970)	107.3	106.0	118.6	102.2
“四五”时期(1971-1975)	108.3	105.4	117.2	106.2
“五五”时期(1976-1980)	103.3	100.5	108.2	102.5
“六五”时期(1981-1985)	107.3	106.2	107.4	110.6
“七五”时期(1986-1990)	110.7	107.3	115.5	109.8
“八五”时期(1991-1995)	116.4	108.8	122.2	121.7
“九五”时期(1996-2000)	109.0	113.7	103.9	110.6
“十五”时期(2001-2005)	107.9	106.4	107.9	111.1
1951年至2005年	108.4	106.4	113.9	110.5
1979年至2005年	110.0	108.4	110.7	112.5
1993年至2005年	111.5	109.7	111.6	115.5

2-27 横县主要年份生产总值

（按当年价格计算）

单位：万元

年　份	生产总值	第一产业	第二产业	第三产业
1950	2545	2327	115	103
1965	8027	4033	2540	1454
1978	24204	14749	7107	2348
1980	26146	15527	7334	3285
1985	40663	23746	10827	6090
1986	46462	27581	11617	7264
1987	55701	33043	14240	8418
1988	71574	37598	16475	17501
1989	80817	41285	19235	20297
1990	89305	44969	22192	22144
1991	103261	51189	25027	27045
1992	119391	57465	29032	32894
1993	170404	70668	55506	44230
1994	224688	97339	69744	57605
1995	262239	124194	65074	72971
1996	287040	140137	58408	88495
1997	321477	157297	61787	102393
1998	322694	155913	57645	109136
1999	318133	148457	53283	116393
2000	318352	148626	44415	125311
2001	324768	141005	46378	137385
2002	353303	142135	60888	150281
2003	383406	147166	96675	139565
2004	435213	168671	107689	158853
2005	507532	192316	133322	181894

2-28 横县主要年份生产总值构成

(按当年价格计算)

单位：%

年 份	生产总值	第一产业	第二产业	第三产业
1950	100.00	91.43	4.52	4.05
1965	100.00	50.24	31.64	18.11
1978	100.00	60.94	29.36	9.70
1980	100.00	59.39	28.05	12.56
1985	100.00	58.40	26.63	14.98
1986	100.00	59.36	25.00	15.63
1987	100.00	59.32	25.57	15.11
1988	100.00	52.53	23.02	24.45
1989	100.00	51.08	23.80	25.11
1990	100.00	50.35	24.85	24.80
1991	100.00	49.57	24.24	26.19
1992	100.00	48.13	24.32	27.55
1993	100.00	41.47	32.57	25.96
1994	100.00	43.32	31.04	25.64
1995	100.00	47.36	24.81	27.83
1996	100.00	48.82	20.35	30.83
1997	100.00	48.93	19.22	31.85
1998	100.00	48.32	17.86	33.82
1999	100.00	46.67	16.75	36.59
2000	100.00	46.69	13.95	39.36
2001	100.00	43.42	14.28	42.30
2002	100.00	40.23	17.23	42.54
2003	100.00	38.38	25.21	36.40
2004	100.00	38.76	24.74	36.50
2005	100.00	37.89	26.27	35.84

2-29 横县主要年份生产总值指数

(按可比价格计算，以上年为100)　　单位：%

年　份	生产总值	第一产业	第二产业	第三产业
1951	113.4	112.4	114.3	138.8
1965	118.4	119.8	125.1	97.3
1978	115.1	112.1	115.7	132.0
1980	103.8	104.2	105.9	97.4
1985	92.3	91.0	88.1	107.3
1986	113.9	115.4	110.0	117.7
1987	109.6	103.5	118.3	110.6
1988	118.3	96.0	105.4	205.5
1989	103.8	101.8	101.4	108.4
1990	110.8	112.7	111.1	108.4
1991	105.8	103.1	102.8	114.4
1992	115.8	116.3	112.1	118.4
1993	114.7	103.9	139.8	112.7
1994	104.7	98.3	111.7	107.9
1995	110.6	117.3	101.3	110.8
1996	106.5	110.5	91.2	115.6
1997	112.6	113.8	104.9	116.8
1998	105.0	104.6	99.1	109.8
1999	104.2	101.6	104.1	107.9
2000	100.5	102.3	84.1	108.0
2001	103.4	100.3	97.2	109.4
2002	107.7	102.0	125.4	108.2
2003	106.7	102.1	150.2	94.3
2004	107.1	109.2	97.5	110.6
2005	112.7	109.8	119.8	111.7

2-30 横县各时期生产总值平均指数

(按可比价格计算,以上年为100) 单位：%

时期	生产总值	第一产业	第二产业	第三产业
恢复时期(1950-1952)	108.8	107.3	120.7	124.1
“一五”时期(1953-1957)	106.0	103.0	119.4	124.7
“二五”时期(1958-1962)	100.1	95.4	114.6	106.9
调整时期(1963-1965)	112.4	108.8	127.6	99.1
“三五”时期(1966-1970)	109.6	111.8	106.7	107.0
“四五”时期(1971-1975)	110.3	112.3	106.8	107.9
“五五”时期(1976-1980)	107.1	102.0	111.2	114.5
“六五”时期(1981-1985)	101.9	99.2	103.7	107.7
“七五”时期(1986-1990)	111.2	105.6	109.1	125.7
“八五”时期(1991-1995)	110.2	107.5	112.7	112.8
“九五”时期(1996-2000)	105.7	106.4	96.3	111.6
“十五”时期(2001-2005)	107.5	104.6	116.4	106.6
1951年至2005年	107.4	105.1	111.2	112.4
1979年至2005年	107.1	104.3	107.1	112.7
1993年至2005年	107.3	105.7	108.3	109.4

2-31　宾阳县主要年份生产总值

(按当年价格计算)　　　　单位：万元

年　份	生产总值	第一产业	第二产业	第三产业
1950	1104	873	82	149
1965	4915	3273	692	950
1978	17179	10385	2514	4280
1980	18504	10820	2624	5060
1985	37507	23285	7741	6481
1986	41061	21465	11325	8271
1987	47227	24610	12854	9763
1988	58821	31697	13677	13447
1989	62007	32045	13821	16141
1990	57140	32925	16251	7964
1991	73981	33258	19235	21488
1992	83599	37236	22255	24108
1993	117440	47222	40089	30129
1994	159806	65305	55536	38965
1995	187576	80338	56221	51017
1996	212482	90587	63589	58306
1997	220185	92024	64539	63622
1998	231395	93508	69887	68000
1999	231655	94285	62778	74592
2000	232591	90922	59639	82030
2001	261909	92456	74232	95221
2002	294093	98389	87133	108571
2003	354618	102774	114609	137235
2004	434304	119321	159134	155849
2005	515123	138034	196020	181069

2-32 宾阳县主要年份生产总值构成

(按当年价格计算)

单位：%

年份	生产总值	第一产业	第二产业	第三产业
1950	100.00	79.08	7.43	13.50
1965	100.00	66.59	14.08	19.33
1978	100.00	60.45	14.63	24.91
1980	100.00	58.47	14.18	27.35
1985	100.00	62.08	20.64	17.28
1986	100.00	52.28	27.58	20.14
1987	100.00	52.11	27.22	20.67
1988	100.00	53.89	23.25	22.86
1989	100.00	51.68	22.29	26.03
1990	100.00	57.62	28.44	13.94
1991	100.00	44.95	26.00	29.05
1992	100.00	44.54	26.62	28.84
1993	100.00	40.21	34.14	25.65
1994	100.00	40.87	34.75	24.38
1995	100.00	42.83	29.97	27.20
1996	100.00	42.63	29.93	27.44
1997	100.00	41.79	29.31	28.89
1998	100.00	40.41	30.20	29.39
1999	100.00	40.70	27.10	32.20
2000	100.00	39.09	25.64	35.27
2001	100.00	35.30	28.34	36.36
2002	100.00	33.46	29.63	36.92
2003	100.00	28.98	32.32	38.70
2004	100.00	27.47	36.64	35.88
2005	100.00	26.80	38.05	35.15

2-33 宾阳县主要年份生产总值指数

(按可比价格计算，以上年为100)　　单位：%

年　份	生产总值	第一产业	第二产业	第三产业
1951	117.1	115.0	131.7	118.6
1965	109.4	107.9	115.8	112.7
1978	115.1	115.3	115.0	114.5
1980	108.6	113.5	114.2	93.1
1985	128.3	133.0	133.0	104.3
1986	91.3	69.0	115.7	147.2
1987	115.2	114.7	113.5	118.8
1988	107.4	89.6	106.4	146.0
1989	109.1	95.1	118.3	117.4
1990	104.2	106.5	117.6	94.5
1991	106.9	103.6	113.6	107.0
1992	108.1	104.5	113.7	109.3
1993	110.5	105.9	118.8	110.1
1994	109.4	104.8	117.8	108.0
1995	108.9	108.1	106.3	113.1
1996	110.5	107.7	114.1	110.7
1997	107.9	105.9	108.8	109.7
1998	107.4	105.8	109.0	107.8
1999	106.0	104.2	103.3	111.5
2000	102.0	96.4	101.0	110.3
2001	107.9	102.6	112.0	110.7
2002	109.7	106.8	114.2	109.5
2003	113.8	104.4	117.9	120.1
2004	110.1	105.7	118.7	108.1
2005	114.1	112.2	117.5	112.9

2-34　宾阳县各时期生产总值平均指数

(按可比价格计算,以上年为100)　　单位：%

时　期	生产总值	第一产业	第二产业	第三产业
恢复时期(1950-1952)	118.8	114.5	148.4	118.6
“一五”时期(1953-1957)	112.5	113.1	111.7	110.7
“二五”时期(1958-1962)	106.6	108.4	95.0	107.5
调整时期(1963-1965)	112.9	113.0	119.8	108.2
“三五”时期(1966-1970)	107.3	107.3	103.7	110.1
“四五”时期(1971-1975)	111.1	111.1	113.1	110.1
“五五”时期(1976-1980)	103.3	99.1	117.7	109.1
“六五”时期(1981-1985)	116.3	116.6	124.0	106.1
“七五”时期(1986-1990)	105.1	93.6	114.2	123.2
“八五”时期(1991-1995)	108.8	105.4	114.0	109.5
“九五”时期(1996-2000)	106.7	103.9	107.1	110.0
“十五”时期(2001-2005)	111.1	106.3	116.0	112.2
1951年至2005年	109.4	106.9	113.4	110.9
1979年至2005年	108.6	103.9	115.0	111.3
1993年至2005年	109.0	105.4	112.1	110.9

2-35 上林县主要年份生产总值

(按当年价格计算)

单位：万元

年　份	生产总值	第一产业	第二产业	第三产业
1950	1830	1670	12	148
1965	3249	2770	76	403
1978	5387	4069	530	788
1980	5729	3876	747	1106
1985	12477	9229	1437	1811
1986	13394	9050	1460	2884
1987	16241	9947	2375	3919
1988	24442	14508	3246	6688
1989	26134	14524	3918	7692
1990	30386	16962	4578	8846
1991	34809	17956	5612	11241
1992	39327	20221	5639	13467
1993	48910	24042	9622	15246
1994	69971	43636	11353	14982
1995	78742	49884	10633	18225
1996	85830	50853	14013	20964
1997	91990	51775	14971	25244
1998	97597	54281	16260	27056
1999	102412	57221	16719	28472
2000	105567	57572	17673	30322
2001	110386	57804	18026	34556
2002	118584	51147	19091	48346
2003	116299	54507	24201	37591
2004	135008	64180	30359	40469
2005	149924	69277	36228	44419

2-36 上林县主要年份生产总值构成

(按当年价格计算)

单位：%

年 份	生产总值	第一产业	第二产业	第三产业
1950	100.00	91.26	0.66	8.09
1965	100.00	85.26	2.34	12.40
1978	100.00	75.53	9.84	14.63
1980	100.00	67.66	13.04	19.31
1985	100.00	73.97	11.52	14.51
1986	100.00	67.57	10.90	21.53
1987	100.00	61.25	14.62	24.13
1988	100.00	59.36	13.28	27.36
1989	100.00	55.58	14.99	29.43
1990	100.00	55.82	15.07	29.11
1991	100.00	51.58	16.12	32.29
1992	100.00	51.42	14.34	34.24
1993	100.00	49.16	19.67	31.17
1994	100.00	62.36	16.23	21.41
1995	100.00	63.35	13.50	23.15
1996	100.00	59.25	16.33	24.43
1997	100.00	56.28	16.27	27.44
1998	100.00	55.62	16.66	27.72
1999	100.00	55.87	16.33	27.80
2000	100.00	54.54	16.74	28.72
2001	100.00	52.37	16.33	31.31
2002	100.00	43.13	16.10	40.77
2003	100.00	46.87	20.81	32.32
2004	100.00	47.54	22.49	29.98
2005	100.00	46.21	24.16	29.63

2-37 上林县主要年份生产总值指数

(按可比价格计算，以上年为100)

单位：%

年 份	生产总值	第一产业	第二产业	第三产业
1951	109.2	110.0	108.3	108.8
1965	110.9	111.3	97.3	62.9
1978	114.0	108.1	126.5	132.8
1980	100.4	96.3	121.5	103.9
1985	86.3	77.2	121.7	114.4
1986	112.4	97.1	118.9	161.3
1987	118.4	102.2	181.8	125.6
1988	117.0	76.3	116.2	185.9
1989	106.4	135.2	111.3	84.8
1990	105.8	103.6	111.4	107.5
1991	113.5	107.6	115.3	123.9
1992	112.9	117.5	105.4	108.9
1993	102.8	95.4	140.6	98.4
1994	101.7	105.7	122.8	80.6
1995	101.2	100.2	98.3	106.5
1996	106.8	100.8	117.2	110.1
1997	116.3	114.4	115.3	121.1
1998	106.5	106.3	103.5	109.5
1999	105.0	103.0	106.6	107.1
2000	104.4	102.5	105.0	107.1
2001	104.7	103.3	100.2	109.9
2002	107.8	106.6	104.1	111.8
2003	107.4	105.0	121.6	104.3
2004	106.0	106.9	107.1	103.5
2005	107.6	106.0	112.8	107.2

2-38 上林县各时期生产总值平均指数

(按可比价格计算，以上年为100)　　单位：%

时　期	生产总值	第一产业	第二产业	第三产业
恢复时期(1950-1952)	104.9	105.1	114.5	104.7
“一五”时期(1953-1957)	104.1	102.9	130.1	112.0
“二五”时期(1958-1962)	96.5	94.3	94.1	106.9
调整时期(1963-1965)	108.6	108.8	110.8	84.2
“三五”时期(1966-1970)	103.6	103.5	106.8	121.6
“四五”时期(1971-1975)	108.1	107.7	126.2	104.7
“五五”时期(1976-1980)	102.3	98.1	114.3	115.2
“六五”时期(1981-1985)	109.0	109.1	105.6	110.7
“七五”时期(1986-1990)	111.9	101.2	125.5	128.0
“八五”时期(1991-1995)	106.3	105.0	115.6	102.6
“九五”时期(1996-2000)	107.7	105.3	109.4	110.9
“十五”时期(2001-2005)	106.7	105.5	108.9	107.3
1951年至2005年	105.8	103.6	113.3	109.9
1979年至2005年	107.5	104.1	113.2	112.0
1993年至2005年	106.0	104.2	111.4	105.5

2-39 马山县主要年份生产总值

(按当年价格计算)　　　　单位：万元

年　份	生产总值	第一产业	第二产业	第三产业
1950	1552	1162	34	356
1965	2983	2095	307	581
1978	5207	3721	602	884
1980	5791	4184	771	836
1985	8164	5661	1072	1431
1986	8666	5679	1209	1778
1987	9396	5697	1589	2110
1988	10276	5502	1531	3243
1989	12932	7363	1581	3988
1990	16751	9325	1866	5560
1991	18721	10702	2202	5817
1992	20354	10739	2838	6777
1993	25374	13413	4236	7725
1994	31672	16943	7295	7434
1995	47879	25708	8362	13809
1996	52488	27413	9117	15958
1997	65433	35111	9963	20359
1998	78920	38167	19120	21633
1999	85021	39430	22151	23440
2000	89021	39117	24132	25772
2001	93432	41004	22727	29701
2002	101700	44001	24275	33424
2003	128181	47399	42967	37815
2004	140115	55210	40572	44333
2005	157783	59312	48785	49686

2-40 马山县主要年份生产总值构成

(按当年价格计算) 单位：%

年　份	生产总值	第一产业	第二产业	第三产业
1950	100.00	74.87	2.19	22.94
1965	100.00	70.23	10.29	19.48
1978	100.00	71.46	11.56	16.98
1980	100.00	72.25	13.31	14.44
1985	100.00	69.34	13.13	17.53
1986	100.00	65.53	13.95	20.52
1987	100.00	60.63	16.91	22.46
1988	100.00	53.54	14.90	31.56
1989	100.00	56.94	12.23	30.84
1990	100.00	55.67	11.14	33.19
1991	100.00	57.17	11.76	31.07
1992	100.00	52.76	13.94	33.30
1993	100.00	52.86	16.69	30.44
1994	100.00	53.50	23.03	23.47
1995	100.00	53.69	17.46	28.84
1996	100.00	52.23	17.37	30.40
1997	100.00	53.66	15.23	31.11
1998	100.00	48.36	24.23	27.41
1999	100.00	46.38	26.05	27.57
2000	100.00	43.94	27.11	28.95
2001	100.00	43.89	24.32	31.79
2002	100.00	43.27	23.87	32.87
2003	100.00	36.98	33.52	29.50
2004	100.00	39.40	28.96	31.64
2005	100.00	37.59	30.92	31.49

2-41 马山县主要年份生产总值指数

(按可比价格计算,以上年为100) 单位：%

年 份	生产总值	第一产业	第二产业	第三产业
1951				
1965	100.7	100.6	101.7	100.2
1978	101.2	103.0	90.3	101.9
1980	105.0	115.8	102.2	75.1
1985	104.9	104.8	104.7	104.8
1986	105.7	106.0	112.6	100.6
1987	104.5	83.7	160.7	138.2
1988	97.5	98.3	66.3	121.9
1989	118.2	128.4	89.2	113.6
1990	97.7	95.1	110.2	98.4
1991	108.5	111.9	126.2	96.7
1992	108.0	103.8	106.5	116.6
1993	106.9	110.1	120.4	96.0
1994	94.5	89.6	146.5	78.2
1995	131.1	124.8	117.6	158.3
1996	108.8	103.7	114.6	113.7
1997	121.3	123.6	106.3	128.3
1998	119.3	108.9	166.3	108.3
1999	109.7	108.1	115.5	109.5
2000	105.2	99.3	108.5	111.4
2001	104.4	108.6	90.7	110.8
2002	107.9	105.6	104.7	113.6
2003	109.2	108.8	115.0	105.5
2004	103.7	100.7	99.5	111.0
2005	112.9	109.2	123.4	109.1

2-42 马山县各时期生产总值平均指数

(按可比价格计算,以上年为100)　　单位：%

时　期	生产总值	第一产业	第二产业	第三产业
恢复时期(1950-1952)				
“一五”时期(1953-1957)	104.6	104.5	113.6	103.6
“二五”时期(1958-1962)	98.9	97.0	103.0	101.8
调整时期(1963-1965)	103.9	104.5	115.3	97.1
“三五”时期(1966-1970)	105.4	104.6	121.1	99.7
“四五”时期(1971-1975)	105.6	107.6	99.6	102.1
“五五”时期(1976-1980)	103.6	106.4	99.8	96.7
“六五”时期(1981-1985)	104.8	103.9	102.6	110.0
“七五”时期(1986-1990)	104.5	101.3	103.3	113.6
“八五”时期(1991-1995)	109.2	107.4	122.7	106.0
“九五”时期(1996-2000)	112.7	108.4	120.5	114.0
“十五”时期(2001-2005)	107.6	106.5	106.0	110.0
1951年至2005年	105.3	104.5	108.9	104.9
1979年至2005年	107.5	105.8	110.2	108.9
1993年至2005年	110.0	107.4	116.2	110.5

2-43 隆安县主要年份生产总值

(按当年价格计算) 单位：万元

年 份	生产总值	第一产业	第二产业	第三产业
1950	665	636	14	15
1965	1191	989	87	115
1978	6584	4443	1397	744
1980	7035	5051	952	1032
1985	11226	7978	1595	1653
1986	12572	8477	1736	2359
1987	14232	9496	1911	2825
1988	18372	12191	2576	3605
1989	19436	12861	3259	3316
1990	22680	15139	3539	4002
1991	22769	12989	3976	5804
1992	30629	18985	4185	7459
1993	42693	22609	10867	9217
1994	54271	30404	12689	11178
1995	66397	41404	12175	12818
1996	79632	47148	17033	15451
1997	83434	51527	15774	16133
1998	89193	52396	19124	17673
1999	87159	49569	19408	18182
2000	90831	54288	16685	19858
2001	101901	57762	21035	23104
2002	113014	62918	22496	27600
2003	122210	61994	29286	30930
2004	151386	73454	37668	40264
2005	180301	79780	50092	50429

2-44 隆安县主要年份生产总值构成

(按当年价格计算)

单位：%

年 份	生产总值	第一产业	第二产业	第三产业
1950	100.00	95.64	2.11	2.26
1965	100.00	83.04	7.30	9.66
1978	100.00	67.48	21.22	11.30
1980	100.00	71.80	13.53	14.67
1985	100.00	71.07	14.21	14.72
1986	100.00	67.43	13.81	18.76
1987	100.00	66.72	13.43	19.85
1988	100.00	66.36	14.02	19.62
1989	100.00	66.17	16.77	17.06
1990	100.00	66.75	15.60	17.65
1991	100.00	57.05	17.46	25.49
1992	100.00	61.98	13.66	24.35
1993	100.00	52.96	25.45	21.59
1994	100.00	56.02	23.38	20.60
1995	100.00	62.36	18.34	19.31
1996	100.00	59.21	21.39	19.40
1997	100.00	61.76	18.91	19.34
1998	100.00	58.74	21.44	19.81
1999	100.00	56.87	22.27	20.86
2000	100.00	59.77	18.37	21.86
2001	100.00	56.68	20.64	22.67
2002	100.00	55.67	19.91	24.42
2003	100.00	50.73	23.96	25.31
2004	100.00	48.52	24.88	26.60
2005	100.00	44.25	27.78	27.97

2-45 隆安县主要年份生产总值指数

(按可比价格计算，以上年为100)

单位：%

年份	生产总值	第一产业	第二产业	第三产业
1951	107.8	107.1	121.4	126.7
1965	101.1	100.9	101.2	102.3
1978	105.3	104.1	109.0	107.8
1980	104.4	103.7	97.5	115.5
1985	106.0	107.1	118.3	93.1
1986	105.1	97.1	103.9	136.5
1987	104.6	101.2	104.5	113.6
1988	101.4	94.6	114.8	108.6
1989	102.6	105.6	109.0	92.0
1990	100.3	109.0	109.0	83.2
1991	104.7	91.6	120.4	140.4
1992	113.8	115.4	96.3	123.2
1993	116.3	101.9	194.1	103.4
1994	106.5	114.5	96.7	98.9
1995	104.3	113.2	86.6	100.2
1996	113.4	105.0	137.8	115.5
1997	111.8	119.1	98.1	107.4
1998	111.3	105.0	132.4	108.4
1999	108.1	108.0	110.8	105.0
2000	103.5	103.0	98.9	111.3
2001	105.8	104.5	110.7	105.4
2002	110.0	108.7	120.5	104.4
2003	114.2	103.3	152.3	106.0
2004	107.1	104.8	107.3	113.8
2005	113.4	106.0	125.3	116.5

2-46　隆安县各时期生产总值平均指数

(按可比价格计算,以上年为100)　　单位：%

时　期	生产总值	第一产业	第二产业	第三产业
恢复时期(1950-1952)	106.7	106.6	108.7	110.1
“一五”时期(1953-1957)	107.8	106.6	125.9	125.8
“二五”时期(1958-1962)	99.0	97.1	110.2	112.4
调整时期(1963-1965)	102.1	102.7	97.8	100.5
“三五”时期(1966-1970)	106.3	103.3	121.0	114.6
“四五”时期(1971-1975)	107.3	104.8	112.9	118.5
“五五”时期(1976-1980)	103.5	104.3	95.7	110.0
“六五”时期(1981-1985)	104.9	103.0	110.0	108.8
“七五”时期(1986-1990)	102.8	101.3	108.2	105.2
“八五”时期(1991-1995)	109.0	106.9	113.5	112.1
“九五”时期(1996-2000)	109.6	107.9	114.4	109.5
“十五”时期(2001-2005)	110.0	105.4	122.3	109.1
1951年至2005年	105.9	104.2	112.2	111.9
1979年至2005年	106.8	104.9	110.7	109.3
1993年至2005年	109.6	107.3	118.1	107.3

2-47 各县主要年份人均生产总值

(按当年价格计算) 单位:元

年 份	武鸣县	横 县	宾阳县	上林县	马山县	隆安县
1950	43	56	29	95	63	52
1965	122	136	102	126	101	56
1978	263	306	254	156	122	225
1980	301	321	263	161	130	231
1985	497	456	487	322	166	340
1986	576	513	525	340	173	374
1987	710	606	592	406	185	417
1988	860	770	726	604	214	532
1989	895	859	754	636	287	558
1990	1106	931	679	730	367	644
1991	1196	1059	860	828	404	640
1992	1344	1209	961	926	438	854
1993	1829	1704	1336	1141	544	1183
1994	2710	2220	1789	1620	673	1497
1995	3634	2562	2066	1812	1008	1825
1996	3998	2784	2317	1966	1094	2184
1997	4906	3101	2378	2098	1353	2284
1998	5597	3096	2481	2215	1622	2441
1999	5810	3041	2463	2314	1740	2383
2000	5885	3014	2436	2361	1812	2464
2001	6220	3044	2711	2449	1893	2758
2002	6488	3298	3026	2622	2048	3067
2003	6841	3565	3626	2560	2563	2259
2004	7583	4025	4429	2949	2785	4091
2005	8616	4650	5204	3227	3116	4843

2-48 各县财政收入相当于地区生产总值的比例

单位：%

年 份	武鸣县	横 县	宾阳县	上林县	马山县	隆安县
1950	2.90	9.31	3.08	0.00	0.45	16.39
1965	10.36	8.35	10.32	6.28	8.08	16.12
1978	14.16	4.86	4.76	5.07	5.99	7.72
1980	16.33	6.38	5.44	5.32	4.70	8.60
1985	11.75	7.79	5.44	3.86	8.68	7.02
1986	11.82	8.11	6.30	4.24	10.95	7.80
1987	11.87	8.43	6.93	4.40	10.99	8.53
1988	12.65	8.12	7.08	4.12	9.46	6.65
1989	12.93	8.90	8.53	6.40	8.30	10.36
1990	12.95	8.32	10.81	5.87	6.73	8.94
1991	14.22	7.49	9.24	5.43	5.84	8.92
1992	12.33	7.20	8.59	5.01	5.98	6.92
1993	12.25	8.58	10.01	6.31	6.28	9.12
1994	13.45	7.67	8.63	5.09	9.62	9.49
1995	10.49	7.25	8.90	3.19	8.37	9.45
1996	10.22	6.29	8.02	3.64	8.61	8.69
1997	8.25	7.33	8.11	4.35	8.08	8.54
1998	8.56	7.61	8.34	5.13	7.45	9.43
1999	9.11	8.02	9.14	7.10	7.52	10.71
2000	5.80	8.17	9.38	7.18	7.58	11.24
2001	6.02	7.16	8.09	6.35	6.47	9.96
2002	6.28	7.31	9.15	6.65	6.75	10.92
2003	6.38	7.35	7.34	7.67	5.70	10.06
2004	6.15	7.06	6.91	7.47	5.75	8.63
2005	6.01	6.96	6.81	7.36	6.10	8.03

2-49 各县总产出

(2005年，按当年价格计算)　　单位：万元

指标名称	武鸣县	横县	宾阳县	上林县	马山县	隆安县
总产出	**1129406**	**1005455**	**1125784**	**282358**	**268046**	**352734**
第一产业	**382923**	**313555**	**218950**	**112009**	**91709**	**127852**
第二产业	**481100**	**401012**	**597429**	**93876**	**101372**	**139989**
工业	394800	324288	538380	70701	74929	105639
建筑业	86300	76724	59049	23175	26443	34350
第三产业	**265383**	**290888**	**309405**	**76473**	**74965**	**84893**
交通运输、仓储及邮政业	63582	97538	100636	16960	7463	15931
信息传输、计算机服务和软件业	12609	16729	16954	5648	4802	5813
批发和零售业	40758	38327	37595	8004	13026	12399
住宿和餐饮业	18316	22465	29118	6008	4783	5162
金融业	7994	8441	8038	3340	2614	4608
房地产业	13653	21042	17555	6363	6752	4551
租赁和商务服务	6812	4540	4751	780	915	1258
科学研究、技术服务和地质勘查业	5540	3402	1701	273	457	315
水利、环境和公共设施管理业	6088	1458	2111	506	345	359
居民服务和其他服务业	21575	9480	14346	3645	4848	3516
教育	18254	22754	24199	8841	8638	8980
卫生、社会保障和社会福利业	16874	17295	19658	6150	7011	9189
文化、体育和娱乐业	1884	2888	1273	303	380	306
公共管理和社会组织	31444	24529	31472	9654	12931	12505
国际组织						

2-50 各县生产总值

（2005年，按当年价格计算）　　　　单位：万元

指标名称	武鸣县	横县	宾阳县	上林县	马山县	隆安县
生产总值	**559337**	**507532**	**515123**	**149924**	**157783**	**180301**
第一产业	**243171**	**192316**	**138034**	**69277**	**59312**	**79780**
第二产业	**165943**	**133322**	**196020**	**36228**	**48785**	**50092**
工业	140108	110353	178329	29290	40869	39787
建筑业	25835	22969	17691	6938	7916	10305
第三产业	**150223**	**181894**	**181069**	**44419**	**49686**	**50429**
交通运输、仓储及邮政业	27153	51077	47315	4510	3976	5542
信息传输、计算机服务和软件业	7313	10205	10092	3419	2802	3410
批发和零售业	26132	27489	29038	5776	10681	6808
住宿和餐饮业	11103	9816	10200	3615	2870	3438
金融业	3805	4268	6992	2110	2460	2882
房地产业	12985	20369	15454	5981	6248	4546
租赁和商务服务	2486	2251	2118	500	571	775
科学研究、技术服务和地质勘查业	1939	2369	1384	130	352	206
水利、环境和公共设施管理业	4601	1108	1657	481	208	241
居民服务和其他服务业	9439	5836	7770	1789	2376	1585
教育	15739	19828	19084	7276	7020	7099
卫生、社会保障和社会福利业	10479	10905	8695	3385	3295	5775
文化、体育和娱乐业	900	1977	849	228	232	229
公共管理和社会组织	16150	14396	20422	5219	6595	7895
国际组织						
人均生产总值(元)	**8616**	**4650**	**5204**	**3227**	**3116**	**4843**

2-51 各县生产总值构成

(2005年，按当年价格计算)　　单位：%

指标名称	武鸣县	横县	宾阳县	上林县	马山县	隆安县
生产总值构成	**100.00**	**100.00**	**100.00**	**100.00**	**100.00**	**100.00**
第一产业	**43.47**	**37.89**	**26.80**	**46.21**	**37.59**	**44.25**
第二产业	**29.67**	**26.27**	**38.05**	**24.16**	**30.92**	**27.78**
工业	25.05	21.74	34.62	19.54	25.90	22.07
建筑业	4.62	4.53	3.43	4.63	5.02	5.72
第三产业	**26.86**	**35.84**	**35.15**	**29.63**	**31.49**	**27.97**
交通运输、仓储及邮政业	4.85	10.06	9.19	3.01	2.52	3.07
信息传输、计算机服务和软件业	1.31	2.01	1.96	2.28	1.78	1.89
批发和零售业	4.67	5.42	5.64	3.85	6.77	3.78
住宿和餐饮业	1.99	1.93	1.98	2.41	1.82	1.91
金融业	0.68	0.84	1.36	1.41	1.56	1.60
房地产业	2.32	4.01	3.00	3.99	3.96	2.52
租赁和商务服务	0.44	0.44	0.41	0.33	0.36	0.43
科学研究、技术服务和地质勘查业	0.35	0.47	0.27	0.09	0.22	0.11
水利、环境和公共设施管理业	0.82	0.22	0.32	0.32	0.13	0.13
居民服务和其他服务业	1.69	1.15	1.51	1.19	1.51	0.88
教育	2.81	3.91	3.70	4.85	4.45	3.94
卫生、社会保障和社会福利业	1.87	2.15	1.69	2.26	2.09	3.20
文化、体育和娱乐业	0.16	0.39	0.16	0.15	0.15	0.13
公共管理和社会组织	2.89	2.84	3.96	3.48	4.18	4.38
国际组织						

2-52 各县生产总值指数

(2005年，按可比价格计算，以上年为100) 单位：%

指标名称	武鸣县	横县	宾阳县	上林县	马山县	隆安县
生产总值指数	**111.9**	**112.7**	**114.1**	**107.6**	**112.9**	**113.4**
第一产业	**109.1**	**109.8**	**112.2**	**106.0**	**109.2**	**106.0**
第二产业	**115.0**	**119.8**	**117.5**	**112.8**	**123.4**	**125.3**
工业	116.1	120.0	117.4	114.3	125.9	127.3
建筑业	108.8	118.9	118.0	106.8	115.9	118.0
第三产业	**113.8**	**111.7**	**112.9**	**107.2**	**109.1**	**116.5**
交通运输、仓储及邮政业	120.5	112.2	113.0	112.6	112.8	114.8
信息传输、计算机服务和软件业	119.8	109.8	113.5	117.7	86.0	115.0
批发和零售业	111.3	107.4	110.7	109.7	108.2	112.5
住宿和餐饮业	110.2	117.5	110.1	107.1	109.4	109.7
金融业	125.3	107.6	105.2	110.6	100.6	116.6
房地产业	100.5	103.8	113.2	95.5	110.4	118.2
租赁和商务服务	109.6	111.1	80.0	88.1	148.2	116.2
科学研究、技术服务和地质勘查业	109.6	152.5	115.2	117.0	120.8	104.3
水利、环境和公共设施管理业	101.0	84.4	116.1	85.7	146.4	87.6
居民服务和其他服务业	122.9	100.1	121.9	111.2	117.8	127.2
教育	105.4	123.5	112.6	108.7	102.8	120.9
卫生、社会保障和社会福利业	130.2	117.5	120.0	119.3	133.2	123.7
文化、体育和娱乐业	104.7	84.4	115.3	105.7	103.7	83.9
公共管理和社会组织	117.1	120.8	118.7	100.6	114.5	116.7
国际组织						
人均生产总值	**111.3**	**111.6**	**113.0**	**106.1**	**112.1**	**112.7**

2-53 按支出法计算的武鸣县生产总值

(按当年价格计算)　　　　　　　　单位：万元

指 标 名 称	2005年	2004年
支出法国内生产总值	**559337**	**489699**
最终消费	**355435**	**317065**
居民消费	196832	166397
农村居民消费	133914	112473
城镇居民消费	62918	53924
政府消费	158603	150668
资本形成总额	**210818**	**158349**
固定资本形成总额	196318	144838
第一产业	11950	3773
第二产业	75824	54161
#工 业	75824	53114
第三产业	108544	86904
存货增加	14500	13511
第一产业	1546	1440
第二产业	3329	3102
#工 业	2378	2216
第三产业	9625	8969
货物和服务净出口	**-6916**	**14285**

2-54 按支出法计算的横县生产总值

（按当年价格计算） 单位：万元

指标名称	2005年	2004年
支出法国内生产总值	**507532**	**435213**
最终消费	**357420**	**303753**
居民消费	276715	233407
农村居民消费	194853	168506
城镇居民消费	81862	64901
政府消费	80705	70346
资本形成总额	**176841**	**148483**
固定资本形成总额	169300	135040
第一产业	13269	4560
第二产业	59693	46786
#工 业	59248	46786
第三产业	96338	83694
存货增加	7541	13443
第一产业	2392	5888
第二产业	4642	6603
#工业	4552	6498
第三产业	507	952
货物和服务净出口	**-26729**	**-17023**

2-55 按支出法计算的宾阳县生产总值

(按当年价格计算)　　单位：万元

指标名称	2005年	2004年
支出法国内生产总值	**515123**	**434304**
最终消费	**340063**	**291714**
居民消费	260922	225437
农村居民消费	187895	162626
城镇居民消费	73027	62811
政府消费	79141	66277
资本形成总额	**126099**	**95457**
固定资本形成总额	118991	91531
第一产业	7814	3362
第二产业	48474	24322
#工 业	48474	24322
第三产业	62703	63847
存货增加	7108	3926
第一产业	3238	687
第二产业	2108	1774
#工 业	2058	1744
第三产业	1762	1465
货物和服务净出口	**48961**	**47133**

2-56 按支出法计算的上林县生产总值

(按当年价格计算)　　单位：万元

指标名称	2005年	2004年
支出法国内生产总值	**149924**	**135008**
最终消费	**135765**	**123288**
居民消费	110357	102409
农村居民消费	83236	77125
城镇居民消费	27121	25284
政府消费	25408	20879
资本形成总额	**58385**	**53232**
固定资本形成总额	55288	50345
第一产业	2527	2800
第二产业	21226	15555
#工 业	21226	15555
第三产业	31535	31990
存货增加	3097	2887
第一产业	1430	1321
第二产业	1211	1140
#工 业	1074	1010
第三产业	456	426
货物和服务净出口	**-44226**	**-41512**

2-57 按支出法计算的马山县生产总值

(按当年价格计算)

单位：万元

指 标 名 称	2005年	2004年
支出法国内生产总值	**157783**	**140115**
最终消费	**128031**	**115017**
居民消费	113251	101106
农村居民消费	97302	85137
城镇居民消费	15949	15969
政府消费	14780	13911
资本形成总额	**52032**	**42018**
固定资本形成总额	48619	38559
第一产业	864	211
第二产业	4566	8414
#工 业	4566	8414
第三产业	43189	29934
存货增加	3413	3459
第一产业	200	179
第二产业	2678	2802
#工 业	2489	2637
第三产业	535	478
货物和服务净出口	**-22280**	**-16920**

2-58 按支出法计算的隆安县生产总值

(按当年价格计算)　　单位：万元

指标名称	2005年	2004年
支出法国内生产总值	**180301**	**151386**
最终消费	**104409**	**93612**
居民消费	88208	79524
农村居民消费	67525	60834
城镇居民消费	20683	18690
政府消费	16201	14088
资本形成总额	**75892**	**57774**
固定资本形成总额	75322	57215
第一产业	5928	2504
第二产业	34204	29809
#工 业	34204	29779
第三产业	35190	24902
存货增加	570	559
第一产业	71	68
第二产业	186	182
#工 业	124	121
第三产业	313	309
货物和服务净出口		

2-59 各县全社会从业人员年末数

(2005年)　　单位：人

指标名称	武鸣县	横县	宾阳县	上林县	马山县	隆安县
全社会从业人员总计	**390681**	**490263**	**497059**	**203439**	**217782**	**181697**
第一产业	**278997**	**360444**	**348145**	**160000**	**183204**	**144333**
第二产业	**31988**	**62787**	**63275**	**17098**	**10504**	**12344**
工业	20819	31633	43760	7148	6083	9108
建筑业	11169	31154	19515	9950	4421	3236
第三产业	**79696**	**67032**	**85639**	**26341**	**24074**	**25020**
交通运输、仓储及邮政业	10212	19134	19741	3924	4084	3061
信息传输、计算机服务和软件业	766	576	741	128	125	90
批发和零售业	11887	9925	27523	7491	6874	7050
住宿和餐饮业	3479	4796	4375	1400	1375	1605
金融业	814	1022	910	419	222	214
房地产业	265	366	460	41	14	286
租赁和商务服务	870	1791	1025	335	325	386
科学研究、技术服务和地质勘查业	2284	789	678	83	28	132
水利、环境和公共设施管理业	2969	652	735	345	362	159
居民服务和其他服务业	32577	4236	4275	1543	643	1690
教育	7262	11728	11056	5369	5256	4536
卫生、社会保障和社会福利业	2396	3756	4115	1605	1461	2235
文化、体育和娱乐业	457	556	569	171	209	117
公共管理和社会组织	3458	7705	9436	3487	3096	3460

3 人口劳动力和职工工资

CHAPTER 3 POPULATION,LABOR FORCE AND WORKER'S SALARY

3-1 全市主要年份人口

年 份	总户数（户）	总人口（人）	男	女	#非农业人口	人口自然增长率（‰）
1950	203312	887405	438013	449392	157630	
1965	299085	1429352	732110	697242	412728	29.33
1978	387853	1960454	1013310	947144	516796	16.36
1980	410131	2055433	1059660	995773	576965	16.64
1985	479524	2294642	1191771	1102871	703285	14.04
1986	497956	2346191	1219054	1127137	732040	14.22
1987	520280	2402548	1247705	1154843	775932	12.24
1988	546451	2451770	1272979	1178791	815688	8.88
1989	565288	2483593	1290928	1192665	835634	7.91
1990	586171	2521885	1314990	1206895	851694	8.19
1991	595112	2547957	1328493	1219464	871597	6.57
1992	619613	2594228	1355291	1238937	917878	7.58
1993	642254	2646075	1384775	1261300	958649	6.10
1994	663893	2686557	1407350	1279207	995856	4.90
1995	677603	2731908	1429732	1302176	1034903	5.37
1996	702328	2779142	1454335	1324807	1073692	4.92
1997	719455	2812025	1469086	1342939	1103802	4.66
1998	744972	2846264	1485054	1361210	1142897	6.04
1999	764494	2858711	1489427	1369284	1161833	5.79
2000	1582100	6252697	3256917	2995780	1578160	6.14
2001	1584300	6297521	3281911	3015601	1591821	4.88
2002	1615500	6346838	3306515	3040323	1614238	5.14
2003	1656644	6416736	3347842	3068894	1679929	6.47
2004	1750997	6488450	3393652	3094798	1718176	7.85
2005	1807185	6595402	3452663	3142739	1773200	8.52

注：2000年以后数据为行政区划调整后大南宁范围口径的数据，其余年份为原南宁口径的数据。

3-2 全市人口数

指标名称	单位	2005年	2004年
总户数	**户**	**1807185**	**1750997**
总人口数	**人**	**6595402**	**6488450**
男性人口	人	3452663	3393652
女性人口	人	3142739	3094798
农业人口	人	4822202	4770274
非农业人口	人	1773200	1718176
年平均人口	人	6541926	6452593
出生人数	人	73467	79420
出生率	‰	11.23	12.31
死亡人数	人	17731	28764
死亡率	‰	2.71	4.46
自然增长人数	人	55736	50656
自然增长率	‰	8.52	7.85
迁入人数	人	157577	166310
迁出人数	人	114140	146094
机械增长人数	人	43437	20216
机械增长率	‰	6.64	3.13

3-3 全市户籍人口分地区统计

（2005年）　　　　单位：户、人

指标名称	总户数	总人口	按性别分		按农业、非农业人口分	
			男性	女性	农业人口	非农业人口
全市	**1807185**	**6595402**	**3452663**	**3142739**	**4822202**	**1773200**
市区	**721947**	**2496652**	**1301037**	**1195615**	**1219352**	**1277300**
兴宁区	83574	291342	152269	139073	124170	167172
青秀区	157402	512499	259320	253179	171651	340848
江南区	123488	406663	216184	190479	225164	181499
西乡塘区	208813	762549	392575	369974	243113	519436
邕宁区	87377	314573	166564	148009	268517	46056
良庆区	61293	209026	114125	94901	186737	22289
武鸣县	197335	651855	340465	311390	538728	113127
横县	299446	1098713	587471	511242	970682	128031
宾阳县	262630	997604	523819	473785	863093	134511
上林县	116908	469313	242297	227016	422764	46549
马山县	116964	507481	262992	244489	472508	34973
隆安县	91955	373784	194582	179202	335075	38709

3-4　全市户籍人口分年龄统计

(2005年)　　单位：人

指标名称	总人口	按年龄分			
		18岁以下	18-35岁	35-60岁	60岁以上
全市	**6595402**	**1389709**	**2289361**	**2121973**	**794359**
市区	**2496652**	**451871**	**917157**	**830751**	**296873**
兴宁区	291342	47085	105283	100976	37998
青秀区	512499	90855	177599	182749	61296
江南区	406663	76736	137928	142452	49547
西乡塘区	762549	118353	312252	242951	88993
邕宁区	314573	70881	110996	98121	34575
良庆区	209026	47961	73099	63502	24464
武鸣县	651855	122327	217712	222049	89767
横县	1098713	259216	355314	356788	127395
宾阳县	997604	248200	335351	303334	110719
上林县	469313	107849	155028	147153	59283
马山县	507481	127656	183192	139123	57510
隆安县	373784	72590	125607	122775	52812

3-5 全市人口变动情况

(2005年)

单位：人

指标名称	出生人口数			死亡人数	自然增长人数	迁入人数	迁出人数	机械增长人数
	合计	男	女					
全市	**73467**	**41439**	**32028**	**17731**	**55736**	**157577**	**114140**	**43437**
市区	**25467**	**13876**	**11591**	**6129**	**19338**	**126067**	**86441**	**39626**
兴宁区	3090	1683	1407	832	2258	13378	14151	-773
青秀区	4871	2618	2253	967	3904	39232	21025	18207
江南区	4617	2541	2076	1244	3373	11681	7116	4565
西乡塘区	7417	4141	3276	2116	5301	58225	39510	18715
邕宁区	3918	2004	1914	502	3416	1340	2806	-1466
良庆区	1554	889	665	468	1086	2211	1833	378
武鸣县	6964	4015	2949	1868	5096	7477	7222	255
横县	15100	8472	6628	4097	11003	8185	6842	1343
宾阳县	13713	8304	5409	1682	12031	9302	5870	3432
上林县	3645	1976	1669	880	2765	3379	2218	1161
马山县	4048	2253	1795	1799	2249	1256	2914	-1658
隆安县	4530	2543	1987	1276	3254	1911	2633	-722

3-6 市区人口数

指标名称	单位	2005年	2004年
总户数	**户**	**721947**	**702780**
总人口数	**人**	**2496652**	**2439475**
男性人口	人	1301037	1272021
女性人口	人	1195615	1167454
农业人口	人	1219352	1209175
非农业人口	人	1277300	1230300
年平均人口	人	2468063	2414008
出生人数	人	25467	28192
出生率	‰	6.33	8.23
死亡人数	人	6129	15108
死亡率	‰	0.62	2.66
自然增长人数	人	19338	13084
自然增长率	‰	5.71	5.57
迁入人数	人	126067	130211
迁出人数	人	86441	93115
机械增长人数	人	39626	37096
机械增长率	‰	16.06	15.37

3-7 市区人口分办事处、乡镇统计

(2005年)

单位：户、人

指标名称	总户数	总人口	按性别分		按农业、非农业人口分	
			男性	女性	农业人口	非农业人口
市区	**721947**	**2496652**	**1301037**	**1195615**	**1219352**	**1277300**
兴宁区	**83574**	**291342**	**152269**	**139073**	**124170**	**167172**
朝阳办事处	10606	34381	17277	17104		34381
兴宁办事处	5215	15964	7895	8069		15964
解放办事处	2948	9147	4635	4512		9147
公园办事处	7214	23960	12365	11595	637	23323
邕武办事处	15680	57773	31671	26102	3251	54522
腰塘办事处	2860	8990	4571	4419	2926	6064
三塘镇	5811	22044	11072	10972	10227	11817
四塘镇	8779	30428	16249	14179	23509	6919
五塘镇	16699	61305	31816	29489	57382	3923
昆仑镇	7762	27350	14718	12632	26238	1112
青秀区	**157402**	**512499**	**259320**	**253179**	**171651**	**340848**
新城办事处	16022	46792	23227	23565		46792
建政办事处	14782	50219	25087	25132		50219
中山办事处	15223	42746	20582	22164		42746
南环办事处	5404	14885	7224	7661		14885
长岗办事处	5873	35824	21481	14343	3	35821
星湖办事处	29712	92803	46466	46337		92803
河堤办事处	4891	13102	6046	7056	4363	8739
仙湖办事处	4392	16090	7873	8217	15566	524
青秀山办事处	3313	8883	4146	4737	4867	4016
滨湖办事处	4831	19326	8429	10897		19326
南湖办事处	5619	16055	8080	7975	1007	15048
南阳镇	8496	31032	16114	14918	29772	1260
伶俐镇	10174	33213	17713	15500	30013	3200
刘圩镇	15564	51719	27078	24641	50146	1573
长塘镇	7840	25645	13513	12132	24315	1330
津头办事处	5626	14165	6246	7919	11599	2566
江南区	**123488**	**406663**	**216184**	**190479**	**225164**	**181499**
江南办事处	8700	28641	14965	13676	1619	27022
水上办事处	462	2073	1341	732		2073
机场办事处	202	461	195	266		461
福建园办事处	20851	60743	31242	29501	2930	57813
五一办事处	12856	36426	19299	17127	7999	28427
亭子办事处	9750	28262	14368	13894	6043	22219
那洪镇	7143	28377	15366	13011	13321	15056
沙井镇	8585	29051	15288	13763	23818	5233
江西镇	11493	42696	22352	20344	39866	2830
吴圩镇	17147	57024	31579	25445	46178	10846
苏圩镇	16540	60508	32543	27965	57568	2940
延安镇	7859	25592	13980	11612	24657	935
明阳农场	1900	6809	3666	3143	1165	5644

3-7 续表　　单位：户、人

指 标 名 称	总户数	总人口	按性别分		按农业、非农业人口分	
			男 性	女 性	农业人口	非农业人口
西乡塘区	**208813**	**762549**	**392575**	**369974**	**243113**	**519436**
衡阳办事处	24817	74562	38324	36238		74562
北湖办事处	18174	53971	28344	25627	2749	51222
五里亭办事处	9765	52885	27265	25620	263	52622
西乡塘办事处	6814	38108	19745	18363	3669	34439
唐山办事处	20400	68358	32403	35955		68358
永新办事处	6835	20111	10046	10065		20111
边阳办事处	5448	15583	7972	7611	1133	14450
高新办事处	2058	9052	5200	3852		9052
上尧办事处	3792	10534	4767	5767	8361	2173
石埠办事处	9484	35763	18545	17218	33151	2612
明秀办事处	9227	37199	19717	17482	19976	17223
双定乡	7593	28147	14624	13523	27001	1146
心圩镇	6791	23452	11809	11643	22024	1428
金陵镇	19093	61896	32548	29348	48444	13452
坛洛镇	20276	72064	37318	34746	69413	2651
金光农场	3739	10373	5341	5032	1524	8849
西湖办事处	3091	23627	11600	12027	992	22635
西大办事处	5104	45830	27656	18174		45830
华强办事处	8255	23776	11867	11909		23776
新阳办事处	18057	57258	27484	29774	4413	52845
良庆区	**61293**	**209026**	**114125**	**94901**	**186737**	**22289**
良庆镇	11087	41216	21543	19673	37153	4063
大塘镇	13793	45452	25279	20173	41713	3739
南晓镇	11956	41369	23237	18132	39839	1530
那陈镇	9564	32388	18229	14159	30985	1403
那马镇	7393	25809	13905	11904	24488	1321
大沙田开发区	7500	22792	11932	10860	12559	10233
邕宁区	**87377**	**314573**	**166564**	**148009**	**268517**	**46056**
蒲庙镇	37202	123744	64441	59303	82932	40812
新江镇	7734	29294	15549	13745	28287	1007
那楼镇	22704	85550	45737	39813	83363	2187
百济乡	10828	42867	23160	19707	41818	1049
中和乡	8909	33118	17677	15441	32117	1001

3-8 市区人口变动情况

(2005年)

单位：人

指标名称	出生人口数			死亡人口数	自然增长人口数	迁入人口数	迁出人口数	机械增长人口数
	合计	男	女					
市区	**25467**	**13876**	**11591**	**6129**	**19338**	**126067**	**86441**	**39626**
兴宁区	**3090**	**1683**	**1407**	**832**	**2258**	**13378**	**14151**	**-773**
朝阳办事处	272	141	131	153	119	981	1311	-330
兴宁办事处	152	81	71	98	54	391	2257	-1866
解放办事处	62	32	30	56	6	526	408	118
公园办事处	160	85	75	86	74	1186	1495	-309
邕武办事处	446	245	201	111	335	5666	3761	1905
腰塘办事处	161	79	82	28	133	361	570	-209
三塘镇	319	169	150	60	259	3768	3262	506
四塘镇	468	260	208	18	450	186	216	-30
五塘镇	922	512	410	199	723	283	731	-448
昆仑镇	128	79	49	23	105	30	140	-110
青秀区	**4871**	**2618**	**2253**	**967**	**3904**	**39232**	**21025**	**18207**
新城办事处	433	226	207	138	295	1271	1093	178
建政办事处	415	221	194	125	290	3429	2276	1153
中山办事处	378	193	185	132	246	1982	2363	-381
南环办事处	96	49	47	85	11	1703	935	768
长岗办事处	112	63	49	54	58	118561	6320	112241
星湖办事处	785	407	378	137	648	8429	4095	4334
河堤办事处	161	93	68	34	127	2720	556	2164
仙湖办事处	255	135	120	16	239	294	78	216
青秀山办事处	153	65	88	34	119	540	56	484
滨湖办事处	156	83	73	25	131	1531	1672	-141
南湖办事处	233	123	110	33	200	4579	271	4308
南阳镇	305	178	127	34	271	107	176	-69
伶俐镇	496	267	229	60	436	162	183	-21
刘圩镇	269	167	102	22	247	192	346	-154
长塘镇	399	219	180	6	393	115	163	-48
津头办事处	225	129	96	32	193	217	442	-225
江南区	**4617**	**2541**	**2076**	**1244**	**3373**	**11681**	**7116**	**4565**
江南办事处	320	176	144	80	240	1288	1333	-45
水上办事处	13	8	5	11	2	17	83	-66
机场办事处	6	3	3		6	58	46	12
福建园办事处	468	256	212	214	254	1562	1600	-38
五一办事处	544	267	277	79	465	2541	927	1614
亭子办事处	376	176	200	110	266	1198	355	843
那洪镇	310	188	122	51	259	1758	1352	406
沙井镇	607	349	258	42	565	527	308	219
江西镇	602	341	261	68	534	366	256	110
吴圩镇	614	348	266	163	451	283	407	-124
苏圩镇	428	260	168	150	278	190	279	-89
延安镇	293	149	144	245	48	63	84	-21
明阳农场	36	20	16	31	5	1830	86	1744

单位：人

指标名称	出生人口数			死亡人口数	自然增长人口数	迁入人口数	迁出人口数	机械增长人口数
	合计	男	女					
西乡塘区	**7417**	**4141**	**3276**	**2116**	**5301**	**58225**	**39510**	**18715**
衡阳办事处	660	352	308	463	197	2215	1550	665
北湖办事处	671	363	308	210	461	3771	3828	-57
五里亭办事处	313	163	150	146	167	11414	8076	3338
西乡塘办事处	134	81	53	36	98	6446	3824	2622
唐山办事处	489	288	201	232	257	5352	4110	1242
永新办事处	191	108	83	143	48	386	713	-327
边阳办事处	176	101	75	124	52	474	376	98
高新办事处	68	33	35	7	61	2374	823	1551
上尧办事处	158	103	55	48	110	188	621	-433
石埠办事处	364	214	150	30	334	266	158	108
明秀办事处	273	166	107	18	255	2710	818	1892
双定乡	608	349	259	46	562	227	115	112
心圩镇	396	234	162	45	351	278	98	180
金陵镇	804	509	295	31	773	269	235	34
坛洛镇	851	491	360	49	802	355	330	25
金光农场	88	46	42	25	63	119	40	79
西湖办事处	95	48	47	43	52	5000	2686	2314
西大办事处	150	71	79	35	115	12943	6026	6917
华强办事处	191	95	96	133	58	790	880	-90
新阳办事处	737	326	411	252	485	2648	4203	-1555
良庆区	**1554**	**889**	**665**	**468**	**1086**	**2211**	**1833**	**378**
良庆镇	268	154	114	41	227	117	291	-174
大塘镇	277	150	127	148	129	167	290	-123
南晓镇	437	254	183	202	235	153	166	-13
那陈镇	212	123	89	43	169	128	215	-87
那马镇	162	102	60	8	154	305	57	248
大沙田开发区	198	106	92	26	172	1341	814	527
邕宁区	**3918**	**2004**	**1914**	**502**	**3416**	**1340**	**2806**	**-1466**
蒲庙镇	1873	935	938	249	1624	739	1501	-762
新江镇	423	227	196	58	365	118	173	-55
那楼镇	1189	605	584	142	1047	269	675	-406
百济乡	251	132	119	37	214	96	276	-180
中和乡	182	105	77	16	166	118	181	-63

3-9 各县人口数

(2005年)

指标名称	单位	武鸣县	横县	宾阳县	上林县	马山县	隆安县
总户数	**户**	**197335**	**299446**	**262630**	**116908**	**116964**	**91955**
总人口数	**人**	**651855**	**1098713**	**997604**	**469313**	**507481**	**373784**
男性人口	人	340465	587471	523819	242297	262992	194582
女性人口	人	311390	511242	473785	227016	244489	179202
农业人口	人	538728	970682	863093	422764	472508	335075
非农业人口	人	113127	128031	134511	46549	34973	38709
年平均人口	人	649180	1091567	989872	464662	506291	372290
出生人数	人	6964	15100	13713	3645	4048	4530
出生率	‰	2.84	10.03	5.92	7.33	7.98	7.63
死亡人数	人	1868	4097	1682	880	1799	1276
死亡率	‰	0.80	2.97	0.51	1.44	3.55	1.76
自然增长人数	人	5096	11003	12031	2765	2249	3254
自然增长率	‰	2.04	7.33	5.41	5.89	4.43	5.87
迁入人数	人	7477	8185	9302	3379	1256	1911
迁出人数	人	7222	6842	5870	2218	2914	2633
机械增长人数	人	255	1343	3432	1161	-1658	-722
机械增长率	‰	0.39	1.23	3.47	2.50	-3.27	-1.94

3-10 各县人口分乡镇统计

(2005年)　　单位：户、人

指标名称	总户数	总人口	按性别分		按农业、非农业人口分	
			男性	女性	农业人口	非农业人口
武鸣县	**197335**	**651855**	**340465**	**311390**	**538728**	**113127**
城厢镇	33734	97057	50632	46425	49468	47589
锣圩镇	18449	63331	33189	30142	59393	3938
陆斡镇	18091	60870	31742	29128	57852	3018
太平镇	11536	37348	19954	17394	35526	1822
双桥镇	16938	53998	28063	25935	50440	3558
宁武镇	11189	37331	19729	17602	35854	1477
仙湖镇	10871	39351	20441	18910	37633	1718
府城镇	15732	56185	29702	26483	51770	4415
两江镇	12562	41551	21310	20241	39507	2044
罗波镇	10857	35557	18595	16962	33703	1854
灵马镇	9850	42772	22613	20159	41501	1271
马头镇	6248	23222	11951	11271	22335	887
甘圩镇	6052	22933	11884	11049	22534	399
东风场	2122	6243	3248	2995	189	6054
南宁华侨投资区	13104	34106	17412	16694	1023	33083
横　县	**299446**	**1098713**	**587471**	**511242**	**970682**	**128031**
百合镇	23533	97047	52245	44802	90207	6840
横州镇	49066	157771	82551	75220	90446	67325
马山乡	15464	55867	31057	24810	54618	1249
那阳镇	16497	57599	30531	27068	55239	2360
南乡镇	22222	85381	46837	38544	78797	6584
蓬塘镇	9289	37016	19813	17203	35873	1143
平马镇	8944	33273	17921	15352	32032	1241
平朗乡	7589	26250	14139	12111	24339	1911
峦城镇	14973	54094	28106	25988	45578	8516
六景镇	25028	90813	48642	42171	78591	12222
陶圩镇	20201	78252	41481	36771	75535	2717
石塘镇	18403	65850	35167	30683	62771	3079
校椅镇	25189	92646	49658	42988	88707	3939
云表镇	17749	73486	39082	34404	70584	2902
马岭镇	6515	26049	13605	12444	24582	1467
镇龙乡	4496	17442	9664	7778	16659	783
新福镇	14288	49877	26972	22905	46124	3753

3-10 续表1 单位：户、人

指标名称	总户数	总人口	按性别分		按农业、非农业人口分	
			男性	女性	农业人口	非农业人口
宾阳县	**262630**	**997604**	**523819**	**473785**	**863093**	**134511**
廖平农场	1817	11042	9023	2019	7070	3972
陈平乡	6797	26086	13988	12098	25367	719
芦圩镇	55737	210207	109084	101123	153689	56518
黎塘镇	40131	122512	63965	58547	71866	50646
甘塘镇	13149	50349	26845	23504	48098	2251
大桥镇	15983	70917	36869	34048	67158	3759
新桥镇	19211	81252	41925	39327	79150	2102
思陇镇	15004	60856	32180	28676	59220	1636
邹圩镇	11996	48378	24949	23429	46615	1763
武陵镇	13822	58185	30310	27875	56038	2147
古辣镇	17948	53875	28608	25267	52566	1309
和吉镇	9173	37674	19362	18312	36905	769
洋桥镇	6469	28295	14729	13566	27277	1018
新圩镇	6975	28787	14762	14025	28055	732
中华镇	8484	33454	17335	16119	32750	704
露圩镇	9493	35734	19035	16699	34709	1025
王灵镇	10441	40001	20850	19151	36560	3441
上林县	**116908**	**469313**	**242297**	**227016**	**422764**	**46549**
大丰镇	16488	56811	29339	27472	33905	22906
巷贤镇	11686	45062	23283	21779	42566	2496
明亮镇	7796	30222	15604	14618	28449	1773
西燕镇	10898	46868	23755	23113	44025	2843
澄泰乡	9797	42859	22117	20742	39126	3733
白圩镇	17859	76203	39737	36466	71952	4251
三里镇	13044	54217	27930	26287	51137	3080
乔贤镇	8561	34148	17433	16715	32499	1649
木山乡	5188	19893	10285	9608	18900	993
塘红乡	9894	40111	21111	19000	38471	1640
镇圩瑶族乡	5697	22919	11703	11216	21734	1185

指标名称	总户数	总人口	按性别分		按农业、非农业人口分	
			男性	女性	农业人口	非农业人口
马山县	**116964**	**507481**	**262992**	**244489**	**472508**	**34973**
光明山林场	434	1632	889	743	1460	172
乔利乡	8164	36822	19194	17628	35879	943
加方乡	6924	29374	15317	14057	28450	924
古寨乡	4853	21037	10939	10098	20434	603
里当乡	5050	20982	11158	9824	20437	545
白山镇	19860	77543	39992	37551	55800	21743
周鹿镇	18807	83989	43449	40540	80898	3091
百龙滩镇	4945	20868	10663	10205	20187	681
林圩镇	17377	84864	44216	40648	83363	1501
古零镇	11676	50670	26070	24600	49177	1493
金钗镇	6920	29110	14864	14246	28039	1071
永州镇	11954	50590	26241	24349	48384	2206
隆安县	**91955**	**373784**	**194582**	**179202**	**335075**	**38709**
城厢镇	17131	61813	32823	28990	43248	18565
南圩镇	15395	62604	32152	30452	58869	3735
乔建镇	9080	37397	19544	17853	35948	1449
那桐镇	12116	51133	26748	24385	42747	8386
丁当镇	7939	33347	17320	16027	31614	1733
雁江镇	6919	26812	13703	13109	25285	1527
古潭乡	5603	24066	12590	11476	23297	769
屏山乡	3618	16429	8519	7910	15575	854
布泉乡	5326	22581	11642	10939	21998	583
都结乡	8828	37602	19541	18061	36494	1108

3-11 市区城乡劳动力资源分配平衡表

（2005年）　　单位：万人

指标名称	合计	城镇	乡村
年末劳动力资源总数	**182.21**	**127.12**	**55.09**
#当年新增加的劳动力资源	2.46	1.26	1.20
年末16岁以上全部人数	201.79	145.07	56.72
#不计入劳动力资源的人数	31.43	16.75	14.68
经济活动人口	152.84	67.14	85.70
从业人员	150.84	65.14	85.70
按就业状况分组			
全部在岗职工	44.73	44.73	
再就业的离退休人员	0.19	0.19	
私营业主	3.66	2.95	0.71
私营企业和个体从业人员	23.64	14.83	8.81
乡镇企业从业人员	3.28		3.28
农村从业人员	72.90		72.90
其他	2.44	2.44	
按经济类型分组			
国有经济	27.32	27.32	
集体经济	74.73	1.83	72.90
私营经济	16.08	13.14	2.94
个体经济	11.22	4.64	6.58
联营经济	0.06	0.06	
股份制经济	2.46	2.46	
外商投资经济	0.85	0.85	
港、澳、台投资经济	0.90	0.90	
其他经济	17.22	13.94	3.28

单位：万人

指 标 名 称	合 计	城 镇	乡 村
按国民经济行业分组			
农、林、牧、渔业	74.31	1.41	72.90
采矿业	0.24	0.19	0.05
制造业	14.35	10.83	3.52
电力、煤气及水的生产供应业	0.54	0.54	
建筑业	6.53	5.10	1.43
地质勘探、水利管理业			
交通运输、仓储及邮电通信业	6.39	4.54	1.85
信息传输和计算机服务业	2.10	2.10	
批发零售贸易业	14.82	10.34	4.48
住宿和餐饮业	3.76	3.47	0.29
金融业	1.60	1.60	
房地产业	3.25	3.25	
租赁和商务服务业	2.76	2.76	
科学研究和技术服务和地质勘察业	1.90	1.90	
水利、环境和公共设施管理业	0.87	0.87	
居民服务和其他服务业	3.78	2.70	1.08
教育	4.96	4.86	0.10
卫生、社会保障和社会福利业	3.13	3.13	
文化、体育与娱乐业	1.24	1.24	
公共管理和社会组织	4.31	4.31	
其他行业			
失业人员	2.00	2.00	
非经济活动人口	**26.11**	**23.04**	**3.07**
#16岁以上在校生	21.95	20.60	1.35
家务劳动者	3.22	2.15	1.07

3-12 主要年份全市在岗职工人数及构成

年份	在岗职工人数（人）				构成（%）		
		国有经济单位	城镇集体单位	其他经济单位	国有经济单位	城镇集体单位	其他经济单位
1950	4645						
1965	141718						
1978	316466						
1980	348858						
1981	365994	291928	74066		79.76	20.24	
1982	393866	320038	73828		81.26	18.74	
1983	388923	315746	73177		81.18	18.82	
1984	393707	319171	74536		81.07	18.93	
1985	406270	326815	79406	49	80.44	19.55	
1986	441427	341108	99973	346	77.27	22.65	
1987	457911	355604	101217	1090	77.66	22.10	
1988	474252	372567	99503	2182	78.56	20.98	
1989	483379	378469	101782	3128	78.30	21.06	0.65
1990	473944	400527	69077	4340	84.00	14.57	0.92
1991	496852	417411	74011	5430	84.01	14.90	1.09
1992	505474	424700	73863	6911	84.02	14.61	1.37
1993	517971	432101	69896	15974	83.42	14.00	3.08
1994	511592	431517	63237	16838	84.35	13.00	3.29
1995	500975	419903	63706	17366	83.82	12.72	3.47
1996	504483	423637	60769	20077	83.97	12.05	3.98
1997	498410	412593	55477	30340	82.78	11.00	6.09
1998	457129	347893	46047	63189	76.10	10.07	13.82
1999	434883	313178	40782	80923	72.01	9.38	18.61
2000	544799	409279	46455	89065	75.12	8.53	16.35
2001	524004	389988	44496	89520	74.43	8.49	17.08
2002	497509	345039	39573	112897	69.36	7.95	22.69
2003	506235	353927	35024	117284	69.91	6.92	23.00
2004	542585	363721	32842	146022	67.00	6.00	27.00
2005	583660	369442	23797	190421	63.00	4.00	33.00

3-13 主要年份全市在岗职工工资总额及平均工资

年　份	在岗职工工资总额（万元）	国有经济单位	城镇集体单位	其他经济单位	在岗职工平均工资（元）	国有经济单位	城镇集体单位	其他经济单位
1950	157				338			
1965	7289				539			
1978	17231				654			
1980	24735				684			
1981	26943	22465	4478		746	780	611	
1982	30422	25370	5052		791	811	706	
1983	31673	26383	5290		818	841	722	
1984	37673	31578	6095		963	1010	776	
1985	42058	34452	7601	5	1051	1074	958	2083
1986	55807	45152	10628	27	1292	1359	1069	1421
1987	63803	51904	11727	172	1428	1499	1179	1610
1988	78020	63716	13992	312	1685	1755	1423	1859
1989	84956	68826	15620	510	1784	1850	1543	1749
1990	98238	85247	12200	791	2111	2173	1765	1942
1991	112323	96853	14324	1146	2331	2385	2029	2234
1992	135093	117682	15870	1541	2720	2820	2174	2453
1993	192696	164018	21759	6919	3786	3863	3170	4386
1994	250214	217510	24695	8009	4976	5136	3925	4864
1995	281024	241990	28661	10373	5668	5835	4514	5907
1996	300874	257886	30801	12187	6009	6159	4957	6144
1997	321010	270037	31518	19455	6508	6605	5718	6651
1998	334839	265276	25626	43937	7315	7580	5649	7040
1999	353051	261468	25622	65961	8077	8303	6225	8142
2000	445883	339842	28724	77318	8185	8342	6062	8591
2001	502894	384613	32309	85973	9572	9867	7151	9507
2002	568118	416947	30413	120758	11363	11917	7718	10908
2003	668976	499260	31082	138634	13172	14082	8870	11721
2004	829568	611737	31265	186566	15447	16969	9753	12914
2005	985557	690902	26776	267879	17520	19202	11326	14960

3-14 全市单位从业人员人数

(2005年)　　单位：人

指标名称	单位数(个)	从业人员年末人数	#女性	在岗职工	#专业技术人员	其他从业人员	离开单位仍保留关系的职工	在岗职工年平均人数
总　计	**11204**	**618463**	**223058**	**583660**	**182038**	**34803**	**43806**	**562517**
#国有控股	**3822**	**244271**	**82174**	**228669**	**57888**	**15602**	**26902**	**219045**
按企业、事业、机关分组								
企业	4405	379328	124149	354418	66095	24910	39501	338016
事业	4804	189649	83974	181972	110784	7677	4009	178572
机关	1995	49486	14935	47270	5159	2216	296	45929
按经济类型分组								
国有经济单位	8431	391077	145418	369442	141794	21635	24854	359808
集体经济单位	752	24741	8159	23797	5011	944	5770	23641
其他经济单位	2021	202645	69481	190421	35233	12224	13182	179068
按国民经济行业分组								
农、林、牧、渔业	446	33651	13355	31074	4271	2577	2492	31632
农业	134	24737	10486	22265	804	2472	998	22818
林业	40	3855	1482	3811	1147	44	1224	3801
畜牧业	15	990	337	987	198	3	116	990
渔业	4	30	5	30	9			29
农、林、牧、渔服务业	253	4039	1045	3981	2113	58	154	3994
采掘业	20	836	159	817	179	19	205	853
制造业	897	114015	43356	108540	17222	5475	14642	107071
电力、煤气及水的生产和供应业	91	9583	2691	9330	2851	253	487	9562
建筑业	287	67119	7699	65002	12357	2117	5258	49726
交通运输、仓储及邮政业	402	48736	12860	45719	3596	3017	4792	45778
铁路运输业	16	21883	4826	21106	360	777	2053	21041
道路运输业	143	12581	4204	12383	1733	198	1336	12224
城市公共交通业	75	7222	1373	7208	232	14	125	6872
水上运输业	12	816	193	816	266		486	909
航空运输业	7	1154	295	1154	410		9	1286
装卸搬运和其他运输服务业	1	15	5	15	4			7
仓储业	77	1746	712	1016	241	730	397	1508
邮政业	71	3319	1252	2021	350	1298	386	1931

单位：人

指 标 名 称	单位数（个）	从业人员年末人数	#女 性	在岗职工	#专业技术人员	其他从业人员	离开单位仍保留关系的职工	在岗职工年平均人数
信息传输、计算机服务和软件业	210	9043	3656	5352	2801	3691	254	5309
电信和其他信息传输服务业	199	8134	3411	4523	2219	3611	254	4492
计算机服务业	4	268	86	262	144	6		273
软件业	7	641	159	567	438	74		544
批发和零售业	1227	40613	15617	38623	7078	1990	7971	38783
批发业	663	22734	7665	21601	4171	1133	3805	21696
零售业	564	17879	7952	17022	2907	857	4166	17087
住宿和餐饮业	166	14154	7917	13937	1840	217	822	14009
住宿业	123	11309	6451	11182	1450	127	581	11027
餐饮业	43	2845	1466	2755	390	90	241	2982
金融业	438	19380	6700	18448	9280	932	1086	18316
银行业	376	13952	5361	13716	8176	236	997	13628
证券业	8	485	190	430	341	55	2	428
保险业	44	4184	1051	3544	620	640	43	3516
其他金融活动	10	759	98	758	143	1	44	744
房地产业	349	12752	3929	12096	3486	656	584	11701
房地产开发经营	204	5989	1666	5693	2010	296	464	5730
物业管理	84	5279	1795	4950	1064	329	55	4561
房地产中介服务	9	275	78	275	42		3	276
租赁和商务服务业	297	17946	7968	12739	2503	5207	1324	12642
租赁业	4	89	26	88	27	1	202	76
商务服务业	293	17857	7942	12651	2476	5206	1122	12566
科学研究、技术服务和地质勘查业	541	21282	7093	20251	10977	1031	1135	20069
研究与试验发展	244	8979	3363	8665	4396	314	321	8621
专业技术服务业	219	10003	3107	9338	5210	665	311	9219
科技交流和推广服务业	61	1027	293	999	609	28	37	975
地质勘查业	17	1273	330	1249	762	24	466	1254
水利、环境和公共设施管理业	232	11833	5962	11517	1620	316	396	10938
水利管理业	117	2101	478	2016	472	85	69	1984
环境管理业	50	7227	4408	7114	563	113	80	6580
公共设施管理业	65	2505	1076	2387	585	118	247	2374
居民服务和其他服务业	36	1212	535	1134	258	78	64	1121
居民服务业	18	905	435	876	178	29	22	867
其他服务业	18	307	100	258	80	49	42	254
教育	2217	90102	40362	86488	67544	3614	789	84567
初等教育	1674	35376	16687	33743	30299	1633	308	33236
中等教育	395	36000	15478	35266	26769	734	393	34532
高等教育	29	14290	5561	13441	8214	849	45	12838

单位：人

指标名称	单位数（个）	从业人员年末人数	#女性	在岗职工	#专业技术人员	其他从业人员	离开单位仍保留关系的职工	在岗职工年平均人数
卫生、社会保障和社会福利业	391	32506	20150	31401	21460	1105	326	30643
卫生	286	30282	18817	29687	20871	595	316	28924
社会保障业	76	1199	646	715	325	484	1	710
社会福利业	29	1025	687	999	264	26	9	1009
文化 、体育和娱乐业	277	11197	3497	10653	4511	544	809	10263
新闻出版社	96	4466	1382	4432	1693	34	511	4197
广播、电视、电影和音像业	35	1333	508	1310	603	23	159	1263
文化艺术业	120	3276	1158	3127	1768	149	39	3082
体育	15	1720	321	1389	312	331	4	1350
娱乐业	11	402	128	395	135	7	96	371
公共管理和社会组织业	2680	62503	19552	60539	8204	1964	370	59534
中国共产党机关	100	1956	379	1919	101	37	28	1900
国家机构	2300	55794	16606	54274	7458	1520	318	53333
人民政协和民主党派	26	840	317	811	156	29	3	812
群众社团、社会团体和宗教组织	254	3913	2250	3535	489	378	21	3489
国有单位合计	**8431**	**391077**	**145418**	**369442**	**141794**	**21635**	**24854**	**359808**
按隶属关系分组								
中央	496	46212	14176	41821	11675	4391	3658	41650
省、自治区、直辖市	1368	126778	48270	120060	39535	6718	8329	118484
地区	1110	91818	29396	87464	24192	4354	7752	80512
县及县以下	5436	125733	53366	119563	66237	6170	5113	118642
其他	21	536	210	534	155	2	2	520
按企业、事业、机关分组								
企业	1803	154623	47890	142762	26798	11861	20743	137869
#地方	1368	114165	35838	106581	17718	7584	17548	101813
事业	4633	186968	82593	179410	109837	7558	3815	176010
#地方	4578	183331	81150	175821	107374	7510	3352	172481
机关	1995	49486	14935	47270	5159	2216	296	45929
#地方	1968	46833	14044	44685	4872	2148	294	43344

单位：人

指标名称	单位数（个）	从业人员年末人数	#女性	在岗职工	#专业技术人员	其他从业人员	离开单位仍保留关系的职工	在岗职工年平均人数
按国民经济行业分组								
农、林、牧、渔业	408	29990	12063	27445	3687	2545	1917	27994
采掘业	8	204	61	197	20	7	92	196
制造业	216	30850	10375	29838	4413	1012	7025	29507
电力、煤气及水的生产和供应业	78	8683	2574	8483	2682	200	487	8713
建筑业	69	14736	1394	14016	2651	720	1733	8365
交通运输、仓储及邮政业	250	33542	8462	30658	2171	2884	3589	31035
信息传输、计算机服务和软件业	176	7512	3159	3907	2042	3605	243	3850
批发和零售业	506	16066	5366	14439	2640	1627	3950	14519
住宿和餐饮业	54	3023	1536	3016	298	7	482	3035
金融业	278	11887	4219	11345	6658	542	874	11371
房地产业	87	2722	780	2504	977	218	156	2615
租赁和商务服务业	185	8537	1728	8354	1644	183	601	8157
科学研究、技术服务和地质勘查业	501	19630	6686	18790	10390	840	1072	18616
水利、环境和公共设施管理业	225	11483	5847	11195	1531	288	396	10611
居民服务和其他服务业	11	346	117	346	84		46	346
教育	2170	87936	39332	84475	66350	3461	785	82580
卫生、社会保障和社会福利业	372	31721	19689	30655	21085	1066	323	29887
文化 、体育和娱乐业	268	11020	3426	10485	4464	535	713	10112
公共管理和社会组织业	2569	61189	18604	59294	8007	1895	370	58299
城镇集体单位合计	**752**	**24741**	**8159**	**23797**	**5011**	**944**	**5770**	**23641**
按企业、事业、机关分组								
企业	693	23803	7861	22895	4709	908	5577	22740
事业	59	938	298	902	302	36	193	901
机关								

单位：人

指标名称	单位数（个）	从业人员年末人数	#女性	在岗职工	#专业技术人员	其他从业人员	离开单位仍保留关系的职工	在岗职工年平均人数
按国民经济行业分组								
农、林、牧、渔业	13	88	34	86	24	2	4	87
采掘业	2	82	14	82	10		2	82
制造业	190	8906	4071	8810	1467	96	2203	8910
电力、煤气及水的生产和供应业	2	439	5	436	18	3		436
建筑业	46	5541	704	5105	952	436	593	4721
交通运输、仓储及邮政业	16	625	191	613	105	12	513	692
信息传输、计算机服务和软件业								
批发和零售业	262	3979	1237	3859	579	120	1943	3968
住宿和餐饮业	26	702	374	697	67	5	111	673
金融业	99	2255	805	2255	1097		137	2269
房地产业	13	314	104	265	170	49	3	230
租赁和商务服务业	41	524	98	516	69	8	222	516
科学研究、技术服务和地质勘查业	7	318	108	182	35	136	30	184
水利、环境和公共设施管理业								
居民服务和其他服务业	9	157	56	138	30	19	8	139
教育	13	596	274	546	310	50		529
卫生、社会保障和社会福利业	6	126	60	123	57	3	1	124
文化、体育和娱乐业	3	43	5	38	3	5		38
公共管理和社会组织业	4	46	19	46	18			43

单位：人

指 标 名 称	单位数（个）	从业人员年末人 数	#女 性	在 岗 职 工	#专业技术人员	其 他 从 业 人 员	离开单位仍保留关系的职工	在岗职工年平均人数
其他单位合计	**2021**	**202645**	**69481**	**190421**	**35233**	**12224**	**13182**	**179068**
按登记注册类型分组								
内 资	1829	182298	61805	170934	32944	11364	12868	159339
股份合作	36	2559	904	2364	450	195	180	2230
联 营	20	1490	587	1351	171	139	231	1180
#国有联营	14	1081	452	1017	112	64	128	848
集体联营	5	315	121	240	42	75	6	233
有限责任公司	1238	130859	42249	122254	23693	8605	10117	112285
#国有独资	100	39038	6262	38684	6942	354	3699	30765
股份有限公司	152	29308	9985	27377	4456	1931	2136	25777
其 他	383	18082	8080	17588	4174	494	204	17867
港、澳、台商投资	78	10348	4086	9721	1078	627	233	9776
外商投资	114	9999	3590	9766	1211	233	81	9953
按企业、事业分组								
企 业	1909	200902	68398	188761	34588	12141	13181	177407
事 业	112	1743	1083	1660	645	83	1	1661

指 标 名 称	单位数（个）	从业人员年末人数	#女 性	在岗职工	#专业技术人员	其他从业人员	离开单位仍保留关系的职工	在岗职工年平均人数
按国民经济行业分组								
农、林、牧、渔业	25	3573	1258	3543	560	30	571	3551
采掘业	10	550	84	538	149	12	111	575
制造业	491	74259	28910	69892	11342	4367	5414	68654
电力、煤气及水的生产和供应业	11	461	112	411	151	50		413
建筑业	172	46842	5601	45881	8754	961	2932	36640
交通运输、仓储及邮政业	136	14569	4207	14448	1320	121	690	14051
信息传输、计算机服务和软件业	34	1531	497	1445	759	86	11	1459
批发和零售业	459	20568	9014	20325	3859	243	2078	20296
住宿和餐饮业	86	10429	6007	10224	1475	205	229	10301
金融业	61	5238	1676	4848	1525	390	75	4676
房地产业	249	9716	3045	9327	2339	389	425	8856
租赁和商务服务业	71	8885	6142	3869	790	5016	501	3969
科学研究、技术服务和地质勘查业	33	1334	299	1279	552	55	33	1269
水利、环境和公共设施管理业	7	350	115	322	89	28		327
居民服务和其他服务业	16	709	362	650	144	59	10	636
教 育	34	1570	756	1467	884	103	4	1458
卫生、社会保障和社会福利业	13	659	401	623	318	36	2	632
文化 、体育和娱乐业	6	134	66	130	44	4	96	113
公共管理和社会组织业	107	1268	929	1199	179	69		1192

3-15 全市单位从业人员劳动报酬

(2005年)

单位：万元

指 标 名 称	从业人员劳动报酬	在岗职工工资总额	其他人员劳动报酬	离开单位仍保留关系的职工生活费	在岗职工年平均工资（元）
总 计	**1024877**	**985557**	**39320**	**20483**	**17520**
#国有控股	**427728**	**409732**	**17996**	**14240**	**18705**
按企业、事业、机关分组					
企 业	573356	543223	30132	16441	16071
事 业	351469	343707	7762	3738	19248
机 关	100052	98627	1425	304	21474
按经济类型分组					
国有经济单位	714066	690902	23164	14983	19202
集体经济单位	27668	26776	893	910	11326
其他经济单位	283143	267879	15264	4590	14960
按国民经济行业分组					
农、林、牧、渔业	31577	28697	2880	570	9072
农 业	19321	17158	2162	292	7520
林 业	5064	4396	668	77	11566
畜牧业	1246	1242	3	80	12549
渔 业	33	33			11310
农、林、牧、渔服务业	5914	5867	47	121	14690
采掘业	1249	1215	34	37	14246
制造业	135191	131439	3752	5995	12276
电力、煤气及水的生产和供应业	27769	27503	266	563	28763
建筑业	99394	97002	2393	2073	19507
交通运输、仓储及邮政业	96382	92749	3633	3013	20261
铁路运输业	54145	52659	1486	1890	25027
道路运输业	16969	16407	562	507	13422
城市公共交通业	13433	13410	23	8	19514
水上运输业	1075	1075		101	11827
航空运输业	2785	2785		11	21652
装卸搬运和其他运输服务业	41	18	23		25571
仓储业	1818	1777	40	136	11784
邮政业	6117	4618	1499	359	23916

单位：万元

指 标 名 称	从业人员劳动报酬	在岗职工工资总额	其他人员劳动报酬	离开单位仍保留关系的职工生活费	在岗职工年平均工资（元）
信息传输、计算机服务和软件业	25560	20503	5057	366	38620
电信和其他信息传输服务业	24155	19266	4889	366	42889
计算机服务业	324	315	10		11520
软件业	1081	923	158		16967
批发和零售业	52602	50622	1980	2388	13053
批发业	30892	30113	779	1602	13879
零售业	21711	20510	1201	786	12003
住宿和餐饮业	14546	14269	277	284	10186
住宿业	12029	11833	196	272	10730
餐饮业	2517	2437	81	12	8171
金融业	54723	52246	2477	1594	28525
银行业	42155	40630	1524	1459	29814
证券业	1660	1597	63	3	37308
保险业	9432	8544	889	111	24299
其他金融活动	1477	1476	1	20	19832
房地产业	18606	17109	1497	242	14622
房地产开发经营	10302	9312	989	189	16252
物业管理	6277	5796	481	52	12708
房地产中介服务	442	442			16025
租赁和商务服务业	30051	23648	6404	357	18706
租赁业	87	77	10	23	10079
商务服务业	29964	23571	6393	334	18758
科学研究、技术服务和地质勘查业	46061	44839	1222	854	22342
研究与试验发展	17780	17411	370	179	20196
专业技术服务业	23858	23046	812	339	24998
科技交流和推广服务业	1834	1817	17	21	18635
地质勘查业	2588	2566	23	315	20459
水利、环境和公共设施管理业	14201	13934	267	375	12739
水利管理业	2119	2089	29	23	10530
环境管理业	7768	7692	77	87	11690
公共设施管理业	4314	4153	161	265	17495
居民服务和其他服务业	1502	1454	48	8	12973
居民服务业	1211	1188	23	8	13698
其他服务业	291	267	25		10500
教 育	157591	153772	3820	850	18183
初等教育	45487	44476	1011	409	13382
中等教育	65907	65164	742	401	18871
高等教育	38204	37230	974	4	29000

指 标 名 称	从业人员劳动报酬			离开单位仍保留关系的职工生活费	在岗职工年平均工资（元）
		在岗职工工资总额	其他人员劳动报酬		
卫生、社会保障和社会福利业	71847	70709	1138	364	23075
卫 生	68647	67807	839	359	23443
社会保障业	1416	1135	281	1	15989
社会福利业	1784	1766	18	4	17502
文化 、体育和娱乐业	22898	22432	466	169	21857
新闻出版社	9206	9167	39	86	21842
广播、电视、电影和音像业	2588	2576	12	37	20393
文化艺术业	6253	6129	124	12	19885
体 育	2989	2728	261	1	20207
娱乐业	1863	1833	30	33	49410
公共管理和社会组织业	123128	121416	1712	381	20394
中国共产党机关	4028	4004	24	70	21072
国家机构	110892	109645	1247	270	20559
人民政协和民主党派	2404	2389	16		29415
群众社团、社会团体和宗教组织	5804	5379	425	42	15417
国有单位合计	**714066**	**690902**	**23164**	**14983**	**19202**
按隶属关系分组					
中 央	133339	126022	7317	4161	30257
省、自治区、直辖市	248597	240645	7952	4796	20310
地 区	168925	164623	4303	4427	20447
县及县以下	162269	158678	3591	1599	13375
其 他	936	935	1		17981
按企业、事业、机关分组					
企 业	265520	251429	14091	10966	18237
#地 方	148311	141454	6857	7201	13893
事 业	348494	340847	7647	3712	19365
#地 方	339349	331744	7605	3319	19234
机 关	100052	98627	1425	304	21474
#地 方	92131	90748	1383	302	20937

单位：万元

指 标 名 称	从业人员劳动报酬	在岗职工工资总额	其他人员劳动报酬	离开单位仍保留关系的职工生活费	在岗职工年平均工资（元）
按国民经济行业分组					
农、林、牧、渔业	27102	24908	2194	312	8898
采掘业	285	283	2	13	14454
制造业	41303	40740	563	4277	13807
电力、煤气及水的生产和供应业	25664	25474	190	563	29237
建筑业	13338	12804	534	725	15307
交通运输、仓储及邮政业	71146	68081	3065	2684	21937
信息传输、计算机服务和软件业	20879	15997	4882	340	41551
批发和零售业	23617	21917	1700	1288	15096
住宿和餐饮业	3492	3488	4	203	11492
金融业	35980	34423	1557	1356	30273
房地产业	4842	4665	178	65	17838
租赁和商务服务业	18515	18346	170	222	22491
科学研究、技术服务和地质勘查业	42947	41867	1080	829	22490
水利、环境和公共设施管理业	13728	13486	242	375	12710
居民服务和其他服务业	652	652		1	18829
教 育	154902	151303	3600	850	18322
卫生、社会保障和社会福利业	70894	69795	1099	363	23353
文化 、体育和娱乐业	22578	22144	435	136	21898
公共管理和社会组织业	122201	120530	1671	381	20674
城镇集体单位合计	**27668**	**26776**	**893**	**910**	**11326**
按企业、事业、机关分组					
企 业	26502	25663	840	885	11285
事 业	1166	1113	53	26	12352
机 关					

单位：万元

指标名称	从业人员劳动报酬			离开单位仍保留关系的职工生活费	在岗职工年平均工资（元）
		在岗职工工资总额	其他人员劳动报酬		
按国民经济行业分组					
农、林、牧、渔业	62	60	2		6885
采掘业	81	81		1	9890
制造业	8434	8341	94	371	9361
电力、煤气及水的生产和供应业	1147	1143	4		26218
建筑业	6058	5656	402	22	11980
交通运输、仓储及邮政业	577	572	5	36	8267
信息传输、计算机服务和软件业					
批发和零售业	3422	3345	76	259	8430
住宿和餐饮业	457	434	22	9	6452
金融业	4643	4643		146	20462
房地产业	481	362	120		15726
租赁和商务服务业	616	609	6	46	11810
科学研究、技术服务和地质勘查业	317	245	71	17	13332
水利、环境和公共设施管理业					
居民服务和其他服务业	149	135	14	3	9698
教　育	751	691	60		13060
卫生、社会保障和社会福利业	275	268	7		21573
文化 、体育和娱乐业	156	145	10		38263
公共管理和社会组织业	46	46			10651

指　标　名　称	从业人员劳动报酬	在岗职工工资总额	其他人员劳动报酬	离开单位仍保留关系的职工生活费	在岗职工年平均工资（元）
其他单位合计	**283143**	**267879**	**15264**	**4590**	**14960**
按登记注册类型分组					
内　资	256409	243093	13317	4444	15256
股份合作	3829	3652	177	51	16377
联　营	1265	970	295	27	8221
#国有联营	927	710	216		8375
集体联营	272	193	78	5	8296
有限责任公司	185293	174454	10839	3567	15537
#国有独资	71433	70148	1285	1812	22801
股份有限公司	48462	46848	1614	751	18174
其　他	17560	17168	392	49	9609
港、澳、台商投资	14080	13512	568	133	13822
外商投资	12653	11274	1379	13	11327
按企业、事业分组					
企　业	281333	266132	15202	4590	15001
事　业	1809	1747	62		10520

 单位：万元

指 标 名 称	从业人员劳动报酬	在岗职工工资总额	其他人员劳动报酬	离开单位仍保留关系的职工生活费	在岗职工年平均工资（元）
按国民经济行业分组					
农、林、牧、渔业	4413	3729	684	258	10500
采掘业	883	851	32	23	14797
制造业	85454	82358	3096	1347	11996
电力、煤气及水的生产和供应业	958	886	73		21450
建筑业	79998	78542	1456	1326	21436
交通运输、仓储及邮政业	24659	24096	563	294	17149
信息传输、计算机服务和软件业	4681	4506	175	26	30886
批发和零售业	25564	25360	204	841	12495
住宿和餐饮业	10598	10347	251	73	10045
金融业	14100	13181	920	92	28188
房地产业	13282	12082	1200	177	13643
租赁和商务服务业	10920	4692	6228	89	11822
科学研究、技术服务和地质勘查业	2797	2727	70	8	21485
水利、环境和公共设施管理业	473	448	25		13706
居民服务和其他服务业	702	668	34	4	10503
教 育	1938	1778	160		12195
卫生、社会保障和社会福利业	678	646	32		10225
文化 、体育和娱乐业	164	143	21	33	12655
公共管理和社会组织业	881	840	41		7050

3-16 全市职工人数变动情况

(2005年)

单位：人

指标名称	本年增加人数							
	合计	从农村招收	从城镇招收	录用的复员转业军人	录用的大、中专、技校毕业生	调入	#由外省、自治区、直辖市调入	其他
总计	**87550**	**26714**	**14830**	**1424**	**13717**	**8314**	**399**	**22551**
按经济类型分组								
国有经济单位	37234	9502	6191	683	6655	6630	187	7573
城镇集体经济单位	1629	726	216	22	245	51		369
其他经济类型单位	48687	16486	8423	719	6817	1633	212	14609
按国民经济行业分组								
农、林、牧、渔业	2480	443	160	7	132	242	24	1496
采掘业	23					6		17
制造业	17850	8240	3092	219	2077	873	51	3349
电力、煤气及水的生产和供应业	435	3	174	9	127	89	32	33
建筑业	26517	12768	385	23	1078	437	13	11826
交通运输、仓储及邮政业	3208	691	2002	49	299	91	4	76
信息传输、计算机服务和软件业	1030	6	152	9	631	164	2	68
批发和零售业	5795	315	2016	261	2355	494	138	354
住宿和餐饮业	3705	1621	1224	150	506	90	9	114
金融业	1345		493	11	279	465	8	97
房地产业	3028	870	1119	163	387	260	5	229
租赁和商务服务业	1701	308	601	37	586	98	7	71
科学研究、技术服务和地质勘查业	1755	82	316	25	601	320	9	411
水利、环境和公共设施管理业	1062	347	401	20	46	79	3	169
居民服务和其他服务业	163	3	49	1	90	3		17
教育	7851	488	1273	137	2312	1667	65	1974
卫生、社会保障和社会福利业	2773	286	433	35	1195	343	18	481
文化、体育和娱乐业	1402	184	398	58	325	119	2	318
公共管理和社会组织业	5427	59	542	210	691	2474	9	1451

单位：人

指标名称	本年减少人数								
	合计	离休退休退职	开除除名辞退	终止解除合同	保留劳动关系的职工	死亡	调出	#由外省、自治区、直辖市调入	其他
总计	**64842**	**9661**	**7235**	**24811**	**2730**	**588**	**7388**	**297**	**12429**
按经济类型分组									
国有经济单位	26513	4615	2883	7482	1653	438	4809	82	4633
城镇集体经济单位	2568	568	166	1035	248	27	58	2	466
其他经济类型单位	35761	4478	4186	16294	829	123	2521	213	7330
按国民经济行业分组									
农、林、牧、渔业	2705	705	234	470	84	108	142	1	962
采掘业	97	34	39	11			3		10
制造业	17582	3165	1719	5080	665	101	1424	73	5428
电力、煤气及水的生产和供应业	1034	201	9	37	38	17	729		3
建筑业	10499	753	708	5855	304	58	384	3	2437
交通运输、仓储及邮政业	2938	590	233	1166	304	31	233	2	381
信息传输、计算机服务和软件业	699	112	62	419	6	10	54	1	36
批发和零售业	7500	1023	874	4222	412	28	674	116	267
住宿和餐饮业	3750	247	990	1952	54	7	33	5	467
金融业	1392	107	68	803	62	5	289	12	58
房地产业	2624	312	462	1271	32	7	224	9	316
租赁和商务服务业	1436	189	104	548	231	12	159	3	193
科学研究、技术服务和地质勘查业	1520	268	80	659	133	16	174	9	190
水利、环境和公共设施管理业	577	118	155	31	81	16	75		101
居民服务和其他服务业	138	8	58	61	5	3	2		1
教育	5536	1011	988	1169	137	67	1226	31	938
卫生、社会保障和社会福利业	1583	326	199	528	26	23	322	4	159
文化 、体育和娱乐业	809	110	165	235	94	9	76	5	120
公共管理和社会组织业	2423	382	88	294	62	70	1165	23	362

3-17 全市离休、退休、退职人数及保险福利费用构成情况

(2005年)

指 标 名 称	离休、退休、退职人员年末数（人）				保险福利费用构成（万元）					
	合 计	离 休 人 员	退 休 人 员	领取定期生活费的退职人员	合 计	离休金	退休金	退 职 生活费	医 疗 卫生费	其 他
总 计	**147868**	**1758**	**146110**		**152694**	**3071**	**118944**		**1072**	**29607**
企 业	**101615**	**830**	**100785**		**77794**	**1506**	**70413**		**834**	**5041**
内资企业	101465	821	100644		77654	1489	70299		834	5032
国有企业	77612	710	76902		61713	1354	56850		418	3090
集体企业	19471	75	19396		11582	93	10839		36	614
其他企业	4382	36	4346		4359	42	2610		379	1328
港、澳、台商投资企业	150	9	141		141	17	114			9
事 业	**34126**	**380**	**33746**		**53629**	**648**	**35995**		**187**	**16798**
机 关	**9548**	**2055**	**9000**		**19560**	**917**	**10860**		**49**	**7733**

注：本表数据不包括中直、区直单位。

3-18 市区单位从业人员人数

(2005年)

单位：人

指 标 名 称	单位数（个）	从业人员年末人数	# 女 性	在岗职工	#专业技术人员	其他从业人员	离开单位仍保留关系的职工	在岗职工年平均人数
总　计	**6656**	**473527**	**166207**	**447256**	**125719**	**26271**	**33431**	**426515**
#国有控股	**2577**	**185264**	**58397**	**174084**	**43705**	**11180**	**20955**	**164430**
按企业、事业、机关分组								
企 业	3573	315750	99336	296253	57971	19497	30246	279235
事 业	2164	125686	56612	120151	64407	5535	3072	117603
机 关	919	32091	10259	30852	3341	1239	113	29677
按经济类型分组								
国有经济单位	4206	273192	98361	257061	89528	16131	18717	247713
集体经济单位	541	18331	6194	17963	3225	368	3926	17949
其他经济单位	1909	182004	61652	172232	32966	9772	10788	160853
按国民经济行业分组								
农、林、牧、渔业	195	14075	5741	12087	2644	1988	1782	12170
农　业	84	8480	3893	6530	396	1950	578	6604
林　业	26	2705	1033	2693	999	12	1004	2677
畜牧业	7	659	236	656	142	3	111	661
渔　业	2	23	5	23	7			22
农、林、牧、渔服务业	76	2208	574	2185	1100	23	89	2206
采矿业	14	523	96	517	135	6	154	557
制造业	769	88856	32524	86097	14642	2759	11088	84501
电力、煤气及水的生产和供应业	29	5406	1602	5318	1841	88	220	5505
建筑业	254	62329	6896	61377	11262	952	4460	46549
交通运输、仓储及邮政业	263	44527	11398	42553	3145	1974	4163	42242
铁路运输业	16	21883	4826	21106	360	777	2053	21041
道路运输业	110	10686	3677	10503	1452	183	1038	10341
城市公共交通业	74	7211	1367	7197	230	14	101	6861
水上运输业	11	787	182	787	254		486	880
航空运输业	7	1154	295	1154	410		9	1286
装卸搬运和其他运输服务业	1	15	5	15	4			7
仓储业	17	592	242	580	129	12	189	609
邮政业	27	2199	804	1211	306	988	287	1217

单位：人

指 标 名 称	单位数（个）	从业人员年末人数	# 女 性	在岗职工	#专业技术人员	其他从业人员	离开单位仍保留关系的职工	在岗职工年平均人数
信息传输、计算机服务和软件业	166	8744	3593	5054	2689	3690	242	5009
电信和其他信息传输服务业	155	7835	3348	4225	2107	3610	242	4192
计算机服务业	4	268	86	262	144	6		273
软件业	7	641	159	567	438	74		544
批发和零售业	965	35982	13857	34125	6518	1857	5371	34252
批发业	565	21080	7064	19958	3961	1122	3159	20027
零售业	400	14902	6793	14167	2557	735	2212	14225
住宿和餐饮业	142	13047	7147	12832	1737	215	648	12914
住宿业	101	10368	5810	10241	1359	127	518	10090
餐饮业	41	2679	1337	2591	378	88	130	2824
金融业	267	16017	5345	15315	7481	702	751	15127
银行业	228	11030	4280	10814	6444	216	665	10661
证券业	8	485	190	430	341	55	2	428
保险业	22	3747	780	3317	553	430	40	3298
其他金融活动	9	755	95	754	143	1	44	740
房地产业	309	11980	3653	11330	3176	650	568	10930
房地产开发经营	193	5685	1559	5390	1837	295	453	5425
物业管理	79	5161	1746	4832	1016	329	53	4441
房地产中介服务	8	266	73	266	41		3	267
租赁和商务服务业	262	17110	7631	11953	2262	5157	1068	11857
租赁业	3	63	17	62	7	1		50
商务服务业	259	17047	7614	11891	2255	5156	1068	11807
科学研究、技术服务和地质勘查业	293	18994	6384	18134	9675	860	1047	17955
研究与试验发展	107	7958	3065	7671	3825	287	315	7626
专业技术服务业	140	9369	2879	8836	4926	533	263	8723
科技交流和推广服务业	31	582	158	566	311	16	3	540
地质勘查业	15	1085	282	1061	613	24	466	1066
水利、环境和公共设施管理业	97	8667	4820	8524	1196	143	315	7981
水利管理业	26	562	122	557	240	5	8	550
环境管理业	24	5982	3774	5958	463	24	72	5432
公共设施管理业	47	2123	924	2009	493	114	235	1999
居民服务和其他服务业	31	1043	464	965	218	78	64	953
居民服务业	15	820	417	791	150	29	22	782
其他服务业	16	223	47	174	68	49	42	171
教 育	835	49603	22938	47514	33031	2089	283	46353
初等教育	521	11213	6080	10805	9500	408	1	10792
中等教育	187	20367	9101	19911	13529	456	198	19431
高等教育	29	14290	5561	13441	8214	849	45	12838

单位：人

指标名称	单位数（个）	从业人员年末人数	#女性	在岗职工	#专业技术人员	其他从业人员	离开单位仍保留关系的职工	在岗职工年平均人数
卫生、社会保障和社会福利业	187	23185	14530	22297	14293	888	279	21597
卫　生	135	21269	13354	20877	13839	392	270	20170
社会保障业	27	956	524	475	198	481		470
社会福利业	25	960	652	945	256	15	9	957
文化 、体育和娱乐业	198	10371	3214	9851	4192	520	778	9466
新闻出版社	95	4455	1380	4421	1685	34	511	4185
广播、电视、电影和音像业	19	1057	435	1050	535	7	129	1005
文化艺术业	62	2799	969	2658	1554	141	38	2617
体　育	11	1658	302	1327	283	331	4	1288
娱乐业	11	402	128	395	135	7	96	371
公共管理和社会组织业	1380	43068	14374	41413	5582	1655	150	40597
中国共产党机关	46	1301	231	1266	59	35	28	1255
国家机构	1104	37441	11731	36223	4922	1218	101	35459
人民政协和民主党派	20	727	286	698	149	29	3	699
群众社团、社会团体和宗教组织	210	3599	2126	3226	452	373	18	3184
国有单位合计	**4206**	**273192**	**98361**	**257061**	**89528**	**16131**	**18717**	**247713**
按隶属关系分组								
中　央	346	40825	12397	36948	10195	3877	3171	36877
省、自治区、直辖市	1218	107456	40593	101576	38054	5880	7689	99574
地　区	1050	88560	28108	84325	23225	4235	7222	77330
县及县以下	1571	35815	17053	33678	17899	2137	633	33412
其　他	21	536	210	534	155	2	2	520
按企业、事业、机关分组								
企　业	1274	117932	32813	108458	22691	9474	15722	102833
#地　方	971	82099	22318	76443	14840	5656	13012	70840
事　业	2013	123169	55289	117751	63496	5418	2882	115203
#地　方	1963	119755	53904	114382	61204	5373	2419	111894
机　关	919	32091	10259	30852	3341	1239	113	29677
#地　方	905	29977	9532	28754	3134	1223	113	27582

单位：人

指标名称	单位数(个)	从业人员年末人数	#女性	在岗职工	#专业技术人员	其他从业人员	离开单位仍保留关系的职工	在岗职工年平均人数
按国民经济行业分组								
农、林、牧、渔业	171	12529	5272	10571	2218	1958	1266	10649
采掘业	3	51	21	49	6	2	41	52
制造业	151	22720	6286	22194	3628	526	5983	22039
电力、煤气及水的生产和供应业	16	4506	1485	4471	1672	35	220	4656
建筑业	62	13780	1193	13666	2426	114	1361	8011
交通运输、仓储及邮政业	129	29667	7139	27819	1771	1848	3143	27827
信息传输、计算机服务和软件业	132	7213	3096	3609	1930	3604	231	3550
批发和零售业	349	12899	4152	11318	2278	1581	2289	11387
住宿和餐饮业	38	2295	1031	2290	244	5	314	2321
金融业	179	9886	3336	9560	5690	326	646	9536
房地产业	50	2039	533	1826	717	213	143	1932
租赁和商务服务业	152	7716	1401	7583	1403	133	345	7387
科学研究、技术服务和地质勘查业	255	17486	6065	16697	9091	789	987	16525
水利、环境和公共设施管理业	90	8317	4705	8202	1107	115	315	7654
居民服务和其他服务业	7	234	81	234	51		46	235
教 育	788	47437	21908	45501	31837	1936	279	44366
卫生、社会保障和社会福利业	168	22400	14069	21551	13918	849	276	20841
文化 、体育和娱乐业	189	10194	3143	9683	4145	511	682	9315
公共管理和社会组织业	1277	41823	13445	40237	5396	1586	150	39430
城镇集体单位合计	**541**	**18331**	**6194**	**17963**	**3225**	**368**	**3926**	**17949**
按企业、事业、机关分组								
企 业	496	17513	5940	17179	2958	334	3737	17167
事 业	45	818	254	784	267	34	189	782
机 关								

单位：人

指标名称	单位数（个）	从业人员年末人数	#女性	在岗职工	#专业技术人员	其他从业人员	离开单位仍保留关系的职工	在岗职工年平均人数
按国民经济行业分组								
农、林、牧、渔业	1	10	4	10	4			10
采掘业	2	82	14	82	10		2	82
制造业	172	7872	3664	7782	1350	90	1901	7881
电力、煤气及水的生产和供应业	2	439	5	436	18	3		436
建筑业	30	3191	334	3164	333	27	168	2954
交通运输、仓储及邮政业	8	364	66	359	70	5	330	437
信息传输、计算机服务和软件业								
批发和零售业	182	3018	904	2930	452	88	1132	3017
住宿和餐饮业	22	523	255	518	32	5	105	492
金融业	34	967	367	967	289		30	975
房地产业	12	296	99	247	165	49		212
租赁和商务服务业	39	509	88	501	69	8	222	501
科学研究、技术服务和地质勘查业	5	174	20	158	32	16	27	161
水利、环境和公共设施管理业								
居民服务和其他服务业	8	100	21	81	23	19	8	82
教　育	13	596	274	546	310	50		529
卫生、社会保障和社会福利业	6	126	60	123	57	3	1	124
文化 、体育和娱乐业	3	43	5	38	3	5		38
公共管理和社会组织业	2	21	14	21	8			18

单位：人

指标名称	单位数（个）	从业人员年末人数	#女性	在岗职工	#专业技术人员	其他从业人员	离开单位仍保留关系的职工	在岗职工年平均人数
其他单位合计	**1909**	**182004**	**61652**	**172232**	**32966**	**9772**	**10788**	**160853**
按登记注册类型分组								
内资	1727	164495	54990	155540	31075	8955	10523	144190
股份合作	33	2398	844	2257	440	141	162	2122
联营	7	628	258	508	89	120	102	368
#国有联营	3	280	136	235	38	45		93
集体联营	3	254	108	179	34	75	5	176
有限责任公司	1189	119230	37633	111725	22436	7505	8738	102192
#国有独资	86	36321	5180	35967	6732	354	3619	28138
股份有限公司	130	24578	8324	23883	4056	695	1317	22641
其他	368	17661	7931	17167	4054	494	204	16867
港、澳、台商投资	74	8993	3528	8366	859	627	227	8407
外商投资	108	8516	3134	8326	1032	190	38	8256
按企业、事业分组								
企业	1803	180305	60583	170616	32322	9689	10787	159235
事业	106	1699	1069	1616	644	83	1	1618

单位：人

指标名称	单位数（个）	从业人员年末人数	#女性	在岗职工	#专业技术人员	其他从业人员	离开单位仍保留关系的职工	在岗职工年平均人数
按国民经济行业分组								
农、林、牧、渔业	23	1536	465	1506	422	30	516	1511
采掘业	9	390	61	386	119	4	111	423
制造业	446	58264	22574	56121	9664	2143	3204	54581
电力、煤气及水的生产和供应业	11	461	112	411	151	50		413
建筑业	162	45358	5369	44547	8503	811	2931	35584
交通运输、仓储及邮政业	126	14496	4193	14375	1304	121	690	13978
信息传输、计算机服务和软件业	34	1531	497	1445	759	86	11	1459
批发和零售业	434	20065	8801	19877	3788	188	1950	19848
住宿和餐饮业	82	10229	5861	10024	1461	205	229	10101
金融业	54	5164	1642	4788	1502	376	75	4616
房地产业	247	9645	3021	9257	2294	388	425	8786
租赁和商务服务业	71	8885	6142	3869	790	5016	501	3969
科学研究、技术服务和地质勘查业	33	1334	299	1279	552	55	33	1269
水利、环境和公共设施管理业	7	350	115	322	89	28		327
居民服务和其他服务业	16	709	362	650	144	59	10	636
教育	34	1570	756	1467	884	103	4	1458
卫生、社会保障和社会福利业	13	659	401	623	318	36	2	632
文化、体育和娱乐业	6	134	66	130	44	4	96	113
公共管理和社会组织业	101	1224	915	1155	178	69		1149

3-19 市区单位从业人员劳动报酬

(2005年)

单位：万元

指标名称	从业人员劳动报酬	在岗职工工资总额	其他人员劳动报酬	离开单位仍保留关系的职工生活费	在岗职工年平均工资（元）
总　计	**862062**	**827649**	**34412**	**17258**	**19405**
#国有控股	**362548**	**347564**	**14984**	**11601**	**21138**
按企业、事业、机关分组					
企业	511000	484253	26747	14219	17342
事业	274632	268144	6488	2876	22801
机关	76430	75253	1177	163	25357
按经济类型分组					
国有经济单位	576334	556713	19621	12232	22474
集体经济单位	20757	20335	422	764	11330
其他经济单位	264970	250601	14370	4261	15579
按国民经济行业分组					
农、林、牧、渔业	18352	15805	2548	449	12987
农业	9080	7228	1852	218	10944
林业	4452	3787	665	62	14148
畜牧业	771	767	3	80	11610
渔业	26	26			11682
农、林、牧、渔服务业	4024	3997	27	89	18117
采矿业	761	751	11	25	13476
制造业	112522	109745	2778	4988	12987
电力、煤气及水的生产和供应业	19612	19516	96	297	35451
建筑业	95370	93902	1468	2029	20173
交通运输、仓储及邮政业	91906	88808	3099	2759	21024
铁路运输业	54145	52659	1486	1890	25027
道路运输业	14931	14372	559	395	13898
城市公共交通业	13421	13398	23	6	19528
水上运输业	1041	1041		101	11826
航空运输业	2785	2785		11	21652
装卸搬运和其他运输服务业	41	18	23		25571
仓储业	1188	1182	6	100	19414
邮政业	4355	3353	1002	255	27550

3-19 续表1 单位：万元

指标名称	从业人员劳动报酬	在岗职工工资总额	其他人员劳动报酬	离开单位仍保留关系的职工生活费	在岗职工年平均工资（元）
信息传输、计算机服务和软件业	25195	20139	5056	358	40205
电信和其他信息传输服务业	23789	18901	4888	358	45088
计算机服务业	324	315	10		11520
软件业	1081	923	158		16967
批发和零售业	48201	46294	1907	2203	13516
批发业	28642	27875	767	1496	13919
零售业	19559	18419	1140	707	12948
住宿和餐饮业	13854	13578	276	271	10514
住宿业	11432	11235	196	262	11135
餐饮业	2422	2342	80	9	8295
金融业	47289	45159	2129	1212	29854
银行业	35440	33924	1516	1083	31821
证券业	1660	1597	63	3	37308
保险业	8721	8171	550	106	24776
其他金融活动	1468	1467	1	20	19830
房地产业	17641	16147	1494	236	14773
房地产开发经营	9898	8910	988	185	16425
物业管理	6119	5638	481	51	12696
房地产中介服务	432	432			16187
租赁和商务服务业	29155	22782	6374	334	19214
租赁业	71	61	10		12120
商务服务业	29084	22721	6363	334	19244
科学研究、技术服务和地质勘查业	43555	42427	1127	833	23630
研究与试验发展	16677	16318	359	175	21398
专业技术服务业	23197	22459	738	333	25747
科技交流和推广服务业	1393	1385	8	9	25656
地质勘查业	2288	2265	23	315	21250
水利、环境和公共设施管理业	11355	11161	194	344	13984
水利管理业	931	920	11	1	16720
环境管理业	6479	6456	23	80	11886
公共设施管理业	3945	3785	160	264	18933
居民服务和其他服务业	1274	1226	48	8	12861
居民服务业	1071	1048	23	8	13404
其他服务业	202	178	25		10380
教 育	111465	108537	2928	197	23415
初等教育	19861	19493	368	2	18062
中等教育	46288	45774	514	158	23557
高等教育	38204	37230	974	4	29000

指 标 名 称	从业人员劳动报酬	在岗职工工资总额	其他人员劳动报酬	离开单位仍保留关系的职工生活费	在岗职工年平均工资（元）
卫生、社会保障和社会福利业	56549	55587	963	340	25738
卫　生	53720	53051	669	336	26302
社会保障业	1104	825	279		17553
社会福利业	1725	1711	14	4	17876
文化 、体育和娱乐业	22046	21593	453	169	22811
新闻出版社	9180	9141	39	86	21843
广播、电视、电影和音像业	2375	2371	5	37	23587
文化艺术业	5731	5612	119	12	21444
体　育	2896	2636	261	1	20464
娱乐业	1863	1833	30	33	49410
公共管理和社会组织业	95962	94496	1465	206	23277
中国共产党机关	3104	3081	23	70	24547
国家机构	85185	84180	1005	100	23740
人民政协和民主党派	2231	2215	16		31690
群众社团、社会团体和宗教组织	5442	5021	422	37	15768
国有单位合计	**576334**	**556713**	**19621**	**12232**	**22474**
按隶属关系分组					
中　央	123223	116675	6548	3643	31639
省、自治区、直辖市	231757	224383	7374	4646	22534
地　区	162889	158705	4185	3732	20523
县及县以下	57528	56015	1513	211	16765
其　他	936	935	1		17981
按企业、事业、机关分组					
企　业	228101	216032	12069	9220	21008
#地　方	119670	114092	5578	5970	16106
事　业	271803	265429	6375	2850	23040
#地　方	263001	256666	6335	2456	22938
机　关	76430	75253	1177	163	25357
#地　方	69504	68345	1159	163	24779

3-19 续表2 单位：万元

指 标 名 称	从业人员劳动报酬	在岗职工工资总额	其他人员劳动报酬	离开单位仍保留关系的职工生活费	在岗职工年平均工资（元）
按国民经济行业分组					
农、林、牧、渔业	15821	13958	1863	215	13107
采掘业	59	58	1	1	11096
制造业	33369	33074	296	3577	15007
电力、煤气及水的生产和供应业	17507	17487	20	297	37557
建筑业	12631	12526	105	684	15636
交通运输、仓储及邮政业	66960	64428	2532	2447	23153
信息传输、计算机服务和软件业	20514	15632	4882	332	44034
批发和零售业	20214	18541	1673	1112	16283
住宿和餐饮业	3027	3024	3	190	13028
金融业	31517	30282	1234	1088	31756
房地产业	3996	3821	175	58	19775
租赁和商务服务业	17638	17499	139	199	23688
科学研究、技术服务和地质勘查业	40525	39476	1049	807	23889
水利、环境和公共设施管理业	10882	10713	169	344	13996
居民服务和其他服务业	491	491		1	20889
教 育	108776	106068	2708	197	23907
卫生、社会保障和社会福利业	55597	54673	924	340	26233
文化 、体育和娱乐业	21726	21304	422	136	22871
公共管理和社会组织业	95085	93661	1424	206	23754
城镇集体单位合计	**20757**	**20335**	**422**	**764**	**11330**
按企业、事业、机关分组					
企 业	19719	19348	371	739	11270
事 业	1039	987	51	26	12627
机 关					

指 标 名 称	从业人员劳动报酬	在岗职工工资总额	其他人员劳动报酬	离开单位仍保留关系的职工生活费	在岗职工年平均工资（元）
按国民经济行业分组					
农、林、牧、渔业	11	11			10800
采掘业	81	81		1	9890
制造业	7663	7574	89	369	9611
电力、煤气及水的生产和供应业	1147	1143	4		26218
建筑业	3884	3863	21	19	13077
交通运输、仓储及邮政业	379	375	3	18	8586
信息传输、计算机服务和软件业					
批发和零售业	2897	2840	57	250	9414
住宿和餐饮业	353	331	22	8	6726
金融业	1774	1774		32	18191
房地产业	463	344	120		16203
租赁和商务服务业	597	591	6	46	11790
科学研究、技术服务和地质勘查业	233	225	9	17	13950
水利、环境和公共设施管理业					
居民服务和其他服务业	81	67	14	3	8146
教 育	751	691	60		13060
卫生、社会保障和社会福利业	275	268	7		21573
文化 、体育和娱乐业	156	145	10		38263
公共管理和社会组织业	14	14			7833

指 标 名 称	从业人员劳动报酬	在岗职工工资总额	其他人员劳动报酬	离开单位仍保留关系的职工生活费	在岗职工年平均工资（元）
其他单位合计	**264970**	**250601**	**14370**	**4261**	**15579**
按登记注册类型分组					
内 资	241498	228993	12505	4121	15881
股份合作	3752	3601	150	51	16971
联 营	723	445	279	26	12082
#国有联营	430	230	200		24731
集体联营	226	148	78	5	8409
有限责任公司	175773	165331	10442	3389	16178
#国有独资	68858	67573	1285	1772	24015
股份有限公司	44288	43047	1242	606	19013
其 他	16961	16569	392	49	9823
港、澳、台商投资	12888	12320	568	130	14654
外商投资	10585	9288	1297	11	11250
按企业、事业分组					
企 业	263180	248873	14308	4261	15629
事 业	1790	1728	62		10682

3-19 续表5

单位：万元

指 标 名 称	从业人员劳动报酬	在岗职工工资总额	其他人员劳动报酬	离开单位仍保留关系的职工生活费	在岗职工年平均工资（元）
按国民经济行业分组					
农、林、牧、渔业	2521	1836	684	235	12154
采掘业	621	612	9	23	14463
制造业	71490	69097	2393	1042	12659
电力、煤气及水的生产和供应业	958	886	73		21450
建筑业	78854	77513	1341	1326	21783
交通运输、仓储及邮政业	24568	24005	563	294	17173
信息传输、计算机服务和软件业	4681	4506	175	26	30886
批发和零售业	25089	24913	177	841	12552
住宿和餐饮业	10474	10223	251	73	10121
金融业	13998	13103	895	92	28387
房地产业	13182	11983	1199	177	13639
租赁和商务服务业	10920	4692	6228	89	11822
科学研究、技术服务和地质勘查业	2797	2727	70	8	21485
水利、环境和公共设施管理业	473	448	25		13706
居民服务和其他服务业	702	668	34	4	10503
教 育	1938	1778	160		12195
卫生、社会保障和社会福利业	678	646	32		10225
文化 、体育和娱乐业	164	143	21	33	12655
公共管理和社会组织业	862	821	41		7148

3-20 市区职工人数变动情况

(2005年)

单位：人

指标名称	本年增加人数							
	合计	从农村招收	从城镇招收	录用的复员转业军人	录用的大、中专、技校毕业生	调入	#由外省、自治区、直辖市调入	其他
总计	**78893**	**24846**	**14083**	**1290**	**12396**	**6403**	**393**	**19875**
按经济类型分组								
国有经济单位	31037	8866	5762	563	5390	4754	186	5702
城镇集体经济单位	1476	621	205	12	240	51		347
其他经济类型单位	46380	15359	8116	715	6766	1598	207	13826
按国民经济行业分组								
农、林、牧、渔业	1981	406	160	6	122	178	24	1109
采掘业	21					6		15
制造业	14862	6905	2488	183	2028	821	46	2437
电力、煤气及水的生产和供应业	403	3	174	9	124	67	32	26
建筑业	26320	12600	376	23	1067	433	13	11821
交通运输、仓储及邮政业	3143	659	1991	41	294	84	4	74
信息传输、计算机服务和软件业	1010	3	149	8	631	155	2	64
批发和零售业	5642	296	1990	256	2338	470	138	292
住宿和餐饮业	3575	1525	1210	139	503	85	9	113
金融业	1271		483	10	267	443	7	68
房地产业	3018	870	1119	162	386	253	5	228
租赁和商务服务业	1684	306	599	36	586	87	7	70
科学研究、技术服务和地质勘查业	1686	82	316	20	594	285	9	389
水利、环境和公共设施管理业	955	340	397	18	43	37	3	120
居民服务和其他服务业	157	3	46	1	89	1		17
教育	4996	345	1246	107	1420	678	65	1200
卫生、社会保障和社会福利业	2246	269	423	25	1024	218	18	287
文化 、体育和娱乐业	1373	183	394	57	320	103	2	316
公共管理和社会组织业	4550	51	522	189	560	1999	9	1229

指标名称	本年减少人数								
	合计	离休退休退职	开除除名辞退	终止解除合同	保留劳动关系的职工	死亡	调出	#由外省、自治区、直辖市调入	其他
总　计	**55278**	**8080**	**5706**	**22776**	**2191**	**368**	**5359**	**246**	**10798**
按经济类型分组									
国有经济单位	18998	3337	1938	6150	1249	239	2922	75	3163
城镇集体经济单位	2313	484	141	931	239	20	55	1	443
其他经济类型单位	33967	4259	3627	15695	703	109	2382	170	7192
按国民经济行业分组									
农、林、牧、渔业	1607	329	23	277	61	23	94	1	800
采掘业	92	31	39	9			3		10
制造业	14712	2905	1161	4161	510	76	1272	31	4627
电力、煤气及水的生产和供应业	739	88	8	25	16	11	591		
建筑业	10260	714	654	5782	277	45	376	2	2412
交通运输、仓储及邮政业	2545	545	227	851	290	27	226	2	379
信息传输、计算机服务和软件业	686	108	62	419	2	10	51	1	34
批发和零售业	6939	938	854	4058	229	19	644	116	197
住宿和餐饮业	3613	236	918	1930	54	5	25	5	445
金融业	1214	76	66	773	52	4	190	10	53
房地产业	2602	302	458	1271	30	7	222	9	312
租赁和商务服务业	1419	187	103	547	229	7	153	3	193
科学研究、技术服务和地质勘查业	1467	244	78	659	132	11	157	9	186
水利、环境和公共设施管理业	489	75	153	31	74	7	53		96
居民服务和其他服务业	135	6	58	61	5	3	2		
教　育	2949	640	435	905	102	38	216	31	613
卫生、社会保障和社会福利业	1251	253	172	506	16	18	171	4	115
文化 、体育和娱乐业	783	98	164	231	94	8	68	3	120
公共管理和社会组织业	1776	305	73	280	18	49	845	19	206

3-21　各县城镇单位年末从业人员

（2005年）　　　　单位：人

指　标　名　称	武鸣县	横　县	宾阳县	上林县	马山县	隆安县
单位从业人员年末人数	**33705**	**30108**	**37845**	**14674**	**13186**	**15418**
国有单位	30988	21054	28890	13304	11554	12095
城镇集体单位	1503	983	2066	314	644	900
其他经济单位	1214	8071	6889	1056	988	2423
按国民经济行业分组						
农、林、牧、渔业	12147	2829	1091	1103	664	1742
采掘业	61	9		76	7	160
制造业	4092	5434	9869	1942	725	3097
电力、煤气及水的生产和供应业	1324	853	472	560	500	468
建筑业	804	691	1427	959	491	418
交通运输、仓储及邮政业	610	454	1380	981	295	489
信息传输、计算机服务和软件业	69	174	31			25
批发和零售业	640	1017	1317	524	918	215
住宿和餐饮业	131	396	362		135	83
金融业	698	906	805	321	292	341
房地产业	143	53	430		55	91
租赁和商务服务业	15	112	350	163	126	70
科学研究、技术服务和地质勘查业	211	664	1184	38	153	38
水利、环境和公共设施管理业	633	505	1120	162	294	452
居民服务和其他服务业	87	29	26		27	
教　育	6888	9858	9936	4444	5249	4124
卫生、社会保障和社会福利业	1732	2085	2594	868	862	1180
文化 、体育和娱乐业	169	135	288	69	139	26
公共管理和社会组织业	3251	3904	5163	2464	2254	2399

3-22 各县城镇单位在岗职工年末人数

(2005年)　　　　单位：人

指标名称	武鸣县	横县	宾阳县	上林县	马山县	隆安县
单位在岗职工年末人数	**33039**	**29872**	**34490**	**12163**	**12789**	**14051**
国有单位	30355	20823	27134	11416	11280	11373
城镇集体单位	1497	983	1713	219	522	900
其他经济单位	1187	8066	5643	528	987	1778
按国民经济行业分组						
农、林、牧、渔业	12142	2799	704	1103	654	1585
采掘业	61	4		76	7	152
制造业	4056	5428	8431	1414	608	2506
电力、煤气及水的生产和供应业	1324	853	472	560	500	303
建筑业	804	691	963	258	491	418
交通运输、仓储及邮政业	610	453	1185	220	295	403
信息传输、计算机服务和软件业	69	173	31			25
批发和零售业	639	1014	1284	497	918	146
住宿和餐饮业	131	394	362		135	83
金融业	698	808	731	297	284	315
房地产业	143	53	425		54	91
租赁和商务服务业	15	110	350	140	101	70
科学研究、技术服务和地质勘查业	210	649	1157	30	33	38
水利、环境和公共设施管理业	629	501	1013	104	294	452
居民服务和其他服务业	87	29	26		27	
教育	6301	9849	9472	4164	5152	4036
卫生、社会保障和社会福利业	1712	2066	2512	820	861	1133
文化、体育和娱乐业	169	135	267	68	139	24
公共管理和社会组织业	3239	3863	5105	2412	2236	2271

3-23　各县城镇单位从业人员劳动报酬

(2005年)　　单位：万元

指 标 名 称	武鸣县	横 县	宾阳县	上林县	马山县	隆安县
单位从业人员劳动报酬	**37675**	**35078**	**43785**	**14372**	**14451**	**17454**
国有单位	34538	26817	36085	13098	12885	14309
城镇集体单位	1976	1147	1870	329	714	876
其他经济单位	1161	7114	5831	946	853	2268
按国民经济行业分组						
农、林、牧、渔业	7392	2391	844	668	551	1379
采掘业	56	4		162	4	262
制造业	4566	4506	8685	1496	621	2794
电力、煤气及水的生产和供应业	1852	2641	1357	769	754	784
建筑业	689	660	1296	799	244	337
交通运输、仓储及邮政业	712	505	1749	361	510	639
信息传输、计算机服务和软件业	107	195	34			29
批发和零售业	812	1202	1088	410	669	221
住宿和餐饮业	63	237	257		74	61
金融业	1916	2276	1259	652	778	553
房地产业	236	66	471		91	101
租赁和商务服务业	25	163	341	155	123	89
科学研究、技术服务和地质勘查业	337	640	1339	49	93	48
水利、环境和公共设施管理业	697	445	1056	150	174	325
居民服务和其他服务业	125	50	33		21	
教 育	8862	9972	12228	4592	5505	4967
卫生、社会保障和社会福利业	3217	3892	4051	1311	1100	1727
文化 、体育和娱乐业	212	133	273	69	132	34
公共管理和社会组织业	5800	5100	7426	2729	3007	3104

3-24　各县城镇单位在岗职工劳动报酬

(2005年)　　单位：万元

指标名称	武鸣县	横县	宾阳县	上林县	马山县	隆安县
单位在岗职工劳动报酬	**37082**	**34801**	**42032**	**13281**	**14051**	**16661**
国有单位	34024	26546	35053	12264	12634	13670
城镇集体单位	1971	1147	1582	261	603	876
其他经济单位	1088	7109	5397	756	813	2115
按国民经济行业分组						
农、林、牧、渔业	7385	2379	583	668	548	1330
采掘业	56	4		162	4	239
制造业	4421	4500	8226	1279	579	2689
电力、煤气及水的生产和供应业	1852	2641	1357	769	754	614
建筑业	689	660	952	302	160	337
交通运输、仓储及邮政业	712	505	1553	253	375	544
信息传输、计算机服务和软件业	107	195	34			29
批发和零售业	811	1201	1068	401	669	178
住宿和餐饮业	63	237	257		74	61
金融业	1916	2087	1172	614	773	524
房地产业	236	66	468		90	101
租赁和商务服务业	25	163	341	145	104	89
科学研究、技术服务和地质勘查业	337	630	1327	40	30	48
水利、环境和公共设施管理业	696	443	1029	107	174	325
居民服务和其他服务业	125	50	33		21	
教　育	8461	9966	11971	4489	5475	4874
卫生、社会保障和社会福利业	3192	3868	3998	1285	1100	1680
文化 、体育和娱乐业	212	133	262	68	132	33
公共管理和社会组织业	5787	5076	7402	2699	2990	2966

3-25 各县城镇单位在岗职工平均工资

（2005年）　　单位：元

指标名称	武鸣县	横县	宾阳县	上林县	马山县	隆安县
单位在岗职工年平均工资	**11218**	**11931**	**12063**	**10987**	**10976**	**11862**
国有单位	11179	12792	12909	10814	11398	12065
城镇集体单位	13552	11458	9308	11909	14435	9941
其他经济单位	9329	9585	9012	14299	6260	11648
按国民经济行业分组						
农、林、牧、渔业	5855	8495	8204	6054	8348	8424
采掘业	9946	7200		21303	6286	15724
制造业	11062	9407	9475	9221	5023	10475
电力、煤气及水的生产和供应业	13710	30291	28739	13811	15016	20264
建筑业	9168	9542	10064	11709	14241	8062
交通运输、仓储及邮政业	11591	11681	9417	11543	17105	13509
信息传输、计算机服务和软件业	15507	11120	11000			11640
批发和零售业	12580	11649	8255	8070	7286	12205
住宿和餐饮业	4817	6051	7225		5504	7313
金融业	26803	25089	15818	20617	26662	16725
房地产业	16290	12036	10993		16593	11110
租赁和商务服务业	16333	14818	9740	10396	10297	12729
科学研究、技术服务和地质勘查业	15962	9640	11537	13724	9152	12737
水利、环境和公共设施管理业	11064	8943	10382	10327	5908	7320
居民服务和其他服务业	14310	17138	12769		8154	
教育	14194	10182	12954	10845	10739	12221
卫生、社会保障和社会福利业	18832	18848	15986	15787	12921	14824
文化、体育和娱乐业	12631	10223	9765	9926	9511	13792
公共管理和社会组织业	18077	13204	14777	11247	13506	13073

4 农业

CHAPTER 4 AGRICULTURE

4-1 全市主要年份农林牧渔业总产值

(按当年价格计算)　　单位：万元

年份	合计	农业	林业	畜牧业	副业	渔业	服务业
1950	5596	3785	75	814	718	204	
1965	12602	8259	140	2317	1710	176	
1978	36029	25540	447	5228	4256	558	
1980	44588	31178	788	4326	7494	802	
1985	70586	43266	1618	18990	4840	1872	
1986	78390	49427	1794	19138	5601	2430	
1987	91989	59881	1805	22627	4750	2926	
1988	116437	73400	2027	32509	4576	3925	
1989	125320	75059	2330	38702	4618	4611	
1990	169865	111699	2681	42149	6551	6785	
1991	175633	109121	3150	47954	7958	7450	
1992	210826	133273	5048	54433	8203	9869	
1993	270146	169444	7684	72479	8118	12421	
1994	372063	246897	7906	95979		21281	
1995	465896	317943	6553	115373		26027	
1996	533484	352786	8056	141505		31137	
1997	620077	405089	10778	167764		36446	
1998	684870	447697	13885	183967		39321	
1999	720486	477719	14965	182088		45714	
2000	1377932	889321	29672	362916		96024	
2001	1407186	907068	28533	381030		90555	
2002	1455675	897032	37551	419320		84538	17134
2003	1519259	936298	44241	431564		89587	17569
2004	1722877	993849	48190	554602		106746	19490
2005	1914122	1107836	51365	620079		113730	21112

注：1994年后副业产值并入种植业；2000年以后为行政区划调整后的数据，其余年份为原南宁口径；从2003年起农业总产值含农林牧渔服务业产值。

4-2 全市主要年份农林牧渔业总产值发展速度

（按可比价计算，上年为100）　　单位：%

年 份	合 计	农 业	林 业	畜牧业	副 业	渔 业
1951	107.79	107.18	111.76	117.07	101.13	102.54
1965	125.21	130.42	96.81	120.01	114.73	98.43
1978	107.36	106.81	132.13	97.65	116.38	162.93
1980	110.75	108.17	157.62	101.91	4256	114.09
1985	103.62	102.68	99.45	119.69	84.21	102.38
1986	106.95	107.21	117.96	98.98	119.96	112.07
1987	105.76	106.91	109.21	107.74	91.09	117.19
1988	99.4	99.08	92.94	103.97	91.12	107.67
1989	109.02	111.47	114.72	107.66	91.61	102.58
1990	115.45	117.01	98.71	111.7	109.1	135.04
1991	99.75	94.42	102.74	114.9	105.4	105.83
1992	120.53	124.73	126.51	110.6	102.06	130.06
1993	113.18	112.4	125.61	113.31	98.68	133.00
1994	108.94	112.25	99.62	112.18		127.38
1995	109.2	108.95	84.59	110.43		118.33
1996	104.86	101.42	110.28	112.14		115.35
1997	113.43	114.62	109.44	110.31		114.36
1998	112.1	112.48	115.17	110.15		114.64
1999	113.58	116.08	101.97	108.72		108.49
2000	100.68	97.36	104.97	109.5		104.46
2001	102.85	101.84	108.90	106.21		98.79
2002	117.34	113.35	148.44	124.07		108.79
2003	102.92	99.68	137.09	106.72		105.43
2004	106.47	105.29	102.58	109.31		108.00
2005	109.17	106.71	110.38	114.99		106.50

4-3 全市主要年份农民人均纯收入及主要农产品产量

年　份	农民人均纯收入（元）	粮食产量（吨）	甘蔗产量（吨）	水果产量（吨）	肉类总产量（吨）	水产品产量（吨）
1950	54	198004	71282	4748	5490	5350
1965	66	319410	298784	8908	15915	3241
1978	88	590420	562171	24576	25752	4366
1980	107	670813	798831	31114	4256	4895
1985	367	551860	1339141	53925	29885	6939
1986	404	552903	1569850	93984	32396	8551
1987	461	590276	1633498	115847	35854	9790
1988	521	526325	1979810	110614	36833	10438
1989	574	624509	1958128	105346	39659	10705
1990	624	725954	2358841	120262	45934	14663
1991	683	548210	2559124	140926	53082	15383
1992	778	697128	3075803	164661	55278	21304
1993	912	744101	3413703	213470	61211	26550
1994	1093	746956	3116366	272561	70388	33743
1995	1326	779251	2908195	316342	77774	39509
1996	1553	781201	2946903	281615	84889	46030
1997	1788	801830	3267654	377862	95439	53290
1998	1942	814459	3786929	395986	106962	60619
1999	2079	796159	3373039	485971	115648	65333
2000	1791	1847949	5885534	515447	333757	131888
2001	1954	1711033	7382372	523893	349101	130396
2002	2111	1804051	9111682	596258	364413	139641
2003	2231	1753387	9279100	572372	385334	145468
2004	2467	1700479	8586119	670431	419792	158829
2005	2680	1810164	8609336	718249	464764	167330

注：2000年以后为行政区划调整后的数据，其余年份为原南宁口径。

4-4 农村基本情况及从业人员构成

指标名称	单位	全市		市区	
		2005年	2004年	2005年	2004年
农村基层组织					
乡镇个数	个	102	129	24	33
#镇个数	个	84	93	22	28
村民委员会	个	1400	1421	357	369
村民小组	个	34252	33667	9098	9000
农村社会基础设施					
通汽车村数	个	1380	1392	355	369
通电话村数	个	1352	1332	349	362
自来水受益村数	个	1131	1126	339	357
乡(镇)村户数	**万户**	**123.12**	**119.96**	**32.35**	**31.26**
乡(镇)村人口数	**万人**	**501.41**	**495.75**	**125.98**	**124.25**
乡(镇)村劳动力	**万人**	**305.03**	**301.33**	**77.54**	**78.5**
乡(镇)村从业人员	**万人**	**286.11**	**282.07**	**72.9**	**73.31**
#女性	万人	137.17	133.97	35.06	35.17
农林牧渔业从业人员	万人	196.72	196.09	53.44	54.04
工业从业人员	万人	7.95	7.67	1.48	1.28
建筑业从业人员	万人	10.04	9.93	1.45	1.39
交通运输、邮电通讯及仓储业从业人员	万人	4.64	4.44	1.2	1.18
批发、零售贸易业、餐饮业从业人员	万人	7	8.23	1.92	2.43
其他从业人员	万人	57.48	55.38	12.62	12.97
#外出从业人员	万人	51.42	48.69	10.21	10.49

4-5 农村社会总产值

（2005年，按当年价计算） 单位：万元

指 标 名 称	全 市	市 区
农村社会总产值	**4099060**	**1316638**
农林牧渔业总产值	**1914122**	**667124**
农村非农行业产值合计	**2184938**	**649514**
农村工业总产值	**874400**	**272754**
500万以上	135781	129332
500万以下	738619	143422
农村建筑业总产值	**361693**	**96309**
建筑安装工程产值	301449	92964
兴建房屋产值	210212	82945
#农民个人建房	138426	42480
农田水利工程产值	13166	2896
其他建筑安装工程产值	78071	7123
其他基本建筑产值	60244	3345
农村运输业总产值	**267911**	**86409**
农村批发零售贸易饮食业产值	**680934**	**194042**
批发零售贸易产值	521542	122621
饮食业产值	159392	71421
农林牧渔业商品产值	**1289055**	**427029**

4-6 全市农林牧渔业总产值

单位：万元

指标名称	2005年		2004年	
	1990年不变价	2005年现行价	1990年不变价	2004年现行价
农林牧渔业总产值	**1137289**	**1914122**	**1041728**	**1722877**
农业产值	**675444**	**1107836**	**632983**	**993849**
种植业	669625	1093990	626682	978408
主产品产值	634312	1045151	592592	928589
粮食作物合计	98649	263216	92849	252388
经济作物合计	171428	305273	163302	247501
蔬菜(食用菌类)园艺作物	101975	260116	92330	235026
水果、饮料和香料	217168	159663	201292	145844
其他种植业	45092	56883	42819	47830
副产品产值	35313	48839	34090	49819
粮食作物副产品	7978	13206	7486	13879
经济作物副产品	27335	35633	26604	35940
其他农业	5819	13846	6301	15441
采集野生植物	5819	13846	6301	15441
林业产值	**41656**	**51365**	**37739**	**48190**
营　林	5251	10860	5087	9889
林产品	10374	16755	8695	15375
全社会竹木采伐	26031	23750	23957	22926
牧业产值	**329693**	**620079**	**286722**	**554602**
牲畜饲养	13965	25770	13425	22252
牛饲养	12959	21729	12603	18855
羊饲养	897	3896	738	3284
猪的饲养	151228	314521	142091	323890
家禽的饲养	110663	182901	90380	143838
活的畜禽产品	9725	21184	8405	17918
其他动物及产品	44112	75703	32421	46704
渔业产值	**69882**	**113730**	**65616**	**106746**
服务业产值	**20614**	**21112**	**18668**	**19490**

4-7 市区农林牧渔业总产值

单位：万元

指标名称	2005年		2004年	
	1990年不变价	2005年现行价	1990年不变价	2004年现行价
农林牧渔业总产值	**416621**	**667124**	**387178**	**599916**
农业产值	**245318**	**382290**	**236855**	**346150**
种植业	245309	382269	236144	344404
主产品产值	233536	366364	224714	327975
粮食作物合计	24993	66163	23755	63994
经济作物合计	66457	114504	63229	93445
蔬菜(食用菌类）园艺作物	36327	99585	34107	92769
水果、饮料和香料	101313	80178	97540	70661
其他种植业	4446	5934	6083	7106
副产品产值	11773	15905	11430	16429
粮食作物副产品	1888	3262	1773	3478
经济作物副产品	9885	12643	9657	12951
其他农业	9	21	711	1746
采集野生植物	9	21	711	1746
林业产值	**16463**	**20667**	**16089**	**20248**
营　林	1823	3736	1817	3841
林产品	4017	6386	2542	4441
全社会竹木采伐	10623	10545	11730	12454
牧业产值	**118353**	**214120**	**99317**	**184648**
牲畜饲养	2486	4288	2389	3713
牛饲养	2443	4112	2341	3500
羊饲养	41	174	48	213
猪的饲养	38145	79043	35299	80463
家禽的饲养	64731	105020	52385	81674
活的畜禽产品	6599	16014	5403	13236
其他动物及产品	6392	9755	3841	5562
渔业产值	**21268**	**34424**	**21027**	**34369**
服务业产值	**15219**	**15623**	**13890**	**14501**

4-8 全市农林牧渔业中间消耗

（2005年，按当年价格计算）

单位：万元

指标名称	合计	农业	# 种植业	林业	牧业	渔业	服务业
农林牧渔业中间消耗	**717059**	**344942**	**344266**	**14458**	**308804**	**37268**	**11587**
物质消耗	670446	322454	322063	13291	298865	35836	
用种量	84250	56623	56623	1623	17235	8769	
饲料、饲草	295479	13267	13267		263803	18409	
肥料	200670	195637	195637	5033			
燃料	27072	20407	20397	1117	5034	514	
农药	16918	16579	16579	339			
电	6992	5898	5775	128	681	285	
农用塑料薄膜	5938	5938	5938				
其他	33127	8105	7847	5051	12112	7859	
劳务支出	46613	22488	22203	1167	9939	1432	11587

4-9 市区农林牧渔业中间消耗

（2005年，按当年价格计算）　　单位：万元

指标名称	合计	农业	# 种植业	林业	牧业	渔业	服务业
农林牧渔业中间消耗	**251951**	**125210**	**124965**	**4721**	**103333**	**10224**	**8463**
物质消耗	231555	118631	118511	3965	99347	9612	
用种量	32503	17819	17819	672	10755	3257	
饲料、饲草	93143	3585	3585		84535	5023	
肥　料	74227	73540	73540	687			
燃　料	12064	9356	9356	157	2261	290	
农　药	6030	5972	5972	58			
电	2945	2170	2131	68	496	211	
农用塑料薄膜	3820	3820	3820				
其　他	6823	2369	2288	2323	1300	831	
劳务支出	21216	6579	6454	756	3986	1432	8463

4-10 农业林牧渔业总产值及构成

（2005年，按当年价格计算）

指标名称	农林牧渔业总产值	农业	林业	牧业	渔业	服务业
总产值（万元）						
全　市	**1914122**	**1107836**	**51365**	**620079**	**113730**	**21112**
市　区	667124	382290	20667	214120	34424	15623
武鸣县	382923	225667	12450	119346	22632	2828
横　县	313555	188937	6983	98588	18853	194
宾阳县	218950	127429	2904	69313	17846	1458
上林县	112009	53456	2257	48108	7870	318
马山县	91709	42876	2452	40336	5743	302
隆安县	127852	87181	3652	30268	6362	389
构　成（%）						
全　市	**100**	**57.88**	**2.68**	**32.39**	**10.27**	**1.10**
市　区	100	57.30	3.10	32.10	5.16	2.34
武鸣县	100	58.93	3.25	31.17	5.91	0.74
横　县	100	60.26	2.23	31.44	6.01	0.06
宾阳县	100	58.20	1.33	31.66	8.15	0.67
上林县	100	47.72	2.02	42.95	7.03	0.28
马山县	100	46.75	2.67	43.98	6.26	0.33
隆安县	100	68.19	2.86	23.67	4.98	0.30

4-11 耕地增减变动情况

单位：公顷

指标名称	全市		市区	
	2005年	2004年	2005年	2004年
年初实有耕地积	**368221**	**367092**	**110595**	**110219**
水　田	195936	197391	61377	61513
旱　地	172285	169701	49218	48706
当年新增加的耕地面积	**1806**	**1807**	**880**	**888**
新开荒	700	471	99	47
其　他	106	283	74	3
当年减少的耕地面积	**2402**	**2677**	**1019**	**512**
#国家基建占地	954	1085	514	405
退耕还林、还牧	145	828	12	0
改渔塘	16	22	2	3
改果园	386	149	333	53
乡(镇)村集体基建占地	52	66	37	28
农民个人建房占地	115	111	6	9
因灾废弃及撩荒	77	270	6	8
年末实有耕地面积	**367625**	**366222**	**110456**	**110595**
水　田	195264	196486	61346	61377
旱　地	172361	169736	49110	49218

4-12 农作物播种面积和产量

指标名称	单位	全市		市区	
		2005年	2004年	2005年	2004年
农作物总播种面积	**公顷**	**850987**	**837664**	**271131**	**272343**
粮食播种面积	**公顷**	**420135**	**414200**	**102601**	**102595**
公顷产量	公斤/公顷	4309	4105	4501	4261.78
产　量	吨	1810164	1700479	461784	437237
夏收播种面积	公顷	205322	202859	46730	47117
公顷产量	公斤/公顷	4855	4725	5034	5002.23
产　量	吨	996915	958509	235238	235690
秋收播种面积	公顷	213690	210305	55871	55478
公顷产量	公斤/公顷	3793	3517	4055	3632.92
产　量	吨	810621	739547	226546	201547
稻谷播种面积	公顷	276698	280098	75327	76794
公顷产量	公斤/公顷	5049	4764	4947	4683.82
产　量	吨	1397159	1334271	372649	359689
早稻播种面积	公顷	131733	134701	34128	35424
公顷产量	公斤/公顷	5572	5352	5464	5409.41
产　量	吨	734082	720957	186472	191623
中稻播种面积	公顷	886	960	17	
公顷产量	公斤/公顷	4814	5316	2941	
产　量	吨	4265	5103	50	
晚稻播种面积	公顷	144079	144437	41182	41370
公顷产量	公斤/公顷	4573	4211	4520	4062.51
产　量	吨	658812	608211	186127	168066
玉米播种面积	公顷	92683	84784	18672	16921
公顷产量	公斤/公顷	3573	3434	3907	3672.83
产　量	吨	331172	291172	72947	62148
高梁播种面积	公顷	288	450	56	67
公顷产量	公斤/公顷	2115	1884	2232	1791.04
产　量	吨	609	848	125	120
豆类播种面积	公顷	30292	28924	3039	3060
公顷产量	公斤/公顷	1433	1339	1656	1501.96
产　量	吨	43397	38741	5032	4596
大豆播种面积	公顷	26748	24805	2171	2020
公顷产量	公斤/公顷	1459	1377	1760	1620.30
产　量	吨	39012	34168	3822	3273
绿豆播种面积	公顷	1481	1581	566	628
公顷产量	公斤/公顷	1301	1201	1371	1245.22
产　量	吨	1927	1899	776	782
红薯播种面积	公顷	19824	19722	5507	5753
公顷产量	公斤/公顷	1892	1785	2003	1857.12
产　量	吨	37507	35197	11031	10684
经济作物播种面积	**公顷**	**228658**	**224130**	**79376**	**77320**
油料作物播种面积	公顷	40198	39442	15112	14776
公顷产量	公斤/公顷	2188	2135	2333	2294.19

指标名称	单位	全市		市区	
		2005年	2004年	2005年	2004年
产量	吨	87941	84207	35256	33899
#花生播种面积	公顷	38521	37736	15057	14711
公顷产量	公斤/公顷	2259	2206	2337	2299.50
产量	吨	87000	83236	35195	33828
芝麻播种面积	公顷	90	96	55	65
公顷产量	公斤/公顷	811	865	1109	1092.31
产量	吨	73	83	61	71
麻类播种面积	公顷	209	161	209	100
公顷产量	公斤/公顷	1617	2609	1617	2040
产量	吨	338	420	338	204
#黄红麻播种面积	公顷	209	161	209	100
公顷产量	公斤/公顷	1617	2609	1617	2040
产量	吨	338	420	338	204
甘蔗播种面积	公顷	125114	126956	49137	48065
公顷产量	公斤/公顷	68812	67631	67999	68334.17
产量	吨	8609336	8586119	3341269	3284482
糖蔗播种面积	公顷	120966	122865	48067	46995
公顷产量	公斤/公顷	67960	66751	67717	67908.03
产量	吨	8220892	8201396	3254953	3191338
果蔗播种面积	公顷	4148	4091	1070	1070
公顷产量	公斤/公顷	93646	94041	80669	87050.47
产量	吨	388444	384723	86316	93144
药材(产值)	万元	6169	17278	4973	17015
木薯播种面积	公顷	55604	49716	13037	12529
公顷产量	公斤/公顷	9721	9234	10752	10851.30
产量	吨	540507	459069	140176	135956
其他农作物播种面积	**公顷**	**202194**	**199334**	**89154**	**92428**
蔬菜播种面积	公顷	143927	137775	59101	58493
产量	吨	2684992	2534179	1053091	1030539
果瓜类（西瓜、香瓜、草莓）	公顷	32659	32148	25506	25087
产量	吨	656655	499989	495435	352287
青饲料	公顷	19180	20142	3101	3943
绿肥	公顷	3227	3236	373	325
马蹄	公顷	168	150	48	57
其他	公顷	540	271	99	124

4-13 茶叶和水果生产情况

指标名称	单位	全市		市区	
		2005年	2004年	2005年	2004年
茶叶合计	**吨**	**1653**	**1154**		
绿毛茶	吨	1186	806		
水果合计	**吨**	**718249**	**670431**	**315867**	**308377**
蕉类	吨	315820	301350	170834	168941
#香蕉	吨	299357	276207	166255	164387
柚子	吨	2374	2467	417	504
#沙田柚	吨	321	370	77	92
柑桔	吨	46580	44956	11342	12635
橙	吨	55545	45293	6367	6224
梨	吨	8755	7666	2365	2449
菠萝	吨	44789	46442	33086	33350
龙眼	吨	84105	75606	24611	22322
荔枝	吨	37727	41553	19454	23093
芒果	吨	25669	25194	12123	12793
枣子(按鲜枣计算)	吨	843	709	28	89
柿子(按鲜柿计算)	吨	7159	7637	842	953
葡萄	吨	2556	2192	1649	1381
其他水果	吨	82536	66738	32274	23638
茶园	**公顷**	**1916**	**1943**	**1**	**24**
#当年采摘面积	公顷	1797	1665		
果园	**公顷**	**83524**	**73415**	**44662**	**35807**
#香蕉园	公顷	14701	13491	9479	8536
柑桔橙园	公顷	6373	4375	1986	1998
梨园	公顷	737	740	268	264
荔枝园	公顷	17820	16559	11464	9890
菠萝园	公顷	2275	1931	1573	1324
龙眼园	公顷	25989	22719	10923	7922
芒果园	公顷	5018	4190	3489	2591
葡萄园	公顷	704	306	528	122

4-14 林业生产情况

指标名称	单位	全市		市区	
		2005年	2004年	2005年	2004年
营林情况					
当年造林面积	公顷	15986	20441	4240	5236
人工造林(年末成活率85%以上)	公顷	15986	20441	4240	5236
按主要的林种用途分					
用材林	公顷	15483	18753	3822	5095
#速生丰产林	公顷	13378	17738	3094	4769
经济林	公顷	162	1267	77	114
防护林	公顷	333	421	333	27
当年迹地更新面积	公顷	17735	7425	4963	5041
#人工更新面积	公顷	6149	6273	4215	4799
封山育林面积	公顷	143931	247236	21568	14824
#本年新封面积	公顷	8065	8195	269	
当年四旁零星植树(按实际成活株数)	万株	370.75	432	76.95	82
林木种籽采集量	吨	1033	3	1031	1
育苗面积	公顷	61	336	26	93
#新育	公顷	52	224	25	82
当年苗木产量	万株	2425.7	6596	1198	2784
当年幼林抚育作业面积	公顷	59637	74224	27636	32373
成林抚育(实际)面积(包括间伐)	公顷	25231	26496	13953	8812
林产品产量(包括农户自用)					
油桐籽(籽:油=4:1)	吨	170	247	16	83
油茶籽(籽:油=5:1))	吨	73	59		
松脂	吨	18264	18126	9697	9440
竹笋干(鲜笋按1/3折干)	吨	3231	4371	881	588
板栗	吨	8202	5653	1615	1645
八角	吨	2998	2139	296	107
桂皮	吨	1839	732	1783	678
茴油	吨				
安叶油	吨	513	490	50	35
村及村以下竹木采伐量					
原木	立方米	316523	226711	67081	
篙竹	万根	357.32	425	26	179
大杂竹	万根	936.26	841	161.75	89
小杂竹	吨	32512	54139	12085	34350

4-15 主要牲畜年末存栏情况

指 标 名 称	单 位	全 市		市 区	
		2005年	2004年	2005年	2004年
大牲畜总头数	头	771987	797520	183311	206518
#从事农事劳役的	头	533163	600562	93374	150731
牛	头	756566	782248	182906	205949
#黄 牛	头	206183	207745	40629	44125
水 牛	头	541591	566738	135124	155167
良种及改良种乳牛	头	8792	7765	7153	6657
马	匹	15421	15272	405	569
猪	头	2898585	2741322	620032	599748
山 羊	只	207876	185372	7621	7612
家 禽	万只	3106.41	2740	1426.84	1239
鸡	万只	2122.29	1776	947.28	752
鸭	万只	935.41	924	458.27	473
鹅	万只	48.71	41	21.29	13
兔	万只	10.98	12	1.95	3

4-16 主要牲畜全年出栏情况

指 标 名 称	单位	全 市		市 区	
		2005年	2004年	2005年	2004年
当年出栏的肉用牛	头	151320	147239	29382	28822
当年出栏的肉猪	头	4130516	3843146	1037734	964065
当年出栏的肉用羊	只	189676	156319	8480	10142
当年出栏的家禽	万只	8228.01	6834	4588.77	3773
鸡	万只	5343.41	4235	2837.17	2193
鸭	万只	2807.45	2509	1718.31	1535
鹅	万只	77.15	91	33.29	46
当年出栏的兔	万只	20.89	20	6.64	6

4-17 牧业主要产品产量

单位：吨

指标名称	全市		市区	
	2005年	2004年	2005年	2004年
肉类总产量	**464764**	**419792**	**159813**	**138714**
#牛肉产量	14624	14209	2767	2639
猪肉产量	311351	292545	78534	72676
羊肉产量	2898	2368	126	134
禽肉产量	133843	109148	77944	62970
鸡肉产量	77664	59685	42783	31989
鸭肉产量	54022	46986	34277	29804
鹅肉产量	2157	2477	884	1177
兔肉产量	379	341	131	86
奶类产量	26521	24010	25032	22741
#牛奶产量	26521	24010	25032	22741
蜂蜜产量	336	303	107	75
禽蛋产量	16288	14454	9762	8138
蚕茧产量	41745	30785	5837	3542
#桑蚕茧	41745	30785	5837	3542

4-18 渔业生产情况

指标名称	单位	全市		市区	
		2005年	2004年	2005年	2004年
水产品总产量	**吨**	**167330**	**158829**	**50447**	**51269**
淡水产品产量	吨	167330	158829	50447	51269
淡水捕捞	吨	14133	13868	2888	2471
鱼类	吨	13053	12533	2652	2260
虾蟹类	吨	484	538	54	110
贝类	吨	467	688	166	101
其他类	吨	129	109	16	
淡水养殖	吨	153197	144961	47559	48798
鱼类	吨	150631	143297	46590	48192
虾蟹类	吨	1312	966	713	545
贝类	吨	833	544	187	53
其他类	吨	421	154	69	8
淡水养殖面积	**公顷**	**34333**	**34820**	**10079**	**10900**
池塘养殖	公顷	12474	12323	5042	5306
河沟养殖	公顷	2622	2603	236	350
山塘水库养殖	公顷	18563	19382	4344	5223
其他养殖	公顷	674	512	457	21

4-19 农业机械化情况

指标名称	单位	全市		市区	
		2005年	2004年	2005年	2004年
农业机械总动力合计	**千瓦**	**2813242**	**2774468**	**887920**	**934455**
柴油发动机动力	千瓦	2298353	2301922	769286	830881
汽油发动机动力	千瓦	24379	17632	20604	12664
电动机动力	千瓦	485383	454608	93269	90910
其他机械动力	千瓦	5127	306	4761	
主要农业机械与设备					
大中型拖拉机	台	20932	20351	4925	5217
	千瓦	396059	377376	98426	102125
小型拖拉机	台	48735	64624	17057	28488
	千瓦	468354	565009	158067	227241
大中型拖拉机配套农具	部	3824	3586	1440	1359
小型拖拉机配套农具	部	86406	83563	27701	30440
农用排灌电动机	台	22429	21977	5189	4843
	千瓦	121475	123201	33808	36114
农用排灌柴油机	台	62516	58219	32476	31586
	千瓦	314682	303660	148568	149168
联合收割机	台	167	139	7	21
	千瓦	4041	2887	202	341
自走式机动割晒机	台	132	131	7	20
	千瓦	4035	2827	202	377
机动脱粒机	台	101886	90720	18541	17116
	千瓦	125609	96495	34047	25067
农用载重汽车	辆	4799	5037	1786	2083
	千瓦	439329	465832	161115	190943
农用运输车	辆	3918	4065	1028	1159
	千瓦	95054	105095	26035	35088
渔用机动船	艘	993	1064	431	516
	千瓦	6631	7287	2752	3513
农用水泵	台	84592	82073	31481	33771
节水灌溉机械	套	14728	3039	2092	690
附:当年机耕地面积	公顷	214519	203094	55785	55769

4-20 农村水电、化肥用量及灌溉情况

指标名称	单位	全市		市区	
		2005年	2004年	2005年	2004年
水电建设					
乡(镇)办水电站个数	个	11	8	3	1
装机容量	千瓦	4940	3867	525	320
发电量	千瓦小时	5515570	3981750	640000	5650
村和村民小组办水电站	个	22	30		8
装机容量	千瓦	6843	7073		230
发电量	千瓦小时	5920340	1955760		5510
农村用电量	**万千瓦小时**	**49364.78**	**47034.09**	**15112.4**	**16834.66**
农用化肥施用量					
按实物量计算	吨	1183259	1153821	406418	454350
氮　肥	吨	383746	364955	124904	136319
磷　肥	吨	250069	262501	87346	110379
钾　肥	吨	171738	175999	58657	71873
复合肥	吨	377706	350366	135511	135779
按折纯法计算	吨	348807	344188	120215	138916
氮　肥	吨	90340	90920	31562	39634
磷　肥	吨	37256	41948	12888	17783
钾　肥	吨	79724	83936	27099	34957
复合肥	吨	141487	127384	48666	46542
农用塑料薄膜使用量	**吨**	**6680**	**5338**	**3610**	**2851**
#地膜使用量	吨	5372	4123	3209	2496
地膜覆盖面积	公顷	75032	75396	53518	53911
农用柴油使用量	**吨**	**57488**	**49466**	**24024**	**14463**
农药使用量(按实物量计算)	**吨**	**9787**	**8861**	**3080**	**2588**
灌溉情况					
有效灌溉面积	公顷	201286	235120	50110	68880
#实灌面积	公顷	153382	166830	41286	48690
旱涝保收面积	公顷	156431	193630	34577	59490
机电排灌面积	公顷	59877	66950	26309	31230
机电井	眼	992	847	592	490

4-21 各县农村基本情况及从业人员构成

(2005年)

指 标 名 称	单 位	武鸣县	横 县	宾阳县	上林县	马山县	隆安县
农村基层组织							
乡镇个数	个	13	17	16	11	11	10
#镇个数	个	13	14	15	7	7	6
村民委员会	个	198	276	191	115	145	118
村民小组	个	3131	7077	5969	2967	3569	2441
农村社会基础设施							
通汽车村数	个	198	275	174	115	145	118
通电话村数	个	196	264	174	115	140	114
自来水受益村数	个	197	170	120	112	101	92
乡(镇)村户数	**万户**	**18.21**	**25.22**	**19.46**	**9.12**	**10.05**	**8.62**
乡(镇)村人口数	**万人**	**61.15**	**101.02**	**87.65**	**41.21**	**46.8**	**36.4**
乡(镇)村劳动力	**万人**	**37.1**	**59.33**	**55.72**	**24.18**	**29.28**	**21.88**
乡(镇)村从业人员	**万人**	**33.08**	**57.11**	**52.81**	**22.85**	**27.54**	**19.82**
#女 性	万人	15.69	27.58	25.31	11.01	13.63	8.89
农林牧渔业从业人员	万人	26.64	36.04	34.65	16.00	15.69	14.26
工业从业人员	万人	0.76	2.23	2.21	0.48	0.59	0.2
建筑业从业人员	万人	1.02	2.74	2.04	1.00	1.18	0.61
交通运输、邮电通讯及仓储业从业人员	万人	0.75	1.23	0.64	0.37	0.29	0.16
批发、零售贸易业、餐饮业从业人员	万人	0.58	1.69	1.43	0.45	0.48	0.45
其他从业人员	万人	3.11	12.63	11.5	4.4	9.19	4.03
#外出从业人员	万人	2.99	11.67	9.82	4.34	8.66	3.73

4-22 各县农村社会总产值

（2005年） 单位：万元

指标名称	武鸣县	横县	宾阳县	上林县	马山县	隆安县
农村社会总产值	**792170**	**672399**	**785354**	**196689**	**166952**	**168858**
农林牧渔业总产值	**382923**	**313555**	**218950**	**112009**	**91709**	**127852**
农村非农行业产值合计	**409247**	**358844**	**566404**	**84680**	**75243**	**41006**
农村工业总产值	**206200**	**35959**	**299813**	**21329**	**20746**	**17599**
500万以上	61860	5381			1068	
500万以下	206200	30578	299813	21329	19678	17599
农村建筑业总产值	**25711**	**163410**	**28678**	**19523**	**20067**	**7995**
建筑安装工程产值	25707	108233	28678	17805	20067	7995
兴建房屋产值	22907	33599	26904	17805	18617	7435
#农民个人建房	18835	25898	16834	10633	16617	7129
农田水利工程产值	2800	4573	927		1450	520
其他建筑安装工程产值		70061	847			40
其他基本建筑产值	4	55177		1718		
农村运输业总产值	**92972**	**33186**	**43706**	**1860**	**7215**	**2563**
农村批发零售贸易饮食业产值	**84364**	**126289**	**194207**	**41968**	**27215**	**12849**
批发零售贸易产值	45765	107721	170203	37345	26600	11287
饮食业产值	38599	18568	24004	4623	615	1562
农林牧渔业商品产值	**297515**	**218917**	**121668**	**64015**	**60470**	**99441**

4-23 各县农林牧渔业总产值

单位：万元

指 标 名 称	武鸣县		横 县		宾阳县	
	1990年不变价	2005年现行价	1990年不变价	2005年现行价	1990年不变价	2005年现行价
农林牧渔业总产值	**237911**	**382923**	**190875**	**313555**	**112034**	**218950**
农业产值	**151528**	**225667**	**119837**	**188937**	**59389**	**127429**
种植业	150852	224027	119076	187133	58906	126289
主产品产值	143162	213197	114612	180993	54686	120269
粮食作物合计	16771	45370	18066	47766	17327	45529
经济作物合计	36385	65161	22154	42945	19513	34996
蔬菜(食用菌类)园艺作物	19122	54302	24889	42156	9029	28570
水果、饮料和香料	69933	46271	18484	12776	4057	3859
其他种植业	951	2093	31019	35350	4760	7315
副产品产值	7690	10830	4464	6140	4220	6020
粮食作物副产品	1538	2268	1258	2172	1039	2030
经济作物副产品	6152	8562	3206	3968	3181	3990
其他农业	676	1640	761	1804	483	1140
采集野生植物	676	1640	761	1804	483	1140
林业产值	**8347**	**12450**	**6912**	**6983**	**2911**	**2904**
营 林	1639	3834	649	1155	409	718
林产品	2281	5043	444	898	197	461
全社会竹木采伐	4427	3573	5819	4930	2305	1725
牧业产值	**61424**	**119346**	**52404**	**98588**	**37252**	**69313**
牲畜饲养	3930	7179	1774	3004	1900	3211
牛饲养	3623	6069	1760	2948	1888	3163
羊饲养	232	1009	12	54	11	47
猪的饲养	37133	77325	21190	44125	16587	34539
家禽的饲养	18689	32050	12277	21417	7124	11357
活的畜禽产品	843	1567	969	1518	475	748
其他动物及产品	829	1225	16194	28524	11166	19458
渔业产值	**13849**	**22632**	**11530**	**18853**	**11038**	**17846**
服务业产值	**2763**	**2828**	**192**	**194**	**1444**	**1458**

单位：万元

指标名称	上林县		马山县		隆安县	
	1990年不变价	2005年现行价	1990年不变价	2005年现行价	1990年不变价	2005年现行价
农林牧渔业总产值	**57029**	**112009**	**44272**	**91709**	**78547**	**127852**
农业产值	**25009**	**53456**	**18327**	**42876**	**56036**	**87181**
种植业	23364	49540	17020	39786	55098	84946
主产品产值	21460	46820	15767	38015	51089	79493
粮食作物合计	7608	20230	6719	18464	7165	19694
经济作物合计	7603	14231	2333	4312	16983	29124
蔬菜(食用菌类)园艺作物	2266	6378	4335	12966	6007	16159
水果、饮料和香料	719	854	1840	1403	20822	14322
其他种植业	3264	5127	540	870	112	194
副产品产值	1904	2720	1253	1771	4009	5453
粮食作物副产品	613	1098	859	1244	783	1132
经济作物副产品	1291	1622	394	527	3226	4321
其他农业	1645	3916	1307	3090	938	2235
采集野生植物	1645	3916	1307	3090	938	2235
林业产值	**1864**	**2257**	**1972**	**2452**	**3187**	**3652**
营　林	440	799	123	286	168	332
林产品	1012	1109	219	391	2204	2467
全社会竹木采伐	412	349	1630	1775	815	853
牧业产值	**25030**	**48108**	**20153**	**40336**	**15077**	**30268**
牲畜饲养	725	1398	2183	4799	967	1891
牛饲养	639	1070	1746	2925	860	1442
羊饲养	71	308	428	1862	102	442
猪的饲养	13488	28086	13664	28454	11021	22949
家禽的饲养	2027	3157	3177	5148	2638	4752
活的畜禽产品	279	464	254	397	306	476
其他动物及产品	8511	15003	875	1538	145	200
渔业产值	**4813**	**7870**	**3526**	**5743**	**3858**	**6362**
服务业产值	**313**	**318**	**294**	**302**	**389**	**389**

4-24 各县农林牧渔业中间消耗

（2005年，按当年价格计算）

单位：万元

指 标 名 称	合 计	农 业	#种植业	林 业	牧 业	渔 业	服务业
武鸣县							
农林牧渔业中间消耗	**139752**	**63464**	**63464**	**4931**	**62554**	**7129**	**1674**
物质消耗	129544	57926	57926	4822	59961	6835	
用种量	13027	10469	10469	17	740	1801	
饲料、饲草	63102	1986	1986		57596	3520	
肥 料	40538	37091	37091	3447			
燃 料	2506	2497	2497			9	
农 药	3264	3200	3200	64			
电	175	68	68	22	74	11	
农用塑料薄膜	677	677	677				
其 他	6255	1938	1938	1272	1551	1494	
劳务支出	11346	5538	5538	109	2593	1432	1674
横 县							
农林牧渔业中间消耗	**121239**	**61891**	**61744**	**1501**	**52439**	**5303**	**105**
物质消耗	116289	57731	57584	1479	51861	5218	
用种量	12547	8835	8835	188	2775	749	
饲料、饲草	50547	879	879		46649	3019	
肥 料	39271	39007	39007	264			
燃 料	7205	4725	4725	266	2008	206	
农 药	2023	1987	1987	36			
电	280	280	233				
农用塑料薄膜	645	645	645				
其 他	3771	1373	1273	725	429	1244	
劳务支出	6297	4160	4160	22	578	1432	105

指　标　名　称	合 计	农 业	#种植业	林 业	牧 业	渔 业	服务业
宾阳县							
农林牧渔业中间消耗	**80916**	**37398**	**37339**	**941**	**35884**	**5895**	**798**
物质消耗	74687	33704	33645	900	34470	5613	
用种量	8148	5390	5390	65	1297	1396	
饲料、饲草	29781	900	900		25842	3039	
肥 料	23118	22820	22820	298			
燃 料	1293	694	694	29	570		
农 药	3114	3051	3051	63			
电	129	41	39		88		
农用塑料薄膜	285	285	285				
其 他	8819	523	466	445	6673	1178	
劳务支出	7379	3694	3694	41	1414	1432	798
上林县							
农林牧渔业中间消耗	**42732**	**18098**	**18098**	**1014**	**18010**	**5438**	**172**
物质消耗	41810	17599	17599	1010	17795	5406	
用种量	5037	2528	2528	449	1414	646	
饲料、饲草	20261	3653	3653		14292	2316	
肥 料	9843	9506	9506	337			
燃 料	610	610	610				
农 药	721	689	689	32			
电	62	14	14	36	8	4	
农用塑料薄膜	199	199	199				
其 他	5077	400	400	156	2081	2440	
劳务支出	2322	499	499	4	215	1432	172

4-24 续表2 单位：万元

指 标 名 称	合 计	农 业	#种植业	林 业	牧 业	渔 业	服务业
马山县							
农林牧渔业中间消耗	**32397**	**11760**	**11535**	**498**	**18328**	**1647**	**164**
物质消耗	29864	10317	10252	263	17764	1520	
用种量	4206	3279	3279	193	244	490	
饲料、饲草	18405	175	175		17340	890	
肥 料	3284	3284	3284				
燃 料	799	634	624	26	130	9	
农 药	350	350	350				
电	1174	1100	1065		15	59	
农用塑料薄膜	120	120	120				
其 他	1526	1375	1355	44	35	72	
劳务支出	3838	1443	1283	235	564	1432	164
隆安县							
农林牧渔业中间消耗	**48072**	**27121**	**27121**	**852**	**18256**	**1632**	**211**
物质消耗	46697	26546	26546	852	17667	1632	
用种量	8782	8303	8303	39	10	430	
饲料、饲草	20240	2089	2089		17549	602	
肥 料	10389	10389	10389				
燃 料	2595	1891	1891	639	65		
农 药	1416	1330	1330	86			
电	2227	2225	2225	2			
农用塑料薄膜	192	192	192				
其 他	856	127	127	86	43	600	
劳务支出	2807	575	575		589	1432	211

4-25 各县耕地增减变动情况

(2005年) 单位：公顷

指标名称	武鸣县	横县	宾阳县	上林县	马山县	隆安县
年初实有耕地积	**59594**	**62222**	**53864**	**27530**	**22733**	**31683**
水田	24254	38983	34829	17400	10179	9464
旱地	35340	23239	19035	10130	12554	22219
当年新增加的耕地面积	**304**	**101**	**375**	**146**		
新开荒	49	64	368	120		
其他	32					
当年减少的耕地面积	**683**	**191**	**179**	**110**	**15**	**205**
#国家基建占地	44	113	64	27	11	181
退耕还林、还牧		1	67	43		22
改渔塘	2	10		2		
改果园	11	22	19			1
乡(镇)村集体基建占地		6	4	1	4	
农民个人建房占地	72	2	25	9		1
因灾废弃及撩荒	21	37		13		
年末实有耕地面积	**59215**	**62132**	**54060**	**27566**	**22718**	**31478**
水田	24181	38929	34462	16690	10215	9441
旱地	35034	23203	19598	10876	12503	22037

4-26 各县农作物播种面积和产量

(2005年)

指标名称	单位	武鸣县	横县	宾阳县	上林县	马山县	隆安县
农作物总播种面积	**公顷**	**151168**	**133577**	**116756**	**59009**	**53433**	**65913**
粮食播种面积	**公顷**	**61471**	**72906**	**68385**	**39390**	**40245**	**35137**
公顷产量	公斤/公顷	5059	4499	4553	3524	3184	3729
产量	吨	310978	328037	311390	138821	128122	131032
夏收播种面积	公顷	32194	36728	34851	18244	19155	17420
公顷产量	公斤/公顷	5944	4639	4839	4114	4208	4341
产量	吨	191353	170396	168651	75049	80607	75621
秋收播种面积	公顷	29277	35623	33534	21054	20952	17379
公顷产量	公斤/公顷	4086	4366	4257	3023	2262	3173
产量	吨	119625	155541	142739	63644	47383	55143
稻谷播种面积	公顷	36323	54422	53509	26334	16395	14388
公顷产量	公斤/公顷	5942	5021	5116	4246	4300	5517
产量	吨	215833	273227	273753	111815	70505	79377
早稻播种面积	公顷	17153	26864	26519	12121	7955	6993
公顷产量	公斤/公顷	6915	5141	5572	4945	5323	5843
产量	吨	118613	138095	147751	59942	42348	40861
中稻播种面积	公顷	510				189	170
公顷产量	公斤/公顷	5453				3730	4288
产量	吨	2781				705	729
晚稻播种面积	公顷	18660	27558	26990	14213	8251	7225
公顷产量	公斤/公顷	5061	4904	4668	3650	3327	5230
产量	吨	94439	135132	126002	51873	27452	37787
玉米播种面积	公顷	17421	12644	6652	7917	16752	12625
公顷产量	公斤/公顷	4783	3492	3013	2446	3001	3253
产量	吨	83316	44150	20045	19368	50274	41072
高粱播种面积	公顷	1	11	118			102
公顷产量	公斤/公顷	2000	1364	1364			3000
产量	吨	2	15	161			306
豆类播种面积	公顷	6410	3553	3584	2841	4953	5912
公顷产量	公斤/公顷	1570	1745	1620	1115	1024	1363
产量	吨	10064	6200	5806	3167	5070	8058
大豆播种面积	公顷	6282	2553	2815	2817	4310	5800
公顷产量	公斤/公顷	1581	1830	1700	1118	1092	1370
产量	吨	9933	4671	4786	3149	4707	7944
绿豆播种面积	公顷	124	413	337		3	38
公顷产量	公斤/公顷	1024	1460	1142		667	895
产量	吨	127	603	385		2	34
红薯播种面积	公顷	1316	2256	4522	2206	2007	2010
公顷产量	公斤/公顷	1340	1961	2571	1969	1067	1084
产量	吨	1763	4425	11625	4343	2141	2179

指标名称	单位	武鸣县	横县	宾阳县	上林县	马山县	隆安县
经济作物播种面积	**公顷**	**51282**	**30847**	**26953**	**12916**	**6029**	**21255**
油料作物播种面积	公顷	9727	4367	4784	3819	1345	1044
公顷产量	公斤/公顷	2340	2012	2251	1461	1928	2103
产量	吨	22762	8786	10770	5578	2593	2196
#花生播种面积	公顷	9719	4351	4773	2237	1340	1044
公顷产量	公斤/公顷	2342	2018	2256	2108	1931	2103
产量	吨	22761	8779	10766	4715	2588	2196
芝麻播种面积	公顷	8	16	11			
公顷产量	公斤/公顷	125	438	364			
产量	吨	1	7	4			
甘蔗播种面积	公顷	18872	17947	17427	6943	1627	13161
公顷产量	公斤/公顷	73891	75263	65669	62655	55071	64875
产量	吨	1394479	1350743	1144407	435014	89600	853824
糖蔗播种面积	公顷	18664	16113	16961	6593	1552	13016
公顷产量	公斤/公顷	73854	72310	64651	60111	54472	64920
产量	吨	1378403	1165134	1096543	396314	84541	845004
果蔗播种面积	公顷	208	1834	466	350	75	145
公顷产量	公斤/公顷	77288	101204	102712	110571	67453	60828
产量	吨	16076	185609	47864	38700	5059	8820
药材(产值)	万元	12	831	353			
木薯播种面积	公顷	22491	3559	4454	2119	3057	6887
公顷产量	公斤/公顷	11078	3624	5442	5374	3495	13354
产量	吨	249155	12897	24237	11388	10683	91971
其他农作物播种面积	**公顷**	**38415**	**29824**	**21418**	**6703**	**7159**	**9521**
蔬菜播种面积	公顷	29897	20990	16402	3506	6107	7924
产量	吨	602758	341220	284405	72955	139500	191063
果用瓜（西瓜、香瓜）	公顷	2835	2461	1495	22	21	319
产量	吨	73248	50608	33546	510	420	2888
青饲料	公顷	5605	5012	2814	1002	606	1040
绿肥	公顷	1	319	280	2021		233
马蹄	公顷		90	30			
其他	公顷	6		37		398	

4-27 各县茶叶和水果生产情况

（2005年）

指标名称	单位	武鸣县	横县	宾阳县	上林县	马山县	隆安县
茶叶合计	**吨**	**378**	**905**	**41**	**274**	**52**	**3**
绿毛茶	吨	199	673	41	273		
水果合计	**吨**	**249230**	**35497**	**8447**	**2420**	**7039**	**99749**
蕉类	吨	68743	5308	2312	888	1237	66498
#香蕉	吨	64579	2792	1672	238	139	63682
柚子	吨	823	73	106	420	315	220
#沙田柚	吨	83	14	14	109	12	12
柑桔	吨	26198	763	607	273	635	6762
橙	吨	32130	290	392	91	150	16125
梨	吨	3481	1973	301	370	145	120
菠萝	吨	10598	85				1020
龙眼	吨	46116	5823	2142	242	1565	3606
荔枝	吨	7662	8514	599	5	190	1303
芒果	吨	11439	1193	480			434
枣子(按鲜枣计算)	吨	160	490	165			
柿子(按鲜柿计算)	吨	1195	4341	265	10	459	47
葡萄	吨	258	385	84	44	79	57
其他水果	吨	37662	6104	756	72	2124	3544
茶园	**公顷**	**170**	**1635**	**13**	**37**	**60**	
#当年采摘面积	公顷	170	1518	13	37	59	
果园	**公顷**	**18427**	**9510**	**1427**	**320**	**2001**	**7177**
#香蕉园	公顷	1823	452	135	161	80	2571
柑桔橙园	公顷	2609	121	48	54	163	1392
梨园	公顷	146	209	50	7	28	29
荔枝园	公顷	1094	3908	130	1	41	1182
菠萝园	公顷	542	121				39
龙眼园	公顷	8653	3031	480	72	1518	1312
芒果园	公顷	1020	336	29			144
葡萄园	公顷	60	62	30	12	2	10

4-28 各县林业生产情况

(2005年)

指 标 名 称	单 位	武鸣县	横 县	宾阳县	上林县	马山县	隆安县
营林情况							
当年造林面积	公顷	2546	4573	2033	1334	275	985
人工造林(年末成活率85%以上)	公顷	2546	4573	2033	1334	275	985
按主要的林种用途分							
用材林	公顷	2513	4573	2010	1334	275	956
#速生丰产林	公顷	2492	4573	1988		275	956
经济林	公顷	33		23			29
防护林	公顷						
当年迹地更新面积	公顷	10996	758	406	130	279	203
#人工更新面积	公顷	1077		282	130	242	203
封山育林面积	公顷	54233	39065	10363	4800	10111	3791
#本年新封面积	公顷	2767			2667	1334	1028
当年四旁零星植树(按实际成活株数)	万株	105.8	50	51	34	53	
林木种籽采集量	吨	2					
育苗面积	公顷	22		6		2	5
#新育	公顷	17		6		2	2
当年苗木产量	万株	899.7		230		60	38
当年幼林抚育作业面积	公顷	10905	4873	2789	7037	2992	3405
成林抚育(实际)面积(包括间伐)	公顷	3113	354	2664	5147		
林产品产量(包括农户自用)							
油桐籽(籽:油=4:1)	吨		60	5	3	74	12
油茶籽(籽:油=5:1))	吨		2	42	3	26	
松 脂	吨	4968	1400	1000	350	524	325
竹笋干(鲜笋按1/3折干)	吨	1804	308	108	6	107	17
板 栗	吨	132	45		3		6407
八 角	吨	600	45	25	1800	150	82
桂 皮	吨	2	54				
茴 油	吨						
安叶油	吨	450	13				
村及村以下竹木采伐量		**70688**	**105586**	**46032**	**12988**	**24753**	**16549**
篙 竹	万根	30.87	226.45	53.5			20.5
大杂竹	万根	76.59	496.1	60	20	96.99	24.83
小杂竹	吨	1263	681	400	84	17497	502

4-29 各县主要牲畜年末存栏情况

（2005年）

指 标 名 称	单 位	武鸣县	横 县	宾阳县	上林县	马山县	隆安县
大牲畜总头数	头	132985	106276	95721	85831	98647	69216
#从事农事劳役的	头	94616	87280	73817	60061	75099	48916
牛	头	129441	104394	95193	83853	94184	66595
#黄 牛	头	30554	16745	10609	25654	47678	34314
水 牛	头	97776	87323	84562	58019	46506	32281
良种及改良种乳牛	头	1111	326	22	180		
马	匹	3544	1882	528	1978	4463	2621
猪	头	766263	429481	301395	285022	242772	253620
山 羊	只	30653	2225	2443	19394	111453	34087
家 禽	万只	584	428.91	273.41	135.2	131.48	126.57
鸡	万只	422.42	345.14	170.28	65	80.74	91.43
鸭	万只	159.29	80.13	88.23	68	46.94	34.55
鹅	万只	2.29	3.64	14.9	2.2	3.8	0.59
兔	万只	2.38	0.44	1.94	0.96	1.66	1.65

4-30 各县主要牲畜全年出栏情况

（2005年）

指 标 名 称	单 位	武鸣县	横 县	宾阳县	上林县	马山县	隆安县
当年出栏的肉用牛	头	40897	21034	21821	7630	20746	9810
当年出栏的肉猪	头	1083566	562590	437610	355606	366110	287300
当年出栏的肉用羊	只	49141	2611	2295	15011	90638	21500
当年出栏的家禽	万只	1552.71	1029.91	476.25	159.7	225.54	195.13
鸡	万只	1106.51	772.64	257.76	75	136.56	157.77
鸭	万只	441.78	250.38	197.39	81.2	82.03	36.36
鹅	万只	4.42	6.89	21.1	3.5	6.95	1
当年出栏的兔	万只	4.49	1.25	2.01	1.65	3.1	1.75

4-31 各县牧业主要产品产量

(2005年)

单位：吨

指标名称	武鸣县	横县	宾阳县	上林县	马山县	隆安县
肉类总产量	**104505**	**60970**	**45336**	**31382**	**35401**	**27357**
#牛肉产量	4085	1984	2129	720	1969	970
猪肉产量	76450	43627	34149	27769	28132	22690
羊肉产量	770	38	35	250	1362	317
禽肉产量	22755	15016	8611	2430	3840	3247
鸡肉产量	15129	10432	3829	1050	1944	2497
鸭肉产量	7516	4405	4106	1280	1710	728
鹅肉产量	110	179	676	100	186	22
兔肉产量	62	21	27	66	47	25
奶类产量	1197	105	24	163		
#牛奶产量	1197	105	24	163		
蜂蜜产量	59	57	25	17	16	55
禽蛋产量	1645	2082	1020	580	543	656
蚕茧产量	362	15779	10665	8303	799	
#桑蚕茧	362	15779	10665	8303	799	

4-32 各县渔业生产情况

(2005年)

指标名称	单位	武鸣县	横县	宾阳县	上林县	马山县	隆安县
水产品总产量	**吨**	**33276**	**27678**	**26258**	**11903**	**8408**	**9360**
淡水产品产量	吨	33276	27678	26258	11903	8408	9360
淡水捕捞	吨	2117	5792	2110	319	439	468
鱼类	吨	1972	5457	1841	297	366	468
虾蟹类	吨	54	170	117	16	73	
贝类	吨	37	139	125			
其他类	吨	54	26	27	6		
淡水养殖	吨	31159	21886	24148	11584	7969	8892
鱼类	吨	30858	21685	23465	11221	7953	8859
虾蟹类	吨	176	61	341	16	3	2
贝类	吨	81	5	260	300		
其他类	吨	44	135	82	47	13	31
淡水养殖面积	**公顷**	**5266**	**6874**	**4923**	**3451**	**1769**	**1971**
池塘养殖	公顷	2031	1185	1708	794	761	953
河沟养殖	公顷	37	1904	64	10	267	104
山塘水库养殖	公顷	3196	3592	3144	2647	731	909
其他养殖	公顷	2	193	7		10	5

4-33 各县农业机械化情况

(2005年)

指标名称	单位	武鸣县	横县	宾阳县	上林县	马山县	隆安县
农业机械总动力合计	**千瓦**	**528994**	**409936**	**333732**	**324465**	**149897**	**178298**
柴油发动机动力	千瓦	473568	297519	298129	241030	69080	149741
汽油发动机动力	千瓦	63	945	43	442		2282
电动机动力	千瓦	55211	111472	35560	82855	80817	26199
其他机械动力	千瓦	152			138		76
主要农业机械与设备							
大中型拖拉机	台	4203	3422	2848	2293	1747	1494
	千瓦	77368	67611	59464	37397	25789	30004
小型拖拉机	台	14514	7038	6328	1871	384	1543
	千瓦	143156	70309	59527	17787	3719	15789
大中型拖拉机配套农	部	729	573	560	37		485
小型拖拉机配套农具	部	12595	8711	16274	14936	477	5712
农用排灌电动机	台	1099	4826	1364	5939	3504	508
	千瓦	7651	45532	6245	10258	6384	11597
农用排灌柴油机	台	9399	4043	4121	4048	660	7769
	千瓦	49044	33342	19300	19396	3605	41427
联合收割机	台	33	23	65	29	4	6
	千瓦	968	551	1810	188	102	220
自走式机动割晒机	台	31	23	65			6
	千瓦	1252	551	1810			220
机动脱粒机	台	10161	3027	16875	30869	10043	12370
	千瓦		18917	29439	22655	20551	
农用载重汽车	辆	1110	336	562	640	150	215
	千瓦	106512	31426	50359	58181	14868	16868
农用运输车	辆	612	164	1067	612	187	248
	千瓦	18850	4834	20061	15986	4503	4785
渔用机动船	艘		509		31	4	18
	千瓦		3212		478	46	143
农用水泵	台	12878	11689	5622	9234	5915	7773
节水灌溉机械	套	122	12165	51		3	295
附:当年机耕地面积	公顷	50939	39661	37609	9644	6420	14461

4-34 各县农村水电、化肥用量及灌溉情况

(2005年)

指标名称	单位	武鸣县	横县	宾阳县	上林县	马山县	隆安县
水电建设							
乡(镇)办水电站个数	个	3	1	1	2		1
装机容量	千瓦	775	150	730	1260		1500
发电量	千瓦小时	1285000	120	900000	2690000		450
村和村民小组办水电	个	11			6	5	
装机容量	千瓦	6047			660	136	
发电量	千瓦小时	1451300			4450070	18970	
农村用电量	**万千瓦小时**	**9067**	**7712.38**	**7423**	**5212**	**2613**	**2225**
农用化肥施用量							
按实物量计算	吨	245753	180216	154760	60496	35369	100247
氮　肥	吨	81705	57607	44807	25142	15703	33878
磷　肥	吨	37885	41915	40419	14632	4313	23559
钾　肥	吨	37942	19781	23984	8744	2617	20013
复合肥	吨	88221	60913	45550	11978	12736	22797
按折纯法计算	吨	82453	46102	44000	16607	10126	29304
氮　肥	吨	17975	11003	11202	6285	3844	8469
磷　肥	吨	5304	6706	6063	2195	615	3485
钾　肥	吨	18592	8901	10793	3935	1197	9207
复合肥	吨	40582	19492	15942	4192	4470	8143
农用塑料薄膜使用量	**吨**	**950**	**717**	**439**	**571**	**153**	**240**
#地膜使用量	吨	860	408	348	264	65	218
地膜覆盖面积	公顷	7594	4635	5352	1669	1573	691
农用柴油使用量	**吨**	**10984**	**6970**	**8569**	**882**	**1835**	**4224**
农药使用量(按实物量计算)	**吨**	**1478**	**1502**	**2076**	**479**	**255**	**917**
灌溉情况							
有效灌溉面积	公顷	30270	49210	30124	17370	8212	15990
#实灌面积	公顷	26700	27374	27190	14500	7599	8733
旱涝保收面积	公顷	25170	42020	20196	15940	6208	12320
机电排灌面积	公顷	3300	16260	4466	1700	2372	5740
机电井	眼	315	36	46		3	

5 工业

CHAPTER 5 INDUSTRY

5-1 全市主要年份工业总产值

（按当年价格计算） 单位：万元

年 份	全部工业总产值	轻工业	重工业	规模以上工业总产值	# 国有工业	# 集体工业
1950	767	704	63	238	37	201
1965	26370	17413	8957	23595	19842	3753
1978	111437	68785	42652	110979	91689	18287
1980	129920	94843	35077	128638	106710	21401
1985	216221	149483	66738	209855	178446	31211
1986	247582	169834	77748	236722	204570	31570
1987	310315	211666	98649	298512	257753	38720
1988	404796	279480	125316	387247	332131	51458
1989	504021	353985	150036	488566	417319	57031
1990	549256	382516	166740	528855	453624	59995
1991	625718	419582	206136	600539	507269	65208
1992	740112	487356	252756	700243	579918	82273
1993	1005613	628765	376848	909065	719657	122451
1994	1341785	812033	529752	1171195	888611	164083
1995(旧口径)	1759443	1028078	731365	1500470	1059315	270457
1995(新口径)	1529236	891430	637806	1303224	918567	231410
1996	1581367	933535	647832	1339026	848099	307245
1997	1696837	1008391	688446	1366220	762253	348946
1998	1824639	1090345	734294	1418302	739942	358305
1999	1870681	1096428	774253	1422855	492613	325646
2000	2417251	1400496	1016755	1485196	486501	177095
2001	2608099	1489715	1118384	1685135	358901	194259
2002	2911858	1579082	1332776	1987028	363601	164196
2003	3341980	1846907	1495073	2418570	556669	117223
2004	4040693	2037693	2003000	3003353	842068	57348
2005	4909198	2559317	2349881	3701812	968474	64551

注:2000年以后为行政区划调整后的数据，其余年份为原南宁口径。2000年以前规模以上工业产值为乡及乡以上工业口径。

5-2 全市主要年份工业总产值发展速度

单位：%

年　份	全部工业总产值	轻工业	重工业	乡及乡以上工业总产值	#国有工业	#集体工业
1951	179.98	178.26	200.00	160.90	367.57	124.89
1965	142.07	138.43	149.77	142.77	146.59	125.44
1978	108.26	105.55	112.78	108.28	108.33	108.02
1980	113.67	122.91	97.57	113.88	113.15	117.65
1985	120.02	118.37	124.61	117.46	117.01	117.77
1986	107.97	108.66	106.16	107.06	108.51	99.20
1987	117.86	115.87	123.22	116.80	116.95	112.02
1988	116.17	116.74	114.71	115.83	114.27	122.15
1989	108.34	108.34	108.33	109.19	108.99	102.03
1990	106.97	106.52	108.14	108.58	107.88	105.43
1991	111.15	105.02	126.98	109.05	107.95	109.32
1992	117.18	117.92	115.58	117.62	114.77	117.77
1993	118.72	116.20	124.22	111.43	107.39	128.09
1994	117.75	111.27	130.97	120.71	107.19	132.19
1995	116.56	106.46	134.05	106.94	104.73	146.88
1996	101.09	102.40	99.29	101.22	91.45	132.14
1997	110.77	111.86	109.23	105.91	94.66	118.64
1998	109.72	110.14	109.12	106.12	101.28	99.17
1999	107.30	105.61	109.78	104.69	68.01	94.67
2000	106.79	104.44	110.12	106.44	78.96	90.58
2001	107.90	106.37	110.00	113.46	73.77	109.69
2002	111.65	106.00	119.17	117.92	101.31	84.52
2003	114.77	116.96	112.18	121.72	153.10	71.39
2004	120.91	110.33	133.97	124.18	151.27	48.92
2005	121.49	125.60	117.32	123.26	115.01	112.56

注：2001年以后工业总产值发展速度按当年价格计算，其余年份按可比价计算。

5-3 全部工业企业单位数、工业总产值

指标名称	单位数（个）		工业总产值（当年价格，万元）	
	2005年	2004年	2005年	2004年
总计	**32049**	**31848**	**4909198**	**4040693**
#国有控股企业	**156**	**204**	**1580865**	**1401467**
按轻重工业分				
轻工业	30379	30178	2511661	2067313
重工业	1670	1670	2397537	1973380
按企业规模分				
大型企业	3	2	279042	245898
中型企业	65	65	1564651	1388145
小型企业（含个体）	31981	31781	3065505	2406650
按经济类型分				
国有企业	213	213	1038474	843347
集体企业	450	459	117179	94705
股份合作企业	43	43	33699	22449
联营企业	38	38	731	2079
有限责任公司	277	277	831345	651144
股份有限公司	53	53	553712	396233
私营企业	1899	1797	1050790	895035
港澳台商投资企业	78	74	225442	128482
外商投资企业	92	88	252409	239886
个体工业	28591	28591	720658	698416
其他企业	315	215	84760	68918
按统计口径分组				
国有及年销售收入500万元以上非国有工业	**625**	**622**	**3701812**	**3003353**
#国有控股企业	156	204	1580865	1401467
#农村工业	11	2	15807	2207
按轻重工业分				
轻工业	341	329	1847774	1506141
重工业	284	293	1854038	1497212
按企业规模分				
大型企业	3	2	279042	245898
中型企业	65	65	1564651	1388145
小型企业	557	555	1858118	1369310
按登记注册类型分				
国有企业	114	158	968474	842068
集体企业	31	31	64551	57348
股份合作企业	4	5	31266	20168
联营企业	1	1	731	827
有限责任公司	139	125	831345	628586
股份有限公司	15	19	390165	389885
私营企业	249	220	950790	709684
港澳台商投资企业	32	25	212081	121866
外商投资企业	40	38	252409	232921

5-3 续表

指 标 名 称	单位数（个）		工业总产值（当年价格，万元）	
	2005年	2004年	2005年	2004年
按经济组织类型分				
独资企业	**205**	**242**	**1261372**	**1039518**
国有企业	114	158	968474	842068
集体企业	31	31	64551	57348
私营独资企业	35	31	121176	58124
港澳台商独资经营企业	10	8	44922	33726
外资企业	15	14	62250	48252
合作、合伙企业	**39**	**42**	**205546**	**140140**
股份合作企业	4	5	31266	20168
国有与集体联营企业	1	1	731	827
私营合伙企业	27	29	86112	54737
港澳台资合作经营企业	3	3	13822	12771
中外合作经营企业	4	4	73615	51637
股份有限公司	**31**	**26**	**442297**	**417989**
股份有限公司（内资）	15	19	390165	389885
私营股份有限公司	16	7	52132	28104
有限责任公司	**350**	**312**	**1792597**	**1405707**
国有独资公司	2	4	36860	33626
私营有限责任公司	171	153	691370	568719
港澳台合资经营企业	19	14	153338	75370
中外合资经营企业	21	20	116545	133032
其他有限责任公司	137	121	794486	594961
年销售收入500万元以下非国有工业	**31264**	**31061**	**1132051**	**972396**
#轻工业	20815	20314	705501	606003
重工业	10449	10747	426550	366393
#集体企业	401	428	43491	37357
股份合作企业	39	38	2656	2281
私营企业	1583	1577	215783	185351
联营企业	39	37	1458	1252
个体经营	28712	28591	813087	698416
外商及港澳台商投资企业	103	99	15810	13580
其他企业	387	291	39767	34159
#农村工业	51	47	4256	3656
附营工业	**160**	**165**	**75335**	**64944**
轻工业	95	98	18834	16236
重工业	60	67	56501	48708

5-4 全市主要工业产品产量

（2005年）

产 品 名 称	单 位	生产量	产 品 名 称	单 位	生产量
原 煤	吨	341975	化学药品原药	吨	3896
发电量	万千瓦小时	218482	中成药	吨	15453
火 电	万千瓦小时	51453	塑料制品	吨	51777
水 电	万千瓦小时	167029	水泥熟料	吨	347953
大 米	吨	25122	水 泥	吨	6394026
小麦粉	吨	89568	水泥电杆	根	80565
精制食用植物油	吨	30102	商品混凝土	立方米	2514914
鲜冷藏冻肉	吨	23463	水泥混凝土桩	米	327841
成品糖	吨	825895	砖(折标准砖)	万块	1888
配混合饲料	吨	1728489	平板玻璃	重量箱	5157444
糕 点	吨	1406	日用玻璃制品	吨	40335
方便面	吨	6437	卫生陶瓷	件	2565513
乳制品	吨	36947	日用陶瓷	万件	1391
液体乳	吨	36514	耐火材料制品	吨	23059
罐 头	吨	37773	生 铁	吨	2620
酱 油	吨	9705	粗 钢	吨	92717
发酵酒精(折96度，商品量)	千升	101553	钢 材	吨	299982
饮料酒	千升	105158	铁合金	吨	20452
啤 酒	千升	89846	黄 金	千克	564
软饮料	吨	108173	铝 材	吨	63691
精制茶	吨	3766	内燃机	千瓦	265369
卷 烟	万支	2605000	起重设备	吨	18267
纱	吨	21221	减速机	台	1503
布	万米	1181	矿山设备	吨	5280
丝	吨	1303	水泥专用设备	吨	2250
服 装	万件	3085	小型拖拉机	台	78882
轻 革	平方米	1025861	农业运输机械	辆	890
人造板	立方米	376962	发电设备	千瓦	207620
家 具	件	56532	交流电动机	千瓦	29259
纸 浆	吨	235044	电力电缆	公里	10442
机制纸及纸板	吨	299476	钢芯铝绞线	吨	10726
纸制品	吨	34304	灯具及照明装置	套（台、个）	1267923
硫酸(折100%)	吨	41045	家用洗衣机	台	24402
盐酸(含量31%以上)	吨	110193	家用电风扇	台	233523
氢氧化钠(烧碱)(折100%)	吨	171776	吸排油烟机	台	2091
合成氨	吨	93079	微型电子计算机	部	2621
农用氮、磷、钾化学肥料总计(折纯)	吨	69829	表	只	827037
氮肥(折含N 100%)	吨	63117	锰矿石成品矿	吨	3575
化学农药原药（折有效成分100％）	吨	4126	淀 粉	吨	205211
冰醋酸	吨	11396	松 香	吨	47097
聚氯乙烯树脂	吨	68701	电子元件	万只	766

5-5 全市规模以上工业企业主要财务状况

(2005年)

单位:万元

指 标 名 称	单位数(个)	#亏损企业	工业总产值(当年价)	工业销售产值(当年价)	工业增加值(当年价)
总 计	**625**	**183**	**3701812**	**3579307**	**1209033**
#亏损企业	183	183	455219	427134	130321
#国有控股企业	156	73	1580865	1565258	547561
#农村工业	11	5	15807	15299	4621
按经济类型分组					
国有企业	114	57	968474	965297	351794
#中央企业	8	2	655081	660398	245865
地方企业	106	55	313393	304899	105929
集体企业	31	11	64551	64371	22570
股份合作企业	4	1	31266	30140	10466
联营企业	1		731	731	250
#国有与集体联营企业	1		731	731	250
有限责任公司	139	41	831345	796372	254184
#国有独资公司	2		36860	33982	13215
股份有限公司	15	2	390165	387643	131054
私营企业	249	53	950790	896686	293783
港、澳、台商投资企业	32	9	212081	200817	66515
外商投资企业	40	9	252409	237251	78415
按轻重工业分					
轻工业	341	93	1847774	1784723	691131
重工业	284	90	1854038	1794584	517903
按大中小型工业分					
大型企业	3		279042	275952	74663
中型企业	65	13	1564651	1537552	546022
小型企业	557	170	1858118	1765803	588348

单位:万元

指标名称	单位数(个)	#亏损企业	工业总产值(当年价)	工业销售产值(当年价)	工业增加值(当年价)
按工业行业大类分					
煤炭的开采和洗选业	3		4821	4967	2075
黑色金属矿采选业	1	1	1438	1240	352
有色金属矿采选业	3		6184	6262	3728
非金属矿采选业	4	1	12179	10655	8527
农副食品加工业	100	7	802416	780713	255708
食品制造业	27	5	93348	85074	32404
饮料制造业	16	5	81666	80992	21880
烟草制品业	2	1	259863	264469	174976
纺织业	14	3	77163	71349	19304
纺织服装、鞋、帽制造业	7	1	16254	16301	4363
皮革、毛皮、羽毛(绒)及其制品业	8	6	20595	18898	5143
木材加工及木、竹、藤、棕、草制品业	11	5	47881	47931	11804
家具制造业	5	2	4239	4186	1788
造纸及纸制品业	35	13	148743	141042	42269
印刷业和记录媒介的复制	25	12	51188	50231	17734
石油加工、炼焦及核燃料加工业	4	1	15053	14330	4555
化学原料及化学制品制造业	52	16	297970	286278	80845
医药制造业	47	16	167244	151702	62443
橡胶制品业	2		2010	1905	625
塑料制品业	32	5	108982	105412	38563
非金属矿物制品业	60	32	307653	290127	99355
黑色金属冶炼及压延加工业	14	9	95701	90970	22551
有色金属冶炼及压延加工业	11	2	123845	122043	23744
金属制品业	15	7	34617	33772	8792
通用设备制造业	16	6	44416	40977	13385
专用设备制造业	22	7	96943	89696	20186
交通运输设备制造业	24	6	60543	58715	22647
电气机械及器材制造业	15	2	75479	70403	25099
通信设备、计算机及其他电子设备制造业	7	3	65647	64077	20602
仪器仪表及文化、办公用机械制造业	5		10841	10388	4320
工艺品及其他制造业	9	1	26069	23401	11846
电力、热力的生产和供应业	12		507223	507274	127604
燃气生产和供应业	1		6404	6404	3921
水的生产和供应业	16	8	27199	27126	15897

单位:万元

指标名称	资产合计	流动资产小计	#存货	#产成品	流动资产年平均余额	长期投资	固定资产小计
总计	**3964491**	**1403211**	**467946**	**164923**	**1327510**	**184021**	**2113346**
#亏损企业	760502	231753	90366	41476	218026	5301	459536
#国有控股企业	2268843	664573	218077	54633	636115	100143	1386699
#农村工业	11717	3513	2126	742	3341		8203
按经济类型分组							
国有企业	1218236	366703	128024	22267	359173	58282	745481
#中央企业	615286	154277	77028	4055	155179	9292	434729
地方企业	602950	212426	50996	18212	203994	48990	310751
集体企业	59908	27784	10842	5680	23362	355	26314
股份合作企业	15593	9671	2293	1451	5428	3309	1862
联营企业	716	147	119	118	238		569
#国有与集体联营企业	716	147	119	118	238		569
有限责任公司	959553	376742	119972	46493	358240	37958	458474
#国有独资公司	46207	29864	14494	6891	25663	239	14984
股份有限公司	595927	163154	39669	12397	146179	39701	361985
私营企业	476952	247134	93022	46443	223110	19070	164829
港、澳、台商投资企业	323582	120536	38468	17252	114115	7126	175929
外商投资企业	314025	91338	35537	12822	97665	18220	177902
按轻重工业分							
轻工业	2017060	738648	259648	80136	734300	96273	1032068
重工业	1947431	664563	208299	84787	593210	87748	1081278
按大中小型工业分							
大型企业	436866	140948	38072	6900	127605	38344	237525
中型企业	2016275	611943	207655	57160	597966	87632	1187463
小型企业	1511350	650320	222220	100864	601939	58045	688357

单位:万元

指标名称	资产合计	流动资产小计	#存货	#产成品	流动资产年平均余额	长期投资	固定资产小计
按工业行业大类分							
煤炭的开采和洗选业	19531	6953	15	12	2513	136	9591
黑色金属矿采选业	4702	501	251	244	479		737
有色金属矿采选业	5464	1479	414	365	1664	88	2712
非金属矿采选业	3847	1812	334	95	1425		1765
农副食品加工业	652521	265868	66404	28286	267738	58749	295329
食品制造业	84814	45062	12108	5940	43045	1330	30275
饮料制造业	159450	51033	17392	5054	48356	2063	80594
烟草制品业	251553	112809	75841	4477	123014	9292	125797
纺织业	47650	26495	14257	4934	26550	18	12832
纺织服装、鞋、帽制造业	14396	8964	1425	151	8662	14	4919
皮革、毛皮、羽毛(绒)及其制品业	7203	3948	1731	1105	3874		2145
木材加工及木、竹、藤、棕、草制品业	64693	15488	5439	1547	22072	16355	26532
家具制造业	2512	1485	288	67	1203		1023
造纸及纸制品业	315422	59786	22401	6642	59747	239	227734
印刷业和记录媒介的复制	48380	17185	4228	1663	16447	6242	23148
石油加工、炼焦及核燃料加工业	4763	2851	1382	750	2390		1679
化学原料及化学制品制造业	275180	88503	34126	16106	76300	29511	128038
医药制造业	199412	82173	28701	15188	73743	1728	85019
橡胶制品业	2387	747	339	267	609		1590
塑料制品业	62427	33066	8705	4389	34450	4227	20871
非金属矿物制品业	410367	149282	44759	20974	133255	8269	233792
黑色金属冶炼及压延加工业	29804	19681	5529	2884	15305		9210
有色金属冶炼及压延加工业	132726	51018	26539	9185	44226	13086	60302
金属制品业	27346	15687	6838	1559	16422	247	10278
通用设备制造业	46720	31637	15332	6709	28560	2459	11526
专用设备制造业	162455	100740	40913	11797	91480	1078	47510
交通运输设备制造业	96267	56078	11070	3811	49871	10024	26184
电气机械及器材制造业	39726	27284	9337	4442	23660	887	8830
通信设备、计算机及其他电子设备制造业	27714	12491	5470	4374	10704	627	11601
仪器仪表及文化、办公用机械制造业	7373	4510	1918	1073	4011	20	2092
工艺品及其他制造业	18281	10027	2749	799	9528	325	7633
电力、热力的生产和供应业	558289	72059	1073		56527	1194	470374
燃气生产和供应业	32131	8963	322		10119		22557
水的生产和供应业	148986	17548	317	34	19560	15817	109128

5-5 续表2 单位:万元

指标名称	固定资产原价	# 生产经营用	累计折旧	# 本年折旧	固定资产净值年平均余额	无形资产
总计	**2721668**	**2425717**	**911958**	**144556**	**1769118**	**169037**
#亏损企业	628245	545839	193461	29363	442890	29520
#国有控股企业	1796953	1673362	597617	97918	1162157	72799
#农村工业	10398	9217	3697	298	6670	
按经济类型分组						
国有企业	914987	819296	313425	55468	620863	25419
#中央企业	512810	508482	142787	40887	398861	3732
地方企业	402177	310814	170638	14580	222001	21687
集体企业	44390	38346	20882	2251	23732	1179
股份合作企业	2759	2164	902	197	1616	691
联营企业	716	569	307	228	619	
#国有与集体联营企业	716	569	307	228	619	
有限责任公司	588783	494632	184433	25270	400489	60091
#国有独资公司	20132	12219	5249	606	10969	
股份有限公司	524828	515566	189580	26056	288498	28383
私营企业	208435	167324	56330	11307	152204	32572
港、澳、台商投资企业	153431	130680	36697	8041	107489	8176
外商投资企业	283340	257141	109402	15739	173610	12525
按轻重工业分						
轻工业	1341643	1187614	432935	70851	875408	94018
重工业	1380026	1238104	479023	73706	893710	75018
按大中小型工业分						
大型企业	316728	311384	99020	14838	162418	18064
中型企业	1527630	1387498	514628	84049	1035738	90404
小型企业	877310	726835	298311	45670	570962	60569

单位:万元

指标名称	固定资产原价	# 生产经营用	累计折旧	# 本年折旧	固定资产净值年平均余额	无形资产
按工业行业大类分						
煤炭的开采和洗选业	6649	1025	54	54	6381	2851
黑色金属矿采选业	738	738	1	1	737	3318
有色金属矿采选业	3831	2367	1316	123	2906	2
非金属矿采选业	2152	1924	880	187	1360	222
农副食品加工业	422175	370319	152826	18753	245239	24895
食品制造业	40685	37816	16351	2923	27084	7783
饮料制造业	136507	129808	57081	6960	80224	21010
烟草制品业	144711	142238	34278	13764	102894	3625
纺织业	16088	15297	3321	1122	12607	7774
纺织服装、鞋、帽制造业	6355	4853	1754	350	4529	482
皮革、毛皮、羽毛(绒)及其制品业	3522	2385	1473	93	3386	1109
木材加工及木、竹、藤、棕、草制品业	58509	51131	33021	4294	26570	1309
家具制造业	1077	646	79	43	1171	
造纸及纸制品业	285660	267562	71047	13120	210961	5660
印刷业和记录媒介的复制	38251	29888	15440	2284	22014	522
石油加工、炼焦及核燃料加工业	1889	1011	364	90	1420	226
化学原料及化学制品制造业	157401	136375	48546	7502	76577	23482
医药制造业	85355	69710	15486	4303	70052	16283
橡胶制品业	1605	1585	15	15	1592	50
塑料制品业	25862	20143	5567	1216	19111	3103
非金属矿物制品业	299455	247992	96816	11487	206211	12476
黑色金属冶炼及压延加工业	11510	10027	3069	651	8605	483
有色金属冶炼及压延加工业	35657	26769	9427	2185	23443	5093
金属制品业	14408	11346	4414	483	9811	710
通用设备制造业	14705	6268	4404	415	11033	269
专用设备制造业	73120	62826	33117	2045	35956	12779
交通运输设备制造业	32972	24626	10038	1698	23120	3345
电气机械及器材制造业	17069	7951	9031	920	8596	2196
通信设备、计算机及其他电子设备制造业	15077	13866	4045	806	6074	1136
仪器仪表及文化、办公用机械制造业	4847	4717	2845	173	2128	599
工艺品及其他制造业	13276	2058	6870	916	7181	289
电力、热力的生产和供应业	624821	605841	226929	40700	431741	1382
燃气生产和供应业	20858	20858	2518	692	16532	612
水的生产和供应业	104873	93754	39538	4192	61873	3966

 单位:万元

指标名称	负债合计	#流动负债	#长期负债	所有者权益合计	实收资本	国家资本	集体资本
总　计	**2640202**	**1741993**	**840194**	**1324289**	**942145**	**330013**	**21198**
#亏损企业	620296	353680	253048	140206	338725	110607	12156
#国有控股企业	1609908	909515	691420	658935	442531	314868	1720
#农村工业	10516	4849	5666	1201	2042		1218
按经济类型分组							
国有企业	854871	431375	414550	363365	205026	188029	305
#中央企业	486848	146741	338794	128439	70167	70056	
地方企业	368023	284635	75756	234927	134859	117973	305
集体企业	40672	27572	9134	19236	12959		6713
股份合作企业	7075	6843	232	8518	3562		
联营企业	584	546	38	132	105		105
#国有与集体联营企业	584	546	38	132	105		105
有限责任公司	697372	414083	277864	262181	223080	86289	8630
#国有独资公司	33680	31200	2481	12526	7236	4755	
股份有限公司	383824	318786	57935	212104	82792	29060	
私营企业	261072	223507	30255	215880	118548	2	152
港、澳、台商投资企业	196212	146915	24030	127370	89408	11500	221
外商投资企业	198521	172366	26155	115504	206666	15134	5072
按轻重工业分							
轻工业	1273962	867766	381734	743098	587917	224074	4338
重工业	1366240	874227	458459	581191	354228	105939	16860
按大中小型工业分							
大型企业	284763	244021	40743	152103	52356	24203	
中型企业	1410300	706577	689405	605975	445257	219561	9120
小型企业	945139	791395	110046	566211	444533	86249	12078

单位:万元

指标名称	负债合计			所有者权益合计			
		#流动负债	#长期负债		实收资本		
						国家资本	集体资本
按工业行业大类分							
煤炭的开采和洗选业	10708	4551	6158	8823	7415	850	
黑色金属矿采选业	38	38		4665	500		
有色金属矿采选业	2383	2213	170	3082	1518	1268	
非金属矿采选业	1948	1665	284	1898	1587	270	
农副食品加工业	386753	335335	48124	265769	120295	40970	601
食品制造业	51253	37807	4989	33560	42121	2977	486
饮料制造业	95350	87537	7793	64100	96622	2924	
烟草制品业	114583	86346	24898	136970	77769	67769	
纺织业	25310	20747	1564	22340	17796		
纺织服装、鞋、帽制造业	6200	4523	1197	8197	4462	1389	4
皮革、毛皮、羽毛(绒)及其制品业	11279	9514	1765	-4075	2341	1632	
木材加工及木、竹、藤、棕、草制品业	33507	19617	13890	31186	28857	532	
家具制造业	1456	1291	165	1056	878		
造纸及纸制品业	286544	62439	223705	28878	99031	63495	336
印刷业和记录媒介的复制	26003	22626	3246	22377	15839	5944	216
石油加工、炼焦及核燃料加工业	3222	3106	115	1542	1200		
化学原料及化学制品制造业	141878	120062	18977	133302	58023	18999	1119
医药制造业	125297	105855	17808	74116	57746	8252	
橡胶制品业	1573	1473	100	814	700		
塑料制品业	25125	22880	2203	37302	20000	95	2397
非金属矿物制品业	278525	223482	50917	131842	108877	28901	11336
黑色金属冶炼及压延加工业	18889	18171	708	10914	5657		311
有色金属冶炼及压延加工业	90934	60117	10410	41792	21783	1000	363
金属制品业	16078	14962	1116	11268	10155	955	500
通用设备制造业	34348	30396	2722	12372	8380	2495	136
专用设备制造业	132629	120438	12123	29826	37607	30067	50
交通运输设备制造业	55151	48049	1961	41117	24201	7908	325
电气机械及器材制造业	24241	21957	1839	15485	9880	3942	654
通信设备、计算机及其他电子设备制造业	17641	14330	3148	10073	8246	2700	
仪器仪表及文化、办公用机械制造业	2739	2270	469	4634	3338		1788
工艺品及其他制造业	9430	8601	829	8851	7406		
电力、热力的生产和供应业	495398	165895	329391	62891	14761	14761	
燃气生产和供应业	23310	12585	10725	8821	600		
水的生产和供应业	90482	51118	36687	58504	26555	19918	578

单位:万元

指标名称	法人资本	个人资本	港澳台资本	外商资本	主营业务收入	#主营业务成本	#主营业务税金及附加
总计	**280878**	**147853**	**52528**	**109676**	**3338492**	**2424840**	**114856**
#亏损企业	118895	16026	9707	71334	401494	371082	4045
#国有控股企业	79389	31229	5555	9770	1543124	879237	104252
#农村工业	150	674			14767	13894	165
按经济类型分组							
国有企业	15869	823			969467	405441	99974
#中央企业	104	7			661348	163446	98142
地方企业	15765	816			308119	241995	1832
集体企业	460	5786			65096	59532	484
股份合作企业	2198	1364			18851	15631	54
联营企业					353	254	3
#国有与集体联营企业					353	254	3
有限责任公司	72754	55118	289		715137	600160	4216
#国有独资公司	2481				30496	24376	142
股份有限公司	25800	22270		5662	368143	294410	3387
私营企业	58200	60195			814826	714058	3920
港、澳、台商投资企业	28785	177	28935	19790	174644	147371	642
外商投资企业	76812	2120	23305	84224	211975	187984	2176
按轻重工业分							
轻工业	180385	87181	16382	75558	1687397	1301930	106786
重工业	100493	60672	36146	34118	1651095	1122911	8070
按大中小型工业分							
大型企业	8310	19843			276802	221951	2418
中型企业	127979	40941	5941	41715	1489308	824565	105578
小型企业	144589	87069	46587	67961	1572383	1378325	6859

指标名称					主营业务收入	#主营业务成本	#主营业务税金及附加
	法人资本	个人资本	港澳台资本	外商资本			
按工业行业大类分							
煤炭的开采和洗选业	6565				3397	3249	10
黑色金属矿采选业	500				1240	1220	1
有色金属矿采选业	250				5875	3329	34
非金属矿采选业		653	664		8307	5144	234
农副食品加工业	39201	35930	1670	1923	766414	652961	3940
食品制造业	4918	4875	429	28437	68707	52632	306
饮料制造业	60138	10124		23435	81265	66635	2482
烟草制品业	10000				265693	115066	97010
纺织业	15507	1389	900		69758	64683	371
纺织服装、鞋、帽制造业	265	80	2724		16279	13958	102
皮革、毛皮、羽毛(绒)及其制品业		625	42	42	18092	18076	46
木材加工及木、竹、藤、棕、草制品业	10252	235	15000	2837	44604	41153	40
家具制造业	30	848			4500	3762	53
造纸及纸制品业	21268	3038	4688	6206	138589	126824	691
印刷业和记录媒介的复制	8151	1528			34610	30018	178
石油加工、炼焦及核燃料加工业	1000	50	150		13185	11448	39
化学原料及化学制品制造业	15932	15254	518	6201	254667	214544	1782
医药制造业	13030	22531	3602	10330	119299	79091	907
橡胶制品业		700			1936	1769	7
塑料制品业	12791	2346	1460	911	82058	67117	594
非金属矿物制品业	27226	17307	10041	14065	276785	244349	1882
黑色金属冶炼及压延加工业	1946	3400			87745	86247	322
有色金属冶炼及压延加工业	11013	5537	3070	800	119201	107893	226
金属制品业	145	5464		3092	32072	29165	193
通用设备制造业	3340	2410			33423	27890	98
专用设备制造业	2824	4666			84977	70829	433
交通运输设备制造业	3981	780	4821	6387	46572	37502	233
电气机械及器材制造业	1069	4215			51836	44163	164
通信设备、计算机及其他电子设备制造业	3295	368	1883		36875	28035	170
仪器仪表及文化、办公用机械制造业		1550			8034	5629	75
工艺品及其他制造业	1539	858		5009	20661	16235	117
电力、热力的生产和供应业					504964	130545	1848
燃气生产和供应业	600				9753	6707	112
水的生产和供应业	4100	1092	867		27119	16974	158

单位:万元

指标名称	其他业务利润	营业费用	管理费用	#税金	#财产保险费	#劳动失业保险费
总计	**27639**	**99743**	**191081**	**6214**	**2228**	**14969**
#亏损企业	2576	12833	32150	1482	339	1811
#国有控股企业	18572	35017	113955	3232	1365	12245
#农村工业	253	232	892	62	3	3
按经济类型分组						
国有企业	16595	17137	71174	1627	850	6869
#中央企业	6142	8481	23766	629	231	1890
地方企业	10453	8656	47407	998	619	4979
集体企业	675	1162	3258	160	14	109
股份合作企业	45	1150	790	23		
联营企业			84	1	2	
#国有与集体联营企业			84	1	2	
有限责任公司	4391	24346	41766	2057	345	2718
#国有独资公司	39	1824	2364	27	3	23
股份有限公司	1505	11973	26402	910	579	4411
私营企业	1686	25779	25372	864	213	460
港、澳、台商投资企业	2243	8964	11124	250	64	120
外商投资企业	500	9232	11111	322	160	281
按轻重工业分						
轻工业	10013	59746	101705	3888	1326	8719
重工业	17626	39997	89376	2326	902	6250
按大中小型工业分						
大型企业	3093	6798	25795	565	378	4917
中型企业	15658	37384	89870	2986	1226	7319
小型企业	8888	55562	75416	2663	624	2733

单位:万元

指标名称	其他业务利润	营业费用	管理费用	#税金	#财产保险费	#劳动失业保险费
按工业行业大类分						
煤炭的开采和洗选业	15	17	125	6		2
黑色金属矿采选业		2	134		6	
有色金属矿采选业		257	808		7	8
非金属矿采选业		1970	491		2	3
农副食品加工业	3403	15308	34302	1403	379	4259
食品制造业	203	5707	4946	146	266	230
饮料制造业	334	6180	4517	187	45	78
烟草制品业	278	8316	17076	533	172	2140
纺织业	425	503	2414	107	23	47
纺织服装、鞋、帽制造业	843	272	1291	32		35
皮革、毛皮、羽毛(绒)及其制品业	268	47	745	33	4	5
木材加工及木、竹、藤、棕、草制品业	362	1035	1878	67	32	147
家具制造业	61	67	596	12		3
造纸及纸制品业	295	2316	7619	557	77	282
印刷业和记录媒介的复制	305	768	3086	96	20	449
石油加工、炼焦及核燃料加工业		448	313			1
化学原料及化学制品制造业	3537	11666	17577	397	391	1206
医药制造业	711	13959	12982	426	124	430
橡胶制品业		54	45			
塑料制品业	300	3247	3114	97	19	121
非金属矿物制品业	1126	7049	17288	610	127	1302
黑色金属冶炼及压延加工业	394	1068	1473	2	2	17
有色金属冶炼及压延加工业	700	2464	3594	142	64	49
金属制品业	80	466	1094	35	22	14
通用设备制造业	551	2314	2931	33	9	84
专用设备制造业	2213	3766	9857	279	54	1698
交通运输设备制造业	936	1156	4754	172	23	149
电气机械及器材制造业	284	2052	3238	79	45	286
通信设备、计算机及其他电子设备制造业	15	3722	1324	33	6	12
仪器仪表及文化、办公用机械制造业	576	378	1207	28	3	18
工艺品及其他制造业	4	1637	1219	13	7	8
电力、热力的生产和供应业	7971	18	21682	427	165	1359
燃气生产和供应业	-4	918	611	23		4
水的生产和供应业	1456	598	6753	237	135	523

单位:万元

指标名称	财务费用	#利息支出	营业利润	利润总额	亏损企业亏损额	利税总额
总　计	**51527**	**51995**	**117878**	**133334**	**33192**	**402466**
#亏损企业	14214	17562	-33534	-33192	33192	-12442
#国有控股企业	28998	32222	58527	63237	20315	267090
#农村工业	113	103	-377	-323	611	416
按经济类型分组						
国有企业	10273	10153	40445	46333	7898	209908
#中央企业	3697	3859	29650	29464	144	174050
地方企业	6577	6294	10795	16869	7755	35857
集体企业	576	579	620	922	613	3447
股份合作企业	175	174	1095	2315	26	2554
联营企业	11	11	1	1		30
#国有与集体联营企业	11	11	1	1		30
有限责任公司	16958	19346	24605	28770	9438	63697
#国有独资公司	343	308	1487	1451		3205
股份有限公司	9385	8966	23861	20486	1346	46904
私营企业	6405	5291	27806	30567	2904	54778
港、澳、台商投资企业	2432	2637	3662	3914	3449	11774
外商投资企业	5313	4838	-4217	26	7518	9375
按轻重工业分						
轻工业	38504	39554	71987	75550	23967	273104
重工业	13023	12441	45890	57784	9224	129362
按大中小型工业分						
大型企业	7427	7355	15507	12439		32782
中型企业	28426	30981	68800	79028	9682	278169
小型企业	15674	13659	33571	41868	23510	91515

单位:万元

指标名称	财务费用	#利息支出	营业利润	利润总额	亏损企业亏损额	利税总额
按工业行业大类分						
煤炭的开采和洗选业	7	11	5	5		93
黑色金属矿采选业	-1		-117	-117	117	-102
有色金属矿采选业	26	26	1421	1421		2089
非金属矿采选业	103	84	366	349		953
农副食品加工业	14837	13465	45764	45885	1044	83764
食品制造业	1404	995	3456	3980	2150	5818
饮料制造业	2845	3051	-1099	-1113	2598	5488
烟草制品业	3871	3895	24632	24425	108	151965
纺织业	629	557	1425	1283	92	3825
纺织服装、鞋、帽制造业	39	22	540	606	2	866
皮革、毛皮、羽毛(绒)及其制品业	294	52	-885	-880	896	-530
木材加工及木、竹、藤、棕、草制品业	887	937	-56	2157	160	4748
家具制造业	8	8	74	90	31	637
造纸及纸制品业	7477	11130	-7408	-6267	9552	618
印刷业和记录媒介的复制	216	236	249	602	493	2253
石油加工、炼焦及核燃料加工业	81	79	856	856	16	1021
化学原料及化学制品制造业	3113	2894	7864	15449	1703	25233
医药制造业	3309	2800	481	2145	4628	8567
橡胶制品业	6	6	56	56		127
塑料制品业	577	535	5551	5500	102	7819
非金属矿物制品业	4337	4172	1407	1038	4593	20378
黑色金属冶炼及压延加工业	111	71	-1100	-1059	1268	537
有色金属冶炼及压延加工业	1871	1642	3852	4542	157	5729
金属制品业	411	376	780	862	375	1473
通用设备制造业	115	62	457	513	368	1604
专用设备制造业	533	516	989	1514	1527	3795
交通运输设备制造业	601	650	2808	3226	215	5545
电气机械及器材制造业	515	486	1041	1269	75	2763
通信设备、计算机及其他电子设备制造业	594	461	797	596	698	1205
仪器仪表及文化、办公用机械制造业	25	21	1024	1171		1580
工艺品及其他制造业	78	8	1229	1137	23	2311
电力、热力的生产和供应业	-208	34	18813	19100		45371
燃气生产和供应业	424	404	977	972		1192
水的生产和供应业	2393	2309	1631	2021	203	3728

单位:万元

指标名称	本年应付工资总额	本年应付福利费总额	本年应交增值税	进项税额	销项税额	全部从业人员年平均数(人)
总　计	**178427**	**22051**	**154276**	**256145**	**361988**	**124130**
#亏损企业	31323	3296	16705	43536	56417	29328
#国有控股企业	99427	13010	99602	109167	180698	51089
#农村工业	946	80	574	1347	1930	1403
按经济类型分组						
国有企业	60723	8136	63601	44555	88825	26107
#中央企业	21587	2443	46444	15501	45257	3237
地方企业	39136	5693	17157	29054	43568	22870
集体企业	3485	524	2041	6186	8182	3574
股份合作企业	722	80	185	2452	2575	606
联营企业	74	12	26	33	59	73
#国有与集体联营企业	74	12	26	33	59	73
有限责任公司	41667	5566	30711	72235	95604	34337
#国有独资公司	3085	413	1612	3614	5182	1304
股份有限公司	23305	2787	23031	40402	58847	13865
私营企业	27425	2807	20291	54219	63283	30732
港、澳、台商投资企业	11603	470	7218	17322	20483	8497
外商投资企业	9425	1669	7173	18741	24131	6339
按轻重工业分						
轻工业	92737	12540	90768	122950	197172	68801
重工业	85690	9511	63508	133194	164816	55329
按大中小型工业分						
大型企业	21597	2671	17925	31938	45240	11849
中型企业	86545	12002	93563	104900	171735	48957
小型企业	70285	7378	42787	119307	145013	63324

5-5 续表7.1

单位:万元

指标名称	本年应付工资总额	本年应付福利费总额	本年应交增值税	进项税额	销项税额	全部从业人员年平均数(人)
按工业行业大类分						
煤炭的开采和洗选业	247	32	78		78	460
黑色金属矿采选业	61	7	14			90
有色金属矿采选业	315	44	635	103	738	212
非金属矿采选业	430	70	369	125	481	218
农副食品加工业	31034	3814	33940	40138	64396	23359
食品制造业	5369	466	1532	5618	5672	5732
饮料制造业	3004	1301	4119	9411	13275	2766
烟草制品业	10969	2074	30530	15265	45573	1247
纺织业	5461	622	2172	9674	11429	5784
纺织服装、鞋、帽制造业	2270	172	159	1499	448	2197
皮革、毛皮、羽毛(绒)及其制品业	1047	126	303	1679	1798	1481
木材加工及木、竹、藤、棕、草制品业	2357	139	2551	4185	6659	1534
家具制造业	458	15	493	145	174	734
造纸及纸制品业	7833	973	6195	16564	21490	6144
印刷业和记录媒介的复制	3595	484	1474	3087	4549	2479
石油加工、炼焦及核燃料加工业	163	6	126	1134	1260	137
化学原料及化学制品制造业	14016	2055	8002	31695	34054	9195
医药制造业	10021	1227	5516	11539	16299	8367
橡胶制品业	74		64	201	263	88
塑料制品业	3453	344	1725	7658	9317	3256
非金属矿物制品业	22490	2204	17458	19427	33030	19095
黑色金属冶炼及压延加工业	1447	173	1274	7969	9207	1639
有色金属冶炼及压延加工业	3801	426	961	17711	16188	2891
金属制品业	1458	175	417	4093	4204	1567
通用设备制造业	3277	515	993	4697	5406	2546
专用设备制造业	8018	1144	1848	10337	11161	5724
交通运输设备制造业	3801	450	2086	5490	7501	2741
电气机械及器材制造业	2051	200	1331	7188	8463	1829
通信设备、计算机及其他电子设备制造业	940	48	439	5638	5967	1018
仪器仪表及文化、办公用机械制造业	1061	146	334	469	802	817
工艺品及其他制造业	1311	70	1057	1807	2760	1339
电力、热力的生产和供应业	20939	1748	24423	10652	16869	4888
燃气生产和供应业	344	47	108	730	838	146
水的生产和供应业	5313	738	1550	221	1641	2410

5-6 全市规模以上工业主要经济效益指标

(2005年)

指标名称	工业增加值率(%)	总资产贡献率(%)	资产负债率(%)	流动资产周转率(%)	成本费用利润率(%)	全员劳动生产率(元/人)	产品销售率(%)	经济效益综合指数
总计	**32.66**	**11.46**	**66.60**	**2.51**	**4.82**	**97401**	**96.69**	**164.73**
按轻重工业分								
轻工业	37.40	15.50	63.16	2.30	5.03	100454	96.59	172.45
重工业	27.93	7.28	70.16	2.78	4.57	93604	96.79	156.59
按工业行业大类分								
煤炭的开采和洗选业	43.04	0.53	54.83	1.35	0.13	45107	103.02	226.57
黑色金属矿采选业	24.47	-2.16	0.80	2.59	-8.64	39094	86.22	37.76
有色金属矿采选业	60.28	38.71	43.61	3.53	32.15	175843	101.25	366.40
非金属矿采选业	70.02	26.96	50.65	5.83	4.53	391168	87.49	391.37
农副食品加工业	31.87	14.90	59.27	2.86	6.40	109469	97.30	186.71
食品制造业	34.71	8.03	60.43	1.60	6.15	56532	91.14	129.40
饮料制造业	26.79	5.36	59.80	1.68	-1.39	79104	99.17	111.17
烟草制品业	67.33	61.96	45.55	2.16	16.92	1403176	101.77	1090.19
纺织业	25.02	9.20	53.12	2.63	1.88	33375	92.47	108.35
纺织服装、鞋、帽制造业	26.84	6.17	43.07	1.88	3.89	19859	100.29	95.04
皮革、毛皮、羽毛(绒)及其制品业	24.97	-6.63	156.58	4.67	-4.59	34722	91.76	111.24
木材加工及木、竹、藤、棕、草制品业	24.65	8.79	51.79	2.02	4.80	76947	100.10	140.60
家具制造业	42.19	25.66	57.95	3.74	2.03	24364	98.76	164.43
造纸及纸制品业	28.42	3.72	90.84	2.32	-4.34	68797	94.82	110.72
印刷业和记录媒介的复制	34.64	5.14	53.75	2.10	1.77	71536	98.13	116.31
石油加工、炼焦及核燃料加工业	30.26	23.09	67.63	5.52	6.97	332427	95.20	372.42
化学原料及化学制品制造业	27.13	10.22	51.56	3.34	6.26	87922	96.08	166.23
医药制造业	37.34	5.70	62.83	1.62	1.96	74630	90.71	118.74
橡胶制品业	31.13	5.59	65.91	3.18	2.99	71093	94.80	135.54
塑料制品业	35.39	13.38	40.25	2.38	7.43	118438	96.72	185.30
非金属矿物制品业	32.29	5.98	67.87	2.08	0.38	52032	94.30	103.65
黑色金属冶炼及压延加工业	23.56	2.04	63.38	5.73	-1.19	137590	95.06	198.29
有色金属冶炼及压延加工业	19.17	5.55	68.51	2.70	3.92	82130	98.54	145.57
金属制品业	25.40	6.76	58.80	1.95	2.77	56110	97.56	123.86
通用设备制造业	30.13	3.57	73.52	1.17	1.54	52571	92.26	94.41
专用设备制造业	20.82	2.65	81.64	0.93	1.78	35266	92.53	88.98
交通运输设备制造业	37.41	6.44	57.29	0.93	7.33	82622	96.98	140.03
电气机械及器材制造业	33.25	8.18	61.02	2.19	2.54	137228	93.28	166.28
通信设备、计算机及其他电子设备制造业	31.38	6.01	63.65	3.45	1.77	202374	97.61	211.87
仪器仪表及文化、办公用机械制造业	39.84	21.71	37.15	2.00	16.18	52870	95.81	186.05
工艺品及其他制造业	45.44	12.69	51.58	2.17	5.93	88466	89.77	157.16
电力、热力的生产和供应业	25.16	8.13	88.73	8.93	12.56	261055	100.01	354.09
燃气生产和供应业	61.24	4.97	72.55	0.96	11.22	268590	100.00	266.93
水的生产和供应业	58.45	4.05	60.73	1.39	7.56	65961	99.73	127.49

5-7 市区全部工业企业单位数、工业总产值

指标名称	单位数（个）		工业总产值（当年价格，万元）	
	2005年	2004年	2005年	2004年
总　计	**9192**	**9123**	**3481568**	**2833576**
#国有控股企业	**221**	**196**	**1404556**	**1218468**
按轻重工业分				
轻工业	6512	6459	1822932	1504363
重工业	2680	2664	1658634	1329213
按企业规模分				
大型企业	3	2	279042	245898
中型企业	41	43	1262315	1103821
小型企业（含个体）	9148	9078	1940212	1483858
按经济类型分				
国有企业	126	135	900084	726295
集体企业	244	304	58195	73526
股份合作企业	10	14	29774	19242
联营企业	36	8	2874	1141
有限责任公司	166	211	568545	517823
股份有限公司	43	36	406880	370462
私营企业	1004	970	767949	590015
港澳台商投资企业	65	48	161248	108053
外商投资企业	58	61	221021	171659
个体工业	7242	7204	308550	194780
其他企业	198	132	57112	60582
按统计口径分组				
国有及年销售收入500万元以上非国有工业	**458**	**435**	**2975046**	**2424538**
#国有控股企业	108	145	1404190	1214143
#农村工业	2	1	3828	1368
按轻重工业分				
轻工业	223	228	1483380	1236577
重工业	193	207	1491666	1187961
按企业规模分				
大型企业	3	2	279042	245898
中型企业	41	43	1262314	1103821
小型企业	372	390	1433689	1074819
按登记注册类型分组				
国有企业	75	109	848145	725983
集体企业	23	24	47714	48098
股份合作企业	2	3	29163	18443
联营企业	1	1	731	827
有限责任公司	95	94	638368	497835
股份有限公司	13	16	371781	366330
私营企业	155	140	665030	495723
港澳台商投资企业	25	20	153870	104086
外商投资企业	27	28	220246	167213

5-7 续表1

指标名称	单位数（个）		工业总产值（当年价格，万元）	
	2005年	2004年	2005年	2004年
按经济组织类型分组				
独资企业	**132**	**162**	**1044215**	**872704**
国有企业	75	109	848145	725983
集体企业	23	24	47714	48098
私营独资企业	16	12	50696	26768
港澳台商独资经营企业	8	6	41504	31255
外资企业	10	11	56162	40600
合作、合伙企业	**17**	**16**	**152711**	**95648**
股份合作企业	2	3	29163	18443
国有与集体联营企业	1	1	731	827
私营合伙企业	10	8	49844	25023
港澳台商投资合作经营企业	1	1	1588	1527
中外合作经营企业	3	3	71385	49829
股份有限公司	**21**	**20**	**411654**	**390703**
股份有限公司（内资）	13	16	371781	366330
私营股份有限公司	8	4	39873	24373
有限责任公司	**246**	**237**	**1366466**	**1065483**
国有独资公司	1	3	24536	21901
私营有限责任公司	116	116	511762	419559
港澳台合资经营企业	16	13	110778	71304
中外合资经营企业	14	14	92703	76784
其他有限责任公司	99	91	626690	475935
年销售收入500万元以下非国有工业	**8683**	**8579**	**453090**	**350860**
#轻工业	6245	6170	341451	264410
重工业	2438	2409	111638	86449
#集体企业	235	280	10481	25428
股份合作企业	8	20	611	4132
私营企业	838	830	102919	94291
联营企业	35	7	945	314
个体经营	7242	7204	308487	194780
外商及港澳台商投资企业	84	61	8153	8412
其他企业	241	177	22202	23502
#农村工业	41	23	355	1541
附营工业	**93**	**109**	**52721**	**58178**
轻工业	52	61	3059	3376
重工业	41	48	49661	54801

5-8 市区主要工业产品产量

(2005年)

产品名称	单位	生产量	产品名称	单位	生产量
大米	吨	22770	水泥压力管	千米	47
小麦粉	吨	64300	水泥电杆	根	22387
精制食用植物油	吨	19028	商品混凝土	立方米	2514914
鲜冷藏冻肉	吨	23463	水泥混凝土桩	米	327841
成品糖	吨	404544	砖(折标准砖)	万块	1888
配混合饲料	吨	1671949	平板玻璃	重量箱	5157444
糕点	吨	1294	日用玻璃制品	吨	40335
方便面	吨	4830	耐火材料制品	吨	4055
乳制品	吨	36947	生铁	吨	1720
液体乳	吨	36514	粗钢	吨	10351
罐头	吨	18182	钢材	吨	100731
酱油	吨	9705	铁合金	吨	3268
发酵酒精(折96度，商品量)	千升	50123	铝材	吨	63691
饮料酒	千升	95087	内燃机	千瓦	265369
啤酒	千升	89846	金属切削机床	台	64
软饮料	吨	78284	起重设备	吨	18267
精制茶	吨	2623	减速机	台	1503
卷烟	万支	2605000	粉末冶金制品	吨	412
纱	吨	21221	采矿设备	吨	5280
布	万米	992	印刷机	吨	124
丝	吨	79	水泥专用设备	吨	2250
针棉织品折用纱线量	吨	1263	金属冶炼设备	吨	393
服装	万件	434	小型拖拉机	台	78882
轻革	平方米	64133	农业运输机械	辆	890
人造板	立方米	338318	混凝土机械	台	339
家具	件	56532	环境保护专用设备	台(套)	85
纸浆	吨	223958	改装汽车	辆	210
机制纸及纸板	吨	179521	发电设备	千瓦	207620
纸制品	吨	26183	交流电动机	千瓦	29259
润滑油	吨	767	高压开关板	面	40
硫酸（折100%）	吨	41045	低压开关板	面	186
盐酸(含量31%以上)	吨	110193	电力电缆	千米	10442
氢氧化钠(烧碱)(折100%)	吨	171776	钢芯铝绞线	吨	10726
合成氨	吨	1412	灯具及照明装置	套（台、个）	1267923
农用氮、磷、钾化学肥料总计(折	吨	636	家用洗衣机	台	24402
化学农药原药	吨	4078	家用电风扇	台	233523
冰醋酸	吨	11396	吸排油烟机	台	2091
建筑涂料	吨	476	微型电子计算机	台	2621
初级形态的塑料(塑料树脂及共聚物)	吨	68701	表	只	827037
化学药品原药	吨	3896	淀粉	吨	16777
中成药	吨	14730	松香	吨	36534
橡胶轮胎外胎(轮胎外胎)	条	70000	工矿车辆	辆	302
塑料制品	吨	38032	电子元件	万只	766
水泥	吨	2295147	发电量	万千瓦小时	40746
水泥排水管	千米	74	火电	万千瓦小时	40746

5-9 市区规模以上工业企业主要财务状况

(2005年) 单位:万元

指标名称	单位数(个)	#亏损企业	工业总产值(当年价)	工业销售产值(当年价)	工业增加值(当年价)
总计	**416**	**121**	**2975047**	**2900623**	**927211**
#亏损企业	121	121	327033	310121	90471
#国有控股企业	106	53	1369958	1355966	446853
#农村工业	2	1	3505	3411	1123
按经济类型分组					
国有企业	75	41	848145	843146	301885
#中央企业	5	1	651744	656097	245259
地方企业	70	40	196401	187050	56626
集体企业	23	9	47713	47432	17005
股份合作企业	2	1	29163	28288	9541
联营企业	1		731	731	250
#国有与集体联营企业	1		731	731	250
有限责任公司	99	28	650156	625452	176623
#国有独资公司	1		24535	21676	7872
股份有限公司	13	2	371782	369303	112121
私营企业	151	27	653241	631520	196484
港、澳、台商投资企业	25	6	153870	144233	47451
外商投资企业	27	7	220246	210519	65851
按轻重工业分					
轻工业	223	66	1483379	1445776	547070
重工业	192	55	1485752	1449125	378527
按大中小型工业分					
大型企业	3		279042	275952	74663
中型企业	41	8	1262315	1247260	422316
小型企业	372	113	1433689	1377412	430232

指标名称	单位数(个)	#亏损企业	工业总产值(当年价)	工业销售产值(当年价)	工业增加值(当年价)
按工业行业大类分					
非金属矿采选业	1	1	146	146	91
农副食品加工业	56	6	605245	593364	174767
食品制造业	18	4	64306	60762	19908
饮料制造业	10	4	65207	64914	15820
烟草制品业	1		256005	260057	172155
纺织业	2		41906	39479	9051
纺织服装、鞋、帽制造业	7	1	16254	16301	4363
皮革、毛皮、羽毛(绒)及其制品业	4	3	7908	6641	1818
木材加工及木、竹、藤、棕、草制品业	7	3	43629	44423	10275
家具制造业	4	2	2019	1966	543
造纸及纸制品业	19	9	117836	114118	31369
印刷业和记录媒介的复制	23	11	51156	50205	17724
石油加工、炼焦及核燃料加工业	4	1	15053	14330	4555
化学原料及化学制品制造业	35	12	250045	243868	66884
医药制造业	41	13	144087	131467	52329
塑料制品业	29	5	105214	101805	37086
非金属矿物制品业	31	13	193752	184650	60598
黑色金属冶炼及压延加工业	5	3	30092	30541	8004
有色金属冶炼及压延加工业	8	1	116710	115240	21431
金属制品业	13	6	31724	31427	7750
通用设备制造业	14	6	43013	39641	12880
专用设备制造业	19	4	96835	89597	20169
交通运输设备制造业	24	6	60543	58715	22647
电气机械及器材制造业	15	2	75479	70403	25099
通信设备、计算机及其他电子设备制造业	7	3	65647	64077	20602
仪器仪表及文化、办公用机械制造业	5		10841	10388	4320
工艺品及其他制造业	5	1	19551	17331	9086
电力、热力的生产和供应业	2		414589	414589	78258
燃气生产和供应业	1		6404	6404	3921
水的生产和供应业	6	1	23855	23776	13710

5-9 续表1

单位:万元

指标名称	资产合计	流动资产小计	#存货	#产成品	流动资产年平均余额	长期投资	固定资产小计
总计	**3104978**	**1129620**	**383323**	**113988**	**1064079**	**161479**	**1617307**
#亏损企业	566734	172808	65085	25926	160482	3770	348475
#国有控股企业	1900298	569410	202665	46370	539817	96079	1131072
#农村工业	1482	861	331	222	971		621
按经济类型分组							
国有企业	1070790	321497	118456	16231	316130	54298	650849
#中央企业	610655	151261	75476	3451	152516	9292	433474
地方企业	460135	170236	42979	12780	163614	45006	217376
集体企业	41454	25459	9641	5507	21697	355	14950
股份合作企业	14529	9048	2018	1185	4834	3309	1482
联营企业	716	147	119	118	238		569
#国有与集体联营企业	716	147	119	118	238		569
有限责任公司	737146	284594	102293	38885	261606	34993	354464
#国有独资公司	29014	22861	12540	5732	20186	239	5180
股份有限公司	505024	157361	39092	11897	144107	39701	276876
私营企业	272771	160867	53582	18982	146363	5425	78782
港、澳、台商投资企业	221272	95089	30277	13196	86577	5328	110445
外商投资企业	241276	75559	27846	7986	82528	18070	128891
按轻重工业分							
轻工业	1592177	573181	206003	45675	565605	78456	830745
重工业	1510842	555035	177222	68215	497033	83023	786229
按大中小型工业分							
大型企业	436866	140948	38072	6900	127605	38344	237525
中型企业	1608572	468908	175409	37802	447364	69597	970399
小型企业	1059540	519764	169842	69287	489111	53538	409383

5-9 续表1.1 单位:万元

指标名称	资产合计	流动资产小计	# 存货	# 产成品	流动资产年平均余额	长期投资	固定资产小计
按工业行业大类分							
非金属矿采选业	398	373	11	11	362		25
农副食品加工业	422883	168030	39543	9316	163553	41375	200965
食品制造业	68122	35268	9631	4305	33552	1127	23760
饮料制造业	139125	45923	15558	4229	43894	2030	70707
烟草制品业	237405	106810	74336	3190	117213	9292	117900
纺织业	29000	12596	7159	1923	13412	18	9261
纺织服装、鞋、帽制造业	14396	8964	1425	151	8662	14	4919
皮革、毛皮、羽毛(绒)及其制品业	3723	1312	413	296	1557		1406
木材加工及木、竹、藤、棕、草制品业	60246	14157	4868	1295	20501	16355	23418
家具制造业	1770	1115	226	5	833		651
造纸及纸制品业	263010	48930	18636	5273	48904	239	190450
印刷业和记录媒介的复制	48034	17060	4217	1653	16336	6242	23053
石油加工、炼焦及核燃料加工业	4763	2851	1382	750	2390		1679
化学原料及化学制品制造业	248271	77490	28491	13014	65335	29385	113819
医药制造业	156221	70874	21903	9851	63162	1528	59586
塑料制品业	60837	32334	8591	4365	33802	4107	20133
非金属矿物制品业	240771	101739	27664	11625	85570	5207	128451
黑色金属冶炼及压延加工业	12525	10235	1111	270	7989		1726
有色金属冶炼及压延加工业	124310	49604	25823	8835	42754	13086	55337
金属制品业	23810	14018	5843	1080	14725	247	8914
通用设备制造业	45959	31086	15132	6633	28202	2459	11315
专用设备制造业	157693	99430	40644	11627	90184	1078	44068
交通运输设备制造业	96267	56078	11070	3811	49871	10024	26184
电气机械及器材制造业	39726	27284	9337	4442	23660	887	8830
通信设备、计算机及其他电子设备制造业	27714	12491	5470	4374	10704	627	11601
仪器仪表及文化、办公用机械制造业	7373	4510	1918	1073	4011	20	2092
工艺品及其他制造业	14320	7706	2326	558	7669	325	6011
电力、热力的生产和供应业	389892	47892	68		38862		328482
燃气生产和供应业	32131	8963	322		10119		22557
水的生产和供应业	134282	14499	205	34	16294	15810	100010

指标名称	固定资产原价	# 生产经营用	累计折旧	# 本年折旧	固定资产净值年平均余额	无形资产
总　计	**2061285**	**1857452**	**676306**	**113974**	**1346425**	**128285**
#亏损企业	497111	442195	165106	24066	337442	19871
#国有控股企业	1426262	1347359	450521	80677	944275	66498
#农村工业	935	838	334	89	629	
按经济类型分组						
国有企业	782128	720639	253777	49800	550751	23310
#中央企业	510434	507174	141667	40841	397588	3373
地方企业	271695	213465	112110	8959	153163	19937
集体企业	26774	21870	13147	1339	13902	416
股份合作企业	2032	1438	555	142	1224	690
联营企业	716	569	307	228	619	
#国有与集体联营企业	716	569	307	228	619	
有限责任公司	463907	401995	143991	21536	321590	41834
#国有独资公司	6400		1266	130	5162	
股份有限公司	366481	358255	115973	16697	199939	28383
私营企业	94370	70781	23732	6316	71057	19141
港、澳、台商投资企业	95926	74044	21951	4566	63094	2853
外商投资企业	228952	207861	102874	13352	124248	11658
按轻重工业分						
轻工业	1081865	965469	353070	59143	696411	71083
重工业	978928	891577	323077	54800	649680	56979
按大中小型工业分						
大型企业	316728	311384	99020	14838	162418	18064
中型企业	1245954	1153346	407654	72041	871664	67193
小型企业	498603	392722	169632	27095	312343	43028

单位:万元

指标名称	固定资产原价	#生产经营用	累计折旧	#本年折旧	固定资产净值年平均余额	无形资产
按工业行业大类分						
非金属矿采选业	75	75	50		3	
农副食品加工业	283074	252294	96443	13111	165151	7954
食品制造业	33595	31593	15669	2599	20562	7783
饮料制造业	120930	117804	50746	6030	71088	19715
烟草制品业	135139	135139	32602	13050	94735	3373
纺织业	12069	11980	2809	889	9043	7014
纺织服装、鞋、帽制造业	6355	4853	1754	350	4529	482
皮革、毛皮、羽毛(绒)及其制品业	2758	1791	1341	50	2747	1004
木材加工及木、竹、藤、棕、草制品业	55266	47889	32892	4188	23886	1309
家具制造业	695	646	67	32	799	
造纸及纸制品业	251099	233747	67631	12026	180748	5350
印刷业和记录媒介的复制	38132	29859	15415	2282	21803	522
石油加工、炼焦及核燃料加工业	1889	1011	364	90	1420	226
化学原料及化学制品制造业	139075	124682	43627	6949	63139	22445
医药制造业	56671	43431	11964	2370	43924	13409
塑料制品业	25056	19472	5499	1183	18461	3103
非金属矿物制品业	189486	158805	67522	6901	124304	3517
黑色金属冶炼及压延加工业	2983	2380	1269	138	1766	483
有色金属冶炼及压延加工业	28565	21670	7235	1678	18639	5093
金属制品业	12919	10047	4160	419	8571	431
通用设备制造业	14442	6126	4327	405	10866	269
专用设备制造业	68179	60186	31584	2035	32527	12769
交通运输设备制造业	32972	24626	10038	1698	23120	3345
电气机械及器材制造业	17069	7951	9031	920	8596	2196
通信设备、计算机及其他电子设备制造业	15077	13866	4045	806	6074	1136
仪器仪表及文化、办公用机械制造业	4847	4717	2845	173	2128	599
工艺品及其他制造业	11290	449	5444	822	5960	273
电力、热力的生产和供应业	388675	385750	112921	28509	311901	292
燃气生产和供应业	20858	20858	2518	692	16532	612
水的生产和供应业	92045	83756	34495	3582	53405	3583

指标名称	负债合计	#流动负债	#长期负债	所有者权益合计	实收资本		
						国家资本	集体资本
总计	**2103128**	**1297903**	**759127**	**1001850**	**727286**	**260802**	**19460**
#亏损企业	487468	240574	239321	79266	263837	79261	11474
#国有控股企业	1370882	700045	668110	529416	355424	253871	1720
#农村工业	1210	1210		272	361		361
按经济类型分组							
国有企业	780117	383581	393838	290673	164410	157629	305
#中央企业	483760	143653	338794	126895	68388	68277	
地方企业	296357	239928	55043	163778	96022	89352	305
集体企业	31991	24557	3467	9463	6771		5857
股份合作企业	6243	6144	98	8286	3138		
联营企业	584	546	38	132	105		105
#国有与集体联营企业	584	546	38	132	105		105
有限责任公司	554542	294114	258008	182605	173478	70320	8100
#国有独资公司	23648	21167	2481	5366	2481		
股份有限公司	298771	233733	57935	206254	82422	29060	
私营企业	156943	139903	12394	115829	65065	2	
港、澳、台商投资企业	130831	95935	9630	90441	62769	3500	221
外商投资企业	143108	119388	23719	98169	169129	291	4872
按轻重工业分							
轻工业	1020483	656321	350490	571695	458343	187158	3967
重工业	1081048	639986	408637	429794	268593	73643	15492
按大中小型工业分							
大型企业	284763	244021	40743	152103	52356	24203	
中型企业	1168876	518585	642312	439696	355077	184693	9120
小型企业	649489	535297	76072	410052	319853	51906	10340

5-9 续表3.1 单位:万元

指标名称	负债合计	#流动负债	#长期负债	所有者权益合计	实收资本	国家资本	集体资本
按工业行业大类分							
非金属矿采选业	360	360		38	65	65	
农副食品加工业	255948	224672	29219	166934	71509	28870	601
食品制造业	41872	29250	4165	26251	36209	2887	486
饮料制造业	88519	82031	6467	50607	88829	2924	
烟草制品业	110245	85347	24898	127159	67769	67769	
纺织业	11272	9798	1474	17729	14730		
纺织服装、鞋、帽制造业	6200	4523	1197	8197	4462	1389	4
皮革、毛皮、羽毛(绒)及其制品业	8039	7877	162	-4315	1741	1632	
木材加工及木、竹、藤、棕、草制品业	31746	18856	12890	28500	25940	532	
家具制造业	885	721	165	885	798		
造纸及纸制品业	264420	43456	220963	-1409	65091	42657	296
印刷业和记录媒介的复制	25707	22581	3126	22328	15765	5870	216
石油加工、炼焦及核燃料加工业	3222	3106	115	1542	1200		
化学原料及化学制品制造业	130470	111353	17407	117801	49243	14995	1119
橡胶制品业	80107	62563	15910	76115	44801	8252	
塑料制品业	24523	22500	1982	36314	19108	95	2397
非金属矿物制品业	164864	131823	28921	75906	67008	15950	9872
黑色金属冶炼及压延加工业	9466	9283	173	3059	2411		311
有色金属冶炼及压延加工业	83927	55053	8467	40382	19633	1000	163
金属制品业	14378	13328	1051	9432	8453	955	500
通用设备制造业	33974	30022	2722	11985	8267	2495	102
专用设备制造业	127228	116665	10495	30465	37099	29558	50
交通运输设备制造业	55151	48049	1961	41117	24201	7908	325
电气机械及器材制造业	24241	21957	1839	15485	9880	3942	654
通信设备、计算机及其他电子设备制造业	17641	14330	3148	10073	8246	2700	
仪器仪表及文化、办公用机械制造业	2739	2270	469	4634	3338		1788
工艺品及其他制造业	6610	5781	829	7710	6294		
电力、热力的生产和供应业	375619	61619	313887	14273	2253	2253	
燃气生产和供应业	23310	12585	10725	8821	600		
水的生产和供应业	80447	46147	34300	53835	22344	16104	578

单位:万元

指 标 名 称					主营业务收入	#主营业务成本	#主营业务税金及附加
	法人资本	个人资本	港澳台资本	外商资本			
总 计	**214114**	**107931**	**47895**	**77085**	**2677464**	**1871543**	**109993**
#亏损企业	99762	10402	7081	55857	289936	265445	3070
#国有控股企业	64265	25761	5555	4252	1338284	723605	102698
#农村工业					3411	3061	10
按经济类型分组							
国有企业	5744	732			849293	313546	99267
#中央企业	104	7			657343	159686	98140
地方企业	5640	725			191950	153860	1127
集体企业	310	605			48307	43640	322
股份合作企业	1788	1350			16999	14061	18
联营企业					353	254	3
#国有与集体联营企业					353	254	3
有限责任公司	49907	44862	289		554016	474643	2834
#国有独资公司	2481				18190	15057	29
股份有限公司	25596	22104		5662	349972	281721	3141
私营企业	26898	38166			552278	481361	2159
港、澳、台商投资企业	28099		25201	5748	121468	99597	128
外商投资企业	75773	113	22405	65676	184778	162721	2121
按轻重工业分							
轻工业	133514	60849	15088	57768	1353357	1028076	104355
重工业	80600	46732	32807	19318	1321293	841564	5607
按大中小型工业分							
大型企业	8310	19843			276802	221951	2418
中型企业	99820	30233	3497	27715	1205362	604319	103382
小型企业	105984	57855	44398	49371	1195300	1045273	4193

指标名称					主营业务收入	#主营业务成本	#主营业务税金及附加
	法人资本	个人资本	港澳台资本	外商资本			
按工业行业大类分							
非金属矿采选业					146	82	3
农副食品加工业	14516	24143	1457	1923	578218	508099	2167
食品制造业	2218	2498	289	27832	47115	35435	182
饮料制造业	60138	2993		22774	65818	52956	2391
烟草制品业					261232	112623	96955
纺织业	14680	50			39271	36158	165
纺织服装、鞋、帽制造业	265	80	2724		16279	13958	102
皮革、毛皮、羽毛(绒)及其制品业		109			5584	5624	26
木材加工及木、竹、藤、棕、草制品业	7571		15000	2837	41150	37862	31
家具制造业	30	768			2280	1926	41
造纸及纸制品业	15534	1796	4688	120	112009	101941	593
印刷业和记录媒介的复制	8151	1528			34579	29996	177
石油加工、炼焦及核燃料加工业	1000	50	150		13185	11448	39
化学原料及化学制品制造业	12205	14205	518	6201	208774	173846	1444
医药制造业	11769	21177	3602		100518	62153	886
塑料制品业	12110	2135	1460	911	78811	63967	592
非金属矿物制品业	24299	9456	7366	65	177714	155417	911
黑色金属冶炼及压延加工业		2100			29585	29147	180
有色金属冶炼及压延加工业	9913	5487	3070		112503	102330	164
金属制品业	145	3762		3092	30067	27486	178
通用设备制造业	3324	2346			32202	26960	91
专用设备制造业	2824	4666			84866	70761	431
交通运输设备制造业	3981	780	4821	6387	46572	37502	233
电气机械及器材制造业	1069	4215			51836	44163	164
通信设备、计算机及其他电子设备制造业	3295	368	1883		36875	28035	170
仪器仪表及文化、办公用机械制造业		1550			8034	5629	75
工艺品及其他制造业	500	851		4943	14198	10668	114
电力、热力的生产和供应业					414597	63689	1238
燃气生产和供应业	600				9753	6707	112
水的生产和供应业	3975	820	867		23693	14976	138

5-9 续表5

单位:万元

指标名称	其他业务利润	营业费用	管理费用	#税金	#财产保险费	#劳动、失业保险费
总计	**23463**	**85802**	**146497**	**4477**	**1981**	**11748**
#亏损企业	2334	10225	23003	1024	234	1156
#国有控股企业	15509	32147	89581	2662	1180	9844
#农村工业		65	103			3
按经济类型分组						
国有企业	13625	16333	52505	1314	699	4859
#中央企业	6127	8335	23625	624	231	1890
地方企业	7498	7998	28881	690	468	2969
集体企业	678	1009	2805	98	11	109
股份合作企业	45	1101	694	23		
联营企业			84	1	2	
#国有与集体联营企业			84	1	2	
有限责任公司	3914	18905	30752	1331	319	1862
#国有独资公司	36	1687	1229			
股份有限公司	1505	11973	26279	794	579	4323
私营企业	1236	20872	15574	455	172	241
港、澳、台商投资企业	1960	7956	8323	186	61	90
外商投资企业	501	7654	9480	275	138	264
按轻重工业分						
轻工业	8672	52218	81942	2650	1193	7345
重工业	14791	33362	64417	1807	788	4403
按大中小型工业分						
大型企业	3093	6798	25795	565	378	4917
中型企业	12360	32737	63902	2310	1079	4633
小型企业	8010	46267	56800	1602	524	2199

单位:万元

指标名称	其他业务利润	营业费用	管理费用	#税金	#财产保险费	#劳动、失业保险费
按工业行业大类分						
非金属矿采选业		19	43		2	
农副食品加工业	2626	11978	24248	566	325	3328
食品制造业	203	4236	3464	144	265	226
饮料制造业	285	6126	4132	147	36	76
烟草制品业	177	8316	14924	442	142	1797
纺织业	172	332	1940	81	23	45
纺织服装、鞋、帽制造业	843	272	1291	32		35
皮革、毛皮、羽毛(绒)及其制品业	268	29	578	30	1	5
木材加工及木、竹、藤、棕、草制品业	362	898	1817	66	32	147
家具制造业	16	67	267	12		3
造纸及纸制品业	245	1187	5696	519	59	268
印刷业和记录媒介的复制	305	763	3083	96	20	449
石油加工、炼焦及核燃料加工业		448	313			1
化学原料及化学制品制造业	3480	10279	15308	390	381	1188
医药制造业	707	13354	11791	249	115	414
塑料制品业	298	3247	3057	91	19	118
非金属矿物制品业	731	5306	10667	394	88	765
黑色金属冶炼及压延加工业	171	144	329			13
有色金属冶炼及压延加工业	700	2445	2659	135	62	49
金属制品业	80	405	939	35	22	14
通用设备制造业	538	2285	2746	31	6	84
专用设备制造业	2211	3764	9696	276	54	1669
交通运输设备制造业	936	1156	4754	172	23	149
电气机械及器材制造业	284	2052	3238	79	45	286
通信设备、计算机及其他电子设备制造业	15	3722	1324	33	6	12
仪器仪表及文化、办公用机械制造业	576	378	1207	28	3	18
工艺品及其他制造业	4	1099	1023	12	7	8
电力、热力的生产和供应业	5817		9733	172	118	117
燃气生产和供应业	-4	918	611	23		4
水的生产和供应业	1420	578	5621	219	126	461

单位:万元

指标名称	财务费用	#利息支出	营业利润	利润总额	亏损企业亏损额	利税总额
总　计	**39342**	**41249**	**84677**	**96047**	**22798**	**323297**
#亏损企业	10975	14742	-21805	-22798	22798	-8514
#国有控股企业	25907	29143	38743	41084	15870	226176
#农村工业	79	79	-8	47	8	181
按经济类型分组						
国有企业	9517	9463	30697	36427	5472	190691
#中央企业	3706	3869	29682	29496	103	174016
地方企业	5811	5594	1015	6931	5369	16675
集体企业	389	404	680	983	236	2737
股份合作企业	133	132	1037	2314	26	2480
联营企业	11	11	1	1		30
#国有与集体联营企业	11	11	1	1		30
有限责任公司	13575	16285	10702	13496	7504	36041
#国有独资公司	38		187	138		822
股份有限公司	9386	8973	18789	15414	1346	38948
私营企业	2330	1992	18910	21265	1042	33810
港、澳、台商投资企业	878	1102	3854	3491	3056	7504
外商投资企业	3122	2887	6	2655	4116	11055
按轻重工业分						
轻工业	29184	31432	51116	52115	17917	227450
重工业	10158	9817	33042	43412	4881	95264
按大中小型工业分						
大型企业	7427	7355	15507	12439		32782
中型企业	21140	24232	41924	49943	7719	226180
小型企业	10775	9662	27246	33665	15079	64334

单位:万元

指标名称	财务费用	#利息支出	营业利润	利润总额	亏损企业亏损额	利税总额
按工业行业大类分						
非金属矿采选业			-1			32
农副食品加工业	9377	8343	22777	22165	373	43225
食品制造业	974	887	2569	2959	2138	4332
饮料制造业	2466	2672	-1968	-2004	2551	3953
烟草制品业	3873	3869	24717	24533		151409
纺织业	370	369	478	407		2104
纺织服装、鞋、帽制造业	39	22	540	606	2	866
皮革、毛皮、羽毛(绒)及其制品业	278	38	-721	-702	703	-671
木材加工及木、竹、藤、棕、草制品业	871	925	5	2218	88	4671
家具制造业	8	8	-15	1	31	92
造纸及纸制品业	6743	10346	-5271	-5267	7660	802
印刷业和记录媒介的复制	216	236	249	602	492	2251
石油加工、炼焦及核燃料加工业	81	79	856	856	16	1021
化学原料及化学制品制造业	2876	2737	7489	14086	1519	22711
医药制造业	1527	1409	3068	3919	2031	9927
塑料制品业	564	523	5525	5474	102	7741
非金属矿物制品业	1997	1930	3120	2520	2092	14203
黑色金属冶炼及压延加工业	31	28	-95		37	283
有色金属冶炼及压延加工业	1843	1614	3762	4461	100	5503
金属制品业	408	376	689	771	374	1304
通用设备制造业	112	59	375	429	368	1447
专用设备制造业	532	516	1309	1937	1104	4211
交通运输设备制造业	601	650	2808	3226	215	5545
电气机械及器材制造业	515	486	1041	1269	75	2763
通信设备、计算机及其他电子设备制造业	594	461	797	596	698	1205
仪器仪表及文化、办公用机械制造业	25	21	1024	1171		1580
工艺品及其他制造业	12	8	1135	1039	23	1817
电力、热力的生产和供应业	-249		5872	5821		24319
燃气生产和供应业	424	404	977	972		1192
水的生产和供应业	2235	2235	1565	1982	8	3461

单位:万元

指标名称	本年应付工资总额	本年应付福利费总额	本年应交增值税	进项税额	销项税额	全部从业人员年平均数(人)
总计	**134705**	**17523**	**117257**	**198240**	**276431**	**84469**
#亏损企业	21160	2310	11215	32704	40339	18216
#国有控股企业	80414	10541	82395	91453	148947	40289
#农村工业	153	21	124	380	523	191
按经济类型分组						
国有企业	47040	6340	54997	33052	70474	18917
#中央企业	21230	2403	46380	15350	45042	2835
地方企业	25810	3937	8617	17702	25432	16082
集体企业	2804	458	1433	4115	5505	2748
股份合作企业	627	77	148	2090	2200	418
联营企业	74	12	26	33	59	73
#国有与集体联营企业	74	12	26	33	59	73
有限责任公司	31378	4319	19712	57130	71078	23741
#国有独资公司	1798	249	655	2219	2831	651
股份有限公司	22406	2677	20393	40210	56136	13543
私营企业	14295	1639	10386	33536	38251	14107
港、澳、台商投资企业	8358	403	3884	12173	12088	5830
外商投资企业	7724	1597	6279	15903	20640	5092
按轻重工业分						
轻工业	71650	10431	70980	89233	150676	47434
重工业	62993	7092	46245	108001	124781	36909
按大中小型工业分						
大型企业	21597	2671	17925	31938	45240	11849
中型企业	63515	9316	72855	75970	128880	32525
小型企业	49594	5535	26476	90332	102311	40095

单位:万元

指标名称	本年应付工资总额	本年应付福利费总额	本年应交增值税	进项税额	销项税额	全部从业人员年平均数(人)
按工业行业大类分						
非金属矿采选业	66	8	29	3	19	70
农副食品加工业	20444	2523	18893	21048	35006	13274
食品制造业	4317	463	1190	3478	4111	4256
饮料制造业	2550	1250	3566	7873	11477	2260
烟草制品业	9484	1866	29921	15106	44806	847
纺织业	3636	477	1532	5327	6793	3202
纺织服装、鞋、帽制造业	2270	172	159	1499	448	2197
皮革、毛皮、羽毛(绒)及其制品业	166	19	5	876	774	203
木材加工及木、竹、藤、棕、草制品业	2053	119	2422	3952	6293	1182
家具制造业	150	15	50	145	174	154
造纸及纸制品业	5888	817	5476	13698	18043	4265
印刷业和记录媒介的复制	3576	484	1473	3085	4548	2449
石油加工、炼焦及核燃料加工业	163	6	126	1134	1260	137
化学原料及化学制品制造业	11738	1870	7181	29902	31622	6525
医药制造业	8985	1162	5121	9586	13966	7462
塑料制品业	3230	320	1675	7132	8742	3008
非金属矿物制品业	13848	1624	10772	9644	16755	9581
黑色金属冶炼及压延加工业	352	50	102	4963	5076	396
有色金属冶炼及压延加工业	3005	322	878	17539	16055	1992
金属制品业	1189	122	355	3690	3738	1161
通用设备制造业	3179	504	927	4617	5300	2459
专用设备制造业	7945	1135	1843	10337	11161	5633
交通运输设备制造业	3801	450	2086	5490	7501	2741
电气机械及器材制造业	2051	200	1331	7188	8463	1829
通信设备、计算机及其他电子设备制造业	940	48	439	5638	5967	1018
仪器仪表及文化、办公用机械制造业	1061	146	334	469	802	817
工艺品及其他制造业	1166	67	664	1304	1865	1163
电力、热力的生产和供应业	12661	564	17260	2697	3514	2311
燃气生产和供应业	344	47	108	730	838	146
水的生产和供应业	4450	674	1342	94	1317	1731

5-10 各县全部工业企业单位数

（2005年） 单位：个

指 标 名 称	武鸣县	横 县	宾阳县	上林县	马山县	隆安县
总 计	**6718**	**4402**	**8437**	**1114**	**1113**	**1073**
#国有控股企业	14	5	16	6	4	3
按轻重工业分						
轻工业	4402	2291	6442	438	565	601
重工业	2316	2111	1995	676	548	472
按企业规模分						
中型企业	4	9	7	1		3
小型企业（含个体）	6714	4393	8430	1113	1113	1070
按经济类型分						
国有企业	12	3	16	6	4	2
集体企业	33	91	35		12	17
股份合作企业	2	21	2		8	
联营企业	2	2				
有限责任公司	38	13	8	8	6	2
股份有限公司	8	1			1	
私营企业	134	218	354	94	15	13
港澳台商投资企业	9	6	3			
外商投资企业	10	6	15		1	2
个体工业	6409	4036	7998	1006	1039	982
其他企业	61	5	6		27	55
按统计口径分组						
国有及年销售收入500万元以上非国有工业	**70**		**46**	**19**	**13**	**19**
#国有控股企业	14	5	16	6	4	3
#农村工业	2	5		1	1	
按轻重工业分						
轻工业	50	21	23	8	5	11
重工业	20	21	23	11	8	8
按企业规模分						
中型企业	4	9	7	1		3
小型企业	66	33	39	18	13	16
按登记注册类型分组						
国有企业	9	3	16	6	3	2
集体企业	3	5				
股份合作企业	1	1				
有限责任公司	14	6	8	8	6	2
股份有限公司	1				1	
私营企业	34	24	15	5	3	13
港澳台商投资企业	2	2	3			
外商投资企业	6	1	4			2

5-10 续表 单位：个

指标名称	武鸣县	横县	宾阳县	上林县	马山县	隆安县
按经济组织类型分组						
独资企业	**26**	**13**	**19**	**6**	**6**	**3**
国有企业	9	3	16	6	3	2
集体企业	3	5				
私营独资企业	10	4	2		3	
港澳台商独资经营企业	2					
外资企业	2	1	1			1
合作、合伙企业	**10**	**5**	**3**			**4**
股份合作企业	1	1				
私营合伙企业	9	4				4
港澳台资合作经营企业			2			
中外合作经营企业			1			
股份有限公司	**1**	**2**	**5**		**1**	**1**
股份有限公司（内资）	1				1	
私营股份有限公司		2	5			1
有限责任公司	**33**	**22**	**19**	**13**	**6**	**11**
国有独资公司		1				
私营有限责任公司	15	14	8	5	5	8
港澳台合资经营企业		2	1			
中外合资经营企业	4		2			1
其他有限责任公司	14	5	8	8	1	2
年销售收入500万元以下非国有工业	**6625**	**4351**	**8382**	**1095**	**1080**	**1048**
#轻工业	4329	2265	6413	430	544	589
重工业	2296	2086	1969	665	536	459
#集体企业	30	71	35		13	17
股份合作企业	1	20	2		8	
私营企业	100	203	341	89	12	
联营企业	2	2				
个体经营	6409	4036	7998	1006	1039	982
外商及港澳台商投资企业	11	7			1	
其他企业	72	12	6		7	49
#农村工业		10				
附营工业	**23**	**9**	**9**		**20**	**6**
轻工业	15	5	6		16	1
重工业	8	4	3		4	5

5-11 各县全部工业总产值

（2005年，按当年价计算）　　单位：万元

指标名称	武鸣县	横县	宾阳县	上林县	马山县	隆安县
总　　计	**375656**	**308463**	**508539**	**66613**	**69765**	**98594**
#国有控股企业	**40593**	**47331**	**44114**	**8033**	**24751**	**11853**
按轻重工业分						
轻工业	156383	161958	326792	31031	21966	51045
重工业	219273	146505	181747	35582	47799	47549
按企业规模分						
中型企业	28212	104430	113025	12620		44049
小型企业（含个体）	347443	204033	395514	53993	69765	54545
按经济类型分						
国有企业	32112	26407	44114	8083	7304	7923
集体企业	26227	17052	4682		1259	626
股份合作企业	1588	1917	477		165	
联营企业	256	256				
有限责任公司	36132	55496	53136	27950	16532	4554
股份有限公司	15873	497			17511	
私营企业	90197	98141	122273	18534	6716	62763
港澳台商投资企业	7769	5317	49556			
外商投资企业	21665	1857	9960			1906
个体工业	138374	100192	223915	12096	19202	10757
其他企业	5463	619	426		1076	10065
按统计口径分组						
国有及年销售收入500万元以上非国有工业	**173460**	**174763**	**208726**	**46586**	**46085**	**77146**
#国有控股企业	40593	47331	44114	8033	24751	11853
#农村工业	4765	5381		765	1068	
按轻重工业分						
轻工业	112885	93353	84451	25257	9451	38997
重工业	60575	81410	124275	21329	36634	38149
按企业规模分						
中型企业	28213	104430	113025	12620		44049
小型企业	145247	70333	95701	33966	46085	33097
按登记注册类型分组						
国有企业	26612	26407	44114	8033	7241	7923
集体企业	12493	4344				
股份合作企业	1283	820				
有限责任公司	36132	54673	53136	27950	16532	4554
股份有限公司	873				17511	
私营企业	70985	82509	54099	10603	4802	62763
港澳台商投资企业	3417	5238	49556			
外商投资企业	21665	771	7821			1906

5-11续表　　　　单位：万元

指 标 名 称	武鸣县	横 县	宾阳县	上林县	马山县	隆安县
按经济组织类型分组						
独资企业	**72121**	**37980**	**77999**	**8033**	**12042**	**8982**
国有企业	26612	26407	44114	8033	7241	7923
集体企业	12493	4344				
私营独资企业	27619	6457	31603		4802	
港澳台商独资经营企业	3418					
外资企业	1979	771	2282			1056
合作、合伙企业	**18596**	**14460**	**14464**			**5315**
股份合作企业	1283	820				
私营合伙企业	17313	13640				5315
港澳台资合作经营企业			12234			
中外合作经营企业			2230			
股份有限公司	**873**	**4673**	**6130**		**17511**	**1456**
股份有限公司（内资）	873				17511	
私营股份有限公司		4673	6130			1456
有限责任公司	**81870**	**117650**	**110133**	**38553**	**16532**	**61393**
国有独资公司		12324				
私营有限责任公司	26053	57739	16367	10603	12855	55992
港澳台合资经营企业		5238	37322			
中外合资经营企业	19686		3308			847
其他有限责任公司	36131	42348	53136	27950	3677	4554
年销售收入500万元以下非国有工业	**181696**	**133700**	**299387**	**20027**	**22787**	**21364**
#轻工业	23498	68605	242000	5774	12156	12016
重工业	158198	65095	57387	14253	10631	9348
#集体企业	13734	12708	4682		1259	626
股份合作企业	305	1097	477		165	
私营企业	19212	15632	68174	7931	1915	
联营企业	256	256				
个体经营	138374	100192	223915	12096	19265	10757
外商及港澳台商投资企业	4352	1165	2139			
其他企业	5463	1939			182	9981
#农村工业	1806	2095				
附营工业	**20500**	**711**	**426**		**893**	**84**
轻工业	15000	42	341		359	32
重工业	5500	669	85		534	52

5-12 各县全部工业增加值

（2005年，现价计算）　　单位：万元

指标名称	武鸣县	横县	宾阳县	上林县	马山县	隆安县
总计	**134709**	**110354**	**178330**	**29291**	**40870**	**39788**
#国有控股企业	14930	21616	31702	3373	23029	6059
按统计口径分组						
国有及年销售收入500万元以上非国有工业	**66064**	**61325**	**68389**	**21933**	**32188**	**31924**
#国有控股企业	14930	21616	31702	3373	23029	6059
#农村工业	1739	957		232	571	
按轻重工业分						
轻工业	45748	35155	34928	9750	4061	14417
重工业	20316	26170	33461	12182	28126	17506
按企业规模分						
中型企业	9422	45000	43659	5715		19909
小型企业	56642	16326	24730	16217	32188	12014
按登记注册类型分组						
国有企业	10080	13907	14939	3373	4392	3220
集体企业	4843	721				
股份合作企业	437	488				
股份制企业	41241	44700	33470	18560	27796	28028
外商、港澳台商投资企业	9465	1509	19980			675
其他企业						
年销售收入500万元以下非国有工业	**68645**	**49029**	**109941**	**7358**	**8682**	**7864**

5-13 各县主要工业产品产量

(2005年)

产品名称	单位	武鸣县	横县	宾阳县	上林县	马山县	隆安县
铜选矿产品含铜量	吨	2503					
钨精矿折含量（折三氧化钨65%）	吨	83					
铁矿石原矿量	吨		1380				
原煤	吨				312095	29100	780
大米	吨			2352			
小麦粉	吨			25268			
精制食用植物油	吨	3102	3972	4000			
成品糖	吨	6675	122887	157878	43192	9588	81131
配混合饲料	吨	26500	26240	3800			
糕点	吨			112			
方便面	吨			1607			
罐头	吨	1071	18520				
淀粉	吨	179402	4112	4920			
发酵酒精	千升		1907	1151	6960	4541	7407
饮料酒	吨	2251	6602	1216		2	
白酒	吨	2251	6602	1216		2	
软饮料	吨	378	29459				52
精制茶	吨		1143				
布	万米	189					
棉布	万米	189					
丝	吨		647	250	327		
服装	万件	1	5	2646			
轻革	平方米		625094	336634			
锯材	立方米						
人造板	立方米		29032	9612			
纤维板	立方米		13907				
刨花板	立方米		6475	4412			
纸浆	吨		11086				
机制纸及纸板	吨		13024	98930		8001	
纸制品	吨	6502		1619			
合成氨	吨	43486		15786			32395
农用氮、磷、钾化学肥料总计（折纯）	吨	27772	2320	10735			28366
氮肥（折含N 100%）	吨	27772	1114	10735			23496
磷肥（折合P2O5 100%）	吨		464				4870
钾肥（折含K2O 100%）	吨		742				
松香	吨	2976	5068	2519			
中成药	吨		723				
化学农药原药	吨			48			
塑料制品	吨	5471	64	8210			
塑料编织袋	吨	3804					
水泥熟料	吨			347953			
水泥	吨	385123	976058	1931788	218670	132400	454840
水泥电杆	根			58178			
卫生陶瓷	件			2565513			
日用陶瓷	万件			1391			
耐火材料制品	吨			19004			
粗钢	吨		82366				
钢材	吨		68768	130483			
中小型型钢	吨		1605	103983			
盘条（线材）	吨			26500			
钢筋	吨		67163				
生铁	吨					900	
铁合金	吨			7293	648	9243	
泵（液体泵）	台					194	
黄金	千克		564				
饲料加工机械	台		330				
发电量	万千瓦小时		84352	4329	631	85435	2990
火电	万千瓦小时		3793	4329	631	27	1928
水电	万千瓦小时		80559			85408	1062

5-14 各县规模以上工业企业主要财务状况

（2005年）

单位:万元

指 标 名 称	武鸣县	横 县	宾阳县	上林县	马山县	隆安县
单位数(个)	70	42	46	19	13	19
#亏损企业	12	19	17	7	5	2
工业总产值(当年价)	173460	174763	208726	46586	46085	77146
工业销售产值(当年价)	157626	160898	206539	44321	42974	66325
工业增加值(当年价)	64140	59539	66397	21294	31250	30994
资产合计	212758	168161	217732	65544	113251	82067
流动资产小计	59319	62090	86883	22600	12258	30442
#存 货	25191	21577	20353	2798	2489	12215
产成品	17701	10621	12034	962	1311	8306
流动资产年平均余额	55514	55103	93836	21425	8076	29476
长期投资	4955	1621	3166	2836	119	9846
固定资产小计	131011	85849	114192	35349	95655	33983
固定资产原价	147529	136317	117520	30912	175711	52394
#生产经营用	133184	117200	100049	11528	173106	33200
累计折旧	31290	62020	31548	8911	80988	20895
#本年折旧	7248	4216	6292	734	10008	2084
固定资产净值年平均余额	120599	62932	84209	22104	99012	33838
无形资产	3728	12103	12460	4584	4313	3564
负债合计	115767	113277	144028	31606	96840	35557
流动负债	94540	82114	125804	23568	95987	22077
长期负债	16639	31162	14798	7892	853	9722

单位:万元

指 标 名 称	武鸣县	横 县	宾阳县	上林县	马山县	隆安县
所有者权益合计	96991	54884	73704	33937	16411	46511
实收资本	99428	23570	48266	19118	4754	19723
国家资本	28667	8801	22854	4524	1013	3352
集体资本	782	74	530			352
法人资本	34400	4234	3378	12108	1500	11144
个人资本	17454	7217	6555	2486	2240	3970
港澳台资本	1776	2584	273			
外商资本	16348	661	14676			905
主营业务收入	161842	158120	199711	37982	39015	64358
主营业务成本	140760	134524	171040	27994	30873	48106
主营业务税金及附加	1288	1458	864	437	344	471
其他业务利润	234	2253	1355	182	86	66
营业费用	4250	1943	4202	2067	227	1253
管理费用	11589	8630	12169	3709	2571	5916
#税 金	569	310	289	30	424	115
财产保险费	98	22	85	10	14	18
劳动、失业保险费	426	1189	804	315	219	268
财务费用	4127	1812	3511	725	87	1924
#利息支出	3451	1461	3422	632	89	1691
营业利润	-1946	11733	9199	3125	4856	6235
利润总额	198	11859	10260	3011	4857	7103
亏损企业亏损额	5216	2241	2051	474	366	45
利税总额	8498	21121	22979	6292	8945	11334
本年应付工资总额	10938	11593	11675	2839	2344	4333
本年应付福利费总额	1165	1193	1124	313	323	411
本年应交增值税	7013	7804	11855	2844	3744	3760
本年进项税额	14972	15250	16138	3201	1705	6640
本年销项税额	21874	20761	26510	5052	5263	6098
全部从业人员年平均数(人)	9255	10710	10780	2963	1877	4076

6 运输邮电

CHAPTER 6 TRANSPORT,POSTAL AND TELECOMMUNICATIONS

6-1 全市主要年份交通邮电情况

年　份	邮电业务总量（万元）	年末电话用户（户）	客运量（万人）	货运量（万吨）
1950	53	174		8
1965	381	4859		215
1978	420	7691		347
1980	487	9195		313
1985	1211	17277	3907	1055
1986	1384	20423	4615	1268
1987	1709	24171	5795	1428
1988	1990	28145	6234	2703
1989	2311	33663	6338	1915
1990	5219	37131	3908	1863
1991	6854	47878	2625	2226
1992	9807	60333	2896	2589
1993	16745	87174	2545	2908
1994	29695	140004	3835	3457
1995	47626	228940	4545	3341
1996	65478	248387	4959	3413
1997	86853	361554	5457	3450
1998	112896	403001	5026	3470
1999	133877	645717	5130	3293
2000	190253	865319	5149	3291
2001	255793	913508	5266	3371
2002	291117	1543341	5343	3442
2003	191649	2678588	7017	5893
2004	248049	3527773	8451	6791
2005	293587	3658498	9131	7236

注：邮电业务总量1950年为1952年不变价，1965年为1957年不变价，1978和1980年为1970年不变价，1985－1989年为1980年不变价，1990年—2002年为1990年不变价,2003年以后为2000年不变价。2003年以后为行政区划调整后的数据，其余年份为原南宁口径。

6-2 全市民用车辆拥有量

（2005年）　　　　单位：辆

指 标 名 称	总 计	#私人
合 计	**946700**	**871330**
汽 车	**146686**	**78666**
#载客汽车	97800	64338
#大 型	5567	232
中 型	3615	1002
小 型	71712	49951
微 型	16906	13153
#轿 车	49393	35268
载货汽车	38360	7963
#重 型	5253	465
中 型	12138	2282
轻 型	17220	3919
微 型	3749	1297
#普通载货	14476	8390
其他汽车	10526	6365
摩托车	**693697**	**688724**
#普 通	683141	678220
轻 便	10556	10504
农用运输车	**7295**	**6141**
#三 轮	426	426
四 轮	6869	5715
拖拉机	**97686**	**97686**
#大 型	20890	20890
小 型	76796	76796
挂 车	**1315**	**112**
其他类型车	**21**	**1**

6-3 全市民用运输船舶拥有量

(2005年)

指 标 名 称	单 位	总 计	# 私 人
机动船	艘	1248	448
载客量	客位	8339	7834
净载重量	吨位	271526	20300
总功率	千瓦	87888	10502
客 船	艘	265	259
载客量	客位	8339	7834
货 船	艘	982	189
净载重量	吨位	271526	20300
拖 船	艘	1	
功 率	千瓦	84	
驳 船	艘	4	
净载重量	吨位	1010	

6-4 全市全社会客货运输量

(2005年)

指 标 名 称	客运量（万人）	旅客周转量（万人公里）	货运量（万吨）	货物周转量（万吨公里）
合 计	**9130.66**		**7235.83**	
公路运输合计	**8418**	**929562**	**5728**	**485700**
#个体及联户	1010	111547	641	54378
水上运输合计	**77**	**860**	**1074**	**198570**
#个体及联户	64	713	190	10660
铁路发送运输合计	**544.86**		**432.13**	
民航运输合计	**90.80**		**1.70**	

6-5 全市独立核算交通运输企业财务状况

（2005年）　　单位：万元

指标名称	总计	按经济类型分			按专业类型分	
		国有经济	集体经济	其他经济	公路运输	水上运输
企业单位数(个)	187	24	31	132	101	28
#亏损企业(个)	74	9	9	56	43	15
固定资产原价	419578	92012	8781	318785	283052	17461
本年折旧	50587	4410	1672	44504	38841	1600
资产总计	601194	103808	17290	480096	409222	40058
负债合计	251383	50488	8135	192760	160701	24307
实收资本	181698	17553	7015	157130	79203	14573
#国家资本	63577	13535		50043	15184	388
集体资本	6676		4479	2197	4150	2056
法人资本	48560	2429	1950	44181	31598	9692
个人资本	36761	1590	585	34586	28272	2437
港澳台资本	23479			23479		
外商资本	2645			2645		
营业收入合计	248881	51066	9848	187968	161132	14488
#主营业务收入	209871	45760	9663	154449	125003	13379
主营业务成本	141716	34277	7114	100326	81242	11749
主营业务税金及附加	8907	1531	408	6969	4223	1458
费用合计	44016	9556	2815	31645	24931	2883
营业利润	30704	1844	452	28409	24582	-423
利润总额	34739	3624	492	30624	25984	63
从业人员劳动报酬	38243	12613	3159	22472	17568	2663
劳动、待业保险费	6435	2361	218	3856	2955	228
全部从业人员年平均人数(人)	25772	6234	3334	16204	14000	2647

注：费用合计指营业费用、管理费用、财务费用。

6-6 全市独立核算电信企业财务状况

（2005年） 单位：万元

指标名称	总计	按经济类型分		
		国有经济	集体经济	其他经济
企业单位数(个)	24	7		17
#亏损企业(个)	9	4		5
固定资产原价	1183212	575642		607570
本年折旧	107919	44653		63266
资产总计	1281392	421607		859785
负债合计	974100	197371		776730
实收资本	127426	40289		87138
#国家资本	94028	7800		86228
集体资本				
法人资本	32969	32489		480
个人资本	430			430
港澳台资本				
外商资本				
营业收入合计	363422	129195		234227
#主营业务收入	357955	126819		231136
主营业务成本	153712	72814		80898
主营业务税金及附加	11627	4257		7370
费用合计	130938	22920		108018
营业利润	94351	29596		64756
利润总额	69674	29315		40359
从业人员劳动报酬	22605	10387		12218
劳动、待业保险费	2144	1550		593
全部从业人员年平均人数(人)	6097	2331		3766

6-7 全市邮政、电信业务基本情况

指标名称	单位	2005年	指标名称	单位	2005年
电信业务总量	**万元**	**267296**	**邮政业务总量**	**万元**	**26291**
电信自办营业网点总数	个	156	邮政局(所)总数	处	218
长话业务电路总数	个	3304	邮路总长度(单程)	公里	24645
电话线路光缆长度	皮长公里	5872	函　件	万件	3880
电话交换机已装机总容量	门	2183999	#国际函件	万件	17
长途电话次数	万次	16688	包　件	万件	44
#国际长途电话次数	万次	84	#国际函件	万件	0.8
港澳台长途电话次数	万次	39	汇　票	万张	62
公众电报	万份	4.07	邮政储蓄年末余额	万元	406523
传　真	万份	1.38	特快专递	万件	192
#国际及港澳台传真	万份	0.06	#国际特快专递	万件	1.7
国际互联网络用户	户	732893	集邮业务	万枚	343
年末电话用户数	户	3658498	报纸累计份数	万份	3843
#移动电话	户	2174225	杂志累计份数	万份	357
电话普及率	部/百人	55.47			

6-8 市区邮政、电信业务基本情况

指 标 名 称	单 位	2005年	指 标 名 称	单 位	2005年
电信业务总量	**万元**	**206601**	**邮政业务总量**	**万元**	**18562**
电信自办营业网点总数	个	48	邮政局(所)总数	处	100
长话业务电路总数	个	3304	邮路总长度(单程)	公里	24645
电话线路光缆长度	皮长公里	2151	函 件	万件	3570
电话交换机已装机总容量	门	1540791	#国际函件	万件	16.7
长途电话次数	万次	13362	包 件	万件	36
#国际长途电话次数	万次	81	#国际函件	万件	0.8
港澳台长途电话次数	万次	35	汇 票	万张	51
公众电报	万份	1.91	邮政储蓄年末余额	万元	164157
传 真	万份	0.87	特快专递	万件	165
#国际及港澳台传真	万份	0.06	#国际特快专递	万件	1.66
国际互联网络用户	户	646401	集邮业务	万枚	326
年末电话用户数	户	2559988	报纸累计份数	万份	2696
#移动电话	户	1514899	杂志累计份数	万份	268
电话普及率	部/百人	102.54			

7 固定资产投资

CHAPTER 7 INVESTMENT IN FIXED ASSETS

7-1 全市主要年份固定资产投资情况

单位：万元

年份	全社会固定资产投资额	固定资产投资额	# 基本建设投资额	# 更新改造投资额	新增固定资产
1950	312	312	312		
1965	5578	4577	4577		3476
1978	17731	16886	11094	5521	6772
1980	16704	16078	13912	1699	12713
1985	44590	38447	22939	13077	25868
1986	59292	47569	26545	18249	37857
1987	67975	59092	26526	30130	52193
1988	91450	82364	31563	44821	64369
1989	73920	66787	27831	34158	64217
1990	75907	60046	26469	25375	61328
1991	84364	70739	36109	27999	75259
1992	113593	96412	50458	33261	59784
1993	236508	219395	104494	52818	123995
1994	339036	310598	142976	78149	191587
1995	563515	432100	193808	103241	247895
1996	643874	525891	266140	108814	330844
1997	747843	613987	338771	122562	379500
1998	823561	689875	406818	112524	533250
1999	880793	759931	438954	122874	480493
2000	1131659	878145	493517	148436	776010
2001	1214061	974531	546522	166619	836988
2002	1455615	1223609	710376	213565	807002
2003	1903567	1699199	969888	277835	1367881
2004	2627634	2401050	1252317	402472	1776841
2005	3628975	3462384	1614461	595316	2382248

注：2000年以后为行政区划调整后的数据，其余年份为原南宁口径;从2003年起基建投资含跨地市公路投资额。

7-2 全市全社会固定资产投资

（2005年） 单位：万元

指标名称	全社会投资合计	基本、更改、其他小计	房地产开发	农村非农户	农村私人建房	城镇工矿区私人建房	50万元以下项目
合计	3628975	2320497	1051128	46434	113107	90759	7050
按隶属关系分							
中央	170644	167229	3415				
地方	3458331	2153268	1047713	46434	113107	90759	7050
#自治区	445109	369683	75426				
按三次产业分	3628975	2320497	1051128	46434	113107	90759	7050
第一产业	72306	65011		6803			492
第二产业	647961	617724		29034			1203
#工业	623031	592829		29034			1168
第三产业	2908708	1637762	1051128	10597	113107	90759	5355
交通运输、仓储和邮政业	168426	161377		5880			1169
信息传输、计算机服务和软件业	111737	111388		280			69
批发和零售业	84057	83609		245			203
住宿和餐饮业	85900	85712		90			98
金融业	9166	9166					
房地产业	1255426	343	1051128	89	113107	90759	
租赁和商务服务业	37940	37940					
科学研究和综合服务和地质勘查业	30027	29985					42
水利、环境和公共设施管理业	713692	709461		3244			987
居民服务和其他服务业	6772	6566					206
教育	151754	150322		232			1200
卫生、社会保障和社会福利业	76010	75592					418
文化、体育和娱乐业	27541	27349					192
公共管理和社会组织	150260	148952		537			771

注：城镇工矿区私人建房投资统计按自治区统计局口径调整，即城镇工矿区私人建房投资只包含县城和工矿区投资，镇的投资调整放入农村私人建房统计。

7-3 全市城镇固定资产投资

单位：万元

指 标 名 称	2005年	2004年	指 标 名 称	2005年	2004年
本年完成投资	**3462384**	**2486704**	#甘蔗糖业	28821	42435
投资额按登记注册类型分			电力、煤气及水的生产和供应业	89101	76232
内 资	3098739	2168988	建筑业	24895	10364
国 有	1656215	1309285	第三产业	2779649	2010433
集 体	50678	13315	交通运输、仓储和邮政业	161377	207500
股份合作	46535	18151	信息传输、计算机服务和软件业	111388	82488
国有与集体联营	2245	2057	批发和零售业	83609	35039
其他联营		320	住宿和餐饮业	85712	99482
国有独资公司	90285	49266	金融业	9166	11233
其他有限责任公司	546528	374549	房地产业	1142230	768653
股份有限公司	146453	137941	租赁和商务服务业	37940	37797
私 营	554640	253665	科学研究和综合服务和地质勘查业	29985	15243
其 他	11281	10439	水利、环境和公共设施管理业	709461	499222
港澳台商投资	125518	108748	居民服务和其他服务业	6566	2040
合资经营	90009	74616	教 育	150322	102806
合作经营	11631	7936	卫生、社会保障和社会福利业	75592	51407
独 资	21178	26196	文化、体育和娱乐业	27349	20498
外商投资	143548	98368	公共管理和社会组织	148952	77025
合资经营	66894	53968	**投资额按隶属关系分**	3462384	
合作经营	34492	31746	中 央	170644	140213
独资	42162	11463	自治区	445109	452848
个体经营	94579	92455	市	1114896	889504
个人经营	92754	3136	县	464275	273133
个人合伙	1825	3665	其 他	1267460	712861
按国民经济行业分			**投资额按建设性质分**		
农、林、牧、渔业	65011	32104	#新 建	2161433	1607172
采掘业	7311	7858	扩 建	749414	475231
制造业	496417	349713	改 建	393241	259648

7-4 全市城镇固定资产投资完成情况

(2005年)

指标名称	单位	合计	基本建设	更新改造	其他投资	房地产	城镇工矿区私人建房(县城以上)
本年完成投资	**万元**	**3462384**	**1614461**	**595316**	**110720**	**1051128**	**90759**
#住 宅	万元	959575	136977	3748	1093	727053	90704
投资额按构成分							
建筑工程	万元	2054595	1055329	155838	34863	717806	90759
安装工程	万元	230271	79815	97223	9767	43466	
设备工器具购置	万元	437020	91537	277129	51611	16743	
其他费用	万元	740498	387780	65126	14479	273113	
#土地购置费	万元	288466	96538	37990	3141	150797	
本年新增固定资产	万元	2228021	964523	452551	94437	625751	90759
本年施工房屋面积	平方米	24745474	6587285	834261	311914	14872622	2139392
#住 宅	平方米	15998432	2737167	35413	28361	11058926	2138565
本年竣工房屋面积	平方米	9058375	2273297	407341	100779	4137566	2139392
#住 宅	平方米	6346110	927279	31573	14709	3233984	2138565
本年竣工房屋价值	万元	785728	251229	46155	8002	389583	90759
#住 宅	万元	472196	75577	3300	1034	301581	90704
施工项目个数	个	2190	1491	559	140		
#本年新开工	个	1571	1004	458	109		
本年投产项目个数	个	1318	837	377	104		
本年资金来源合计	万元	3942031	1682275	647025	112408	1409564	90759
上年末结余资金	万元	320081	122288	26247	509	171037	
本年资金来源小计	万元	3621950	1559987	620778	111899	1238527	90759
国家预算内资金	万元	276827	238497	11467	26863		
国内贷款	万元	642307	296703	108240	10420	226944	
利用外资	万元	63298	28443	23846	930	10079	
自筹资金	万元	1601585	749369	459473	65030	327713	
其他资金来源	万元	1037933	246975	17752	8656	673791	90759
#集 资	万元	160819	154840	2573	3406		
本年各项应付款合计	万元	262103	171395	29488	1531	59689	

7-5 全市农村非农户固定资产投资

(2005年)

指 标 名 称	单 位	合 计	基本建设	更新改造	其他投资
本年投资完成额	**万元**	**46434**	**22393**	**9934**	**14107**
投资额按建设性质分	万元	45080	22393	9934	12753
#新 建	万元	25794	15163	1560	9071
扩 建	万元	14802	6985	4916	2901
改 建	万元	4484	245	3458	781
投资额按构成分	万元				
建筑工程	万元	27303	17297	3325	6681
安装工程	万元	1845	623	614	608
设备工器具购置	万元	13177	2318	5326	5533
其他费用	万元	4109	2155	669	1285
投资额按国民经济行业分	万元				
农、林、牧、渔业	万元	6803	4739		2064
采矿业	万元	9104	720	811	7573
黑色金属矿采选业	万元	1820	100	130	1590
有色金属矿采选业	万元	5654	300	471	4883
非金属矿采选业	万元	1570	320	150	1100
其他采矿业	万元	60		60	
制造业	万元	15605	3871	9123	2611
农副食品加工业	万元	3846		3786	60
食品制造业	万元	100		100	
饮料制造业	万元	900		900	
纺织业	万元	966	599		367
皮革、毛皮、羽毛(绒)及其制品业	万元				
木材加工及竹、藤、棕、草制品业	万元	2015	1165		850
通信设备、计算机及其他设备制造	万元	150			150
造纸及纸制品业	万元	1460	180	1130	150
文教体育用品制造业	万元	500			500
化学原料及化学制品制造业	万元	1835	1314	420	101
塑料制品业	万元				
非金属矿物制品业	万元	2928	363	2297	268
金属制品业	万元	50	50		
通用设备制造业	万元	300	200		100
专用设备制造业	万元	490		490	
电气机械及器材制造业	万元	65			65
电力、燃气及水生产和供应业	万元	4325	3763		562
电力、热力生产和供应业	万元	2342	1900		442
燃气生产和供应业	万元				
水的生产和供应业	万元	1983	1863		120
建筑业	万元				
交通运输仓储和邮政业	万元	5880	4992		888
信息传输 计算机服务和软件业	万元	280	100		180
批发和零售业	万元	245	130		115
住宿和餐饮业	万元	90	40		50
房地产业	万元	89	89		
科学研究 技术服务和地质勘查业	万元				
水利 环境和公共设施管理业	万元	3244	3180		64
居民服务和其他服务业	万元				
教 育	万元	232	232		
卫生 社会保障和社会福利业	万元				
文化 体育和娱乐业	万元				
公共管理和社会组织	万元	537	537		
本年新增固定资产	万元	34547	17304	5256	11987
本年施工房屋面积	万平方米	103271	59414	19200	24657
本年竣工房屋面积	万平方米	69489	41059	10550	17880

7-6 全市全年新增生产能力

(2005年)

指 标 名 称	单 位	总 计	基本建设	更新改造	其它投资
铝加工	吨/年	59000		59000	
水力发电	万千瓦	1.5	1.5		
变电设备能力(11万伏及以上)	万千伏安	12	12		
水 泥	万吨/年	276		276	
纤维板	万立方米/年	2		2	
烧 碱	吨/年	60000		60000	
合成氨	吨/年	5000		5000	
氮 肥	吨/年	100000		100000	
中成药	吨/年	950		950	
卷 烟	箱/年	300000		300000	
机制纸	万吨/年	5006.2		5006.2	
移动电话机(手持机)	部/年	1488		1488	
程控交换机	万线/年	1.68		1.68	
电话单机	万部/年	1.68		1.68	
改建公路	公里	858.03	782.03	76	
新建独立公路桥梁	延长米	25	25		
造林面积	万亩	6310.81			6310.81
高等院校：学生席位	个	4230	4230		
建筑面积	平方米	11551	11551		
中等学校：学生席位	个	18383	18383		
建筑面积	平方米	107427	107427		
小学校：学生席位	个	28117	28117		
建筑面积	平方米	138790	138790		
其他学校：学生席位	个	2484	2484		
建筑面积	平方米	71393	71393		
医院病床	张	338	338		
宾馆、旅馆、招待所客房数	间	330	330		
城市自来水管道长度	公里	46.66	11.46	35.2	
城市公共交通车辆购置	辆	372		372	
城市道路扩建长度	公里	62.16	62.16		
城市道路扩建面积	万平方米	273.26	273.26		
城市排水管道铺设长度	公里	78.39	78.39		
城市防洪堤长度	公里	35.68	35.68		
其他学校：学生席位	个	1444	1444		
建筑面积	平方米	68099	68099		
城市公共交通车辆购置	辆	48		48	
城市道路扩建长度	公里	1.36	1.36		
城市道路扩建面积	万平方米	8.16	8.16		
城市排水管道铺设长度	公里	1.36	1.36		

7-7 全市城镇、工矿区和农村私人建房情况

(2005年)

指　标　名　称	城镇、工矿区个数(个)	本年竣工房屋建筑面积(平方米)	#住宅	本年竣工房屋价值(万元)	#住宅	建房户数(户)
总　计	**120**	**5594555**	**5565271**	**203866**	**202870**	**32027**
#农业户建房		3765930	3757032	125536	125294	24651
市	1	259433	259433	10836	10836	1287
#农业户建房		183730	183730	7741	7741	996
县城	6	864829	864002	31321	31266	3551
#农业户建房		508126	506293	17406	17351	2451
镇	85	3075603	3047146	100553	99612	21412
#农业户建房		2835766	2828701	91291	91104	20388
工矿区	4	1015130	1015130	48602	48602	2775
#农业户建房		238308	238308	9098	9098	816
乡	24	379560	379560	12554	12554	3002

7-8 全市新增固定资产按国民经济行业分

（2005年）　　　　单位：万元

指标名称	总计	基本建设	更新改造	其它投资
总　计	**1511511**	**964523**	**452551**	**94437**
农、林、牧、渔业	52741	43610	430	8701
采矿业	1772		1772	
制造业	341306	41018	291982	8306
电力、燃气及水生产和供应业	69888	48090	20515	1283
建筑业	19944	10605	5840	3499
交通运输仓储和邮政业	97205	58329	31317	7559
信息传输 计算机服务和软件业	83332	8103	75009	220
批发和零售业	52423	35242	12937	4244
住宿和餐饮业	68195	48886	5409	13900
租赁和商务服务业	47907	47907		
金融业	5475	4533	942	
房地产业				
科学研究 技术服务和地质勘查业	10357	9960		397
水利 环境和公共设施管理业	369437	364286	3061	2090
居民服务和其他服务业	6575	5600	150	825
教　育	105485	90625		14860
卫生 社会保障和社会福利业	72364	63255	2054	7055
文化 体育和娱乐业	19493	16168	710	2615
公共管理和社会组织	87612	68306	423	18883

7-9 房地产开发投资

单位:万元

指标名称	全市		市区	
	2005年	2004年	2005年	2004年
本年完成投资	**1051128**	**678524**	**995273**	**657511**
投资额按登记注册类型分				
内资企业	884020	556550	828575	556550
国有企业	128480	76931	108678	76931
集体企业	815	2636	815	2636
股份合作企业				
有限责任公司	300136	185220	281742	185220
股份有限公司	6121	2620	3810	2620
私营企业	448468	289143	433530	289143
港澳台合资	65126	47767	64716	47767
合资经营	43276	29128	43276	29128
合作经营	6259	4804	6259	4804
独 资	15591	13835	15181	13835
外商投资	101982	74207	101982	74207
合资经营	46023	30722	46023	30722
合作经营	34422	26416	34422	26416
股份有限公司	21537	17069	21537	17069
投资额按隶属关系分				
中 央	3415	4879	3415	4879
自治区	85931	38152	85781	38152
市	172698	144338	172538	143648
县	55476	32904	27152	21693
其 他	733608	458251	706387	449139

7-10 房地产开发投资完成情况

指 标 名 称	单位	全 市		市 区	
		2005年	2004年	2005年	2004年
企业个数	个	550	516	503	479
本年完成投资	**万元**	**1051128**	**678524**	**995273**	**657511**
# 商品房建设投资额	万元	957150	650016	926507	636491
土地开发投资额	万元	35478	14301	18873	7933
投资额按构成分:					
建筑工程	万元	717806	489723	693363	478918
安装工程	万元	43466	24285	40046	23836
设备工器具购置	万元	16743	30846	15671	30182
其他费用	万元	273113	133670	246193	124575
#土地购置费	万元	150797	57545	136798	51985
投资额按工程用途分:					
住 宅	万元	727053	399935	692664	392673
#经济适用房	万元	69298	8973	69298	8973
办公楼	万元	38747	15378	38660	15328
商业营业用房	万元	132678	135689	123636	132971
其 他	万元	152650	127522	140313	116539
本年新增固定资产	万元	625751	561447	610256	557619
本年购置土地面积	平方米	1883679	2659959	1482634	2259268
本年资金来源合计	万元	1409564	1065941	1348005	1043693
上年末结余资金	万元	171037	130901	166528	129746
本年资金来源小计	万元	1238527	935813	1181477	914720
国内贷款	万元	226944	207207	222389	205607
利用外资	万元	10079	7133	10079	7133
自筹资金	万元	327713	219646	295844	206667
其他资金来源	万元	673791	503627	653165	497113
本年各项应付款合计	万元	59689	51396	54672	50003
竣工房屋住宅套数合计	套	32189	31306	31389	30990
# 经济适用房套数	套	1246	2135	1246	2135
施工房屋面积	平方米	14872622	12072007	14221447	11887591
# 住 宅	平方米	11058926	8961643	10587119	8808000
#经济适用房	平方米	822206	316962	822206	316962
本年新开工房屋面积	平方米	6601741	4921151	6125713	4777933
# 住 宅	平方米	5007649	3755485	4680099	3639540
#经济适用房	平方米	436069	56648	436069	56648
竣工房屋面积	平方米	4137566	4147854	3973745	4101687
# 住 宅	平方米	3233984	3265977	3143171	3228167
#经济适用房	平方米	2728534	121651	121737	121651
竣工房屋价值	万元	389583	464167	376485	460564
# 住 宅	万元	301581	344566	294540	342005
#经济适用房	万元	7997	8531	7997	8531
商品房销售面积	平方米	4549428	3470692	4362678	3426230
# 住 宅	平方米	4192426	3178253	4045651	3140618
# 经济适用房	平方米	369065	122599	369065	122599
商品房空置面积	平方米	749235	591225	686068	589670
# 住 宅	平方米	163829	196226	143720	194781
# 经济适用房	平方米		977		977
办公楼	平方米	35112	35819	35112	35819
商业营业用房	平方米	367727	154978	326572	154978
其 他	平方米	182567	204202	180664	204092
商品房销售额	万元	1186147	952401	1161851	947648
# 住 宅	万元	1001834	787335	985339	783816
# 经济适用房	万元	54319	18563	54319	18563

注：1. 商品房销售面积和销售额因统计制度有改变，故2005年与2004年数据统计口径不可比，使用时请注意。

7-11 房地产开发经营情况

单位:万元

指标名称	全市		市区	
	2005年	2004年	2005年	2004年
企业个数	550	516	503	479
实收资本合计	86151	878751	838056	806543
资产总计	4592408	3652420	4484803	3593030
固定资产累计折旧	34534	25754	33198	24957
#本年折旧	8097	6526	7981	6325
负债总计	3443812	2795885	3361514	2749255
所有者权益合计	1148596	856535	1123289	843775
土地转让收入	21411	30890	11668	23822
商品房屋销售收入	657876	603441	637690	595233
房屋出租收入	271	4306	271	4283
其他收入	8165	9928	8065	9786
经营成本	491910	494707	470694	482631
销售费用	33520	5858	32874	
经营税金及附加	45701	41118	42688	40293
其他业务利润	3384	5858	3294	5773
管理费用及财务费用	75998	66870	72790	64411
投资收益及营业外收入	16286	5346	16371	5344
营业外支出	4838	7133	4815	7023
利润总额	55426	3577	53498	4174

7-12 全市总承包和专业承包建筑业企业生产情况

(2005年)

指 标 名 称	企业个数（个）	建筑业总产值（万元）				
		合 计	建筑工程	#装修装饰	安装工程	其 他
总 计	**378**	**1690067**	**1407411**	**77527**	**245889**	**36767**
# 二级以上企业	122	1457980	1226708	53920	204465	26806
国有及国有控股	69	1087760	965364	14026	95838	26558
按登记注册类型分组						
内资企业	377	1689508	1407411	77527	245330	36767
国有企业	38	748928	647877	4377	82136	18915
集体企业	31	46831	44233	315	1138	1460
股份合作企业	1	696	497		94	105
联营企业						
有限责任公司	86	578942	449813	37393	118853	10276
股份有限公司	9	4688	4280	1688	267	141
私营企业	212	309424	260712	33753	42841	5871
港澳台商投资企业	1	559			559	
外商投资企业						
按国民经济行业分组						
房屋和土木工程建筑业	177	1381879	1299163	29890	51787	30930
房 屋	114	766455	732925	28045	24049	9480
土木工程建筑	63	615425	566238	1844	27737	21450
建筑安装业	79	249028	53336	3664	193009	2683
装修装饰业	109	44671	41901	43973	943	1827
其他建筑业	13	14489	13011		150	1328

7-12 续表1

指 标 名 称	竣工产值（万元）	房屋施工面积（万平方米）	# 本年新开工面积	#实行投标承包面积	房屋建筑竣工面积（万平方米）	企业年平均人数（万人）
总 计	**1261144**	**1589.63**	**708.68**	**1356.28**	**489.85**	**14.72**
# 二级以上企业	1078434	1308.05	552.97	1134.32	379.85	11.80
国有及国有控股	784256	875.13	325.40	732.18	223.39	8.10
按登记注册类型分组						
内资企业	1260585	1589.63	708.68	1356.28	489.85	14.71
国有企业	535657	545.50	233.48	411.45	181.42	5.85
集体企业	32797	87.39	46.94	61.25	35.21	0.67
股份合作企业	696	2.16	1.54	1.87	1.81	0.04
联营企业						
有限责任公司	448998	539.01	225.81	499.83	108.82	4.17
股份有限公司	3387	5.86	3.77	5.47	4.92	0.08
私营企业	239050	409.71	197.14	376.41	157.66	3.91
港澳台商投资企业	559					
外商投资企业						
按国民经济行业分组						
房屋和土木工程建筑业	1018596	1535.62	689.51	1305.30	476.05	12.26
房 屋	565014	1452.02	661.88	1250.81	445.02	7.33
土木工程建筑	453582	83.60	27.63	54.48	31.03	4.92
建筑安装业	193199	54.01	19.17	50.98	13.80	1.88
装修装饰业	36530					0.47
其他建筑业	12819					0.12

7-13 全市总承包和专业承包建筑业企业财务状况

(2005年)　　单位：万元

指标名称	年末资产负债				
	流动资产合计	# 存货	长期投资	固定资产合计	固定资产原价
总　计	**1389958**	**279140**	**474584**	**512254**	**628723**
# 二级以上企业	1156077	235394	456689	454191	558003
国有及国有控股	814309	128787	352052	394982	475495
按登记注册类型分组					
内资企业	1388826	278680	474584	512078	628311
国有企业	541011	87389	36053	151082	220186
集体企业	32117	8216	10	11704	13910
股份合作企业	970	381		498	602
联营企业					
有限责任公司	578373	127346	415316	291127	324108
股份有限公司	5424	1043	1039	1999	2477
私营企业	230930	54304	22167	55669	67029
港澳台商投资企业	1132	460		176	412
外商投资企业					
按国民经济行业分组					
房屋和土木工程建筑业	1052028	227060	369152	449293	532117
房　屋	596385	143874	127409	90897	116899
土木工程建筑	455643	83186	241743	358397	415218
建筑安装业	288492	45670	103824	53097	82338
装修装饰业	36283	4607	936	5567	7668
其他建筑业	13155	1803	672	4297	6601

7-13 续表1　　单位：万元

指标名称	年末资产负债				
	累计折旧	# 本年折旧	无形及递延资产合计	# 无形资产	资产合计
总　计	**215226**	**27276**	**41181**	**36303**	**2422144**
# 二级以上企业	199339	24275	35177	31445	2105688
国有及国有控股	174546	19227	16367	15303	1580844
按登记注册类型分组					
内资企业	214990	27264	41181	36303	2420835
国有企业	85844	12436	14483	13689	744736
集体企业	2684	537	1095	459	45155
股份合作企业	104	8			1468
联营企业					
有限责任公司	110881	10974	10738	9170	1297137
股份有限公司	784	139	173	173	8636
私营企业	14693	3171	14694	12813	323704
港澳台商投资企业	236	11			1308
外商投资企业					
按国民经济行业分组					
房屋和土木工程建筑业	180014	21433	31542	28139	1905436
房　屋	31242	7044	20536	17837	838388
土木工程建筑	148771	14389	11006	10302	1067048
建筑安装业	30583	4864	8855	7418	454868
装修装饰业	2325	541	24	31	42956
其他建筑业	2304	438	760	715	18884

7-13 续表2

单位：万元

指标名称	年末资产负债				
	流动负债合计	长期负债合计	负债合计	所有者权益合计	实收资本合计
总 计	**1244300**	**281970**	**1526270**	**895874**	**677807**
# 二级以上企业	1066400	276468	1342868	762820	557480
国有及国有控股	743340	266087	1009427	571418	423163
按登记注册类型分组					
内资企业	1243206	281970	1525176	895659	677307
国有企业	518958	46424	565382	179354	118941
集体企业	26522	258	26779	18376	16762
股份合作企业	831		831	637	622
联营企业					
有限责任公司	529444	224776	754220	542917	402795
股份有限公司	3264		3264	5373	4475
私营企业	164188	10513	174701	149003	133712
港澳台商投资企业	1094		1094	215	500
外商投资企业					
按国民经济行业分组					
房屋和土木工程建筑业	927759	273254	1201012	704424	542087
房 屋	522964	19179	542143	296245	223234
土木工程建筑	404795	254075	658869	408179	318852
建筑安装业	284751	8255	293006	161861	107521
装修装饰业	23171	162	23333	19624	20449
其他建筑业	8619	300	8919	9965	7750

7-13 续表3

单位：万元

指标名称	损益及分配					
	工程结算收入	工程结算成本	工程结算税金及附加	工程结算利润	其他业务收入	其他业务利润
总 计	**1731097**	**1548905**	**51155**	**122324**	**63667**	**11601**
# 二级以上企业	1519329	1367838	43796	102368	53945	9092
国有及国有控股	1067716	971631	31792	61106	46288	7149
按登记注册类型分组						
内资企业	1731032	1548864	51153	122303	63667	11601
国有企业	752378	683286	22615	44731	36849	3103
集体企业	48927	43223	1951	3096	620	291
股份合作企业	558	449	18	91		
联营企业						
有限责任公司	652433	580968	17274	51787	16816	5375
股份有限公司	4573	4214	211	-48	930	581
私营企业	272163	236724	9084	22645	8452	2252
港澳台商投资企业	65	41	2	21		
外商投资企业						
按国民经济行业分组						
房屋和土木工程建筑业	1325112	1203357	41227	74577	42488	8707
房 屋	712693	653987	23023	32526	8695	3249
土木工程建筑	612419	549370	18204	42051	33793	5458
建筑安装业	356217	304468	8262	41388	18506	1284
装修装饰业	34484	29628	1167	3122	1216	722
其他建筑业	15284	11452	500	3236	1457	888

7-13 续表4 单位：万元

指标名称	损益及分配				
	管理费用	#税金	财务费用	#利息支出	营业利润
总计	**93850**	**2463**	**6094**	**5788**	**33980**
#二级以上企业	77035	1849	5844	5660	28581
国有及国有控股	57177	1150	5699	5458	5378
按登记注册类型分组					
内资企业	93821	2462	6094	5788	33988
国有企业	40403	834	4806	4725	2625
集体企业	2230	109	65	9	1091
股份合作企业	88	1			3
联营企业					
有限责任公司	31793	728	814	692	24555
股份有限公司	885	34	8	4	-359
私营企业	18421	757	402	358	6073
港澳台商投资企业	29	1			-8
外商投资企业					
按国民经济行业分组					
房屋和土木工程建筑业	66585	1860	5741	5438	10958
房　屋	28854	923	2243	2068	4679
土木工程建筑	37731	937	3499	3370	6279
建筑安装业	21304	399	268	275	21100
装修装饰业	4383	111	48	27	-587
其他建筑业	1578	93	37	48	2509

7-13 续表5 单位：万元

指标名称	损益及分配			本年应付工资总额	本年应付福利费总额
	利润总额	应交所得税	应付利润		
总计	**36767**	**11301**	**20606**	**263480**	**20260**
#二级以上企业	31570	9032	17235	226406	16905
国有及国有控股	4387	2623	3878	171282	12115
按登记注册类型分组					
内资企业	36775	11301	20606	263374	20260
国有企业	3562	1746	2205	118466	8394
集体企业	816	297	461	8967	804
股份合作企业	3	1	2	132	18
联营企业					
有限责任公司	26781	6729	14183	84421	7043
股份有限公司	-233	153	207	1093	97
私营企业	5846	2376	3548	50295	3904
港澳台商投资企业	-8			106	
外商投资企业					
按国民经济行业分组					
房屋和土木工程建筑业	9532	4783	6522	223243	15928
房　屋	5324	2537	3913	130247	8727
土木工程建筑	4208	2246	2609	92996	7201
建筑安装业	25158	5800	11805	32017	3429
装修装饰业	-588	215	307	5471	503
其他建筑业	2665	504	1971	2750	401

7-14 市区全社会固定资产投资

（2005年）　　　　单位：万元

指标名称	全社会投资合计	基本、更改、其他小计	房地产开发	农村非农户	农村私人建房	城镇工矿区私人建房	50万元以下项目
合计	**2900178**	**1822934**	**995273**	**637**	**24153**	**55601**	**1580**
按隶属关系分							
中央	161963	158548	3415				
地方	2738215	1664386	991858	637	24153	55601	1580
#自治区	372773	297497	75276				
按三次产业分							
第一产业	28385	28245		105			35
第二产业	390553	390139		65			349
#工业	366068	365689		65			314
第三产业	2481240	1404550	995273	467	24153	55601	1196
交通运输、仓储和邮政业	76188	76080					108
信息传输、计算机服务和软件业	99061	99061					
批发和零售业	69998	69898					100
住宿和餐饮业	79907	79759		50			98
金融业	7525	7525					
房地产业	1075370	343	995273		24153	55601	
租赁和商务服务业	37387	37387					
科学研究和综合服务和地质勘查业	26459	26459					
水利、环境和公共设施管理业	652382	651841		417			124
居民服务和其他服务业	6535	6535					
教育	125593	125172					421
卫生、社会保障和社会福利业	67855	67786					69
文化、体育和娱乐业	23579	23476					103
公共管理和社会组织	133401	133228					173

7-15 市区城镇固定资产投资

单位：万元

指 标 名 称	2005年	2004年	指 标 名 称	2005年	2004年
本年完成投资	**2873808**	**2086589**	#甘蔗糖业	23426	16308
投资额按登记注册类型分			电力、煤气及水的生产和供应业	41977	50954
内 资	2595652	1870073	建筑业	24450	10364
国 有	1393412	1096036	第三产业	2455424	718870
集 体	46934	8725	交通运输、仓储和邮政业	76080	99642
股份合作	32281	11581	信息传输、计算机服务和软件业	99061	66278
国有与集体联营	2111	2057	批发和零售业	69898	32096
其他联营			住宿和餐饮业	79759	94768
国有独资公司	87682	45587	金融业	7525	9687
其他有限责任公司	469062	311295	房地产业	1051217	723345
股份有限公司	75014	86812	租赁和商务服务业	37387	37262
私 营	484693	300248	科学研究和综合服务和地质勘查业	26459	14293
其 他	4329	7732	水利、环境和公共设施管理业	651841	470956
港澳台商投资	96918	95384	居民服务和其他服务业	6535	2040
合资经营	64712	71062	教 育	125172	93980
合作经营	11631	7668	卫生、社会保障和社会福利业	67786	49347
独 资	19075	16654	文化、体育和娱乐业	23476	19598
外商投资	124947	80686	公共管理和社会组织	133228	69466
合资经营	57813	31684	**投资额按隶属关系分**		
合作经营	34422	26416	中 央	161963	109962
独资	32712	5517	自治区	372773	356426
个体经营	56291	61459	市	1046425	823372
个人经营		61359	县	272860	141072
个人合伙		100	其 他	1019787	655757
按国民经济行业分			**投资额按建设性质分**		
农、林、牧、渔业	28245	19081	#新 建	1866984	1440721
采掘业			扩 建	585818	364814
制造业	323712	223432	改 建	289715	167409

7-16 市区城镇固定资产投资完成情况

(2005年)

指标名称	单位	合计	基本建设	更新改造	其他投资	房地产	城镇工矿区私人建房(县城以上)
本年完成投资	**万元**	**2873808**	**1299603**	**437088**	**86243**	**995273**	**55601**
#住 宅	万元	870014	117363	3303	1083	692664	55601
投资额按构成分							
建筑工程	万元	1704765	826724	105257	23820	693363	55601
安装工程	万元	198551	66735	82198	9572	40046	
设备工器具购置	万元	326139	63909	202518	44041	15671	
其他费用	万元	644353	342235	47115	8810	246193	
#土地购置费	万元	240085	76239	26718	330	136798	
本年新增固定资产	万元	1837604	769316	324277	78154	610256	55601
本年施工房屋面积	平方米	21776646	5471800	592972	302084	14221447	1188343
#住 宅	平方米	15438938	2308385	26088	28041	10587119	2489305
本年竣工房屋面积	平方米	7175505	1625064	290404	97949	3973745	1188343
#住 宅	平方米	6274484	604371	23248	14389	3143171	2489305
本年竣工房屋价值	万元	675496	198429	37509	7472	376485	55601
#住 宅	万元	407295	53260	2870	1024	294540	55601
施工项目个数	个	1433	966	365	102		
#本年新开工	个	961	585	298	78		
本年投产项目个数	个	771	445	250	76		
本年资金来源合计	万元	3350040	1380003	479370	87061	1348005	55601
上年末结余资金	万元	304958	116466	21829	135	166528	
本年资金来源小计	万元	3045082	1263537	457541	86926	1181477	55601
国家预算内资金	万元	234222	201472	10248	22502		
国内贷款	万元	578189	269251	76209	10340	222389	
利用外资	万元	41651	17809	12883	880	10079	
自筹资金	万元	1261479	565639	351065	48931	295844	
其他资金来源	万元	929541	209366	7136	4273	653165	55601
#集 资	万元	145119	139450	2493	3176		
本年各项应付款合计	万元	212478	135979	20528	1299	54672	

7-17 市区新增固定资产按国民经济行业分

（2005年）

单位：万元

指标名称	总计	基本建设	更新改造	其它投资
合 计	**1171747**	**769316**	**324277**	**78154**
农、林、牧、渔业	22617	19367		3250
采矿业				
制造业	217354	14178	197280	5896
电力、燃气及水生产和供应业	38792	29370	8139	1283
建筑业	19499	10605	5395	3499
交通运输仓储和邮政业	55444	20367	28423	6654
信息传输 计算机服务和软件业	70825	4493	66177	155
批发和零售业	42333	26882	11207	4244
住宿和餐饮业	61042	42391	5251	13400
金融业	2963	2021	942	
房地产业				
租赁和商务服务业	47627	47627		
科学研究 技术服务和地质勘查业	10137	9740		397
水利 环境和公共设施管理业	336584	335326	180	1078
居民服务和其他服务业	6575	5600	150	825
教 育	84742	72720		12022
卫生 社会保障和社会福利业	65026	58753		6273
文化 体育和娱乐业	17292	14117	710	2465
公共管理和社会组织	72895	55759	423	16713

7-18 各县全社会固定资产投资完成情况

（2005年）

指标名称	单 位	武鸣县	横 县	宾阳县	上林县	马山县	隆安县
全社会固定资产投资	**万元**	**196318**	**169300**	**139408**	**55288**	**71221**	**97262**
#城镇固定资产投资	万元	162814	131382	106631	45026	52741	89982
按管理渠道分							
基本建设	万元	82089	78918	44281	19229	43956	71855
更新改造	万元	59508	41577	33069	20582	3720	10386
房地产	万元	40889	44470	49435	10993	20739	13441
其 他	万元	13832	4335	12623	4484	2806	1580
按构成分							
建筑工程	万元	111154	116776	89898	31511	56782	64026
安装工程	万元	6047	5444	8747	3757	6946	2677
设备工器具购置	万元	32411	31501	25377	15820	5981	13414
其他费用	万元	46706	15579	15386	4200	1512	17145
#土地购置费	万元	32620	10862	676	1256	752	2548
本年新增固定资产	万元	111876	125650	120497	45548	69749	45574
本年施工房屋面积	平方米	1405656	1619970	1267210	411953	569481	615398
#住 宅	平方米	934644	1309657	969440	363758	559185	510302
本年竣工房屋面积	平方米	850379	1297762	1155101	397953	568761	504984
#住 宅	平方米	730037	1135928	930791	353958	559185	444604
本年竣工房屋价值	万元	42437	52885	52410	23709	20882	21387
#住 宅	万元	33066	39734	33165	21126	20057	15315
施工项目个数	个	328	329	294	73	110	88
#本年新开工	个	277	291	275	70	83	61
本年投产项目个数	个	197	257	280	62	100	50
本年资金来源合计	万元	213648	167107	136959	55533	71221	89494
上年末结余资金	万元	10278	718	3096	1000		31
本年资金来源小计	万元	203370	166389	133863	54533	71221	89463
国家预算内资金	万元	2456	5774	4345	2223	9792	19520
国内贷款	万元	10398	16655	15496	4200	11411	6978
利用外资	万元	11038	7801	20		2278	1598
自筹资金	万元	138862	71733	70929	18462	22148	49398
其他资金来源	万元	40616	64426	43073	29648	25592	11969
#集 资	万元	3948	9790	4389	273	3279	316
本年应付款合计	万元	13465	13306	8726	5005	1326	8008

注：施工、投产项目个数不含房地产。

7-19 各县城镇固定资产投资

（2005年）

单位:万元

指标名称	武鸣县	横县	宾阳县	上林县	马山县	隆安县
本年完成投资	**162814**	**131382**	**106631**	**45026**	**52741**	**89982**
投资额按登记注册类型分						
内资	145302	111052	73685	40218	47861	84969
国有	61185	50115	53693	20158	29110	48542
集体	647	1633	1132		332	
股份合作	3704	3600			750	79
国有与集体联营						
其他联营						
国有独资公司	550	2053				
其他有限责任公司	38759	22498	4031	9779	1415	984
股份有限公司	28000	4276	3000	6530	8665	20968
私营	12115	26817	11829	360	4430	14396
其他	342	60		3391	3159	
港澳台商投资	2620	2679	21691			1610
合资经营	1200	2406	21691			
合作经营						
独资	1420	273				1610
外商投资	8201	7100	520	1100	1500	180
合资经营	7581				1500	
合作经营						70
独资	620	7100	520	1100		110
个体经营	6691	10551	10735	3708	3380	3223
个人经营	6691	8726	10735	3708	3380	3223
个人合伙		1825				
按国民经济行业分						
农、林、牧、渔业	11950	10523	5774	1727	864	5928
采掘业	150	862		5237	910	152
制造业	67839	49139	33672	8368	2110	11577
#甘蔗糖业		2056	2809			530
电力、煤气及水的生产和供应业	7835	6309	3043	5916	1546	22475
建筑业		445				
第三产业	75040	64104	64142	23778	47311	49850

单位:万元

指 标 名 称	武鸣县	横 县	宾阳县	上林县	马山县	隆安县
交通运输、仓储和邮政业	4122	18102	6004	5912	21399	29758
信息传输、计算机服务和软件业	65	3125	2020	3146	1991	1980
批发和零售业	5048	1906	965	1496	2659	1637
住宿和餐饮业	10	1458	2800		1615	70
金融业	566	390			603	82
房地产业	24673	18572	33266	4068	4122	6312
租赁和商务服务业	273		280			
科学研究和综合服务和地质勘查业			3526			
水利、环境和公共设施管理业	27313	9877	7286	4676	5841	2627
居民服务和其他服务业		31				
教 育	7825	2947	2055	1700	5260	5363
卫生、社会保障和社会福利业	416	4648	780	407	897	658
文化、体育和娱乐业	1440	812	480		1075	66
公共管理和社会组织	3289	2236	4680	2373	1849	1297
投资额按隶属关系分						
中 央		2099	1975	2500		2107
自治区	12372	6285	8077		103	45499
市	27061	18428	22932			50
县	23098	58156	47373	21731	18845	22212
其 他	100283	46414	26274	20795	33793	20114
投资额按建设性质分						
#新 建	29168	65404	6905	5444	35018	61497
扩 建	59114	15080	47720	15705	8211	17766
改 建	36536	27329	12906	19243	3105	4407

7-20 各县房地产开发投资完成情况

(2005年)

指 标 名 称	单位	武鸣县	横 县	宾阳县	上林县	马山县	隆安县
企业个数	个	14	12	7	5	4	5
本年完成投资	**万元**	**17982**	**10871**	**22531**	**360**	**1022**	**3089**
#商品房建设投资额	万元	6081	10554	9839	360	820	2989
土地开发投资额	万元	7811	207	8319		202	66
投资额按构成分:							
建筑工程	万元	5208	4009	11917	360	270	2679
安装工程	万元	170	165	3085			
设备工器具购置	万元	96	63	863			50
其他费用	万元	12508	6634	6666		752	360
#土地购置费	万元	6292	6475	134		752	346
投资额按工程用途分:							
住 宅	万元	15403	9414	6509	260	110	2693
#经济适用房	万元						
办公楼	万元		10				77
商业营业用房	万元	1382	288	6946	100	7	319
其 他	万元	1197	1159	9076		905	
本年新增固定资产	万元	3970	2440	6451		150	2484
本年购置土地面积	平方米	280190	80248	6667		21790	12150
本年资金来源合计	万元	19369	12898	23831	1410	1022	3029
上年末结余资金	万元	263	119	3096	1000		31
本年资金来源小计	万元	19106	12779	20735	410	1022	2998
国内贷款	万元	2105	950	1500			
利用外资	万元						
自筹资金	万元	12834	5245	10060		872	2858
其他资金来源	万元	4167	6584	9175	410	150	140
本年各项应付款合计	万元	760	300	3657	200		100
竣工房屋住宅套数合计	套	299	246	164			91
# 经济适用房套数	套						
施工房屋面积	平方米	234666	168283	169799	12300		66127
#住 宅	平方米	207749	143023	53053	9300		58682
#经济适用房	平方米						
本年新开工房屋面积	平方米	165287	116026	154400	12300		28015
#住 宅	平方米	145877	97710	49453	9300		25210
#经济适用房	平方米						
竣工房屋面积	平方米	37056	24565	84200			18000
#住 宅	平方米	31214	21685	19914			18000
#经济适用房	平方米						
竣工房屋价值	万元	3124	2039	6451			1484
#住 宅	万元	2635	1801	1121			1484
#经济适用房	万元						
商品房销售面积	平方米	22712	60077	57947	8800		37214
住 宅	平方米	21759	57905	25647	8800		32664
#经济适用房	平方米						
商品房空置面积	平方米	19391	608	40000			3168
住 宅	平方米	14502		2439			3168
#经济适用房	平方米						
办公楼	平方米						
商业营业用房	平方米	3094	500	37561			
其 他	平方米	1795	108				
商品房销售额	万元	2978	7231	7998	863		5223
住 宅	万元	2811	6865	2388	863		3568
#经济适用房	万元						

8 城市公用事业 环境保护

CHAPTER 8 URBAN PUBLIC UTILITIES,ENVIRONMENTAL PROTECTION

8-1 市政建设情况

指 标 名 称	单 位	2005年	2004年	2003年	2002年	2001年	2000年	1999年	1998年
年末实有道路长度	公里	959	865	817	789	756	730	700	697
年末实有道路面积	万平方米	1939	1604	1358	1203	1045	1007	690	684
排水管道长度	公里	581	697	688	671	551	532	508	492
防洪堤长度	公里	52	46	50	43	42	40	40	38
年末实有桥梁	座	133	92	75	75	68	69	67	67
年末路灯盏数	盏	33335	31253	29562	27893	24906	23844	20091	19326
城市污水量	万吨	24265	22030	32596	21471	19714	20157	20362	21940
人均道路面积	平方米	10.94	10.69	9.32	8.57	7.58	7.43	5.25	5.23

8-2 城市园林绿化情况

指 标 名 称	单 位	2005年	2004年	2003年	2002年	2001年	2000年	1999年	1998年
园林绿地面积	公顷	5769	5317	5120	4993	4874	4611	3125	3059
建成区绿化覆盖面积	公项	5489	4948	4875	4643	4427	4129	3435	3345
人均公共绿地面积	平方米	7.44	10.73	7.08	6.74	6.26	6.08	5.47	5.22
建成区绿化覆盖率	%	32.29	39.58	39.09	38.78	38.26	37.47	36.41	36.71
公园个数	个	12	14	14	13	13	13	13	13
公园面积	公顷	966	800	854	829	805	774	686	660
年游人量	万人次	575	593	630	769	725	754	575	682
园林年末从业人数	人	1808	1821	2919	2813	2883	1763	1796	1723

注:2005年数据按新市区行政区划口径(六个城区)，其余年份的数据为原市区口径（五个城区）。

8-3 城市供气供水情况

指标名称	单位	2005年	2004年	2003年	2002年	2001年	2000年	1999年	1998年
液化石油气									
液化石油气供气总量	吨	60842	53842	48756	46937	41445	40335	37910	34900
#家庭用量	吨	54633	50352	46461	46937	41445	40335	37910	34900
家庭用液化石油气人口	万人	145	107	100	97	95	93	91	90
自来水									
自来水厂数	个	7	5	5	5	5	5	5	5
水厂综合生产能力	万吨/日	123.19	101.34	109.9	99.9	89.90	88.97	89.20	91.01
年末供水管道长度	公里	1505	1301	847	796	758	734	686	601
全年供水总量	万立方米	28959	27538	26351	25362	24642	25196	25453	27425
#工业用水	万立方米	6926	5092	5041	4879	4495	4749	6063	8304
生活用水	万立方米	19219	18294	17477	16593	17628	17382	17001	16900
人均日生活用水量	升	321.52	379.8	396.7	389	411	410	408	411
生活用水人口	万人	142.48	131.96	120.7	117	118	116	114	113
用水普及率	%	92.36	87.90	82.8	83.2	85	85	86	86

8-4 城市公共交通情况

指标名称	单位	2005年	2004年	2003年	2002年	2001年	2000年	1999年	1998年
年末营运车辆数	辆	2110	1788	1444	964	905	628	508	727
客运总量	万人次	44597	48733	28626	22896	17011	14917	15290	15073
年末实有出租车数量	辆	3811	3450	4167	3803	3743	3741	3741	3732
年末公交企业从业人数	人	6877	5178	4431	3532	3160	2907	2837	2376

注:2005年数据按新市区行政区划口径(六个城区)，其余年份的数据为原市区口径（五个城区）。

8-5 城市清洁卫生情况

指标名称	单位	2005年	2004年	2003年	2002年	2001年	2000年	1999年	1998年
街道清扫保洁面积	万平方米	1812	1598	1230	796	760	755	759	683
生活垃圾清运量	万吨	41	38	38	33	32	27	24	32
粪便清运量	万吨	4.4	3.1	3	3	4	4	5	6
公共厕所	座	442	163	174	179	190	252	254	254
市容环卫专用车辆总数	辆	291	235	175	175	167	154	157	177
年末环卫从业人数	人	5275	4391	4014	3617	3545	3031	3022	2715

8-6 城市环境保护情况

指标名称	单位	2005年	2004年	2003年	2002年	2001年	2000年	1999年	1998年
工业废水排放量	万吨	17154	14484	15315	9372	7813	8250	8970	8452
工业废水排放达标量	万吨	16089	13052	12919	8754	6667	5645	5284	4165
工业废水排放达标率	%	93.9	90.11	84	93	85	68	59	49
工业废气排放总量	万标立方米	12425132	11251439	8940775	3860372	825148	2978830	2673722	2238915
二氧化硫排放量	吨	66509	61376	43840	22618	13502	24443	33517	34894
烟尘排放量	吨	52456	49352	48791	12857	6711	13847	14422	16570
工业粉尘排放量	吨	36678	32606	32444	7182	2586	11942	17417	22621
工业固体废物产生量	万吨	304	289	273	127	80	88	80	87
工业固体废物处置量	万吨	48	46	45	12	9	6	4	3
环境噪声达标区面积	平方公里	103	104	81	81	81	78	56	56

注:2005年数据按新市区行政区划口径(六个城区)，其余年份的数据为原市区口径（五个城区）。

9 能源购进消费与库存

CHAPTER 9 PURCHASE , CONSUMPTIONAND STOCK OF ENERGY

9-1 规模以上工业企业主要能源购进、消费与库存

(2005年)

指标名称	单位	购进量合计	消费量合计	工业生产消费	非工业生产消费	年末库存
全 市						
原煤	吨	2746418	2771466	2759817	11649	258404
洗精煤	吨	3548	3613	3613		110
其他洗煤	吨	288	332	332		18
型煤	吨	100	96	96		4
焦炭	吨	27527	27243	27243		4496
汽油	吨	5461	5246	3770	1476	111
煤油	吨	147	144	144		5
柴油	吨	33144	33158	32168	990	816
燃料油	吨	84210	91612	91612		6312
液化石油气	吨	17528	3666	3665	1	167
其他石油制品	吨	222	213	213		23
热力	百万千焦	69363.76	69363.76	69363.76		
电力	万千瓦时	260791.19	302967.65	291148.09	11819.56	
其他燃料	吨标准煤	20525	228043	228043		207
市 区						
原煤	吨	749859	739436	739181	255	86804
其他洗煤	吨	288	332	332		18
焦炭	吨	4311	4297	4297		1905
汽油	吨	1493	1552	940	612	59
煤油	吨	4	4	4		
柴油	吨	8219	8133	7613	520	315
燃料油	吨	12479	12385	12385		1428
液化石油气	吨	13929	65	65		126
其他石油制品	吨	168	159	159		23
电力	万千瓦时	97057.51	111590.06	106773.28	4816.78	
其他燃料	吨标准煤	890	82967	82967		4

9-2　全市规模以上工业企业主要能源按行业消费量

(2005年)

指标名称	本年消费								
	原煤 (吨)	洗精煤 (吨)	焦炭 (吨)	汽油 (吨)	柴油 (吨)	燃料油 (吨)	其它石油制品 (吨)	电力 (万千瓦时)	其他燃料 (吨标准煤)
总计	**2771466**	**3613**	**27243**	**5246**	**33158**	**91612**	**213**	**302968**	**228043**
按工业行业大类分列									
煤炭开采和洗选业								1409	
黑色金属矿采选业			1117		163			57	
有色金属矿采选业				21	151			572	
非金属矿采选业				4	255			202	
农副食品加工业	680143		5628	1122	3786	873		40704	220758
食品制造业	19003			312	422	3395		3037	128
饮料制造业	81776			102	671	4994		4343	
烟草制品业	9972			45	400	6778		3091	
纺织业	9910			43	282			8075	1470
纺织服装、鞋、帽制造业	194			30	70			259	
皮革、毛皮、羽毛(绒)及其制品业	2439			11	34			327	
木材加工及木、竹、藤、棕、草制品业	33471			78	165			9596	890
家具制造业				14				824	
造纸及纸制品业	228678			110	1978	5844		23676	
印刷业和记录媒介的复制				204	58			940	
石油加工、炼焦及核燃料加工业					22			78	
化学原料及化学制品制造业	400223			296	3677		159	71701	
医药制造业	40116			201	462		51	4452	171
化学纤维制造业								22	
橡胶制品业	196							332	660
塑料制品业	84			120	136			5343	
非金属矿物制品业	1235559	3613		1070	13238	68678		69873	3966
黑色金属冶炼及压延加工业	17191		18947	10	137			15411	
有色金属冶炼及压延加工业	5035		43	87	5113	299		13162	
金属制品业	1916		9	44	41	258		1806	
通用设备制造业	510		641	56	140			1067	
专用设备制造业	3561		858	229	703	449		2904	
交通运输设备制造业				164	287			964	
电气机械及器材制造业	1361			83	126			2518	
通信设备、计算机及其他电子设备制造业				17	19			237	
仪器仪表及文化、办公用机械制造业	87			26	47			329	
工艺品及其他制造业	41			22	97	44		893	
电力、热力的生产和供应业				511	393			5100	
燃气生产和供应业								16	
水的生产和供应业				214	85			9650	

9-3 市区规模以上工业企业主要能源按行业消费量

（2005年）

指标名称	本年消费							
	原煤（吨）	焦炭（吨）	汽油（吨）	柴油（吨）	燃料油（吨）	其它石油制品（吨）	电力（万千瓦时）	其他燃料（吨标准煤）
总　计	**739436**	**4297**	**1552**	**8133**	**12385**	**159**	**111590**	**82967**
按工业行业大类分列								
农副食品加工业	520413	4204	449	1626			17206	82077
食品制造业	4223		59	8			140	
饮料制造业	34545		44	503			1957	
烟草制品业	5307		33	394	6778		2657	
纺织业			11	189			7603	
纺织服装、鞋、帽制造业	75		5	37			98	
皮革、毛皮、羽毛(绒)及其制品业	145		2				90	
木材加工及木、竹、藤、棕、草制品业	39		7	8			587	890
家具制造业			6				79	
造纸及纸制品业	243		2				1693	
印刷业和记录媒介的复制			98	37			582	
石油加工、炼焦及核燃料加工业							32	
化学原料及化学制品制造业	141585		71	261		159	52880	
医药制造业	9128		50	48			990	
塑料制品业							381	
非金属矿物制品业	20241		42	746	5308		2388	
有色金属冶炼及压延加工业	17	43	69	3469	299		11793	
金属制品业		9	13	32			89	
通用设备制造业		41	23	93			692	
专用设备制造业	2114		75	317			2106	
交通运输设备制造业	0		86	42			308	
电气机械及器材制造业	1361		46	115			414	
仪器仪表及文化、办公用机械制造业			10				282	
电力、热力的生产和供应业			208	165			64	
燃气生产和供应业							16	
水的生产和供应业			143	43			6462	

9-4 各县规模以上工业企业主要能源购进、消费与库存

(2005年)

指标名称	单位	购进量合计	消费量合计	工业生产消费	非工业生产消费	年末库存
武鸣县						
原煤	吨	283931	279531	277522	2009	34778
汽油	吨	576	298	200	98	2
煤油	吨	62	62	62		
柴油	吨	713	722	663	59	15
燃料油	吨	44	44	44		
液化石油气	吨	137	137	137		
电力	万千瓦时	20517.74	21447.75	21391.29	56.46	
其他燃料	吨标准煤		1487	1487		
横县						
原煤	吨	206954	220617	220617		19444
焦炭	吨	806	1229	1229		254
汽油	吨	431	431	341	90	3
柴油	吨	2229	2210	2080	130	37
液化石油气	吨	4	4	4		
电力	万千瓦时	23092.75	27032.27	26601.85	430.42	
其他燃料	吨标准煤	13304	32499	32499		78
宾阳县						
原煤	吨	490876	494740	494626	114	27877
洗精煤	吨	3548	3613	3613		110
焦炭	吨	13290	12391	12391		1807
汽油	吨	252	232	186	46	26
煤油	吨	23	23	23		
柴油	吨	1873	1876	1876		30
燃料油	吨	3	3	3		
液化石油气	吨	2349	2349	2349		
电力	万千瓦时	28645.46	31177.46	26666.03	4511.43	
其他燃料	吨标准煤	660	75854	75854		
上林县						
原煤	吨	40387	41358	41358		2222
焦炭	吨	115	263	263		304
汽油	吨	51	58	45	13	
柴油	吨	133	121	121		
电力	万千瓦时	5179.00	6193.00	6193.00		
其他燃料	吨标准煤	1570	22758	22758		
马山县						
原煤	吨	46927	46985	46985		657
型煤	吨	100	96	96		4
焦炭	吨	6842	6859	6859		122
汽油	吨	27	27		27	
柴油	吨	349	347	347		2
电力	万千瓦时	5700.02	6459.70	6452.99	6.71	
其他燃料	吨标准煤		1488	1488		
隆安县						
原煤	吨	189719	183973	175688	8285	14543
汽油	吨	466	469	469		
柴油	吨	1419	1421	1421		2
电力	万千瓦时	11682.58	13749.27	13619.97	129.30	
其他燃料	吨标准煤		6725	6725		

9-5 规模以上工业企业综合能耗

(2005年)

单位：吨标准煤

指标名称	全市	市区	武鸣县	横县	宾阳县	上林县	马山县	隆安县
综合能耗	**2428971**	**581493**	**223588**	**208701**	**439514**	**60409**	**50174**	**143925**
煤炭开采和洗选业	1732					1732		
黑色金属矿采选业	1450						1450	
有色金属矿采选业	954		233					722
非金属矿采选业	624		522			94		
农副食品加工业	569669	312360	35566	61142	84049	22695	1630	20273
食品制造业	22135	2122	1879	2630	43			11
饮料制造业	61075	17033	18232	185		4641	6367	448
烟草制品业	19537	15645	3892					
纺织业	18247	8950	599	4329	1592	2104		
纺织服装、鞋、帽制造业	493	228						
皮革、毛皮、羽毛(绒)及其制品业	2177	214		1163	514			
木材加工及木、竹、藤、棕、草制品业	36784	1625	180	161			54	
家具制造业	1003	88				879		
造纸及纸制品业	152844	2229	15653	4067	4973		8572	
印刷业和记录媒介的复制	1468	876			1			
石油加工、炼焦及核燃料加工业	127	40						
化学原料及化学制品制造业	356848	153132	87615	1117	31025			65652
医药制造业	34527	7714	8073	540				
化学纤维制造业	27							
橡胶制品业	1165		66		1099			
塑料制品业	6897	468	980					
非金属矿物制品业	1022579	25527	48267	114796	289447	26389	21258	54012
黑色金属冶炼及压延加工业	49798			12843	23922	1613	9485	
有色金属冶炼及压延加工业	24226	16627		2314	2375			1560
金属制品业	4095	343		38	83			
通用设备制造业	2434	941		13				50
专用设备制造业	8638	4468		28			55	
交通运输设备制造业	1618	396						
电气机械及器材制造业	4107	1451						
通信设备、计算机及其他电子设备制造业	293							
仪器仪表及文化、办公用机械制造业	356	154						
工艺品及其他制造业	1313		103		61			
电力、热力的生产和供应业	7557	625	1324	3009	12	172	1175	1086
燃气生产和供应业	20	20						
水的生产和供应业	12152	8215	404	327	318	91	129	103

注：本表统计口径不含自发电用电量。

9-6　规模以上工业企业产值能耗

（2005年）　　　　单位：吨标准煤/万元

指标名称	全市	市区	武鸣县	横县	宾阳县	上林县	马山县	隆安县
产值能耗	**0.66**	**0.44**	**1.29**	**1.21**	**2.11**	**1.30**	**1.09**	**1.88**
煤炭开采和洗选业	0.36					0.36		
黑色金属矿采选业	1.01						1.01	
有色金属矿采选业	0.15		0.10					0.18
非金属矿采选业	0.05		0.11			0.01		
农副食品加工业	0.71	1.49	0.75	1.40	1.51	1.80	0.44	0.59
食品制造业	0.24	0.43	0.20	0.14	0.11			0.01
饮料制造业	0.75	0.44	2.36	0.11	0.00	1.93	3.29	0.17
烟草制品业	0.08	0.06	1.01					
纺织业	0.24	0.22	0.14	0.25	0.31	0.27		0.01
纺织服装、鞋、帽制造业	0.03	0.07						
皮革、毛皮、羽毛(绒)及其制品业	0.11	0.41	0.00	0.17	0.09			
木材加工及木、竹、藤、棕、草制品业	0.79	0.75	0.10	0.12			0.05	
家具制造业	0.24	0.29				0.40		
造纸及纸制品业	1.03	0.27	0.90	2.62	0.60		2.37	
印刷业和记录媒介的复制	0.03	0.05	0.02	0.00	0.11			
石油加工、炼焦及核燃料加工业	0.01	0.04						
化学原料及化学制品制造业	1.20	1.38	3.75	0.32	3.39			5.50
医药制造业	0.21	0.51	0.39	0.21	0.00			
化学纤维制造业	0.05							
橡胶制品业	0.58		0.06		1.11			
塑料制品业	0.06	0.10	0.26					
非金属矿物制品业	3.32	1.92	6.17	5.31	4.57	6.60	5.33	4.10
黑色金属冶炼及压延加工业	0.53			0.68	0.63	2.62	1.73	
有色金属冶炼及压延加工业	0.20	0.22		0.43	2.72			1.84
金属制品业	0.12	0.45		0.03	0.06			
通用设备制造业	0.06	0.03		0.02				0.08
专用设备制造业	0.09	0.10		0.81			0.79	
交通运输设备制造业	0.03	0.03						
电气机械及器材制造业	0.05	0.07						
仪器仪表及文化、办公用机械制造业	0.03	0.06						
工艺品及其他制造业	0.05		0.11		0.01			
电力、热力的生产和供应业	0.01		0.08	0.11		0.04	0.05	0.16
水的生产和供应业	0.45	0.43	0.35	0.53	0.45	0.27	0.56	0.35

9-7 全社会用电量

(2005年)　　单位：万千瓦时

指标名称	全市	市区	武鸣县	横县	宾阳县	上林县	马山县	隆安县
总计	**657552**	**502559**	**38870**	**39690**	**32672**	**10910**	**14965**	**17886**
全行业用电量	**526596**	**407426**	**32639**	**28676**	**24399**	**7802**	**10854**	**14800**
农林牧渔业	12697	7462	1428	763	2001	133	346	564
工业	376437	272717	28774	25464	19689	6620	9922	13251
轻工业	108649	82335	9214	3821	8884	1479	710	2206
重工业	267788	190382	19560	21643	10805	5141	9212	11045
建筑业	6924	6660	100	75	47	28	14	
交通运输、仓储、邮政业	11168	10641	101	126	138	36	25	101
信息传输、计算机服务和软件业	7943	6470	386	324	335	300	41	87
商业、住宿和餐饮业	41733	39418	494	291	731	142	248	409
金融、房地产、商务及居民服务业	19729	18642	467	196	240	103	2	79
公共事业及管理组织	49965	45416	889	1437	1218	440	256	309
城乡居民生活用电	**130956**	**95133**	**6231**	**11014**	**8273**	**3108**	**4111**	**3086**
城镇	91927	78640	2223	3953	3950	1117	1287	757
乡村	39029	16493	4008	7061	4323	1991	2824	2329

10 商业外贸 旅游物价

CHAPTER 10 BUSINESS,FOREIGN TRADE, TRAVEL,PRICE

10-1 全市主要年份商品销售总额和社会消费品零售总额

单位：万元

年 份	商品销售总额	社会消费品零售总额	# 批发零售业	# 住宿餐饮业
1950	3760	3331	2698	326
1965	41791	17034	14651	1008
1978	50735	34737	28682	1916
1980	67827	49381	37008	2595
1985	180035	117249	89369	5129
1986	192905	124956	90024	5966
1987	278652	151615	106832	6823
1988	403478	205927	142668	8656
1989	506027	237944	173722	10727
1990	688049	251606	173490	13231
1991	1183943	306330	209751	17191
1992	1330612	367574	236449	22925
1993	1858423	520934	320946	28447
1994	2778661	667903	423470	39138
1995	2393263	839856	545805	62980
1996	2121924	1006556	654329	109594
1997	2555047	1153593	595818	170827
1998	2553541	1286387	738214	164742
1999	2629390	1371382	845114	181460
2000	4967441	2124265	1902756	213107
2001	5332548	2313462	2054150	249629
2002	6160693	2567758	2270643	287402
2003	7865973	2884483	2559611	318557
2004	9308593	3320502	2963591	353524
2005	10108931	3780023	3366128	407436

注：2000年以后为区划调整后的数据，其余年份仍为原南宁口径。

10-2 全市社会消费品零售总额

单位：万元

指 标 名 称	2005年	2004年
社会消费品零售总额	**3780023**	**3320502**
按销售地区分		
市 区	3096565	2721819
县的零售额	297875	260205
县以下的零售额	385583	338478
按经济类型分		
国有经济	142753	129571
集体经济	45198	40542
私营经济	502730	446404
个体经济	2057801	1808102
联营经济	13951	17362
股份制经济	978649	838999
外商投资经济	29236	24988
港澳台投资经济	6463	11147
其他经济	3242	3387
按行业分		
批发零售贸易业	3366128	2963591
限额以上企业	1386853	1197757
限额以下企业及个体户	1979275	1765834
#个体户	1756987	1546604
住宿餐饮业	407436	353524
限额以上企业	86557	64943
限额以下企业及个体户	320879	288581
#个体户	298387	261398
其他行业	6459	3387

10-3 全市限额以上批发零售贸易业商品购进、库存总额

（2005年）　　　　单位：万元

指标名称	法人单位（个）	产业活动单位（个）	购进总额	#进口	年末库存总额
总　计	**411**	**1555**	**6018664**	**58942**	**346444**
#国有及国有控股	89	1231	3332426	28797	133233
按登记注册类型分组					
内资企业	410	1540	5901431	58942	340214
国有企业	39	143	607295	16936	27462
集体企业	12	139	39217	1117	3710
股份合作企业	4	26	21086	1631	3363
联营企业	1	1	13569		2127
有限责任公司	122	410	1828798	23014	101116
股份有限公司	18	423	2229059	4	91578
私营企业	214	398	1162407	16241	110857
其他企业					
港、澳、台商投资企业		5	33175		1179
外商投资企业	1	10	84058		5052
按国民经济行业分组					
农畜产品批发	8	42	33195		8770
食品、饮料及烟草制品批发	35	72	1051633		29314
米、面制品及食用油批发	3	5	30334		940
烟草制品批发	2	21	268318		10986
纺织、服装及日用品批发	4	6	64698		1358
服装批发	1	1	17710		215
文化、体育用品及器材批发	7	10	155406		11988
医药及医疗器材批发	7	9	73756	244	6546
矿产品、建材及化工产品批发	84	480	2984871	8312	129676
煤炭及制品批发	12	13	134541		3722
石油及制品批发	9	308	1915017	1149	46379
金属及金属矿批发	40	47	568914	1168	34833
建材批发	4	5	58310		3408
化肥批发	7	67	143236	1117	35541
机械设备、五金交电及电子产品批发	71	90	515028	2879	45036
汽车、摩托车及零配件批发	13	17	70932		9322
家用电器批发	11	13	101705		11849
计算机、软件及辅助设备批发	12	16	70909		4904
贸易经纪与代理					
其他批发	11	43	44924		1016
综合零售	20	75	261691		23156
百货零售	7	8	129343		7447
超级市场零售	12	43	131930		15662
食品、饮料及烟草制品专门零售	8	87	27979	607	7482
纺织、服装及日用品专门零售	4	13	1623		1334
服装零售	3	10	1491		1314
文化、体育用品及器材专门零售	12	53	22744		6139
体育用品零售	2	8	515		30
图书零售	6	36	18833		3758
医药及医疗器材专门零售	16	173	55969		8120
药品零售	15	172	55261		8080
汽车摩托车燃料及零配件专门零售	65	213	545758	46838	42813
汽车零售	57	67	517398	46838	37611
机动车燃料零售	2	116	9939		135
家用电器及电子产品专门零售	49	97	163597	60	21755
家用电器零售	12	26	64764	60	12281
计算机、软件及辅助设备零售	30	49	52931		5986
通信设备零售	4	18	41650		2925
五金、家具及室内装修材料专门零售	7	14	5484		1302
无店铺及其他零售	3	78	10308		641
邮购及电子销售					

10-4 全市限额以上批发零售贸易业商品销售总额

（2005年） 单位：万元

指 标 名 称	销售总额合计	批 发	#出 口	零 售
总 计	**5879212**	**4505363**	**225070**	**1373849**
# 国有及国有控股	2924515	2440076	108917	484438
按登记注册类型分组				
内资企业	5744241	4437653	225070	1306588
国有企业	632821	570931	18545	61891
集体企业	44390	37966		6423
股份合作企业	44422	36223	22009	8199
联营企业	13367			13367
有限责任公司	1933584	1414355	112512	519228
股份有限公司	1756816	1396665	33350	360151
私营企业	1318842	981514	38654	337328
其他企业				
港、澳、台商投资企业	28048	27434		614
外商投资企业	106923	40276		66647
按国民经济行业分组				
农畜产品批发	35178	35087	9426	91
食品、饮料及烟草制品批发	1062138	1060868	34772	1270
米、面制品及食用油批发	22723	22537	18985	186
烟草制品批发	270999	270358		640
纺织、服装及日用品批发	68009	65717	53779	2293
服装批发	17688	17688	17688	
文化、体育用品及器材批发	152678	145538	234	7140
医药及医疗器材批发	77068	64282	5783	12786
矿产品、建材及化工产品批发	2656354	2454178	82678	202176
煤炭及制品批发	153346	153346	5060	
石油及制品批发	1438481	1252170		186311
金属及金属矿批发	673612	658293		15319
建材批发	59529	59529		
化肥批发	138955	138471		485
机械设备、五金交电及电子产品批发	549567	470283	29172	79284
汽车、摩托车及零配件批发	72274	69708	267	2566
家用电器批发	110905	102698		8207
计算机、软件及辅助设备批发	72762	56563		16198
贸易经纪与代理				
其他批发	47758	44174	7131	3584
综合零售	354873	15064		339810
百货零售	197865	12810		185055
超级市场零售	156545	2254		154291
食品、饮料及烟草制品专门零售	32063	5114		26950
纺织、服装及日用品专门零售	9992	849		9143
服装零售	8630	849		7781
文化、体育用品及器材专门零售	21159	1830		19330
体育用品零售	507	19		488
图书零售	17440	1417		16023
医药及医疗器材专门零售	57943	9255		48689
药品零售	56924	9255		47669
汽车摩托车燃料及零配件专门零售	558378	66188	2088	492190
汽车零售	532776	65062	2088	467713
机动车燃料零售	10785	1126		9660
家用电器及电子产品专门零售	178497	63928	7	114569
家用电器零售	72360	21081	7	51279
计算机、软件及辅助设备零售	56948	20133		36814
通信设备零售	44711	20904		23807
五金、家具及室内装修材料专门零售	5920	569		5352
无店铺及其他零售	11636	2441		9196
邮购及电子销售				

10-5 全市限额以上批发零售贸易业商品销售类值

（2005年） 单位：万元

指 标 名 称	合 计	批 发	零 售
合 计	**6279717**	**4892864**	**1386853**
食品、饮料、烟酒类	1156781	1056291	100490
粮油类	17329	5211	12118
肉禽蛋类	35217	20704	14513
其他食品类	765809	714473	51336
饮料类	12850	3274	9576
烟酒类	325576	312629	12947
服装、鞋帽、针纺织品类	173391	58421	114970
服装类	119546	36715	82831
鞋帽类	31365	9863	21502
针、纺织品类	22480	11843	10637
化妆品类	25446	3061	22385
金银珠宝类	24611	12762	11849
日用品类	53501	17821	35680
#洗涤用品类	25567	10801	14766
儿童玩具类	2292		2292
五金、电料类	19648	17082	2566
体育、娱乐用品类	11524	1606	9918
书报杂志类	144339	121040	23299
电子出版物及音像制品类	6712	1689	5023
家用电器和音响器材类	325678	158983	166695
中西药品类	162556	90984	71572
#西药类	113052	61668	51384
中草药及中成药类	48054	27866	20188
文化办公用品类	159897	84369	75528
家具类	1152	745	407
通讯器材类	247626	158578	89048
煤炭及制品类	139686	138661	1025
木材及制品类	26088	24038	2050
石油及制品类	1499307	1368605	130702
化工材料及制品类	226748	226208	540
#化肥类	105491	105491	
金属材料类	745376	735758	9618
建筑及装潢材料类	42704	40332	2372
机电产品及设备类	254520	251644	2876
#农机类	24657	24657	
汽车类	621351	144461	476890
种子饲料类	5429	5429	
棉麻类	7531	7517	14
其他类	198115	166779	31336

10-6 全市限额以上批发零售贸易业商品销售数量

（2005年）

指 标 名 称	计量单位	合 计	批 发	零 售
粮 食	吨	27152	8762	18390
食用植物油	吨	9701	3882	5819
食 糖	吨	1963081	1962598	483
卷 烟	万支	1625351	1618681	6670
酒	吨	4276	1299	2977
#白 酒	吨	1006	134	872
啤 酒	吨	2516	1033	1483
布	米	6488	6416	72
各种服装	百件	66117	19128	46989
#童 装	百件	14285	8566	5719
鞋	百双	28225	14305	13920
照相机	台	30580	4723	25857
#数码照相机	台	25301	4723	20578
彩色电视机	台	406041	296996	109045
组合音响	台	26089	886	25203
摄像机	台	6328	332	5996
影碟机	台	83720	23412	60308
家用电冰箱	台	168660	114737	53923
家用洗衣机	台	193438	137082	56356
房间空调器	台	245609	150089	95520
微波炉	台	109792	70119	39673
微型计算机	台	79073	47518	31555
普通电话机	部	41325	6991	34334
移动电话机	部	1223513	828643	394870
化学肥料	吨	402301	402301	
化学农药	吨	11798	11798	
农用薄膜	吨	2	2	
煤 炭	吨	3146029	3143177	2852
木 材	立方	13189	13189	
汽 油	吨	975846	859005	116841
煤 油	吨	55286	55286	
柴 油	吨	2146582	2069827	76755
钢 材	吨	1208760	1208396	364
铜	吨	1	1	
铝	吨	51738	51738	
水 泥	吨	675813	675813	
汽 车	辆	47605	5204	42401
#轿 车	辆	23078	1076	22002
摩托车	辆	54532	40518	14014
拖拉机	台	13142	13142	

10-7 全市限额以上批发零售贸易企业财务状况

(2005年) 单位：万元

指标名称	单位数(个)	#亏损企业	年末资产负债				
			流动资产小计	#存货	固定资产原价	累计折旧	#本年折旧
总　计	**411**	**135**	**1471527**	**356069**	**348028**	**92387**	**17517**
批发企业	**227**	**64**	**1107653**	**212081**	**231833**	**59064**	**10931**
#国有及国有控股	48	12	423469	80600	191330	46287	8771
按登记注册类型分组							
内资企业	227	64	1107653	212081	231833	59064	10931
国有企业	26	7	140077	15900	28483	10781	1529
集体企业	8	3	6414	3713	3287	947	33
股份合作企业	2	1	39824	2921	3625	1814	101
联营企业							
有限责任公司	58	14	470780	51633	45337	14247	1983
股份有限公司	9		148015	76482	139305	29028	6372
私营企业	124	39	302542	61431	11795	2248	914
其他企业							
港、澳、台商投资企业							
外商投资企业							
按国民经济行业分组							
农畜产品批发	8	2	30898	5542	3781	1040	96
食品、饮料及烟草制品批发	35	6	442319	25799	42239	14528	2306
米、面制品及食用油批发	3	1	4744	717	1004	99	40
烟草制品批发	2		41483	8637	25606	9213	1439
纺织、服装及日用品批发	4	1	10748	888	1025	393	127
服装批发	1		2884	184	860	339	112
文化、体育用品及器材批发	7	1	67162	15247	17859	4735	298
医药及医疗器材批发	7	3	27100	5430	6853	2648	315
矿产品、建材及化工产品批发	84	25	394253	120873	148670	32196	6956
煤炭及制品批发	12	4	28204	3222	2618	830	235
石油及制品批发	9		72169	43313	129710	24996	6210
金属及金属矿批发	40	17	130633	24849	2694	633	254
建材批发	4		14654	3341	934	415	80
化肥批发	7	1	81939	40566	9271	3603	69
机械设备、五金交电及电子产品批	71	22	129052	36705	10200	3334	787
汽车、摩托车及零配件批发	13	5	26262	9888	2415	403	112
家用电器批发	11	5	28175	9903	815	365	89
计算机、软件及辅助设备批发	12	3	18859	3982	282	127	41
贸易经纪与代理							
其他批发	11	4	6121	1597	1205	190	46

10-7 续表1 单位：万元

指标名称	单位数（个）	#亏损企业	年末资产负债 流动资产小计	#存货	固定资产原价	累计折旧	#本年折旧
零售企业	**184**	**71**	**363874**	**143988**	**116195**	**33323**	**6586**
#国有及国有控股	41	9	78865	24851	29861	9083	1422
按登记注册类型分组							
内资企业	183	70	360381	143505	115407	33202	6565
国有企业	13	4	14655	4853	9813	2545	302
集体企业	4	1	3686	407	467	132	12
股份合作企业	2	2	1106	129	109	25	15
联营企业	1		5943	1818	1625	431	51
有限责任公司	64	19	150360	42917	45624	16892	3152
股份有限公司	9	2	94643	55163	39034	8420	1869
私营企业	90	42	89989	38218	18736	4757	1164
其他企业							
港、澳、台商投资企业							
外商投资企业	1	1	3492	484	788	121	21
按国民经济行业分组							
综合零售	20	11	115989	65761	59971	16367	3225
百货零售	7	4	91164	53516	35722	7927	1965
超级市场零售	12	6	24706	12206	23977	8362	1237
食品、饮料及烟草制品专门零售	8	3	14893	6803	10752	3314	306
纺织、服装及日用品专门零售	4	2	1070	464	15	9	2
服装零售	3	2	1032	462	12	8	2
文化、体育用品及器材专门零售	12	4	7138	3553	6555	2540	267
体育用品零售	2	1	380	175	34	7	5
图书零售	6	2	5987	2866	6250	2516	254
医药及医疗器材专门零售	16	9	26109	7432	2112	744	206
药品零售	15	8	25915	7393	2059	735	199
汽车、摩托车、燃料及零配件专门	65	13	142544	41884	30796	7766	2173
汽车零售	57	12	134453	38131	28964	7255	1972
机动车燃料零售	2		1441	147	754	313	67
家用电器及电子产品专门零售	49	23	52633	16122	2531	867	259
家用电器零售	12	8	28956	8422	665	117	74
计算机、软件及辅助设备零售	30	12	16865	5322	1612	659	170
通信设备零售	4	1	6010	1978	218	82	14
五金、家具及室内装修材料专门零	7	6	2304	1173	299	73	19
无店铺及其他零售	3		1194	797	3164	1644	128
邮购及电子销售							

10-7 续表2 单位：万元

指 标 名 称	年末资产负债			损益及分配		
	资产合计	负债合计	所有者权益合计	主营业务收入	主营业务成本	主营业务税金及附加
总 计	**2366829**	**1619776**	**747053**	**4963491**	**4963491**	**8141**
批发企业	**1783143**	**1191237**	**591906**	**4067006**	**4067006**	**5955**
#国有及国有控股	964301	533221	431080	2281946	2281946	3803
按登记注册类型分组						
内资企业	1783143	1191237	591906	4067006	4067006	5955
国有企业	185243	129604	55639	415280	415280	1580
集体企业	9365	5483	3883	32637	32637	41
股份合作企业	49478	43975	5503	14648	14648	127
联营企业						
有限责任公司	584666	454809	129858	1157171	1157171	2290
股份有限公司	601690	273876	327813	1596121	1596121	1260
私营企业	352702	283491	69210	851149	851149	657
其他企业						
港、澳、台商投资企业						
外商投资企业						
按国民经济行业分组						
农畜产品批发	35360	30334	5026	28831	28831	21
食品、饮料及烟草制品批发	581402	461341	120061	921292	921292	1755
米、面制品及食用油批发	7290	4256	3034	29639	29639	7
烟草制品批发	82570	33073	49497	227686	227686	678
纺织、服装及日用品批发	13298	7472	5827	52050	52050	851
服装批发	5291	1220	4071	13691	13691	14
文化、体育用品及器材批发	90347	62158	28189	95496	95496	231
医药及医疗器材批发	39590	33369	6222	55953	55953	92
矿产品、建材及化工产品批发	872875	479752	393123	2472845	2472845	2265
煤炭及制品批发	33611	24737	8874	115427	115427	267
石油及制品批发	511359	203396	307963	1473979	1473979	1237
金属及金属矿批发	141540	99191	42349	524241	524241	241
建材批发	18161	16048	2113	47822	47822	36
化肥批发	91880	73416	18464	149745	149745	26
机械设备、五金交电及电子产品批	142767	111605	31162	404010	404010	723
汽车、摩托车及零配件批发	30872	24052	6821	66203	66203	124
家用电器批发	28891	25874	3018	75200	75200	92
计算机、软件及辅助设备批发	19780	14909	4871	59276	59276	34
贸易经纪与代理						
其他批发	7504	5208	2296	36528	36528	18

10-7 续表3 单位：万元

指标名称	年末资产负债			损益及分配		
	资产合计	负债合计	所有者权益合计	主营业务收入	主营业务成本	主营业务税金及附加
零售企业	**583686**	**428538**	**155147**	**1005195**	**896485**	**2187**
#国有及国有控股	137705	93814	43891	253068	231369	586
按登记注册类型分组						
内资企业	578460	424030	154430	996104	888941	2166
国有企业	28218	18527	9691	57411	54314	129
集体企业	21824	20700	1124	5271	4708	15
股份合作企业	1190	912	278	1086	622	40
联营企业	8445	6591	1854	11425	10854	14
有限责任公司	265310	178698	86612	510375	450168	1286
股份有限公司	134645	115112	19533	158103	140080	316
私营企业	118829	83490	35339	252434	228194	365
其他企业						
港、澳、台商投资企业						
外商投资企业	5226	4509	717	9091	7545	21
按国民经济行业分组						
综合零售	216612	165020	51592	250339	205513	610
百货零售	145477	126434	19042	151415	127941	424
超级市场零售	70640	38305	32335	98528	77247	186
食品、饮料及烟草制品专门零售	27892	18555	9337	15632	13287	47
纺织、服装及日用品专门零售	1076	1012	64	1192	934	2
服装零售	1036	1003	33	1177	925	2
文化、体育用品及器材专门零售	25108	19473	5635	19284	14403	111
体育用品零售	458	534	-77	1005	855	1
图书零售	23595	18638	4957	15404	10979	61
医药及医疗器材专门零售	31140	24064	7075	46657	40144	104
药品零售	30902	23643	7259	45637	39472	98
汽车、摩托车、燃料及零配件专门	196376	133335	63041	525526	490547	1014
汽车零售	186277	125872	60405	504302	471721	925
机动车燃料零售	1984	1155	829	10359	9685	27
家用电器及电子产品专门零售	74775	59003	15772	130987	118899	213
家用电器零售	30694	24902	5792	55893	48740	85
计算机、软件及辅助设备零售	36226	28312	7915	47504	43945	109
通信设备零售	7025	5260	1765	23561	22432	16
五金、家具及室内装修材料专门零	3426	2037	1389	5179	4208	56
无店铺及其他零售	7283	6040	1243	10400	8550	28
邮购及电子销售						

单位：万元

指标名称	损益及分配						
	主营业务利润	其他业务利润	营业费用	管理费用	#税金	#差旅费	#工会经费
总　计	**400861**	**25426**	**219182**	**110986**	**3219**	**4772**	**780**
批发企业	**294338**	**6060**	**162004**	**68326**	**1899**	**3379**	**558**
#国有及国有控股	157193	2504	76805	42191	809	1391	403
按登记注册类型分组							
内资企业	294338	6060	162004	68326	1899	3379	558
国有企业	31136	1244	16751	15451	162	574	162
集体企业	3398	238	1304	937	12	69	1
股份合作企业	4768	677	4294	1588	118	29	53
联营企业							
有限责任公司	99319	2327	53354	22685	780	1001	260
股份有限公司	76933	396	33994	14222	374	714	65
私营企业	78784	1178	52307	13443	453	994	16
其他企业							
港、澳、台商投资企业							
外商投资企业							
按国民经济行业分组							
农畜产品批发	2568	101	1957	775	3	36	6
食品、饮料及烟草制品批发	61328	878	17875	23061	587	756	209
米、面制品及食用油批发	2133	63	1530	709	12	53	3
烟草制品批发	33026	49	5503	15350	145	383	185
纺织、服装及日用品批发	3133	122	1853	493	30	53	2
服装批发	1458		552	106			
文化、体育用品及器材批发	13250	260	6015	4408	127	66	46
医药及医疗器材批发	14034	265	10930	3197	111	144	31
矿产品、建材及化工产品批发	153822	1863	90362	25318	728	1396	151
煤炭及制品批发	24715	49	22441	2142	12	125	23
石油及制品批发	68641	353	28493	12184	302	587	51
金属及金属矿批发	35284	320	25348	3959	208	220	8
建材批发	3033	100	1411	1223	8	92	4
化肥批发	8110	450	3844	2119	34	191	9
机械设备、五金交电及电子产品批	37929	2401	25146	10354	302	909	60
汽车、摩托车及零配件批发	6619	258	4961	1241	43	73	2
家用电器批发	6115	226	3806	2021	72	392	
计算机、软件及辅助设备批发	2203	54	1273	827	70	65	
贸易经纪与代理							
其他批发	8275	170	7866	719	11	20	53

单位：万元

指标名称	损益及分配						
	主营业务利润	其他业务利润	营业费用	管理费用	#税金	#差旅费	#工会经费
零售企业	**106523**	**19366**	**57178**	**42661**	**1321**	**1393**	**223**
#国有及国有控股	21114	1706	6791	8149	428	309	47
按登记注册类型分组							
内资企业	104998	19037	55399	42296	1321	1381	221
国有企业	2968	309	1255	1910	84	48	15
集体企业	548	50	208	111	2	4	1
股份合作企业	423	59	177	133	2	1	1
联营企业	556	19	230	227	7	7	
有限责任公司	58920	12335	35814	17935	600	768	117
股份有限公司	17707	3288	5136	11769	375	179	69
私营企业	23876	2977	12579	10211	250	375	20
其他企业							
港、澳、台商投资企业							
外商投资企业	1525	329	1779	364		12	2
按国民经济行业分组							
综合零售	44215	13026	28427	20166	390	214	119
百货零售	23050	6707	11400	12783	306	156	79
超级市场零售	21095	6319	16868	7134	83	54	40
食品、饮料及烟草制品专门零售	2298	1351	1609	1993	68	37	27
纺织、服装及日用品专门零售	256	7	70	123	1	7	
服装零售	250	7	66	120	1	6	
文化、体育用品及器材专门零售	4770	194	1551	1742	69	28	18
体育用品零售	148	1	90	37		1	
图书零售	4364	193	1271	1669	69	21	18
医药及医疗器材专门零售	6408	286	3325	3004	22	116	26
药品零售	6068	286	2953	2826	21	71	26
汽车、摩托车、燃料及零配件专门	33965	1948	12463	9954	676	541	23
汽车零售	31656	1924	11641	9373	660	515	21
机动车燃料零售	647	8	260	206			
家用电器及电子产品专门零售	11876	2262	8487	4650	66	412	4
家用电器零售	7068	1268	5732	2265	12	193	3
计算机、软件及辅助设备零售	3450	319	1980	979	30	185	
通信设备零售	1114	666	662	1283	20	20	
五金、家具及室内装修材料专门零	914	78	420	300	2	4	1
无店铺及其他零售	1821	214	825	727	27	34	6
邮购及电子销售							

10-7 续表6

单位：万元

指标名称	损益及分配				工资福利费及增值税		
	财务费用	#利息支出	营业利润	利润总额	本年应付工资总额	本年应付福利费总额	本年应交增值税
总　计	**12552**	**9993**	**83566**	**74188**	**55350**	**8033**	**42863**
批发企业	**6264**	**5188**	**63804**	**56048**	**32193**	**4873**	**30091**
#国有及国有控股	3470	3259	37231	38204	20188	2729	20849
按登记注册类型分组							
内资企业	6264	5188	63804	56048	32193	4873	30091
国有企业	-744	-805	921	1337	8715	1334	3666
集体企业	483	482	913	665	556	171	137
股份合作企业	141	121	-578	-358	500	59	60
联营企业							
有限责任公司	1952	1553	23656	24257	12917	1640	10395
股份有限公司	3983	3861	25132	23387	5259	1131	11904
私营企业	450	-24	13761	6760	4246	538	3929
其他企业							
港、澳、台商投资企业							
外商投资企业							
按国民经济行业分组							
农畜产品批发	391	389	-455	223	277	35	137
食品、饮料及烟草制品批发	294	35	20975	20448	12399	1512	7429
米、面制品及食用油批发	71	43	-114	465	277	55	14
烟草制品批发	-1606	-1606	13828	13270	9815	1149	5546
纺织、服装及日用品批发	98	41	810	64	378	43	27
服装批发	32		768	18	62		
文化、体育用品及器材批发	122	119	2964	3014	1183	214	1715
医药及医疗器材批发	375	354	-202	-192	2161	676	571
矿产品、建材及化工产品批发	4648	4201	35358	29487	8548	1377	16593
煤炭及制品批发	86	70	95	24	1236	148	1579
石油及制品批发	3446	3401	24872	23528	4201	555	11977
金属及金属矿批发	-567	-805	6865	2379	781	111	1650
建材批发	102	83	397	412	503	182	578
化肥批发	1125	1123	1471	1499	952	268	172
机械设备、五金交电及电子产品批发	285	7	4546	2560	6979	988	3542
汽车、摩托车及零配件批发	-16	-17	691	220	305	53	525
家用电器批发	179	21	335	-73	1407	218	816
计算机、软件及辅助设备批发	-12	-22	170	185	513	63	211
贸易经纪与代理							
其他批发	50	41	-191	445	268	29	76

单位：万元

指标名称	损益及分配				工资福利费及增值税		
	财务费用	#利息支出	营业利润	利润总额	本年应付工资总额	本年应付福利费总额	本年应交增值税
零售企业	**6288**	**4805**	**19762**	**18140**	**23158**	**3159**	**12773**
#国有及国有控股	1762	1386	6118	5753	4516	604	2722
按登记注册类型分组							
内资企业	6273	4793	20067	18443	23083	3147	12654
国有企业	291	243	-179	286	998	123	481
集体企业	-2	-2	280	280	164	36	141
股份合作企业	2		169	-88	71	10	47
联营企业	143	126	-24	90	65	9	96
有限责任公司	3079	2204	14427	14104	11636	1630	6806
股份有限公司	2107	1688	1983	1691	4457	659	2413
私营企业	652	534	3411	2082	5692	680	2670
其他企业							
港、澳、台商投资企业							
外商投资企业	16	12	-305	-303	74	12	119
按国民经济行业分组							
综合零售	2941	2584	5707	5973	9034	1331	4566
百货零售	2107	1792	3466	3079	5457	791	3150
超级市场零售	840	799	2573	3226	3501	530	1410
食品、饮料及烟草制品专门零售	104	98	-56	1382	1527	169	227
纺织、服装及日用品专门零售			70	-14	101	13	93
服装零售			70	-14	87	11	18
文化、体育用品及器材专门零售	265	4	1405	1277	1150	163	697
体育用品零售	12	11	10	-40	37	4	4
图书零售	253	-8	1365	1305	1001	144	615
医药及医疗器材专门零售	188	147	177	18	2372	277	1152
药品零售	188	147	386	214	2138	259	1095
汽车、摩托车、燃料及零配件专门	2564	1884	10932	9096	5613	690	4197
汽车零售	2445	1811	10122	8906	5191	641	4059
机动车燃料零售	40	-2	148	148	120	22	83
家用电器及电子产品专门零售	112	67	888	25	2634	429	1285
家用电器零售	86	49	253	-360	1058	222	649
计算机、软件及辅助设备零售	2	-1	807	616	1053	147	492
通信设备零售	23	19	-189	-247	439	45	110
五金、家具及室内装修材料专门零	78	2	194	-62	171	32	286
无店铺及其他零售	38	20	445	444	556	55	271
邮购及电子销售							

10-8 全市星级以上住宿业及限额以上餐饮业基本情况

（2005年）

指 标 名 称	法人企业（个）	产业活动单位（个）	从业人员（人）	营业总收入（万元）	#商品零售额
总 计	**110**	**186**	**20495**	**132599**	**82479**
按登记注册类型分组					
内资企业	104	150	17203	111836	68944
国有企业	24	44	7209	41499	23880
集体企业	3	6	529	1977	1016
股份合作企业		1	32		
联营企业					
有限责任公司	20	28	3005	25255	14256
股份有限公司	3	5	254	2745	2471
私营企业	54	65	6159	39739	26700
其他企业		1	15	621	621
港、澳、台商投资企业	4	4	1401	11182	3954
外商投资企业	2	32	1891	9581	9581
按国民经济行业分组					
住宿业	65	89	12670	86903	38953
正餐服务业	43	64	5932	36693	34523
快餐服务业	2	26	1799	9004	9004
饮料及冷饮服务业		7	94		

10-9 全市星级以上住宿企业及限额以上餐饮企业财务状况

(2005年)

单位：万元

指标名称	企业数(个)	#亏损企业(个)	年末资产负债						
			流动资产小计	固定资产原价	累计折旧	#本年折旧	资产合计	负债合计	所有者权益合计
总计	**110**	**65**	**36839**	**230231**	**78921**	**13797**	**243270**	**188957**	**54313**
#国有及国有控股	27	19	13259	120630	45080	5949	120956	97047	23909
按登记注册类型分组									
内资企业	104	60	29792	166025	54353	10957	189814	132299	57515
国有企业	24	16	10266	89494	33510	6693	94936	56333	38604
集体企业	3	1	278	2184	986	100	1530	387	1143
股份合作企业									
联营企业									
有限责任公司	20	14	6499	51982	12325	2957	59052	53640	5412
股份有限公司	3	2	1123	519	87	70	2276	2380	-105
私营企业	54	27	11626	21846	7445	1136	32020	19558	12461
其他企业									
港、澳、台商投资企业	4	4	5531	54426	22092	1936	41791	50169	-8379
外商投资企业	2	1	1515	9780	2477	904	11666	6489	5177
按国民经济行业分组									
住宿业	65	44	26473	199637	70261	11931	201734	162567	39167
正餐服务业	43	20	8851	20814	6184	961	29870	19901	9970
快餐服务业	2	1	1515	9780	2477	904	11666	6489	5177
饮料及冷饮服务业									

10-9 续表

单位：万元

指标名称	损益及分配							
	主营业务收入	主营业务成本	主营业务税金及附加	主营业务利润	营业费用	管理费用	#税金	#差旅费
总计	**124453**	**45337**	**6122**	**72994**	**48617**	**30833**	**1003**	**399**
#国有及国有控股	38849	12854	1836	24159	13782	14255	717	130
按登记注册类型分组								
内资企业	96105	36483	5001	54621	37067	24074	646	259
国有企业	33808	12054	1569	20185	13175	10193	436	116
集体企业	1309	282	67	960	661	259	15	3
股份合作企业								
联营企业								
有限责任公司	21023	7033	1268	12722	6135	8078	29	49
股份有限公司	2518	1337	141	1040	675	388		3
私营企业	37447	15778	1955	19714	16422	5156	166	88
其他企业								
港、澳、台商投资企业	11232	1675	571	8986	3963	5817	357	48
外商投资企业	17116	7179	550	9386	7588	942		92
按国民经济行业分组								
住宿业	76009	21015	3949	51045	29738	26179	853	236
正餐服务业	31328	17143	1623	12562	11292	3712	149	71
快餐服务业	17116	7179	550	9386	7588	942		92
饮料及冷饮服务业								

指标名称	损益及分配					工资、福利费	
	#工会经费	财务费用	#利息支出	营业利润	利润总额	本年应付工资总额	本年应付福利费总额
总计	**127**	**5117**	**4110**	**-10763**	**-10341**	**20920**	**2226**
#国有及国有控股	105	3786	3605	-6931	-6692	6940	1002
按登记注册类型分组							
内资企业	92	1692	1173	-7389	-7138	17912	1631
国有企业	75	1087	820	-3535	-3363	6124	838
集体企业	5	7	6	34	1	318	48
股份合作企业							
联营企业							
有限责任公司	4	247	118	-1728	-1673	2512	252
股份有限公司	2	4		-27	-27	271	25
私营企业	7	348	228	-2133	-2076	8687	469
其他企业							
港、澳、台商投资企业	35	3452	2966	-4197	-4200	1938	264
外商投资企业		-28	-28	823	997	1071	332
按国民经济行业分组							
住宿业	117	4760	4001	-8792	-8637	12231	1493
正餐服务业	10	384	137	-2794	-2701	7618	402
快餐服务业		-28	-28	823	997	1071	332
饮料及冷饮服务业							

10-10 全市亿元以上商品交易市场成交情况

单位：万元

经营类别	摊位个数（个）		总成交额	
	2005年	2004年	2005年	2004年
总　计	**12574**	**11925**	**1783894**	**872562**
食品、饮料、烟酒类	5544	4838	313882	269728
#粮油类	1005	3054	57005	169775
服装鞋帽、针、纺织品类	3755	3963	99343	87313
化妆品类	182	189	9308	8607
日用品类	320	704	14860	14516
五金电料类	20	44	117	992
书报杂志类		15		65
电子出版物及音像器材类	2	18	35	150
家用电器和音像器材类	200	225	2390	3000
中西药品类	24	39	130	177
文化办公用品类	131	16	3725	378
家具类		101		4412
木材及制品类		25		172
金属材料类	480	663	832400	153000
机电产品及设备类	276	310	130000	194836
其他类	336	235	99354	23890

补充资料：2004年亿元以上市场15个：南宁市和平商场、南宁市交易场、南宁市五里亭果菜批发市场、南宁市淡村农贸市场、南宁市虎邱钢材市场、南宁明秀建筑材料装饰市场有限公司 、广西汽车市场 、南宁市物资机电产品市场、南宁海鲜专业批发交易市场 、宾阳县明镜市场、宾阳县黎塘消费品综合市场、宾阳县芦圩农贸综合市场、宾阳县商贸城服装市场、横州交易场、横县城北市场有限公司。2005年亿元以上市场16个，比2004年增加广西适者商贸有限责任公司快速环道建材装饰机电产品市场、南宁市虎邱城北钢材市场有限公司两个市场，减少南宁市虎邱钢材市场一个市场。

10-11 市区社会消费品零售总额

单位:万元

指 标 名 称	2005年	2004年
社会消费品零售总额	**3096565**	**2721819**
按销售地区分		
市的零售额	3096565	2721819
县的零售额		
县以下的零售额		
按经济类型分		
国有经济	125676	108727
集体经济	29765	23678
私营经济	485652	428008
个体经济	1468756	1305995
联营经济	13925	17362
股份制经济	937092	800486
外商投资经济	29236	24988
港澳台投资经济	6463	11147
其他经济		1428
按行业分		
批发零售贸易业	2760909	2430204
限额以上企业	1341135	1137588
限额以下企业及个体户	1419774	1292616
#个体户		
餐饮业	335212	290187
限额以上企业	84308	62404
限额以下企业及个体户	250904	227783
#个体户	231020	203167
其他行业	444	1428

10-12 市区限额以上批发零售贸易业商品购进、库存总额

(2005年)　　单位：万元

指标名称	法人单位(个)	产业活动单位(个)	购进总额	#进口	年末库存总额
总计	**411**	**1555**	**6018664**	**58942**	**346444**
#国有及国有控股	89	1231	3332426	28797	133233
按登记注册类型分组					
内资企业	410	1540	5901431	58942	340214
国有企业	39	143	607295	16936	27462
集体企业	12	139	39217	1117	3710
股份合作企业	4	26	21086	1631	3363
联营企业	1	1	13569		2127
有限责任公司	122	410	1828798	23014	101116
股份有限公司	18	423	2229059	4	91578
私营企业	214	398	1162407	16241	110857
其他企业					
港、澳、台商投资企业		5	33175		1179
外商投资企业	1	10	84058		5052
按国民经济行业分组					
农畜产品批发	8	42	33195		8770
食品、饮料及烟草制品批发	35	72	1051633		29314
米、面制品及食用油批发	3	5	30334		940
烟草制品批发	2	21	268318		10986
纺织、服装及日用品批发	4	6	64698		1358
服装批发	1	1	17710		215
文化、体育用品及器材批发	7	10	155406		11988
医药及医疗器材批发	7	9	73756	244	6546
矿产品、建材及化工产品批发	84	480	2984871	8312	129676
煤炭及制品批发	12	13	134541		3722
石油及制品批发	9	308	1915017	1149	46379
金属及金属矿批发	40	47	568914	1168	34833
建材批发	4	5	58310		3408
化肥批发	7	67	143236	1117	35541
机械设备、五金交电及电子产品批发	71	90	515028	2879	45036
汽车、摩托车及零配件批发	13	17	70932		9322
家用电器批发	11	13	101705		11849
计算机、软件及辅助设备批发	12	16	70909		4904
贸易经纪与代理					
其他批发	11	43	44924		1016
综合零售	20	75	261691	4	23156
百货零售	7	8	129343	4	7447
超级市场零售	12	43	131930		15662
食品、饮料及烟草制品专门零售	8	87	27979	607	7482
纺织、服装及日用品专门零售	4	13	1623		1334
服装零售	3	10	1491		1314
文化、体育用品及器材专门零售	12	53	22744		6139
体育用品零售	2	8	515		30
图书零售	6	36	18833		3758
医药及医疗器材专门零售	16	173	55969		8120
药品零售	15	172	55261		8080
汽车、摩托车、燃料及零配件专门零售	65	213	545758	46838	42813
汽车零售	57	67	517398	46838	37611
机动车燃料零售	2	116	9939		135
家用电器及电子产品专门零售	49	97	163597	60	21755
家用电器零售	12	26	64764	60	12281
计算机、软件及辅助设备零售	30	49	52931		5986
通信设备零售	4	18	41650		2925
五金、家具及室内装修材料专门零售	7	14	5484		1302
无店铺及其他零售	3	78	10308		641
邮购及电子销售					

10-13 市区限额以上批发零售贸易业商品销售总额

（2005年）　　　　单位：万元

指标名称	销售总额合计	批发	#出口	零售
总计	**5879212**	**4505363**	**225070**	**1373849**
限额以上企业	**5879212**	**4505363**	**225070**	**1373849**
# 国有及国有控股	2924515	2440076	108917	484438
按登记注册类型分组				
内资企业	5744241	4437653	225070	1306588
国有企业	632821	570931	18545	61891
集体企业	44390	37966		6423
股份合作企业	44422	36223	22009	8199
联营企业	13367			13367
有限责任公司	1933584	1414355	112512	519228
股份有限公司	1756816	1396665	33350	360151
私营企业	1318842	981514	38654	337328
其他企业				
港、澳、台商投资企业	28048	27434		614
外商投资企业	106923	40276		66647
按国民经济行业分组				
农畜产品批发	35178	35087	9426	91
食品、饮料及烟草制品批发	1062138	1060868	34772	1270
米、面制品及食用油批发	22723	22537	18985	186
烟草制品批发	270999	270358		
纺织、服装及日用品批发	68009	65717	53779	2293
服装批发	17688	17688	17688	
文化、体育用品及器材批发	152678	145538	234	7140
医药及医疗器材批发	77068	64282	5783	12786
矿产品、建材及化工产品批发	2656354	2454178	82678	202176
煤炭及制品批发	153346	153346	5060	
石油及制品批发	1438481	1252170		186311
金属及金属矿批发	673612	658293		15319
建材批发	59529	59529		
化肥批发	138955	138471		485
机械设备、五金交电及电子产品批发	549567	470283	29172	79284
汽车、摩托车及零配件批发	72274	69708	267	2566
家用电器批发	110905	102698		8207
计算机、软件及辅助设备批发	72762	56563		16198
贸易经纪与代理				
其他批发	47758	44174	7131	3584
综合零售	354873	15064		339810
百货零售	197865	12810		185055
超级市场零售	156545	2254		154291
食品、饮料及烟草制品专门零售	32063	5114		26950
纺织、服装及日用品专门零售	9992	849		9143
服装零售	8630	849		7781
文化、体育用品及器材专门零售	21159	1830		19330
体育用品零售	507	19		488
图书零售	17440	1417		16023
医药及医疗器材专门零售	57943	9255		48689
药品零售	56924	9255		47669
汽车、摩托车、燃料及零配件专门零售	558378	66188	2088	492190
汽车零售	532776	65062	2088	467713
机动车燃料零售	10785	1126		9660
家用电器及电子产品专门零售	178497	63928	7	114569
家用电器零售	72360	21081	7	51279
计算机、软件及辅助设备零售	56948	20133		36814
通信设备零售	44711	20904		23807
五金、家具及室内装修材料专门零售	5920	569		5352
无店铺及其他零售	11636	2441		9196
邮购及电子销售				

10-14 市区限额以上批发零售贸易业商品销售类值

（2005年）　　　　单位：万元

指标名称	合计	批发	零售
合　计	**6081804**	**4740669**	**1341135**
食品、饮料、烟酒类	1101055	1002627	98428
粮油类	15778	4643	11135
肉禽蛋类	35189	20704	14485
其他食品类	765178	714473	50705
饮料类	12579	3274	9305
烟酒类	272331	259533	12798
服装、鞋帽、针纺织品类	172774	58421	114353
服装类	119375	36715	82660
鞋帽类	31284	9863	21421
针、纺织品类	22115	11843	10272
化妆品类	25384	3061	22323
金银珠宝类	24610	12762	11848
日用品类	52824	17821	35003
#洗涤用品类	25077	10801	14276
儿童玩具类	2271		2271
五金、电料类	19601	17082	2519
体育、娱乐用品类	11503	1606	9897
书报杂志类	139382	119534	19848
电子出版物及音像制品类	6696	1689	5007
家用电器和音响器材类	325071	158983	166088
中西药品类	161624	90884	70740
#西药类	112586	61618	50968
中草药及中成药类	47588	27816	19772
文化办公用品类	159850	84369	75481
家具类	1152	745	407
通讯器材类	247626	158578	89048
煤炭及制品类	139686	138661	1025
木材及制品类	26088	24038	2050
石油及制品类	1400293	1302403	97890
化工材料及制品类	211477	210937	540
#化肥类	93990	93990	
金属材料类	745376	735758	9618
建筑及装潢材料类	42704	40332	2372
机电产品及设备类	252815	251644	1171
#农机类	24657	24657	
汽车类	621351	144461	476890
种子饲料类	5429	5429	
棉麻类	7516	7516	
其他类	179917	151328	28589

10-15 市区限额以上批发零售贸易业商品销售数量

（2005年）

指标名称	计量单位	合计	批发	零售
粮 食	吨	17272	1230	16042
食用植物油	吨	9634	3882	5752
食 糖	吨	1963044	1962598	446
卷 烟	万支	1278480	1271997	6483
酒	吨	4244	1299	2945
#白酒	吨	994	134	860
啤酒	吨	2497	1033	1464
布	米	6444	6416	28
各种服装	百件	64650	19128	45522
#童装	百件	13785	8566	5219
鞋	百双	27260	14305	12955
照相机	台	30580	4723	25857
#数码照相机	台	25301	4723	20578
彩色电视机	台	405380	296996	108384
组合音响	台	26089	886	25203
摄像机	台	6328	332	5996
影碟机	台	83470	23412	60058
家用电冰箱	台	168200	114737	53463
家用洗衣机	台	192816	137082	55734
房间空调器	台	244939	150089	94850
微 波 炉	台	109347	70119	39228
微型计算机	台	78916	47518	31398
普通电话机	部	41204	6991	34213
移动电话机	部	1223513	828643	394870
化学肥料	吨	312891	312891	
化学农药	吨	8217	8217	
农用薄膜	吨	2	2	
煤 炭	吨	3146029	3143177	2852
木 材	立方	13189	13189	
汽 油	吨	915832	820453	95379
煤 油	吨	54624	54624	
柴 油	吨	2010036	1976075	33961
钢 材	吨	1208760	1208396	364
铜	吨	1	1	
铝	吨	51738	51738	
水 泥	吨	675813	675813	
汽 车	辆	47605	5204	42401
#轿 车	辆	23078	1076	22002
摩托车	辆	44791	40518	4273
拖拉机	台	13142	13142	

10-16　市区限额以上批发零售贸易企业财务状况

（2005年）　　　　单位：万元

指标名称	单位数（个）	#亏损企业（个）	年末资产负债				
			流动资产小计	#存货	固定资产原价	累计折旧	#本年折旧
总　计	**393**	**131**	**1457268**	**347733**	**337154**	**89576**	**17354**
批发企业	**220**	**64**	**1102607**	**209359**	**227919**	**58179**	**10838**
#国有及国有控股	47	12	422959	80455	189448	45764	8700
按登记注册类型分组							
内资企业	220	64	1102607	209359	227919	58179	10838
国有企业	25	7	139567	15755	26601	10258	1458
集体企业	5	3	3153	1752	1299	598	13
股份合作企业	2	1	39824	2921	3625	1814	101
联营企业							
有限责任公司	56	14	470169	51168	45337	14247	1983
股份有限公司	9		148015	76482	139305	29028	6372
私营企业	123	39	301879	61281	11752	2235	911
其他企业							
港、澳、台商投资企业							
外商投资企业							
按国民经济行业分组							
农畜产品批发	7	2	30496	5375	3400	894	89
食品、饮料及烟草制品批发	35	6	442319	25799	42239	14528	2306
米、面制品及食用油批发	3	1	4744	717	1004	99	40
烟草制品批发	2		41483	8637	25606	9213	1439
纺织、服装及日用品批发	4	1	10748	888		393	127
服装批发	1		2884	184	860	339	112
文化、体育用品及器材批发	6	1	66652	15102	15977	4212	228
医药及医疗器材批发	7	3	27100	5430	6853	2648	315
矿产品、建材及化工产品批发	82	25	391394	119079	147063	31993	6943
煤炭及制品批发	12	4	28204	3222	2618	830	235
石油及制品批发	9		72169	43313	129710	24996	6210
金属及金属矿批发	40	17	130633	24849	2694	633	254
建材批发	4		14654	3341	934	415	80
化肥批发	5	1	79080	38772	7664	3401	56
机械设备、五金交电及电子产品批	71	22	129052	36705	10200	3334	787
汽车、摩托车及零配件批发	13	5	26262	9888	2415	403	112
家用电器批发	11	5	28175	9903	815	365	89
计算机、软件及辅助设备批发	12	3	18859	3982	282	127	41
贸易经纪与代理							
其他批发	8	4	4846	982	1161	178	43

10-16 续表1

单位：万元

指标名称	单位数（个）	#亏损企业	年末资产负债				
			流动资产小计	#存货	固定资产原价	累计折旧	#本年折旧
零售企业	**173**	**67**	**354661**	**138374**	109235	**31398**	**6516**
#国有及国有控股	37	7	71193	19975	23079	7232	1387
按登记注册类型分组							
内资企业	172	66	351169	137891	108448	31277	6496
国有企业	10	2	13613	4682	7586	1862	275
集体企业	4	1	3686	407	467	132	12
股份合作企业	1	1	582	87	57	16	6
联营企业	1		5943	1818	1625	431	51
有限责任公司	62	19	143581	38142	41028	15684	3136
股份有限公司	8	2	94409	55001	39029	8419	1869
私营企业	86	41	89356	37755	18657	4734	1146
其他企业							
港、澳、台商投资企业							
外商投资企业	1	1	3492	484	788	121	21
按国民经济行业分组							
综合零售	18	11	115736	65643	59901	16313	3208
百货零售	7	4	91164	53516	35722	7927	1965
超级市场零售	10	6	24453	12088	23907	8307	1220
食品、饮料及烟草制品专门零售	7	3	8263	2098	6197	2147	298
纺织、服装及日用品专门零售	4	2	1070	464	15	9	2
服装零售	3	2	1032	462	12	8	2
文化、体育用品及器材专门零售	10	3	6267	3433		2077	256
体育用品零售	2	1	380	175	34	7	5
图书零售	4	1	5116	2747	4460	2053	243
医药及医疗器材专门零售	14	7	25413	7338	1622	515	182
药品零售	13	6	25219	7299	1569	506	175
汽车、摩托车、燃料及零配件专门	63	13	142095	41540	30746	7757	2164
汽车零售	57	12	134453	38131	28964	7255	1972
机动车燃料零售	2		1441	147	754	313	67
家用电器及电子产品专门零售	48	22	52552	16050	2531	867	259
家用电器零售	11	7	28874	8351	665	117	74
计算机、软件及辅助设备零售	30	12	16865	5322	1612	659	170
通信设备零售	4	1	6010	1978	218	82	14
五金、家具及室内装修材料专门零	6	6	2070	1011	294	71	19
无店铺及其他零售	3		1194	797	3164	1644	128
邮购及电子销售							

10-16 续表2 单位：万元

指标名称	年末资产负债			损益及分配		
	资产合计	负债合计	所有者权益合计	主营业务收入	主营业务成本	主营业务税金及附加
总计	**2343728**	**1604797**	**738931**	**5332861**	**4930120**	**8015**
批发企业	**1775069**	**1187336**	**587734**	**4336492**	**4040853**	**5914**
#国有及国有控股	962432	532622	429810	2440275	2279805	3793
按登记注册类型分组						
内资企业	1775069	1187336	587734	4336492	4040853	5914
国有企业	183374	129005	54369	445328	413139	1571
集体企业	4465	2859	1605	19896	19106	10
股份合作企业	49478	43975	5503	19543	14648	127
联营企业						
有限责任公司	584055	454676	129379	1249291	1148941	2290
股份有限公司	601690	273876	327813	1674314	1596121	1260
私营企业	352008	282944	69064	928120	848898	657
其他企业						
港、澳、台商投资企业						
外商投资企业						
按国民经济行业分组						
农畜产品批发	34723	30012	4711	28817	26439	13
食品、饮料及烟草制品批发	581402	461341	120061	984375	921292	1755
米、面制品及食用油批发	7290	4256	3034	31779	29639	7
烟草制品批发	82570	33073	49497	261390	227686	678
纺织、服装及日用品批发	13298	7472	5827	56034	52050	851
服装批发	5291	1220	4071	15163	13691	14
文化、体育用品及器材批发	88479	61560	26919	106310	93355	221
医药及医疗器材批发	39590	33369	6222	70079	55953	92
矿产品、建材及化工产品批发	868611	477450	391162	2615353	2461705	2241
煤炭及制品批发	33611	24737	8874	140409	115427	267
石油及制品批发	511359	203396	307963	1543857	1473979	1237
金属及金属矿批发	141540	99191	42349	559766	524241	241
建材批发	18161	16048	2113	50891	47822	36
化肥批发	87617	71114	16502	144303	138606	3
机械设备、五金交电及电子产品批	142767	111605	31162	442662	404010	723
汽车、摩托车及零配件批发	30872	24052	6821	72946	66203	124
家用电器批发	28891	25874	3018	81407	75200	92
计算机、软件及辅助设备批发	19780	14909	4871	61513	59276	34
贸易经纪与代理						
其他批发	6199	4528	1671	32863	26047	18

单位：万元

指 标 名 称	年末资产负债			损益及分配		
	资产合计	负债合计	所有者权益合计	主营业务收入	主营业务成本	主营业务税金及附加
零售企业	**568659**	**417462**	**151197**	**996370**	**889267.8**	**2101**
#国有及国有控股	124360	83581	40779	248825	227927.3	577
按登记注册类型分组						
内资企业	563433	412953	150480	987279	881723.3	2080
国有企业	24891	15877	9013	54373	51834.5	120
集体企业	21824	20700	1124	5271	4708.2	15
股份合作企业	622	564	58	771	385.5	39
联营企业	8445	6591	1854	11425	10854.3	14
有限责任公司	255121	170994	84127	508381	448567.9	1275
股份有限公司	134408	115035	19374	157547	139649.9	316
私营企业	118122	83192	34930	249511	225723	302
其他企业						
港、澳、台商投资企业						
外商投资企业	5226	4509	717	9091	7544.5	21
按国民经济行业分组						
综合零售	216305	164795	51509	249078	204494.3	595
百货零售	145477	126434	19042	151415	127941.1	424
超级市场零售	70333	38080	32252	97267	76227.8	171
食品、饮料及烟草制品专门零售	17874	10972	6902	14426	12324.8	47
纺织、服装及日用品专门零售	1076	1012	64	1192	933.5	2
服装零售	1036	1003	33	1177	925.2	2
文化、体育用品及器材专门零售	22170	17361	4808	16812	12417	104
体育用品零售	458	534	-77	1005	854.7	1
图书零售	20657	16526	4131	12932	8992.3	54
医药及医疗器材专门零售	30183	23179	7005	45776	39414.6	101
药品零售	29946	22757	7188	44757	38742.1	94
汽车、摩托车、燃料及零配件专门	195886	133200	62686	523703	489021.8	956
汽车零售	186277	125872	60405	504302	471721	925
机动车燃料零售	1984	1155	829	10359	9685.3	27
家用电器及电子产品专门零售	74693	58943	15750	130359	118332.7	213
家用电器零售	30612	24842	5770	55265	48174.2	85
计算机、软件及辅助设备零售	36226	28312	7915	47504	43945.1	109
通信设备零售	7025	5260	1765	23561	22431.7	16
五金、家具及室内装修材料专门零	3189	1960	1229	4623	3778.7	55
无店铺及其他零售	7283	6040	1243	10400	8550.4	28
邮购及电子销售						

10-16 续表4

单位：万元

指标名称	损益及分配						
	主营业务利润	其他业务利润	营业费用	管理费用	#税金	#差旅费	#工会经费
总　计	**394726**	**25127**	**215777**	**109450**	**3160**	**4684**	**716**
批发企业	**289725**	**5980**	**159429**	**67541**	**1880**	**3314**	**504**
#国有及国有控股	156677	2451	76472	41966	798	1391	400
按登记注册类型分组							
内资企业	289725	5980	159429	67541	1880	3314	504
国有企业	30619	1191	16419	15226	151	574	158
集体企业	780	212	361	497	5	5	1
股份合作企业	4768	677	4294	1588	118	29	53
联营企业							
有限责任公司	98060	2327	52189	22624	780	1001	210
股份有限公司	76933	396	33994	14222	374	714	65
私营企业	78565	1177	52171	13384	453	992	16
其他企业							
港、澳、台商投资企业							
外商投资企业							
按国民经济行业分组							
农畜产品批发	2365	101	1882	727	3	36	5
食品、饮料及烟草制品批发	61328	878	17875	23061	587	756	209
米、面制品及食用油批发	2133	63	1530	709	12	53	3
烟草制品批发	33026	49	5503	15350	145	383	185
纺织、服装及日用品批发	3133	122	1853	493		53	2
服装批发	1458		552	106			
文化、体育用品及器材批发	12733	207	5683	4183	115	66	42
医药及医疗器材批发	14034	265	10930	3197	111	144	31
矿产品、建材及化工产品批发	151407	1837	89495	24926	722	1332	151
煤炭及制品批发	24715	49	22441	2142	12	125	23
石油及制品批发	68641	353	28493	12184	302	587	51
金属及金属矿批发	35284	320	25348	3959	208	220	8
建材批发	3033	100	1411	1223	8	92	4
化肥批发	5695	424	2976	1727	29	127	9
机械设备、五金交电及电子产品批	37929	2401	25146	10354	302	909	60
汽车、摩托车及零配件批发	6619	258	4961	1241	43	73	2
家用电器批发	6115	226	3806	2021	72	392	
计算机、软件及辅助设备批发	2203	54	1273	827	70	65	
贸易经纪与代理							
其他批发	6797	169	6566	600	11	18	3

单位：万元

指 标 名 称	损益及分配						
	主营业务利润	其他业务利润	营业费用	管理费用	#税 金	#差旅费	#工会经费
零售企业	**105001**	**19146**	**56348**	**41910**	**1280**	**1370**	**212**
#国有及国有控股	20321	1510	6369	7609	400	297	41
按登记注册类型分组							
内资企业	103476	18817	54569	41545	1280	1358	210
国有企业	2419	291	961	1602	69	37	11
集体企业	548	50	208	111	2	4	1
股份合作企业	347	59	113	98			1
联营企业	556	19	230	227	7	7	
有限责任公司	58538	12152	35621	17656	586	764	114
股份有限公司	17581	3269	5074	11717	375	179	69
私营企业	23487	2977	12362	10136	240	367	16
其他企业							
港、澳、台商投资企业							
外商投资企业	1525	329	1779	364		12	2
按国民经济行业分组							
综合零售	43988	13021	28324	20090	389	210	114
百货零售	23050	6707	11400	12783	306	156	79
超级市场零售	20868	6315	16764	7057	83	49	35
食品、饮料及烟草制品专门零售	2054	1172	1480	1762	54	36	24
纺织、服装及日用品专门零售	256	7	70	123	1	7	
服装零售	250	7	66	120		6	
文化、体育用品及器材专门零售	4291	187	1258	1573	59	21	16
体育用品零售	148	1	90	37		1	
图书零售	3885	186	978	1499	58	14	16
医药及医疗器材专门零售	6261	276	3261	2830	16	112	24
药品零售	5921	276	2889	2652	15	67	24
汽车、摩托车、燃料及零配件专门	33726	1948	12333	9918	666	534	23
汽车零售	31656	1924	11641	9373	660	515	21
机动车燃料零售	647	8	260	206			
家用电器及电子产品专门零售	11814	2262	8439	4640	66	412	4
家用电器零售	7006	1268	5683	2254	12	193	3
计算机、软件及辅助设备零售	3450	319	1980	979	30	185	
通信设备零售	1114	666	662	1283	20	20	
五金、家具及室内装修材料专门零	789	59	359	248	2	4	1
无店铺及其他零售	1821	214	825	727	27	34	6
邮购及电子销售							

10-16 续表6 单位：万元

指标名称	损益及分配				工资福利费及增值税		
	财务费用	#利息支出	营业利润	利润总额	本年应付工资总额	本年应付福利费总额	本年应交增值税
总　计	**11999**	**9460**	**82626**	**73347**	**54073**	**7775**	**42573**
批发企业	**5799**	**4723**	**62937**	**55225**	**31493**	**4695**	**29986**
#国有及国有控股	3469	3258	37220	38197	19958	2705	20756
按登记注册类型分组							
内资企业	5799	4723	62937	55225	31493	4695	29986
国有企业	-745	-806	911	1330	8485	1310	3572
集体企业	19	18	115	-54	133	21	126
股份合作企业	141	120.6	-578	-358	500	59	60
联营企业							
有限责任公司	1952	1554	23622	24185	12897	1640	10395
股份有限公司	3983	3861	25132	23387	5259	1131	11904
私营企业	450	-24	13736	6735	4218	534	3929
其他企业							
港、澳、台商投资企业							
外商投资企业							
按国民经济行业分组							
农畜产品批发	391	389	-535	222	250	31	126
食品、饮料及烟草制品批发	294	35	20975	20448	12399	1512	7429
米、面制品及食用油批发	71	43	-114	465	277	55	14
烟草制品批发	-1606	-1606	13828	13270	9815	1149	5546
纺织、服装及日用品批发	98	41	810	64	378	43	27
服装批发	32		768		62		
文化、体育用品及器材批发	121	118	2953	3007	953	189	1622
医药及医疗器材批发	375	354	-202	-192	2161	676	571
矿产品、建材及化工产品批发	4184	3737	34640	28769	8151	1231	16593
煤炭及制品批发	86	70	95	24	1236	148	1579
石油及制品批发	3446	3401	24872	23528	4201	555	11977
金属及金属矿批发	-567	-805	6865	2379	781	111	1650
建材批发	102	83	397	412	503	182	578
化肥批发	661	660	754	781	555	122	172
机械设备、五金交电及电子产品批	285	7	4546	2560	6979	988	3542
汽车、摩托车及零配件批发	-16	-17	691	220	305	53	525
家用电器批发	179	21.2	335	-73	1407	218	816
计算机、软件及辅助设备批发	-12	-22	170	185	513	63	211
贸易经纪与代理							
其他批发	51	41	-250	348	221	26	76

10-16 续表7

单位：万元

指标名称	损益及分配				工资福利费及增值税		
	财务费用	#利息支出	营业利润	利润总额	本年应付工资总额	本年应付福利费总额	本年应交增值税
零售企业	**6200**	**4737**	**19689**	**18122**	**22581**	**3080**	**12587**
#国有及国有控股	1699	1329	6154	5854	4174	548	2590
按登记注册类型分组							
内资企业	6185	4725	19994	18424	22506	3068	12468
国有企业	276	233	-128	459	742	85	349
集体企业	-2	-2	280	280	164	36	141
股份合作企业	2		192	-67	27	4	35
联营企业	143	126	-24	90	65	9	96
有限责任公司	3023	2155	14390	14010	11504	1609	6793
股份有限公司	2107	1688	1953	1660	4406	652	2405
私营企业	635	526	3332	1993	5598	675	2649
其他企业							
港、澳、台商投资企业							
外商投资企业	16	12	-305	-303	74	12	119
按国民经济行业分组							
综合零售	2929	2580	5667	5933	8961	1325	4549
百货零售	2107	1792	3466	3079	5457	791	3150
超级市场零售	829	795	2533	3186	3428	523	1393
食品、饮料及烟草制品专门零售	56	50	-71	1310	1441	151	227
纺织、服装及日用品专门零售			70	-14	101	13	93
服装零售			70	-14	87	11	18
文化、体育用品及器材专门零售	260	4	1386		989	138	589
体育用品零售	12	11	10	-40	37	4	4
图书零售	248	-8	1346	1298	840	118	507
医药及医疗器材专门零售	178	137	269	220	2232	257	1116
药品零售	177	136.8	478	416	1998	239	1059
汽车、摩托车、燃料及零配件专门	2555	1878	10868	9023	5565	687	4185
汽车零售	2445	1811	10122	8906	5191	641	4059
机动车燃料零售	40	-2	148	148	120	22	83
家用电器及电子产品专门零售	107	67	890	27	2615	429	1280
家用电器零售	81	49.3	255	-358	1039	222	644
计算机、软件及辅助设备零售	2	-1	807	616	1053	147	492
通信设备零售	23	19	-189	-247	439	45	110
五金、家具及室内装修材料专门零	78	2	164	-92	119	25	278
无店铺及其他零售	38	20	445	444	556	55	271
邮购及电子销售							

10-17 市区星级以上住宿业及限额以上餐饮业基本情况

（2005年）

指标名称	法人企业（个）	产业活动单位（个）	从业人员（人）	营业总收入（万元）	#商品零售额
总计	**105**	**172**	**19584**	**130012**	**80388**
按登记注册类型分组					
内资企业	99	136	16292	109250	66853
国有企业	23	37	6884	40955	23372
集体企业	2	3	253	935	264
股份合作企业		1	32		
联营企业	20	28	3005	25255	14256
有限责任公司	3	5	254	2745	2471
股份有限公司	51	61	5849	38739	25869
私营企业		1	15	621	621
其他企业	4	4	1401	11182	3954
港、澳、台商投资企业	2	32	1891	9581	9581
外商投资企业					
按国民经济行业分组					
住宿业					
正餐服务业	40	56	5258	34982	33001
快餐服务业	2	26	1799	9004	9004
饮料及冷饮服务业		7	94		

10-18 市区星级以上住宿企业及限额以上餐饮企业财务状况

（2005年）

单位：万元

指标名称	企业数（个）	#亏损企业（个）	年末资产负债						
			流动资产小计	固定资产原价	累计折旧	#本年折旧	资产合计	负债合计	所有者权益合计
总计	**105**	**64**	**36353**	**228917**	**78435**	**13734**	**241922**	**187728**	**54194**
#国有及国有控股	26	19	13038	119815	44753	5904	120247	96218	24029
按登记注册类型分组									
内资企业	99	59	29306	164711	53867	10894	188466	131070	57396
国有企业	23	16	10045	88679	33183	6648	94227	55504	38723
集体企业	2		182	1910	868	89	1278	288	990
股份合作企业									
联营企业									
有限责任公司	20	14	6499	51982	12325	2957	59052	53640	5412
股份有限公司	3	2	1123	519	87	70	2276	2380	-105
私营企业	51	27	11457	21621	7404	1130	31633	19258	12376
其他企业									
港、澳、台商投资企业	4	4	5531	54426	22092	1936	41791	50169	-8379
外商投资企业	2	1	1515	9780	2477	904	11666	6489	5177
按国民经济行业分组									
住宿业	63	43	26330	199161	70111	11917	201264	162249	39015
正餐服务业	40	20	8508	19976	5847	913	28992	18990	10002
快餐服务业	2	1	1515	9780	2477	904	11666	6489	5177
饮料及冷饮服务业									

单位：万元

指标名称	损益及分配							
	主营业务收入	主营业务成本	主营业务税金及附加	主营业务利润	营业费用	管理费用	#税金	#差旅费
总计	**122833**	**44508**	**6095**	**72511**	**48306**	**30737**	**1003**	**399**
#国有及国有控股	38305	12494	1836	23975	13660	14225	717	130
按登记注册类型分组								
内资企业	94486	35654	4974	54138	36755	23978	646	259
国有企业	33264	11694	1569	20001	13053	10163	436	116
集体企业	945	141	54	750	544	196	15	3
股份合作企业								
联营企业								
有限责任公司	21023	7033	1268	12722	6135	8078	29	49
股份有限公司	2518	1337	141	1040	675	388		3
私营企业	36735	15449	1941	19625	16348	5152	166	88
其他企业								
港、澳、台商投资企业	11232	1675	571	8986	3963	5817	357	48
外商投资企业	17116	7179	550	9386	7588	942		92
按国民经济行业分组								
住宿业	75445	20778	3922	50746	29548	26112	853	236
正餐服务业	30272	16551	1623	12378	11170	3682	149	71
快餐服务业	17116	7179	550	9386	7588	942		92
饮料及冷饮服务业								

指标名称	损益及分配					工资、福利费	
	#工会经费	财务费用	#利息支出	营业利润	利润总额	本年应付工资总额	本年应付福利费总额
总计	**127**	**5086**	**4080**	**-10905**	**-10449**	**20585**	**2206**
#国有及国有控股	105	3755	3574	-6933	-6694	6814	991
按登记注册类型分组							
内资企业	92	1661	1142	-7531	-7246	17577	1610
国有企业	75	1056	790	-3537	-3365	5998	826
集体企业	5	6	6	3	4	258	39
股份合作企业							
联营企业							
有限责任公司	4	247	118	-1727.8	-1673	2512	252
股份有限公司	2	4		-27	-27	271	25
私营企业	7	348	228	-2242	-2185	8539	469
其他企业							
港、澳、台商投资企业	35	3452	2966	-4197	-4200	1938	264
外商投资企业		-28	-28	823	997	1071	332
按国民经济行业分组							
住宿业	117	4760	4001	-8834	-8646	12138	1484
正餐服务业	10	354	106	-2894	-2800	7376	390
快餐服务业		-28	-28	823	997	1071	332
饮料及冷饮服务业							

10-19 各县社会消费品零售总额

(2005年)

单位：万元

指标名称	武鸣县	横县	宾阳县	上林县	马山县	隆安县
社会消费品零售总额	**151980**	**183726**	**208175**	**45035**	**47441**	**47101**
按销售地区分						
市的零售额						
县的零售额	67616	76005	88506	14768	26845	24135
县以下的零售额	84364	107721	119669	30267	20596	22966
按经济类型分						
国有经济	4451	2994	6096	1094	2025	417
集体经济	4995	3457	5167	472	1121	221
私营经济	5464	3597	6213	850	948	608
个体经济	127595	163433	181365	40201	39950	36501
联营经济			26			
股份制经济	7626	10245	8733	2418	3181	9354
外商投资经济						
港澳台投资经济						
其他经济	1849		575		216	
按行业分						
批发零售贸易业	134375	165038	179217	40412	43388	42789
限额以上企业	12807	8069	9014	3067	3502	9259
限额以下企业及个体户	121568	156969	170203	37345	39886	33530
#个体户	113855	146082	157361	35551	36367	32435
住宿餐饮业	15756	18568	25128	4623	3837	4312
限额以上企业	1015	185	833		216	
限额以下企业及个体户	14741	18383	24295	4623	3621	4312
#个体户	13740	17351	24004	4623	3583	4066
其他行业	1849	120	3830		216	

10-20 各县限额以上批发零售贸易业商品购进、库存、销售总额

（2005年）

单位：万元

指标名称	法人单位(个)	产业活动单位(个)	购进总额	年末库存总额	销售总额合计	批发	零售
武鸣县							
总　计	**6**	**89**	**24554**	**8478**	**49676**	**36869**	**12807**
# 国有及国有控股	2	84	9552	6499	34798	24267	10531
按登记注册类型分组							
内资企业	6	89	24554	8478	49676	36869	12807
国有企业	1	15	2432	75	12191	10109	2082
集体企业	1	33	13252	1685	12602	12602	
有限责任公司	2	16	4054	4729	2226	568	1658
股份有限公司	0	21	1779	1050	19433	13590	5843
私营企业	2	4	3037	939	3224		3224
按国民经济行业分组							
食品、饮料及烟草制品批发业		1	300	25	10109	10109	
烟草制品批发业	114	1	300	114	10109	10109	
矿产品、建材及化工产品批发业	1	54	15031	2735	32035	26192	5843
石油及制品批发业		21	1779	1050	19433	13590	5843
化肥批发业	1	11	13252	1685	12602	12602	
综合零售业	2	2	1044	118	1460		1460
超级市场零售业	2	2	1044	118	1460		1460
食品、饮料及烟草制品专门零售业	1	15	3408	4659	1320	568	752
文化、体育用品及器材专门零售	1	14	2132	50	2082		2082
图书零售	1	14	2132	50	2082		2082
汽车、摩托车、燃料及零配件专门零售	1	3	2639	892	2670		2670
横　县							
总　计	**6**	**47**	**41233**	**1811**	**43410**	**34792**	**8618**
#国有及国有控股	1	42	29623	565	32050	25034	7016
按登记注册类型分组							
内资企业	6	47	41233	1811	43410	34792	8618
国有企业	1	6	3116	212	3156	1504	1652
股份合作企业	1	2	15347	303	18021	12333	5688
有限责任公司	2	10	21475	317	20955	20955	
股份有限公司	1	23	695	162	650		650
私营企业	1	6	600	816	628		628
按国民经济行业分组							
食品、饮料及烟草制品批发业		8	11345	98	11247	11247	
烟草制品批发业		8	11345	98	11247	11247	
文化、体育用品及器材批发业	1	1	3116	212	3156	1504	1652
矿产品、建材及化工产品批发业		19	15161	255	17647	12283	5364
石油及制品批发业		19	15161	255	17647	12283	5364
其他批发	2	2	10130	219	9708	9708	
综合零售业		1					
超级市场零售业		1					
文化、体育用品及器材专门零售		4					
图书零售		4					
医药及医疗器材专门零售业	1	6	186	49	374	50	324
药品零售业	1	6	186	49	374	50	324
家用电器及电子产品专门零售	1	1	600	816	628		628
家用电器零售	1	1	600	816	628		628
五金、家具及室内装修材料专门零售	1	5	695	162	650		650

10-20 续表1

单位：万元

指标名称	法人单位(个)	产业活动单位(个)	购进总额	年末库存总额	销售总额合计	批发	零售
宾阳县							
总　计	**4**	**97**	**26568**	**501**	**41049**	**32035**	**9014**
#国有及国有控股	1	94	19215	232	33360	24437	8923
按登记注册类型分组							
内资企业	4	97	26568	501	41049	32035	9014
国有企业	1	25	402	52	566	47	519
集体企业	2	48	4833	119	5221	5130	91
有限责任公司		1			11867	11840	27
股份有限公司		22	18813	180	20927	12550	8377
私营企业	1	1	2520	150	2469	2469	
按国民经济行业分组							
农畜产品批发	1	25	2398	10	2602	2511	91
食品、饮料及烟草制品批发		1			11867	11840	27
烟草制品批发	114	1			114	11840	27
矿产品、建材及化工产品批发	1	44	21249	289	23545	15168	8377
石油及制品批发		22	18813	180	20927	12550	8377
化肥批发	1	22	2435	109	2618	2618	
纺织、服装及日用品专门零售		1					
医药及医疗器材专门零售	1	25	402	52	566	47	519
药品零售	1	25	402	52	566	47	519
上林县							
总　计		**8**	**13159**	**57**	**13101**	**10662**	**2440**
# 国有及国有控股		8	13159	57	13101	10662	2440
按登记注册类型分组							
内资企业		8	13159	57	13101	10662	2440
有限责任公司		1	5712		5712	5712	
股份有限公司		7	7447	57	7390	4950	2440
按国民经济行业分组							
食品、饮料及烟草制品批发		1	5712		5712	5712	
烟草制品批发		1	5712		5712	5712	
矿产品、建材及化工产品批发		7	7447	57	7390	4950	2440
石油及制品批发		7	7447	57	7390	4950	2440

指标名称	法人单位(个)	产业活动单位(个)	购进总额	年末库存总额	销售总额合计	批发	零售
马山县							
总　计	**1**	**13**	**8025**	**671**	**8950**	**4854**	**4096**
# 国有及国有控股		12	7491	503	8421	4854	3567
按登记注册类型分组							
内资企业	1	13	8025	671	8950	4854	4096
国有企业		1	405	260	405	405	
股份有限公司		11	7087	243	8016	4449	3567
私营企业	1	1	534	168	529		529
按国民经济行业分组							
食品、饮料及烟草制品批发业		1	405	260	405	405	
烟草制品批发业		1	405	260	405	405	
矿产品、建材及化工产品批发业		11	7087	243	8016	4449	3567
石油及制品批发业		11	7087	243	8016	4449	3567
汽车、摩托车、燃料及零配件专门零售	114	1	534	114	529		529
隆安县							
总　计	**1**	**17**	**29790**	**425**	**29473**	**20281**	**9192**
# 国有及国有控股	1	16	29790	425	29473	20281	9192
按登记注册类型分组							
内资企业	1	17	29790	425	29473	20281	9192
国有企业	1	4	5784	425	5467	5177	290
股份有限公司		13	24006		24006	15104	8902
按国民经济行业分组							
食品、饮料及烟草制品批发业		1	5029	283	4746	4746	
烟草制品批发业		1	5029	283	4746	4746	
矿产品、建材及化工产品批发业		13	24006		24006	15104	8902
石油及制品批发业		13	24006		24006	15104	8902
综合零售		1					
文化、体育用品及器材专门零售	1	2	755	142	721	431	290
图书零售	1	2	755	142	721	431	290

10-21 各县限额以上批发零售贸易业商品销售类值

（2005年）

指标名称	武鸣县	横县	宾阳县	上林县	马山县	隆安县
合计	**49676**	**43806**	**41069**	**13730**	**20996**	**28636**
食品、饮料、烟酒类	12066	11589	11793	5713	10760	3805
粮油类	1467	84				
肉禽蛋类	28					
其他食品类	102	241				288
饮料类	242	29				
烟酒类	10227	11235	11793	5713	10760	3517
服装、鞋帽、针纺织品类	329	117				171
服装类	153	18				
鞋帽类	64	17				
针、纺织品类	112	82				171
化妆品类	26	36				
金银珠宝类		1				
日用品类	390	287				
#洗涤用品类	358	132				
儿童玩具类	114.4					
五金、电料类	13	34				
体育、娱乐用品类	7	14				
书报杂志类	2082	2426				449
电子出版物及音像制品类	16					
家用电器和音响器材类	25	582				
中西药品类		374	558			
#西药类		196	270			
中草药及中成药类		178	288			
文化办公用品类	17	30				
石油及制品类	19433	17675	21144	7390	9552	23820
化工材料及制品类	12602		2669			
#化肥类	8882		2619			
机电产品及设备类		3		627	684	391
棉麻类			15			
其他类	2670	10638	4890			

10-22 各县限额以上批发零售贸易业商品销售数量

（2005年）

指标名称	单位	合计	指标名称	单位	合计
武鸣县			**横县**		
粮食	吨	9880	食用植物油	吨	25
食用植物油	吨	40	食糖	吨	5
食糖	吨	28	卷烟	万支	89988
卷烟	万支	70219	酒	吨	1
酒	吨	30	布	米	44
#白酒	吨	11	各种服装	百件	122
啤酒	吨	19	#童装	百件	2
各种服装	百件	1345	鞋	百双	73
#童装	百件	498	彩色电视机	台	661
鞋	百双	892	影碟机	台	250
微型计算机	台	157	家用电冰箱	台	460
普通电话机	部	121	家用洗衣机	台	622
化学肥料	吨	68193	房间空调器	台	670
化学农药	114.4	3525	微波炉	台	445
汽油	吨	14554	汽油	吨	12735
煤油	吨	39	煤油	吨	303
柴油	吨	24676	柴油	吨	23356
摩托车	辆	8171	**马山县**		
宾阳县			卷烟	万支	42694
卷烟	万支	75164	汽油	吨	6757
化学肥料	吨	21217	煤油	吨	92
化学农药	吨	56	柴油	吨	8986
汽油	吨	13451	**隆安县**		
煤油	吨	154	食用植物油	吨	2
柴油	吨	29423	食糖	吨	4
上林县			卷烟	万支	29413
卷烟	万支	39393	酒	吨	1
汽油	吨	5440	#白酒	吨	1
煤油	吨	34	汽油	吨	7077
柴油	吨	9440	煤油	吨	40
摩托车	辆	1570	柴油	吨	40665

10-23 各县限额以上批发零售贸易企业财务状况

(2005年) 单位：万元

指标名称	武鸣县	横县	宾阳县	上林县	马山县	隆安县
单位数（个）	6	6	4		1	1
#亏损企业		2	1			1
年末资产负债						
流动资产小计	9592	1960	2172		224	311
#存货	6684	887	478		168	119
固定资产原价	7427	1939	1245		9	254
累计折旧	1684	534	487		1	105
#本年折旧	47	80	25		1	11
资产合计	16068	3365	2930		232	506
负债合计	11310	1216	2080		33	340
所有者权益合计	4757	2150	850		199	166
损益及分配						
主营业务收入	114	13656	8255		529	632
主营业务成本	13267	11604	7529		479	493
主营业务税金及附加	101	12	10		1	3
主营业务利润	3192	2040	716		49	137
其他业务利润	209	72	11			7
营业费用	1393	1671	212		39	90
管理费用	595	385	469		19	67
#税金	40	14	5			
差旅费	78	1	6		4	
工会经费	9	54	2			
财务费用	534	6	10		1	2
#利息支出	521	1	10		1	
营业利润	879	50	36		-10	-15
利润总额	936	85	-154			-26
工资福利费及增值税						
本年应付工资总额	680	363	158		20	57
本年应付福利费总额	187	38	22		3	8
本年应交增值税	106	118	35		4	28

注：上林县无独立核算限额以上贸易企业，故无数据。

10-24　各县星级以上住宿业及限额以上餐饮业基本情况

（2005年）　　单位：万元

指标名称	法人企业(个)	产业活动单位(个)	从业人员(人)	营业总收入	# 商品零售额
武鸣县	2	4	355	1167	1015
横　县	1	1	78	363	187
宾阳县	2	8	370	744	661
上林县					
马山县		1	108	313	227
隆安县					

10-25　各县星级以上住宿企业及限额以上餐饮企业财务状况

（2005年）　　单位：万元

指标名称	武鸣县	横　县	宾阳县	上林县	马山县	隆安县
企业数(个)	2	1	2			
#亏损企业（个）		1				
年末资产负债						
流动资产小计	122	96	268			
固定资产原价	23	274	1017			
累计折旧	10	118	359			
#本年折旧	3	11	49			
资产合计	169	252	927			
负债合计	81	99	1048			
所有者权益合计	88	153	-122			
损益及分配						
主营业务收入	512	363	744			
主营业务成本	232	141	457			
主营业务税金及附加	23	13	14			
主营业务利润	256	210	273			
营业费用	114	116	195			
管理费用	43	63	34			
#税　金	23					
#差旅费	2					
#工会经费						
财务费用	2		31			
#利息支出	2					
营业利润	97	30	14			
工资、福利费						
本年应付工资总额	116	60	159			
本年应付福利费总额		8	12			

注：上林、马山县、隆安县无独立核算限额以上餐饮企业，故本表无数据。

10-26 外国和港澳台地区在华直接投资

(2005年)

指 标 名 称	新签协议		客商实际投资(万美元)			期末实有企业(个)	#建成投产开业	#本期新增企业
	合同个数(个)	客商投资(万美元)	合 计	现 金	其 他			
合 计	**89**	**31704**	**8578**	**8578**		**450**	**385**	**89**
按投资方式分								
中外合资经营企业	34	3198	1991	1991		158		34
中外合作经营企业	6	13449	1110	1110		35		6
外资企业	49	15057	5477	5477		257		49
按国民经济行业分								
农、林、牧、渔业	6	6369	1379	1379		30		6
采掘业	1	3643	185	185		5		1
制造业	29	4792	4010	4010		145		29
电力、煤气及水的生产和供应业	1	309				3		1
建筑业	1	2000				5		1
交通运输、仓储及邮政业			130	130		8		
信息传输、计算机服务软件	3	104	300	300		10		3
批发零售贸易业	4	265	136	136		4		4
住宿和餐饮业	114	22	61	61		30		3
房地产业	28	12097	2262	2262		165		28
租赁和商务服务业	8	1504	6	6		15		8
科学研究、技术服务和地质勘察业			91	91		8		
居民服务和其他服务业	3	64				11		3
文化、体育和娱乐业	1	129	18	18		10		1
其他	1	406				1		1
按投资国别、地区分								
亚 洲	50	26816	6293	6293				
#香 港	29	18857	3359	3359				
澳 门	3	3382	393	393				
台 湾	8	254	103	103				
日 本	1	877	265	265				
新加坡	3	2018	1366	1366				
泰 国	2	708	300	300				
非 洲	1	100						
欧 洲	3	1061	165	165				
#德 国			47	47				
拉丁美洲	9	648	1414	1414				
#开曼群岛		-3958						
英属维尔京群岛	9	4586	1414	1414				
北美洲	14	4520	292	292				
#加拿大	5	1109	282	282				
美 国	9	3411	10	10				
大洋洲	7	485	414	414				
#澳大利亚	6	482	410	410				
其他地区	5	-1926						

10-27 国际旅游收入

（2005年） 单位：万元

指标名称	合计	饭店、宾馆	指标名称	合计	饭店、宾馆
合　计	**20320**	**4006**	长途交通费	6186	
商品性收入	5265	985	民航	4083	
商品销售收入	3961	594	铁道	1453	
饮食销售收入	1304	391	公路	650	
劳务性收入	15055	3021	市内交通费	491	
旅行社旅游业务费收入	24		邮政电讯费	871	
			文化娱乐费	871	
宿费	2123	2123	其他	4489	898

10-28 接待过夜国际旅游人数

（2005年） 单位：人次

指标名称	人数	人天数	指标名称	人数	人天数
合　计	**83317**	**149221**	柬埔寨	206	476
港澳同胞	8739	14607	老挝	76	284
台湾同胞	9134	12333	日本	1957	4032
华侨	114.4	147	韩国	609	1030
外国人	65338	122134	美国	5653	17691
#东盟	36535	54487	加拿大	1256	3158
文莱	107	337	英国	1802	3439
印度尼西亚	650	1740	法国	1091	2603
马来西亚	3744	6679	德国	895	1935
菲律宾	319	900	意大利	283	623
新加坡	1879	3473	荷兰	600	1572
泰国	1756	2603	澳大利亚	1373	2674
越南	27579	37233	新西兰	191	496
缅甸	219	762			

10-29 主要宾馆酒店接待能力和接待人数

指 标 名 称	单 位	2005年	2004年
主要宾馆酒店数	个	87	66
#星级宾馆酒店	个	84	61
五星级	个	4	1
四星级	个	6	7
三星级	个	32	19
二星级	个	41	31
一星级	个	1	3
客房总数	间	13229	11536
床位总数	张	23793	20791
全年接待人员数	人	2383386	2181354
#外国人	人	65338	50976
华 侨	人	106	180
港澳台同胞	人	17873	14436
国内旅客	人	2300069	2115762

注：本表主要宾馆酒店包括全部星级以上宾馆酒店及荔园山庄、西园饭店、桃源饭店、广西沃顿国际大酒店、广西夏威夷国际大酒店。

10-30 旅行社基本情况

指 标 名 称	单 位	2005年	2004年
企业数	家	68	70
年末职工人数	人	1047	922
接待旅游人数	万人次	23.07	27.16
#国际旅游人数	万人次	1.86	1.12
国内旅游者	万人次	21.21	26.04

10-31 居民消费价格总指数

（2005年、以上年为100）　　单位 %

指标名称	指数	指标名称	指数
居民消费价格总指数	**101.1**	衣着加工服务	100.0
食品	**103.6**	**家庭设备用品及维修服务**	**101.2**
粮食	102.1	耐用消费品	103.0
淀粉及薯类	96.6	家具	100.5
干豆类及豆制品	101.5	家庭设备	104.8
油脂类	97.7	室内装饰品	96.9
肉禽及其制品	99.0	床上用品	103.0
蛋类	102.7	家庭日用杂品	98.1
水产品类	106.8	家庭服装及加工维修服务	100.2
菜类	116.0	**医疗保健和个人用品**	**99.3**
鲜菜	118.2	医疗保健	99.1
干菜及其制品	101.2	医疗器具及用品	100.1
调味品	97.8	中药材及中成药	96.3
糖类	105.6	西药	96.7
食糖	107.6	保健器具及用品	100.4
糖果	105.4	医疗保健服务	106.2
茶及饮料	101.1	个人用品及服务	100.0
茶叶	100.0	**交通和通讯**	**97.0**
饮料	101.4	交通	100.8
干鲜瓜果类	117.6	交通工具	92.2
鲜果	120.0	车用燃料及零配件	111.2
干（坚）果及瓜果制品	107.0	车辆使用及维修	106.9
糕点饼干面包	100.9	市区公共交通	101.0
奶及奶制品	101.3	城市间交通	100.7
在外用膳食品	100.2	通信	92.8
主食	100.7	通信工具	70.8
炒菜	100.0	通信服务	99.8
地方小吃	100.5	**娱乐教育文化用品及服务**	**97.3**
其它食品及食品加工服务	99.7	娱乐用耐用消费品及服务	89.3
烟酒及用品	**100.5**	教育	99.4
烟草	100.4	教材及参考书	100.1
酒	100.8	学杂托幼费	99.4
吸烟饮酒用品	100.0	**文化娱乐用品**	100.8
衣着类	**94.0**	文化娱乐	**100.2**
服装	92.2	书报杂志	101.9
男式服装	87.6	文娱费	100.1
女式服装	96.0	旅游及外出	98.2
儿童服装	94.7	**居住**	**105.8**
衣着材料	101.8	建房及装修材料	102.0
鞋袜帽	97.2	租房	100.0
鞋类	96.9	自有住房	105.5
袜子	100.0	水、电、燃料	108.8
帽子	100.0		

10-32 个体工商业基本情况

(2005年)

指标名称	户数（户）	#城镇	从业人员（人）	#城镇	注册资金（万元）	#城镇	总产值（万元）	#城镇	销售总额或营业收入（万元）	#城镇
全市	**145704**	**88759**	**237525**	**161396**	**182870**	**117722**	**51110**	**14361**	**265958**	**162875**
农、林、牧、渔业	91	38	270	122	866	269	2053	558	3460	975
采矿业	379	60	900	115	4354	285	8231	597		
制造业	8430	3752	15309	794	16717	8587	32315	11325		
电力、燃气及水的生产和供应业	17	1	57	2	581	1	553	3		
建筑业	181	63	295	121	479	266	7958	1878		
交通运输、仓储和邮政业	15847	6909	17847	7737	28952	11383			41452	20394
信息运输、计算机服务和软件业	391	386	516	509	1114	1105			682	177
批发零售业	94560	58830	142459	94566	83920	56837			182391	120316
住宿和餐饮业	10104	7195	29847	25393	21870	18453			19536	11355
房地产业	5	5	6	6	51	51			493	493
租赁和商务服务业	1502	1191	2853	2456	6062	5358			1856	1545
居民服务和其他服务业	11413	7939	22533	18348	12600	10463			11116	5286
卫生、社会保障和社会福利业	748	550	1569	1306	2155	1879			2510	743
文化、体育和娱乐业	114	797	1851	1591	1909	1618			1805	999
其他行业	1074	1043	1213	1179	1240	1167			657	592

注：本表数据根据工商局统计报表整理。

10-33　私营企业基本情况

(2005年)

指 标 名 称	合 计					
	户 数（户）	投资者人数（人）	雇工人数（人）	注册资本金（万元）	总产值（万元）	销售总额或营业收入（万元）
全 市	**17098**	**43074**	**156776**	**1571213**	**216530**	**335271**
农、林、牧、渔业	445	1254	4526	35569	3208	3077
采矿业	115	301	2143	18052	6827	
制造业	2437	5211	38602	260954	87317	
电力、燃气及水的生产和供应业	172	576	1387	40328	5181	
建筑业	538	1605	5307	143137	113997	
交通运输、仓储和邮政业	317	1068	3079	54818		90611
信息运输、计算机服务和软件业	915	1794	5670	72758		2255
批发零售业	4698	13352	41164	435028		143806
住宿和餐饮业	1001	2275	7830	62633		8727
房地产业	1695	4081	12689	260927		80350
租赁和商务服务业	1140	2996	8289	55671		1986
居民服务和其他服务业	1770	5064	15213	108304		3838
卫生、社会保障和社会福利业	589	1045	3157	4576		72
文化、体育和娱乐业	114.4	2205	6951	8350		423
其他行业	100	247	769	10108		126

10-33 续表

指 标 名 称	城 镇					
	户 数（户）	投资者人数（人）	雇工人数（人）	注册资本金（万元）	总产值（万元）	销售总额或营业收入（万元）
全 市	**13397**	**34452**	**112851**	**1160241**	**192322**	**301236**
农、林、牧、渔业	382	1060	3464	28776	1508	2298
采矿业	79	157	714	8418	3209	
制造业	1583	3232	17896	147979	87149	
电力、燃气及水的生产和供应业	135	445	1109	33988	5181	
建筑业	460	1333	4521	116850	95275	
交通运输、仓储和邮政业	299	989	2854	52905		89628
信息运输、计算机服务和软件业	306	770	2137	43653		1150
批发零售业	3612	10851	32865	342189		116757
住宿和餐饮业	862	2021	6355	57593		8527
房地产业	1619	3821	11598	183888		79590
租赁和商务服务业	883	2203	6351	43432		1013
居民服务和其他服务业	1458	4284	13100	86129		1957
卫生、社会保障和社会福利业	572	1021	3065	3779		37
文化、体育和娱乐业	1111	2149	6486	7642		216
其他行业	114.4	116	336	3020		63

11 财政金融保险

CHAPTER 11 GOVERNMENT FINANCES, BANKING,INSURANCE

11-1 全市主要年份财政、金融

单位：万元

年 份	财政收入	#地方财政一般预算收入	地方财政支出	金融机构存款余额	#城乡居民存款余额	金融机构贷款余额
1950	394	394	190	1364	21	34
1965	4479	4479	2116	39443	1426	18356
1978	20102	20102	7074	110660	5735	59521
1980	23682	23682	7410	110309	10358	71873
1985	35447	35447	17967	212380	43646	167691
1986	38873	38873	26745	226697	61348	222735
1987	44078	44078	28971	262623	82535	270298
1988	51071	51071	40532	260827	100160	297861
1989	57352	57352	39426	328250	138715	287226
1990	63930	63930	47677	464879	197821	346755
1991	70051	70051	48397	552636	258819	383694
1992	73459	73459	48401	685440	341946	444498
1993	106465	106465	66850	1077025	515981	657827
1994	150232	73492	85826	1537665	802162	880566
1995	171074	91236	94609	2063550	1123696	1107552
1996	190465	103583	105844	2724968	1439865	1385499
1997	215806	116778	119471	3014072	1618159	1731336
1998	245249	131583	139884	4461444	2001576	3460657
1999	270113	149700	172851	5268177	2190918	4262816
2000	364639	216484	290667	6834187	2938619	4779409
2001	452926	291860	348556	7424543	3329511	5260807
2002	525342	312805	452615	8547872	3916029	7701981
2003	610594	362435	524981	9434021	4514961	9597681
2004	746328	432526	621191	10909576	5157925	12087669
2005	1002186	451954	735508	12636347	5982307	13816546

注：2000年以后为行政区划调整后的数据，其余年份为原南宁口径。

11-2　全市财政收入

（2005年）　　单位：万元

指标名称	收入	指标名称	收入
财政收入	**1002186**	农业税	-92
中央“两税”收入	273955	农业特产税	
上划所得税收入	148376	耕地占用税	6655
上划自治区分享四税	127901	契税	43627
地方财政一般督收入	451954	国有资产经营收益	15958
增值税	41518	国有企业计划亏损补贴	-306
营业税	118935	行政性收费收入	14640
企业所得税	48124	罚没收入	28345
个人所得税	21720	专项收入	17098
资源税	1869	其他收入	8328
固定资产调节税	5	**附加资料**	
城市维护建设税	34194	上级补助收入	385649
房产税	22392	国债转贷收入	
印花税	4426	国债转贷资金上年结余	1480
城镇土地使用税	6474	上年结余收入	81753
土地增值税	16812	调入资金	6988
车船使用和牌照税	1232		

11-3　全市财政支出

（2005年）　　单位：万元

指标名称	支出	指标名称	支出
本年支出合计	**735508**	国防支出	342
基本建设支出	77917	行政管理费	70583
企业挖潜改造资金	25474	外交外事支出	2015
科技三项费用	10680	武装警察部队支出	43
流动资金		公检法司支出	51859
农业支出	31210	城市维护费	81684
林业支出	4214	政策性补贴支出	1670
水利和气象支出	13770	支援不发达地区支出	3019
工业交通等部门事业费	2020	车辆税费支出	
流通部门事业费	546	专项支出	12488
文体广播事业费	27432	其他支出	41347
教育支出	108974	**附加资料**	
科学支出	1865	上解自治区支出	67009
医疗卫生支出	37725	拨付国债转贷资金数	
其他部门的事业费	30610	国债转贷资金结余	1480
抚恤和社会福利救济	22090	调出资金	7014
行政事业单位离退休支出	58330	年终结余	116813
社会保障补助支出	17601	净结余	59749

11-4 市区财政收入

（2005年） 单位：万元

指标名称	收入	指标名称	收入
财政收入	**862806**	农业税	
中央"两税"收入	234415	农业特产税	
上划所得税收入	139159	耕地占用税	4497
上划自治区分享四税	113525	契税	40841
地方财政一般预算收入	375707	国有资产经营收益	1378
增值税	32628	国有企业计划亏损补贴	
营业税	106609	行政性收费收入	7061
企业所得税	46145	罚没收入	21130
个人所得税	19529	专项收入	14189
资源税	427	其他收入	3014
城市维护建设税	31266	**附加资料**	
房产税	20525	上级补助收入	242989
印花税	4253	国债转贷收入	
城镇土地使用税	5536	国债转贷资金上年结余	1480
土地增值税	15771	上年结余收入	72117
车船使用和牌照税	962	调入资金	6920

11-5 市区财政支出

（2005年） 单位：万元

指标名称	支出	指标名称	支出
本年支出合计	**528007**	国防支出	282
基本建设支出	72342	行政管理费	41698
企业挖潜改造资金	19889	外交外事支出	1996
科技三项费用	9318	武装警察部队支出	30
流动资金		公检法司支出	39416
农业支出	23430	城市维护费	75528
林业支出	1796	政策性补贴支出	1503
水利和气象支出	10826	支援不发达地区支出	2358
工业交通等部门事业费	968	车辆税费支出	
流通部门事业费	15	专项支出	10311
文体广播事业费	18389	其他支出	31722
教育支出	56932	**附加资料**	
科学支出	1727	上解自治区支出	59908
医疗卫生支出	28140	拨付国债转贷资金数	
其他部门的事业费	19697	国债转贷资金结余	1480
抚恤和社会福利救济	13511	调出资金	6920
行政事业单位离退休支出	31778	年终结余	102898
社会保障补助支出	14405	净结余	56021

11-6 各县财政收入

(2005年) 单位：万元

指标名称	武鸣县	横县	宾阳县	上林县	马山县	隆安县
财政收入	**33598**	**35321**	**35066**	**11306**	**9618**	**14471**
中央“两税”收入	8094	10860	10708	3167	2711	4000
上划所得税收入	2348	2282	2288	866	428	1005
上划自治区分享四税	3859	3476	3574	993	1082	1392
地方财政一般预算收入	19297	18703	18496	6280	5397	8074
增值税	1820	2434	2421	714	612	889
营业税	3771	2747	2907	721	1040	1140
企业所得税	593	432	453	235	38	228
个人所得税	483	591	576	165	147	229
资源税	137	381	579	194	49	102
城市维护建设税	638	749	739	253	309	240
房产税	379	528	588	84	174	114
印花税	48	48	43	12	6	16
城镇土地使用税	283	283	149	44	111	68
土地增值税	394	317	271	3	23	33
车船使用和牌照税	52	103	57	23	22	13
农业税	49		-149	-164		5
农业特产税						
耕地占用税	541	552	94	186	584	201
契税	822	734	683	277	124	146
国有资产经营收益	3019	3112	2980	1587	436	3446
国有企业计划亏损补贴	-50		-20	-15		
行政性收费收入	707	2784	2105	707	726	550
罚没收入	1428	1528	2396	701	760	402
专项收入	760	840	702	137	224	246
其他收入	3423	535	922	416	12	6
附加资料						
上级补助收入	29289	29196	26856	19562	21710	16047
国债转贷收入						
国债转贷资金上年结余						
上年结余收入	1361	-1679	5113	2791	750	1300
调入资金	68					

11-7 各县财政支出

(2005年)

单位：万元

指 标 名 称	武鸣县	横 县	宾阳县	上林县	马山县	隆安县
本年支出合计	**36480**	**45789**	**44894**	**22911**	**25778**	**24111**
基本建设支出			1656	459		723
企业挖潜改造资金		3506	149	605	174	311
科技三项费用	350	421	118		267	206
流动资金						
农业支出	1597	1600	1703	591	1422	696
林业支出	277	514	533	291	236	565
水利和气象支出	1149	468	424	165	307	427
工业交通等部门事业费	154	214	327	252	99	6
流通部门事业费	134	17	31	31	305	13
文体广播事业费	1203	2679	2521	879	763	902
教育支出	9082	11190	10958	5800	8809	5735
科学支出	20	51	18	21	11	17
医疗卫生支出	2169	2020	2541	1061	405	1148
其他部门的事业费	2395	2762	2321	1097	1384	328
抚恤和社会福利救济	1720	1765	1750	1153	1161	866
行政事业单位离退休支出	4315	6020	5595	3796	3125	3140
社会保障补助支出	639	562	741	251	646	291
国防支出			11	16		33
行政管理费	4552	5657	6284	3948	3865	3600
外交外事支出						
武装警察部队支出				9		
公检法司支出	2552	2785	3149	1614	1217	1068
城市维护费	1245	1171	1825	195	993	708
政策性补贴支出	49			101	17	
支援不发达地区支出	13	76	521	3		48
专项支出	277	524	508	118	221	411
其他支出	2588	1787	1210	455	351	2869
附加资料						
上解自治区支出	3068	1238	1144	492	494	592
拨付国债转贷资金数						
国债转贷资金结余						
调出资金						
年终结余	2745	-807	4427	5230	1585	718
净结余	-165	-1176	2124	3228	-504	216

11-8 全市银行现金收入

(2005年)

单位：万元

指 标 名 称	收 入	指 标 名 称	收 入
合　计	**28285852**	其他金融机构收入	94169
商品销售收入	2297941	居民归还贷款收入	72277
服务业收入	1025992	汇兑收入	115491
税款收入	125531	有价证券收入	19399
城乡个体经营收入	286605	其他收入	4892445
储蓄存款收入	19356002	#兑换外币收入	4766

11-9 全市银行现金支出

(2005年)

单位：万元

指 标 名 称	支 出	指 标 名 称	支 出
合　计	**27217098**	城乡个体经营支出	688110
工资性支出	1376891	储蓄存款支出	19906762
国家工资及奖金支出	572496	其他金融机构支出	78517
国家对个人其他支出	255139	居民提取贷款支出	56902
部队存款支出	41432	汇兑支出	118900
其他单位工资性支出	507824	有价证券支出	10632
农副产品采购支出	768082	其他支出	2853608
工矿及其他产品采购支出	437735	#兑换外币支出	21790
行政企事业管理费支出	920959	**投放（+）回笼（-）**	**(-)1068754**

11-10 市区银行现金收入

(2005年)

单位：万元

指 标 名 称	收 入	指 标 名 称	收 入
合　计	**24235031**	其他金融机构收入	92780
商品销售收入	2071602	居民归还贷款收入	65965
服务业收入	804665	汇兑收入	103620
税款收入	94715	有价证券收入	18487
城乡个体经营收入	225842	其他收入	4631101
储蓄存款收入	16126254	#兑换外币收入	4766

11-11 市区银行现金支出

(2005年)

单位：万元

指 标 名 称	支 出	指 标 名 称	支 出
合　计	**23314378**	城乡个体经营支出	633601
工资性支出	1180774	储蓄存款支出	16850973
国家工资及奖金支出	500554	其他金融机构支出	77743
国家对个人其他支出	201216	居民提取贷款支出	55807
部队存款支出	40251	汇兑支出	101183
其他单位工资性支出	438753	有价证券支出	10446
农副产品采购支出	613616	其他支出	2595948
工矿及其他产品采购支出	383454	#兑换外币支出	21789
行政企事业管理费支出	810833	**投放（+）回笼（-）**	**(-)920653**

11-12 各县银行现金收入

（2005年） 单位：万元

指标名称	武鸣县	横县	宾阳县	上林县	马山县	隆安县
合计	**652757**	**828693**	**1069253**	**199399**	**207988**	**252473**
商品销售收入	34422	36952	55891	12620	3796	29073
服务业收入	30023	32742	70718	9433	16695	8966
税款收入	4441	6305	5847	849	4154	4533
城乡个体经营收入	17304	10815	21748	7724	591	1726
储蓄存款收入	536107	675321	859270	141010	167779	155081
其他金融机构收入	1030		229			
居民归还贷款收入	168	3102	1268	866		43
汇兑收入	332	5009	3370	883		1044
有价证券收入	157	89	666			
其他收入	28773	58358	50246	26014	14973	52007
#兑换外币收入						

11-13 各县银行现金支出

（2005年） 单位：万元

指标名称	武鸣县	横县	宾阳县	上林县	马山县	隆安县
合计	**645579**	**785975**	**992517**	**187933**	**191521**	**239859**
工资性支出	28818	30457	45221	11527	22795	5737
国家工资及奖金支出	13751	13532	17644	8093	2234	3374
国家对个人其他支出	4814	10955	23381	1504	2343	101
部队存款支出	202	88	484	134		2
其他单位工资性支出	10051	5882	3712	1796	18218	2260
农副产品采购支出	24015	46069	30025	6478		7370
工矿及其他产品采购支出	9414	14339	9568	7820		2528
行政企事业管理费支出	21762	16620	14407	5179	6526	8075
城乡个体经营支出	14162	11383	22677	4934		
储蓄存款支出	524171	625761	800078	132460	152547	157413
其他金融机构支出	643		54			
居民提取贷款支出	2	752	337			
汇兑支出		4939	8435	279		1732
有价证券支出	10					
其他支出	22582	35655	61715	19256	9653	57004
#兑换外币支出						
投放（+）回笼（-）	**(-)7178**	**(-)42718**	**(-)76736**	**(-)11466**	**(-)16467**	**(-)12614**

11-14 全社会金融机构存款余额

(2005年) 单位：万元

指标名称	存款	指标名称	存款
合　计	**12636347**	储蓄存款	5982307
企业存款	4522948	活期储蓄	3124422
活期存款	3805748	定期储蓄	2857885
定期存款	717200	农业存款	164479
财政存款	20146	委托存款	8303
机关团体存款	1337362	其他存款	600803

11-15 全社会金融机构贷款余额

(2005年) 单位：万元

指标名称	贷款	指标名称	贷款
合　计	**13816546**	私营企业及个体贷款	15084
短期贷款	3114424	其他短期贷款	1217137
工业贷款	942492	中长期贷款	10413847
商业贷款	375847	基本建设贷款	6544234
#农副产品贷款	149029	技术改造贷款	112514
建筑业贷款	108440	其他中长期贷款	3757099
农业贷款	418831	票据融资	283391
乡镇企业贷款	24569	各项垫款	4885
三资企业贷款	12024		

11-16 市区金融机构存款余额

(2005年)

单位：万元

指 标 名 称	存 款	指 标 名 称	存 款
合 计	**11207948**	储蓄存款	4805448
企业存款	4375290	活期储蓄	2433381
活期存款	3680688	定期储蓄	2372068
定期存款	694602	农业存款	134135
财政存款	11491	委托存款	8235
机关团体存款	1282758	其他存款	590591

11-17 市区金融机构贷款余额

(2005年)

单位：万元

指 标 名 称	存 款	指 标 名 称	存 款
合 计	**13309036**	私营企业及个体贷款	13140
短期贷款	2729188	其他短期贷款	1156654
工业贷款	936260	中长期贷款	10292687
商业贷款	306953	基本建设贷款	6537932
#农副产品贷款	86480	技术改造贷款	111520
建筑业贷款	108440	其他中长期贷款	3643235
农业贷款	175167	票据融资	282277
乡镇企业贷款	20550	各项垫款	4885
三资企业贷款	12024		

11-18 各县金融机构存款余额

（2005年）

单位：万元

指标名称	武鸣县	横县	宾阳县	上林县	马山县	隆安县
合计	**309450**	**422405**	**329620**	**112761**	**103571**	**150594**
企业存款	23278	42610	37380	11379	18751	14256
活期存款	21367	32080	34536	9344	16960	10769
定期存款	1911	10530	2844	2035	1791	3487
财政存款	2050	1115	831	201	2537	1921
机关团体存款	12535	13843	12345	3944	1257	10681
储蓄存款	256389	356985	274739	94755	77373	116617
活期储蓄	154983	192042	160740	58540	51345	73393
定期储蓄	101406	164943	113999	36215	26029	43225
农业存款	9105	6249	2694	2097	3364	6835
委托存款	12	2	51		3	2
其他存款	6082	1601	1580	385	286	281

11-19 各县金融机构贷款余额

（2005年） 单位：万元

指标名称	武鸣县	横县	宾阳县	上林县	马山县	隆安县
合计	**132688**	**139869**	**107400**	**34605**	**35190**	**57760**
短期贷款	107317	105783	75022	27116	29738	40259
工业贷款	1504	3830	714			182
商业贷款	14295	15011	24052	2023	4598	8916
#农副产品贷款	13284	13614	20563	2000	4598	8492
建筑业贷款						
农业贷款	74507	63825	36731	23232	21184	24187
乡镇企业贷款	542	1607	751			1119
三资企业贷款						
私营企业及个体贷款		1307	421	96	120	
其他短期贷款	16469	20203	12353	1765	3836	5855
中长期贷款	25355	32998	32368	7489	5452	17501
基本建设贷款	2160	4084				57
技术改造贷款	980		12			2
其他中长期贷款	22215	28914	32356	7489	5452	17442
票据融资	16	1089	10			
各项垫款						

11-20 保险业务情况

（2005年）　　单位：万元

指 标 名 称	全 市	市 区
财产保险业务		
保费收入	**68266**	**61166**
#机动车辆险	46197	41142
责任险	3016	2786
工程险	2166	2160
货运险	1804	1599
财产险	8956	8301
其他险种	3161	2954
各项赔款及给付	**27673**	**24978**
赔付给付件数（件）	**78026**	**66194**
人身保险业务		
保费收入	**128944**	**112056**
#寿 险	106825	93020
意外险	7261	6024
健康险	14858	13012
各项赔款及给付	**13436**	**11016**
#寿 险	8004	6794
意外险	1569	1240
健康险	3863	2982
各项赔款及给付件数（件）	**92538**	**53295**
各项赔款及给付人数（人次）	**92538**	**53295**

11-21　各县保险业务情况

（2005年）　　　　单位：万元

指　标　名　称	武鸣县	横　县	宾阳县	上林县	马山县	隆安县
财产保险业务						
保费收入	**1826**	**1825**	**1684**	**714**	**493**	**558**
#机动车辆险	1467	1078	1221	537	373	380
责任险	85	31	68	29	1	16
工程险	5					
货运险	23	150	16	7	3	6
财产险	161	197	201	32	22	**42**
其他险种		168	1	38		
各项赔款	**729**	**567**	**676**	**311**	**214**	**197**
赔付给付件数（件）	**1937**	**2880**	**2671**	**1131**	**1249**	**1964**
人身保险业务						
保费收入	**3681**	**4464**	**4784**	**1482**	**1028**	**1448**
#寿 险	2902	3677	3902	1237	821	1266
意外险	270	277	413	95	85	96
健康险	508	511	468	151	122	86
各项赔款及给付	**775**	**577**	**603**	**179**	**145**	**141**
#寿 险	466	283	279	69	47	67
意外险	98	66	108	15	24	17
健康险	211	228	216	96	74	57
赔付及给付人数（人次）	**8539**	**9843**	**10872**	**3364**	**2351**	**4274**
件数(件)	**8539**	**9843**	**10872**	**3364**	**2351**	**4274**

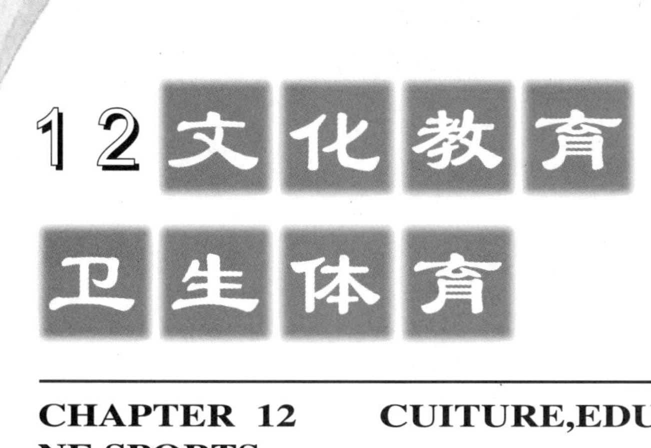

12 文化教育 卫生体育

CHAPTER 12 CUITURE,EDUCATION,HYGIE-NE,SPORTS

12-1 文化事业基本情况

（2005年）

指标名称	单位	全市	市区
电影制作单位	个	1	1
电影放映单位	个	65	29
影剧院	个	14	8
电影放映场次	场	50140	37980
电影观众人数	万人次	804	127
艺术表演团体	个	17	11
演出场次	场	1961	1506
观众人数	万人次	81	48
艺术表演场所	个	4	3
文化馆	个	12	6
群众艺术馆	个	2	2
公共图书馆	个	11	5
图书总藏量	千册、件	3481	2875
#图 书	千册	2707	2277
#古 籍	千册	137	128
出版社	个	7	7
报 社	个	52	52
图书出版印数	万册	17695	17695
杂志出版印数	万册	4370	4370
报纸出版印数	万份	54262	54262
其他文化事业机构	个	126	48

12-2 各县文化事业基本情况

（2005年）

指标名称	单位	武鸣县	横县	宾阳县	上林县	马山县	隆安县
电影放映单位	个	1	3	30	1	1	
影剧院	个	1	1	2	1	1	
电影放映场次	场	739	4500	6259	224	438	
电影观众人数	万人次	8	31	613	11	14	
艺术表演团体	个	1	1	1	1	1	1
演出场次	场	180		65	50	40	120
观众人数	万人次	19		5	3	5	1
文化馆	个	1	1	1	1	1	1
公共图书馆	个	1	1	1	1	1	1
图书总藏量	千册、件	127	105	127	75	109	63
#图 书	千册	96	75	73	54	89	43
#古 籍	册	56	9183	19			104
其他文化事业机构	个	13	17	16	11	10	11

12-3 教育事业基本情况

(2005年)

指标名称	单位	全市	市区
学校数			
普通高校	所	28	28
中等专业学校	所	32	30
普通中学	所	413	194
农、职业中学	所	34	27
技工学校	所	16	16
小 学	所	1657	508
在校学生数			
普通高校	人	160124	160124
中等专业学校	人	76051	70941
普通中学	人	424870	170685
农、职业中学	人	20428	16024
技工学校	人	25216	25216
小 学	人	562453	220457
专任教师数			
普通高校	人	9496	9496
中等专业学校	人	2606	2396
普通中学	人	21540	9211
农、职业中学	人	1240	962
技工学校	人	1232	1232
小 学	人	26008	10448
成人高等教育在校学生数	**人**	**105701**	**105701**
#广播电视大学在校生	人	4003	4003

12-4 各县教育事业基本情况

（2005年）

指标名称	单位	武鸣县	横县	宾阳县	上林县	马山县	隆安县
学校数							
中等专业学校	所	1		1			
普通中学	所	38	54	52	29	25	21
农、职业中学	所	1	2	1	1	1	1
小学	所	192	298	240	127	162	130
在校学生数							
中等专业学校	人	1794		3316			
普通中学	人	39321	66158	70717	31030	25539	21420
农、职业中学	人	679	1467	383	180	358	1337
小学	人	42734	93576	96744	39134	46917	22891
专任教师数							
中等专业学校	人	126		84			
普通中学	人	2151	3104	3151	1539	1383	1001
农、职业中学	人	32	81	32	37	29	67
小学	人	2077	4355	3774	2006	1803	1545

12-5 普通高等学校一览表

（2005年）　　单位：人

指 标 名 称	毕业生数	招生数	在校学生数	专任教师数
总　计	**30000**	**57787**	**160124**	**9496**
广西大学	5387	6628	23539	1825
广西医科大学	1490	2195	7596	523
广西中医学院	1695	2669	8494	635
广西师范学院	2229	3300	10435	582
广西财经学院	3943	4142	14032	704
广西体育高等专科学校	738	641	1409	89
广西艺术学院	740	1015	3341	360
广西民族学院	2544	3840	12893	616
广西机电职业技术学院	1670	3716	9873	495
南宁职业技术学院	1832	2923	9102	358
邕江大学	1045	1250	3301	185
广西职业技术学院	2146	3057	8471	345
广西建设职业技术学院	481	1742	4673	246
广西交通职业技术学院	768	1343	4078	206
广西国际商务职业技术学院	361	1760	4262	245
广西农业职业技术学院	394	2235	5723	223
广西水利电力职业技术学院	835	2285	6320	265
广西工业职业技术学院	357	2466	5573	279
广西警察高等专科学校	1345	1690	4372	169
广西大学行健文理学院		1118	2540	154
广西民族学院相思湖学院		813	944	131
广西师范学院师园学院		957	957	178
广西中医学院赛恩斯新医药学院		446	552	145
广西经贸职业技术学院		1213	1906	105
广西工贸职业技术学院		1251	1768	144
广西演艺职业学院		149	221	23
广西东方外语职业学院		1554	1773	101
广西电力职业技术学院		1389	1976	165

12-6 中等专业学校一览表

（2005年）　　单位：人

指标名称	毕业生数	招生人数	在校学生数	专任教师数
总　计	**23050**	**26153**	**76051**	**2606**
广西壮文学校	308	918	1794	126
广西银行学校	734	1198	2725	78
广西药科学校	2202	1512	6718	126
广西机电工程学校	1217	1945	4545	130
南宁市师范学校	484	518	1162	73
广西体育运动学校	127	213	651	84
广西机电工业学校	660	1630	3489	117
广西第一工业学校	516	920	2748	75
广西水产畜牧学校	266	815	2027	77
广西医科大学附设护士学校	734	626	2058	45
广西中医学院附设中医学校	631	883	2850	113
广西艺术学校	480	308	1331	85
广西幼儿师范学校	396	544	1448	94
广西警官学校	317	363	1102	45
广西质量技术工程学校	156	302	875	37

单位：人

指 标 名 称	毕业生数	招生人数	在校学生数	专任教师数
广西物资学校	808	1056	2655	89
广西工商行政管理学校	305	677	1335	67
南宁民族中等专业学校	271	456	1035	56
广西广播电视学校	124	193	563	31
南宁市卫生学校	622	954	3134	107
广西佩珠民族艺术学校	55	62	149	32
广西航运学校	628	1190	3375	125
广西纺织工业学校	471	1193	2587	115
广西华侨学校	358	1371	3169	78
南宁地区第一民族师范学校	558	579	1439	83
南宁机电工程学校	477	900	1822	42
广西南宁地区卫生学校	1814	896	3316	84
广西司法学校	342	129	305	136
广西艺术学院附属中等艺术学校	147	162	866	69
广西气象学校	78		19	10
广西妇幼保健院附设卫生学校	471	260	937	65
广西建筑材料工业学校	763	2281	4655	112

12-7 技工学校一览表

（2005年）　　　　单位：人

指标名称	毕业生数	招生数	在校学生数	专任教师数
总　　计	**6817**	**10567**	**24803**	**1146**
广西出版技工学校	175	230	613	27
广西交通高级技工学校	573	1271	2571	118
南宁技工学校	637	840	2268	112
南宁市一轻技工学校	567	639	1668	45
南宁市二轻技工学校	131	208	501	37
南宁市化工医药技工学校	516	505	1501	54
南宁机械工业技校	204	310	653	21
广西动力技工学校	137	334	750	60
广西石化高级技工学校	1304	1660	4639	198
广西轻工高级技工学校	494	1272	2571	96
广西公路技工学校	154	370	652	56
广西电子技工学校	262	447	983	56
广西二轻工业技工学校	455	749	1884	99
广西建材技工学校	87	347	516	40
南宁民族技工学校	381	476	830	68
广西南宁商贸技工学校	740	909	2473	59

12-8 大中型工业企业技术开发成果

指标名称	单位	2005年		2004年	
		全市	#市区	全市	#市区
专利申请数	件	55	54	46	45
拥有发明专利	件	20	18	4	2
科技项目数	项	396	391	112	109
#应用研究	项	16	15	12	10
试验发展	项	40	40	30	27

12-9 大中型工业企业技术开发机构、人员情况

指标名称	单位	2005年		2004年	
		全市	#市区	全市	#市区
大中型工业企业数	个	70	46	67	37
企业技术开发机构数	个	24	23	21	19
工程技术人员	人	6630	5542	6072	4434
从事科技活动的人员合计	人	1913	1865	1699	1340
#有高中级职称或大学本科以上学历人员	人	1296	1258	937	856
科技活动机构中的人员	人	721	703	676	654
#博士和硕士毕业	人	22	22	11	11

注：2005年、2004年工程技术人员含取得工程技术职称和无工程技术职务但担任工程技术工作的人员。

12-10 大中型工业企业技术开发经费总额

指标名称	单位	2005年		2004年	
		全市	#市区	全市	#市区
科技活动经费筹集总额	万元	38106	14964	30980	30038
#企业自筹	万元	22851	9729	12622	11880
银行贷款	万元	14357	4357	12354	12254
政府拨款	万元	898	878	5973	5873
其他	万元			31	31

12-11 市属国有企事业单位各类专业技术人员

指标名称	单位	2005年		2004年	
		全市	#市区	全市	#市区
各类专业技术人员总计	人	107671	58294	107877	45447
#中级技术职称以上人员	人	33599	18448	32494	16112
#工程技术人员	人	16957	14094	16534	12610
农业技术人员	人	2469	961	2430	557
科学研究人员	人	123	108	108	64
卫生技术人员	人	14634	8281	14516	6779
教学人员	人	57156	22328	58688	14203

12-12 卫生机构、床位、人员情况

（2005年）

指标名称	机构数（个）	床位数（张）	卫生工作人员（人）	#技术人员					
					执业医师	执业助理医师	注册护士	药剂人员	其他
全　市	**1695**	**18592**	**31189**	**24907**	**8814**	**1643**	**8847**	**1576**	**4027**
医　院	203	17257	23053	18368	6015	951	7222	1316	2864
县及县以上医院	77	14754	18982	14954	5066	329	6224	1060	2275
乡卫生院	126	2503	4071	3414	949	622	998	256	589
疗养院、所	1	150	40	23	8		8	3	4
门诊部、所	27	25	217	183	80	11	48	14	30
专科疾病防治所、站	7	112	205	160	54	25	44	12	25
疾病预防控制中心	10		1115	785	401	32	60	20	272
卫生监督所	9		265	203	106	5	1		91
卫生监督检验所、站	1		8	6	4	1		1	
医学科研机构	10	60	884	217	91	7	27	29	63
采供血机构	4		166	116	22	7	50	2	35
妇幼保健院	10	988	1665	1318	516	20	534	97	151
其他卫生机构	7		136	93	39	9	27	2	16
个体开业人员	20	135	317	275	89	28	77	14	67
市　区	**950**	**13572**	**22550**	**17811**	**6564**	**639**	**6584**	**1040**	**2984**
医　院	94	12792	16578	13155	4397	358	5386	872	2142
县及县以上医院	55	12067	15448	12188	4142	216	5052	797	1981
乡卫生院	39	725	1130	967	255	142	334	75	161
疗养院、所	1	150	40	23	8		8	3	4
门诊部、所	26	20	207	175	78	11	43	14	29
专科疾病防治所、站	1		53	46	11	6	11		18
疾病预防控制中心	4		716	473	229	8	31	10	195
卫生监督所	8		250	192	98	4			90
卫生监督检验所、站	1		8	6	4	1		1	
医学科研机构	10	60	884	217	91	7	27	29	63
采供血机构	1		105	73	13	1	29	2	28
妇幼保健院	4	550	1028	807	317	3	327	59	101
其他卫生机构	6		120	81	35	8	22	1	15
个体开业人员	19	135	316	274	89	27	77	14	67

12-13 各县卫生机构、床位、人员情况

（2005年）

指 标 名 称	武鸣县	横 县	宾阳县	上林县	马山县	隆安县
各类卫生机构数（个）	**102**	**209**	**170**	**96**	**90**	**78**
#医 院	21	23	26	12	13	14
县及县以上医院	5	4	7	1	3	2
乡卫生院	16	19	19	11	10	12
各类卫生机构床位数（张）	**919**	**1119**	**1661**	**390**	**410**	**521**
#医 院	849	984	1433	345	378	476
县及县以上医院	549	613	848	185	247	245
乡卫生院	300	371	585	160	131	231
卫生工作人员（人）	**1554**	**1816**	**2507**	**1021**	**745**	**996**
#卫生技术人员	1264	1508	2060	850	613	801
执业医师	411	539	593	231	207	269
执业助理医师	125	217	314	159	81	108
注册护士	447	432	707	238	179	260
药剂人员	81	120	185	47	42	61
检验人员	65	66	101	45	24	43
其 他	135	134	160	130	80	60

12-14 体育事业基本情况

（2005年）

指标名称	单位	全市	市区
公共体育场	**个**	**17**	**14**
体育馆	个	7	2
练习馆(房)	个	37	36
足球场	个	31	25
运动场（大、小）	个	156	82
有固定看台灯光球场	个	195	48
蓝球场	个	4722	1833
排球场	个	429	161
游泳场	个	45	34
体育运动竞赛场次	次	41	40
当年发展等级运动员	人	233	233
#二级运动员	人	233	233
当年发展等级裁判员	人	555	349
#一级裁判员	人	63	61
二级裁判员	人	168	154
三级裁判员	人	324	194

注：“体育运动竞赛”、“等级运动员、裁判员”等三个指标不含区体委部份。

12-15 各县体育事业基本情况

(2005年)

指标名称	单位	武鸣县	横县	宾阳县	上林县	马山县	隆安县
公共体育场	**个**	**1**	**1**	**1**			
体育馆	个		1	4			
练习馆(房)	个		1				
足球场	个	5		1			
运动场(大、小)	个	17	22	21	6	2	6
有固定看台灯光球场	个	36	10	64	2	2	9
蓝球场	个	628	922	726	223	147	243
排球场	个	60	39	37	3	15	14
游泳场	个	1	2	6	1	2	1
体育运动竞赛场次	次	1					
当年发展等级运动员	人						
#二级运动员	人						
当年发展等级裁判员	人	31	27	50	7	25	6
#一级裁判员	人			2			
二级裁判员	人	13			1		
三级裁判员	人	18	27	48	6	25	6

注:“体育运动竞赛”、“等级运动员、裁判员”等三个指标不含区体委部份。

13 人民生活

CHAPTER 13 PEOPLE'S LIFE

13-1 历年城市居民收支及价格指数情况

年　份	城市居民人均可支配收入（元）	城市居民人均消费性支出（元）	居民消费价格总指数（%）
1985	716	724	118.30
1986	851	825	105.20
1987	949	944	111.10
1988	1166	1229	121.60
1989	1274	1293	119.40
1990	1454	1360	98.00
1991	1659	1667	104.10
1992	2106	1853	106.70
1993	3081	2624	121.90
1994	4543	4288	124.80
1995	5544	5055	118.60
1996	5973	5425	103.30
1997	5931	5456	100.20
1998	6570	5800	96.70
1999	6847	6321	95.90
2000	7448	6705	100.00
2001	7906	7107	102.80
2002	8796	6970	99.40
2003	9162	7217	120.48
2004	9531	7329	104.20
2005	10037	7587	101.10

注：本表数据抽样调查的范围为城市居民，2005年城市居民的范围为行政区划调整后新市区范围。

13-2 历年城市居民家庭主要食品消费量

（平均每人每年）　　单位：公斤

年份	粮食	食用植物油	鲜菜	猪肉	牛羊肉	家禽	鲜蛋	鱼
1985	140.08	3.62	96.50	21.85	2.11	6.80	3.28	7.10
1986	141.56	4.69	112.11	23.50	2.07	8.40	4.76	8.31
1987	137.16	4.92	109.44	24.72	2.52	8.28	4.44	9.00
1988	150.24	6.84	123.84	24.96	2.76	10.44	6.00	8.52
1989	144.25	6.90	116.38	23.37	2.44	8.32	5.88	9.31
1990	121.65	6.38	114.98	24.88	2.83	9.71	6.28	10.14
1991	110.75	5.71	113.29	24.54	3.23	12.64	6.43	10.40
1992	106.32	7.16	109.05	20.65	3.03	14.43	6.57	10.30
1993	87.57	7.38	113.80	20.67	3.35	15.07	6.58	10.04
1994	98.66	8.97	121.84	23.66	3.64	18.56	8.62	12.00
1995	92.23	8.92	120.31	21.51	3.00	18.28	7.45	12.01
1996	92.94	8.56	123.65	22.65	3.27	18.79	7.59	12.95
1997	76.58	7.53	107.90	17.92	3.26	17.51	8.26	12.15
1998	72.28	8.77	119.11	18.71	3.47	10.64	7.33	12.53
1999	73.10	7.61	118.77	18.34	3.26	18.34	8.82	13.01
2000	72.90	8.63	119.05	17.91	3.26	21.49	8.39	13.10
2001	70.31	8.40	122.67	18.60	3.42	20.41	7.91	13.72
2002	71.16	8.40	120.48	30.12	3.84	21.84	7.44	12.60
2003	70.93	9.36	110.64	28.07	3.94	17.27	7.98	11.70
2004	72.01	8.80	112.63	28.08	4.75	19.42	7.02	12.42
2005	80.60	9.28	114.25	30.95	5.03	22.79	6.70	12.34

注：本表数据抽样调查的范围为城市居民，2005年城市居民的范围为行政区划调整后新市区范围。

单位：公斤

年　份	食　糖	卷烟（盒）	白　酒	啤　酒	鲜瓜果	糖　果	糕　点	鲜　奶
1985	2.89	20.44	1.87		43.70	0.98	2.23	2.57
1986	3.41	28.51	2.89	1.47	41.89	0.95	2.46	3.53
1987	3.00	30.12	2.28	1.68	39.67	0.84	2.89	4.68
1988	3.72	30.96	3.36	1.80	39.26	0.84		5.28
1989	2.59	26.82	2.82	1.67	35.51	0.65	2.06	5.10
1990	2.44	23.72	2.98	1.25	37.18	0.61	2.48	6.26
1991	2.20	16.71	2.52	2.03	43.81	0.74	2.73	6.28
1992	2.19	18.07	2.57	2.76	46.41	0.64	3.54	6.63
1993	2.39	18.19	2.19	2.83	43.75	0.72	3.70	5.69
1994	2.28	16.02	3.02	2.37	42.44	0.71	3.29	7.29
1995	1.82	13.80	3.09	2.03	43.90	0.76	2.88	6.15
1996	2.30	12.30	2.90	1.87	46.57	0.81	2.34	7.25
1997	1.68	13.36	2.75	1.85	48.14	0.73	2.38	7.96
1998	2.12	14.67	3.07	2.10	50.98	0.71	2.21	9.13
1999	2.25	12.61	2.34	1.88	55.55	0.65	2.34	11.21
2000	2.14	12.50	2.15	3.04	61.24	0.79	2.69	14.98
2001	1.85	14.74	2.31	2.89	54.21	0.80	2.34	12.18
2002			2.28	2.76	64.44		2.76	15.24
2003			2.30	2.28	54.96		2.80	20.04
2004			1.84	1.95	52.93		3.08	18.62
2005			2.23	2.91	53.88		2.90	18.01

13-3　城乡居民家庭生活基本情况

（2005年）

指标名称	单位	城镇居民	农村居民
调查户数	户	1000	1300
常住人口	人	3207	5960
平均每户人口数	人/户	3.17	4.61
平均每户就业人口	人/户	1.57	3.31
平均每户的就业面	%	49.53	71.8
平均每人年总收入	元/人	10055	4324
可支配收入	元/人	9203	2618
农民人均纯收入	元		2680
平均每人年总支出	元/人	8954	3976

13-4 城乡居民家庭生活消费支出情况

(2005年，平均每人全年) 单位：元

指标名称	城镇居民	农村居民
消费性支出	**6883**	**2227**
食 品	**2779**	**1271**
主 食	276	326
副 食	2503	945
衣 着	**443**	**60**
服 装	324	44
衣着材料	7	
鞋袜帽及其他	109	16
衣着加工费	3	
家庭设备用品及服务	**454**	**83**
耐用消费品	236	28
室内装饰品	17	
床上用品	32	6
家庭日用品	140	41
家具材料	7	
家庭服务	22	
医疗保健	**434**	**94**
医疗器具	4	
保健器具	3	
药品费	194	24
滋补保健品	23	2
医疗费	201	67
其 他	9	
交通和通讯	**871**	**192**
交 通	468	133
通 讯	403	59
教育文化娱乐服务	**1029**	**263**
文化娱乐用品	242	15
文化娱乐服务	310	239
教 育	477	
居 住	**692**	**226**
住 房	174	194
水电燃料及其他	488	32
居住服务费	30	
其他商品和服务	**181**	**37**
其他商品	117	24
其他服务	64	14

13-5　城乡居民家庭主要食品消费量

（2005年，平均每人全年）　　单位：公斤

指标名称	城镇居民	农村居民
粮 食	78.16	246.71
鲜 菜	110.53	107.73
食用油	9.06	4.08
猪 肉	31.13	14.34
牛 肉	3.66	0.31
羊 肉	0.96	0.08
家 禽	22.27	12.75
肉禽制品	3.69	3.68
蛋类及蛋制品	6.17	1.00
奶和奶制品	15.55	0.39
鱼 类	11.90	6.26
白 酒	2.51	5.01
啤 酒	3.22	2.26
饮 料	6.33	
糕 点	2.80	

13-6 城镇居民家庭生活基本情况

(2005年)

指标名称	单位	总平均	最低收入组	更低收入组	低收入组
调查户数	户	1000	100	51	99
调查户构成	%	100.00	10.00	5.10	9.91
平均每户人口数	人	3.17	3.91	3.89	3.51
平均每户就业人口数	人	1.57	1.36	1.14	1.43
#国有单位职工	人	0.80	0.29	0.31	0.54
集体单位职工	人	0.08	0.11	0.05	0.09
平均每户就业面	%	49.53	34.78	29.31	40.74
每一就业者负担人数	人	2.02	2.87	3.41	2.45
平均每户离退休人口数	人	0.48	0.37	0.36	0.34
平均每人年总收入	元	10055	3144	2612	4707
平均每人年可支配收入	**元**	**9203**	**2944**	**2421**	**4391**
平均每人年总支出	元	8954	3085	2897	4297
平均每人年消费性支出	元	6883	2688	2399	3617

13-6 续表

指 标 名 称	单 位	中 等 偏下组	中 等 收入组	中 等 偏上组	高 收 入 组	最 高 收入组
调查户数	户	201	200	200	100	100
调查户构成	%	20.08	19.99	19.97	10.00	9.99
平均每户人口数	人	3.43	3.16	3.03	2.95	2.62
平均每户就业人口数	人	1.60	1.62	1.68	1.68	1.42
#国有单位职工	人	0.52	0.86	0.96	1.12	1.00
集体单位职工	人	0.08	0.06	0.07	0.09	0.06
平均每户就业面	%	46.65	51.27	55.45	56.95	54.20
每一就业者负担人数	人	2.15	1.95	1.80	1.75	1.84
平均每户离退休人口数	人	0.49	0.53	0.44	0.54	0.57
平均每人年总收入	元	6197	8509	11152	15216	22896
平均每人年可支配收入	**元**	**5761**	**7791**	**10198**	**13533**	**21042**
平均每人年总支出	元	5519	7483	9269	13944	21010
平均每人年消费性支出	元	4758	6093	7411	9686	14605

13-7 城镇居民家庭现金收支情况

(2005年，平均每人全年)　　　　单位：元

指标名称	总平均	最低收入组	#更低收入组	低收入组	中等偏下组	中等收入组	中等偏上组	高收入组	最高收入组
期初手存现金	**8029.15**	**2914.68**	**2432.33**	**5013.78**	**5006.82**	**8097.49**	**8926.79**	**11678.50**	**15034.51**
家庭总收入	**10055.09**	**3143.66**	**2611.96**	**4706.99**	**6197.42**	**8509.47**	**11152.29**	**15216.29**	**22896.30**
#可支配收入	9203.21	2943.89	2421.13	4391.01	5761.37	7791.01	10198.32	13532.76	21042.25
工薪收入	6780.27	1968.70	1527.32	2800.36	3755.31	5689.72	8320.11	10898.12	14710.53
工资及补贴收入	6175.02	1428.18	837.51	2278.48	3052.89	5178.57	7827.81	10088.21	13970.40
其他劳动收入	605.25	540.52	689.81	521.88	702.42	511.14	492.29	809.92	740.13
经营净收入	851.03	356.36	289.92	615.95	819.41	761.02	883.39	577.10	1857.37
财产性收入	171.52	19.31	10.77	165.88	81.97	149.96	157.88	342.88	371.68
利息收入	21.06	4.08		0.91	0.33	12.23	17.70	35.08	94.41
股息与红利收入	36.78	2.95		5.09	17.06	33.69	10.23	143.48	81.35
保险收益	1.38	0.43	0.83	1.79		3.65	0.22		3.56
其它投资收入	5.87			9.12	0.21	2.20	4.27	1.63	30.79
出租房屋收入	89.64	9.05	4.69	148.57	60.29	89.03	88.59	132.41	132.04
知识产权收入	1.46							5.51	7.76
其他财产性收入	15.34	2.80	5.25	0.41	4.08	9.17	36.87	24.77	21.76
转移性收入	2252.27	799.30	783.95	1124.80	1540.74	1908.77	1790.91	3398.19	5956.72
养老金或离退休金收入	1805.10	563.51	506.14	850.42	1265.90	1560.75	1488.41	2905.65	4526.19
社会救济收入	13.12	60.50	96.68	37.98	7.18	6.17	1.46	6.44	
辞退金	4.35	0.63			5.05			32.66	
赔偿收入	24.50	3.43			0.10	15.01		0.66	181.33
保险收入	21.94	32.70	45.01	56.35	23.44	18.27	8.00	20.14	15.99
赡养收入	46.63	26.89	31.15	14.91	61.11	68.76	9.45	23.84	109.69
捐赠收入	124.03	44.72	39.02	58.10	61.69	93.71	98.41	139.73	430.06
亲友搭伙费	34.90	12.77	12.20	16.40	11.57	31.98	28.02	20.84	136.40
提取住房公积金	21.36				22.26	10.98	21.69	28.27	66.01
记帐补贴	71.13	52.34	51.64	61.35	59.16	67.74	74.75	79.42	107.41
其他转移性收入	85.21	1.81	2.12	29.30	23.29	35.38	60.72	140.53	383.63
出售财物收入	**19.12**	**0.86**	**0.87**	**16.62**	**2.61**	**8.58**	**37.22**	**9.30**	**60.29**
借贷收入	**4408.45**	**855.45**	**1116.70**	**1190.39**	**1875.93**	**2933.02**	**3979.33**	**8116.89**	**14227.42**
提取储蓄存款	4081.67	651.96	825.63	1137.70	1751.70	2833.10	3700.30	7796.20	12773.12
借入款	79.29	79.55	97.89	36.32	88.93	68.35	72.04	176.32	41.64
收回借出款	81.90	43.98	84.43	4.69	9.78	18.93	93.07	120.12	348.72
收回储蓄保险本金	1.32						5.10		2.61
兑售有价证券	0.18							1.83	
收回投资本金	27.62			4.11					234.66
住房贷款	40.69	77.41	107.62		25.51	6.09	93.81	18.20	51.08
汽车贷款	88.57								762.21
教育贷款									
其他贷款	1.81	1.63	0.39	3.53		3.04	1.03	4.22	0.88
其他借贷收入	5.39	0.91	0.73	4.04		3.51	13.98		12.49

13-7 续表

单位：元

指标名称	总平均	最低收入组	#更低收入组	低收入组	中等偏下组	中等收入组	中等偏上组	高收入组	最高收入组
家庭总支出	**8953.81**	**3085.25**	**2897.30**	**4297.08**	**5518.64**	**7483.38**	**9268.97**	**13943.78**	**21010.07**
消费性支出	6883.44	2688.26	2399.01	3616.91	4758.43	6092.63	7411.12	9686.43	14605.29
购房与建房支出	507.48	96.22	182.95	182.66	11.05	164.54	38.79	1360.00	2593.06
转移性支出	899.16	154.50	176.24	243.16	385.34	640.26	1050.92	1535.76	2536.08
个人所得税	123.32	1.24	0.09	4.48	13.41	69.64	119.85	263.99	479.22
捐赠支出	295.84	56.02	29.17	94.71	148.62	214.32	384.17	504.67	710.74
购买彩票	7.90	0.22	0.09	1.94	7.27	6.64	5.99	3.54	29.43
赡养支出	301.19	87.49	137.91	111.03	164.84	233.56	305.77	477.74	814.78
非储蓄性保险	65.17	1.17	1.18	2.58	15.40	31.24	117.54	85.79	201.95
其它转移性支出	105.74	8.36	7.81	28.43	35.80	84.85	117.61	200.03	299.96
财产性支出	6.29	0.09		4.21	0.34	4.88	8.76	21.47	8.22
社会保障支出	657.44	146.19	139.10	250.14	363.48	581.07	759.37	1340.12	1267.42
借贷支出	**5302.41**	**764.80**	**653.12**	**1432.73**	**2480.53**	**3874.11**	**5654.49**	**9049.16**	**15510.81**
存入储蓄款	4943.13	721.20	647.33	1353.99	2364.31	3645.60	5231.46	8662.23	14165.69
借出款	43.74	1.99		34.55	22.09	21.61	78.90	47.33	98.17
归还借款	67.57	30.01	5.79	28.13	46.07	29.63	92.25	34.38	217.76
储蓄性保险支出	34.06	3.90		0.37	3.03	27.64	61.81	48.13	88.79
购买有价证券	19.40			0.06	4.02	28.64	44.29	6.75	29.16
其它投资支出	15.16	0.06				22.32	0.69	41.90	54.50
归还住房贷款	149.92	0.96		2.02	9.64	71.82	126.21	182.19	773.14
归还汽车贷款	2.58								22.21
归还教育贷款	0.01			0.13					
归还其他贷款	15.08	0.96		6.12	24.34	9.10	9.07	20.72	34.59
其它借贷支出	11.76	5.73		7.35	7.04	17.76	9.81	5.53	26.80
期末手存现金	**8255.60**	**3064.61**	**2611.44**	**5197.98**	**5083.61**	**8191.07**	**9172.18**	**12028.04**	**15697.64**

13-8 城镇居民家庭消费支出情况

(2005年，平均每人全年)　　单位：元

指标名称	总平均	最低收入组	# 更低收入组	低收入组	中等偏下组	中等收入组	中等编上组	高收入组	最高收入组
消费性支出	**6883.44**	**2688.26**	**2399.01**	**3616.91**	**4758.43**	**6092.63**	**7411.12**	**9686.43**	**14605.29**
食品	**2778.95**	**1525.87**	**1359.31**	**1843.50**	**2259.07**	**2792.56**	**2957.28**	**3629.44**	**4389.34**
粮食	234.51	211.69	203.27	212.70	235.50	234.77	228.91	225.92	286.11
淀粉及薯类	9.99	4.99	4.01	5.96	7.21	10.93	10.48	11.68	18.17
干豆类及制品	31.36	23.70	22.22	26.02	26.84	31.48	34.73	31.19	43.83
油脂类	107.20	91.14	93.17	96.16	99.95	107.54	109.00	116.49	130.09
肉类	592.20	394.49	360.02	483.39	546.01	616.49	624.97	655.29	773.72
禽类	335.79	186.97	169.82	244.09	298.75	366.10	360.74	416.25	433.75
蛋类	44.11	26.54	25.39	30.69	38.63	42.95	52.50	48.50	62.63
水产品类	178.41	104.88	88.35	111.04	150.99	187.29	185.75	245.06	253.99
蔬菜类	262.87	182.72	168.80	212.57	233.35	261.00	278.09	295.12	370.01
调味品	35.30	21.29	19.03	27.63	28.74	34.64	35.57	37.38	63.25
糖类	26.11	10.63	8.26	16.81	19.55	25.27	30.55	37.29	41.88
烟草类	53.51	23.22	20.48	48.20	52.38	53.64	45.39	80.35	76.69
酒	42.36	16.80	12.64	31.25	39.58	41.20	46.26	57.45	60.20
饮料	37.36	9.74	4.30	16.64	22.53	34.17	38.78	51.74	92.71
干鲜瓜果类	179.85	60.56	44.75	91.43	136.66	184.30	207.57	269.08	291.14
糕点类	44.18	13.99	9.50	20.24	29.06	46.16	55.31	52.40	84.44
奶及奶制品	102.93	26.09	19.21	29.82	60.48	108.45	134.19	165.89	178.70
其他食品	33.65	6.15	4.29	12.20	18.35	28.10	36.18	41.27	98.20
食品加工服务费	1.94	0.22	0.26	0.40	2.29	2.38	2.95	3.48	0.25
在外饮食	425.31	110.06	81.54	126.22	212.20	375.70	439.37	787.59	1029.58
衣着	**443.48**	**95.99**	**77.07**	**148.51**	**233.47**	**396.03**	**546.44**	**717.77**	**988.48**
服装	323.76	65.82	56.20	101.07	165.96	291.65	398.42	547.54	714.39
衣着材料	7.24	1.59	0.33	1.85	3.59	6.48	12.41	7.45	14.59
鞋类	87.96	24.06	17.77	36.83	52.08	74.51	103.76	124.56	206.84
其他衣着用品	21.26	4.04	2.61	8.36	10.08	20.45	27.29	32.56	46.02
衣着加工服务费	3.27	0.47	0.16	0.40	1.77	2.96	4.57	5.66	6.64

单位：元

指标名称	总平均	最低收入组	#更低收入组	低收入组	中等偏下组	中等收入组	中等编上组	高收入组	最高收入组
家庭设备用品及服务	**453.85**	**99.63**	**74.87**	**134.48**	**278.72**	**293.79**	**432.90**	**996.82**	**1136.43**
耐用消费品	236.11	35.02	23.24	43.78	143.68	122.66	194.59	590.86	669.22
室内装饰品	16.67	0.76	0.28	0.69	1.36	7.27	21.05	56.90	41.81
床上用品	31.84	5.07	4.53	8.23	11.04	23.73	44.56	54.57	80.15
家庭日用杂品	139.58	51.13	42.85	77.39	98.61	124.09	153.00	221.80	264.89
家具材料	7.20	0.07		0.56	11.98	3.00	4.35	8.51	21.51
家庭服务	22.45	7.59	3.98	3.83	12.06	13.04	15.35	64.17	58.85
医疗保健	**434.29**	**165.21**	**201.54**	**232.36**	**269.43**	**376.29**	**434.70**	**466.86**	**1169.69**
医疗器具	3.52	3.30	6.10	1.61	1.81	0.67	3.47	0.33	15.78
保健器具	3.47			0.01	0.08	4.45	5.39	3.40	9.88
药品费	194.10	58.58	40.46	130.17	113.82	166.92	171.88	240.62	540.56
滋补保健品	22.97	3.58	2.89	4.46	8.14	27.89	26.22	35.30	54.04
医疗费	201.02	96.19	151.35	92.93	140.95	170.29	218.59	177.69	517.90
其他	9.20	3.57	0.75	3.17	4.63	6.07	9.16	9.51	31.53
交通和通讯	**870.57**	**139.59**	**91.24**	**323.58**	**472.39**	**601.73**	**964.33**	**1142.94**	**2655.47**
交通	467.72	43.81	32.97	153.55	204.35	274.55	409.84	588.53	1843.72
通讯	402.85	95.78	58.26	170.03	268.04	327.18	554.49	554.41	811.75
教育文化娱乐服务	**1029.24**	**253.10**	**205.65**	**350.26**	**602.93**	**781.48**	**1106.78**	**1627.21**	**2707.77**
文化娱乐用品	242.05	31.57	25.51	39.28	98.42	191.28	284.43	365.01	727.19
文化娱乐服务	310.15	15.51	11.20	29.59	53.46	145.28	300.84	832.87	1052.46
教育	477.04	206.02	168.93	281.40	451.05	444.92	521.51	429.33	928.12
居住	**691.59**	**354.83**	**321.16**	**520.70**	**570.92**	**743.85**	**690.70**	**889.02**	**1060.49**
住房	174.33	51.74	39.07	138.23	113.87	220.40	134.47	302.71	289.07
水电燃料及其他	487.49	295.27	276.34	375.06	440.61	493.47	522.99	531.65	711.15
居住服务费	29.78	7.82	5.75	7.41	16.44	29.98	33.24	54.65	60.26
杂项商品和服务	**181.47**	**54.03**	**68.16**	**63.53**	**71.48**	**106.89**	**277.99**	**216.37**	**497.63**
杂项商品	116.59	31.20	31.10	36.73	58.85	85.74	206.85	155.62	212.19
服务	64.87	22.83	37.06	26.80	12.64	21.16	71.14	60.74	285.44

13-9 城镇居民家庭生活费支出构成情况

(2005年,平均每人全年)　　单位：%

指标名称	总平均	最低收入组	#更低收入组	低收入组	中等偏下组	中等收入组	中等偏上组	高收入组	最高收入组
消费性支出	100.00	100.00	100.00	100.00	100.00	100.00	100.00	100.00	100.00
食品	40.37	56.76	56.66	50.97	47.48	45.84	39.90	37.47	30.05
衣着	6.44	3.57	3.21	4.11	4.91	6.50	7.37	7.41	6.77
家庭设备用品及服务	6.59	3.71	3.12	3.72	5.86	4.82	5.84	10.29	7.78
医疗保健	6.31	6.15	8.40	6.42	5.66	6.18	5.87	4.82	8.01
交通和通讯	12.65	5.19	3.80	8.95	9.93	9.88	13.01	11.80	18.18
教育文化娱乐服务	14.95	9.42	8.57	9.68	12.67	12.83	14.93	16.80	18.54
居住	10.05	13.20	13.39	14.40	12.00	12.21	9.32	9.18	7.26
杂项商品和服务	2.64	2.01	2.84	1.76	1.50	1.75	3.75	2.23	3.41

13-10 城镇居民家庭年末主要消费品拥有情况

（2005年，平均每百户）

指标名称	单位	总平均	最低收入组	#更低收入组	低收入组	中等偏下组	中等收入组	中等偏上组	高收入组	最高收入组
成套家俱	套	104.46	70.71	66.18	93.85	92.26	108.53	110.01	120.75	119.42
摩托车	辆	66.74	41.87	36.55	48.10	58.18	67.96	78.47	84.04	70.30
自行车	辆	135.99	134.55	124.57	139.10	140.11	141.30	135.88	118.30	136.20
助力车	辆	6.58	1.73	0.80	4.74	3.63	12.10	6.06	5.85	7.77
家用汽车	辆	4.40	0.78		2.06	0.91	1.32	2.15	6.45	18.48
洗衣机	台	91.89	70.49	64.08	73.93	87.65	94.93	98.18	94.59	104.36
电风扇	台	272.95	234.06	209.38	251.26	284.82	271.28	278.12	284.01	279.32
电冰箱	台	90.44	69.23	66.22	70.38	80.97	94.67	93.85	97.16	110.08
冰柜	台	6.65	2.61	1.02	5.19	8.76	3.85	8.22	5.11	10.01
彩色电视机	台	139.19	104.41	98.81	119.02	131.34	137.89	139.31	147.05	176.85
影碟机	台	81.49	60.48	43.02	75.85	76.84	82.69	85.07	87.61	91.38
录音机	台	36.43	8.46	4.29	18.19	28.17	43.25	45.73	38.33	48.84
录放像机	台	12.84	1.76	1.68	8.48	6.25	9.21	15.73	14.85	29.62
家用电脑	台	53.57	10.47	13.10	17.69	35.93	51.00	73.55	78.66	76.31
组合音响	套	33.64	11.58	9.97	26.38	31.62	32.15	36.26	40.93	46.03
摄像机	台	3.94	0.52		0.58	0.37	2.39	3.15	12.93	8.82
照相机	架	45.09	10.89	10.08	28.45	24.44	38.36	56.07	57.93	84.42
钢 琴	架	2.43	0.00		1.16		0.48	3.81	3.45	7.60
其它中高档乐器	件	7.69			1.39	3.96	8.40	6.34	9.63	20.04
微波炉	台	54.82	18.63	20.58	36.36	38.11	53.59	62.14	74.23	83.88
空调器	台	87.42	11.81	7.23	39.04	42.40	71.74	93.96	142.45	187.04
取暖器	台	25.89	4.91	5.87	21.14	18.90	20.72	29.80	37.31	42.67
电炊具	个	99.55	51.40	54.12	60.89	75.99	106.59	102.19	127.65	144.31
淋浴热水器	台	95.43	72.50	65.18	85.70	90.35	97.99	100.77	102.14	104.24
抽排油烟机	台	69.27	36.54	36.16	45.88	57.42	75.59	72.57	91.07	86.25
消毒碗柜	台	68.23	40.85	35.54	48.68	56.01	71.96	74.59	86.80	81.96
洗碗机	台	1.30			1.52	1.25	0.69	1.06	4.88	0.47
饮水机	台	52.22	28.82	27.26	49.49	41.52	61.20	60.22	57.49	52.62
吸尘器	台	11.39			6.03	2.94	6.69	13.74	20.06	28.44
健身器材	件	3.40			0.58		4.30	2.74	5.71	9.29
普通电话	部	92.82	73.47	78.56	82.99	91.10	92.29	96.96	104.16	97.88
移动电话	部	149.27	65.38	42.41	120.21	123.13	147.34	177.10	176.58	189.15
传真机	部	2.14			1.16	1.24	1.44	0.76	2.03	8.29

13-11 城镇居民家庭居住情况

（2005年）

指标名称	计量单位	合计	指标名称	计量单位	合计
家庭居住人口数	**人/户**	**3.17**	**卫生设备**		
现住房总建筑面积	**平方米/人**	**32.07**	无卫生设备	%	4.13
现住房总使用面积	**平方米/人**	**24.84**	有浴室厕所	%	87.34
房屋产权			有厕所无浴室	%	6.29
租赁公房	%	11.69	公　用	%	2.23
租赁私房	%	1.42	**取暖设备**		
原有私房	%	17.03	无取暖设备	%	64.67
房改私房	%	56.07	空调设备	%	30.12
商品房	%	9.15	暖　气	%	0.26
其　他	%	4.64	其　它	%	4.95
住宅建筑式样			**炊用燃料使用情况**		
单栋住宅	%	11.46	管道煤气	%	4.98
四居室	%	5.72	液化石油气	%	90.15
三居室	%	29.30	煤	%	1.18
二居室	%	36.62	其　它	%	3.69
-居室	%	3.78	**通讯设备使用情况**		
普通楼房	%	8.74	无电话	%	1.73
平房及其它	%	4.38	有电话	%	98.27
装修状况			固定电话	部/百户	92.82
有装修	%	60.59	移动电话	部/百户	149.14
未装修	%	39.41	使用互联网	条/百户	32.66
用水情况					
独用自来水	%	91.34			
公用自来水	%	8.61			

13-12 各县区城镇居民家庭生活基本情况

（2005年）

指标名称	单位	兴宁区	青秀区	江南区	西乡塘区	良庆区	邕宁区
调查户数	户	100	100	100	120	60	80
平均每户人口数	人	3.02	3.12	2.93	3.16	3.59	2.99
平均每户就业人口数	人	1.41	1.46	1.32	1.70	1.39	1.41
#国有单位职工	人	0.81	0.82	0.65	0.80	0.24	0.79
集体单位职工	人	0.06	0.09	0.08	0.09	0.07	0.02
平均每户就业面	%	46.69	46.79	45.05	53.80	38.72	47.16
每一就业者负担人数	人	2.14	2.13	2.22	1.85	2.59	2.13
平均每户离退休人口数	人	0.62	0.58	0.54	0.50	0.36	0.42
平均每人年总收入	元	12169	14499	9526	9444	7919	8826
平均每人年可支配收入	**元**	**10964**	**13256**	**8760**	**8367**	**7666**	**7934**
平均每人年总支出	元	9858	12705	8835	9491	5488	6944
平均每人年消费性支出	元	7329	9581	7144	6955	4801	5402

13-12 续表

指 标 名 称	单 位	武鸣县	隆安县	马山县	上林县	宾阳县	横 县
调查户数	户	80	60	60	60	100	80
平均每户人口数	人	3.46	3.00	3.79	3.23	3.25	3.37
平均每户就业人口数	人	1.68	1.42	1.71	1.67	1.78	1.73
#国有单位职工	人	0.83	0.78	0.77	1.12	0.85	0.94
集体单位职工	人	0.06	0.10	0.06	0.05	0.07	0.09
平均每户就业面	%	48.55	47.33	45.12	51.70	54.77	51.34
每一就业者负担人数	人	2.06	2.11	2.22	1.94	1.83	1.95
平均每户离退休人口数	人	0.42	0.32	0.54	0.27	0.21	0.51
平均每人年总收入	元	7942	6961	6538	6901	7906	7710
平均每人年可支配收入	**元**	**7424**	**6648**	**6276**	**6570**	**7669**	**7166**
平均每人年总支出	元	7014	6138	5304	6701	5665	7141
平均每人年消费性支出	元	5616	5125	4475	5400	4815	5634

13-13 各县区城镇居民家庭现金收支情况

(2005年，平均每人全年)　　单位：元

指标名称	兴宁区	青秀区	江南区	西乡塘区	良庆区	邕宁区
期初手存现金	**11209.77**	**11219.93**	**18310.29**	**4774.01**	**1824.31**	**4745.57**
家庭总收入	**12169.04**	**14499.16**	**9526.24**	**9443.98**	**7919.38**	**8826.47**
#可支配收入	10964.10	13255.65	8760.08	8367.20	7666.29	7933.54
工薪收入	7954.83	9992.23	6357.58	7083.88	3248.85	5826.90
工资及补贴收入	7167.87	9469.75	5727.54	6480.81	2519.95	5437.49
其他劳动收入	786.95	522.49	630.04	603.07	728.90	389.41
经营净收入	523.37	733.08	384.78	406.51	2229.31	866.00
财产性收入	328.94	120.87	111.87	60.46	931.33	374.35
利息收入	111.19	31.63	35.21	7.37	5.63	3.66
股息与红利收入	41.84	12.52	55.14	14.07	9.53	191.75
保险收益	3.64			0.70	3.16	
其它投资收入	9.87	2.08		2.13		
出租房屋收入	88.76	60.00		30.17	913.02	130.87
知识产权收入	6.62			2.64		6.84
其他财产性收入	67.02	14.64	21.52	3.37		41.23
转移性收入	3361.91	3652.97	2672.01	1893.13	1509.89	1759.22
养老金或离退休金收入	2462.65	3103.47	1933.77	1635.64	1353.20	1496.87
社会救济收入	4.29	3.72	59.85	15.70	0.53	8.86
辞退金	1.04			3.70		
赔偿收入	1.55		245.81	7.99		
保险收入	55.40	10.80	19.81	13.82	10.21	4.52
赡养收入	92.54	44.74	10.94	18.09	17.89	14.83
捐赠收入	247.80	119.51	245.32	67.97	72.04	86.36
亲友搭伙费	21.97	83.62	7.20	23.85		42.12
提取住房公积金	44.60	20.28	36.38			13.39
记帐补贴	70.59	106.88	62.89	55.48	55.79	68.61
其他转移性收入	359.47	159.95	50.04	50.90	0.23	23.65
出售财物收入	**28.52**	**0.40**	**71.49**	**4.69**	**4.28**	**3.46**
借贷收入	**2537.58**	**7843.55**	**2807.30**	**5648.81**	**1792.82**	**2228.86**
提取储蓄存款	2325.62	7094.03	2482.10	5512.28	1755.66	2153.12
借入款	145.12	19.79	56.52	82.39	7.41	13.48
收回借出款	66.85	253.26	21.32	40.93	29.74	43.37
收回储蓄保险本金		4.86	3.42			
兑售有价证券						
收回投资本金		129.98				4.17
住房贷款		11.19	3.11			
汽车贷款		320.59	239.81			
其他贷款		3.37				14.72
他借贷收入		6.48	1.02			

单位：元

指标名称	武鸣县	隆安县	马山县	上林县	宾阳县	横县
期初手存现金	**17123.98**	**581.20**	**2423.88**	**6369.72**	**4449.02**	**2038.15**
家庭总收入	**7942.28**	**6961.41**	**6537.92**	**6900.62**	**7906.36**	**7710.28**
#可支配收入	7423.90	6647.99	6275.67	6569.81	7668.95	7165.72
工薪收入	5204.79	4571.77	3531.70	4741.69	4465.15	4814.53
工资及补贴收入	3894.33	4235.98	3084.56	4351.80	3847.94	4426.33
其他劳动收入	1310.46	335.79	447.15	389.89	617.20	388.20
经营净收入	1044.06	666.07	1261.39	718.78	2381.92	851.52
财产性收入	275.70	96.38	75.36	124.73	154.08	223.96
利息收入	7.98		1.62	9.78	1.53	17.15
股息与红利收入	47.14		13.63	21.69	94.19	5.14
保险收益	1.02	1.28		0.71	8.15	
其它投资收入	64.45	9.99	1.32		3.54	
出租房屋收入	138.63	40.62	58.35	51.25	44.60	201.66
知识产权收入						
其他财产性收入	16.49	44.50	0.44	41.31	2.07	
转移性收入	1417.73	1627.20	1669.48	1315.42	905.21	1820.27
养老金或离退休金收入	1036.71	1085.22	1347.02	919.80	498.05	1315.90
社会救济收入	13.40	26.51	15.07		3.96	
辞退金		98.97				21.22
赔偿收入			13.07	1.03		
保险收入	106.30	122.22		0.81	8.15	15.16
赡养收入	33.19	53.81	29.26	96.81	150.43	57.88
捐赠收入	49.45	37.36	123.34	180.97	113.57	221.40
亲友搭伙费	3.33	35.62	26.80	55.82	24.73	20.77
提取住房公积金	58.93	88.70	19.30	2.43		73.04
记帐补贴	58.93	51.54	64.43	43.37	74.20	67.34
其他转移性收入	57.49	27.23	31.18	14.37	32.12	27.55
出售财物收入	**10.74**	**1.66**	**11.76**		**86.10**	**3.24**
借贷收入	**2475.20**	**4928.35**	**766.10**	**2061.97**	**905.05**	**4583.19**
提取储蓄存款	2091.29	4664.69	352.61	1466.07	598.01	4569.47
借入款	163.83	112.80	146.76	309.13	139.20	8.16
收回借出款	34.71		40.86	19.62	52.50	
收回储蓄保险本金						
兑售有价证券				6.76		
收回投资本金					1.54	
住房贷款	181.76	150.86	219.70	258.17	113.82	
汽车贷款						
其他贷款	3.62		4.39	0.77		
其他借贷收入			1.77	1.45		5.56

13-13 续表2

单位：元

指标名称	兴宁区	青秀区	江南区	西乡塘区	良庆区	邕宁区
家庭总支出	**9858.18**	**12704.87**	**8835.16**	**9491.39**	**5487.64**	**6944.41**
消费性支出	7329.24	9581.48	7144.39	6954.66	4801.41	5401.83
购房与建房支出	269.72	1019.72	207.50	745.76	0.24	0.08
转移性支出	1297.71	1241.70	826.83	886.22	492.45	846.91
个人所得税	177.81	279.80	58.65	117.03	7.95	135.32
捐赠支出	331.85	379.16	335.70	248.99	214.59	279.17
购买彩票	26.29	9.44	2.36	3.64	4.40	2.37
赡养支出	312.48	373.75	320.05	308.57	237.32	313.42
非储蓄性保险	108.14	79.48	38.01	101.24	12.65	69.08
其它转移性支出	341.14	120.07	72.06	106.75	15.54	47.55
财产性支出	4.97	5.15	11.81	0.48	4.18	6.60
社会保障支出	956.54	856.82	644.63	904.27	189.35	688.99
借贷支出	**4666.84**	**9028.62**	**3816.21**	**5486.99**	**4275.08**	**3564.09**
存入储蓄款	4165.72	8257.57	3603.31	5397.34	4137.15	3110.72
借出款		31.83		12.06	67.39	422.71
归还借款	398.62	18.00	33.86	42.27	18.96	30.41
储蓄性保险支出	17.63	67.15	41.40	9.78	32.77	0.25
购买有价证券		55.11	5.66			
其它投资支出		30.19				
归还住房贷款	3.64	552.75	100.78	25.53	18.80	
归还汽车贷款			29.04			
归还教育贷款						
归还其他贷款	22.77	5.77	2.16			
其它借贷支出	58.46	10.25				
期末手存现金	**11419.90**	**11829.55**	**18063.95**	**4893.11**	**1778.07**	**5295.85**

单位：元

指标名称	武鸣县	隆安县	马山县	上林县	宾阳县	横县
家庭总支出	**7014.21**	**6138.26**	**5303.67**	**6700.53**	**5664.90**	**7141.05**
消费性支出	5615.96	5124.52	4474.50	5399.97	4815.29	5634.23
购房与建房支出	345.42	429.25	0.44	97.89	123.35	293.91
转移性支出	601.01	356.10	636.81	936.96	574.33	799.63
个人所得税	46.01	36.06	11.79	24.23	12.22	74.73
捐赠支出	154.74	244.90	346.55	362.32	230.16	363.89
购买彩票	6.76	0.57	0.13	1.54	10.12	22.86
赡养支出	251.35	12.73	259.02	321.84	197.15	316.42
非储蓄性保险	69.19	3.77	4.37	50.81	20.77	2.87
其它转移性支出	72.96	58.06	14.95	176.23	103.91	18.87
财产性支出	38.37	2.57	5.89	2.50	0.94	10.79
社会保障支出	413.44	225.82	186.03	263.21	150.99	402.49
借贷支出	**3796.16**	**5767.86**	**1848.75**	**2111.46**	**2486.77**	**5286.28**
存入储蓄款	3458.19	5571.44	1518.43	1320.38	2238.90	5005.31
借出款	151.06	33.29	28.56	5.16	1.60	
归还借款	89.94		82.46	260.50	59.88	30.75
储蓄性保险支出	11.61	58.34		4.65	29.16	109.28
购买有价证券	1.81				68.98	11.36
其它投资支出			10.79	309.81		
归还购买住房贷款	36.34	104.80	5.05	53.79	43.00	120.88
归还汽车贷款						
归还教育贷款			0.35			
归还其他贷款	45.35		61.19	130.36	44.21	
其它借贷支出	1.86		141.92	26.81	1.05	8.71
期末手存现金	**16741.84**	**566.50**	**2587.23**	**6520.33**	**5194.85**	**1907.53**

13-14 各县区城镇居民家庭消费支出情况

(2005年，平均每人全年)　　单位：元

指标名称	兴宁区	青秀区	江南区	西乡塘区	良庆区	邕宁区
消费性支出	**7329.24**	**9581.48**	**7144.39**	**6954.66**	**4801.41**	**5401.83**
食 品	**3105.85**	**3447.73**	**2850.34**	**2827.23**	**2134.56**	**2585.88**
粮 食	248.54	254.01	230.38	246.55	255.72	241.71
淀粉及薯类	8.92	15.42	13.28	7.69	5.61	7.56
干豆类及制品	35.00	37.90	35.22	30.97	23.55	22.26
油脂类	105.18	117.86	111.32	104.62	120.37	117.90
肉 类	619.08	643.13	583.62	609.24	504.40	616.30
禽 类	390.47	366.46	331.13	334.45	320.12	311.67
蛋 类	53.46	53.34	46.53	49.36	40.50	40.02
水产品类	211.74	223.66	193.70	199.78	149.03	164.39
蔬菜类	265.43	313.67	267.04	279.63	227.54	241.59
调味品	51.32	47.04	34.96	31.82	28.55	39.76
糖 类	31.70	28.33	34.40	26.79	20.63	20.36
烟草类	77.75	42.69	67.46	49.87	28.05	69.14
酒	39.54	40.30	43.34	41.46	36.25	45.26
饮 料	42.15	54.71	42.45	33.52	20.81	47.24
干鲜瓜果类	184.86	228.77	201.15	188.87	134.35	189.67
糕点类	35.73	54.72	47.06	52.77	25.36	33.59
奶及奶制品	158.43	143.19	100.88	130.14	44.49	72.63
其他食品	34.35	69.43	32.31	25.11	9.11	37.99
食品加工费服务费	0.10	3.04	8.88	0.76	0.01	0.24
在外饮食	512.10	710.04	425.23	383.83	140.10	266.61
衣 着	**501.97**	**619.01**	**372.21**	**491.80**	**221.95**	**345.62**
服 装	360.07	444.12	259.07	371.35	158.63	251.83
衣着材料	4.57	7.87	13.39	10.69	3.43	3.32
鞋 类	112.89	132.00	71.82	84.21	49.99	72.28
其他衣着用品	21.72	32.47	21.77	19.51	7.83	16.94
衣着加工服务费	2.72	2.55	6.16	6.04	2.07	1.26

指 标 名 称	武鸣县	隆安县	马山县	上林县	宾阳县	横 县
消费性支出	**5615.96**	**5124.52**	**4474.50**	**5399.97**	**4815.29**	**5634.23**
食 品	**2233.05**	**2283.51**	**2158.37**	**2123.16**	**2225.02**	**2465.38**
粮 食	190.08	221.22	225.80	175.09	203.18	216.21
淀粉及薯类	2.17	8.33	4.72	6.87	9.56	14.26
干豆类及制品	24.92	20.67	27.30	27.13	32.05	25.23
油脂类	79.73	76.74	64.67	108.29	113.69	109.21
肉 类	498.02	507.55	643.20	532.12	530.44	565.05
禽 类	352.86	324.17	291.06	299.74	321.39	265.92
蛋 类	27.09	26.76	21.79	39.24	31.54	36.52
水产品类	121.35	123.29	90.20	116.75	106.33	156.48
蔬菜类	212.50	207.28	195.61	197.94	197.42	272.24
调味品	32.67	19.38	27.27	25.87	25.14	25.67
糖 类	23.04	18.91	18.44	20.09	23.81	20.89
烟草类	29.27	53.56	54.07	52.77	72.02	54.96
酒	42.20	44.82	73.67	43.25	48.40	29.46
饮 料	27.88	21.29	20.06	17.88	30.37	25.11
干鲜瓜果类	144.09	114.57	105.93	163.24	120.34	144.57
糕点类	32.51	26.46	26.97	38.72	31.39	41.31
奶及奶制品	52.57	41.83	35.86	58.53	47.63	55.43
其他食品	19.14	23.12	5.62	18.76	15.88	23.53
食品加工费服务费	4.35		0.18		0.13	0.50
在外饮食	316.60	403.56	225.99	180.86	264.32	382.83
衣 着	**351.10**	**299.98**	**187.28**	**414.68**	**327.27**	**327.87**
服 装	236.60	223.52	136.51	299.26	240.95	254.88
衣着材料	3.49	3.39	4.20	3.29	3.46	3.11
鞋 类	67.44	60.38	38.71	99.19	69.86	59.94
其他衣着用品	42.50	11.06	7.53	12.65	11.56	9.19
衣着加工服务费	1.08	1.61	0.33	0.29	1.44	0.74

13-14 续表2

单位：元

指 标 名 称	兴宁区	青秀区	江南区	西乡塘区	良庆区	邕宁区
家庭设备用品及服务	**593.00**	**602.29**	**311.49**	**565.35**	**241.22**	**312.48**
耐用消费品	313.57	358.08	143.53	294.32	129.79	151.86
室内装饰品	48.81	9.66	5.57	24.74	2.56	0.93
床上用品	42.00	32.41	27.54	45.08	9.05	26.68
家庭日用杂品	168.87	155.50	123.57	158.30	89.58	126.01
家具材料	4.59	9.77		12.92	0.97	2.51
家庭服务	15.17	36.88	11.28	30.00	9.27	4.48
医疗保健	**564.42**	**637.93**	**444.26**	**443.61**	**265.86**	**205.73**
医疗器具	5.75	6.49	0.01	4.83	0.01	0.50
保健器具	0.74	2.19	6.26	6.04	0.02	1.33
药品费	321.01	301.25	158.12	198.08	88.89	116.63
滋补保健品	30.75	38.85	17.98	19.25	7.08	9.52
医疗费	193.66	266.94	255.90	209.47	167.70	69.35
其 他	12.51	22.21	6.00	5.93	2.16	8.40
交通和通讯	**715.22**	**1369.65**	**1311.15**	**807.10**	**511.28**	**539.67**
交 通	306.52	852.34	906.28	365.32	202.54	228.35
通 讯	408.71	517.31	404.87	441.78	308.73	311.32
教育文化娱乐服务	**757.44**	**1780.43**	**938.38**	**991.86**	**762.01**	**716.20**
文化娱乐用品	259.31	352.46	156.78	284.55	119.37	182.88
文化娱乐服务	188.40	759.53	221.47	299.75	45.46	88.48
教 育	309.73	668.44	560.13	407.57	597.17	444.84
居 住	**961.07**	**755.37**	**781.30**	**650.53**	**604.06**	**584.66**
住房	361.35	144.26	242.04	120.41	98.85	52.76
水电燃料及其他	571.68	555.56	499.08	495.12	480.99	518.23
居住服务费	28.04	55.55	40.18	35.00	24.21	13.66
杂项商品和服务	**130.25**	**369.09**	**135.25**	**177.16**	**60.48**	**111.60**
杂项商品	88.65	190.40	80.65	137.60	39.96	73.86
服 务	41.60	178.68	54.59	39.56	20.53	37.74

13-14 续表3

单位：元

指 标 名 称	武鸣县	隆安县	马山县	上林县	宾阳县	横 县
家庭设备用品及服务	**428.40**	**321.19**	**184.10**	**467.42**	**273.36**	**234.28**
耐用消费品	213.87	117.87	48.96	209.33	119.73	94.94
室内装饰品	55.36	0.95	2.96	21.68	2.55	5.09
床上用品	18.25	13.72	12.31	73.64	19.15	14.08
家庭日用杂品	135.91	179.18	87.62	154.73	108.45	93.27
家具材料	0.79		1.34	2.83	5.12	10.32
家庭服务	4.21	9.47	30.92	5.20	18.36	16.59
医疗保健	**279.69**	**270.73**	**207.94**	**348.72**	**282.57**	**407.14**
医疗器具	2.32	0.05	0.93		0.01	5.35
保健器具	1.11	0.11		3.99	1.92	6.18
药品费	122.64	99.32	133.34	125.49	113.98	132.76
滋补保健品	5.13	4.91	2.70	12.23	32.89	25.26
医疗费	135.96	165.13	68.64	201.96	131.51	237.55
其 他	12.54	1.20	2.33	5.06	2.26	0.04
交通和通讯	**760.89**	**496.15**	**400.30**	**543.41**	**543.71**	**532.06**
交 通	389.95	199.30	205.99	225.25	217.15	245.96
通 讯	370.94	296.84	194.31	318.16	326.56	286.10
教育文化娱乐服务	**761.83**	**796.99**	**594.56**	**669.42**	**608.79**	**783.18**
文化娱乐用品	178.39	351.16	110.35	155.08	120.05	215.74
文化娱乐服务	178.44	145.06	37.23	144.92	81.74	131.84
教 育	405.00	300.77	446.97	369.41	407.01	435.59
居 住	**736.57**	**531.13**	**659.35**	**703.82**	**461.15**	**750.73**
住 房	296.50	172.43	247.55	271.08	102.81	271.66
水电燃料及其他	427.06	356.13	399.36	425.45	352.83	475.86
居住服务费	13.01	2.58	12.44	7.30	5.52	3.21
杂项商品和服务	**64.43**	**124.85**	**82.59**	**129.34**	**93.41**	**133.60**
杂项商品	49.61	98.23	70.74	100.94	82.70	79.65
服 务	14.82	26.63	11.86	28.40	10.71	53.95

13-15 各县区城镇居民家庭年末主要消费品拥有情况

(2005年，平均每百户)

指标名称	单位	兴宁区	青秀区	江南区	西乡塘区	良庆区	邕宁区
成套家俱	套	122.00	112.00	96.00	100.83	70.00	97.50
摩托车	辆	65.00	65.00	69.00	69.17	46.67	36.25
自行车	辆	105.00	144.00	137.00	140.83	85.00	96.25
助力车	辆	11.00	5.00	9.00	5.00	6.67	3.75
家用汽车	辆	1.00	12.00	5.00	2.50	6.67	
洗衣机	台	95.00	97.00	90.00	91.67	73.33	83.75
电风扇	台	265.00	245.00	262.00	266.67	278.33	253.75
电冰箱	台	100.00	107.00	88.00	94.17	70.00	87.50
冰 柜	台	4.00	5.00	3.00	7.50	13.33	7.50
彩色电视机	台	149.00	159.00	127.00	134.17	130.00	116.25
影碟机	台	88.00	92.00	75.00	72.50	81.67	65.00
录音机	台	43.00	49.00	36.00	35.83	35.00	25.00
录放像机	台	10.00	21.00	8.00	15.00	10.00	13.75
家用电脑	台	76.00	71.00	47.00	60.00	25.00	47.50
组合音响	套	42.00	37.00	32.00	25.00	36.67	30.00
摄像机	台	5.00	7.00	1.00	5.83	3.33	1.25
照相机	架	55.00	69.00	38.00	46.67	30.00	40.00
钢 琴	架	2.00	9.00	2.00		3.33	
其它中高档乐器	件	12.00	14.00	7.00	7.50	1.67	5.00
微波炉	台	77.00	74.00	57.00	55.83	33.33	38.75
空调器	台	116.00	157.00	88.00	93.33	26.67	52.50
取暖器	台	32.00	35.00	23.00	19.17	21.67	22.50
电炊具	个	124.00	120.00	84.00	92.50	90.00	76.25
淋浴热水器	台	93.00	101.00	90.00	91.67	90.00	93.75
抽排油烟机	台	75.00	87.00	70.00	68.33	60.00	62.50
消毒碗柜	台	71.00	78.00	49.00	67.50	50.00	60.00
洗碗机	台	1.00	1.00	1.00	1.67	3.33	1.25
饮水机	台	53.00	49.00	39.00	35.83	53.33	66.25
吸尘器	台	14.00	26.00	9.00	11.67	6.67	3.75
健身器材	件	9.00	6.00	3.00	3.33	1.67	
普通电话	部	87.00	98.00	94.00	94.17	73.33	93.75
移动电话	部	146.00	163.00	137.00	155.00	145.00	121.25
传真机	部	2.00	5.00	1.00	2.50	3.33	

13-15 续表

指标名称	单位	武鸣县	隆安县	马山县	上林县	宾阳县	横县
成套家俱	套	86.25	61.67	103.33	146.67	106.00	120.00
摩托车	辆	96.25	40.00	106.67	78.33	54.00	77.50
自行车	辆	147.50	126.67	138.33	156.67	129.00	171.25
助力车	辆	6.25	10.00	5.00	1.67	5.00	17.50
家用汽车	辆	2.50	1.67	5.00			2.50
洗衣机	台	90.00	78.33	98.33	93.33	89.00	97.50
电风扇	台	270.00	235.00	325.00	290.00	277.00	422.50
电冰箱	台	83.75	70.00	90.00	46.67	64.00	93.75
冰柜	台	12.50	6.67	11.67	1.67	9.00	5.00
彩色电视机	台	121.25	108.33	156.67	120.00	130.00	166.25
影碟机	台	86.25	61.67	76.67	81.67	86.00	100.00
录音机	台	33.75	11.67	18.33	25.00	22.00	45.00
录放像机	台	6.25	3.33	8.33	5.00	4.00	13.75
家用电脑	台	43.75	36.67	41.67	35.00	26.00	37.50
组合音响	套	45.00	23.33	30.00	30.00	40.00	42.50
摄像机	台	2.50		3.33		1.00	
照相机	架	37.50	20.00	13.33	26.67	27.00	30.00
钢琴	架					1.00	
其它中高档乐器	件	3.75	5.00	3.33	8.33	1.00	3.75
微波炉	台	37.50	35.00	41.67	30.00	35.00	47.50
空调器	台	41.25	31.67	38.33	11.67	19.00	60.00
取暖器	台	17.50	18.33	11.67	26.67	16.00	57.50
电炊具	个	61.25	110.00	36.67	60.00	100.00	156.25
淋浴热水器	台	90.00	85.00	115.00	83.33	95.00	113.75
抽排油烟机	台	61.25	45.00	56.67	38.33	59.00	63.75
消毒碗柜	台	67.50	65.00	65.00	66.67	71.00	80.00
洗碗机	台	1.25				2.00	1.25
饮水机	台	55.00	41.67	61.67	46.67	84.00	95.00
吸尘器	台	2.50	1.67	3.33		1.00	3.75
健身器材	件		3.33			1.00	2.50
普通电话	部	93.75	83.33	95.00	85.00	87.00	95.00
移动电话	部	147.50	121.67	121.67	113.33	142.00	176.25
传真机	部					1.00	

13-16 全市农村居民家庭平均每人全年收支情况

(2005年)

单位：元

指标名称	总平均	低收入户	中等偏下收入户	中等收入户	中等偏上收入户	高收入户
全年纯收入	**2679.76**	**736.83**	**1271.47**	**1969.99**	**2951.78**	**5230.13**
第一产业	1552.10	466.29	836.07	1218.38	1697.63	2771.19
第二产业	54.67	15.74	11.52	40.44	39.72	188.75
第三产业	143.16	15.56	22.68	45.22	117.83	512.65
全年可支配收入	**2617.76**	**723.62**	**1246.38**	**1936.96**	**2893.93**	**5005.46**
全年总收入	**4323.96**	**2234.81**	**2324.64**	**3275.82**	**4714.89**	**8013.16**
工资总收入	766.77	205.28	379.63	599.93	936.30	1395.66
#在本地企业劳动得到收入	204.03	101.23	132.68	181.88	262.22	247.31
外出从业得到收入	485.73	92.66	222.05	375.91	572.53	928.26
家庭经营收入	3386.11	1993.56	1919.64	2604.09	3600.60	6253.74
#农林渔牧业收入	3036.31	1947.94	1861.96	2467.64	3298.04	4935.78
转移性收入	53.76	18.95	22.22	31.06	63.05	121.44
财产性收入	117.32	17.01	3.14	40.73	114.95	242.77
全年总支出	**3975.67**	**2769.71**	**2499.98**	**3116.06**	**4267.56**	**6753.56**
家庭经营费用支出	1544.10	1373.08	975.34	1221.73	1642.19	2656.02
购置生产性固定资产支出	130.13	43.84	59.23	55.77	84.56	322.76
税费支出	4.53	3.76	2.63	2.80	10.28	2.80
生活消费支出	2226.53	1333.80	1433.90	1796.30	2455.00	3544.94
食品消费支出	1271.10	807.16	917.26	1082.97	1349.96	1800.54
# 副食支出	778.56	514.91	532.63	629.40	804.98	1109.21
衣着消费支出	60.23	36.71	39.69	44.64	67.81	90.75
居住消费支出	225.54	81.41	117.16	184.24	279.77	413.63
#住房支出	161.35	51.47	88.68	116.83	208.37	298.72
家庭设备、用品及服务支出	82.59	54.61	43.86	62.21	99.20	133.21
医疗保健支出	94.25	64.28	57.12	75.62	120.33	117.49
交通和通讯消费支出	192.43	83.51	90.20	133.20	208.15	383.20
文教娱乐用品及服务消费支出	263.07	184.09	144.06	181.26	285.27	542.85
其他商品及服务消费支出	37.31	22.02	24.55	32.16	44.53	63.28
财产性支出	9.21	0.31	1.37	0.90	7.10	34.35
转移性支出	60.81	14.92	27.51	37.91	68.43	192.65
全年货币总收入	**3751.01**	**1825.42**	**1833.43**	**2722.89**	**4079.11**	**7330.84**
#出售农副产品收入	2427.15	1531.19	1355.78	1890.00	2623.43	4187.58
全年非收入货币所得	367.42	280.78	119.12	220.38	334.78	963.83
全年货币总支出	**3341.43**	**2275.40**	**1946.19**	**2521.16**	**3542.90**	**5994.43**
#家庭经营费用货币支出	1429.19	1264.48	886.34	1130.04	1485.68	2497.02
生活消费货币支出	1707.42	948.10	969.11	1293.29	1887.07	2945.61
全年非消费性货币支出	332.90	125.53	69.41	191.15	356.37	917.06
年末金融资产余额	1155.17	371.63	1656.90	1240.20	611.05	2342.16

13-17 全市农村居民家庭基本情况

（2005年）

指标名称	单位	总平均	低收入户	中等偏下收入户	中等收入户	中等偏上收入户	高收入户
调查户数	**户**	**1300**	**67**	**162**	**453**	**299**	**319**
各组比重	%	100.00	5.15	12.46	34.85	23.00	24.54
本组最低人均年纯收入	元	72.15	72.15	1002.01	1500.44	2501.43	3501.94
本组最高人均年纯收入	元	27219.94	999.08	1494.46	2497.47	3483.33	27219.94
调查户常住人口	**人**	**5970**	**314**	**836**	**2191**	**1328**	**1291**
平均每户常住人口	**人**	**4.59**	**4.69**	**5.16**	**4.84**	**4.44**	**4.05**
#整半劳动力	人	3.30	3.05	3.61	3.48	3.24	3.00
平均每一劳动力负担人口数	人	1.40	1.46	1.43	1.39	1.37	1.35
平均每户生产性固定资产原值	元	6115.38	8380.19	5526.57	5482.66	6190.74	7431.83
平均每人经营耕地面积	亩	2.15	1.98	2.00	2.10	2.12	2.53
平均每户居住面积	平方米	145.68	104.77	141.23	135.86	145.37	173.18
平均每人居住面积	平方米	31.45	22.34	27.37	28.07	32.74	42.76
平均每人全年农产品产量							
粮食	千克	467.86	379.75	421.98	455.61	499.55	564.96
油料	千克	16.32	6.11	11.44	16.84	20.10	20.12
糖料	千克	1686.60	1153.68	1087.51	1189.10	1988.54	3092.95
蔬菜	千克	254.16	241.86	200.72	217.11	263.64	318.39
水果	千克	64.00	17.83	31.12	53.80	70.95	96.77
平均每人全年农产品出售量							
粮食	千克	196.61	184.58	189.66	185.02	206.23	252.18
油料	千克	2.13	0.89	1.23	1.86	3.03	4.22
糖料	千克	1685.72	1153.68	1086.53	1188.08	1987.35	3092.00
蔬菜	千克	160.88	169.76	111.52	128.25	169.72	205.99
水果	千克	59.96	13.66	28.76	48.81	67.14	93.76
猪肉	千克	83.30	31.40	32.09	53.56	66.04	83.30
家禽	只	10.88	3.75	2.16	5.31	4.54	27.24
禽蛋	千克	0.24	0.04	0.58	0.59	0.07	0.04
水产品	千克	11.77	11.49	1.40	4.70	9.34	27.07
平均每人全年消费							
粮食	千克	246.71	187.36	223.96	245.71	257.64	286.00
蔬菜及其制品	千克	107.73	92.09	96.59	101.52	108.85	132.48
油脂类	千克	4.08	3.25	3.14	3.48	4.38	6.07
肉禽及其制品	千克	31.16	23.09	23.74	26.90	34.94	42.74
蛋类及其制品	千克	1.00	0.85	0.77	0.84	1.20	1.38
水产品	千克	6.45	4.82	4.75	5.53	7.18	8.00
食糖	千克	0.99	0.39	0.79	1.14	1.17	0.93
酒和饮料	千克	7.99	7.75	6.25	6.18	10.71	10.65
水果及其制品	千克	10.41	9.09	7.56	10.59	10.82	10.96
平均每百户年末拥有							
洗衣机	台	7.12	3.00	3.09	3.75	8.70	14.11
电冰箱	台	10.27	4.48	7.41	6.40	12.71	21.94
空调机	台	1.33	0.00	0.00	0.44	3.01	4.39
热水器	台	19.03	17.91	10.49	12.58	19.40	30.72
摩托车	辆	58.86	40.30	48.15	50.11	60.87	70.53
生活用汽车	辆	2.67	0.00	3.09	1.32	2.68	3.13
电话机	部	52.77	43.28	48.15	45.03	53.51	54.23
移动电话	部	63.53	50.75	45.68	50.11	67.56	86.83
彩色电视机	台	79.78	68.66	72.22	74.83	82.61	90.60
黑白电视机	台	30.17	23.88	36.42	33.55	27.42	25.39
摄像机	台	0.44	0.00	0.00	0.22	1.34	0.94
照像机	台	2.18	1.49	0.62	1.77	3.68	5.33

13-18 市区农村居民家庭平均每人全年收支情况

（2005年） 单位：元

指标名称	总平均	低收入户	中等偏下收入户	中等收入户	中等偏上收入户	高收入户
全年纯收入	**3061.13**	**568.63**	**1289.22**	**1997.49**	**2979.77**	**5231.81**
第一产业	1933.97	311.10	966.53	1452.92	1862.25	3026.26
第二产业						
第三产业	68.10	-30.96	-10.06	-11.20	-57.02	460.34
全年可支配收入	**3004.27**	**549.17**	**1260.33**	**1972.66**	**2907.92**	**5128.61**
全年总收入	**5212.38**	**3737.78**	**2626.85**	**3567.84**	**4900.83**	**8943.58**
工资总收入	596.33	228.66	301.98	391.78	725.80	827.74
#在本地企业劳动得到收入	233.19	101.29	198.90	142.50	335.75	293.63
外出从业得到收入	261.16	101.27	75.52	189.36	275.87	381.80
家庭经营收入	4153.27	3440.87	2300.44	3017.33	3723.28	7199.21
#农林牧业收入	3774.51	3435.63	2282.66	2930.76	3377.86	5349.00
转移性收入	51.83	8.78	22.93	25.20	56.74	92.98
财产性收入	410.95	59.48	1.50	133.54	395.01	823.64
全年总支出	**4968.64**	**4812.15**	**2826.26**	**3518.66**	**4509.36**	**7838.43**
家庭经营费用支出	2017.89	3042.21	1256.65	1451.68	1744.57	3558.64
购置生产性固定资产支出	135.49	80.00	17.06	54.10	51.60	234.86
税费支出	2.70	1.14	0.47	1.65	3.62	3.66
生活消费支出	2748.94	1664.71	1521.49	1981.23	2632.07	3928.66
食品消费支出	1584.39	986.37	1003.44	1126.77	1347.11	2326.16
# 副食支出	1168.80	712.46	670.03	755.70	942.18	1795.53
衣着消费支出	75.49	48.34	37.97	46.52	78.74	111.01
居住消费支出	274.36	174.60	74.31	179.47	301.50	382.70
#住房支出	188.43	120.35	34.50	111.16	210.63	277.00
家庭设备、用品及服务支出	80.90	74.18	32.70	41.64	87.79	128.81
医疗保健支出	111.98	49.45	70.45	80.12	149.01	108.35
交通和通讯消费支出	223.01	111.26	63.19	205.40	229.86	309.83
文教娱乐用品及服务消费支出	359.90	181.89	213.24	269.81	394.57	508.56
其他商品及服务消费支出	38.91	38.63	26.20	31.48	43.48	53.23
财产性支出	8.99	0.19	0.24	0.89	14.55	16.66
转移性支出	54.28	23.10	30.36	28.27	62.94	95.75
全年货币总收入	**4782.41**	**3423.76**	**2224.07**	**3127.78**	**4547.69**	**8391.69**
#出售农副产品收入	3317.63	3121.70	1831.70	2478.27	2997.14	4763.37
全年非收入货币所得	390.66	653.64	110.15	288.52	291.42	498.22
全年货币总支出	**4417.59**	**4340.49**	**2312.83**	**2951.59**	**4002.05**	**7209.64**
#家庭经营费用货币支出	1986.49	3009.79	1233.41	1420.48	1706.09	3760.38
生活消费货币支出	2229.55	1225.47	1031.30	1445.36	2164.16	3333.18
全年非消费性货币支出	394.02	218.97	67.33	178.88	232.92	774.52
年末金融资产余额	1084.78	1449.71	474.17	613.17	423.39	2696.63

13-19 市区农村居民家庭基本情况

(2005年)

指标名称	单位	总平均	低收入户	中等偏下收入户	中等收入户	中等偏上收入户	高收入户
调查户数	**户**	**560**	**36**	**50**	**146**	**136**	**192**
各组比重	%	43.08	2.77	3.85	11.23	10.46	14.77
本组最低人均年纯收入	元	72.15	72.15	1002.01	1505.24	2503.79	3505.73
本组最高人均年纯收入	元	22105.93	999.08	1490.05	2478.33	3483.33	22105.93
调查户常住人口	**人**	**2447**	**165**	**237**	**690**	**606**	**760**
平均每户常住人口	**人**	**4.37**	**4.58**	**4.74**	**4.73**	**4.46**	**3.96**
#整半劳动力	人	3.06	3.11	3.13	3.45	3.12	2.81
平均每一劳动力负担人口数	人	1.43	1.47	1.51	1.37	1.43	1.41
平均每户生产性固定资产原值	元	8144.06	8379.29	5602.63	7995.92	11187.15	8330.69
平均每人经营耕地面积	亩	2.81	2.91	2.51	2.53	2.40	3.43
平均每户居住面积	平方米	128.57	118.03	124.99	117.49	127.91	144.70
平均每人居住面积	平方米	29.42	25.77	26.37	24.84	28.68	36.54
平均每人全年农产品产量							
粮 食	千克	329.83	359.36	325.21	310.89	295.96	420.20
油 料	千克	21.86	11.57	18.82	24.09	16.32	29.95
糖 料	千克	3129.28	3028.00	2049.07	2434.04	3503.10	4274.70
蔬 菜	千克	550.55	412.09	300.93	404.52	560.06	718.72
水 果	千克	155.50	44.16	89.29	151.63	203.31	176.39
平均每人全年农产品出售量							
粮 食	千克	158.61	231.39	151.63	133.49	156.66	204.92
油 料	千克	4.08		4.72	4.97	1.68	6.76
糖 料	千克	3127.48	3028.00	2045.80	2432.36	3500.35	4273.37
蔬 菜	千克	468.16	366.31	216.59	316.76	500.68	616.72
水 果	千克	149.79	43.16	87.53	144.25	198.12	170.09
猪 肉	千克	44.80	57.05	27.35	34.83	27.00	68.83
家 禽	只	23.72	11.22	1.41	12.28	5.23	64.17
禽 蛋	千克	0.36	0.07	2.07	0.19	0.16	0.05
水产品	千克	15.97	47.86	0.27	7.98	11.14	23.26

指 标 名 称	单 位	总平均	低收入户	中等偏下收入户	中等收入户	中等偏上收入户	高收入户
平均每人全年消费							
粮 食	千克	218.44	183.40	207.65	223.24	191.40	254.53
蔬菜及其制品	千克	112.31	76.36	105.20	115.96	89.96	137.17
油脂类	千克	4.14	3.58	3.31	2.74	4.05	6.59
肉禽及其制品	千克	39.91	33.63	29.74	32.97	40.92	51.74
蛋类及其制品	千克	1.28	1.22	0.80	0.94	1.29	1.73
水产品	千克	7.48	5.46	5.22	6.06	8.20	9.74
食 糖	千克	1.12	0.48	0.75	1.88	0.85	1.11
酒和饮料	千克	10.29	11.96	7.15	8.31	12.11	11.80
水果及其制品	千克	12.61	8.33	7.94	10.33	13.49	16.43
平均每百户年末拥有							
洗衣机	台	9.11	5.56	2.00	2.74	9.56	16.15
电冰箱	台	17.14	5.56	10.00	8.22	14.71	29.69
空调机	台	3.93			1.37	5.15	6.77
热水器	台	18.93	8.33	8.00	14.38	13.24	31.25
摩托车	辆	52.86	30.56	46.00	43.84	54.41	64.58
生活用汽车	辆	2.14			1.37	2.94	3.13
电话机	部	44.46	41.67	44.00	41.78	44.12	47.40
移动电话	部	67.86	47.22	56.00	48.63	69.85	88.02
彩色电视机	台	85.18	80.56	72.00	77.40	86.03	94.79
黑白电视机	台	23.57	19.44	30.00	28.77	22.06	19.79
摄像机	台	1.07			0.68	2.21	1.04
照像机	台	5.54		2.00	3.42	5.88	8.85

13-20 各县农村居民家庭平均每人全年收支情况

(2005年)

指标名称	单位	武鸣县	横县	宾阳县	上林县	马山县	隆安县
全年纯收入	**元**	**3340.20**	**2527.20**	**2595.05**	**2215.69**	**2080.61**	**2248.44**
第一产业纯收入	元	1939.27	1559.11	1461.17	1192.15	666.04	1399.26
第二产业纯收入	元	53.09	13.20	187.25	101.01	19.41	
第三产业纯收入	元	411.73	125.67	161.82	86.67	91.31	69.36
全年可支配收入	**元**	**3220.51**	**2475.44**	**2539.32**	**2152.94**	**2023.24**	**2217.88**
总收入	**元**	**5282.92**	**4105.41**	**3912.99**	**3652.69**	**3158.60**	**3671.63**
工资性收入	元	825.56	813.79	677.53	778.13	1207.10	732.72
#在本乡地域内劳动得到收入	元	252.45	213.37	142.90	227.88	211.45	112.03
外出从业得到收入	元	482.48	554.06	471.97	510.17	875.46	540.52
家庭经营收入	元	4345.50	3266.05	3127.74	2795.14	1831.04	2890.84
第一产业收入	元	3655.21	3024.24	2685.00	2528.13	1695.58	2766.66
转移性收入	元	42.64	13.71	90.97	65.88	85.78	45.31
财产性收入	元	69.22	11.86	16.75	13.54	34.68	2.77
总支出	**元**	**4685.62**	**3724.07**	**3556.24**	**3320.02**	**2984.48**	**3273.37**
家庭经营费用支出	元	1783.56	1499.87	1264.64	1330.88	990.06	1348.53
购置生产性固定资产支出	元	284.99	148.34	56.17	74.43	57.81	136.93
税费支出	元	3.00	14.66	0.08	0.35	3.25	1.96
生活消费支出	元	2493.07	1999.31	2179.17	1826.68	1852.27	1754.40
食品消费支出	元	1185.44	1222.67	1276.21	925.25	1140.06	1077.57
#副食支出	元	819.30	642.83	731.39	507.99	542.38	539.80
衣着消费支出	元	75.69	45.22	45.75	68.09	45.47	71.59
居住消费支出	元	352.17	172.89	153.24	231.66	234.19	157.06
#住房支出	元	257.64	134.26	123.68	149.82	177.92	69.15
家庭设备.用品消费支出	元	109.51	75.09	91.97	96.10	70.69	40.19
医疗保健消费支出	元	91.95	104.39	76.74	104.31	62.88	82.97
交通和通讯消费支出	元	287.99	163.90	187.45	177.06	121.31	131.37
文化教育.娱乐消费支出	元	333.49	185.12	318.96	175.02	142.67	164.28
其他商品和服务消费支出	元	56.81	30.02	28.85	49.19	35.00	29.39
财产性支出	元	16.30	15.22	9.97	1.39		
转移性支出	元	104.70	46.67	46.21	83.05	81.07	31.54
全年货币总收入	**元**	**4711.03**	**3394.30**	**3327.30**	**3148.32**	**2535.15**	**3032.85**
#出售农副产品收入	元	2994.13	2269.73	2057.03	2010.14	1071.29	2114.59
全年非收入货币所得	元	665.21	141.15	282.94	585.57	442.32	281.11
全年货币总支出	**元**	**4208.59**	**2867.26**	**2842.91**	**2837.21**	**2391.64**	**2691.21**
#家庭经营费用货币支出	元	1703.07	1335.83	1183.14	1183.44	765.64	1135.43
生活消费货币支出	元	2096.52	1306.54	1547.34	1492.14	1484.81	1385.35
全年非消费性货币支出	元	350.12	161.47	405.66	473.49	347.52	225.85
年末金融资产余额	元	1154.86	1613.96	1394.72	269.59	1014.78	709.56

13-21 各县农村居民家庭基本情况

(2005年)

指标名称	单位	武鸣县	横县	宾阳县	上林县	马山县	隆安县
调查户数	户	120	140	140	120	120	100
本组最低人均年纯收入	元	287.83	283.86	797.92	872.02	541.04	737.32
本组最高人均年纯收入	元	22105.93	27219.94	16995.57	14543.68	4484.42	8393.58
调查户常住人口	人	525	623	680	539	633	502
平均每户常住人口	人	4.38	4.45	4.86	4.49	5.28	5.02
#整半劳动力	%	3.16	3.32	3.42	3.13	3.75	3.85
平均每一劳动力负担人口数	人	1.39	1.34	1.42	1.43	1.41	1.30
平均每户生产性固定资产原值	元	10162	3575	3845	5665	4824	5401
平均每人经营耕地面积	亩	2.51	2.19	1.77	1.38	1.33	2.17
平均每户居住面积	平方米	170.48	140.24	151.41	126.99	173.35	138.88
平均每人居住面积	平方米	38.97	31.52	31.17	28.27	32.86	27.67
平均每人全年农产品产量							
粮食	千克	479.29	584.10	537.71	511.22	454.14	520.75
油料	千克	22.25	13.04	18.81	12.37	4.98	10.36
糖料	千克	506.19	1443.92	1893.63	605.05	190.74	2300.51
蔬菜	千克	318.23	115.08	142.78	111.21	107.93	188.41
园林水果	千克	147.08	14.13	5.31	0.05	3.26	58.31
平均每人全年农产品出售量							
粮食	千克	216.67	210.03	281.65	219.29	120.40	177.28
油料	千克	2.31	0.58	2.21	1.46	0.26	2.74
糖料	千克	506.19	1441.72	1893.63	605.05	190.74	2300.51
蔬菜	千克	232.44	43.95	13.09	46.63	4.63	53.25
园林水果	千克	140.70	8.06	5.06	0.05	1.33	52.81
猪肉	千克	60.51	53.04	45.59	97.76	74.00	57.99
家禽	千克	23.54	3.54	1.04	5.77	3.77	7.03
禽蛋	千克	1.04	0.12				0.05
水产品	千克	36.84	3.95	4.96	13.30	0.02	5.95

13-21 续表

指标名称	单位	武鸣县	横县	宾阳县	上林县	马山县	隆安县
平均每人全年消费							
粮食	千克	132.23	382.36	326.90	163.21	155.33	155.35
蔬菜及菜制品	千克	94.19	85.29	142.09	70.64	103.93	142.46
油脂类	千克	4.09	4.32	2.93	5.25	5.77	2.48
肉禽及其制品	千克	34.46	28.41	30.85	20.97	25.98	23.70
蛋类及蛋制品	千克	0.63	1.40	1.28	0.52	0.39	0.28
水产品	千克	10.49	5.34	7.07	6.16	2.24	3.55
食糖	千克	0.74	1.12	1.00	1.13	1.13	0.28
酒	千克	11.31	7.40	4.30	5.68	9.10	6.77
水果其制品	千克	12.85	12.28	8.84	5.58	5.63	9.37
平均每百户年末拥有							
洗衣机	台	12	6	7	6	3	1
电冰箱	台	14	8	5	3	8	7
空调机	台	3					
热水器	台	44	11	16	14	7	19
摩托车	台	93	53	52	56	68	35
汽车(生活用)	台	3	1	9			
电话机	部	77	44	72	40	42	42
移动电话	部	88	74	49	53	35	52
彩色电视机	台	92	75	79	82	68	57
黑白电视机	台	31	24	29	26	51	55
摄像机	台					2	
照相机	架	2	1	1	2	1	

14 乡镇经济

CHAPTER 14　VILLAGES AND TOWNS ECONOMY

14-1 市区各乡镇主要统计指标

(2005年)

指 标 名 称	单 位	三塘镇	五塘镇	昆仑镇	刘圩镇	南阳镇	伶俐镇
乡（镇）村户数	户	13368	16348	7293	12011	8350	8900
乡（镇）村总人口	人	46135	61645	27139	53999	31024	32600
乡（镇）村从业人员	人	28451	36288	14942	30200	17892	20510
年末耕地面积	公顷	3706	4733	1921	4418	2387	2473
农民人均纯收入	元	3155	3060	2665	2803	2835	2613
农村用电量	万千瓦时	273	319	371	322	395	220
农作物总播种面积	公顷	8184	10787	3954	10794	5832	5319
粮食总产量	吨	15529	24536	8361	27152	17673	16711
肉类总产量	吨	5629	5840	1702	7105	5883	3267
水产品产量	吨	3939	1014	219	997	332	929
农村集贸市场数	个	2	4	1	2	3	2
地方财政收入	万元	637	237	37	365	260	638
地方财政支出	万元	1540	3018	1040	701	786	442
村委会数	个	13	13	8	14	7	8
通电话的村	个	13	13	8	14	7	8
通电的村	个	13	13	8	14	7	8

14-1 续表1

指标名称	单位	长塘镇	吴圩镇	苏圩镇	延安镇	江西镇	金陵镇
乡（镇）村户数	户	7192	16009	15742	7859	11492	19093
乡（镇）村总人口	人	29811	59332	63433	25592	42755	62270
乡（镇）村从业人员	人	18050	33661	38395	13291	25014	27498
年末耕地面积	公顷	2704	4903	6882	3500	5446	4140
农民人均纯收入	元	2360	3198	3273	3338	3031	2685
农村用电量	万千瓦时	366	365	151	121	949	841
农作物总播种面积	公顷	5867	16015	18128	10021	14368	8079
粮食总产量	吨	14881	12508	21208	7645	20769	14428
肉类总产量	吨	4084	5197	2795	1199	2322	4479
水产品产量	吨	683	1533	2110	823	1780	1707
农村集贸市场数	个	1	6	3	2	3	2
地方财政收入	万元	175	2278	1080	626	1650	1612
地方财政支出	万元	1250	1650	1100	801	1650	5012
村委会数	个	8	10	15	5	10	13
通电话的村	个	8	10	15	5	10	13
通电的村	个	8	10	15	5	10	13

14-1 续表2

指 标 名 称	单 位	双定镇	坛洛镇	良庆镇	那马镇	那陈镇	大塘镇
乡（镇）村户数	户	7615	18845	12892	6836	8469	12500
乡（镇）村总人口	人	28184	72728	55876	25768	32403	45722
乡（镇）村从业人员	人	18286	40317	27897	15789	17290	25297
年末耕地面积	公顷	4610	12877	2501	2272	4185	4713
农民人均纯收入	元	3189	2865	3130	3075	3151	3150
农村用电量	万千瓦时	98	1524	222	286	121	231
农作物总播种面积	公顷	8318	18622	7877	7088	9630	12474
粮食总产量	吨	6322	27897	12197	9821	11193	22602
肉类总产量	吨	1155	5971	5749	3735	2577	6792
水产品产量	吨	479	2818	653	2560	1630	1990
农村集贸市场数	个	3	4	1	2	1	6
地方财政收入	万元	789	620	3000	450	550	1706
地方财政支出	万元	1011	2321	2996	475	385	820
村委会数	个	6	19	9	7	15	13
通电话的村	个	6	19	9	7	15	13
通电的村	个	6	19	9	7	15	13

14-1 续表3

指标名称	单位	南晓镇	蒲庙镇	那楼镇	新江镇	百济乡	中和乡
乡(镇)村户数	户	11629	37142	20962	7734	10828	9095
乡(镇)村总人口	人	42997	128483	89577	29294	42867	33118
乡(镇)村从业人员	人	21000	52207	45941	16880	27360	19465
年末耕地面积	公顷	3886	6168	5757	2489	3201	2349
农民人均纯收入	元	3263	2637	2601	2533	2422	2460
农村用电量	万千瓦时	245	546	485	186	165	137
农作物总播种面积	公顷	7899	12456	17331	6816	11338	6853
粮食总产量	吨	23144	28651	42687	8791	26408	16206
肉类总产量	吨	11313	8467	9172	2758	3351	5631
水产品产量	吨	634	4230	1993	252	853	570
农村集贸市场数	个	4	2	4	1	2	2
地方财政收入	万元	198	1860	469	405	512	329
地方财政支出	万元	198	1310	420	348	243	220
村委会数	个	13	17	20	8	13	7
通电话的村	个	10	17	20	5	13	6
通电的村	个	13	17	20	8	13	7

14-2 武鸣县各乡镇主要统计指标

(2005年)

指标名称	单位	城厢镇	太平镇	双桥镇	宁武镇	锣圩镇	仙湖镇	府城镇
乡（镇）村户数	户	33734	11536	16938	11190	18449	10871	15732
乡（镇）村总人口	人	97057	37348	53998	37331	63331	39351	56185
乡（镇）村从业人员	人	44021	22384	30425	24125	36874	23314	30021
年末耕地面积	公顷	4976	4968	4651	5216	7067	4514	5173
农民人均纯收入	元	3431	3351	3427	3286	3397	3086	3399
农村用电量	万千瓦时	553	876	757	545	897	556	897
农作物总播种面积	公顷	12674	10522	10379	15545	19995	10573	14237
粮食总产量	吨	30306	22610	31630	20819	33738	21983	28245
肉类总产量	吨	14929	6786	9175	5539	11318	5772	9624
水产品产量	吨	5365	1160	2938	3016	3394	3456	3480
农村集贸市场数	个	11	1	4	4	4	2	3
地方财政收入	万元	197	121	129	90	109	60	393
地方财政支出	万元	142	120	93	90	32	32	393
村委会个数	个	21	12	15	13	25	10	23
通电话的村委数	个	19	12	15	11	24	10	23
通电的村委数	个	21	12	15	13	25	10	23

14-2 续表1

指标名称	单位	陆斡镇	两江镇	罗波镇	灵马镇	甘圩镇	马头镇
乡（镇）村户数	户	18091	12562	10857	9850	6052	6248
乡（镇）村总人口	人	60870	41551	35557	42772	22933	23222
乡（镇）村从业人员	人	35166	23894	18988	25736	15209	13459
年末耕地面积	公顷	5756	3135	2487	2017	2754	1757
农民人均纯收入	元	3111	3123	3018	2997	3312	2920
农村用电量	万千瓦时	754	430	341	553	1194	310
农作物总播种面积	公顷	17107	7980	6106	7069	5405	5395
粮食总产量	吨	38791	20390	16499	15022	9561	11735
肉类总产量	吨	11414	4935	5011	5046	4185	5198
水产品产量	吨	2910	1315	1100	1152	950	1123
农村集贸市场数	个	1	2	2	1	1	2
地方财政收入	万元	350	81	89	79	57	57
地方财政支出	万元	350	53	89	73	54	57
村委会个数	个	23	14	13	13	4	12
通电话的村委数	个	23	14	13	12	4	12
通电的村委数	个	23	14	13	13	4	12

14-3 横县各乡镇主要统计指标

(2005年)

指标名称	单位	横州镇	峦城镇	南乡镇	六景镇	百合镇	马山乡
乡（镇）村户数	户	22539	13830	21394	21553	22462	15482
乡（镇）村总人口	人	98599	51012	85381	86192	94084	55867
乡（镇）村从业人员	人	47398	28862	47102	46802	51231	34421
年末耕地面积	公顷	5959	2531	3462	5880	4556	1861
农民人均纯收入	元	3103	2095	1891	2116	2446	1996
农村用电量	万千瓦时	844	632	596	600	490	394
农作物总播种面积	公顷	10523	5383	9319	11172	9061	5138
粮食总产量	吨	27248	16874	25269	26477	26502	13564
肉类总产量	吨	4433	2952	3634	4270	6154	1140
水产品产量	吨	4227	2540	3828	4342	1464	458
农村集贸市场数	个	7	2	3	2	3	2
地方财政收入	万元	9018	492	311	1652	714	398
地方财政支出	万元	737	295	333	508	393	219
村委会数	个	21	15	18	27	27	16
通电话的村	个	21	15	16	25	27	16
通电的村	个	21	15	18	27	27	16

14-3 续表1

指 标 名 称	单 位	那阳镇	新福镇	莲塘镇	平马镇	平郎乡
乡(镇) 村户数	户	13510	13760	8932	8191	6512
乡(镇) 村总人口	人	55980	45906	36982	33273	26132
乡(镇) 村从业人员	人	32680	24337	18982	18043	14297
年末耕地面积	公顷	2522	3222	1810	2464	1610
农民人均纯收入	元	2226	1205	2203	1730	1677
农村用电量	万千瓦时	380.96	215	201	184	84
农作物总播种面积	公顷	5229	7176	4199	4779	3631
粮食总产量	吨	18713	17140	8723	9807	9954
肉类总产量	吨	3142	3114	1271	2401	1616
水产品产量	吨	856	991	2321	880	374
农村集贸市场数	个	2	4	3	1	1
地方财政收入	万元	647	226	172	80	106
地方财政支出	万元	335	307	221	199	172
村委会数	个	15	16	11	8	13
通电话的村	个	15	16	11	8	13
通电的村	个	15	16	11	8	13

指 标 名 称	单 位	石塘镇	陶圩镇	校椅镇	云表镇	镇龙乡	马岭镇
乡(镇)村户数	户	17054	18687	21029	16632	4200	6398
乡(镇)村总人口	人	62555	76460	87750	71230	17097	25740
乡(镇)村从业人员	人	37491	47810	50207	47120	9986	14320
年末耕地面积	公顷	5669	5515	6677	6775	783	2774
农民人均纯收入	元	2460	2276	2377	3011	1633	2350
农村用电量	万千瓦时	730	539	757	750	89	226
农作物总播种面积	公顷	10511	11613	14609	11453	1900	5410
粮食总产量	吨	22847	36910	34535	21039	3774	8606
肉类总产量	吨	4423	7959	4295	4251	444	1103
水产品产量	吨	851	1150	1335	990	41	425
农村集贸市场数	个	5	8	4	3	2	1
地方财政收入	万元	398	339	497	1426	61	264
地方财政支出	万元	384	257	288	277	135	150
村委会数	个	15	18	21	13	10	12
通电话的村	个	14	17	21	13	4	12
通电的村	个	15	18	21	13	10	12

14-4 宾阳县各乡镇主要统计指标

(2005年)

指标名称	单位	陈平乡	思陇镇	新桥镇	芦圩镇	邹圩镇	大桥镇
乡（镇）村户数	户	6797	15004	19211	55737	11996	15983
乡（镇）村总人口	人	26286	60856	81252	210207	48378	70917
乡（镇）村从业人员	人	15228	36076	46922	121509	26035	50197
年末耕地面积	公顷	957	1346	2808	7514	4709	5822
农民人均纯收入	元	2415	2416	2685	3060	2566	2614
农村用电量	万千瓦时	127	370	1593	1288	1379	367
农作物总播种面积	公顷	2257	3401	5181	14718	10025	10832
粮食总产量	吨	7629	11261	22370	48536	21717	27557
肉类总产量	吨	1047	2045	1583	6562	3439	3197
水产品产量	吨	281	426	2706	4439	2492	1950
农村集贸市场数	个	2	2	3	15	1	6
地方财政收入	万元	514	1236	1582	11667	432	4327
地方财政支出	万元	510	898	865	4631	540	828
村委会数	个	8	15	15	31	14	16
通电话的村	个	4	15	15	26	14	16
通电的村	个	8	15	15	31	14	16

14-4 续表1

指 标 名 称	单 位	武陵镇	中华镇	露圩镇	古辣镇	王灵镇
乡(镇)村户数	户	13822	8484	9493	17948	10441
乡(镇)村总人口	人	58185	33454	35734	53875	40001
乡(镇)村从业人员	人	38600	17338	22909	30150	21941
年末耕地面积	公顷	2729	2008	2110	3262	3295
农民人均纯收入	元	2530	2505	2605	2545	2613
农村用电量	万千瓦时	343	154	217	261	115
农作物总播种面积	公顷	6851	3816	4742	6223	8106
粮食总产量	吨	25764	15357	18113	17952	14590
肉类总产量	吨	3364	1308	3098	1839	1722
水产品产量	吨	1090	1273	870	1510	1783
农村集贸市场数	个	2	1	6	4	1
地方财政收入	万元	231	716	854	1153	729
地方财政支出	万元	709	429	716	720	501
村委会数	个	13	6	5	9	9
通电话的村	个	13	6	5	9	8
通电的村	个	13	6	5	9	9

14-4 续表2

指 标 名 称	单 位	新圩镇	和吉镇	洋桥镇	黎塘镇	甘棠镇
乡(镇)村户数	户	6975	9173	6469	40131	13149
乡(镇)村总人口	人	28787	37674	28295	122532	50349
乡(镇)村从业人员	人	18462	21618	17500	41193	31897
年末耕地面积	公顷	2279	4297	4412	4882	3293
农民人均纯收入	元	2537	2585	2348	2887	2577
农村用电量	万千瓦时	110	203	85	445	367
农作物总播种面积	公顷	4790	7598	7631	11339	7030
粮食总产量	吨	14868	12806	10038	20175	22604
肉类总产量	吨	3240	3278	2435	4323	2856
水产品产量	吨	1177	1536	1230	2487	1008
农村集贸市场数	个	1	1	4	7	3
地方财政收入	万元	554	117	570	8450	402
地方财政支出	万元	501	441	570	1809	860
村委会数	个	6	8	8	14	14
通电话的村	个	6	8	8	14	7
通电的村	个	6	8	8	14	14

14-5 上林县各乡镇主要统计指标

(2005年)

指标名称	单位	大丰镇	明亮镇	巷贤镇	白圩镇	澄泰乡	三里镇
乡（镇）村户数	户	9199	7904	10599	11260	8582	11974
乡（镇）村总人口	人	38709	30222	44653	55977	40452	53942
乡（镇）村从业人员	人	19283	15416	23741	26608	19875	30125
年末耕地面积	公顷	1642	1981	3031	4064	2349	2971
农民人均纯收入	元	2665	2230	2235	2097	1000	2300
农村用电量	万千瓦时	1200	173	608	324	230	166
农作物总播种面积	公顷	4942	4861	9177	8010	4620	6845
粮食总产量	吨	9229	11485	23392	29551	12920	15938
肉类总产量	吨	2918	3457	5272	2737	2036	1880
水产品产量	吨	2189	904	740	1653	1007	780
农村集贸市场数	个	3	1	2	3	2	2
地方财政收入	万元	935	552	502	457	200	320
地方财政支出	万元	925	416	511	230	380	485
村委会数	个	9	8	13	12	12	15
通电话的村	个	9	8	12	12	12	15
通电的村	个	9	8	13	12	12	15

14-5 续表1

指 标 名 称	单 位	乔贤镇	木山乡	塘红乡	镇圩乡	西燕镇
乡(镇)村户数	户	7725	5701	9521	5443	9397
乡(镇)村总人口	人	35000	20875	39718	23512	42942
乡(镇)村从业人员	人	18300	12362	21612	13000	25780
年末耕地面积	公顷	1712	1400	1290	520	2200
农民人均纯收入	元	2146	1800	1717	1890	2527
农村用电量	万千瓦时	46	130	186	120	360
农作物总播种面积	公顷	3725	2951	2678	1957	3759
粮食总产量	吨	7582	2453	8165	5830	9879
肉类总产量	吨	3135	280	1083	685	2199
水产品产量	吨	430	140	105	257	2100
农村集贸市场数	个	1	1	1	1	1
地方财政收入	万元	173	40	46	350	619
地方财政支出	万元	173	240	344	380	521
村委会数	个	8	7	6	11	12
通电话的村	个	8	7	5	11	8
通电的村	个	8	7	6	11	12

14-6 马山县各乡镇主要统计指标

(2005年)

指标名称	单位	白山镇	百龙滩镇	林圩镇	古零镇	周鹿镇
乡（镇）村户数	户	10062	4899	15701	11931	15901
乡（镇）村总人口	人	49601	20717	84014	51382	86213
乡（镇）村从业人员	人	28078	13855	45504	31073	46021
年末耕地面积	公顷	2351	1114	3225	2618	3801
农民人均纯收入	元	2302	2048	2113	2123	2168
农村用电量	万千瓦时	166	29	604	259	465
农作物总播种面积	公顷	5440	2564	7834	5628	9799
粮食总产量	吨	14771	5148	20175	14269	24072
肉类总产量	吨	3614	1620	4256	3566	6797
水产品产量	吨	1018	338	1151	1184	1298
农村集贸市场数	个	1	1	3	2	2
地方财政收入	万元	1848	571	1555	967	1594
地方财政支出	万元	1840	487	1525	955	1554
村委会数	个	15	6	19	14	19
通电话的村	个	12	6	17	14	19
通电的村	个	15	6	19	14	19

14-6 续表1

指 标 名 称	单 位	永州镇	金钗镇	乔利乡	加芳乡	古寨乡	里当乡
乡(镇)村户数	户	10684	6905	8186	6941	4610	4872
乡(镇)村总人口	人	48458	29807	36372	29425	20267	20830
乡(镇)村从业人员	人	31432	18020	17928	14162	12713	11915
年末耕地面积	公顷	2396	1560	2149	1491	1070	891
农民人均纯收入	元	2097	1999	2329	1961	1607	1303
农村用电量	万千瓦时	291	222	221	166	120	65
农作物总播种面积	公顷	5063	3511	5085	3878	2444	2077
粮食总产量	吨	15020	7159	13974	5893	4155	3267
肉类总产量	吨	5016	2554	2239	2288	1788	1586
水产品产量	吨	1958	193	1206	31	26	
农村集贸市场数	个	2	1	2	2	1	1
地方财政收入	万元	964	654	736	625	516	498
地方财政支出	万元	944	645	726	621	512	498
村委会数	个	18	8	10	17	9	10
通电话的村	个	18	8	10	17	9	10
通电的村	个	18	8	10	17	9	10

14-7 隆安县各乡镇主要统计指标

(2005年)

指标名称	单位	城厢镇	南圩镇	雁江镇	那桐镇	乔建镇
乡（镇）村户数	户	12410	16900	6919	9949	8515
乡（镇）村总人口	人	51800	61500	26812	45077	39052
乡（镇）村从业人员	人	23157	32700	14000	29320	23810
年末耕地面积	公顷	3145	3699	1492	6649	4878
农民人均纯收入	元	2202	2124	1758	2655	2150
农村用电量	万千瓦时	330	240	350	290	285
农作物总播种面积	公顷	8000	7800	4057	13638	7975
粮食总产量	吨	20460	18374	13130	26541	14895
肉类总产量	吨	3540	3671	2167	3705	2981
水产品产量	吨	1285	1524	708	2622	692
农村集贸市场数	个	4	3	1	1	2
地方财政收入	万元	2025	1247	458	647	491
地方财政支出	万元	1276	1023	500	717	631
村委会数	个	14	18	9	11	14
通电话的村	个	11	18	9	11	11
通电的村	个	14	18	9	11	14

14-7 续表1

指标名称	单位	丁当镇	古潭乡	都结乡	屏山乡	布泉乡
乡(镇)村户数	户	7600	5423	8752	3663	4925
乡(镇)村总人口	人	32900	24068	38400	16413	22641
乡(镇)村从业人员	人	11508	19500	19000	5281	11230
年末耕地面积	公顷	3949	1908	1920	944	1101
农民人均纯收入	元	2578	2488	1611	1521	1538
农村用电量	万千瓦时	300	140	70	170	50
农作物总播种面积	公顷	11117	3090	4438	2121	3193
粮食总产量	吨	10950	6383	9790	5018	5295
肉类总产量	吨	2776	1412	3323	1152	1979
水产品产量	吨	1090	781	380	228	36
农村集贸市场数	个	2	2	1	1	1
地方财政收入	万元	703	567	611	294	370
地方财政支出	万元	567	483	599	340	365
村委会数	个	10	6	19	9	8
通电话的村	个	10	6	19	9	8
通电的村	个	10	6	19	9	8

15 企业排序情况一览表

CHAPTER 15 LIST OF ENTERPRISES BY MAIN INDICATORS

15-1 大中型工业企业一览表

（2005年）　　　　单位：万元

企业名称	工业总产值（当年价）	主营业务收入	企业名称	工业总产值（当年价）	主营业务收入
大型企业(3家)			广西壮族自治区廖平农场糖厂	12962	136007
南宁糖业股份有限公司	151964	1523671	上林南华糖业有限责任公司	12620	126737
南宁化工股份有限公司	91255	905617	广西农垦糖业集团良圻制糖有限公司	12324	123061
南宁广发重工集团有限公司	35824	338735	南宁化工集团有限公司	11924	109416
中型企业(65家)			南宁银杉电线电缆有限责任公司	11003	104571
广西电网公司南宁供电局	394108	3941078	广西四合工贸有限责任公司	10842	73093
广西南宁卷烟厂	256005	2612322	广西西津水力发电厂	9831	99107
广西南宁凤凰纸业有限公司	47469	474426	广西横县新凯糖业有限责任公司	9524	102630
南宁锦虹棉纺织有限责任公司	40041	378643	南宁市维威制药有限公司	9410	100076
南南铝业有限公司	37699	364932	南宁正大建材有限公司	9194	94684
广西华润红水河水泥有限公司	37322	344410	龙昌日用品工业（南宁）有限公司	9132	73461
南宁浮法玻璃有限责任公司	34891	332574	广西康华药业有限责任公司	9046	54146
广西宾阳永凯糖业有限责任公司	34231	332517	广西冠桂糖业有限公司大塘分公司	8953	40335
广西田园生化股份有限公司	28264	162329	南宁鸿基水泥制品有限责任公司	8825	66796
广西隆安南华糖业有限责任公司	25575	230723	广西海棠建材有限责任公司	8599	60232
广西建工集团建筑机械制造有限责任公司	24535	181900	南宁华威制衣有限公司	7792	77965
广西皇氏生物工程乳业有限公司	23912	118187	隆安县电业公司	7632	67549
广西农垦糖业集团金光制糖有限公司	23642	230080	广西南宁百会药业集团有限公司	7578	77150
广西易多收生物科技有限公司	22324	151030	广西南宁黑五类食品股份有限公司	5641	43250
南宁可口可乐饮料有限公司	21596	210714	南宁金钢水泥有限公司	5433	55088
南宁五菱桂花车辆有限公司	20806	191051	南宁泰富房地产开发有限公司广西横县泰富金	5415	54148
邕宁电业公司	20481	204895	广西电力线路器材厂	5353	52929
横县冠桂糖业有限公司	19831	206414	南宁金龙实业有限公司	5246	52575
南宁青岛啤酒有限公司	19745	192324	广西南宁市武鸣红峰水泥有限公司	5198	49703
南宁市自来水公司	19295	191995	广西壮族自治区民族印刷厂	5158	55571
广西横县兴辉食品有限公司	17734	111257	宾阳县茧丝工贸有限责任公司	5102	41780
广西华宏水泥股份有限公司	17622	176804	广西壮族自治区南宁玻璃厂	4763	52035
佛山塑料集团股份有限公司南宁经纬分公司	17495	135316	广西云燕特种水泥建材有限公司	4631	43530
广西华劲纸业集团南宁纸业分公司	17449	173290	广西壮族自治区黎塘工业瓷厂	4357	45240
横县供电公司	16542	165417	广西壮族自治区南宁专用汽车厂	4267	38551
广西壮族自治区武鸣县电业公司	15815	158152	广西中医学院制药厂	4025	36325
广西明阳生化科技股份有限公司	14523	152306	南宁邕宁县蒲庙八鲤水泥有限责任公司	3954	39661
广西南蒲纸业有限公司	14093	136013	广西伊灵烟叶复烤有限责任公司	3857	44607
广西壮族自治区宾阳县供电公司	13696	136963	广西舒雅护理用品有限公司	3342	33251
广西桂西制药有限公司	13304	103989	南宁肉类联合加工厂	1675	65764

15-2 工业总产值超亿元的企业

（2005年）

企业名称	按工业总产值从大到小排序	企业名称	按工业总产值从大到小排序
广西电网公司南宁供电局	1	广西丰林林业开发有限公司	39
广西南宁卷烟厂	2	南宁金美农饲料有限责任公司	40
南宁糖业股份有限公司	3	广西日星金属化工有限公司	41
南宁化工股份有限公司	4	南宁市西南镀锌钢管有限公司	42
广西南宁凤凰纸业有限公司	5	南宁桂格精工科技有限公司	43
南宁正大畜牧有限公司	6	广西横县兴辉食品有限公司	44
南宁锦虹棉纺织有限责任公司	7	广西华宏水泥股份有限公司	45
南南铝业有限公司	8	广西桂冠电力股份有限公司百龙滩电厂	46
广西华润红水河水泥有限公司	9	佛山塑料集团股份有限公司南宁经纬分公司	47
南宁广发重工集团有限公司	10	广西华劲纸业集团南宁纸业分公司	48
南宁浮法玻璃有限责任公司	11	广西新晶科技有限公司	49
广西宾阳永凯糖业有限责任公司	12	横县供电公司	50
宾阳县宇强轧钢厂	13	广西辽大饲料有限公司	51
南宁漓源粮油饲料有限公司	14	广西大都混凝土有限公司	52
广西田园生化股份有限公司	15	广西壮族自治区武鸣县电业公司	53
南宁亚奥数码有限公司	16	广西博科药业有限公司	54
广西南南铝箔有限责任公司	17	广西南宁嘉泰水泥制品有限公司	55
广西南宁桂盐科技有限责任公司	18	广西高峰人造板有限公司	56
广西隆安南华糖业有限责任公司	19	广西银雪兄弟面粉有限责任公司	57
南宁胜利科技股份有限公司	20	广西明阳生化科技股份有限公司	58
广西鸿牌饲料有限公司	21	广西南蒲纸业有限公司	59
广西建工集团建筑机械制造有限责任公司	22	广西壮族自治区宾阳县供电公司	60
广西双胞胎饲料有限公司	23	广西桂西制药有限公司	61
广西皇氏生物工程乳业有限公司	24	南宁八菱科技股份有限公司	62
广西农垦糖业集团金光制糖有限公司	25	南宁电力线览有限责任公司	63
广西南宁康佳龙饲料有限公司	26	广西壮族自治区廖平农场糖厂	64
南宁国雄科技有限公司	27	上林南华糖业有限责任公司	65
广西易多收生物科技有限公司	28	广西农垦糖业集团良圻制糖有限公司	66
广西迪美科技发展有限公司	29	南宁化工集团有限公司	67
广西富丰集团有限公司	30	横县桂华茧丝绸有限责任公司	68
南宁可口可乐饮料有限公司	31	南宁八菱汽车配件有限公司	69
南宁五菱桂花车辆有限公司	32	南宁银杉电线电缆有限责任公司	70
邕宁电业公司	33	广西四合工贸有限责任公司	71
广西华锑化工有限公司	34	南宁大大饲料有限公司	72
横县冠桂糖业有限公司	35	南宁腾宁商品混凝土有限公司	73
南宁青岛啤酒有限公司	36	广西化工研究院	74
南宁市华港饲料有限责任公司	37	广西巨星科技有限公司	75
南宁市自来水公司	38		

15-3 主营业务收入超亿元的企业

（2005年）

企业名称	按主营业务收入从大到小排序	企业名称	按主营业务收入从大到小排序
广西电网公司南宁供电局	1	广西桂冠电力股份有限公司百龙滩电厂	36
广西南宁卷烟厂	2	广西华劲纸业集团南宁纸业分公司	37
南宁糖业股份有限公司	3	广西丰林林业开发有限公司	38
南宁化工股份有限公司	4	广西辽大饲料有限公司	39
广西南宁凤凰纸业有限公司	5	横县供电公司	40
南宁锦虹棉纺织有限责任公司	6	广西田园生化股份有限公司	41
南南铝业有限公司	7	广西银雪兄弟面粉有限责任公司	42
广西华润红水河水泥有限公司	8	广西壮族自治区武鸣县电业公司	43
南宁广发重工集团有限公司	9	南宁国雄科技有限公司	44
南宁浮法玻璃有限责任公司	10	广西高峰人造板有限公司	45
广西宾阳永凯糖业有限责任公司	11	广西明阳生化科技股份有限公司	46
宾阳县宇强轧钢厂	12	广西易多收生物科技有限公司	47
南宁正大畜牧有限公司	13	广西南宁桂盐科技有限责任公司	48
广西南南铝箔有限责任公司	14	广西壮族自治区宾阳县供电公司	49
广西鸿牌饲料有限公司	15	广西南蒲纸业有限公司	50
南宁漓源粮油饲料有限公司	16	广西壮族自治区廖平农场糖厂	51
广西双胞胎饲料有限公司	17	佛山塑料集团股份有限公司南宁经纬分公司	52
广西隆安南华糖业有限责任公司	18	上林南华糖业有限责任公司	53
广西农垦糖业集团金光制糖有限公司	19	南宁桂格精工科技有限公司	54
广西南宁康佳龙饲料有限公司	20	广西南宁嘉泰水泥制品有限公司	55
广西富丰集团有限公司	21	广西农垦糖业集团良圻制糖有限公司	56
南宁可口可乐饮料有限公司	22	广西皇氏生物工程乳业有限公司	57
横县冠桂糖业有限公司	23	广西横县兴辉食品有限公司	58
邕宁电业公司	24	南宁大大饲料有限公司	59
广西华锑化工有限公司	25	南宁化工集团有限公司	60
南宁市西南镀锌钢管有限公司	26	广西大都混凝土有限公司	61
南宁市华港饲料有限责任公司	27	南宁银杉电线电缆有限责任公司	62
南宁青岛啤酒有限公司	28	南宁腾宁商品混凝土有限公司	63
南宁市自来水公司	29	广西桂西制药有限公司	64
南宁五菱桂花车辆有限公司	30	南宁市蓝天钢管厂	65
南宁金美农饲料有限责任公司	31	广西横县新凯糖业有限责任公司	66
广西建工集团建筑机械制造有限责任公司	32	南宁亚奥数码有限公司	67
广西华宏水泥股份有限公司	33	南宁苍鹰工贸有限责任公司武鸣氮肥厂	68
南宁胜利科技股份有限公司	34	南宁市维威制药有限公司	69
广西日星金属化工有限公司	35		

15-4 工业利税总额、利润总额前30名的企业

（2005年）

企业名称	按利税总额从大到小排列	企业名称	按利润总额从大到小排列
广西南宁卷烟厂	1	广西南宁卷烟厂	1
广西电网公司南宁供电局	2	广西西津水力发电厂	2
南宁糖业股份有限公司	3	广西宾阳永凯糖业有限责任公司	3
广西宾阳永凯糖业有限责任公司	4	南宁糖业股份有限公司	4
南宁化工股份有限公司	5	南宁化工股份有限公司	5
广西西津水力发电厂	6	广西桂冠电力股份有限公司百龙滩电厂	6
广西桂冠电力股份有限公司百龙滩电厂	7	广西电网公司南宁供电局	7
广西农垦糖业集团金光制糖有限公司	8	广西农垦糖业集团金光制糖有限公司	8
广西隆安南华糖业有限责任公司	9	广西壮族自治区廖平农场糖厂	9
广西壮族自治区廖平农场糖厂	10	广西隆安南华糖业有限责任公司	10
横县冠桂糖业有限公司	11	南宁化工集团有限公司	11
上林南华糖业有限责任公司	12	广西皇氏生物工程乳业有限公司	12
广西皇氏生物工程乳业有限公司	13	上林南华糖业有限责任公司	13
南宁化工集团有限公司	14	横县冠桂糖业有限公司	14
广西丰林林业开发有限公司	15	南宁国雄科技有限公司	15
南南铝业有限公司	16	广西田园生化股份有限公司	16
广西华劲纸业集团南宁纸业分公司	17	南南铝业有限公司	17
南宁国雄科技有限公司	18	广西丰林林业开发有限公司	18
广西华润红水河水泥有限公司	19	广西南宁桂盐科技有限责任公司	19
南宁市自来水公司	20	广西华劲纸业集团南宁纸业分公司	20
广西南宁桂盐科技有限责任公司	21	广西大都混凝土有限公司	21
广西田园生化股份有限公司	22	广西冠桂糖业有限公司大塘分公司	22
广西农垦糖业集团良圻制糖有限公司	23	广西彼得汉预混饲料有限公司	23
广西大都混凝土有限公司	24	南宁市自来水公司	24
广西华宏水泥股份有限公司	25	广西凤凰银业有限责任公司	25
南宁锦虹棉纺织有限责任公司	26	广西农垦糖业集团良圻制糖有限公司	26
广西易多收生物科技有限公司	27	广西易多收生物科技有限公司	27
广西冠桂糖业有限公司大塘分公司	28	广西华锑化工有限公司	28
广西凤凰银业有限责任公司	29	广西康华药业有限责任公司	29
广西横县新凯糖业有限责任公司	30	佛山塑料集团股份有限公司南宁经纬分公司	30

15-5 资质等级二级以上建筑企业一览表

(2005年)

企业名称	建筑业总产值（万元）	企业名称	建筑业总产值（万元）
总承包特级（1家）		广西恒泰和建设工程有限公司	9080
广西壮族自治区公路桥梁工程总公司	134474	南宁市水建工程有限公司	8959
总承包一级（18家）		广西壮族自治区南宁公路桥梁工程处	8932
广西壮族自治区水电工程局	106977	南宁建工建筑安装有限公司	8010
广西建工集团第一建筑工程有限责任公司	105886	广西南宁博锦建筑工程有限责任公司	7712
广西建工集团第二建筑工程有限责任公司	101979	广西通道建筑安装工程有限公司	7218
中铁隧道集团四处有限公司	66601	南宁市港通建筑装饰工程有限公司	7208
广西远航公路桥梁工程有限公司	56703	广西建源机械施工有限责任公司	7138
南宁市建筑安装工程有限责任公司	54013	广西通力建设有限责任公司	7108
广西送变电建设公司	52109	广西昌龙建工集团有限公司	6237
广西建工集团第一安装有限公司	51090	南宁市三建建筑安装工程有限责任公司	5633
广西建工集团有限责任公司	43118	广西水利电力建设集团有限公司	5417
广西电力工程建设公司	35258	广西巨安建筑安装工程有限责任公司	4675
广西桂乡建筑工程有限责任公司	28381	广西南宁鑫宝建筑工程有限公司	4100
广西建工联合建设有限公司	22688	广西壮族自治区南宁水利电力工程处	3860
广西海河水利建设有限责任公司	16308	广西高速公路集团有限责任公司	3180
南宁市基础工程总公司	15836	广西南宁市政工程有限责任公司	2714
南宁市政工程总公司	15057	中国广西国际经济技术合作公司	2695
南宁市政发展有限责任公司	4447	广西新里路桥工程有限责任公司	2234
广西电力开发有限责任公司		广西佳迅管道工程有限公司	2117
广西建工集团海外有限责任公司		广西金桂泉建筑工程有限责任公司	1555
总承包二级（40家）		广西老区建筑工程有限责任公司	400
广西浩天电力发展集团有限公司	47443	广西铁二局工程有限责任公司	241
南宁大地建筑工程公司	38643	广西建工集团机械施工有限责任公司	
广西地矿建设工程发展中心	19565	专业承包一级（6家）	
广西壮族自治区航务工程局	18615	广西壮族自治区航务工程处	17248
南宁昊冠住宅建筑有限责任公司	18006	广西建林装饰工程有限责任公司	13345
广西长长路桥建设有限公司	17821	南宁市建宁供用电工程有限责任公司	11918
南宁市土木建筑工程公司	17121	广西建工集团桂港建筑装饰有限公司	6500
广西水电工程局建筑工程公司	14952	广西壮族自治区邮电工程建设局	6006
广西全汇达建筑工程有限公司	14413	广西良兵消防工程有限公司	1017
广西南宁环城建设工程有限公司	12874	专业承包二级（57家）	
南宁连冠建筑工程有限公司	12180	广西百捷电气有限公司	13364
广西恒都输变电工程有限公司	12066	广西博阳电力工程建设有限责任公司	9596
广西建筑工程有限责任公司	11694	广西科建建筑工程有限公司	6252
南宁市华园建筑安装工程总公司	11226	南南铝业有限公司	5927
南宁市建设工程有限公司	9964	广西壮族自治区电力安装公司	4885
广西生瑞铁路工程有限责任公司	9854	广西先锋建设工程有限公司	4668

注：部分资质企业因工程分包、国外承接工程、停业、注销、无业务等，故当年无建筑业产值。

15-5 续表

企业名称	建筑业总产值（万元）	企业名称	建筑业总产值（万元）
广西安科岩土工程有限责任公司	4309	广西标鼎安防系统集成有限责任公司	283
广西第一地质工程施工公司	3091	南宁市泰旭消防工程有限公司	280
广西德意数码股份有限公司	2852	南宁市碧景园林工程有限责任公司	272
广西壮族自治区商业基建安装公司	1806	广西华新计算机通信技术有限责任公司	223
广西沣鸿中安消防设施有限公司	1806	广西桂利堡消防安全工程有限公司	218
广西华新计算机通信有限责任公司	1788	广西桂建钢结构工程有限公司	215
南宁市园林建设工程公司	1480	广西博士通智能大厦系统工程有限公司	175
南宁市卫宁消防工程有限公司	1275	广西桂泉消防装饰有限责任公司	108
广西美格装饰工程有限公司	1265	广西远鸿建筑材料机械设备租赁有限责任公司	91
南宁市机械施工公司	1112	南宁山鹰消防设备有限责任公司	84
广西宁通建设有限公司	1082	南宁市庭艺环境景观设计工程有限公司	37
广西寰岛华夏消防工程有限公司	1076	广西南宁警棕源科技有限公司	16
广西恒电供电安装工程有限责任公司	960	广西春秋综合贸易公司（停业）	
广西威盾消防工程有限公司	938	**劳务承包一级（18家）**	
广西双象岩土工程有限责任公司	920	南宁市建德建筑工程劳务有限责任公司	8525
广西大方美源设备安装有限责任公司	837	南宁市永邦建筑工程劳务有限责任公司	5146
广西金虎钢结构工程有限责任公司	818	南宁市自来水安装服务公司	3400
广西博联信息通信技术有限责任公司	789	南宁市缘居建筑工程劳务有限责任公司	343
南宁市南湖园林建设工程有限责任公司	750	南宁佳雄建筑劳务有限公司	328
广西合力达消防工程有限公司	731	南宁市吉惠建筑工程劳务有限责任公司	300
广西政和消防安全有限责任公司	699	南宁市创拓建筑工程劳务分包有限责任公司	300
广西楚天装饰设计工程有限公司	685	南宁市庆邦劳务有限责任公司	300
广西净宇环境工程有限责任公司	658	广西建运工程劳务有限责任公司	280
南宁市宝兴装饰工程有限公司	652	南宁市元都建筑劳务有限责任公司	250
南宁市装饰公司	631	南宁市益磊建筑劳务分包有限公司	217
广西国安消防工程有限公司	559	南宁天骄涂装工程有限公司	32
南宁市桂安消防有限公司	550	广西建业工程劳务有限公司	30
广西爱家乐建筑装饰工程有限责任公司	517	南宁市桂斑建筑劳务分包有限责任公司	28
南宁市祥光照明有限责任公司	473	南宁市丰茂建筑工程劳务有限责任公司	17
南宁市白龙园林建设工程有限责任公司	468	广西南宁凯越建筑工程劳务有限责任公司	
广西天地泰建设科技有限公司	466	南宁市伟粤建筑工程有限公司	
广西普安消防工程有限责任公司	406	南宁市慧泰建筑工程劳务分包有限公司	
广西新艺建筑装饰工程有限公司	390	**劳务承包二级（4家）**	
广西桂科诚建建装饰工程有限公司	362	南宁昊顺劳务管理有限责任公司	1931
南宁庆康门窗工程有限公司	356	广西南宁市德众建筑劳务有限公司	204
广西新跨越交通建设工程有限公司	316	南宁市鹤桥建筑工程劳务有限公司	158
南宁瑞凯消防工程有限责任公司	304	南宁市华建建筑材料租赁有限责任公司	31
广西华瑞消防有限公司	291		

15-6　限额以上批发零售贸易企业一览表

（2005年）　　单位：万元

企业名称	商品销售收入	企业名称	商品销售收入
批发贸易企业（262家）		中国石化股份公司广西南宁石油分公司宾阳石油分公司	20927
中国石油化工股份有限公司广西石油分公司	838473	广西富岛农业生产资料有限公司	20636
广西南华糖业销售有限公司	311975	广西南宁强源物资有限公司	20313
中国石油化学股份有限公司广西南宁石油分公司	228542	南宁永源石化有限责任公司	19520
中国石油天然气股份有限公司广西销售分公司	147370	中国石化股份公司广西南宁石油分公司武鸣石油分公司	19433
中国烟草总公司广西壮族自治区公司	136150	广西丰润进出口贸易有限责任公司	18985
广西投资集团有色金属有限公司	116816	广西南大物资有限公司	18670
广西新华书店集团有限公司	113246	广西达盛贸易有限公司	17688
广西联航投资有限公司	106056	中国石油化工股份有限公司广西南宁横县石油分公司	17647
广西壮族自治区南宁市烟草公司	90763	广西洋成商贸有限责任公司	17286
广西富满地农资股份有限公司	89073	南宁市世源冷气有限责任公司	16944
广西丰浩糖业有限公司	70820	广西东方发祥进出口有限公司	16938
广西建设燃料有限责任公司	66790	广西南华商贸有限公司	16009
广西辉煌交通石化有限公司	64306	广西东方伟业进出口有限公司	15662
广西南宁海宝物资有限公司	56636	隆安正大加油站	15434
广西侨虹金属材料有限公司	50800	广西顶佳计算机信息有限公司	15289
广西农垦糖业商贸有限责任公司	50755	广西玉柴机电有限公司	15142
广西农垦糖业集团有限公司	48637	广西恒通达科工贸有限责任公司	15005
广西华晟五矿贸易有限公司	45591	广西千里通机械设备有限公司	14641
广西壮族自治区交通物资总公司	45003	广州统一企业有限公司南宁营业所	14380
广西俊达物资有限责任公司	43818	南宁市日上电子经贸有限责任公司	13991
广西王者通讯设备有限公司	41376	广西南宁财仁糖酒有限公司	13959
南宁海尔工贸有限公司	40050	南宁鼎华商业贸易有限责任公司	13952
广西冠桂糖业有限公司	37706	广西南宁正泽贸易有限公司	13586
广西开投燃料有限责任公司	33509	南宁市豪爵摩托车销售有限责任公司	13359
南宁市森泰林化有限公司	32064	广西桂友贸易有限公司	13336
广西吉天贸易有限公司	31641	广西南宁碧悠铁合金有限公司	12752
柳州钢铁股份有限公司南宁分公司	31634	广西武鸣县农业生产资料总公司	12602
广西八桂爆破器材有限责任公司	31041	广西桂物燃料有限责任公司	12589
广西一心药业股份有限公司	28023	广西壮族自治区出版印刷物资公司	12408
南宁市医药有限责任公司	28008	广西力和糖业储备有限公司	11882
南宁市森瑞农机供应有限责任公司	27429	南宁市烟草公司宾阳营销部	11867
水城钢铁有限责任公司南宁经营部	25645	广西海洲贸易有限公司	11798
广西壮族自治区农垦企业总公司	24765	南宁永凯实业集团有限责任公司	11684
南宁长安汽车销售有限公司	24701	南宁市佳钢物资有限责任公司	11540
广西必顺化工有限公司	24536	南宁烟草公司横县营销部	11247
广西垦糖商贸有限责任公司	23541	南宁市科能电子技术有限责任公司	11232
滇黔桂石油勘探局南宁石油天然气销售分公司	22735	南宁市昊得力通信设备有限公司	11029
广西五金矿桂翔矿产贸易有限公司	22009	广西天泰冷气有限责任公司	10784
广西松宇机电设备有限公司	21784	四川长虹电器股份有限公司南宁销售分公司	10620
广西波导销售有限公司	21408	广西壮族自治区糖业供销公司	10445
华南蓝天航空油料有限公司南宁供应站	21265	广西百事成机电设备有限公司	10410
南宁铁路经济技术开发总公司	21247	广西壮族自治区国营林场开发公司	10270

企业名称	商品销售收入	企业名称	商品销售收入
广西银麦科技有限公司	10251	广西横县航榕废旧物资回收有限公司	4869
广西南宁市和顺糖业有限公司	10151	横县华振废旧金属回收有限责任公司	4839
南宁市烟草公司武鸣营销部	10109	广西区盐业公司南宁分公司	4808
南宁嘉华恒昌有限公司	10088	南宁高新开发区进出口公司	4784
广西鹏海商贸有限公司	10067	南宁市烟草公司隆安营销部	4746
广西壮族自治区汽车工业交通材料公司	10001	南宁中一洲贸易有限责任公司	4706
广西电力燃料有限公司	9820	南宁市恒健顺钢管有限公司	4702
南宁市威振糖业有限公司	9795	广西红枫淀粉有限公司	4687
深圳美鹏贸易发展有限公司南宁分公司	9530	南宁市万拓再生资源有限责任公司	4560
南宁市永宏兴纸业有限公司	9313	广西壮族自治区新华书店图书批发中心	4523
广西钦隆物资有限公司	9243	南宁世达行机械设备有限公司	4475
南宁市捷宇通讯科技有限公司	9174	广西春城经贸有限公司	4424
广西南宁博德兴贸易有限责任公司	8804	广西建设摩托车销售有限公司	4369
南宁市顺凯塑料有限公司	8692	广西煤炭进出口公司	4363
中国石化股份公司广西南宁石油分公司隆安石油分公司	8572	广西军粮配送中心	4309
南宁市天蓝蓝钢管有限责任公司	8522	广西壮族自治区民用爆破器材专营公司	4303
南宁诚迅供电物资供应有限责任公司	8148	南宁手扶拖拉机劳动服务公司	4302
中国石化股份公司广西南宁石油分公司马山石油分公司	8016	广西南宁柳工销售有限责任公司	4284
广西新世纪教育有限公司	7881	永恩投资（集团）有限公司南宁经销部	4184
广西方正延中信息系统有限公司	7841	广西千国通讯产品有限公司	4123
广西日立电梯空调工程有限公司	7726	中山市完美日用品有限公司广西分公司	4119
广西南宁昊都物资有限公司	7569	广西华商国糖贸易有限公司	4075
南宁市广源纸业有限公司	7537	广西中南华星机械设备有限公司	4067
中国石化股份公司广西南宁石油分公司上林石油分公司	7390	南宁市诚绿食品有限责任公司	4008
南宁鼎鸿糖业有限公司	7357	南宁松联通讯器材有限公司	3996
南宁市伟嘉利贸易有限公司	7269	金德铝塑复合管有限公司南宁分公司	3995
广西壮族自治区物资回收利用公司	7267	广西南宁南大纸业有限责任公司	3928
广西壮族自治区邮电器材公司	7174	广西金佳汽车销售服务有限公司	3789
广西桂花机械进出口有限责任公司	6631	金羚电器有限公司南宁市分公司	3746
佛山市顺德区信昌机器工程有限公司南宁分公司	6594	南宁恒帆科技有限公司	3741
广西沿海铁路经贸有限公司	6513	南宁市华池商贸有限责任公司	3729
广西医保贸易有限责任公司	6115	广西南宁嘉年华贸易有限责公司	3620
南宁神州医药有限责任公司	6040	广西桂贸通煤炭销售中心	3452
广西金恒丰贸易有限责任公司	5981	广西凯鸿通讯电子设备有限公司	3397
广西南宁昌泉物资有限公司	5730	南宁市豪哲物资有限责任公司	3386
邮普泰移动通信设备有限责任公司南宁分公司	5727	南宁市耀毅经贸有限责任公司	3353
南宁市烟草公司上林营销部	5712	广西河池化学工业集团公司南宁化肥经营部	3344
邕宁农业生产资料公司	5666	南宁新龙伟业科贸有限责任公司	3340
南宁市彦兆商贸有限责任公司	5655	南宁市南南铝业销售有限责任公司	3315
广西中银物资贸易有限责任公司	5604	南宁市崴瑞贸易有限公司	3310
广西大泽联合商业有限公司	5593	夏新电子股份有限公司广西分公司	3299
北京普天太力通信科技公司南宁分公司	5541	南宁盈桂通讯电器有限公司	3260
南宁市嘉图贸易有限公司	5448	横县新华书店	3156
广西天葫医药有限责任公司	5208	南宁市庆华贸易有限责任公司	3095
广西合众达电子设备有限责任公司	5174	南宁盈宁贸易有限公司	3053
南宁市宝航贸易有限责任公司	4874	广西金展电脑系统有限责任公司	3042

 单位：万元

企业名称	商品销售收入	企业名称	商品销售收入
广西南宁鑫桂印刷物资有限公司	3006	广西兴桂送变电设备有限责任公司	1948
南宁瑞方电器有限责任公司	2957	南宁再利生废旧金属回收有限责任公司	1918
南宁市金瑞鸿汽车贸易有限公司	2912	南宁市燃建物资有限责任公司	1907
南宁市东飞电子有限责任公司	2912	南宁小松工程机械有限责任公司	1905
广西普天邮通通信设备有限公司	2822	福建实达电脑设备有限公司南宁分公司	1887
广西南宁联主化工实验有限责任公司	2806	南宁天怡信电脑系统有限责任公司	1849
广西南宁市福联物资有限公司	2800	南宁星鸿电器有限公司	1834
南宁长远协和电信设备有限公司	2790	南宁市泰丰恒食品有限责任公司	1720
南宁闽业贸易有限责任公司	2785	湖南隆平高科农平种业有限公司广西分公司	1700
广西南方印刷物资有限公司	2784	南宁市昌祥钢管有限公司	1691
南宁驰星家电经营有限公司	2784	广西金广源建材有限责任公司	1690
广西南宁伟光汽车贸易有限责任公司	2764	南宁港港汽车销售服务有限公司	1669
南宁市宏广石油有限公司	2684	南宁市翔海经贸有限责任公司	1626
广西东方红商业有限责任公司	2683	广西农军油脂有限公司	1611
南宁市百年兴经贸有限责任公司	2680	南宁那诺计算机科贸有限公司	1587
南宁雅文办公设备有限责任公司	2667	漓宁商贸有限公司	1474
广西天添贸易有限责任公司	2652	南宁市金宏科技有限公司	1287
广西润宇工贸集团有限公司	2633	南宁市飘安卫材医疗设备有限责任公司	1082
广西宾阳县农业资料公司	2618	广西电网公司物资分公司	1047
广西壮族自治区宾阳县土产公司	2602	广西丰宁进出口有限公司	1006
广西壮族自治区医药公司	2594	广州大旺食品有限公司南宁分公司	1002
南宁肉食水产公司	2583	南宁邮电液化石油气公司	942
南宁市精密仪器仪表有限公司	2583	南宁市赛吉经贸有限公司	876
南宁海河洲钢材有限公司	2576	广西奥兴贸易有限公司	836
南宁宝双赢钢材贸易有限公司	2500	广西同筑物资有限公司	711
广西南宁鑫天凯糖酒有限责任公司	2470	广西壮族自治区粮油食品进出口公司	622
广西黎塘金属物资有限责任公司	2469	广西南宁宏威糖酒有限公司	581
广西区石油化学工业公司壮鹰加油站	2380	南宁诺基贸易有限公司	563
广西路友经贸有限公司	2365	南宁市万联通轮胎有限责任公司	532
南宁市顺柏贸易有限公司	2349	南宁钢贸物资有限公司	513
南宁市鸿基食品有限责任公司	2334	广西华能燃料有限责任公司	445
南宁市泉钢物资有限公司	2324	南宁市烟草公司马山营销部	405
南宁市百兴盛酒业有限公司	2293	广西南宁市万兴达汽配有限公司	352
南宁市丰业钢材经营部	2274	广西远闻工贸有限责任公司	299
广西国益建材贸易有限责任公司	2248	广西万维通信设备有限公司	210
南宁市城郊坛洛供销社	2210	南宁市万路发机械设备配件有限公司	201
南宁锦运宏物资有限公司	2202	南宁欧安消防环保设备有限责任公司	132
广西猎豹汽车销售有限公司	2186	广西南宁电信实业有限公司	92
南宁荣嘉盛物资有限公司	2181	广西区医疗器械工业公司冷气工程部	74
南宁市科沃矿业有限公司	2175	**零售贸易企业（196家）**	
广西信电贸易有限公司	2168	南宁百货大楼股份有限公司	98234
南宁市从源钢管有限公司	2134	广西壮族自治区机电设备有限责任公司	52419
南宁长生花生油有限责任公司	2127	广西南宁梦之岛百货有限公司	49601
广西壮族自治区地质物资总站	2090	广西南宁康迈商业有限责任公司	37535
南宁市才兴物资有限责任公司	2051	南宁市深南城百货有限公司	34074
南宁中联诚效贸易有限责任公司	2009	广西解放汽车贸易有限公司	29393

15-6 续表3 单位：万元

企业名称	商品销售收入	企业名称	商品销售收入
广西达利汽车销售有限公司	29079	南宁市华驰汽车销售服务有限公司	6212
广西弘通汽车销售服务有限公司	29028	广西万事顺汽车销售服务有限公司	6020
南宁国美电器有限公司	26156	广西大中电器有限公司	5732
国药集团医药控股南宁有限公司	24775	广西弘驰汽车销售服务有限公司	5591
南宁广缘丰田汽车销售服务有限公司	24236	南宁汇盛工贸有限责任公司	5232
广西弘帆汽车销售服务有限公司	23069	上海大众广西销售服务有限公司	5138
广西南宁康城汽车销售维修中心	22444	南宁开河汽车销售服务有限公司	5068
沃尔玛深国投百货有限公司南宁朝阳路分店	21935	广西弘晨汽车销售服务有限公司	5025
北京华联综合股份有限公司南宁分公司	20929	广西联道计算机有限责任公司	4924
南宁柏联百盛商业有限公司	19759	广西南宁达尊食品有限责任公司	4918
广西华昌汽车销售服务有限公司	18781	南宁翠屏商贸有限责任公司	4874
广西南宁梦之岛购物中心	18628	广西森华汽车贸易有限公司	4269
广西鑫广达汽车销售服务有限公司	17598	广西南宁朝阳大药房连锁有限责任公司	4250
安利（中国）日用品有限公司广西分公司	16304	南宁科飞计算机有限责任公司	4222
广西壮族自治区机电设备南宁公司	16146	广西一心医药有限责任公司	4190
南宁康电商业有限责任公司	15654	广西弘瑞汽车销售服务有限公司	4127
深圳市天音通信发展有限公司南宁分公司	15105	南宁市机电设备股份有限公司	4082
南宁远勋汽车销售有限公司	13931	广西天津汽车工业销售有限责任公司	3933
广西华联综合超市有限公司	13549	广西弘龙汽车销售服务有限公司	3910
广西金蜂星电讯设备有限公司	13481	广西龙康汽车销售服务有限公司	3884
上海汽车工业广西销售公司	13367	广西弘菱汽车销售服务有限公司	3851
广西老百姓大药房有限公司	13151	南宁市三明通讯设备有限公司	3704
广西冠通汽车销售服务有限公司	13092	南宁联翔科技有限责任公司	3674
广西中达汽车有限公司	11996	广西聚福龙超市有限公司	3652
广西弘嘉汽车销售服务有限公司	11606	南宁隆源电子科技有限责任公司	3566
广西海康汽车销售有限公司	11040	广西航天金穗信息技术有限公司	3539
南宁王府井百货有限责任公司	10828	广西弘凯汽车销售服务有限公司	3485
广西钜荣汽车贸易有限公司	10545	南宁骏鸿达汽车销售服务有限责任公司	3327
南宁市新华书店	10023	南宁新星加油站	3279
南宁建江汽车贸易有限责任公司	10003	南宁市和总轮胎汽车配件有限公司	3218
南宁三燃燃气有限责任公司	9863	南宁利客隆相思湖大卖场有限责任公司	3093
广西通源汽车销售服务有限公司	9680	青岛海信营销有限公司南宁分公司	2914
广西万事得汽车销售服务有限责任公司	9111	广西荣通汽车销售服务有限公司	2903
广西外商投资企业物资有限公司	8809	广西弘亚汽车销售服务有限公司	2871
广西弘狮汽车销售服务有限公司	8693	南宁峰祺汽车销售有限公司	2854
广西苏宁电器有限公司	8521	广西南宁关联科技发展有限公司	2693
广西江铃汽车销售服务有限公司	7802	南宁市大热门购物中心	2687
南宁市联道昆仑计算机有限责任公司	7756	广西中人科贸有限责任公司	2602
广西弘捷汽车销售服务有限公司	7658	南宁市旭科电子科技有限责任公司	2481
广西准通通讯器材有限公司	7552	南宁得实科技有限公司	2413
广西政府汽车队加油站	7507	邕宁县新华书店	2393
海南优美内衣有限公司南宁经营部	7303	南宁信德义汽车销售公司	2370
广东科龙电器股份有限公司广西分公司	7151	南宁市人人乐商业有限公司	2337
广西吉瑞汽车销售服务有限公司	6990	柳州市鑫辉通讯电子有限责任公司南宁分公司	2267
广西壮族自治区汽车贸易公司	6884	南宁赛盟数字设备有限公司	2261
广西通惠汽车销售服务有限公司	6880	南宁市春林电子科技有限公司	2259
南宁南百佳年华超市有限公司	6831	广西同济医药有限责任公司	2255
南宁乘龙汽车销售服务有限公司	6410	武鸣县新华书店	2082
广西海腾汽车销售服务有限公司	6374	广西博世照明有限公司	1895
南宁市永新南城百货有限公司	6304	南宁市南丰科技有限责任公司	1886

15-6 续表4　　　　单位：万元

企业名称	商品销售收入	企业名称	商品销售收入
广西弘风汽车销售服务有限责任公司	1867	南宁市创联科贸有限公司	807
中国燕兴桂林公司南宁分公司	1866	南宁市金山首饰有限公司	807
南宁汇盛工贸有限公司武鸣城东摩托车	1854	广西康全药业有限责任公司	786
广西南国书店	1840	广西佳和大药房连锁有限责任公司	783
康和富利汽车贸易有限公司	1811	广西富康能源有限公司	771
广西跃进汽车销售有限责任公司	1695	南宁鹏炬电脑网络有限责任公司	735
南宁市爱浪音响设备有限责任公司	1684	隆安县新华书店	721
广西国大药房连锁有限公司	1654	南宁市泽通科贸有限责任公司	718
广西建达科技公司	1582	广西广缘汽车有限公司	692
南宁三德好工贸有限公司	1558	南宁神光科技有限责任公司	665
南宁军粮供应站	1454	南宁市松电工贸有限责任公司	665
广西华昌汽车贸易有限责任公司	1400	广西横县东晖电力物资有限责任公司	650
如新(中国)日用保健品有限公司南宁分公司	1347	广西方正中力网络工程有限责任公司	633
武鸣县粮油购销有限总公司	1320	横县正联家电贸易有限责任公司	628
南宁市金焰燃气有限责任公司	1316	广西北轻汽车销售有限公司	621
广西方程网络系统有限公司	1305	南宁九方脑业科技有限责任公司	616
广西壮族自治区汽车配件厂	1302	南宁市康捷汽车销售服务有限责任公司	615
南宁广网电子有限责任公司	1299	广西兴通高速公路经营有限公司	609
南宁亚速商贸有限责任公司	1231	京华联综合超市股份有限公司南宁第二分公司	601
南宁金冠信数码科技有限公司	1210	南宁市百和药业连锁有限责任公司	583
广西全通木业有限责任公司	1197	宾阳县药材公司	566
南宁万星恒锋科技有限公司	1196	广西海信计算机有限公司	558
广西药材有限责任公司	1167	南宁市武鸣县大君宜百货有限责任公司	554
南宁迪菱数码影视器材有限公司	1164	南宁新大中机器设备有限公司	550
南宁市方宁洲科技有限责任公司	1147	马山县万里行车行	529
广西世科电脑网络有限责任公司	1141	广西中免免税品有限公司	523
南宁风神汽车贸易有限责任公司	1119	南宁市怡家装饰材料有限责任公司	500
南宁水产有限责任公司	1106	广西南宁万隆百货贸易有限责任公司	482
南宁市泰伊服装贸易有限责任公司	1068	广西家乐佳商贸有限责任公司	464
南宁中创科贸有限责任公司	1022	南宁广播电视技术开发公司	457
南宁今日中脉科技发展有限公司	1020	广西南宁新华医药有限公司	445
广西广电影视器材有限公司	1005	市运动百分百体育文化用品商贸有限责任公司	399
广西同济大药房（连锁）有限责任公司	1003	南宁地区新华书店	380
南宁硕嘉科技有限公司	1000	广西横县康利医药有限责任公司	374
南宁市广诺商贸有限公司	972	广西东博商业有限责任公司	334
广西计算中心海蓝电脑公司	958	南宁市梵伊名商贸有限公司	232
南宁市鑫恒运粮油购销有限责任公司	956	广西天时电脑数码科技有限责任公司	232
广西老百姓大药房北湖店	942	南宁市联艺音响有限责任公司	123
北京用友软件有限公司广西分公司	937	南宁声光艺灯光音响器材有限公司	118
广西润生计算机有限公司	909	广西南宁欧亚体育用品有限公司	108
新西洋武鸣城东超市	906	南宁民典科贸有限责任公司	45
南宁市利安纳商贸有限公司	864	广西百重泉文化音像发行有限责任公司	32
邕宁县南阳供销合作社	862	南宁市黄氏成兴商贸有限责任公司	27
南宁华树网络科技有限公司	847	南宁市精益眼镜有限责任公司	16
武鸣县方成宏业摩托车有限有限公司	816		
南宁市康成达科技有限责任公司	811		

15-7 星级以上住宿企业及限额以上餐饮企业一览表

（2005年）

单位:万元

企业名称	商品销售收入	企业名称	商品销售收入
住宿餐饮企业（135家）		南宁军供服务大厦	1005
广西沃顿国际大酒店有限公司	9524	南宁市富满地酒店管理有限责任公司	956
南宁明园饭店	6991	南宁银河有限责任公司迎宾饭店	892
广西南宁饭店	6123	南宁永凯大酒店有限公司	866
南宁肯德基有限公司	5896	南宁双龙实业有限责任公司华星酒店	854
广西南宁凤凰宾馆	4856	广西天妃商务酒店有限公司	837
南宁邕江宾馆	4731	广西科学活动中心科技宾馆	821
广西锦华大酒店	4669	南宁铁道饭店	807
南宁跨世纪大酒店	3842	南宁恒川大酒店有限公司	805
广西南宁明园新都酒店	3596	新渔港海鲜食街	761
南宁西园饭店	3233	南宁市江南宾馆	739
广西海鲜仔饮食有限责任公司	2659	南宁市南华大厦	736
广西麦当劳餐厅食品有限公司	2608	广西南宁银林山庄有限责任公司	717
南宁龙瑜饮食有限公司	2339	南宁蕉之叶泰国风味饮食有限责任公司	679
南宁市金都大酒店投资有限责任公司	2165	南宁市食可依饮食有限公司	678
南宁市金海渔村饮食有限公司	2128	广西南宁天湖酒店	656
南宁市钻石海岸海鲜大酒店公司	1951	南宁湄公河大酒店	655
南宁市金悦（宾馆）有限责任公司	1677	广西小嘟来有限责任公司	651
南宁万兴酒店有限公司	1665	广西邮电宾馆责任公司	647
南宁市好友缘饮食娱乐有限公司	1654	南宁市老成都风味饮食有限责任公司	641
南宁荔湾港餐饮有限公司	1644	广西南宁蕾雨宾馆	632
南宁市大英雄餐饮娱乐有限责任公司	1620	广西福彩宾馆	631
广西夏威夷国际大酒店有限公司	1600	广西南宁三本娱乐贸易有限责任公司	628
南宁市银河有限责任公司银河大酒店	1531	南宁市凯莱大酒店有限责任公司	627
银河酒店	1531	内蒙古小肥羊餐饮连锁有限公司南宁分店	621
南宁南方大酒店	1417	南宁市大英雄海鲜鸡饭城	605
南宁金禾宫大酒店有限公司	1362	广西南宁运招大酒店	605
广西南宁翔云大酒店	1318	广西发展改革委员会培训中心	603
南宁肥仔餐饮有限责任公司	1233	广西八桂田园野菜馆	603
广西壮族自治区新华大酒店	1099	南宁威宁生态园有限责任公司乡村大世界	578
南宁市鸿福餐饮有限公司	1065	百胜餐饮（广东）有限公司必胜客朝阳餐厅	577
广西南宁绿都酒店投资有限公司	1052	南宁文禧酒店有限公司绿茵阁咖啡厅	572
南宁聚鑫堡工贸有限责任公司	1050	广西南宁地区糖业有限责任公司糖业宾馆	556

单位:万元

企 业 名 称	商品销售收入	企 业 名 称	商品销售收入
南宁市桂林仔银湖饮业有限责任感公司	555	广西大航海有限公司	527
宾阳县饮食服务公司	544	百胜餐饮（广东）有限公司南宁分公司	499
南宁市永华大酒店有限责任公司	536	广西昌龙建工集团南宁昌龙大酒店有限公司	494
广西南宁市五千年餐饮有限责任公司	528	南宁赣浔民间瓦缸煨汤饮食有限责任公司	493
南宁市金龙寨饮业有限公司	492	圣安宝宾馆	248
南宁市园湖饭店	479	南宁市湘临天下大酒楼有限公司	245
南宁汉斯自酿啤酒城	438	武鸣县电力开发公司明珠大厦	242
南宁银河有限责任公司朝阳酒店	420	南宁市星夜密工贸有限责任公司	233
广西华夏大酒店有限责任公司	410	南宁市稻之源美食城	228
南宁市桂林仔友爱饮业有限公司	405	桂林仔江畔饮业有限公司江南店	227
南宁市银月楼茶园	403	南宁振宁宾馆有限责任公司	215
广西万事顺餐饮有限公司	393	宾阳县金世纪大酒店	200
富丽假日酒店	390	圣天宝宾馆	200
区转业军官培训中心	388	邕宁宾馆	187
南宁市丹鹅宾馆	376	南宁市海天旅业有限责任公司	163
南宁市云顶山庄饮食娱乐有限公司	371	广西林苑宾馆	152
武鸣县货运服务站交通宾馆	366	南宁市大王滩度假村	142
横县牡丹大酒店	363	南宁市文丽宾馆有限责任公司	141
南宁市桂林仔园中园饮业有限公司	357	广西南宁陆邕酒店管理有限公司	139
邕宁县长塘肥仔餐厅总店	352	广西嘉怡旅业开发有限公司	136
广西三月花大酒店管理有限公司	337	南宁市教育宾馆	128
南宁市大清茶楼餐饮责任公司	336	迎宾楼宾馆	123
兴大大酒店	324	南宁市米萝咖啡厅	120
南宁市大聚通餐饮有限责任公司	322	广西桂盐宾馆	119
马山县金伦宾馆	313	广西南宁新万通酒店有限责任公司	112
南宁市雨石阁餐饮有限责任公司	313	广西满江红大酒店管理有限公司	108
金茶花大酒店	307	南宁市湾仔味休闲餐吧	108
南宁市成都石头大酒店娱乐有限责任公司	307	广西南宁百利佳商贸有限公司	94
南宁圣展酒店管理有限公司	292	南宁市海浪湾酒店	75
广西资旺电力工程有限责任公司武鸣大酒店	289	南宁右江酒店有限责任公司	75
南宁市东海龙宫餐饮有限公司	286	南宁长湖大酒店有限公司	74
南宁香格里拉大酒店	286	广西博宾商贸有限公司博宾大酒店	63
南宁金丽港饮食娱乐有限公司	277	南宁松源锦酒店管理有限公司	60
武鸣县宁电综合服务有限责任公司	270	南宁市状元坡宾馆有限公司	42
富皇钓鱼度假山庄	266	南宁市宝临宾馆有限公司	32

15-8 批发零售贸易业销售总额、利税总额前30名的企业

（2005年）

单位：万元

企业名称	按销售总额从大到小排列	企业名称	按利税总额从大到小排列
中国石油化工股份有限公司广西石油分公司	838473	中国石油化学股份有限公司广西南宁石油分公司	17171
广西南华糖业销售有限公司	311975	广西壮族自治区南宁市烟草公司	16727
中国石油化学股份有限公司广西南宁石油分公司	228542	中国石油天然气股份有限公司广西销售分公司	8138
中国石油天然气股份有限公司广西销售分公司	147370	中国石油化工股份有限公司广西石油分公司	5995
中国烟草总公司广西壮族自治区公司	136150	广西辉煌交通石化有限公司	4577
广西投资集团有色金属有限公司	116816	广西新华书店集团有限公司	3869
广西新华书店集团有限公司	113246	广西南宁梦之岛百货有限公司	3491
广西联航投资有限公司	106056	南宁百货大楼股份有限公司	2878
南宁百货大楼股份有限公司	98234	中国烟草总公司广西壮族自治区公司	2766
广西壮族自治区南宁市烟草公司	90763	南宁市深南城百货有限公司	2585
广西富满地农资股份有限公司	89073	广西冠桂糖业有限公司	2212
广西丰浩糖业有限公司	70820	广西华晟五矿贸易有限公司	2203
广西建设燃料有限责任公司	66790	广西必顺化工有限公司	1936
广西辉煌交通石化有限公司	64306	广西南华糖业销售有限公司	1771
广西南宁海宝物资有限公司	56636	南宁市新华书店	1710
广西壮族自治区机电设备有限责任公司	52419	广西壮族自治区机电设备有限责任公司	1565
广西侨虹金属材料有限公司	50800	广西弘帆汽车销售服务有限公司	1376
广西农垦糖业商贸有限责任公司	50755	南宁广缘丰田汽车销售服务有限公司	1290
广西南宁梦之岛百货有限公司	49601	广西弘通汽车销售服务有限公司	1230
广西农垦糖业集团有限公司	48637	广西兴通高速公路经营有限公司	1183
广西华晟五矿贸易有限公司	45591	广西华联综合超市有限公司	1066
广西壮族自治区交通物资总公司	45003	广西华昌汽车销售服务有限公司	1063
广西俊达物资有限责任公司	43818	广西银麦科技有限公司	1055
广西王者通讯设备有限公司	41376	广西丰浩糖业有限公司	876
南宁海尔工贸有限公司	40050	广西千里通机械设备有限公司	857
广西冠桂糖业有限公司	37706	广西新世纪教育有限公司	816
广西南宁康迈商业有限责任公司	37535	南宁高新开发区进出口公司	813
南宁市深南城百货有限公司	34074	广西丰润进出口贸易有限责任公司	811
广西开投燃料有限责任公司	33509	广西波导销售有限公司	783
南宁市森泰林化有限公司	32064	广西沿海铁路经贸有限公司	767

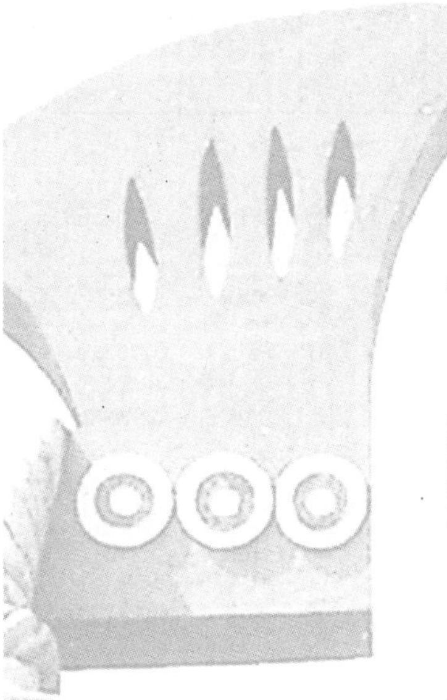

16 广西及省会城市主要统计指标

CHAPTER 16 MAIN INDICATORS OF GUANGXI AND PROVINCIAL CAPITAL CITIES

16-1 广西主要年份国民经济主要统计指标

指标名称	单位	1995年	1998年	1999年	2000年	2001年	2002年	2003年	2004年	2005年
地区生产总值	亿元	1497.56	1903.04	1953.27	2050.15	2231.19	2455.40	2735.13	3320.1	4063.3
第一产业	亿元	449.64	574.25	554.48	538.70	562.52	595.70	652.28	811.4	902.56
第二产业	亿元	535.86	678.19	695.83	748.00	791.85	864.00	1007.96	1288.3	1505.04
#工业	亿元	461.25	569.90	579.26	619.84	648.19	699.00	813.81	1044.8	1263.02
第三产业	亿元	512.06	650.60	702.96	763.45	876.82	995.70	1074.89	1220.5	1655.7
地区生产总值指数	%	111.40	109.10	107.70	107.30	108.20	110.50	110.20	111.8	112.7
第一产业	%	115.60	105.80	107.00	100.20	103.40	107.30	104.00	105.4	106.9
第二产业	%	118.26	113.90	106.80	109.00	108.10	111.30	114.60	117.1	118.5
#工业	%	108.20	113.20	106.10	109.00	108.00	110.90	114.60	117.0	118.9
第三产业	%	111.40	118.90	109.50	111.50	111.80	111.90	109.90	110.6	110.2
农林牧渔业总产值	亿元	698.24	865.90	844.78	829.97	872.90	916.50	1030.90	1294.5	1448.4
#农业总产值	亿元	384.17	476.24	454.85	418.83	439.93	465.50	500.80	623.1	711.9
农林牧渔业总产值指数	%	114.87	105.19	107.90	100.20	104.93	105.00	104.30	106.3	107.4
#农业总产值	%	114.03	106.51	111.38	94.65	104.86	105.30	100.02	106.0	105.8
工业总产值	亿元	1463.17	1727.68	1667.33	1800.24	1903.14	2036.56	2354.25	2992.3	3951.67
#国有工业（纯国有）	亿元	582.59	498.02	436.88	410.56	357.41	126.20	385.47	497.2	553.45
集体工业	亿元	256.95	360.19	334.22	276.96	233.16	20.90	145.17	120.1	103.12
工业总产值指数	%	115.08	106.51	106.46	107.40	108.03	111.00	115.40	115.8	118.5
#国有工业	%	105.17	97.68	97.75	88.80	98.51	101.20	100.40	117.6	119.2
集体工业	%	113.49	106.17	85.35	82.98	85.55	82.70	75.30	75.4	92.0
社会消费品零售总额	亿元	532.48	734.02	791.27	859.16	935.88	1025.54	857.71	973.4	1397.02
全社会固定资产投资	亿元	423.37	571.70	620.20	660.01	731.25	834.99	987.31	1254.9	1769.07
增长速度	%	10.66	19.15	8.48	6.42	10.80	14.20	18.20	27.1	40.0
地方财政收入	亿元	79.44	119.67	133.56	147.05	178.67	186.66	203.66	237.7	283.07
增长速度	%	-26.84	20.69	11.60	10.10	21.50	21.50	12.20	16.7	19.0
居民人均可支配收入	元	4792.00	5412.00	5620.00	5834.00	6666.00	7315.00	7785.00	8690	8917
指　　数	%	134.61	105.91	103.83	103.81	114.30	109.70	106.40	111.6	109.00
农民人均纯收入	元	1446.00	1972.00	2048.00	1864.00	1944.33	2013.00	2095.00	2305	2495
指　　数	%	130.62	105.17	103.85	91.02	104.30	103.50	104.10	110.1	108.2
居民消费价格指数（城市）	%	118.00	97.10	97.20	100.00	100.60	99.10	101.10	104.4	102.4

注：地区生产总值、农林牧渔业总产值、工业总产值绝对值按当年价计算，指数按可比价计算（以上年为100）。

16-2 各省会城市行政区划和土地面积

(2005年)

城　市	行政区划		土地面积（平方公里）	
	辖区数（个）	辖县数（个）	全 市	市 区
南　宁	**6**	**6**	**22112**	**6476**
昆　明	6	8	21111	4033
成　都	9	10	12390	2176
贵　阳	6	4	8034	2403
西　安	9	4	9983	3502
兰　州	5	3	13086	1632
乌鲁木齐	7	1	12000	10800
呼和浩特	4	5	17224	2054
银　川	3	4	7127	1295
西　宁	4	3	7665	350
拉　萨	1	7	29052	525
广　州	10	2	7434	3719
福　州	6	8	11968	1043
杭　州	8	5	16596	3068
南　京	11	2	6597	2599
海　口	4		2305	2305
沈　阳	9	4	12980	3495
哈 尔 滨	7	12	53068	1660
长　春	6	4	20571	3603
石 家 庄	6	17	15848	456
太　原	6	4	6988	1470
合　肥	4	3	7498	596
南　昌	5	4	7402	563
济　南	6	4	8177	3257
郑　州	6	6	7446	1010
武　汉	13		8495	8495
长　沙	5	4	11820	556

16-3　各省会城市建城区面积和人口密度

(2005年)

城　　市	建城区土地面积（平方公里）	全市人口密度（人/平方公里）
南　宁	**170**	**298**
昆　明	141	241
成　都	386	873
贵　阳	128	443
西　安	230	743
兰　州	180	238
乌鲁木齐	169	162
呼和浩特	120	124
银　川	78	197
西　宁	61	273
拉　萨	55	19
广　州	608	1010
福　州	160	514
杭　州	275	398
南　京	447	903
海　口	77	639
沈　阳	261	538
哈 尔 滨	225	183
长　春	171	356
石 家 庄	141	585
太　原	177	487
合　肥	148	608
南　昌	85	642
济　南	200	731
郑　州	212	913
武　汉	216	943
长　沙	136	525

16-4 各省会城市年末总人口

单位：万人

城 市	2000年	位 次	2001年	位 次	2002年	位次	2003年	位次	2004年	位次	2005年	位次	2005年比2004年增长（%）
南 宁	**625.27**	**10**	**629.75**	**10**	**634.68**	**11**	**641.67**	**11**	**648.85**	**11**	**659.54**	**11**	**1.65**
昆 明	480.94	16	487.52	16	494.81	16	500.79	16	504.00	16	508.47	16	0.89
成 都	1013.35	1	1019.90	1	1028.48	1	1044.31	1	1059.70	1	1082.03	1	2.11
贵 阳	331.57	19	335.81	19	340.44	19	344.86	19	347.81	19	355.66	19	2.26
西 安	688.01	7	694.80	7	702.59	7	716.58	7	725.00	6	741.73	6	2.31
兰 州	290.68	21	296.50	21	300.95	21	304.36	21	308.11	21	311.74	21	1.18
乌鲁木齐	164.38	24	169.03	24	175.72	24	181.53	24	185.96	24	194.15	24	4.40
呼和浩特	209.20	22	211.80	22	213.45	22	213.90	22	214.75	22	213.50	22	-0.58
银 川	100.94	25	103.91	25	132.96	26	133.01	26	136.06	26	140.60	26	3.34
西 宁	197.72	23	200.20	23	202.46	23	204.97	23	206.96	23	209.50	23	1.23
拉 萨	40.38	27	50.34	27	50.75	27	52.15	27	54.05	27	56.00	27	3.67
广 州	700.69	5	712.60	5	720.62	5	725.19	5	737.67	5	750.53	5	1.74
福 州	589.23	12	594.14	12	597.53	12	604.86	12	601.23	13	614.84	13	2.26
杭 州	621.58	11	629.14	11	636.81	10	642.78	10	651.68	10	660.45	10	1.35
南 京	544.89	15	553.04	15	563.28	15	572.23	15	583.60	15	595.80	15	2.09
海 口	57.34	26	60.20	26	134.19	25	139.19	25	142.67	25	147.29	25	3.24
沈 阳	685.10	8	689.30	8	688.92	8	689.10	9	693.90	9	698.60	8	0.68
哈尔滨	941.30	2	941.10	2	948.27	2	954.31	2	970.23	2	971.64	2	0.15
长 春	699.60	6	705.70	6	712.50	6	718.23	6	724.00	7	731.50	7	1.04
石家庄	889.80	3	895.94	3	903.99	3	910.51	3	917.50	3	927.30	3	1.07
太 原	308.75	20	315.31	20	338.29	20	327.40	20	331.94	20	340.39	20	2.55
合 肥	438.18	17	442.16	17	448.08	18	456.60	17	444.68	18	455.70	18	2.48
南 昌	432.96	18	440.16	18	448.85	17	450.77	18	460.79	17	475.17	17	3.12
济 南	562.65	14	569.00	14	575.00	14	582.56	14	590.08	14	597.44	14	1.25
郑 州	640.00	9	676.97	9	687.70	9	697.73	8	708.20	8	679.70	9	-4.02
武 汉	749.19	4	758.23	4	768.10	4	781.19	4	785.90	4	801.36	4	1.97
长 沙	583.19	13	587.10	13	595.46	13	601.76	13	610.38	12	620.92	12	1.73

16-5 各省会城市人口自然增长率

单位：‰

城市	2000年	2001年	2002年	2003年	2004年	2005年
南宁	**6.14**	**4.88**	**5.14**	**6.47**	**7.85**	**8.52**
昆明	7.73	6.80	6.85	7.31	6.50	7.43
成都	3.05	1.60	0.23	0.51	6.20	1.66
贵阳	8.00	6.30	5.79	3.50	6.15	5.43
西安	4.67	4.70	4.41	6.01	4.50	
兰州		7.50	5.18	4.52	4.00	6.98
乌鲁木齐	5.58	6.20	5.79	4.45	2.57	4.52
呼和浩特	4.10	7.50	6.09	4.95	5.80	-1.70
银川	9.00	8.30	7.31	8.26	7.54	6.31
西宁	8.80	10.70	7.34	8.56	7.75	7.18
拉萨	14.61	6.20	6.23	4.92	5.79	2.58
广州	4.51	4.20	3.10	2.24	3.82	3.21
福州	14.14	4.80	4.65	5.19	5.90	5.80
杭州	3.60	2.90	2.70	2.31	3.99	3.33
南京	2.48	1.60	0.69	0.08	2.29	2.34
海口	8.20	8.20	7.94	-1.31	7.14	7.12
沈阳	1.60	0.90	0.84	-0.81	0.03	0.89
哈尔滨	4.70	3.70	4.19	3.38	6.53	1.79
长春	4.83	2.60	2.73	2.12	4.17	2.42
石家庄	10.80	-5.70	6.00	5.53	5.04	7.27
太原	9.68	5.90	5.63	4.78	4.53	4.27
合肥	8.44	5.40	5.34	6.15	6.17	4.20
南昌			11.74	7.67	8.09	8.03
济南	4.03	3.80	3.69	2.08	3.80	3.80
郑州		5.60	4.03	5.09	4.20	4.20
武汉	2.88	2.50	2.14	2.23	-1.89	2.86
长沙	3.52	3.80	2.91	1.61	3.10	

16-6 各省会城市地区生产总值

单位：亿元

城市	2000年	位次	2001年	位次	2002年	位次	2003年	位次	2004年	位次	2005年	位次	2005年比2004年增长（%）
南宁	**377.94**	**17**	**418.17**	**17**	**463.18**	**17**	**521.78**	**17**	**619.12**	**18**	**723.36**	**19**	**13.4**
昆明	625.00	15	672.84	15	730.02	15	812.00	15	942.14	15	1062.34	15	11.10
成都	1310.00	3	1490.86	3	1663.21	3	1870.80	3	2185.70	3	2371.00	4	13.50
贵阳	264.81	22	302.75	22	336.37	22	380.92	23	443.63	23	525.62	22	14.60
西安	688.51	13	734.00	13	823.50	13	940.35	13	1095.87	14	1270.14	14	13.10
兰州	309.40	20	348.50	20	386.78	20	440.08	20	504.65	21	567.04	21	12.00
乌鲁木齐	275.00	21	315.00	21	354.00	21	408.58	21	487.00	22	478.00	23	13.10
呼和浩特	179.20	23	211.19	23	316.70	23	406.17	22	512.08	20	700.43	20	21.10
银川	95.00	25	104.00	26	133.46	25	156.60	25	188.97	25	239.00	25	13.00
西宁	92.01	26	104.49	25	121.34	26	144.83	26	174.74	26	206.27	26	13.10
拉萨	40.00	27	47.00	27	55.00	27	64.20	27	75.24	27	89.20	27	17.15
广州	2375.91	1	2684.83	1	3001.70	1	3496.88	1	4115.81	1	5115.75	1	13.00
福州	1003.27	7	1076.08	9	1160.53	10	1347.68	10	1548.46	10	1482.06	13	9.80
杭州	1382.56	2	1568.00	2	1780.00	2	2092.00	2	2515.00	2	2918.61	2	12.50
南京	1021.30	6	1154.44	6	1295.00	6	1576.20	6	1910.00	5	2431.00	3	15.20
海口	133.49	24	144.62	24	157.89	24	228.86	24	253.01	24	303.11	24	12.20
沈阳	1119.10	5	1238.00	5	1400.02	5	1603.38	5	1900.70	6	2240.00	5	16.00
哈尔滨	1002.70	9	1120.10	7	1232.13	7	1414.80	7	1680.50	7	1830.40	9	14.10
长春	824.00	11	1003.00	11	1150.00	11	1338.04	11	1535.00	11	1678.50	10	8.80
石家庄	1003.11	8	1085.45	8	1186.81	9	1377.94	8	1633.00	8	1852.43	8	13.60
太原	347.46	18	386.34	18	432.19	18	515.59	18	643.09	17	895.49	17	14.70
合肥	325.00	19	363.40	19	412.81	19	477.78	19	589.70	19	853.27	18	16.90
南昌	435.10	16	485.62	16	552.37	16	641.02	16	770.46	16	1007.70	16	16.80
济南	952.20	10	1066.20	10	1200.00	8	1365.33	9	1618.90	9	1876.50	7	15.60
郑州	732.00	12	822.10	12	928.30	12	1102.28	12	1375.00	12	1650.00	11	15.80
武汉	1206.84	4	1347.80	4	1492.74	4	1662.40	4	1956.00	4	2238.00	6	14.70
长沙	656.41	14	728.08	14	812.85	14	929.49	14	1108.85	13	1519.90	12	14.90

16-7 各省会城市第一产业增加值

单位：亿元

城市	2000年	位次	2001年	位次	2002年	位次	2003年	位次	2004年	位次	2005年	位次	2005年比2004年增长（%）
南宁	**87.66**	**9**	**90.74**	**9**	**94.35**	**9**	**99.70**	**9**	**107.68**	**10**	**119.71**	**10**	**8.2**
昆明	51.00	14	53.80	14	56.03	14	59.07	14	66.31	14	77.31	14	5.00
成都	124.00	4	132.54	4	140.19	4	153.18	4	168.00	3	182.30	3	5.70
贵阳	24.18	20	25.09	20	26.58	20	28.81	20	31.77	20	34.85	20	7.60
西安	44.65	16	45.00	16	47.77	16	49.21	17	60.05	16	64.08	17	7.50
兰州	15.90	21	16.90	21	17.68	21	18.38	22	20.61	22	22.13	22	4.05
乌鲁木齐	3.80	26	4.06	26	5.00	26	6.07	27	7.00	26	7.00	26	10.00
呼和浩特	25.10	19	25.51	19	35.54	19	37.26	19	42.19	19	48.98	19	12.10
银川	10.60	23	11.10	23	15.21	23	14.37	24	16.91	24	18.30	24	3.20
西宁	8.10	24	8.61	24	8.90	24	9.46	25	10.61	25	11.50	25	6.20
拉萨	5.60	25	6.00	25	6.20	25	6.40	26	6.80	27	6.30	27	5.35
广州	94.37	8	95.73	8	102.10	7	105.63	7	115.50	8	125.58	8	4.00
福州	135.18	3	131.91	5	136.03	5	143.70	5	158.03	5	173.60	5	2.20
杭州	103.96	6	111.00	6	113.00	6	127.00	6	139.10	6	145.36	6	4.00
南京	55.01	13	58.75	13	62.40	13	65.10	13	70.00	13	80.00	13	5.00
海口	3.18	27	3.45	27	3.89	27	20.86	21	21.33	21	23.09	21	7.10
沈阳	71.10	12	76.60	12	83.54	11	84.87	11	110.70	9	121.50	9	10.70
哈尔滨	176.70	1	186.10	1	199.60	1	222.02	1	275.60	1	299.90	1	8.60
长春	120.90	5	135.90	3	146.80	3	157.33	3	168.00	3	180.00	4	6.00
石家庄	146.88	2	153.36	2	155.95	2	188.07	2	230.00	2	247.50	2	5.50
太原	15.03	22	14.94	22	16.03	22	17.77	23	19.33	23	19.99	23	1.30
合肥	36.00	18	38.09	18	40.06	18	40.81	18	54.00	18	52.50	18	1.00
南昌	46.00	15	47.94	15	50.57	15	52.82	15	59.40	17	73.38	15	5.00
济南	95.00	7	97.20	7	98.70	8	103.30	8	118.70	7	132.40	7	6.00
郑州	42.00	17	43.70	17	47.28	17	49.25	16	61.00	15	72.00	16	7.00
武汉	81.36	10	85.03	10	89.53	10	95.13	10	103.00	12	109.57	12	4.50
长沙	74.11	11	78.36	11	80.96	12	83.29	12	103.33	11	112.59	11	6.90

16-8 各省会城市第二产业增加值

单位：亿元

城市	2000年	位次	2001年	位次	2002年	位次	2003年	位次	2004年	位次	2005年	位次	2005年比2004年增长（%）
南宁	**105.37**	**21**	**113.16**	**22**	**125.56**	**22**	**152.35**	**22**	**193.38**	**22**	**231.21**	**22**	**15.6**
昆明	295.00	14	312.70	14	336.35	15	376.66	15	453.92	15	483.24	16	6.46
成都	588.00	3	676.13	3	758.07	3	859.07	3	1022.00	3	1007.70	6	20.00
贵阳	134.69	20	152.69	20	171.28	20	191.94	20	233.24	20	249.39	21	16.20
西安	328.37	13	330.00	13	372.48	13	446.95	13	495.67	13	539.61	14	14.40
兰州	162.90	18	181.30	18	201.42	19	232.61	19	274.97	19	249.99	20	16.20
乌鲁木齐	101.60	22	114.50	21	118.00	23	144.94	23	176.00	23	176.00	23	12.20
呼和浩特	78.50	23	95.42	23	129.97	21	174.71	21	221.61	21	262.55	19	28.20
银川	41.60	24	44.90	24	59.03	24	75.03	25	93.74	24	131.70	24	18.00
西宁	40.26	25	43.96	25	51.80	25	67.75	26	87.52	25	109.78	25	20.40
拉萨	9.50	27	11.40	27	13.20	27	15.30	27	18.30	27	22.50	27	26.62
广州	1032.05	1	1136.51	1	1231.10	1	1508.12	1	1817.71	1	2081.21	1	14.10
福州	466.73	7	508.92	7	556.68	8	681.56	7	799.20	7	697.56	11	8.70
杭州	709.32	2	798.50	2	902.00	2	1081.00	2	1332.90	2	1496.15	2	11.00
南京	494.08	6	557.61	5	612.60	6	804.40	4	1005.00	4	1215.00	3	18.40
海口	34.37	26	39.55	26	45.42	26	76.10	24	82.48	26	82.87	26	12.70
沈阳	495.10	5	542.00	6	615.17	5	758.71	5	940.50	5	1149.60	4	19.40
哈尔滨	340.00	12	393.10	12	433.40	12	524.52	12	643.00	12	646.00	13	16.90
长春	365.00	10	443.60	9	522.30	9	630.30	9	742.00	10	786.40	10	6.20
石家庄	466.22	8	502.27	8	559.41	7	664.79	8	795.00	8	927.24	7	17.70
太原	169.09	17	189.60	17	214.89	17	265.96	17	353.95	17	430.67	17	17.00
合肥	155.00	19	176.36	19	207.75	18	238.33	18	297.20	18	382.39	18	20.20
南昌	205.30	16	231.16	16	270.26	16	324.16	16	404.06	16	532.13	15	21.20
济南	418.60	9	442.70	10	501.60	10	599.68	10	742.40	9	864.00	9	17.40
郑州	360.00	11	401.90	11	453.71	11	571.53	11	738.00	11	872.80	8	18.70
武汉	533.31	4	594.84	4	660.46	4	741.80	6	903.00	6	1019.00	5	17.90
长沙	268.40	15	297.09	15	337.26	14	393.67	14	492.57	14	655.27	12	18.50

16-9 各省会城市第三产业增加值

单位：亿元

城市	2000年	位次	2001年	位次	2002年	位次	2003年	位次	2004年	位次	2005年	位次	2005年比2004年增长（%）
南宁	**184.91**	**16**	**214.26**	**16**	**243.27**	**16**	**269.73**	**16**	**318.06**	**16**	**372.44**	**20**	**14.0**
昆明	279.00	15	306.34	15	337.65	15	376.27	15	421.91	15	501.79	15	9.30
成都	598.00	2	682.19	2	764.95	3	858.56	3	995.70	3	1181.00	3	9.60
贵阳	105.94	22	124.97	22	138.51	23	160.17	23	178.62	23	241.38	23	13.90
西安	315.49	13	359.00	13	403.25	13	444.19	14	540.15	13	666.45	13	12.70
兰州	130.60	21	150.50	20	167.68	20	189.09	22	209.07	22	294.92	22	11.17
乌鲁木齐	169.60	18	196.44	18	231.00	18	257.58	18	295.00	18	295.00	21	13.60
呼和浩特	75.60	24	90.26	24	151.19	22	194.20	21	248.26	20	388.90	19	17.40
银川	42.80	26	48.00	26	59.22	26	67.20	26	78.32	25	89.00	25	8.60
西宁	43.65	25	51.92	25	60.64	25	67.62	25	76.61	26	84.99	26	9.50
拉萨	24.90	27	29.60	27	35.60	27	42.50	27	50.14	27	60.40	27	15.29
广州	1249.49	1	1452.59	1	1668.60	1	1883.13	1	2182.60	1	2908.96	1	12.60
福州	401.36	9	435.25	9	467.82	11	522.42	11	591.23	11	610.90	14	13.20
杭州	569.28	4	658.50	4	902.00	2	884.00	2	1043.00	2	1277.10	2	14.70
南京	472.21	7	538.08	7	620.00	6	706.70	6	835.00	6	1118.00	4	13.10
海口	95.94	23	101.62	23	108.58	24	131.90	24	149.20	24	197.15	24	12.60
沈阳	552.90	5	619.40	5	701.31	5	759.80	5	849.50	5	968.90	6	12.90
哈尔滨	486.00	6	540.90	6	599.20	8	668.26	7	761.90	7	884.50	7	13.90
长春	338.10	11	423.50	11	480.90	9	550.41	9	625.00	9	712.10	10	12.50
石家庄	390.01	10	429.82	10	471.45	10	525.08	10	608.00	10	677.69	12	11.50
太原	163.34	19	181.80	19	201.27	19	231.86	19	269.81	19	444.83	16	13.40
合肥	134.00	20	148.95	21	164.99	21	198.64	20	238.50	21	418.38	17	16.00
南昌	183.80	17	206.52	17	231.54	17	264.04	17	307.00	17	402.19	18	13.40
济南	438.60	8	526.30	8	599.70	7	662.35	8	757.80	8	880.10	8	15.40
郑州	330.00	12	376.50	12	427.29	12	481.49	12	576.00	12	705.20	11	13.90
武汉	592.16	3	667.93	3	742.75	4	825.47	4	950.00	4	1109.43	5	13.10
长沙	313.90	14	352.62	14	394.63	14	452.52	13	512.95	14	752.04	9	13.00

16-10　各省会城市人均地区生产总值

单位：元

城　市	2000年	位次	2001年	位次	2002年	位次	2003年	位次	2004年	位次	2005年	位次
南　宁	**6086**	**26**	**6656**	**25**	**7327**	**26**	**8176**	**26**	**9595**	**26**	**11057**	**26**
昆　明	13000	10	13900	12	14800	12	16308	13	18744	17	17573	21
成　都	12290	11	146645	1	16239	10	18051	11	22301	12	22139	15
贵　阳	8110	24	9073	23	9948	24	10962	24	12683	25	14934	25
西　安	10107	20	9466	22	11786	22	13252	21	17419	20	15925	24
兰　州	10300	18	11877	18	12948	20	14540	19	16479	21	18296	20
乌鲁木齐	15200	9	16500	10	17780	8	19899	8	25447	8	25507	9
呼和浩特	8478	23	9902	21	14720	13	18789	9	32776	4	37211	4
银　川	9546	22	10154	20	10157	23	11890	23	13956	22	20726	16
西　宁	5310	27	5249	26	6027	27	7110	27	8484	27	9906	27
拉　萨	9907	21	11539	19	13431	17	12311	22	13931	23	16211	23
广　州	34292	1	38000	2	41900	1	48372	1	56300	1	68751	1
福　州	17115	5	18034	7	19387	7	20520	7	23400	10	22388	14
杭　州	22342	3	25000	3	28000	2	32700	2	35113	2	44487	2
南　京	18743	4	20671	5	22908	3	27307	3	33050	3	40919	3
海　口	23897	2	24608	4	16096	11	16730	12	17928	18	17418	22
沈　阳	16432	7	18016	8	20316	5	23271	5	32284	5	32172	5
哈尔滨	10359	17	11900	17	13000	19	14872	18	21285	14	18852	19
长　春	11760	12	14300	11	16300	9	18705	10	23156	11	23064	12
石家庄	11365	14	12115	16	13187	18	15188	17	20159	15	20083	17
太　原	11418	13	12381	14	13603	16	15873	15	18881	16	26175	8
合　肥	7417	25	8256	24	9274	25	10562	25	13378	24	18954	18
南　昌	10157	19	1129	27	12552	21	14446	20	21766	13	22390	13
济　南	17001	6	18843	6	20979	4	23658	4	27610	7	31604	6
郑　州	11008	16	12225	15	13611	15	15913	14	23958	9	23171	11
武　汉	16206	8	17882	9	19560	6	21460	6	28283	6	26238	7
长　沙	11256	15	12436	13	13747	14	15527	16	17638	19	23968	10

16-11 各省会城市农林牧渔业总产值

单位：亿元

城 市	2000年	位 次	2001年	位 次	2002年	位 次	2003年	位 次	2004年	位 次	2005年	位 次	2005年比2004年增长（%）
南 宁	**137.79**	**9**	**140.72**	**10**	**145.57**	**10**	**151.93**	**10**	**172.29**	**10**	**191.41**	**9**	**8.61**
昆 明	85.22	14	85.86	14	90.15	14	95.73	14	108.00	14	116.20	15	5.50
成 都	197.74	4	212.14	5	227.59	4	243.81	4	283.20	3	307.80	3	6.70
贵 阳	36.99	20	38.97	20	41.04	20	43.94	20	50.32	20	54.77	20	8.60
西 安	74.37	15	76.75	16	79.70	16	83.79	16	100.10	15	106.54	17	7.70
兰 州	25.85	21	27.99	21	29.30	22	30.94	21	34.56	21	37.15	22	4.03
乌鲁木齐	7.91	25	8.18	25	9.40	26	12.43	26	14.42	26	14.99	26	5.28
呼和浩特	40.40	19	41.23	19	55.16	19	56.13	19	76.40	18	85.90	19	18.90
银 川	17.41	23	18.80	23	25.68	24	25.73	24	31.09	24	35.34	23	5.50
西 宁	14.16	24	15.32	24	15.32	25	16.45	25	18.57	25	20.17	25	6.33
拉 萨	3.67	27	7.72	26	8.40	27	4.15	27	9.49	27	10.03	27	5.54
广 州	163.05	6	167.05	6	175.10	6	180.67	7	201.44	9	220.44	7	4.10
福 州	217.42	3	214.69	4	221.08	5	234.84	5	269.97	5	290.79	4	2.70
杭 州	152.65	8	165.00	7	168.18	7	189.01	6	208.27	7	219.48	8	10.70
南 京	106.34	13	113.29	13	120.01	13	132.59	13	141.20	13	155.38	12	5.70
海 口	4.97	26	5.55	27	33.90	21	29.80	22	34.29	22	38.46	21	8.20
沈 阳	133.54	10	141.30	9	153.42	9	161.62	9	210.90	6	155.38	12	5.70
哈尔滨	280.50	2	295.40	2	316.20	1	351.10	2	399.80	2	445.10	2	8.80
长 春	197.60	5	223.90	3	242.10	3	258.15	3	281.50	4	272.91	5	8.20
石家庄	293.45	1	307.00	1	312.00	2	352.96	1	426.00	1	456.95	1	5.40
太 原	24.62	22	23.34	22	26.90	23	29.37	23	32.87	23	34.62	24	1.70
合 肥	64.44	18	67.03	18	70.41	18	71.42	18	92.57	17	95.59	18	0.80
南 昌	69.44	17	74.21	17	77.29	17	82.30	17	99.11	16	115.76	16	5.00
济 南	154.30	7	162.30	8	167.99	8	180.30	8	204.40	8	230.46	6	6.50
郑 州	73.20	16	78.73	15	82.36	15	86.18	15	61.00	19	126.22	14	7.00
武 汉	126.94	11	133.78	11	141.30	11	151.79	11	165.65	12	180.60	11	5.50
长 沙	116.79	12	124.00	12	130.22	12	137.16	12	172.07	11	187.13	10	7.00

16-12 各省会城市工业总产值

单位：亿元

城市	2000年	位次	2001年	位次	2002年	位次	2003年	位次	2004年	位次	2005年	位次	2005年比2004年增长（%）
南宁	**241.73**	**21**	**260.81**	**20**	**291.19**	**18**	**334.20**	**21**	**300.34**	**22**	**370.18**	**20**	**23.26**
昆明	647.77	13	672.70				829.8	13	1053.36	11	988.93	11	22.90
成都	1408.26	6	1570.57	5	1743.46	5	970.1	12			1637.73	10	31.70
贵阳	368.71	19	320.64	19	359.25	17	424.1	18	442.65	19	571.36	17	13.50
西安	986.42	12	930.10	12	1048.96	12	1209.6	11	789.22	13	978.50	12	15.40
兰州	415.20	18	446.52	18	472.72	16	565.2	17	655.40	17	788.30	16	23.80
乌鲁木齐	259.83	20	251.79	21	273.93	19	346.9	20	354.45	20	518.88	18	14.40
呼和浩特	207.30	22	240.98	22	169.20	21	369.7	19	344.81	21	483.00	19	35.10
银川	94.00	23	102.22	26	138.67	23	168.0	23	198.04	25	104.29	23	20.50
西宁	93.64	24	121.08	24	127.03	24	162.1	24	206.13	24	226.92	22	26.47
拉萨	2.01	26	1.38	27			12.9	25			4.27	24	8.00
广州	3100.02	1	3393.19	1	3788.91	1	4705.9	1	5043.33	1	6032.09	1	15.50
福州	1334.02	7	1407.26	7	1621.37	7	1916.2	6	1661.01	7	1874.95	8	12.90
杭州	1542.57	4	1919.51	3	2400.30	2			4149.10	2	5428.27	2	22.10
南京	1843.05	2	2040.51	2	2246.67	3	2740.2	2	3285.02	3	4064.44	3	29.90
海口	92.64	25	111.00	25	161.38	22	220.6	22	221.94	23	245.70	21	13.50
沈阳	1808.47	3	184.71	23	200.17	20	2570.7	3	1493.40	9	2288.60	4	39.30
哈尔滨	1011.10	10	1101.00	10	1167.00	11	1300.5	10	886.21	12			
长春	1049.70	9	1284.45	8	1562.00	8	1890.2	7	1712.70	5	1723.80	9	-2.80
石家庄			1484.96	6	1664.83	6	2043.4	4	1518.54	8	2016.34	7	27.90
太原	427.95	17	463.05	17	544.78	15	614.3	16	708.29	14	919.70	14	29.30
合肥	441.75	16	505.35	16					659.28	16	843.09	15	28.00
南昌	472.05	15	538.00	15	640.31	14	798.8	15	543.50	18			
济南	1093.95	8	1090.70	11	1302.00	9	1544.5	8	1753.80	4	2245.20	6	27.90
郑州	1005.30	11	1112.76	9	1212.27	10	1480.9	9	1236.80	10			
武汉	1422.38	5	1611.76	4	1769.93	4	1994.9	5	1678.34	6	2286.69	5	28.20
长沙	620.49	14	662.51	14	718.31	13	803.5	14	706.06	15	955.13	13	28.10

注：2004年以前统计口径为全部工业总产值，2004年以后为规模以上工业总产值。

16-13 各省会城市全社会固定资产投资

单位：亿元

城　市	2000年	位次	2001年	位次	2002年	位次	2003年	位次	2004年	位次	2005年	位次	2005年比2004年增长（%）
南　宁	**113.17**	**19**	**121.41**	**21**	**145.56**	**21**	**190.36**	**22**	**262.76**	**21**	**362.90**	**20**	**38.11**
昆　明	239.00	12	263.91	14	290.00	15	361.65	15	435.00	15	522.00	16	20.00
成　都	475.90	3	582.21	3	702.15	3	862.97	4	1085.20	4	1457.35	1	40.10
贵　阳	104.87	20	155.41	17	187.96	17	241.87	17	292.78	20	343.54	21	17.20
西　安	232.37	14	287.72	11	307.24	13	478.10	11	640.40	11	835.10	10	29.10
兰　州	153.60	16	172.42	16	194.54	16	210.64	19	231.92	22	259.59	22	12.00
乌鲁木齐	120.78	18	140.50	19	147.90	19	180.52	23	200.00	23	195.65	24	11.40
呼和浩特	67.10	23	95.31	23	131.30	23	206.00	20	315.00	19	460.00	18	46.00
银　川	48.60	26	52.96	26	72.96	26	143.39	24	170.97	24	201.65	23	17.40
西　宁	53.82	25	69.27	25	77.66	25	85.42	26	98.54	26	115.63	26	17.34
拉　萨	4.66	27	48.54	27	58.00	27	34.59	27	48.11	27	64.55	27	34.17
广　州	923.67	1	978.21	1	1001.50	1	1175.17	1	1321.96	1	1445.33	2	7.10
福　州	255.01	10	257.07	15	302.83	14	425.72	13	526.63	13	603.26	14	14.60
杭　州	515.49	2	629.27	2	769.76	2	1006.74	2	1205.18	2	1386.68	4	15.30
南　京	412.20	5	464.91	5	603.00	4	954.05	3	1201.88	3	1402.72	3	16.70
海　口	64.04	24	72.10	24	82.55	24	103.40	25	119.28	25	137.17	25	15.00
沈　阳	262.24	8	302.81	9	402.46	8	582.61	6	971.40	5	1363.20	5	40.30
哈尔滨	253.70	11	311.78	8	361.10	9	435.96	12	532.60	12	638.97	13	20.00
长　春	235.20	13	285.00	12	320.50	12	389.64	14	460.00	14	650.40	12	41.40
石家庄	361.10	6	380.87	6	409.37	6	534.98	7	705.70	7	928.65	7	31.57
太　原	104.77	21	122.71	20	147.60	20	204.45	21	335.12	18	438.51	19	26.10
合　肥	130.92	17	142.54	18	168.67	18	255.11	16	361.48	16	495.27	17	36.40
南　昌	79.87	22	96.87	22	137.00	22	235.00	18	350.00	17	525.59	15	45.30
济　南	305.95	7	344.15	7	404.70	7	504.88	8	651.30	9	856.90	9	31.60
郑　州	258.40	9	295.66	10	340.70	10	502.30	9	650.30	10	820.00	11	26.10
武　汉	461.93	4	508.44	4	549.33	5	645.06	5	822.20	6	1055.18	6	28.30
长　沙	202.32	15	279.80	13	326.57	11	494.97	10	668.09	8	881.44	8	31.93

16-14 各省会城市社会消费品零售总额

单位：亿元

城市	2000年	位次	2001年	位次	2002年	位次	2003年	位次	2004年	位次	2005年	位次	2005年比2004年增长（%）
南宁	**212.43**	**16**	**231.35**	**16**	**256.78**	**16**	**288.45**	**16**	**332.05**	**16**	**378.00**	**17**	**13.84**
昆明	239.53	15	265.28	15	293.00	15	328.41	15	370.46	15	415.49	15	12.20
成都	554.21	4	627.52	3	709.51	3	771.50	3	875.30	3	999.20	4	14.20
贵阳	108.53	22	121.66	22	136.58	22	153.67	22	175.52	22	201.84	23	15.00
西安	328.47	12	365.90	13	409.39	12	440.05	13	506.50	13	666.48	11	15.20
兰州	160.10	17	173.88	17	190.56	17	206.53	18	228.02	19	255.79	21	12.18
乌鲁木齐	122.80	21	134.60	21	146.90	21	172.14	21	200.00	21	222.95	22	16.80
呼和浩特	69.50	24	79.87	24	92.00	23	123.00	23	156.46	23	304.90	20	15.10
银川	41.54	26	45.47	26	53.79	26	61.30	26	70.54	26	80.50	26	14.00
西宁	52.71	25	57.60	25	63.47	25	63.58	25	71.62	25	81.60	25	13.94
拉萨	20.43	27	24.00	27	25.34	27	27.15	27	29.58	27	33.50	27	13.25
广州	1121.13	1	1243.00	1	1370.70	1	1494.27	1	1675.05	1	1898.74	1	13.20
福州	351.77	9	386.28	10	430.69	10	490.98	9	580.28	9	663.05	12	16.90
杭州	403.95	7	458.82	7	523.53	7	587.52	7	704.34	7	975.43	5	14.00
南京	419.81	6	465.83	6	525.20	6	600.24	6	711.44	5	1005.00	3	16.30
海口	74.06	23	81.03	23	89.50	24	86.14	24	101.02	24	138.45	24	14.50
沈阳	566.01	3	623.50	4	695.24	4	721.54	4	808.80	4	915.10	6	13.10
哈尔滨	454.80	5	503.00	5	559.30	5	624.17	5	707.40	6	788.10	8	12.70
长春	311.20	13	385.00	11	402.20	13	438.32	14	495.30	14	600.10	14	10.20
石家庄	330.88	11	369.10	12	411.54	11	456.61	11	553.10	11	606.20	13	15.00
太原	147.75	19	161.13	19	180.96	19	185.37	20	226.34	20	384.03	16	15.10
合肥	148.27	18	164.60	18	184.77	18	207.43	17	239.77	17	324.39	18	15.10
南昌	144.41	20	160.81	20	179.84	20	201.18	19	234.88	18	307.49	19	15.70
济南	354.71	8	397.50	8	446.50	8	533.17	8	621.00	8	807.90	7	15.70
郑州	345.60	10	386.50	9	430.89	9	479.89	10	558.70	10	706.68	10	14.50
武汉	606.10	2	685.00	2	770.08	2	853.99	2	960.58	2	1128.64	2	13.30
长沙	307.88	14	344.97	14	401.10	14	452.00	12	525.13	12	743.43	9	16.10

16-15 各省会城市海关进出口贸易总额

单位：万美元

城市	2000年	位次	2001年	位次	2002年	位次	2003年	位次	2004年	位次	2005年	位次	2005年比2004年增长（%）
南宁	**66164**	**20**	**53733**	**21**	**49668**	**23**	**65792**	**23**	**63625**	**23**	**71916**	**23**	**13.03**
昆明	115100	15	134097	13	148100	15	177900	15	261500	15	344500	13	32.00
成都	148100	10	189528	9	207784	9	251730	9	337000	11	453700	8	34.80
贵阳	49000	22	49427	22	57240	21	85186	21	120500	21	113600	21	-5.70
西安	173700	7	170000	10	186966	10	230900	10	309300	12	390100	11	26.20
兰州	40400	23	46000	23	51025	22	75000	22	68000	22	71600	24	5.20
乌鲁木齐	109180	17	63142	20	64000	20	95738	20	280000	14	238500	17	44.40
呼和浩特	7001	26	7580	26	32878	24	49023	24	45600	25	106500	22	133.40
银川	25500	24	27900	24	23360	25	28750	26	42700	26	47900	25	23.30
西宁	13504	25	18309	25	16100	26	28973	25	50800	24	36900	26	-27.46
拉萨	1117	27	1300	27			697	27	1400	27	3131	27	11.63
广州	2338100	1	2303700	1	2793100	1	3944100	1	4479600	1	5348800	1	19.40
福州	507640	3	537892	4	638804	4	829631	4	1252700	4	1356800	4	10.00
杭州	1047700	2	1129800	2	1316000	2	1823778	2	2449600	2	2987000	2	21.90
南京	409895	4	958834	3	1009400	3	1471224	3	2063900	3	2709000	3	31.30
海口	50200	21	91382	19	112800	17	98039	19	150600	20	123500	20	-18.00
沈阳	268348	5	279178	5	285600	6	426037	6	525000	6	459000	6	7.50
哈尔滨	121000	14	127000	15	171000	11	190494	14	210000	17	271200	15	29.50
长春	171000	8	230000	6	289247	5	521826	5	531800	5	454000	7	-14.60
石家庄	76000	19	94200	18	113722	16	169301	16	366000	8	442500	9	20.80
太原	135572	12	132200	14	164202	13	200483	13	339400	10	327200	14	-0.60
合肥	190868	6	205416	8	229700	7	301793	8	350800	9	418300	10	19.20
南昌	111555	16	97169	17	90931	19	134153	18	165900	19	174500	19	5.20
济南	143935	11	150000	12	149300	14	201554	12	305000	13	376200	12	23.50
郑州	89982	18	99377	16	103845	18	141086	17	172000	18	194200	18	13.50
武汉	133361	13	215600	7	220200	8	313600	7	429800	7	618800	5	44.00
长沙	164419	9	165100	11	166365	12	204406	11	245400	16	268300	16	9.30

16-16 各省会城市海关出口贸易总额

单位：万美元

城市	2000年	位次	2001年	位次	2002年	位次	2003年	位次	2004年	位次	2005年	位次	2005年比2004年增长（%）
南宁	**51238**	**19**	**43053**	**20**	**40746**	**20**	**51143**	**21**	**52421**	**21**	**57716**	**22**	**10.10**
昆明	71300	14	78033	14	89500	12	100600	14	138400	11	173600	13	25.40
成都	81800	11	89368	11	121911	7	135472	11	187000	10	267900	8	43.40
贵阳	30600	21	33115	21	37500	21	52320	20	75100	19	76100	20	1.40
西安	106100	7	88000	12	112479	9	140300	10	203500	8	263400	9	29.50
兰州	28100	22	31000	22	35016	22	60000	19	54000	20	50000	23	-7.26
乌鲁木齐	79422	12	43613	19	49000	19	41968	22	130500	14	142800	15	55.70
呼和浩特	5215	26	6540	26	24786	23	36352	23	26700	25	59400	21	122.20
银川	23100	23	22500	23	18658	25	22750	26	34100	24	38400	25	18.00
西宁	8047	25	13585	25	13500	26	23934	25	40200	22	28900	26	-29.71
拉萨	132	27	119	27			341.02	27	1400	26	1518	27	9.44
广州	1179000	1	1162400	1	1378400	1	1688900	1	2147300	1	2666800	1	24.20
福州	270334	3	299856	4	353425	4	464279	4	744400	4	864000	4	16.10
杭州	696600	2	728400	2	848000	2	1095486	2	1517500	2	1980000	2	30.50
南京	178635	4	575100	3	601100	3	766537	3	1046000	3	1424500	3	36.20
海口	17000	24	21175	24	22400	24	26733	24	34300	23	41200	24	20.30
沈阳	129702	6	125093	6	79000	15	200438	5	240000	7	237000	10	29.70
哈尔滨	70000	15	63000	17	89082	14	90894	16	88000	17	122900	19	39.90
长春	77000	13	98000	9	127250	6	155183	7	82600	18	126000	17	53.00
石家庄	51000	20	70400	15	89100	13	135195	12	288000	5	372100	5	29.00
太原	87932	10	105300	7	118004	8	151741	8	263000	6	211700	11	-19.50
合肥	132402	5	141054	5	150200	5	181845	6	21.89	27	279400	7	27.60
南昌	88728	9	79593	13	72758	16	100441	15	107500	16	124000	18	15.40
济南	57108	18	59000	18	69500	17	83545	18	137000	12	177800	12	29.50
郑州	62145	17	65743	16	68500	18	87192	17	108000	15	139800	16	29.00
武汉	64924	16	94700	10	109100	10	148100	9	193100	9	364800	6	54.10
长沙	105091	8	104800	8	102198	11	109811	13	136600	13	159500	14	16.7

16-17　各省会城市外商直接投资

单位：万美元

城　市	2000年	2001年	2002年	2003年	2004年	2005年	位　次
南　宁	**8105**	**6100**	**11987**	**8903**	**7768**	**8578**	**21**
昆　明	1228			5148	6200	8300	22
成　都	26474	30972	40100	50270	75000	54800	11
贵　阳	5301	5941	8200	7492	7800	8200	23
西　安	15633	17700	22127	25600	27600	62300	10
兰　州	7101	11000	11200			22200	19
乌鲁木齐	431	1690	1506	1400	1520		
呼和浩特	3485	4983	5552	10546	23900	40300	15
银　川	602	976	2131	2878	6400	5300	24
西　宁	733	456	514	776	11700		
拉　萨							
广　州		239873	265299	306400	247700	284100	1
福　州	80087	100198	103700	130198	136000	64000	9
杭　州	43100	50300	52186	100850	141000	171300	5
南　京	98693	95207	155400	236923	257000	200900	3
海　口	20100	29579	66406	27693	32000	37900	16
沈　阳	104390	120827	165000	227217	242000	212300	2
哈尔滨	20314	22000	20500	27100	40500	36600	17
长　春	36000	50000	63000	75101	90000	117100	6
石家庄	14841	19804	17990	26307	35200	43900	14
太　原	7280	6920	9906	11887	14300	16500	20
合　肥	12743	17600	18200	26048	31600	46700	13
南　昌	3288	12800	36733	58350	73000	90900	7
济　南	31981	43000	54200	65329	31700	51000	12
郑　州	11318	9088	9200	29120	24686	33500	18
武　汉	130279	143201	157602	176200	152000	174000	4
长　沙	17707	26527	32775	50209	50100	90200	8

16-18　各省会城市国际旅游者人数

单位：万人次

城　市	2000年	2001年	2002年	2003年	2004年	2005年	位 次	2005年比2004年增长（%）
南　宁	**4.56**	**5.67**	**5.92**	**3.49**	**6.56**	**8.33**	**18**	**27.0**
昆　明	52.02	59.08	69.97	42.67	49.33	69.65	5	41.2
成　都	25.93	34.60	40.10	22.75	40.90	50.00	6	22.4
贵　阳	4.96	5.95	6.75	2.26	3.72	6.15	22	65.3
西　安	65.04	67.00	74.13	33.67	65.00	77.60	4	19.3
兰　州	4.26	3.90	3.30	1.84	3.59	4.70	23	32.3
乌鲁木齐	13.44	11.51	10.27	7.86	11.57	17.69	13	52.96
呼和浩特	2.90	2.03	2.88	1.20	3.00			
银　川	0.72	0.49	0.48	0.30	0.40			
西　宁	0.98	1.20	1.86	1.45	2.35	2.75	24	17.02
拉　萨	2.63	2.63	2.60	1.46	5.30			
广　州	420.73	442.37	473.97	362.54	437.15	510.31	1	16.7
福　州	32.02	28.88	29.80	28.18	31.08	30.89	9	-0.6
杭　州	70.71	81.94	105.63	86.17	123.41	151.36	2	22.6
南　京	41.90	46.98	56.13	51.51	72.00	87.60	3	21.8
海　口	13.26	11.20	8.31	27.20	10.12	14.03	14	28.5
沈　阳	16.12	17.70	23.76	18.43	27.30	32.65	8	19.6
哈尔滨	15.50	17.00	18.43	14.55	18.40	20.40	12	10.9
长　春	5.60	6.00	7.60	6.89	8.30	11.00	16	26.1
石家庄	2.80	4.31	5.41	3.70	6.20	6.82	19	20.5
太　原	4.79	4.37	6.20	3.16	7.83	10.09	17	28.8
合　肥	3.46	3.92	4.93	4.32	5.78	6.62	20	14.5
南　昌	3.70	4.14	4.48	3.45	5.43	6.52	21	20.0
济　南	10.40	9.80	10.10	6.70	10.70	12.00	15	12.7
郑　州	8.10	16.30	9.50	5.30	17.40	20.90	11	20.1
武　汉	22.16	28.60	38.37	22.40	31.45	41.23	7	31.1
长　沙	22.18	23.52	26.82	4.85	18.77	25.55	10	36.1

16-19 各省会城市国际旅游收入

单位:万美元

城　市	2000年	2001年	2002年	2003年	2004年	2005年	2005年比2004年增长（%）
南　宁	**691**	**1340**	**1479**	**817**	**1715**	**2460**	**43.47**
昆　明	13707	15824	18100	11325	13073	17300	32.00
成　都	8108	11700	14400	10100	14000	18000	25.70
贵　阳	1484	1633	1909	807	1332	2480.24	86.20
西　安	27000	29000	32000	14600	33000	40900	24.00
兰　州	1112	821	1287	357	578	1708	195.50
乌鲁木齐	3898	3156	2955	2264	3281	5159	52.66
呼和浩特		390	578	355	956		
银　川	180	215	136	82	117		
西　宁	740	150	223	274	633	762.6	20.47
拉　萨					2075		
广　州	150580	165200	187200	162207	189700	229400	20.93
福　州	21758	20800	21500	20200	21800	24100	10.60
杭　州	29200	37300	47700	42244	59700	75800	26.80
南　京	22100	24400	32300	31770	51000	58000	13.40
海　口	3118	2645	2140	2075	2736	4000	47.00
沈　阳	8100	10589	13702	11102	14300	17272	20.40
哈尔滨	5772	6701	7572	6606	8467	11566.6	36.60
长　春	2261	3072	4204	3671	4295	5133	18.80
石家庄	812	2609	2489	838	1791	2150	20.00
太　原	2254	1811	2657	1400	3000	3700	23.30
合　肥	2064	2317	2713	3031	3325	4006	20.50
南　昌	2578	2913	1643	1104	1723	1800	4.90
济　南	3152	3374	3607	2369	3698	4157	12.40
郑　州	4653	5013	5400	2900	5570	7769	39.50
武　汉	9847	12138	16035	9400	12600	17200	36.50
长　沙	11900	13500	14700	2384	14100	20200	43.30

16-20 各省会城市财政收入

单位：亿元

城　市	2000年	位次	2001年	位次	2002年	位次	2003年	位次	2004年	位次	2005年	位次	2005年比2004年增长（%）
南　宁	**36.46**	**18**	**45.29**	**20**	**52.53**	**18**	**61.06**	**21**	**74.63**	**22**	**100.22**	**19**	**20.99**
昆　明	119.45	6	123.02	9	120.52	8	135.15	9	184.93	7	220.90	8	19.40
成　都	120.77	5	145.32	8	181.98	7	216.13	5	286.31	6	366.45	7	28.80
贵　阳	54.55	13	63.26	16	79.15	14	91.60	17	104.04	19	127.02	17	22.10
西　安	69.00	11	83.00	13	93.60	13	117.30	13	164.50	9	83.97	21	15.80
兰　州	27.30	20	34.70	22	38.90	20	72.94	20	84.50	21	96.13	20	13.96
乌鲁木齐	47.53	15	75.04	14			114.00	14	128.43	15	58.71	24	10.20
呼和浩特	20.45	22	22.91	23	32.49	22	40.48	23	60.88	23	81.80	22	34.40
银　川	23.40	21	17.48	25	24.00	23	31.91	24	24.95	25	24.93	26	28.10
西　宁	8.76	24	10.69	26	11.76	24	14.25	25	20.14	26	25.35	25	18.10
拉　萨	5.97	25							2.80	27	3.22	27	15.00
广　州			321.34	1	358.35	1			1307.98	1	1502.00	1	14.83
福　州	74.89	10	91.11	12	115.93	10	138.12	8	167.59	8	195.45	9	16.60
杭　州	142.85	3	188.46	4	257.14	3	329.71	2	395.75	3	520.79	2	17.60
南　京	164.58	2	204.77	2	264.92	2	335.03	1	403.65	2	510.17	3	19.50
海　口	17.90	23	22.27	24	32.50	21	42.88	22	51.44	24	60.83	23	18.20
沈　阳			154.10	6	188.13	6	214.56	6	138.20	13	379.10	6	28.10
哈尔滨	85.30	7	103.10	10	117.90	9	144.02	7	161.40	10	165.50	12	2.54
长　春	76.02	9	97.40	11	103.92	12	134.83	10	154.20	11	184.80	10	23.40
石家庄	61.70	12	71.86	15	110.53	11	124.99	12	145.20	12	165.65	11	13.68
太　原	31.13	19	35.16	21	46.71	19	91.62	16	120.17	16	163.01	14	35.80
合　肥	41.90	17	49.29	19	60.92	16	73.08	19	105.40	17	130.88	16	24.20
南　昌	44.60	16	52.43	18	60.78	17	76.47	18	102.06	20	126.10	18	23.60
济　南	169.80	1	202.20	3	234.60	4	264.25	3	377.80	4	380.75	5	20.70
郑　州	81.90	8	157.00	5			131.20	11	104.82	18	151.00	15	44.06
武　汉	126.15	4	150.18	7	196.54	5	230.89	4	288.60	5	389.36	4	30.40
长　沙	51.09	14	63.04	17	75.48	15	102.77	15	133.12	14	164.49	13	26.99

16-21 各省会城市地方财政收入

单位：亿元

城市	2000年	位次	2001年	位次	2002年	位次	2003年	位次	2004年	位次	2005年	位次	2005年比2004年增长（%）
南宁	**21.65**	**19**	**29.19**	**17**	**31.28**	**18**	**36.24**	**18**	**43.25**	**19**	**45.20**	**21**	**26.53**
昆明	56.34	7	59.84	9	57.23	12	62.95	13	85.64	12	90.67	12	24.90
成都	58.76	6	77.65	6	78.31	6	108.30	4	142.41	4	196.29	4	37.80
贵阳	24.14	18	27.97	18	34.90	17	43.72	17	49.70	17	62.50	15	25.70
西安	46.96	11	55.90	11	60.07	10	72.86	11	86.10	11	72.92	13	18.00
兰州	16.60	22	19.16	22	21.06	22	20.57	23	24.95	23	28.90	23	16.68
乌鲁木齐	28.05	16	34.84	16	40.11	15	46.15	15	53.29	15	51.40	20	10.90
呼和浩特	13.07	24	14.10	24	19.36	23	21.36	22	36.74	22	35.95	22	25.90
银川	8.86	25	11.58	25	13.32	24	16.06	24	19.46	24	18.16	24	17.90
西宁	6.34	26	7.79	26	8.40	26	9.13	26	10.03	26	11.79	26	17.50
拉萨	1.85	27	2.11	27	2.23	27	2.45	27	2.80	27	3.22	27	14.57
广州	200.55	1	246.19	1	245.87	1	300.55	1	302.82	1	371.26	1	15.70
福州	55.35	8	68.56	7	70.44	7	83.66	9	107.10	7	97.45	11	15.90
杭州	69.19	4	104.28	3	118.32	2	150.39	3	197.45	2	250.46	2	19.70
南京	92.57	2	112.64	2	115.60	3	191.78	2	169.88	3	211.07	3	20.40
海口	13.49	23	16.36	23	10.79	25	13.71	25	17.43	25	17.84	25	20.00
沈阳	61.12	5	80.80	5	101.85	4	103.52	5	138.20	5	138.10	6	26.10
哈尔滨	53.60	9	65.40	8	67.70	8	85.05	8	95.60	9	98.00	10	11.60
长春	30.40	15	36.30	15	37.82	16	45.97	16	50.70	16	61.00	16	20.40
石家庄	37.71	13	44.33	14	44.49	14	49.34	14	58.79	14	65.88	14	13.80
太原	21.48	20	24.16	20	26.78	21	33.35	21	42.64	20	56.95	19	33.60
合肥	24.38	17	27.69	19	29.12	19	35.87	19	44.93	18	57.64	18	28.30
南昌	19.13	21	22.49	21	27.45	20	33.46	20	42.19	21	58.28	17	38.10
济南	49.05	10	59.60	10	66.30	9	85.60	7	89.04	10	106.01	9	20.65
郑州	46.00	12	55.90	11	58.30	11	72.47	12	104.80	8	136.13	7	28.90
武汉	69.77	3	86.16	4	85.83	5	99.71	6	129.21	6	138.82	5	31.30
长沙	36.06	14	46.02	13	46.07	13	79.33	10	80.66	13	108.06	8	33.97

16-22　各省会城市地方财政支出

单位：亿元

城　市	2000年	位次	2001年	位次	2002年	位次	2003年	位次	2004年	位次	2005年	位次	2005年比2004年增长（%）
南　宁	**29.07**	**17**	**34.86**	**17**	**45.26**	**17**	**52.50**	**17**	**62.12**	**16**	**73.61**	**17**	**18.40**
昆　明	70.27	7	72.05	8	76.28	9	80.70	13	104.84	9	133.42	9	27.50
成　都	82.92	5	105.66	4	121.72	6	154.90	5	187.57	5	241.79	3	28.91
贵　阳	31.06	16	36.18	16	48.69	16	53.33	16	59.81	18	72.40	19	21.00
西　安	51.89	11	57.30	14	68.76	13	77.25	15	89.50	15	102.91	15	15.00
兰　州	21.20	22	31.50	18	34.03	23	36.57	23	40.80	23	50.22	21	22.78
乌鲁木齐	21.38	21	27.93	22	36.20	20	39.55	22	46.20	22	49.40	22	7.01
呼和浩特	19.78	23	22.54	23	36.05	21	47.63	18	60.41	17	73.00	18	20.90
银　川	10.81	26	14.43	26	20.27	24	23.44	25	28.49	25	34.36	23	20.60
西　宁	10.84	25	14.92	25	18.99	26	19.76	26	23.58	26	26.34	25	22.90
拉　萨	5.92	27	7.89	27	9.47	27	10.04	27	11.47	27	14.27	26	24.31
广　州	240.72	1	292.63	1	326.67	1	395.52	1	408.24	1	438.41	1	7.40
福　州	54.04	10	63.34	10	68.41	14	82.27	12	94.85	13	118.84	13	24.90
杭　州	73.43	6	104.93	5	140.47	3	163.59	3	195.63	4	238.33	4	21.80
南　京	101.29	2	117.72	3	133.12	4	210.47	2	258.98	2	231.35	5	16.50
海　口	11.13	24	18.31	24	19.02	25	23.75	24	28.64	24	32.41	24	13.20
沈　阳	92.49	3	103.50	6	128.17	5	156.56	4	200.20	3	253.40	2	24.60
哈尔滨	69.60	8	93.60	7	105.80	7	128.77	7	150.40	7	164.60	7	12.90
长　春	51.10	12	58.97	13	70.07	11	85.83	11	100.80	11	121.71	11	20.70
石家庄	49.06	14	59.42	12	68.87	12	80.23	14	92.10	14	108.20	14	16.34
太　原	24.59	19	29.74	20	36.81	18	42.77	20	56.76	19	71.81	20	25.60
合　肥	25.78	18	30.69	19	36.46	19	46.43	19	56.40	20	130.88	10	24.20
南　昌	23.79	20	28.32	21	34.73	22	41.99	21	52.23	21	75.79	16	45.10
济　南	55.42	9	70.40	9	77.50	8	93.65	8	101.51	10	120.67	12	18.70
郑　州	50.90	13	63.00	11	75.78	10	90.50	9	108.30	8	154.00	8	29.80
武　汉	89.04	4	119.60	2	147.20	2	136.64	6	163.85	6	204.92	6	23.20
长　沙	42.92	15	55.32	15	62.55	15	90.40	10	99.73	12			

16-23 各省会城市金融机构存款余额

单位：亿元

城市	2000年	位次	2001年	位次	2002年	位次	2003年	位次	2004年	位次	2005年	位次
南宁	**683.42**	**17**	**742.45**	**20**	**854.79**	**20**	**943.40**	**21**	**1090.96**	**21**	**1263.63**	**21**
昆明	1138.28	12	1295.21	12	1469.12	12	1770.26	12	2162.37	13	2544.27	12
成都	1890.43	4	2257.12	4	2635.61	4	3240.79	4	3771.50	4	4477.00	4
贵阳	530.04	23	645.22	22	731.80	22	893.60	22	1068.03	22	1260.43	22
西安	1335.63	7	1629.70	7	2191.47	7	2665.87	7	3061.70	6	3599.70	6
兰州	671.90	18	802.00	17	896.05	18	1067.90	19	1239.01	19	1421.92	19
乌鲁木齐	661.91	20	772.95	19	875.10	19	1085.80	18	1227.17	20	1407.54	20
呼和浩特	316.57	24	368.90	24	407.20	24	478.01	24	635.62	24	803.90	23
银川	208.02	26	266.84	26	358.39	25	464.13	25	514.11	25	612.69	24
西宁	214.57	25	279.65	25	330.86	26	391.04	26	434.02	26	531.90	25
拉萨	94.46	27	147.28	27	195.68	27	214.97	27	240.55	27	302.90	26
广州	5545.19	1	6228.04	1	7498.35	1	8676.72	1	10322.45	1	11085.30	1
福州	1033.85	13	1251.02	13	1390.60	14	1696.41	13	2018.87	14	2375.75	14
杭州	2088.47	2	2621.51	2	3373.15	2	4652.73	2	5707.20	2	6566.47	2
南京	1963.44	3	2293.02	3	3005.89	3	3622.55	3	4412.06	3	5083.32	3
海口	564.39	21	531.80	23	513.51	23	618.55	23	700.02	23	161.80	27
沈阳	1700.50	5	1907.00	6	2274.16	6	2691.74	6	3050.50	7	3563.00	7
哈尔滨	1256.70	10	1495.40	9	1726.10	10	2015.22	10	2260.70	10	2630.20	10
长春	1013.20	14	1158.40	14	1403.60	13	1615.20	14	1766.30	16	2007.60	16
石家庄	1313.15	8	1470.74	10	1671.06	11	1932.28	11	2208.90	12	2574.15	11
太原	866.24	15	1121.61	15	1371.42	15	1534.59	16	2225.07	11	2539.25	13
合肥	562.80	22	710.94	21	845.46	21	1059.62	20	1295.96	18	1521.85	18
南昌	670.03	19	791.05	18	928.13	17	1131.35	17	1316.13	17	1556.65	17
济南	1274.96	9	1457.50	11	2017.20	9	2449.48	8	2991.00	8	3483.30	8
郑州	1215.40	11	1627.30	8	2138.54	8	2434.10	9	2724.80	9	3116.10	9
武汉	1694.32	6	2014.86	5	2539.03	5	3032.07	5	3513.79	5	3695.00	5
长沙	826.18	16	986.85	16	1232.98	16	1598.70	15	1960.23	15	2266.88	15

16-24 各省会城市金融机构贷款余额

单位：亿元

城市	2000年	位次	2001年	位次	2002年	位次	2003年	位次	2004年	位次	2005年	位次
南宁	**477.94**	**20**	**526.08**	**21**	**770.20**	**20**	**959.77**	**19**	**1208.77**	**18**	**1381.65**	**18**
昆明	840.31	14	943.77	14	1055.10	16	1261.24	15	1467.51	16	1796.37	14
成都	1487.15	4	1762.27	4	2181.78	4	2587.94	5	2859.90	4	3019.00	6
贵阳	404.51	22	486.31	23	595.52	22	763.61	22	910.60	21	1038.18	20
西安	972.51	11	1186.00	12	1598.42	10	1954.18	9	2052.30	10	2158.10	9
兰州	588.80	17	649.50	19	789.21	19	952.12	20	1087.58	19	1089.42	19
乌鲁木齐	580.16	19	658.13	18	835.20	17	973.78	18	957.45	20	986.39	22
呼和浩特	261.19	24	287.60	24	325.02	25	388.46	25	483.49	25	873.95	23
银川	194.05	25	225.40	26	285.42	26	372.47	26	401.38	26	551.71	25
西宁	184.16	26	236.18	25	363.50	24	437.32	24	501.57	24	521.80	26
拉萨	57.41	27	68.93	27	83.59	27	96.73	27	111.47	27	118.00	27
广州	3895.49	1	4336.50	1	5257.21	1	6127.27	1	7203.70	1	6908.03	1
福州	883.05	12	1157.15	13	1157.79	14	1367.21	14	1555.98	14	1772.78	15
杭州	1686.64	3	2087.70	2	2752.38	2	3818.70	2	4800.04	2	5425.61	2
南京	1706.44	2	1962.27	3	2549.31	3	3375.34	3	4245.66	3	4452.57	3
海口	389.53	23	607.61	20	432.89	23	514.09	23	674.05	23	729.14	24
沈阳	1392.17	5	1547.30	5	1848.59	7	2172.18	7	2294.70	7	2288.50	8
哈尔滨	1050.40	9	1466.60	7	1614.09	9	1711.44	10	2113.40	9	1964.10	12
长春	1243.80	7	1344.80	9	1492.53	11	1629.59	11	1791.50	13	1846.20	13
石家庄	973.83	10	1349.27	8	1305.96	12	1377.44	13	1474.80	15	1561.01	16
太原	631.38	16	820.94	15	1055.45	15	1104.92	16	1952.82	11	2069.14	10
合肥	587.50	18	705.10	17	811.65	18	1008.09	17	1210.67	17	1419.87	17
南昌	435.48	21	517.72	22	616.06	21	774.42	21	873.07	22	1027.50	21
济南	1069.31	8	1292.00	10	2087.97	5	2593.93	4	2830.00	6	3259.90	4
郑州	881.90	13	1256.80	11	1794.51	8	1981.84	8	2231.30	8	2428.10	7
武汉	1342.94	6	1518.73	6	2004.75	6	2525.13	6	2854.95	5	3022.83	5
长沙	631.57	15	778.28	16	1207.42	13	1629.42	12	1851.38	12	2004.82	11

16-25 各省会城市居民消费价格总指数

单位：%

城　市	2000年	位次	2001年	位次	2002年	位次	2003年	位次	2004年	位次	2005年	位次
南　宁	**100.0**	**18**	**102.8**	**4**	**99.4**	**11**	**100.8**	**15**	**104.2**	**4**	**101.1**	**15**
昆　明	97.5	27	100.6	12	99.2	13	101.6	9	106.5	1	102.0	6
成　都	100.2	15	100.8	10	98.7	19	102.1	4	103.9	6	102.3	4
贵　阳	98.7	25	103.2	2	98.4	23	100.8	15	102.1	23	100.7	21
西　安	100.2	14	98.7	25	98.6	21	100.5	20	102.3	20	100.3	25
兰　州	99.3	21	102.1	6	99.3	12	102	5	101.1	25	100.6	23
乌鲁木齐	100.7	9	105.0	1	98.5	22	100.6	19	100.9	27	98.0	27
呼和浩特	103.0	2	100.4	14	99.7	7	101.7	7	102.4	19	101.5	12
银　川	99.2	22	101.4	8	102.2	1	101.7	7	103.2	10	101.7	9
西　宁	99.9	19	103.2	2	101.4	2	100.7	18	102.6	16	101.1	15
拉　萨	99.7	20	101.8	7	101.2	3	100.5	20	101.1	25	99.0	26
广　州	102.8	3	98.9	23	97.6	26	100.1	23	101.7	24	101.5	12
福　州	101.7	6	98.7	25	99.1	16	100.8	15	104.5	3	102.6	2
杭　州	100.8	8	99.5	19	98.8	17	99.5	27	102.5	17	101.7	9
南　京	100.0	17	99.9	17	97.9	24	101.4	10	103	14	102.1	5
海　口	97.8	26	98.8	24	99.2	13	99.8	26	103	14	101.3	14
沈　阳	100.1	16	100.0	16	100.4	5	100.9	13	102.2	21	100.7	21
哈 尔 滨	100.2	13	101.2	9	99.6	9	100.1	23	103.1	13	100.6	23
长　春	98.8	24	102.3	5	99.7	7	101	12	104.1	5	101.7	9
石 家 庄	100.6	12	99.8	18	99.5	10	102.3	2	103.6	8	101.9	7
太　原	103.6	1	99.0	22	97.4	27	101.9	6	103.9	6	101.1	15
合　肥	101.3	7	99.4	21	97.8	25	101.2	11	102.2	21	100.9	20
南　昌	102.6	4	100.6	12	100.6	4	100.5	20	103.2	10	101.0	19
济　南	100.6	11	100.3	15	98.8	17	99.9	25	102.5	17	101.1	15
郑　州	99.0	23	100.7	11	100.2	6	105.6	1	105.7	2	102.4	3
武　汉	100.6	10	99.5	19	98.6	20	102.3	2	103.3	9	102.7	1
长　沙	101.7	5	98.4	27	99.2	13	100.9	13	103.2	10	101.9	7

16-26 各省会城市城市居民人均可支配收入

单位：元

城 市	2000年	位次	2001年	位次	2002年	位次	2003年	位次	2004年	位次	2005年	位次	2005年比2004年增长（%）
南 宁	**7448**	**9**	**7906**	**8**	**8796**	**8**	**9162**	**8**	**9531**	**11**	**10037**	**17**	**10.48**
昆 明	7563	8	7790	11	7795	13	7979	17	9046	15	9616	22	6.30
成 都	7649	7	8128	7	8972	7	9641	7	10394	7	11359	8	9.30
贵 阳	6453	15	6909	15	7306	16	7985	16	8989	16	9928	18	10.50
西 安	6364	18	6705	18	7184	18	7748	23	8544	24	9628	21	12.70
兰 州	5850	21	6325	23	6555	27	7094	26	7683	26	8529	26	11.01
乌鲁木齐	7252	11	7897	9	8653	9	9087	9	9729	9	9605	23	7.30
呼和浩特	5582	25	6182	26	6996	23	8230	15	10166	8	12539	6	23.30
银 川	5622	24	6257	24	6845	25	7245	25	7984	25	8852	25	10.90
西 宁	5299	27	6041	27	6724	26	7024	27	7626	27	8397	27	10.11
拉 萨	7300	10	7869	10	8079	10	8765	10	9242	14	9500	24	2.79
广 州	13967	1	14694	1	15117	1	15003	1	16884	1	18287	1	8.30
福 州	7944	6	9053	3	9191	3	10179	5	11436	4	12757	5	10.80
杭 州	9668	2	10896	2	11778	2	12898	2	14565	2	16601	2	14.00
南 京	8233	4	8848	4	9157	4	10196	4	11602	3	14998	3	19.90
海 口	7103	12	7755	12	8004	11	8350	13	8981	17	9740	19	8.40
沈 阳	5850	20	6386	21	7050	20	7961	18	8924	19	10098	13	13.20
哈尔滨	5632	23	6407	20	7004	22	7907	19	8940	18	10065	14	12.60
长 春	5550	26	6339	22	6900	24	7905	20	8900	20	10065	14	13.10
石家庄	6443	16	6805	17	7240	17	7741	24	8622	22	10040	16	16.36
太 原	6019	19	6500	19	7376	15	8264	14	9353	13	10476	11	12.00
合 肥	6389	17	6817	16	7145	19	7785	22	8610	23	9684	20	12.50
南 昌	5734	22	6206	25	7021	21	7793	21	8744	21	10301	12	17.80
济 南	8471	3	8607	6	8982	6	11013	3	10798	6	13578	4	13.10
郑 州	6458	14	7266	14	7772	14	8647	11	9364	12	10977	9	13.60
武 汉	6761	13	7305	13	7820	12	8525	12	9564	10	10850	10	13.40
长 沙	7986	5	8704	5	9021	5	9933	6	11021	5	12434	7	12.80

16-27　各省会城市农民人均纯收入

单位：元

城　市	2000年	位次	2001年	位次	2002年	位次	2003年	位次	2004年	位次	2005年	位次	2005年比2004年增长（%）
南　宁	**1791**	**25**	**1954**	**25**	**2111**	**25**	**2231**	**26**	**2467**	**26**	**2680**	**25**	**8.63**
昆　明	2220	21	2318	21	2441	21	2581	21	2909	21	3258	21	9.30
成　都	2926	12	3111	11	3377	8	3655	8	4072	10	4485	11	10.10
贵　阳	2104	22	2229	22	2352	22	2510	22	2809	23	3135	23	11.60
西　安	2344	20	2490	20	2641	20	2838	19	3143	20	3460	20	10.10
兰　州	2005	23	2134	23	2268	23	2398	23	2550	25	2713	24	6.39
乌鲁木齐	3398	6	3580	5	3832	5	4154	5	4493	5	4249	14	8.10
呼和浩特	2538	17	2561	18	2822	17	3169	16	4005	11	4631	9	12.70
银　川	2712	14	2852	14	2932	16	3087	17	3388	19	3493	19	5.10
西　宁	1512	27	1671	27	1839	27	2054	27	2321	27	2593	26	11.70
拉　萨	1666	26	1816	26	1975	26	2265	25	2585	24	2402	27	9.30
广　州	6086	1	6446	1	6857	1	6130	1	6625	1	7080	2	6.90
福　州	3860	4	4020	4	4192	4	4402	4	4815	4	5197	4	7.90
杭　州	4496	2	4896	2	5242	2	5740	2	6382	2	7655	1	10.10
南　京	4062	3	4311	3	4579	3	4923	3	5500	3	6225	3	12.50
海　口	3435	5	3539	6	3103	14	3271	15	3572	17	4502	10	7.70
沈　阳	3135	8	3230	7	3500	6	3818	6	4347	6	5050	5	16.20
哈尔滨	2477	18	2618	17	2777	18	2943	18	3623	16	4006	17	10.60
长　春	2568	16	2785	15	3147	13	3411	12	3906	13	4210	15	7.80
石家庄	3158	7	3149	10	3245	12	3394	13	3799	15	4118	16	8.40
太　原	2643	15	2738	16	3077	15	3356	14	3873	14	4402	12	13.70
合　肥	1975	24	2032	24	2229	24	2384	24	2889	22	3207	22	11.00
南　昌	2390	19	2517	19	2664	19	2808	20	3414	18	3879	18	13.60
济　南	3047	9	3216	9	3356	10	3619	10	4116	9	4812	7	14.60
郑　州	2912	13	3068	13	3377	8	3631	9	4183	8	4744	8	14.10
武　汉	2953	11	3100	12	3295	11	3497	11	3955	12	4341	13	9.70
长　沙	3005	10	3218	8	3462	7	3745	7	4315	7	4908	6	13.75

16-28　各省会城市普通高等学校在校学生人数

单位：人

城　市	2000年	位 次	2001年	位 次	2002年	位 次	2003年	位 次	2004年	位 次	2005年	位 次	2005年比2004年增长（%）
南　宁	**54764**	**20**	**63802**	**20**	**88164**	**20**	**107292**	**21**	**135562**	**20**	**160124**	**19**	**18.12**
昆　明	69163	17	94900	16	109000	18	135600	17	141000	19	188100	17	33.40
成　都	140700	5	188800	5	306000	5	300700	5	353300	5	482700	5	36.63
贵　阳	52917	21	62000	21	85591	22	107700	20	111600	22	140700	20	26.08
西　安	194089	3	254400	3	329967	4	401200	2	448000	3	530600	3	18.44
兰　州	72281	16	91640	17	116793	17	130400	19	161200	17	179900	18	11.60
乌鲁木齐	45029	22	58200	22	86000	21	86100	23	88700	23	94900	22	7.02
呼和浩特	43745	23	56000	23	68835	23	89800	22	115300	21	136000	21	17.70
银　川	15901	24	20100	24	25900	24	30900	24	36800	25	40900	24	11.20
西　宁			17900	25	22198	26	26100	26	29500	26	32753	25	12.00
拉　萨	2002	26	3200	27			4718	27	7600	27	9360	27	23.16
广　州	185078	4	244700	4	299000	6	374742	3	459700	2	554300	2	20.60
福　州	67700	18	91500	18	97140	19	135200	18	160700	18	202700	16	26.14
杭　州	112800	11	174900	6	208338	9	269800	7	314000	9	351900	11	12.10
南　京	216875	2	277600	2	347800	3	333600	4	442100	4	503700	4	13.93
海　口	12279	25	12100	26	23793	25	30200	25	49400	24	50700	23	2.63
沈　阳	130505	7	168000	9	202308	10	236000	11	261100	12	286800	13	9.84
哈尔滨	132000	6	148000	12	210336	8	257000	10	304000	10	354000	10	16.40
长　春	128954	8	156000	11	196000	12	231000	12	261000	13	291000	12	11.49
石家庄	73997	14	108213	13	147206	13	153500	15	234000	14	235600	15	10.67
太　原	72700	15	101200	15	121700	15	158800	14	199500	16	245300	14	22.96
合　肥	58897	19	84000	19	119200	16	152500	16	206200	15	24200	26	17.10
南　昌	78300	13	102300	14	141205	14	184400	13	289900	11	403850	7	39.31
济　南	92846	12	170833	8	382900	2	267600	9	319100	8	380400	9	19.20
郑　州	117000	10	162000	10	214000	7	270500	6	325000	7	417000	6	28.50
武　汉	251900	1	308300	1	390681	1	490500	1	615800	1	693500	1	12.62
长　沙	125582	9	172600	7	201881	11	268600	8	329400	6	394400	8	19.70

16-29 各省会城市年末电话用户数

单位：万户

城　市	2000年	2001年	2002年	2003年	2004年	2005年	2005年比2004年增长（%）
南　宁	**100.32**	**109.50**	**182.72**	**267.86**	**352.78**	**365.85**	**3.70**
昆　明	108.89	251.30	347.00	495.08		511.35	17.60
成　都	175.12	450.00	602.50	808.40	1041.90	1218.30	16.93
贵　阳	48.93	128.78	168.82	204.40	222.40	256.15	15.18
西　安	141.28	324.83	405.94	495.08	577.30	741.44	20.00
兰　州	68.00	157.55	191.00	236.61	260.50	297.00	14.01
乌鲁木齐	42.97	122.92	171.00	237.24	276.30	304.03	10.04
呼和浩特	29.22	75.48	97.39	149.45	177.10	204.60	15.53
银　川	29.36	52.68	72.96	104.26	124.60	147.18	18.12
西　宁	0.00	50.44	82.99	103.30	118.60	143.71	21.14
拉　萨	4.82	14.32	21.10	28.97	37.40	47.53	27.09
广　州	329.38	935.59	1181.20	1131.34	1631.60	1979.66	20.70
福　州	122.84	264.86	381.75	471.35	545.30	626.35	14.86
杭　州	213.07	396.90	527.11	722.66	833.00	1018.42	21.19
南　京	131.85	296.12	373.40	530.76	673.00	801.70	19.12
海　口	32.05	75.00	109.81	140.53	154.60	204.00	31.95
沈　阳	174.40	366.58	438.28	548.39	618.00	710.05	14.89
哈尔滨	141.90	363.91	480.30	605.80	592.70	595.60	0.49
长　春	110.61	270.20	377.40	432.00	559.00	671.10	20.05
石家庄	117.03	233.32	279.08	445.77	528.81		
太　原	65.01	151.69	183.80	279.31	332.20	368.46	10.92
合　肥	68.09	154.32	187.10	220.38	306.70		
南　昌	74.10	160.79	212.01	267.56	302.30	410.79	35.89
济　南	106.34	218.60	276.70	377.30	484.90	497.90	2.68
郑　州	204.50	282.21	330.40	431.40	494.50	579.80	17.25
武　汉	247.50	351.52	480.20	623.52	797.70	934.52	17.15
长　沙	115.81	224.61	282.00	356.79	431.50	535.41	24.08

注：年末电话用户含移动电话用户。

附　录

APPENDIX

2004年工业、交通运输、建筑业、批零餐饮业财务状况（经济普查数据）

FINANCIAL STATUS OF INDUSTRY, TRAFFIC TRANSPORT INDUSTRY, BUILDING INDUSTRY, WHOLESALE ESTABLISHMENT, RETAIL TRADES AND RESTAURANTS IN YEAR 2004 (DATA OF ECONOMIC CENSUS)

1-1 全市规模以上工业企业主要财务状况

(2004年)

指标名称	单位数（个）	#亏损企业	工业总产值（当年价）	工业销售产值（当年价）	工业增加值（当年价）
总　计	**622**	**220**	**3003353**	**2628940**	**997895**
#亏损企业	220	220	381877	355210	98344
#国有控股企业	204	102	1401467	1100754	502770
#农村工业	2	1	2207	2189	621
按经济类型分组					
国有企业	158	85	842068	549933	313802
#中央企业	8	1	561133	271417	208538
地方企业	150	84	280935	278516	105264
集体企业	31	11	57348	54265	17886
股份合作企业	5	1	20168	19847	12245
联营企业	1		827	827	245
#集体联营企业	1		827	827	245
有限责任公司	125	38	628586	602975	185730
#国有独资公司	4		33626	29906	11562
股份有限公司	19	2	389885	393841	148730
私营企业	220	63	709684	671623	211049
港、澳、台商投资企业	25	7	121866	111852	33405
外商投资企业	38	13	232921	223778	74802
按轻重工业分					
轻工业	329	117	1506141	1450528	557331
重工业	293	103	1497212	1178412	440564
按大中小型工业分					
大型企业	2		245898	251017	85543
中型企业	65	12	1388145	1079563	474351
小型企业	555	208	1369310	1298360	438001

注：本部分数据为经济普查数据。

单位:万元

指标名称	单位数(个)	#亏损企业	工业总产值(当年价)	工业销售产值(当年价)	工业增加值(当年价)
按工业行业大类分					
煤炭的开采和洗选业	2	2	3966	3969	2479
黑色金属矿采选业	1				
有色金属矿采选业	4		6410	6069	3596
非金属矿采选业	9	2	11711	8939	5331
农副食品加工业	104	20	696349	683821	213107
食品制造业	22	5	63112	54131	24547
饮料制造业	17	9	60901	60466	17415
烟草制品业	2		231940	226745	152966
纺织业	10	3	54414	52500	11772
纺织服装、鞋、帽制造业	6	1	10420	10736	3770
皮革、毛皮、羽毛(绒)及其制品业	10	7	18542	17123	3374
木材加工及木、竹、藤、棕、草制品业	10	4	44498	40630	13739
家具制造业	3	2	1511	1508	476
造纸及纸制品业	29	16	108321	105131	24925
印刷业和记录媒介的复制	29	16	32457	31516	12599
石油加工、炼焦及核燃料加工业	3	1	9352	9343	1173
化学原料及化学制品制造业	56	20	212515	212610	70919
医药制造业	42	14	115498	101878	42205
化学纤维制造业	1		1001	1001	620
塑料制品业	26	8	78229	73476	26459
非金属矿物制品业	69	31	276994	275278	98573
黑色金属冶炼及压延加工业	11	3	75855	74596	14460
有色金属冶炼及压延加工业	9	2	104135	94239	29585
金属制品业	14	6	27338	26650	7176
通用设备制造业	17	9	41272	38334	13283
专用设备制造业	23	11	59266	57778	14882
交通运输设备制造业	22	5	45945	42486	13786
电气机械及器材制造业	18	8	74686	69803	19865
通信设备、计算机及其他电子设备制造业	8	1	37508	37452	12439
仪器仪表及文化、办公用机械制造业	5		9713	9572	3943
工艺品及其他制造业	9	2	26072	21769	10373
电力、热力的生产和供应业	14	4	434440	150472	112972
燃气生产和供应业	1		4362	4362	-929
水的生产和供应业	16	8	24623	24556	16014

单位:万元

指标名称	资产合计	流动资产小计	#存货	#产成品	流动资产年平均余额	长期投资	固定资产小计
总　　计	**3791031**	**1352631**	**427001**	**140275**	**1190662**	**160131**	**2083130**
#亏损企业	825748	252130	98982	38285	243781	10142	518413
#国有控股企业	2378592	739998	206744	47326	617655	109467	1446983
#农村工业	1212	829	623	542	207		383
按经济类型分组							
国有企业	1313457	363918	125683	17595	366164	63229	861690
#中央企业	671947	158397	79840	1843	174580	10625	500718
地方企业	641510	205521	45843	15751	191584	52604	360972
集体企业	57889	26562	11115	6943	27363	753	26892
股份合作企业	12363	7070	2461	569	7518	578	2967
联营企业	824	237	100	89	228		587
#集体联营企业	824	237	100	89	228		587
有限责任公司	817782	318136	108411	44409	304419	18924	413197
#国有独资公司	31722	17229	11936	4528	17346	815	11946
股份有限公司	647999	244218	37169	10773	134920	42335	329553
私营企业	394328	202959	80620	38921	181595	16334	139625
港、澳、台商投资企业	175466	77517	22779	8349	70929	5197	83421
外商投资企业	370923	112015	38663	12627	97526	12781	225199
按轻重工业分							
轻工业	1958178	796331	247023	72856	626191	86992	955405
重工业	1832853	556299	179978	67419	564471	73139	1127725
按大中小型工业分							
大型企业	418503	185623	17375	2882	74581	38826	180922
中型企业	2048056	607210	209427	51498	603244	83889	1266255
小型企业	1324473	559798	200199	85894	512837	37417	635954

指标名称	资产合计	流动资产小计	#存货	#产成品	流动资产年平均余额	长期投资	固定资产小计
按工业行业大类分							
煤炭的开采和洗选业	2270	1049	4		1048		1108
黑色金属矿采选业							
有色金属矿采选业	7384	2260	437	389	2232	544	4136
非金属矿采选业	6470	2269	697	668	2135	137	3784
农副食品加工业	700835	364348	69669	31628	222340	51459	247307
食品制造业	68887	29473	8936	3580	31812	3172	26254
饮料制造业	142653	41952	13598	5016	37705	2668	77105
烟草制品业	267307	131702	79368	2616	123666	10625	122721
纺织业	36737	17614	10762	5142	19784	23	11249
纺织服装、鞋、帽制造业	10963	5741	2011	123	4161	14	4259
皮革、毛皮、羽毛(绒)及其制品业	7784	3841	1754	875	3822	2	3648
木材加工及木、竹、藤、棕、草制品业	55810	20613	5747	2125	17496	9561	24598
家具制造业	1341	508	170	11	523		832
造纸及纸制品业	275497	54384	17588	2855	51749	256	213232
印刷业和记录媒介的复制	47459	17941	4409	1465	13923	986	27133
石油加工、炼焦及核燃料加工业	3313	1787	1257	808	1942		1316
化学原料及化学制品制造业	220128	68463	27040	12700	74100	31981	102683
医药制造业	167466	67345	23258	11465	59942	1986	78128
化学纤维制造业	2065	231	15		218		1832
塑料制品业	54125	32444	8289	3799	29731	1208	16602
非金属矿物制品业	406582	137410	42222	15133	127352	7949	244257
黑色金属冶炼及压延加工业	22711	13395	5360	1885	13628		8087
有色金属冶炼及压延加工业	102155	35183	16357	5612	32965	3763	55543
金属制品业	17992	13085	7093	2343	11664		4304
通用设备制造业	70664	35622	17852	6803	33162	2448	26878
专用设备制造业	94266	53334	21624	10555	51611	1225	36234
交通运输设备制造业	93468	46801	9822	3187	43003	8944	29911
电气机械及器材制造业	75946	51675	19315	5756	49373	887	20146
通信设备、计算机及其他电子设备制造业	23202	9906	5544	620	11891	708	7720
仪器仪表及文化、办公用机械制造业	8574	4152	2081	1007	4140	20	3417
工艺品及其他制造业	17592	8890	3527	2064	8885	32	7723
电力、热力的生产和供应业	601120	51649	691		77760	1649	546698
燃气生产和供应业	33097	9458	46	46	10389	2480	20524
水的生产和供应业	145172	18107	460		16513	15406	103761

单位:万元

指 标 名 称	固定资产原价	# 生产经营用	累计折旧	# 本年折旧	固定资产净值年平均余额	无形资产
总　　计	**2629233**	**2385319**	**837748**	**131884**	**1716111**	**151963**
#亏损企业	674659	619161	185656	30228	493530	38361
#国有控股企业	1807263	1628849	559224	85436	1179721	67556
#农村工业	929	752	393	53	565	
按经济类型分组						
国有企业	1025679	882504	320615	47008	676875	20670
#中央企业	553986	506236	138059	29620	395775	2101
地方企业	471693	376268	182556	17388	281100	18570
集体企业	43814	37921	17737	2763	25346	249
股份合作企业	2845	2763	887	233	2397	1749
联营企业	871	871	284	43	577	
#集体联营企业	871	871	284	43	577	
有限责任公司	526530	490584	149054	26328	365525	57845
#国有独资公司	16798	15052	5449	592	10379	
股份有限公司	464117	440615	171042	23653	258098	28712
私营企业	172656	153383	53743	11762	116625	22300
港、澳、台商投资企业	75200	68236	23018	4352	52085	3067
外商投资企业	317521	308441	101368	15742	218583	17370
按轻重工业分						
轻工业	1200028	1073714	361060	64931	765179	96873
重工业	1429206	1311605	476688	66953	950933	55090
按大中小型工业分						
大型企业	230722	217287	77271	10274	113761	11618
中型企业	1571721	1423381	493871	80340	1053879	81224
小型企业	826790	744650	266606	41270	548472	59121

单位:万元

指标名称	固定资产原价	# 生产经营用	累计折旧	# 本年折旧	固定资产净值年平均余额	无形资产
按工业行业大类分						
煤炭的开采和洗选业	1758	1355	646	80	1115	113
黑色金属矿采选业						
有色金属矿采选业	5484	4130	1704	299	3834	440
非金属矿采选业	4311	3949	1235	333	3041	280
农副食品加工业	375105	338917	137076	17348	193854	28239
食品制造业	39961	35067	14165	3288	26798	9125
饮料制造业	124705	121252	49127	6899	84746	19491
烟草制品业	104784	61393	17410	9205	67380	2259
纺织业	15125	14864	3933	904	10100	7553
纺织服装、鞋、帽制造业	5276	4358	1403	284	3903	493
皮革、毛皮、羽毛(绒)及其制品业	4749	2891	1290	115	3453	174
木材加工及木、竹、藤、棕、草制品业	52464	49372	28425	1919	24274	1005
家具制造业	1257	1095	424	26	820	
造纸及纸制品业	255695	252027	50400	13387	207784	5300
印刷业和记录媒介的复制	36077	32433	13165	1992	22026	568
石油加工、炼焦及核燃料加工业	1525	1432	471	89	777	207
化学原料及化学制品制造业	118815	88316	40593	5275	79854	15011
医药制造业	80850	68625	14904	3312	54219	16431
化学纤维制造业	1843	1843	11		1832	
塑料制品业	20193	16128	5112	1536	14561	2744
非金属矿物制品业	313406	285506	98804	14678	211011	12076
黑色金属冶炼及压延加工业	8674	8032	2471	431	5899	
有色金属冶炼及压延加工业	34532	33962	11000	1974	23672	5532
金属制品业	6273	5172	2029	352	4117	350
通用设备制造业	36821	30429	13742	652	23166	5603
专用设备制造业	47090	41348	19231	1370	27773	3035
交通运输设备制造业	38922	32852	10332	1845	27739	3398
电气机械及器材制造业	37029	28210	17504	1832	19865	1999
通信设备、计算机及其他电子设备制造业	8501	6738	2556	643	6377	1399
仪器仪表及文化、办公用机械制造业	6177	4979	3065	220	2454	644
工艺品及其他制造业	13458	8714	5971	1181	7688	288
电力、热力的生产和供应业	707346	684859	229410	34313	480128	515
燃气生产和供应业	18794	18794	1826	600	16066	635
水的生产和供应业	102236	96281	38313	5503	55789	7058

单位:万元

指标名称	负债合计	#流动负债	#长期负债	所有者权益合计	实收资本	国家资本	集体资本
总　计	**2602720**	**1624893**	**956108**	**1188312**	**862990**	**321301**	**20949**
#亏损企业	684549	415009	264617	141199	312346	122728	3413
#国有控股企业	1742830	947222	787621	635762	410465	305483	1850
#农村工业	886	886		326	404	100	266
按经济类型分组							
国有企业	961901	436519	524916	351556	214392	201418	194
#中央企业	566828	137941	428887	105119	60404	59785	110
地方企业	395073	298578	96029	246437	153989	141633	84
集体企业	48442	36419	12023	9447	8799		8000
股份合作企业	4464	3736	728	7900	3667		
联营企业	680	642	38	144	101		101
#集体联营企业	680	642	38	144	101		101
有限责任公司	601521	325036	267110	216261	199930	75906	9451
#国有独资公司	18752	18018	733	12971	8190	8190	
股份有限公司	430286	377711	51653	217714	83887	30304	1310
私营企业	219324	188448	26510	175004	94792		802
港、澳、台商投资企业	112746	79004	27286	62720	46188	4705	163
外商投资企业	223357	177380	45845	147566	211235	8969	928
按轻重工业分							
轻工业	1307481	890050	412595	650697	524685	216203	4646
重工业	1295238	734843	543513	537615	338305	105098	16304
按大中小型工业分							
大型企业	260994	229161	31833	157509	44779	16800	
中型企业	1470531	672030	797485	577525	441925	208399	6990
小型企业	871196	723703	126790	453278	376286	96102	13959

单位:万元

指 标 名 称	负 债 合 计	# 流动负债	# 长期负债	所有者权益合计	实收资本	国家资本	集体资本
按工业行业大类分							
煤炭的开采和洗选业	1532	1507	25	738	598	598	
黑色金属矿采选业							
有色金属矿采选业	2757	2429	329	4627	2354	972	
非金属矿采选业	3003	1998	1005	3467	2477	756	
农副食品加工业	466156	426303	37208	234680	110090	41576	768
食品制造业	42130	34714	6140	26757	32004	3100	486
饮料制造业	90811	73796	16995	51842	90003	4420	65
烟草制品业	152429	91616	60813	114878	69206	59206	
纺织业	16569	14253	2316	20167	15586	400	
纺织服装、鞋、帽制造业	4153	3473	659	6810	3713	1389	
皮革、毛皮、羽毛(绒)及其制品业	9591	8851	740	-1807	2275	1626	
木材加工及木、竹、藤、棕、草制品业	29110	13962	15148	26700	25171	532	
家具制造业	903	675	228	438	507		
造纸及纸制品业	259816	36910	222773	15682	77214	49726	348
印刷业和记录媒介的复制	22325	19591	2623	25134	16354	8380	118
石油加工、炼焦及核燃料加工业	2317	1915	402	996	800		
化学原料及化学制品制造业	92877	78194	14682	127250	52591	19001	1631
医药制造业	99956	90009	9324	67510	51391	11558	
化学纤维制造业	231	231		1834	1842		
塑料制品业	22687	20734	1615	31438	17901	710	902
非金属矿物制品业	267683	201005	65698	138899	109583	31625	8589
黑色金属冶炼及压延加工业	18362	13257	5105	4349	3094		391
有色金属冶炼及压延加工业	69333	39848	28562	32823	20633	1000	163
金属制品业	11322	8524	1214	6670	6975	43	545
通用设备制造业	56084	50078	5006	14580	14263	11251	561
专用设备制造业	72052	63306	8716	22214	19289	12385	134
交通运输设备制造业	60151	52162	2513	33316	16867	6547	300
电气机械及器材制造业	58414	54204	2067	17532	17927	3600	3583
通信设备、计算机及其他电子设备制造业	11380	5917	1098	11822	11358		
仪器仪表及文化、办公用机械制造业	3503	2991	469	5071	2701		1788
工艺品及其他制造业	8899	8045	854	8693	8607	682	
电力、热力的生产和供应业	540436	155594	384842	60684	16335	15183	
燃气生产和供应业	25238	12538	12700	7859	6000		
水的生产和供应业	80511	36263	44241	64661	37280	35035	578

单位:万元

指标名称	法人资本	个人资本	港澳台资本	外商资本	主营业务收入	#主营业务成本	#主营业务税金及附加
总计	**211868**	**132530**	**22526**	**153816**	**2541033**	**2021134**	**99564**
#亏损企业	59812	21132	10686	94575	353455	325636	4077
#国有控股企业	69255	26720	1640	5518	1082854	781099	90374
#农村工业	38				2214	2088	3
按经济类型分组							
国有企业	12672	108			552752	362885	86083
#中央企业	502	7			273172	143201	84458
地方企业	12171	101			279580	219684	1625
集体企业	370	429			55440	50213	283
股份合作企业	2185	1482			20411	11427	86
联营企业					555	429	4
#集体联营企业					555	429	4
有限责任公司	64423	50119	30		587163	485440	4195
#国有独资公司					26837	22319	162
股份有限公司	30871	21402			368916	279099	3626
私营企业	40021	53361		608	632143	555600	3475
港、澳、台商投资企业	15550	3839	20004	1927	101827	85555	104
外商投资企业	45776	1790	2492	151281	221826	190488	1709
按轻重工业分							
轻工业	121590	71930	10830	99486	1415201	1086673	92392
重工业	90278	60600	11696	54330	1125832	934461	7173
按大中小型工业分							
大型企业	11226	16753			246669	185716	2315
中型企业	84815	37860	8375	95487	1076737	784439	90871
小型企业	115827	77917	14151	58329	1217628	1050979	6379

单位:万元

指标名称					主营业务收入	#主营业务成本	#主营业务税金及附加
	法人资本	个人资本	港澳台资本	外商资本			
按工业行业大类分							
煤炭的开采和洗选业					2289	1727	17
黑色金属矿采选业							
有色金属矿采选业	1200	182			6069	3742	42
非金属矿采选业	1722				8584	5366	67
农副食品加工业	36728	26345	1994	2679	685831	578965	3722
食品制造业	7349	1513		19555	57360	47247	291
饮料制造业	23870	5332	30	56285	62178	51748	2765
烟草制品业	10000				226577	98244	83209
纺织业	8617	6569			53972	50591	193
纺织服装、鞋、帽制造业	265		2059		10779	9245	21
皮革、毛皮、羽毛(绒)及其制品业	350	257	42		17133	17355	41
木材加工及木、竹、藤、棕、草制品业	6991	515		17133	39304	35134	39
家具制造业		507			1632	1367	35
造纸及纸制品业	12335	8669	50	6086	101467	88812	622
印刷业和记录媒介的复制	5712	2143			27567	23885	183
石油加工、炼焦及核燃料加工业	50	600	150		9539	8454	26
化学原料及化学制品制造业	17114	13519		1326	201507	156637	1408
医药制造业	12183	14981	885	11784	81864	53499	561
化学纤维制造业	1842				521	472	2
塑料制品业	8394	5644		2251	60391	48226	483
非金属矿物制品业	13571	20268	7920	27610	272529	227275	1782
黑色金属冶炼及压延加工业	1695	1008			77942	74738	392
有色金属冶炼及压延加工业	10200	9200	70		93379	83533	268
金属制品业	1646	2169		2573	27654	26171	177
通用设备制造业	2145	307			32166	28093	147
专用设备制造业	3031	3738			51010	43231	155
交通运输设备制造业	3699	1505	1673	3143	36265	28438	148
电气机械及器材制造业	4979	4105		1660	64369	52160	433
通信设备、计算机及其他电子设备制造业	8495	980	1883		23658	18047	73
仪器仪表及文化、办公用机械制造业	298	616			7659	5394	46
工艺品及其他制造业	234	1058	4903	1730	16721	12768	98
电力、热力的生产和供应业	1152				150515	118915	1963
燃气生产和供应业	6000				6824	4411	17
水的生产和供应业		800	867		25781	17248	141

单位:万元

指标名称	其他业务利润	营业费用	管理费用	#税金	#财产保险费	#劳动失业保险费
总计	**18486**	**85698**	**176400**	**6765**	**1973**	**22337**
#亏损企业	3618	11150	37484	1365	290	4580
#国有控股企业	10117	31961	101598	3860	1072	14812
#农村工业			76			
按经济类型分组						
国有企业	8783	17573	58362	2151	748	9261
#中央企业	665	10525	12138	451	87	1692
地方企业	8117	7048	46225	1700	661	7570
集体企业	921	1001	2973	138	83	917
股份合作企业		1491	787	97	9	224
联营企业			93	2	2	31
#集体联营企业			93	2	2	31
有限责任公司	2504	18767	39174	1660	412	5510
#国有独资公司		865	2060	35	30	618
股份有限公司	1004	10330	29990	1039	243	3639
私营企业	3060	21252	22894	1157	261	755
港、澳、台商投资企业	692	5255	6126	162	32	602
外商投资企业	1523	10030	16000	359	183	1399
按轻重工业分						
轻工业	7820	54286	96095	3780	1141	9139
重工业	10666	31412	80305	2986	833	13198
按大中小型工业分						
大型企业	826	5408	23526	664	177	2922
中型企业	7924	37496	79377	2856	1121	11750
小型企业	9736	42794	73497	3246	675	7665

单位:万元

指标名称	其他业务利润	营业费用	管理费用	#税金	#财产保险费	#劳动失业保险费
按工业行业大类分						
煤炭的开采和洗选业	-2		645	1	3	33
黑色金属矿采选业						
有色金属矿采选业		269	719	53	2	39
非金属矿采选业	37	1851	814	35	8	144
农副食品加工业	2270	13393	37356	1529	456	3175
食品制造业	403	4563	4199	197	63	463
饮料制造业	387	5199	4185	244	88	516
烟草制品业	793	10426	13622	385	124	243
纺织业	218	395	1698	104	27	265
纺织服装、鞋、帽制造业	37	132	1058	39	3	98
皮革、毛皮、羽毛(绒)及其制品业	201	75	502	27	11	50
木材加工及木、竹、藤、棕、草制品业	299	934	1625	84	28	77
家具制造业	9	64	215	14		33
造纸及纸制品业	794	2335	7810	457	70	662
印刷业和记录媒介的复制	270	554	3151	71	18	443
石油加工、炼焦及核燃料加工业	5	404	246	1	2	12
化学原料及化学制品制造业	2749	9415	15911	624	275	2442
医药制造业	477	11611	11835	220	69	803
化学纤维制造业		15	23			9
塑料制品业	469	2224	2770	93	44	208
非金属矿物制品业	1330	5952	18595	484	256	3231
黑色金属冶炼及压延加工业	633	1244	1892	27	2	60
有色金属冶炼及压延加工业	512	2276	3357	135	45	971
金属制品业	41	454	952	29	13	83
通用设备制造业	136	1237	3807	276	3	1317
专用设备制造业	1353	2252	5923	264	26	944
交通运输设备制造业	945	881	4632	189	16	586
电气机械及器材制造业	171	3102	5489	259	91	708
通信设备、计算机及其他电子设备制造业	7	1026	1794	87	2	55
仪器仪表及文化、办公用机械制造业	705	566	1179	33	22	658
工艺品及其他制造业	60	1542	1074	36	2	30
电力、热力的生产和供应业	2571	6	12005	524	88	2903
燃气生产和供应业	-40	751	592	15		29
水的生产和供应业	647	551	6728	234	119	1049

1-1 续表6 单位:万元

指标名称	财务费用	#利息支出	营业利润	利润总额	亏损企业亏损额	利税总额
总　　计	**49915**	**47793**	**101996**	**112361**	**47823**	**358156**
#亏损企业	22010	21810	-43151	-47823	47823	-28306
#国有控股企业	29869	29231	52852	56993	27793	237882
#农村工业	46	1	76	74	79	212
按经济类型分组						
国有企业	9726	9329	23344	28204	12349	169380
#中央企业	1858	1440	19255	20781	78	143236
地方企业	7867	7890	4089	7423	12271	26144
集体企业	507	516	1351	1194	470	3628
股份合作企业	114	114	1785	1751	6	2341
联营企业	11	11	4	1		38
#集体联营企业	11	11	4	1		38
有限责任公司	23255	22629	13654	17776	15302	50388
#国有独资公司	304	304	1155	1106		2318
股份有限公司	4102	3820	41592	40590	791	70354
私营企业	5732	5113	14595	17113	3014	39249
港、澳、台商投资企业	1060	880	5807	6388	610	11024
外商投资企业	5407	5381	-136	-657	15281	11754
按轻重工业分						
轻工业	34979	33406	48044	47485	35650	219240
重工业	14936	14387	53952	64876	12173	138916
按大中小型工业分						
大型企业	1766	1655	27264	26354		47718
中型企业	34648	33720	52014	56008	22275	233344
小型企业	13501	12419	22718	29999	25548	77094

单位:万元

指标名称	财务费用	#利息支出	营业利润	利润总额	亏损企业亏损额	利税总额
按工业行业大类分						
煤炭的开采和洗选业			-102	-129	129	108
黑色金属矿采选业						
有色金属矿采选业	61	70	1115	1178		1750
非金属矿采选业	159	61	-9	-197	426	259
农副食品加工业	9496	9107	39938	42872	1605	80092
食品制造业	1096	1028	255	56	3063	2372
饮料制造业	2872	2755	-3576	-6763	7523	-498
烟草制品业	1998	1463	19871	18571		122659
纺织业	417	345	632	700	11	2424
纺织服装、鞋、帽制造业	7	3	330	472	3	774
皮革、毛皮、羽毛(绒)及其制品业	313	312	-897	-793	797	-214
木材加工及木、竹、藤、棕、草制品业	485	472	1494	3523	74	5618
家具制造业	34	34	-72	-65	65	18
造纸及纸制品业	14091	14235	-11173	-10761	14514	-4422
印刷业和记录媒介的复制	211	183	-45	244	637	1853
石油加工、炼焦及核燃料加工业	59	59	83	350	9	519
化学原料及化学制品制造业	2193	2077	12209	15923	1509	25643
医药制造业	1997	1660	-780	119	4941	5860
化学纤维制造业	4	4	6	6		24
塑料制品业	748	434	4138	4117	106	6192
非金属矿物制品业	5071	5014	15911	15741	3078	38105
黑色金属冶炼及压延加工业	241	243	-2	8	456	1517
有色金属冶炼及压延加工业	1375	1348	3091	3124	207	5560
金属制品业	81	85	-64	-26	135	594
通用设备制造业	932	931	-1484	-2299	3076	-1326
专用设备制造业	1436	1382	-1513	-793	2128	353
交通运输设备制造业	1145	1024	2008	2355	531	3927
电气机械及器材制造业	952	965	1205	1017	886	3320
通信设备、计算机及其他电子设备制造业	331	217	529	1657	6	2056
仪器仪表及文化、办公用机械制造业	38	23	716	1296		1645
工艺品及其他制造业	139	55	894	934	226	1976
电力、热力的生产和供应业	-81	88	16243	19151	523	46864
燃气生产和供应业	672	777	278	274		353
水的生产和供应业	1343	1340	768	500	1158	2183

单位:万元

指标名称	本年应付工资总额	本年应付福利费总额	本年应交增值税	进项税额	销项税额	全部从业人员年平均数(人)
总计	**165209**	**22598**	**146231**	**215950**	**320282**	**12437**
#亏损企业	34267	4307	15439	34277	45637	3489
#国有控股企业	95380	13808	90516	95529	161549	5613
#农村工业	126	12	134	250	324	19
按经济类型分组						
国有企业	55690	7892	55094	46047	80097	3057
#中央企业	17278	2186	37998	18745	38909	309
地方企业	38412	5706	17096	27302	41188	2748
集体企业	3507	435	2151	5671	7794	389
股份合作企业	429	33	503	1494	1616	38
联营企业	67	11	34	51	84	8
#集体联营企业	67	11	34	51	84	8
有限责任公司	36681	6139	28417	61609	84521	3372
#国有独资公司	2723	402	1049	3068	4117	161
股份有限公司	26215	3643	26138	32071	55021	1454
私营企业	24392	2803	18661	41287	51839	2732
港、澳、台商投资企业	8408	435	4532	9282	12580	622
外商投资企业	9820	1208	10702	18438	26730	766
按轻重工业分						
轻工业	86261	12549	79364	108214	172544	6696
重工业	78948	10050	66867	107736	147738	5741
按大中小型工业分						
大型企业	19930	2826	19049	23326	40783	962
中型企业	81024	11798	86466	100536	164301	5018
小型企业	64255	7974	40717	92088	115198	6457

单位:万元

指 标 名 称	本年应付工资总额	本年应付福利费总额	本年应交增值税	进 项 税 额	销 项 税 额	全部从业人员年平均数(人)
按工业行业大类分						
煤炭的开采和洗选业	288	37	220		220	21
黑色金属矿采选业						
有色金属矿采选业	443	59	529	101	630	28
非金属矿采选业	392	48	388	162	359	48
农副食品加工业	32528	4737	33498	39087	66110	2433
食品制造业	4148	393	2026	5527	4565	523
饮料制造业	2529	217	3500	6624	9755	257
烟草制品业	8482	1594	20880	18740	39484	151
纺织业	4248	541	1531	7404	9018	521
纺织服装、鞋、帽制造业	1829	336	281	1010	346	198
皮革、毛皮、羽毛(绒)及其制品业	948	109	538	2249	2656	148
木材加工及木、竹、藤、棕、草制品业	1969	130	2056	4638	5737	146
家具制造业	178	16	48	155	182	16
造纸及纸制品业	6358	745	5716	11898	16203	526
印刷业和记录媒介的复制	3481	476	1427	3216	4667	255
石油加工、炼焦及核燃料加工业	117	9	142	967	1022	11
化学原料及化学制品制造业	12059	1583	8312	19905	25811	906
医药制造业	9822	2015	5180	7085	11324	763
化学纤维制造业	52	7	16	73	89	5
塑料制品业	2505	230	1592	6590	8409	273
非金属矿物制品业	22633	3279	20583	19480	37401	2020
黑色金属冶炼及压延加工业	1510	79	1117	6822	8230	170
有色金属冶炼及压延加工业	3610	519	2168	13719	13769	282
金属制品业	1461	163	443	3718	3859	134
通用设备制造业	4183	721	825	4439	5150	394
专用设备制造业	4716	748	992	6180	7042	394
交通运输设备制造业	3371	311	1424	3894	5783	234
电气机械及器材制造业	4285	557	1869	9372	11198	352
通信设备、计算机及其他电子设备制造业	906	32	326	350	269	106
仪器仪表及文化、办公用机械制造业	1102	148	304	405	415	105
工艺品及其他制造业	1269	40	944	1221	1926	131
电力、热力的生产和供应业	18124	1943	25750	10350	16746	625
燃气生产和供应业	251	37	62	499	561	14
水的生产和供应业	5411	741	1542	71	1347	249

1-2 市区规模以上工业企业主要财务状况

(2004年)

单位:万元

指标名称	单位数(个)	#亏损企业	工业总产值(当年价)	工业销售产值(当年价)	工业增加值(当年价)
总　计	**435**	**155**	**2424538**	**2367762**	**775897**
#亏损企业	155	155	292038	272325	76567
#国有控股企业	145	73	1214143	1201986	413766
#农村工业	1	1	1368	1350	332
按经济类型分组					
国有企业	109	62	725983	717525	263847
#中央企业	6	1	559572	553588	208170
地方企业	103	61	166411	163937	55677
集体企业	24	7	48098	45232	15106
股份合作企业	3	1	18443	18162	11684
联营企业	1		827	827	245
#国有与集体联营企业	1		827	827	245
有限责任公司	94	28	497835	483615	140019
#国有独资公司	3		21901	19587	6515
股份有限公司	16	2	366330	370524	124652
私营企业	140	41	495723	476466	140360
港、澳、台商投资企业	20	5	104086	94099	29234
外商投资企业	28	9	167213	161313	50750
按轻重工业分					
轻工业	228	88	1236577	1208718	457637
重工业	207	67	1187961	1159044	318260
按大中小型工业分					
大型企业	2		245898	251017	85543
中型企业	43	9	1103821	1084869	369190
小型企业	390	146	1074819	1031876	321163

单位:万元

指标名称	单位数(个)	#亏损企业	工业总产值(当年价)	工业销售产值(当年价)	工业增加值(当年价)
按工业行业大类分					
有色金属矿采选业	1		985	871	465
非金属矿采选业	5	2	676	608	502
农副食品加工业	60	18	523919	523306	150385
食品制造业	18	4	47773	47545	14282
饮料制造业	11	6	55798	55631	16086
烟草制品业	1		226611	221746	149010
纺织业	3	1	35655	34363	6296
纺织服装、鞋、帽制造业	6	1	10420	10736	3770
皮革、毛皮、羽毛(绒)及其制品业	6	4	6761	5674	1344
木材加工及木、竹、藤、棕、草制品业	6	3	41260	37558	12284
家具制造业	3	2	1511	1508	476
造纸及纸制品业	19	11	89771	88833	21174
印刷业和记录媒介的复制	26	14	32380	31436	12588
石油加工、炼焦及核燃料加工业	3	1	9352	9343	1173
化学原料及化学制品制造业	39	12	178252	178893	60437
医药制造业	38	12	107828	96150	38804
化学纤维制造业	1		1001	1001	620
塑料制品业	25	7	76700	72219	25959
非金属矿物制品业	36	15	167891	169722	60700
黑色金属冶炼及压延加工业	4		26248	24000	4932
有色金属冶炼及压延加工业	8	2	97632	87737	27110
金属制品业	13	6	26238	25659	6971
通用设备制造业	16	9	40686	37714	13087
专用设备制造业	20	8	59158	57658	15023
交通运输设备制造业	22	5	45945	42486	13786
电气机械及器材制造业	18	8	74686	69803	19865
通信设备、计算机及其他电子设备制造业	8	1	37508	37452	12439
仪器仪表及文化、办公用机械制造业	5		9713	9572	3943
工艺品及其他制造业	5	1	19953	16364	8011
电力、热力的生产和供应业	2		346287	346287	61389
燃气生产和供应业	1		4362	4362	-929
水的生产和供应业	6	2	21580	21526	13915

单位:万元

指标名称	资产合计	流动资产小计	#存货	#产成品	流动资产年平均余额	长期投资	固定资产小计
总计	**3029898**	**1109051**	**348935**	**93308**	**966632**	**140257**	**1628277**
#亏损企业	657751	207714	78187	26205	200724	8886	400182
#国有控股企业	2013692	644912	188205	36961	527774	106376	1189881
#农村工业	537	154	63	17	150		383
按经济类型分组							
国有企业	1161924	319550	116841	12470	321159	60319	759628
#中央企业	669007	156635	79135	1749	172693	10625	499632
地方企业	492917	162915	37706	10721	148467	49694	259996
集体企业	43206	23435	9882	6320	24438	753	15337
股份合作企业	10948	6572	2281	405	7068	578	2050
联营企业	824	237	100	89	228		587
#国有与集体联营企业	824	237	100	89	228		587
有限责任公司	648186	240197	88232	33125	233906	16040	345423
#国有独资公司	20398	13487	10380	3445	12329	715	6191
股份有限公司	552532	241825	36311	10136	132570	42335	236482
私营企业	222343	128759	48546	17497	117823	4145	66450
港、澳、台商投资企业	156635	68978	20063	6655	62629	5185	73354
外商投资企业	233301	79499	26679	6611	66812	10903	128966
按轻重工业分							
轻工业	1595464	647631	197570	38767	491083	72767	784418
重工业	1434434	461420	151365	54542	475549	67491	843859
按大中小型工业分							
大型企业	418503	185623	17375	2882	74581	38826	180922
中型企业	1664214	467467	178964	33410	471258	66915	1066081
小型企业	947182	455961	152596	57016	420794	34517	381273

单位:万元

指标名称	资产合计	流动资产小计	#存货	#产成品	流动资产年平均余额	长期投资	固定资产小计
按工业行业大类分							
有色金属矿采选业	1535	564	206	197	736	456	516
非金属矿采选业	2888	1281	48	19	1222	58	1548
农副食品加工业	486809	262559	40720	8963	130983	38634	170188
食品制造业	64113	26218	7851	2820	28489	3053	24856
饮料制造业	125756	36921	11401	4164	32911	1488	66808
烟草制品业	253013	126084	78093	1523	119907	10625	114300
纺织业	29518	12646	7138	2996	15199	23	9561
纺织服装、鞋、帽制造业	10963	5741	2011	123	4161	14	4259
皮革、毛皮、羽毛(绒)及其制品业	5051	1925	963	609	1697	2	3001
木材加工及木、竹、藤、棕、草制品业	54859	19821	5556	2033	16536	9561	24439
家具制造业	1341	508	170	11	523		832
造纸及纸制品业	237195	45420	13401	1793	42596	256	184927
印刷业和记录媒介的复制	47002	17781	4335	1452	13785	986	26875
石油加工、炼焦及核燃料加工业	3313	1787	1257	808	1942		1316
化学原料及化学制品制造业	195881	56973	21450	9907	63400	31981	91233
医药制造业	128510	58668	18172	7402	52241	1985	50000
化学纤维制造业	2065	231	15		218		1832
塑料制品业	53641	32208	8276	3799	29619	1208	16354
非金属矿物制品业	232543	82819	25172	7040	80171	4117	137834
黑色金属冶炼及压延加工业	9015	6277	1083	679	6633		1514
有色金属冶炼及压延加工业	96925	34753	15928	5612	32820	3763	52647
金属制品业	17050	12330	6736	2121	11601		4117
通用设备制造业	70416	35426	17799	6797	33064	2448	26826
专用设备制造业	89460	52012	21351	10389	50260	1225	32760
交通运输设备制造业	93468	46801	9822	3187	43003	8944	29911
电气机械及器材制造业	75946	51675	19315	5756	49373	887	20146
通信设备、计算机及其他电子设备制造业	23202	9906	5544	620	11891	708	7720
仪器仪表及文化、办公用机械制造业	8574	4152	2081	1007	4140	20	3417
工艺品及其他制造业	13352	6561	2613	1435	6503	32	6317
电力、热力的生产和供应业	431772	34631	17		57213		396840
燃气生产和供应业	33097	9458	46	46	10389	2480	20524
水的生产和供应业	131628	14915	365		13409	15306	94859

单位:万元

指标名称	固定资产原价	# 生产经营用	累计折旧	# 本年折旧	固定资产净值年平均余额	无形资产
总计	**1995976**	**1809181**	**613411**	**99820**	**1320311**	**118522**
#亏损企业	535131	503054	158328	26639	390583	35412
#国有控股企业	1432294	1292894	419575	67983	948207	61395
#农村工业	409	382	67	27	371	
按经济类型分组						
国有企业	882046	764600	258711	40682	597486	19515
#中央企业	551884	505094	137042	29578	394683	2008
地方企业	330162	259505	121668	11103	202803	17507
集体企业	26483	22131	11864	1419	13770	249
股份合作企业	2013	1931	617	183	1896	1748
联营企业	871	871	284	43	577	
#国有与集体联营企业	871	871	284	43	577	
有限责任公司	421672	403947	109417	21973	307740	38864
#国有独资公司	7107	6528	1513	151	5663	
股份有限公司	306785	286735	106525	14238	160985	28708
私营企业	72858	60831	16275	5523	55013	14588
港、澳、台商投资企业	63572	56958	17658	3773	45605	2919
外商投资企业	219676	211178	92061	11987	137240	11932
按轻重工业分						
轻工业	961778	855390	289470	53653	614118	74481
重工业	1034198	953790	323942	46167	706192	44041
按大中小型工业分						
大型企业	230722	217287	77271	10274	113761	11618
中型企业	1301489	1180264	385293	67479	899090	58990
小型企业	463765	411630	150847	22068	307460	47915

指标名称	固定资产原价	#生产经营用	累计折旧	#本年折旧	固定资产净值年平均余额	无形资产
按工业行业大类分						
有色金属矿采选业	790	790	329	30	516	
非金属矿采选业	2030	1784	496	8	1418	
农副食品加工业	243574	220973	82690	9777	122629	10693
食品制造业	38068	33257	13650	3110	25358	9125
饮料制造业	110187	108959	44864	6336	74463	19102
烟草制品业	95395	52600	16442	8510	58677	2004
纺织业	11936	11845	2386	739	8394	7157
纺织服装、鞋、帽制造业	5276	4358	1403	284	3903	493
皮革、毛皮、羽毛(绒)及其制品业	4012	2244	1200	78	2858	70
木材加工及木、竹、藤、棕、草制品业	52227	49135	28342	1876	24102	1005
家具制造业	1257	1095	424	26	820	
造纸及纸制品业	225837	222372	48718	12854	182512	4942
印刷业和记录媒介的复制	35769	32222	13074	1983	21801	568
石油加工、炼焦及核燃料加工业	1525	1432	471	89	777	207
化学原料及化学制品制造业	102911	74429	35874	4344	68503	13910
医药制造业	51270	39080	13268	2503	33599	14377
化学纤维制造业	1843	1843	11		1832	
塑料制品业	19913	15847	5080	1521	14349	2744
非金属矿物制品业	194055	181386	63399	9002	126731	3395
黑色金属冶炼及压延加工业	2363	2331	1163	58	1206	
有色金属冶炼及压延加工业	29961	29391	9326	1504	20787	5265
金属制品业	5935	4956	1878	324	3921	350
通用设备制造业	36769	30377	13733	645	23123	5603
专用设备制造业	42111	38929	17685	1324	24338	3032
交通运输设备制造业	38922	32852	10332	1845	27739	3398
电气机械及器材制造业	37029	28210	17504	1832	19865	1999
通信设备、计算机及其他电子设备制造业	8501	6738	2556	643	6377	1399
仪器仪表及文化、办公用机械制造业	6177	4979	3065	220	2454	644
工艺品及其他制造业	10879	6546	4640	1085	6458	270
电力、热力的生产和供应业	468087	462277	123730	21721	344295	302
燃气生产和供应业	18794	18794	1826	600	16066	635
水的生产和供应业	92573	87148	33854	4952	50443	5835

单位:万元

指标名称	负债合计	#流动负债	#长期负债	所有者权益合计	实收资本	国家资本	集体资本
总　计	**2098590**	**1205380**	**874253**	**931308**	**692460**	**265827**	**18055**
#亏损企业	566214	317750	243541	91538	250064	100007	2318
#国有控股企业	1491554	730399	753285	522138	330840	259883	1850
#农村工业	350	350		187	266		266
按经济类型分组							
国有企业	880691	385432	494909	281233	175064	172208	194
#中央企业	565192	136305	428887	103814	59170	58551	110
地方企业	315499	249127	66022	177418	115895	113657	84
集体企业	32405	28796	3610	10801	6820		6391
股份合作企业	3917	3323	594	7031	3256		
联营企业	680	642	38	144	101		101
#国有与集体联营企业	680	642	38	144	101		101
有限责任公司	486571	218821	258377	161615	164505	58324	8918
#国有独资公司	13809	13689	120	6589	3435	3435	
股份有限公司	335133	283756	50454	217399	83517	30304	1310
私营企业	120620	109609	9289	101724	58621		50
港、澳、台商投资企业	100056	69631	23969	56579	39785	2705	163
外商投资企业	138518	105371	33014	94783	160791	2286	928
按轻重工业分							
轻工业	1068259	678423	387762	527205	423438	193273	3546
重工业	1030331	526957	486491	404103	269022	72554	14509
按大中小型工业分							
大型企业	260994	229161	31833	157509	44779	16800	
中型企业	1237968	488355	748597	426245	356830	177097	6990
小型企业	599628	487865	93822	347554	290852	71930	11065

1-2 续表3.1 单位:万元

指标名称	负债合计	# 流动负债	# 长期负债	所有者权益合计	实收资本	国家资本	集体资本
按工业行业大类分							
有色金属矿采选业	548	428	120	988	904	904	
非金属矿采选业	1641	1338	302	1247	551	551	
农副食品加工业	322652	297081	25572	164156	67473	30855	118
食品制造业	39424	32184	5964	24689	31590	2887	486
饮料制造业	74130	60765	13345	51626	86708	4184	
烟草制品业	149004	88191	60813	104009	58516	58516	
纺织业	10875	8649	2226	18643	15130	400	
纺织服装、鞋、帽制造业	4153	3473	659	6810	3713	1389	
皮革、毛皮、羽毛(绒)及其制品业	7368	6848	520	-2317	1690	1626	
木材加工及木、竹、藤、棕、草制品业	28731	13583	15148	26129	24706	532	
家具制造业	903	675	228	438	507		
造纸及纸制品业	243147	23312	219702	-5951	53561	43731	296
印刷业和记录媒介的复制	21928	19425	2503	25074	16194	8241	118
石油加工、炼焦及核燃料加工业	2317	1915	402	996	800		
化学原料及化学制品制造业	81876	68452	13423	114005	46987	15113	1631
医药制造业	67575	58438	8514	60935	40105	11558	
化学纤维制造业	231	231		1834	1842		
塑料制品业	22474	20522	1615	31166	17601	710	902
非金属矿物制品业	160338	126226	33133	72205	66844	17278	6461
黑色金属冶炼及压延加工业	6836	6663	173	2179	1411		391
有色金属冶炼及压延加工业	64714	35229	28562	32211	19533	1000	163
金属制品业	10333	7865	884	6717	6975	43	545
通用设备制造业	55976	49970	5006	14440	14183	11251	561
专用设备制造业	67031	59858	7143	22429	18780	11877	134
交通运输设备制造业	60151	52162	2513	33316	16867	6547	300
电气机械及器材制造业	58414	54204	2067	17532	17927	3600	3583
通信设备、计算机及其他电子设备制造业	11380	5917	1098	11822	11358		
仪器仪表及文化、办公用机械制造业	3503	2991	469	5071	2701		1788
工艺品及其他制造业	5948	5094	854	7404	6023		
电力、热力的生产和供应业	418035	49970	368065	13737	2253	2253	
燃气生产和供应业	25238	12538	12700	7859	6000		
水的生产和供应业	71717	31185	40531	59911	33027	30782	578

1-2 续表4　　　　单位:万元

指标名称	法人资本	个人资本	港澳台资本	外商资本	主营业务收入	#主营业务成本	#主营业务税金及附加
总　计	**154876**	**113328**	**19596**	**120779**	**2278331**	**1579709**	**95901**
#亏损企业	45782	16564	8200	77193	271941	247583	3596
#国有控股企业	40949	26518	1640		1186847	649716	89036
#农村工业					1375	1398	3
按经济类型分组							
国有企业	2634	28			723136	278828	85403
#中央企业	502	7			555286	141818	84450
地方企业	2132	21			167851	137010	953
集体企业	220	209			46668	41838	184
股份合作企业	1788	1468			18726	10012	42
联营企业					555	429	4
#国有与集体联营企业					555	429	4
有限责任公司	49604	47630	30		465909	389113	3361
#国有独资公司					16517	14237	52
股份有限公司	30667	21236			345062	265124	3385
私营企业	21394	37178			431492	382531	1784
港、澳、台商投资企业	14119	3797	17074	1927	84601	69818	32
外商投资企业	34449	1783	2492	118852	162184	142015	1708
按轻重工业分							
轻工业	73269	62325	10575	80450	1168978	886924	90612
重工业	81606	51002	9021	40330	1109353	692785	5289
按大中小型工业分							
大型企业	11226	16753			246669	185716	2315
中型企业	51737	33588	5931	81487	1082256	570590	89075
小型企业	91913	62987	13665	39292	949407	823402	4512

单位:万元

指标名称					主营业务收入	#主营业务成本	#主营业务税金及附加
	法人资本	个人资本	港澳台资本	外商资本			
按工业行业大类分							
有色金属矿采选业					870	709	8
非金属矿采选业					221	138	4
农副食品加工业	11054	21593	1781	2071	523023	453084	2272
食品制造业	7349	1313		19555	45617	37238	258
饮料制造业	23870	3000	30	55624	57104	47239	2705
烟草制品业					222672	96518	83152
纺织业	8505	6225			34433	32423	132
纺织服装、鞋、帽制造业	265		2059		10779	9245	21
皮革、毛皮、羽毛(绒)及其制品业	50	14			5379	5610	19
木材加工及木、竹、藤、棕、草制品业	6971	70		17133	36242	32591	27
家具制造业		507			1632	1367	35
造纸及纸制品业	1199	8284	50		88715	77076	564
印刷业和记录媒介的复制	5712	2123			27487	23822	182
石油加工、炼焦及核燃料加工业	50	600	150		9539	8454	26
化学原料及化学制品制造业	16364	12552		1326	168673	127593	1340
医药制造业	11818	14081	885	1764	76245	47746	551
化学纤维制造业	1842				521	472	2
塑料制品业	8394	5344		2251	59135	46993	481
非金属矿物制品业	11594	12664	5245	13610	167586	140656	1141
黑色金属冶炼及压延加工业	460	560			27729	27492	28
有色金属冶炼及压延加工业	9100	9200	70		86876	78220	206
金属制品业	1646	2169		2573	26124	24742	171
通用设备制造业	2129	243			31551	27640	143
专用设备制造业	3031	3738			50876	43090	153
交通运输设备制造业	3699	1505	1673	3143	36265	28438	148
电气机械及器材制造业	4979	4105		1660	64369	52160	433
通信设备、计算机及其他电子设备制造业	8495	980	1883		23658	18047	73
仪器仪表及文化、办公用机械制造业	298	616			7659	5394	46
工艺品及其他制造业		1051	4903	69	11495	8233	98
电力、热力的生产和供应业					346287	57532	1345
燃气生产和供应业	6000				6824	4411	17
水的生产和供应业		800	867		22747	15339	122

单位:万元

指标名称	其他业务利润	营业费用	管理费用	#税金	#财产保险费	#劳动待业保险费
总计	**12504**	**73760**	**134401**	**5262**	**1511**	**10935**
#亏损企业	3608	9322	29362	1227	223	2477
#国有控股企业	7166	29745	78735	3136	843	8943
#农村工业			51			
按经济类型分组						
国有企业	5823	16668	40059	1640	573	4634
#中央企业	665	10456	12032	451	87	1269
地方企业	5158	6212	28027	1189	485	3365
集体企业	780	879	2835	125	83	135
股份合作企业		1480	702	53	9	55
联营企业			93	2	2	
#国有与集体联营企业			93	2	2	
有限责任公司	1937	14573	31067	1404	335	3010
#国有独资公司		759	1201	10	3	27
股份有限公司	980	10282	29765	923	241	2860
私营企业	1791	17369	13937	703	126	90
港、澳、台商投资企业	692	5018	5274	122	21	72
外商投资企业	501	7492	10669	292	122	77
按轻重工业分						
轻工业	5772	48122	77810	2943	935	6723
重工业	6732	25639	56591	2320	577	4212
按大中小型工业分						
大型企业	826	5408	23526	664	177	2779
中型企业	4175	33136	55656	2293	831	5850
小型企业	7504	35217	55218	2305	503	2306

指标名称	其他业务利润	营业费用	管理费用	# 税金	# 财产保险费	# 劳动待业保险费
按工业行业大类分						
有色金属矿采选业		5	132		2	8
非金属矿采选业	37	22	321	5		17
农副食品加工业	1536	10757	27841	909	341	2814
食品制造业	403	3908	3708	188	62	121
饮料制造业	318	5160	3942	236	83	103
烟草制品业	326	10426	11638	322	87	1107
纺织业	218	214	1409	81	23	604
纺织服装、鞋、帽制造业	37	132	1058	39	3	43
皮革、毛皮、羽毛(绒)及其制品业	201	65	360	25	10	5
木材加工及木、竹、藤、棕、草制品业	299	610	1558	80	28	58
家具制造业	9	64	215	14		3
造纸及纸制品业	116	927	5875	446	63	594
印刷业和记录媒介的复制	270	554	3115	70	18	318
石油加工、炼焦及核燃料加工业	5	404	246	1	2	1
化学原料及化学制品制造业	2691	8905	14489	562	215	844
医药制造业	470	11361	9813	200	69	787
化学纤维制造业		15	23			1
塑料制品业	469	2224	2739	92	44	120
非金属矿物制品业	285	3895	11376	336	123	498
黑色金属冶炼及压延加工业	207	41	268	19		1
有色金属冶炼及压延加工业	512	2276	2667	134	45	81
金属制品业	18	409	881	29	11	5
通用设备制造业	132	1236	3706	276	3	498
专用设备制造业	1352	2248	5724	260	26	772
交通运输设备制造业	945	881	4632	189	16	290
电气机械及器材制造业	171	3102	5489	259	91	869
通信设备、计算机及其他电子设备制造业	7	1026	1794	87	2	5
仪器仪表及文化、办公用机械制造业	705	566	1179	33	22	27
工艺品及其他制造业	93	1043	905	29	2	9
电力、热力的生产和供应业	166		1133	126	6	194
燃气生产和供应业	-40	751	592	15		2
水的生产和供应业	549	534	5573	204	115	134

单位:万元

指标名称	财务费用	#利息支出	营业利润	利润总额	亏损企业亏损额	利税总额
总　　计	**39064**	**37327**	**65039**	**75190**	**38295**	**284979**
#亏损企业	19915	19629	-33587	-38295	38295	-23161
#国有控股企业	26798	25929	32365	36738	23417	201802
#农村工业	1	1	-79	-79	79	13
按经济类型分组						
国有企业	8514	8165	13435	18469	10518	150419
#中央企业	1846	1428	19249	20770	78	143163
地方企业	6668	6737	-5814	-2301	10440	7256
集体企业	349	358	1520	1311	284	3244
股份合作企业	82	82	1696	1672	6	2169
联营企业	11	11	4	1		38
#国有与集体联营企业	11	11	4	1		38
有限责任公司	20172	19756	5585	9248	14089	33553
#国有独资公司	45	46	252	200		634
股份有限公司	4093	3812	32407	31415	791	58153
私营企业	2065	1643	6720	9729	1880	22679
港、澳、台商投资企业	786	665	5741	6105	443	9776
外商投资企业	2991	2836	-2069	-2759	10284	4947
按轻重工业分						
轻工业	27186	25832	34540	34971	28858	190533
重工业	11878	11495	30499	40219	9437	94446
按大中小型工业分						
大型企业	1766	1655	27264	26354		47718
中型企业	27244	26387	23243	26659	21793	183137
小型企业	10055	9285	14532	22177	16502	54125

指标名称	财务费用	#利息支出	营业利润	利润总额	亏损企业亏损额	利税总额
按工业行业大类分						
有色金属矿采选业	-4		20	26		35
非金属矿采选业	13	13	-231	-422	426	-392
农副食品加工业	3696	3501	22769	25654	1539	50682
食品制造业	999	936	-205	63	3001	1838
饮料制造业	2404	2288	-3373	-6542	7268	-532
烟草制品业	1957	1422	19308	18064		121432
纺织业	276	273	170	220	3	1667
纺织服装、鞋、帽制造业	7	3	330	472	3	774
皮革、毛皮、羽毛(绒)及其制品业	301	300	-720	-616	616	-473
木材加工及木、竹、藤、棕、草制品业	467	472	1387	3498	44	5498
家具制造业	34	34	-72	-65	65	18
造纸及纸制品业	13939	13744	-9330	-8854	12012	-3031
印刷业和记录媒介的复制	208	183	-24	270	607	1876
石油加工、炼焦及核燃料加工业	59	59	83	350	9	519
化学原料及化学制品制造业	2052	1968	11868	15225	1326	24413
医药制造业	1196	1100	2429	3383	1574	8930
化学纤维制造业	4	4	6	6		24
塑料制品业	748	434	4138	4129	94	6186
非金属矿物制品业	2731	2730	9765	9003	1987	22487
黑色金属冶炼及压延加工业	35	39	62	72		314
有色金属冶炼及压延加工业	1375	1348	2653	2691	207	5065
金属制品业	81	85	-66	-28	135	524
通用设备制造业	932	931	-1541	-2374	3076	-1432
专用设备制造业	1289	1236	-1157	-439	1773	699
交通运输设备制造业	1145	1024	2008	2355	531	3927
电气机械及器材制造业	952	965	1205	1017	886	3320
通信设备、计算机及其他电子设备制造业	331	217	529	1657	6	2056
仪器仪表及文化、办公用机械制造业	38	23	716	1296		1645
工艺品及其他制造业	76	12	968	1006	132	1472
电力、热力的生产和供应业	-154		530	3218		23161
燃气生产和供应业	672	777	278	274		353
水的生产和供应业	1204	1209	537	581	976	1928

单位:万元

指标名称	本年应付工资总额	本年应付福利费总额	本年应交增值税	进项税额	销项税额	全部从业人员年平均数(人)
总计	**126309**	**17586**	**113888**	**167601**	**244721**	**8586**
#亏损企业	26339	3549	11538	25787	33796	2469
#国有控股企业	77867	11429	76028	79254	133303	4306
#农村工业	84	12	88	203	231	12
按经济类型分组						
国有企业	42217	6105	46548	34489	61610	2122
#中央企业	17105	2164	37944	18623	38734	283
地方企业	25112	3941	8604	15866	22876	1839
集体企业	2999	390	1750	4588	6251	303
股份合作企业	381	30	455	1453	1556	29
联营企业	67	11	34	51	84	8
#国有与集体联营企业	67	11	34	51	84	8
有限责任公司	28089	4968	20944	49590	65746	2387
#国有独资公司	1764	242	382	2307	2689	85
股份有限公司	25369	3543	23353	31662	51928	1392
私营企业	13068	1701	11167	26409	31427	1315
港、澳、台商投资企业	7411	343	3640	7570	10079	486
外商投资企业	6710	496	5997	11790	16041	545
按轻重工业分						
轻工业	68076	10521	64950	81801	135084	4783
重工业	58234	7065	48938	85801	109637	3803
按大中小型工业分						
大型企业	19930	2826	19049	23326	40783	962
中型企业	60060	8559	67403	75644	122788	3337
小型企业	46319	6201	27436	68631	81150	4287

单位:万元

指标名称	本年应付工资总额	本年应付福利费总额	本年应交增值税	进项税额	销项税额	全部从业人员年平均数(人)
按工业行业大类分						
有色金属矿采选业	119	15	2		2	7
非金属矿采选业	96	7	25	5	22	26
农副食品加工业	22430	3473	22755	23188	40235	1448
食品制造业	3622	386	1517	4167	4377	428
饮料制造业	2272	191	3306	6099	9083	222
烟草制品业	7086	1398	20216	18442	38521	79
纺织业	3088	431	1315	4680	5909	333
纺织服装、鞋、帽制造业	1829	336	281	1010	346	198
皮革、毛皮、羽毛(绒)及其制品业	239	38	124	748	826	26
木材加工及木、竹、藤、棕、草制品业	1593	93	1973	4369	5486	105
家具制造业	178	16	48	155	182	16
造纸及纸制品业	5157	658	5258	9679	13933	397
印刷业和记录媒介的复制	3458	476	1424	3215	4665	252
石油加工、炼焦及核燃料加工业	117	9	142	967	1022	11
化学原料及化学制品制造业	10108	1360	7849	18823	24399	654
医药制造业	8874	1977	4996	6173	10368	683
化学纤维制造业	52	7	16	73	89	5
塑料制品业	2350	222	1575	6394	8195	253
非金属矿物制品业	13989	1851	12343	9713	19534	1004
黑色金属冶炼及压延加工业	288	22	214	4307	4611	36
有色金属冶炼及压延加工业	2963	413	2168	13719	13769	213
金属制品业	1241	132	380	3510	3594	102
通用设备制造业	4145	716	798	4362	5045	391
专用设备制造业	4640	739	985	6179	7039	377
交通运输设备制造业	3371	311	1424	3894	5783	234
电气机械及器材制造业	4285	557	1869	9372	11198	352
通信设备、计算机及其他电子设备制造业	906	32	326	350	269	106
仪器仪表及文化、办公用机械制造业	1102	148	304	405	415	105
工艺品及其他制造业	1161	34	368	760	1067	117
电力、热力的生产和供应业	10772	875	18598	2275	3015	219
燃气生产和供应业	251	37	62	499	561	14
水的生产和供应业	4528	626	1225	71	1160	175

1-3　全市独立核算交通运输企业财务状况

（2004年）　　　　　　　　　　　　　　　　单位：万元

指 标 名 称	总 计	按经济类型分			按专业类型分	
		国有经济	集体经济	其他经济	公路运输	水上运输
企业单位数(个)	239	28	46	165	131	29
#亏损企业(个)	88	11	10	67	50	11
固定资产原价	394545	88803	11150	294592	277577	14103
本年折旧	50228	6447	1389	42392	40146	554
资产总计	568113	91247	20099	456767	390290	31494
负债合计	222980	34352	11670	176958	156276	14606
实收资本	194676	24695	7204	162777	88392	16255
营业收入合计	216489	44463	11601	160425	133396	9960
#主营业务收入	199140	38620	11014	149506	121558	7425
主营业务成本	136847	30092	8043	98712	83955	5861
主营业务税金及附加	7834	1384	1135	5315	4314	1123
费用合计(营业费用、管理费用、财务费用)	44617	10404	2951	31262	23226	2843
营业利润	21729	470	867	20392	15550	-264
利润总额	21923	875	1143	19905	14944	-26
从业人员劳动报酬	32315	10749	2741	18825	15472	1963
劳动、待业保险费	5478	2000	170	3308	2843	313
全部从业人员年平均人数(人)	23167	4713	4118	14336	11925	3199

1-4　全市独立核算电信企业财务状况

（2004年）　　　　单位：万元

指标名称	总计	按经济类型分		
		国有经济	集体经济	其他经济
企业单位数(个)	42	9	1	32
#亏损企业(个)	28	5	1	22
固定资产原价	1115374	572780	77	542517
本年折旧	99218	41815	8	57395
资产总计	1362536	507784	4110	850642
负债合计	1038238	211126	4000	823112
实收资本	90739	84039	4000	2700
国家资本	40915	40915		
集体资本	4032	32	4000	
法人资本	44015	43075		940
个人资本	1778	18		1760
港澳台资本				
外商资本				
营业收入合计	363618	150911	16	212691
#主营业务收入	355516	144524	16	210976
主营业务成本	175917	85444		90473
主营业务税金及附加	10772	4657	1	6114
费用合计(营业费用、管理费用、财务费用)	130888	26174	41	104673
营业利润	83427	30496		52931
利润总额	68822	30648	-26	38200
从业人员劳动报酬	22594	11356	6	11232
劳动、待业保险费	1087	493	1	593
全部从业人员年平均人数(人)	7073	3587	6	3480

2-1 全市总承包和专业承包建筑业企业生产情况

(2004年)

指 标 名 称	企业个数(个)	建筑业总产值(万元)	建筑工程	#装修装饰	安装工程	其他
总 计	**358**	**1442877**	**1233259**	**65539**	**186976**	**22641**
#二级以上企业	112	1225352	1051011	43799	156846	17495
国有及国有控股	71	945829	843517	22374	84193	18120
按登记注册类型分组						
内资企业	357	1442045	1232428	64708	186976	22641
国有企业	38	683912	604620	9140	70797	8496
集体企业	31	49111	45881	1438	1676	1554
股份合作企业	1	110	110			
联营企业						
有限责任公司	82	476640	384036	34633	82142	10463
股份有限公司	7	3488	3295	784	193	
私营企业	198	228784	194487	18713	32168	2128
港澳台商投资企业						
外商投资企业	1	832	832	832		
按国民经济行业分组						
房屋和土木工程建筑业	175	1196959	1146797	25969	29888	20274
房 屋	118	649257	626825	23845	19551	2882
土木工程建筑	57	547702	519972	2124	10338	17392
建筑安装业	67	190948	36060	1219	154712	176
装修装饰业	107	41314	36767	38351	2376	2172
其他建筑业	9	13655	13635			20

2-1 续表1

指 标 名 称	竣工产值(万元)	房屋施工面积(万平方米)	# 本年新开工面积	# 实行投标承包面积	房屋建筑竣工面积(万平方米)	企业年平均人数(万人)
总 计	**1025293**	**1501.74**	**632.91**	**1210.93**	**493.40**	**13.32**
#二级以上企业	845250	1232.07	453.77	1015.64	363.07	10.17
国有及国有控股	667358	842.57	297.69	720.30	260.82	7.78
按登记注册类型分组						
内资企业	1024509	1501.74	632.91	1210.93	493.40	13.28
国有企业	513799	496.23	132.36	376.67	169.60	5.64
集体企业	37367	82.04	47.85	50.97	41.00	0.64
股份合作企业	110					
联营企业						
有限责任公司	305270	633.63	295.67	537.39	176.43	3.83
股份有限公司	2902	5.93	5.31	5.44	4.93	0.08
私营企业	165061	283.92	151.72	240.46	101.44	3.09
港澳台商投资企业						
外商投资企业	785					0.04
按国民经济行业分组						
房屋和土木工程建筑业	823048	1450.91	621.63	1160.10	483.07	11.52
房 屋	445398	1409.84	584.27	1124.04	472.50	6.85
土木工程建筑	377651	41.07	37.37	36.06	10.56	4.66
建筑安装业	155964	50.83	11.28	50.83	10.34	1.15
装修装饰业	35763					0.55
其他建筑业	10518					0.10

2-2 全市总承包和专业承包建筑业企业财务状况

(2004年)

单位：万元

指标名称	年末资产负债				
	流动资产合计	# 存货	长期投资	固定资产合计	固定资产原价
总计	**1136077**	**216910**	**359303**	**348181**	**449370**
#二级以上企业	939938	176360	347807	290524	381210
国有及国有控股	785976	138535	333593	257493	342210
按登记注册类型分组					
内资企业	1135912	216886	359303	347680	448809
国有企业	517169	103907	36340	153710	229285
集体企业	25096	8578	580	12885	16157
股份合作企业	619	28		156	112
联营企业					
有限责任公司	427801	69650	306542	128545	145540
股份有限公司	2679	115		1959	1921
私营企业	162549	34609	15841	50424	55795
港澳台商投资企业					
外商投资企业	165	23		502	561
按国民经济行业分组					
房屋和土木工程建筑业	921992	178466	343347	305488	391056
房屋	452895	97594	114064	100876	125169
土木工程建筑	469096	80872	229284	204612	265887
建筑安装业	171090	32536	14135	33382	46442
装修装饰业	34012	4512	1066	5861	7192
其他建筑业	8984	1396	756	3450	4681

2-2 续表1

单位：万元

指标名称	年末资产负债				
	累计折旧	# 本年折旧	无形及递延资产合计	# 无形资产	资产合计
总计	**153346**	**18604**	**30315**	**29158**	**1875906**
#二级以上企业	138622	15723	22918	22045	1602845
国有及国有控股	128264	14233	15305	14628	1393942
按登记注册类型分组					
内资企业	153287	18567	30287	29158	1875211
国有企业	91700	11237	13326	13132	721219
集体企业	3694	540	1931	1844	40785
股份合作企业	53	6			776
联营企业					
有限责任公司	45237	3940	4936	4430	868749
股份有限公司	204	22	703	703	5340
私营企业	12399	2822	9391	9050	238343
港澳台商投资企业					
外商投资企业	59	37	28		695
按国民经济行业分组					
房屋和土木工程建筑业	132392	16684	27695	26919	1600535
房屋	29697	4346	16433	16245	685657
土木工程建筑	102694	12338	11261	10674	914878
建筑安装业	17331	1186	1683	1451	220290
装修装饰业	2146	459	181	78	41133
其他建筑业	1478	275	757	711	13949

2-2 续表2

单位：万元

指 标 名 称	年末资产负债				
	流动负债合计	长期负债合计	负债合计	所有者权益合计	实收资本合计
总　计	**879234**	**181523**	**1060757**	**815149**	**616787**
#二级以上企业	740238	176287	916526	686319	501101
国有及国有控股	633581	174226	807807	586136	413875
按登记注册类型分组					
内资企业	878866	181523	1060389	814823	616287
国有企业	469817	57647	527464	193755	112980
集体企业	22132	287	22419	18366	16560
股份合作企业	213		213	563	700
联营企业					
有限责任公司	279845	116941	396786	471963	368419
股份有限公司	1710	24	1734	3606	3188
私营企业	105150	6623	111774	126570	114440
港澳台商投资企业					
外商投资企业	368		368	327	500
按国民经济行业分组					
房屋和土木工程建筑业	724531	179301	903832	696703	520025
房　屋	367955	24867	392822	292836	211172
土木工程建筑	356576	154434	511010	403867	308853
建筑安装业	127702	1832	129534	90756	70793
装修装饰业	21907	33	21941	19192	19552
其他建筑业	5094	357	5450	8498	6417

2-2 续表3

单位：万元

指 标 名 称	损益及分配					
	工程结算收入	工程结算成本	工程结算税金及附加	工程结算利润	其他业务收入	其他业务利润
总　计	**1451978**	**1265522**	**46317**	**90679**	**53296**	**10674**
#二级以上企业	1244409	1092450	39284	72774	51179	9746
国有及国有控股	959514	843028	30085	55617	43334	8213
按登记注册类型分组						
内资企业	1451109	1264945	46294	90433	53290	10669
国有企业	693790	612471	21839	37313	30126	5472
集体企业	42221	35767	1583	2935	365	257
股份合作企业	110	41	6	22	14	14
联营企业						
有限责任公司	499734	431610	15797	35983	17600	3738
股份有限公司	3478	2704	165	209		
私营企业	211777	182352	6905	13973	5185	1188
港澳台商投资企业						
外商投资企业	869	577	24	245	7	5
按国民经济行业分组						
房屋和土木工程建筑业	1202522	1062451	38307	61524	41769	8961
房　屋	645419	574239	21305	27003	10040	3388
土木工程建筑	557103	488213	17001	34521	31729	5573
建筑安装业	200987	163736	6388	23660	9941	662
装修装饰业	35714	29527	1221	3351	1163	688
其他建筑业	12755	9808	402	2144	424	364

2-2 续表4

单位：万元

指标名称	损益及分配				
	管理费用	#税金	财务费用	#利息支出	营业利润
总　计	**80888**	**1849**	**5039**	**3150**	**15425**
#二级以上企业	67636	1267	4807	2993	10078
国有及国有控股	53572	1067	4847	3085	5411
按登记注册类型分组					
内资企业	80643	1849	5039	3150	15420
国有企业	38671	732	2631	2241	1484
集体企业	1924	116	27	10	1242
股份合作企业	57		1	1	-22
联营企业					
有限责任公司	26913	688	2198	783	10609
股份有限公司	146	36	8	7	55
私营企业	12933	277	175	109	2052
港澳台商投资企业					
外商投资企业	245				5
按国民经济行业分组					
房屋和土木工程建筑业	58809	1225	4623	2824	7053
房　屋	24560	659	2058	737	3772
土木工程建筑	34249	566	2565	2087	3281
建筑安装业	16862	420	215	153	7244
装修装饰业	3972	116	178	169	-111
其他建筑业	1246	88	23	5	1239

2-2 续表5

单位：万元

指标名称	损益及分配			本年应付工资总额	本年应付福利费总额
	利润总额	应交所得税	应付利润		
总　计	**13373**	**5441**	**4412**	**211123**	**23212**
#二级以上企业	7559	3965	3157	175196	20140
国有及国有控股	-111	2404	1890	135423	18375
按登记注册类型分组					
内资企业	13368	5441	4412	210875	23197
国有企业	1387	1405	963	98493	9430
集体企业	1251	295	501	6909	586
股份合作企业	-14			29	
联营企业					
有限责任公司	7456	2683	2179	67733	10659
股份有限公司	85	20	50	578	7
私营企业	3203	1039	721	37133	2515
港澳台商投资企业					
外商投资企业	5			248	15
按国民经济行业分组					
房屋和土木工程建筑业	2128	3284	2470	177902	19207
房　屋	5275	1507	1435	104754	12436
土木工程建筑	-3147	1777	1035	73148	6771
建筑安装业	9818	1810	1213	27478	3430
装修装饰业	92	107	60	4313	388
其他建筑业	1336	241	668	1430	187

3-1 全市限额以上批发零售贸易企业财务状况

(2004年)

单位：万元

指标名称	单位数（个）	年末资产负债				
		流动资产小计	#存货	固定资产原价	累计折旧	#本年折旧
总　计	**460**	**1236312**	**296666**	**354642**	**93263**	**17443**
批发企业	**262**	**950621**	**215448**	**244368**	**63807**	**11573**
#国有及国有控股	56	403554	85679	210616	54199	9086
按登记注册类型分组						
内资企业	262	950621	215448	244368	63807	11573
国有企业	25	148708	24181	56941	17834	2998
集体企业	11	9054	3041	3504	817	117
股份合作企业	2	8783	1900	631	301	57
联营企业						
有限责任公司	68	432661	65632	40735	11435	2468
股份有限公司	9	116378	45228	129725	30167	5146
私营企业	147	235037	75466	12833	3252	787
其他企业						
港、澳、台商投资企业						
外商投资企业						
按国民经济行业分组						
农畜产品批发	7	27492	5403	3301	809	110
食品、饮料及烟草制品批发	39	286267	39386	67616	20920	3350
米、面制品及食用油批发	4	6428	1443	527	45	27
烟草制品批发	2	48981	11492	23196	7918	1565
纺织、服装及日用品批发	8	33294	1347	4031	1379	146
服装批发	2	15404	413	2810	902	90
文化、体育用品及器材批发	10	63444	12829	16086	3452	519
医药及医疗器材批发	8	36803	7756	7763	2488	789
矿产品、建材及化工产品批发	92	275272	92277	132658	30829	5558
煤炭及制品批发	12	18423	3092	3132	926	154
石油及制品批发	8	62794	37614	116968	26225	4661
金属及金属矿批发	46	120894	34968	2955	641	263
建材批发	5	12569	1676	786	304	115
化肥批发	8	40671	11097	8444	2623	338
机械设备、五金交电及电子产品批	85	212336	53945	10884	2963	1005
汽车、摩托车及零配件批发	16	49974	10755	4017	593	384
家用电器批发	16	22934	11031	1018	471	142
计算机、软件及辅助设备批发	12	26966	3575	263	89	36
贸易经纪与代理						
其他批发	13	15713	2505	2029	966	96

单位：万元

指 标 名 称	单位数（个）	年末资产负债				
		流动资产小计	#存货	固定资产原价	累计折旧	#本年折旧
零售企业	**198**	**285692**	**81218**	**110274**	**29456**	**5870**
#国有及国有控股	38	74492	16746	34453	9704	1330
按登记注册类型分组						
内资企业	198	285692	81218	110274	29456	5870
国有企业	19	28070	5815	18132	5086	639
集体企业	13	4810	793	4160	790	190
股份合作企业						
联营企业	1	3104	1186	1506	383	70
有限责任公司	58	150535	36906	40692	14166	2970
股份有限公司	6	31342	4544	33654	6045	1215
私营企业	101	67830	31974	12129	2986	787
其他企业						
港、澳、台商投资企业						
外商投资企业						
按国民经济行业分组						
综合零售	24	68202	18098	53181	13706	2973
百货零售	7	44084	4951	35784	6715	1404
超级市场零售	12	23690	12936	16216	6830	1503
食品、饮料及烟草制品专门零售	9	11693	4015	10969	3674	386
纺织、服装及日用品专门零售	10	1583	1500	376	30	29
服装零售	5	1204	1204	209	23	23
文化、体育用品及器材专门零售	13	8763	2986	9908	2776	391
体育用品零售	2	321	149	36	8	5
图书零售	7	7537	2447	9702	2759	381
医药及医疗器材专门零售	16	27806	7103	4117	1193	273
药品零售	15	27166	6872	4114	1193	273
汽车、摩托车、燃料及零配件专门	63	115444	32990	25289	5442	1358
汽车零售	49	106195	29265	22935	5026	1259
机动车燃料零售	3	5311	1172	817	257	75
家用电器及电子产品专门零售	52	47633	12997	2130	768	232
家用电器零售	12	20713	5380	286	83	19
计算机、软件及辅助设备零售	32	17346	4812	1426	573	148
通信设备零售	5	9203	2505	408	106	59
五金、家具及室内装修材料专门零	7	2720	959	936	117	59
无店铺及其他零售	4	1847	571	3368	1750	169
邮购及电子销售						

单位：万元

指 标 名 称	年末资产负债			损益及分配		
	资产合计	负债合计	所有者权益合计	主营业务收入	主营业务成本	主营业务税金及附加
总 计	**2069711**	**1330452**	**739259**	**5058392**	**4718464**	**5657**
批发企业	**1597989**	**997193**	**600796**	**4168338**	**3906811**	**3605**
#国有及国有控股	921769	476442	445328	2371962	2192774	2603
按登记注册类型分组						
内资企业	1597989	997193	600796	4168338	3906811	3605
国有企业	223733	150057	73676	395150	350847	834
集体企业	13432	8016	5416	36725	33222	24
股份合作企业	9411	7391	2020	17689	15832	35
联营企业						
有限责任公司	517383	408531	108852	1271940	1187729	1186
股份有限公司	510233	187868	322365	1527278	1440603	997
私营企业	323797	235329	88467	919556	878579	529
其他企业						
港、澳、台商投资企业						
外商投资企业						
按国民经济行业分组						
农畜产品批发	32446	30300	2147	41054	38393	5
食品、饮料及烟草制品批发	442007	316454	125554	886628	831311	854
米、面制品及食用油批发	8330	5676	2654	28801	27096	5
烟草制品批发	85922	39512	46410	255970	229235	379
纺织、服装及日用品批发	46723	30738	15986	74006	69826	8
服装批发	17591	10553	7038	16109	15012	2
文化、体育用品及器材批发	101817	56381	45436	108388	93148	153
医药及医疗器材批发	46224	49979	-3755	76291	69091	74
矿产品、建材及化工产品批发	679613	303778	375835	2318527	2177921	1807
煤炭及制品批发	25652	17455	8197	133520	105857	300
石油及制品批发	435022	130719	304303	1414999	1333684	993
金属及金属矿批发	130241	93566	36675	486518	471709	407
建材批发	16768	14225	2544	70245	67759	40
化肥批发	51233	32138	19094	121614	113349	4
机械设备、五金交电及电子产品批	229642	194320	35323	605455	572493	688
汽车、摩托车及零配件批发	56887	45810	11076	141848	136229	93
家用电器批发	24893	22805	2088	114341	107891	92
计算机、软件及辅助设备批发	27628	23277	4352	65120	62981	37
贸易经纪与代理						
其他批发	19516	15245	4272	57990	54629	16

单位：万元

指 标 名 称	年末资产负债			损益及分配		
	资产合计	负债合计	所有者权益合计	主营业务收入	主营业务成本	主营业务税金及附加
零售企业	**471723**	**333259**	**138464**	**890054**	**811653**	**2052**
#国有及国有控股	122354	77618	44737	247991	229354	523
按登记注册类型分组						
内资企业	471723	333259	138464	890054	811653	2052
国有企业	53237	34420	18817	81314	73606	246
集体企业	27791	24397	3394	11590	9764	115
股份合作企业						
联营企业	5371	3635	1736	14420	13665	2
有限责任公司	226748	155931	70817	447485	410127	826
股份有限公司	67741	48891	18850	93160	79734	315
私营企业	90834	65984	24850	242086	224757	547
其他企业						
港、澳、台商投资企业						
外商投资企业						
按国民经济行业分组						
综合零售	151076	106967	44109	186443	159460	692
百货零售	88429	66999	21430	93787	76676	414
超级市场零售	59981	38813	21168	89577	80241	207
食品、饮料及烟草制品专门零售	24353	16189	8163	15559	12849	80
纺织、服装及日用品专门零售	3305	2071	1234	6829	4832	69
服装零售	2558	1538	1020	4097	3315	3
文化、体育用品及器材专门零售	22950	11770	11180	22909	17695	196
体育用品零售	399	477	-78	1359	1147	1
图书零售	20994	11042	9952	18355	13754	150
医药及医疗器材专门零售	34564	26760	7804	47319	41595	125
药品零售	33921	26238	7683	46618	41026	125
汽车、摩托车、燃料及零配件专门	153388	102646	50743	464698	439908	397
汽车零售	141345	95073	46272	407583	388525	243
机动车燃料零售	5975	3400	2575	42795	38205	60
家用电器及电子产品专门零售	70380	57986	12394	130253	121936	337
家用电器零售	21709	19117	2592	44763	41473	133
计算机、软件及辅助设备零售	37147	30056	7091	48311	44869	167
通信设备零售	11123	8605	2518	34949	33554	28
五金、家具及室内装修材料专门零	3903	2364	1540	5527	4757	128
无店铺及其他零售	7805	6507	1299	10519	8622	27
邮购及电子销售						

3-1 续表4

单位：万元

指标名称	损益及分配						
	主营业务利润	其他业务利润	营业费用	管理费用	# 税金	# 差旅费	# 工会经费
总计	**268949**	**17711**	**155729**	**99351**	**2520**	**40248**	**6707**
批发企业	**209352**	**4100**	**115347**	**66216**	**1555**	**29331**	**4634**
#国有及国有控股	156575	1771	70580	42163	667	12866	3687
按登记注册类型分组							
内资企业	209352	4100	115347	66216	1555	29331	4634
国有企业	33577	1655	20714	20051	180	6429	2012
集体企业	2770	95	1101	1106	16	697	38
股份合作企业	1822	192	1505	267	9	60	51
联营企业							
有限责任公司	61271	1252	42806	20431	622	10421	1852
股份有限公司	84729	-3	24188	12949	359	4266	592
私营企业	25184	909	25033	11411	370	7458	89
其他企业							
港、澳、台商投资企业							
外商投资企业							
按国民经济行业分组							
农畜产品批发	1915	43	851	905	7	560	71
食品、饮料及烟草制品批发	39844	1334	16985	22842	447	5952	2343
米、面制品及食用油批发	790	-4	1261	469	5	558	30
烟草制品批发	21977	33	4379	11174	135	3233	1314
纺织、服装及日用品批发	1986	145	2404	2673	19	1678	50
服装批发	720	11	375	1012	14	32	16
文化、体育用品及器材批发	8524	-177	7412	3755	99	810	249
医药及医疗器材批发	4485	187	3320	3724	164	1527	374
矿产品、建材及化工产品批发	129094	873	65389	19343	499	9061	799
煤炭及制品批发	24554	461	27339	1789	11	980	132
石油及制品批发	79951	-170	21810	10237	245	3211	427
金属及金属矿批发	12366	316	6871	3591	138	2053	71
建材批发	1448	169	1448	897	24	563	42
化肥批发	6552	79	4147	1608	42	1223	63
机械设备、五金交电及电子产品批	20845	1588	17891	11070	284	9594	650
汽车、摩托车及零配件批发	3972	142	2287	1716	68	1085	21
家用电器批发	2335	137	5147	2009	62	3517	41
计算机、软件及辅助设备批发	1546	86	1169	854	30	607	
贸易经纪与代理							
其他批发	2659	108	1094	1904	38	149	98

单位：万元

指标名称	损益及分配						
	主营业务利润	其他业务利润	营业费用	管理费用	#税金	#差旅费	#工会经费
零售企业	**59597**	**13611**	**40382**	**33135**	**964**	**10917**	**2073**
#国有及国有控股	12858	1380	7493	7851	375	3298	605
按登记注册类型分组							
内资企业	59597	13611	40382	33135	964	10917	2073
国有企业	5317	913	3071	3892	151	884	357
集体企业	1482	52	1032	373	12	58	33
股份合作企业							
联营企业	512	30	240	262	7	131	
有限责任公司	27011	8942	20995	16113	477	6650	1038
股份有限公司	12823	1567	3472	5980	180	353	510
私营企业	12453	2106	11572	6515	137	2841	135
其他企业							
港、澳、台商投资企业							
外商投资企业							
按国民经济行业分组							
综合零售	22322	8853	15867	13043	264	2687	932
百货零售	16608	4636	7429	8486	155	2175	617
超级市场零售	5405	4218	8036	4298	108	419	315
食品、饮料及烟草制品专门零售	2214	1306	1341	1861	69	270	230
纺织、服装及日用品专门零售	1928		1275	165	2	256	
服装零售	780		691				
文化、体育用品及器材专门零售	3692	274	1776	2160	65	324	228
体育用品零售	118		67	123		7	
图书零售	3244	274	1490	1981	65	251	223
医药及医疗器材专门零售	2998	170	3247	2967	39	1075	264
药品零售	2894	170	3219	2935	39	933	264
汽车、摩托车、燃料及零配件专门	18256	1577	10851	8169	408	3935	302
汽车零售	12811	1546	8556	7529	282	3537	277
机动车燃料零售	4529	-22	1766	276	1	2	19
家用电器及电子产品专门零售	6617	1200	4354	3799	79	2266	37
家用电器零售	3128	-8	1017	1283	36	96	31
计算机、软件及辅助设备零售	2591	314	2370	1070	26	1832	6
通信设备零售	753	887	813	1428	16	307	
五金、家具及室内装修材料专门零	631	21	509	195	3	67	4
无店铺及其他零售	939	208	1162	775	36	37	76
邮购及电子销售							

单位：万元

指标名称	损益及分配				工资福利费及增值税		
	财务费用	# 利息支出	营业利润	利润总额	本年应付工资总额	本年应付福利费总额	本年应交增值税
总　计	**13529**	**13393**	**80888**	**83445**	**51193**	**7897**	**41284**
批发企业	**8704**	**9223**	**69790**	**71969**	**31905**	**4961**	**30878**
#国有及国有控股	4490	6014	60794	58501	21202	3476	22298
按登记注册类型分组							
内资企业	8704	9223	69790	71969	31905	4961	30878
国有企业	-202	1574	4206	3865	11307	1982	5158
集体企业	92	79	768	1020	226	38	168
股份合作企业	48	40	194	209	329	39	871
联营企业							
有限责任公司	2755	2236	17665	19256	11617	1687	8886
股份有限公司	3648	3314	44890	43013	3970	552	11335
私营企业	2362	1979	2068	4605	4457	664	4459
其他企业							
港、澳、台商投资企业							
外商投资企业							
按国民经济行业分组							
农畜产品批发	625	603	-313	-930	323	46	11
食品、饮料及烟草制品批发	637	2213	15319	16453	12501	2225	6695
米、面制品及食用油批发	115	9	-148	114	274	51	24
烟草制品批发	-1383	490	12219	11143	7178	1438	2879
纺织、服装及日用品批发	250	207	-1006	-924	988	107	32
服装批发	27	16	-308	-284	304	37	
文化、体育用品及器材批发	493	362	3266	5329	1366	204	2111
医药及医疗器材批发	1331	1306	-1063	-856	2030	270	1165
矿产品、建材及化工产品批发	4119	3575	50517	48842	6437	841	16638
煤炭及制品批发	7	5	-1310	-1159	879	55	2523
石油及制品批发	3017	2922	45052	42561	3133	428	11828
金属及金属矿批发	112	-5	3985	4106	1159	155	1579
建材批发	67	-3	204	480	371	57	277
化肥批发	749	522	1636	1852	401	78	24
机械设备、五金交电及电子产品批	1153	881	2912	3611	7895	1222	3939
汽车、摩托车及零配件批发	1	-24	813	1178	921	114	734
家用电器批发	361	278	-1023	-1075	1858	322	486
计算机、软件及辅助设备批发	124	111	40	43	526	63	187
贸易经纪与代理							
其他批发	96	76	158	444	366	47	287

指标名称	损益及分配				工资福利费及增值税		
	财务费用	# 利息支出	营业利润	利润总额	本年应付工资总额	本年应付福利费总额	本年应交增值税
零售企业	**4825**	**4171**	**4825**	**11476**	**19288**	**2935**	**10406**
#国有及国有控股	1722	1386	2054	3151	4376	764	2761
按登记注册类型分组							
内资企业	4825	4171	11098	11476	19288	2935	10406
国有企业	604	322	580	502	2105	506	1279
集体企业	8	8	193	197	413	29	241
股份合作企业							
联营企业	118	115	163	163	67	9	25
有限责任公司	2221	1950	6142	8145	8638	1463	4905
股份有限公司	1424	1396	3801	2314	3422	447	2393
私营企业	451	380	219	155	4642	483	1563
其他企业							
港、澳、台商投资企业							
外商投资企业							
按国民经济行业分组							
综合零售	2135	1981	4001	3046	7126	1030	4350
百货零售	1341	1250	3990	2725	4296	659	2848
超级市场零售	796	732	217	524	2643	357	1483
食品、饮料及烟草制品专门零售	141	136	507	1034	1216	131	120
纺织、服装及日用品专门零售			487	144	394	21	39
服装零售			89	90	168		
文化、体育用品及器材专门零售	173	-100	966	949	1316	156	704
体育用品零售	13	11	-44	1	42		4
图书零售	159	-111	930	957	1159	151	653
医药及医疗器材专门零售	242	223	-757	-607	2257	808	1120
药品零售	242	223	-829	-679	2235	805	1114
汽车、摩托车、燃料及零配件专门	2066	1941	4839	6025	4259	447	2699
汽车零售	1986	1888	2287	3500	3571	405	2063
机动车燃料零售	48	25	2417	2383	497	26	576
家用电器及电子产品专门零售	-59	-114	1094	996	2059	273	920
家用电器零售	-90	-135	940	850	406	43	358
计算机、软件及辅助设备零售	20	13	139	135	975	128	331
通信设备零售	12	8	1	-4	604	101	222
五金、家具及室内装修材料专门零	38	37	-90	-185	143	13	118
无店铺及其他零售	89	67	52	74	518	57	336
邮购及电子销售							

3-2 全市星级以上住宿企业及限额以上餐饮企业财务状况

（2004年）

单位：万元

指标名称	企业数（个）	年末资产负债						
		流动资产小计	固定资产原价	累计折旧	#本年折旧	资产合计	负债合计	所有者权益合计
总计	**91**	**28222**	**163546**	**55845**	**8227**	**177746**	**130707**	**47039**
#国有及国有控股	29	17640	135061	45207	6647	138737	105061	33677
按登记注册类型分组								
内资企业	86	22660	110466	35729	5753	131535	80021	51514
国有企业	22	12751	84068	27962	4114	95539	53415	42124
集体企业	5	597	2507	1182	80	1977	922	1055
股份合作企业								
联营企业								
有限责任公司	15	3213	11093	2783	718	14011	11185	2826
股份有限公司	1	89	105	87	6	137	63	74
私营企业	43	6010	12693	3715	836	19871	14436	5435
其他企业								
港、澳、台商投资企业	3	3732	47635	18810	2306	37771	49300	-11529
外商投资企业	2	1831	5444	1306	168	8440	1386	7054
按国民经济行业分组								
住宿业	48	20656	146800	51216	7154	150886	116693	34193
正餐服务业	41	5736	11301	3323	905	18420	12628	5791
快餐服务业	2	1831	5444	1306	168	8440	1386	7054
饮料及冷饮服务业								

单位：万元

指标名称	损益及分配							
	主营业务收入	主营业务成本	主营业务税金及附加	主营业务利润	营业费用	管理费用	#税金	#差旅费
总　计	**104634**	**38883**	**5603**	**49919**	**40349**	**21997**	**573**	**297**
#国有及国有控股	41964	11517	2003	21494	16475	14643	427	141
按登记注册类型分组								
内资企业	78593	31026	4294	33043	31214	15051	549	238
国有企业	30094	9322	1389	13033	12942	8189	389	77
集体企业	2077	327	109	1575	1226	323	2	3
股份合作企业								
联营企业								
有限责任公司	8859	3968	521	3045	3463	1471	92	40
股份有限公司	269	122	16	132	78	21	13	1
私营企业	37294	17287	2259	15258	13506	5048	52	117
其他企业								
港、澳、台商投资企业	11313	1722	572	9019	3193	6229	25	57
外商投资企业	14729	6135	736	7858	5942	717		2
按国民经济行业分组								
住宿业	60862	16692	3141	33212	24886	18673	447	206
正餐服务业	29044	16056	1726	8850	9522	2608	126	89
快餐服务业	14729	6135	736	7858	5942	717		2
饮料及冷饮服务业								

指标名称	损益及分配					工资、福利费	
	# 工会经费	财务费用	# 利息支出	营业利润	利润总额	本年应付工资总额	本年应付福利费总额
总　计	**126**	**4476**	**3772**	**-5873**	**-9344**	**15436**	**1850**
#国有及国有控股	104	3651	3514	-5603	-9104	7823	1172
按登记注册类型分组							
内资企业	91	1275	1011	-3580	-7218	12357	1445
国有企业	64	854	740	-1940	-5593	5555	872
集体企业	8	12	12	81	81	491	71
股份合作企业							
联营企业							
有限责任公司	17	63	41	-643	-647	1378	105
股份有限公司		1	1	32	32	55	5
私营企业	1	346	217	-1109	-1090	4878	391
其他企业							
港、澳、台商投资企业	35	3212	2772	-3616	-3463	2091	257
外商投资企业		-11	-11	1323	1337	989	149
按国民经济行业分组							
住宿业	109	4168	3621	-6042	-9481	10403	1422
正餐服务业	17	319	162	-1154	-1200	4045	279
快餐服务业		-11	-11	1323	1337	989	149
饮料及冷饮服务业							

3-3 市区限额以上批发零售贸易企业财务状况

(2004年)

单位：万元

指标名称	单位数（个）	年末资产负债				
		流动资产小计	# 存货	固定资产原价	累计折旧	# 本年折旧
总　计	**432**	**1223799**	**290700**	**337769**	**89893**	**17027**
批发企业	**255**	**946948**	**213991**	**241766**	**63508**	**11450**
#国有及国有控股	55	403233	85358	209804	54160	9047
按登记注册类型分组						
内资企业	255	946948	213991	241766	63508	11450
国有企业	24	148387	23860	56129	17796	2959
集体企业	8	6578	1937	1757	568	36
股份合作企业	2	8783	1900	631	301	57
联营企业						
有限责任公司	68	432661	65632	40735	11435	2468
股份有限公司	9	116378	45228	129725	30167	5146
私营企业	144	234161	75433	12790	3242	783
其他企业						
港、澳、台商投资企业						
外商投资企业						
按国民经济行业分组						
农畜产品批发	6	27320	5286	2920	669	110
食品、饮料及烟草制品批发	39	286267	39386	67616	20920	3350
米、面制品及食用油批发	4	6428	1443	527	45	27
烟草制品批发	2	48981	11492	23196	7918	1565
纺织、服装及日用品批发	8	33294	1347	4031	1379	146
服装批发	2	15404	413	2810	902	90
文化、体育用品及器材批发	9	63124	12508	15275	3413	480
医药及医疗器材批发	8	36803	7756	7763	2488	789
矿产品、建材及化工产品批发	90	272966	91290	131292	30720	5478
煤炭及制品批发	12	18423	3092	3132	926	154
石油及制品批发	8	62794	37614	116968	26225	4661
金属及金属矿批发	46	120894	34968	2955	641	263
建材批发	5	12569	1676	786	304	115
化肥批发	6	38366	10110	7078	2513	257
机械设备、五金交电及电子产品批	85	212336	53945	10884	2963	1005
汽车、摩托车及零配件批发	16	49974	10755	4017	593	384
家用电器批发	16	22934	11031	1018	471	142
计算机、软件及辅助设备批发	12	26966	3575	263	89	36
贸易经纪与代理						
其他批发	10	14838	2473	1985	956	92

单位：万元

指标名称	单位数（个）	年末资产负债				
		流动资产小计	#存货	固定资产原价	累计折旧	#本年折旧
零售企业	**177**	**276852**	**76709**	**96003**	**26385**	**5578**
#国有及国有控股	29	66571	12972	21529	6752	1085
按登记注册类型分组						
内资企业	177	276852	76709	96003	26385	5578
国有企业	12	25300	4889	10993	3503	477
集体企业	7	4437	529	1556	487	141
股份合作企业						
联营企业	1	3104	1186	1506	383	70
有限责任公司	56	145437	34073	36389	13031	2897
股份有限公司	6	31342	4544	33654	6045	1215
私营企业	95	67232	31489	11905	2936	778
其他企业						
港、澳、台商投资企业						
外商投资企业						
按国民经济行业分组						
综合零售	17	67662	17761	50820	13373	2930
百货零售	5	43793	4792	34246	6442	1390
超级市场零售	10	23543	12860	16176	6797	1500
食品、饮料及烟草制品专门零售	7	6189	1186	5762	2242	291
纺织、服装及日用品专门零售	8	1510	1428	76	21	21
服装零售	4	1191	1191	42	17	17
文化、体育用品及器材专门零售	10	7271	2396	5186	1923	277
体育用品零售	2	321	149	36	8	5
图书零售	4	6045	1858	4980	1907	267
医药及医疗器材专门零售	14	27243	6844	2909	834	252
药品零售	13	26603	6613	2907	833	252
汽车、摩托车、燃料及零配件专门	60	115039	32674	25201	5437	1355
汽车零售	49	106195	29265	22935	5026	1259
机动车燃料零售	3	5311	1172	817	257	75
家用电器及电子产品专门零售	51	47533	12897	2010	728	227
家用电器零售	11	20613	5280	166	43	15
计算机、软件及辅助设备零售	32	17346	4812	1426	573	148
通信设备零售	5	9203	2505	408	106	59
五金、家具及室内装修材料专门零	6	2557	953	671	77	57
无店铺及其他零售	4	1847	571	3368	1750	169
邮购及电子销售						

3-3 续表2

单位：万元

指 标 名 称	年末资产负债			损益及分配		
	资产合计	负债合计	所有者权益合计	主营业务收入	主营业务成本	主营业务税金及附加
总　计	**2040568**	**1313383**	**727186**	**5015446**	**4681926**	**5296**
批发企业	**1590895**	**993777**	**597118**	**4144487**	**3885767**	**3596**
#国有及国有控股	920587	476086	444501	2369874	2191359	2599
按登记注册类型分组						
内资企业	1590895	993777	597118	4144487	3885767	3596
国有企业	222550	149701	72849	393063	349432	830
集体企业	8430	5521	2909	25517	23775	18
股份合作企业	9411	7391	2020	17689	15832	35
联营企业						
有限责任公司	517383	408531	108852	1271940	1187729	1186
股份有限公司	510233	187868	322365	1527278	1440603	997
私营企业	322888	234764	88124	909000	868396	529
其他企业						
港、澳、台商投资企业						
外商投资企业						
按国民经济行业分组						
农畜产品批发	32034	30184	1850	37745	35415	2
食品、饮料及烟草制品批发	442007	316454	125554	886628	831311	854
米、面制品及食用油批发	8330	5676	2654	28801	27096	5
烟草制品批发	85922	39512	46410	255970	229235	379
纺织、服装及日用品批发	46723	30738	15986	74006	69826	8
服装批发	17591	10553	7038	16109	15012	2
文化、体育用品及器材批发	100634	56026	44609	106301	91733	150
医药及医疗器材批发	46224	49979	-3755	76291	69091	74
矿产品、建材及化工产品批发	675023	301398	373625	2310627	2171453	1805
煤炭及制品批发	25652	17455	8197	133520	105857	300
石油及制品批发	435022	130719	304303	1414999	1333684	993
金属及金属矿批发	130241	93566	36675	486518	471709	407
建材批发	16768	14225	2544	70245	67759	40
化肥批发	46643	29758	16884	113714	106881	1
机械设备、五金交电及电子产品批发	229642	194320	35323	605455	572493	688
汽车、摩托车及零配件批发	56887	45810	11076	141848	136229	93
家用电器批发	24893	22805	2088	114341	107891	92
计算机、软件及辅助设备批发	27628	23277	4352	65120	62981	37
贸易经纪与代理						
其他批发	18608	14679	3928	47434	44446	16

单位：万元

指标名称	年末资产负债			损益及分配		
	资产合计	负债合计	所有者权益合计	主营业务收入	主营业务成本	主营业务税金及附加
零售企业	**449673**	**319606**	**130067**	**870959**	**796159**	**1700**
#国有及国有控股	103645	65593	38052	236141	219820	423
按登记注册类型分组						
内资企业	449673	319606	130067	870959	796159	1700
国有企业	44741	29690	15051	71842	65891	150
集体企业	23605	21867	1738	7752	6759	38
股份合作企业						
联营企业	5371	3635	1736	14420	13665	2
有限责任公司	218272	149979	68293	445406	408460	815
股份有限公司	67741	48891	18850	93160	79734	315
私营企业	89943	65544	24399	238380	221650	380
其他企业						
港、澳、台商投资企业						
外商投资企业						
按国民经济行业分组						
综合零售	147078	104413	42665	182151	156050	571
百货零售	86387	65427	20961	92395	75640	396
超级市场零售	59805	38682	21123	88414	79266	173
食品、饮料及烟草制品专门零售	14871	9595	5275	12894	10690	77
纺织、服装及日用品专门零售	2812	1865	947	5631	3864	65
服装零售	2312	1474	838	3403	2753	2
文化、体育用品及器材专门零售	17448	8939	8509	16740	12730	109
体育用品零售	399	477	-78	1359	1147	1
图书零售	15492	8212	7281	12186	8789	63
医药及医疗器材专门零售	33139	25989	7150	45738	40299	122
药品零售	32496	25467	7030	45036	39730	122
汽车、摩托车、燃料及零配件专门	152805	102304	50501	462541	438085	311
汽车零售	141345	95073	46272	407583	388525	243
机动车燃料零售	5975	3400	2575	42795	38205	60
家用电器及电子产品专门零售	70200	57986	12214	129753	121536	293
家用电器零售	21529	19117	2412	44263	41073	89
计算机、软件及辅助设备零售	37147	30056	7091	48311	44869	167
通信设备零售	11123	8605	2518	34949	33554	28
五金、家具及室内装修材料专门零	3516	2008	1507	4993	4283	126
无店铺及其他零售	7805	6507	1299	10519	8622	27
邮购及电子销售						

单位：万元

指标名称	损益及分配						
	主营业务利润	其他业务利润	营业费用	管理费用			
					# 税金	# 差旅费	# 工会经费
总　计	**264122**	**17427**	**153094**	**97964**	**2437**	**3965**	**650**
批发企业	**207302**	**4055**	**114556**	**65894**	**1544**	**2903**	**463**
#国有及国有控股	155906	1771	70287	42163	667	1287	369
按登记注册类型分组							
内资企业	207302	4055	114556	65894	1544	2903	463
国有企业	32907	1655	20421	20051	180	643	201
集体企业	1522	50	644	874	5	40	3
股份合作企业	1822	192	1505	267	9	6	5
联营企业							
有限责任公司	61271	1252	42806	20431	622	1042	185
股份有限公司	84729	-3	24188	12949	359	427	59
私营企业	25052	909	24993	11322	370	745	9
其他企业							
港、澳、台商投资企业							
外商投资企业							
按国民经济行业分组							
农畜产品批发	1896	15	851	859	2	56	7
食品、饮料及烟草制品批发	39844	1334	16985	22842	447	595	234
米、面制品及食用油批发	790	-4	1261	469	5	56	3
烟草制品批发	21977	33	4379	11174	135	323	131
纺织、服装及日用品批发	1986	145	2404	2673	19	168	5
服装批发	720	11	375	1012	14	3	2
文化、体育用品及器材批发	7855	-177	7120	3755	99	81	25
医药及医疗器材批发	4485	187	3320	3724	164	153	37
矿产品、建材及化工产品批发	127865	855	64932	19157	492	876	80
煤炭及制品批发	24554	461	27339	1789	11	98	13
石油及制品批发	79951	-170	21810	10237	245	321	43
金属及金属矿批发	12366	316	6871	3591	138	205	7
建材批发	1448	169	1448	897	24	56	4
化肥批发	5323	61	3690	1422	35	93	6
机械设备、五金交电及电子产品批发	20845	1588	17891	11070	284	959	65
汽车、摩托车及零配件批发	3972	142	2287	1716	68	109	2
家用电器批发	2335	137	5147	2009	62	352	4
计算机、软件及辅助设备批发	1546	86	1169	854	30	61	
贸易经纪与代理							
其他批发	2526	108	1054	1814	37	14	10

单位：万元

指标名称	损益及分配						
	主营业务利润	其他业务利润	营业费用	管理费用	#税金	#差旅费	#工会经费
零售企业	**56820**	**13372**	**38538**	**32070**	**893**	**1062**	**187**
#国有及国有控股	11105	1155	6291	6861	318	307	46
按登记注册类型分组							
内资企业	56820	13372	38538	32070	893	1062	187
国有企业	4031	742	2058	3057	99	70	25
集体企业	825	52	570	349	7	3	2
股份合作企业							
联营企业	512	30	240	262	7	13	
有限责任公司	26609	8884	20839	15946	476	660	96
股份有限公司	12823	1567	3472	5980	180	35	51
私营企业	12021	2097	11359	6477	123	281	13
其他企业							
港、澳、台商投资企业							
外商投资企业							
按国民经济行业分组							
综合零售	21658	8840	15450	12960	258	261	86
百货零售	16360	4636	7305	8439	150	213	60
超级市场零售	5251	4205	7936	4261	108	39	26
食品、饮料及烟草制品专门零售	1712	1195	1115	1622	56	24	20
纺织、服装及日用品专门零售	1702		1089	165	2	26	
服装零售	647		566				
文化、体育用品及器材专门零售	2877	160	1091	1706	36	23	16
体育用品零售	118		67	123		1	
图书零售	2429	160	805	1527	35	15	15
医药及医疗器材专门零售	2779	170	3050	2744	31	101	24
药品零售	2675	170	3022	2712	31	86	24
汽车、摩托车、燃料及零配件专门	18010	1577	10742	8154	395	392	30
汽车零售	12811	1546	8556	7529	282	354	28
机动车燃料零售	4529		1766	276	1		2
家用电器及电子产品专门零售	6561	1200	4340	3799	79	227	4
家用电器零售	3072		1002	1283	36	10	3
计算机、软件及辅助设备零售	2591	314	2370	1070	26	183	1
通信设备零售	753	887	813	1428	16	31	
五金、家具及室内装修材料专门零	584	21	499	146	2	7	
无店铺及其他零售	939	208	1162	775	36	4	8
邮购及电子销售							

单位：万元

指标名称	损益及分配				工资福利费及增值税		
	财务费用	#利息支出	营业利润	利润总额	本年应付工资总额	本年应付福利费总额	本年应交增值税
总　计	**13383**	**13257**	**79630**	**82216**	**50103**	**7790**	**40908**
批发企业	**8676**	**9195**	**68795**	**70973**	**31690**	**4937**	**30708**
#国有及国有控股	4490	6014	60418	58125	21121	3476	22298
按登记注册类型分组							
内资企业	8676	9195	68795	70973	31690	4937	30708
国有企业	-202	1574	3829	3489	11225	1982	5158
集体企业	64	52	192	444	148	19	168
股份合作企业	48	40	194	209	329	39	871
联营企业							
有限责任公司	2755	2236	17665	19256	11617	1687	8886
股份有限公司	3648	3314	44890	43013	3970	552	11335
私营企业	2362	1979	2025	4562	4402	659	4289
其他企业							
港、澳、台商投资企业							
外商投资企业							
按国民经济行业分组							
农畜产品批发	625	603	-315	-931	305	41	11
食品、饮料及烟草制品批发	637	2213	15319	16453	12501	2225	6695
米、面制品及食用油批发	115	9	-148	114	274	51	24
烟草制品批发	-1383	490	12219	11143	7178	1438	2879
纺织、服装及日用品批发	250	207	-1006	-924	988	107	32
服装批发	27	16	-308	-284	304	37	
文化、体育用品及器材批发	493	362	2890	4953	1284	204	2111
医药及医疗器材批发	1331	1306	-1063	-856	2030	270	1165
矿产品、建材及化工产品批发	4091	3547	49942	48267	6376	827	16638
煤炭及制品批发	7	5	-1310	-1159	879	55	2523
石油及制品批发	3017	2922	45052	42561	3133	428	11828
金属及金属矿批发	112	-5	3985	4106	1159	155	1579
建材批发	67	-3	204	480	371	57	277
化肥批发	721	494	1061	1277	340	64	24
机械设备、五金交电及电子产品批发	1153	881	2912	3611	7895	1222	3939
汽车、摩托车及零配件批发	1	-24	813	1178	921	114	734
家用电器批发	361	277.7	-1023	-1075	1858	322	486
计算机、软件及辅助设备批发	124	111	40	43	526	63	187
贸易经纪与代理							
其他批发	97	76	115	402	311	41	117

指标名称	损益及分配				工资福利费及增值税		
	财务费用	#利息支出	营业利润	利润总额	本年应付工资总额	本年应付福利费总额	本年应交增值税
零售企业	**4707**	**4062**	**10835**	**11242**	**18413**	**2853**	**10201**
#国有及国有控股	1620	1288	2094	3220	3710	688	2573
按登记注册类型分组							
内资企业	4707	4062	10835	11242	18413	2853	10201
国有企业	561	284	738	689	1534	438	1095
集体企业	7	7	23	28	293	29	236
股份合作企业							
联营企业	118	115	163	163	67	9	25
有限责任公司	2155	1889	6072	8075	8539	1451	4900
股份有限公司	1424	1396	3801	2314	3422	447	2393
私营企业	442	371	38	-26	4558	479	1551
其他企业							
港、澳、台商投资企业							
外商投资企业							
按国民经济行业分组							
综合零售	2123	1975	3836	2881	6964	1023	4336
百货零售	1337	1246	3915	2650	4228	656	2840
超级市场零售	788	730	196	502	2599	354	1477
食品、饮料及烟草制品专门零售	76	73	423	950	1113	121	108
纺织、服装及日用品专门零售			448	105	363	21	39
服装零售			81	82	154		
文化、体育用品及器材专门零售	164	-107	911	902	977	117	602
体育用品零售	13	11	-44	1	42		4
图书零售	151	-118	875	910	819	111	552
医药及医疗器材专门零售	228	209	-542	-394	2074	782	1057
药品零售	228	209	-614	-465	2052	780	1051
汽车、摩托车、燃料及零配件专门	2060	1936	4721	5908	4214	447	2690
汽车零售	1986	1888	2287	3500	3571	405	2063
机动车燃料零售	48	25	2417	2383	497	26	576
家用电器及电子产品专门零售	-59	-114	1052	954	2050	273	920
家用电器零售	-90	-135	898	809	397	43	358
计算机、软件及辅助设备零售	20	13	139	135	975	128	331
通信设备零售	12	8	1	-4	604	101	222
五金、家具及室内装修材料专门零	25	25	-65	-137	142	13	113
无店铺及其他零售	89	67	52	74	518	57	336
邮购及电子销售							

3-4 市区星级以上住宿企业及限额以上餐饮企业财务状况

（2004年）

单位：万元

指标名称	企业数（个）	年末资产负债						
		流动资产小计	固定资产原价	累计折旧	#本年折旧	资产合计	负债合计	所有者权益合计
总计	**84**	**27319**	**159147**	**55228**	**8169**	**172525**	**128577**	**43948**
#国有及国有控股	28	17382	134304	44887	6636	138004	104406	33598
按登记注册类型分组								
内资企业	79	21757	106068	35113	5696	126314	77891	48423
国有企业	21	12493	83312	27643	4103	94806	52760	42046
集体企业	4	494	2233	1076	68	1704	818	886
股份合作企业								
联营企业								
有限责任公司	14	2831	10945	2765	707	13408	10632	2776
股份有限公司								
私营企业	40	5940	9579	3630	817	16397	13682	2715
其他企业								
港、澳、台商投资企业	3	3732	47635	18810	2306	37771	49300	-11529
外商投资企业	114	1831	5444	1306	168	8440	1386	7054
按国民经济行业分组								
住宿业	44	20117	143275	51012	7114	146590	115315	31274
正餐服务业	38	5372	10428	2910	888	17495	11876	5619
快餐服务业	2	1831	5444	1306	168	8440	1386	7054
饮料及冷饮服务业								

单位：万元

指标名称	损益及分配							
	主营业务收入	主营业务成本	主营业务税金及附加	主营业务利润	经营费用	管理费用	#税金	#差旅费
总计	**102472**	**38111**	**5498**	**48711**	**39636**	**21716**	**544**	**294**
#国有及国有控股	41442	11219	1982	21292	16320	14549	427	141
按登记注册类型分组								
内资企业	76431	30254	4190	31835	30501	14770	520	235
国有企业	29572	9024	1368	12831	12787	8095	389	77
集体企业	1695	289	97	1244	1043	261	2	2
股份合作企业								
联营企业								
有限责任公司	8494	3933	501	2814	3304	1395	92	40
股份有限公司								
私营企业	36670	17009	2224	14947	13368	5018	36	116
其他企业								
港、澳、台商投资企业	11313	1722	572	9019	3193	6229	25	57
外商投资企业	14729	6135	736	7858	5942	717		2
按国民经济行业分组								
住宿业	59779	16468	3088	32484	24468	18526	443	204
正餐服务业	27965	15508	1674	8370	9227	2473	101	88
快餐服务业	14729	6135	736	7858	5942	717		2
饮料及冷饮服务业								

指标名称	损益及分配					工资、福利费	
	#工会经费	财务费用	#利息支出	营业利润	利润总额	本年应付工资总额	本年应付福利费总额
总计	**125**	**4388**	**3684**	**-5999**	**-9458**	**15079**	**1783**
#国有及国有控股	103	3625	3488	-5530	-9018	7761	1127
按登记注册类型分组							
内资企业	90	1187	923	-3706	-7332	11999	1378
国有企业	63	828	714	-1868	-5507	5494	827
集体企业	8	12	12	-6	-5	431	63
股份合作企业							
联营企业							
有限责任公司	17	63	41	-640.5	-647	1284	96
股份有限公司							
私营企业	1	285	156	-1192	-1173	4790	391
其他企业							
港、澳、台商投资企业	35	3212	2772	-3616	-3463	2091	257
外商投资企业		-11	-11	1323	1337	989	149
按国民经济行业分组							
住宿业	109	4109	3561	-6147	-9588	10208	1404
正餐服务业	16	291	134	-1175	-1207	3882	230
快餐服务业		-11	-11	1323	1337	989	149
饮料及冷饮服务业							

3-5 各县限额以上批发零售贸易企业财务状况

（2004年）

单位：万元

指 标 名 称	武鸣县	横 县	宾阳县	上林县	马山县	隆安县
单位数（个）	12	6	7	1	1	1
#亏损企业						
年末资产负债	**8402**	**1226**	**2379**	**94**	**80**	**332**
流动资产小计	4613	207	839	94	80	134
#存货						
固定资产原价						
累计折旧	11661	2791	2116	7	43	254
#本年折旧	2157	637	481	1		94
资产合计	261	79	71	1		4
负债合计	20621	3474	4217	100	193	539
所有者权益合计	13074	1380	2182	40	48	345
损益及分配	**7547**	**2094**	**2034**	**60**	**145**	**194**
主营业务收入						
主营业务成本	114	11725	13164	513	500	785
主营业务税金及附加	13006	10919	11118	460	438	597
主营业务利润	1470	371	654	15	13	112
其他业务利润	242	34	53	25	4	3
营业费用						
管理费用	2913	397	1246	28	58	185
#税金	170	81	33			
差旅费	572	366	393			56
工会经费	48	16	14			5
财务费用	50	1	10			
#利息支出	13	4	3			1
营业利润	115	17	13			2
利润总额	107	16	12			1
工资福利费及增值税	**927**	**-2**	**260**	**13**	**45**	**15**
本年应付工资总额	927	-31	260	13	45	15
本年应付福利费总额						
本年应交增值税	454	243	309	12	12	61
本年应付福利费总额	41	29	29			8
本年应交增值税	51	108	214			3

3-6 各县星级以上住宿企业及限额以上餐饮企业财务状况

（2004年） 单位：万元

指 标 名 称	武鸣县	横县	宾阳县	上林县	马山县	隆安县
企业数(个)	2	1	4			
年末资产负债						
流动资产小计	106	104	693			
固定资产原价	117	274	4008			
累计折旧	94	107	416			
#本年折旧	7	12	39			
资产合计	191	273	4757			
负债合计	97	105	1928			
所有者权益合计	94	169	2828			
损益及分配						
主营业务收入	557	382	1223			
主营业务成本	249	38	485			
主营业务税金及附加	31	12	62			
主营业务利润	277	332	599			
营业费用	114	183	390			
管理费用	41	62	179			
#税金	25		4			
差旅费	1	1	1			
工会经费			1			
财务费用	3		85			
#利息支出	2		85			
营业利润	94	87	-54			
工资、福利费						
本年应付工资总额	102	60	196			
本年应付福利费总额	5	8	54			

注：上林、马山县、隆安县无独立核算限额以上餐饮企业，故本表无数据。

4-1 限额以上批发零售贸易企业一览表

(2004年) 单位:万元

企业名称	商品销售收入	企业名称	商品销售收入
批发贸易企业(303家)		南宁市广雄物资有限责任公司	20172
中国石油化工股份有限公司广西石油分公司	1114499	广西东方伟业进出口有限公司	19468
中国石油化学股份有限公司广西南宁石油分公司	289360	水城钢铁有限责任公司南宁经营部	18593
广西南华糖业销售有限公司	284260	广西冠桂糖业有限公司	18370
中国石油天然气股份有限公司广西销售分公司	224277	滇黔桂石油勘探局南宁石油天然气销售分公司	18089
中国烟草总公司广西壮族自治区公司	174533	南宁铁路经济技术开发总公司	18056
广西壮族自治区南宁市烟草公司	125030	南宁惠诚源商贸有限公司	18048
广西投资集团有色金属有限公司	98201	广西顶佳计算机信息有限公司	17895
广西新华书店集团有限公司	90443	南宁永源石化有限责任公司	17610
广西富满地农资股份有限公司	71448	广西壮族自治区出版印刷物资公司	17324
广西建设燃料有限责任公司	67785	广西达盛贸易有限公司	15882
广西联航投资有限公司	65685	广西南宁市和顺糖业有限公司	15858
广西壮族自治区交通物资总公司	60804	华南蓝天航空油料有限公司南宁供应站	15852
广西侨虹金属材料有限公司	57121	广西丰润进出口贸易有限责任公司	15557
广西农垦糖业集团商贸有限责任公司	51840	中国石油化工股份有限公司广西横县石油分公司	15332
广西华晟五矿贸易有限公司	48925	中国石油化工股份有限公司广西南宁横县石油分公司	15332
南宁永凯实业集团有限责任公司	44434	广西冠通汽车销售服务有限公司	15283
南宁海尔工贸有限公司	44110	广西五金矿桂翔矿产贸易有限公司	14036
广西壮族自治区盐业公司	38862	南宁市西维机电设备有限公司	13958
广西王者通讯设备有限公司	38021	南宁市森泰林化有限公司	13817
广西开投燃料有限责任公司	37634	南宁市日上电子经贸有限责任公司	13230
广西吉天贸易有限公司	37486	南宁市康电商业有限责任公司	13211
广西解放汽车贸易有限公司	35421	广东科龙电器股份有限公司广西分公司	12937
广西农垦糖业集团有限公司	34739	广西天泰冷气有限责任公司	12722
柳州钢铁股份有限公司南宁分公司	34188	广西南大物资有限公司	12328
南宁市医药有限责任公司	31893	南宁鼎华商业有限责任公司	12084
广西丰浩糖业有限公司	31041	南宁市永宏兴纸业有限公司	12035
广西垦糖商贸有限责任公司	30819	广西桂物燃料有限责任公司	11449
广西松宇机电设备有限公司	30059	广西南宁财仁糖酒有限公司	11280
广西一心药业股份有限公司	29892	南宁市世源冷气有限责任公司	11122
广西南宁海宝物资有限公司	28276	南宁烟草公司横县营销部	10814
广西玉柴机电有限公司	28189	南宁市烟草公司宾阳营销部	10347
南宁长安汽车销售有限公司	27279	广州统一企业有限公司南宁经营所	10289
广西富岛农业生产资料有限公司	27269	广西壮族自治区邮电器材公司	9966
广西恒通达科工贸有限责任公司	26522	南宁盈宁贸易有限公司	9803
广西东方发祥进出口有限公司	26521	重庆红岩汽车有限责任公司南宁销售分公司	9728
广西波导销售有限公司	26375	广西钦隆物资有限公司	9567
中国石化股份公司广西南宁石油分公司武鸣石油分公司	23387	广西南宁乘龙汽车销售服务有限公司	9516
中国石化股份公司广西南宁石油分公司宾阳石油分公司	23373	四川长虹电器股份有限公司南宁销售分公司	9252
南宁市森瑞农机供应有限责任公司	22529	南宁市翔海经贸有限责任公司	9201
广西俊达物资有限责任公司	22049	中国石化股份公司广西南宁石油分公司马山石油分公司	9148
广西八桂爆破器材有限责任公司	21160	南宁森孚贸易有限公司	9109
南宁市安正工贸有限责任公司	21089	南宁梯西爱尔电器销售有限公司	9109

单位:万元

企业名称	商品销售收入	企业名称	商品销售收入
南宁市豪爵摩托车销售有限公司	9068	广西壮族自治区粮油食品进出口公司	6041
广州大旺食品有限公司南宁分公司	9006	南宁市森迪商贸有限责任公司	6028
南宁市烟草公司武鸣营销部	8995	南宁市诚绿食品有限责任公司	5860
南宁西银商贸有限公司	8960	南宁市威振糖业有限公司	5810
南宁市广源纸业有限公司	8925	广西伟实贸易有限公司南宁分公司	5803
深圳市美鹏贸易发展有限公司南宁分公司	8621	广西隆平高科种业有限公司	5697
广西壮族自治区丝绸进出口公司	8495	广西桂花机械进出口有限责任公司	5686
广西壮族自治区国营林场开发公司	8371	广西剑麻集团有限公司	5621
南宁市昊得力通信设备有限公司	8340	广西南宁碧悠铁合金有限公司	5619
广西桂友贸易有限公司	8317	广西国益建材贸易有限责任公司	5572
广西合众达电子设备有限责任公司	8304	广西武鸣县农业生产资料总公司	5510
广西必顺化工有限公司	8239	南宁市嘉图贸易有限公司	5497
广西南华商贸有限公司	8237	广西中银物资贸易有限责任公司	5442
中国石化股份公司广西南宁石油分公司隆安石油分公司	8158	广西区医疗器械工业公司冷气工程部	5430
广西方正延中信息系统有限公司	8150	南宁市豪哲物资有限责任公司	5404
南宁中一洲贸易有限责任公司	8096	夏新电子股份有限公司广西分公司	5398
广西猎豹汽车销售有限公司	7882	广西斯达特锰材料有限公司南宁经营部	5370
南宁市天蓝蓝有限公司	7821	南宁市鹏海商贸有限责任公司	5326
广西壮族自治区汽车工业交通材料公司	7816	广西银麦科技有限公司	5321
南宁市科能电子技术有限责任公司	7769	南宁广兴源糖业有限公司	5309
广西天葫医药有限责任公司	7710	广西南宁电信实业有限公司	5291
南宁松联通讯器材有限公司	7636	广西森华汽车贸易有限公司	5284
南宁市飞音达电讯器材有限责任公司	7558	广西春城经贸有限公司	5273
广西百事成机电设备有限公司	7515	广西同筑物资有限公司	5166
佛山市顺德区信昌机器工程有限公司南宁分公司	7325	横县航榕废旧物资回收有限公司	5134
广西金恒丰贸易有限责任公司	7216	南宁市捷宇通讯科技有限公司	5097
南宁欧安消防环保设备有限责任公司	7149	广西南宁中正经贸有限公司	5028
南宁市佳钢物资有限责任公司	7007	广西壮族自治区糖业供销公司	5019
中国石化股份公司广西南宁石油分公司上林石油分公司	6937	南宁市烟草公司马山营销部	4974
广西弘驰汽车销售服务有限公司	6919	南宁市陆伟金属材料有限公司	4960
青岛海信营销有限公司南宁分公司	6847	广西壮族自治区新华书店图书批发中心	4946
广西日立电梯空调工程有限公司	6835	南宁锦运宏物资有限公司	4913
南宁长远协和电信设备有限公司	6801	广西华联制冷电器有限责任公司	4839
广西华劲纸业集团有限公司	6751	北京普天太力通信科技公司南宁分公司	4793
广西海洲贸易有限公司	6677	南宁市伟嘉利贸易有限公司	4791
广西壮族自治区医药公司	6478	南宁市腾龙盛凿岩机械设备有限公司	4774
南宁市宝航贸易有限责任公司	6471	广西广达纺织品进出口有限责任公司	4705
广西邕宁县农业生产资料公司	6448	广西壮族自治区物资回收利用公司	4700
南宁市隆兴钢管有限公司	6364	广西电力燃料有限公司	4683
金东纸业（江苏）有限公司广西分公司	6318	北京中邮普泰南宁分公司	4680
广西南宁联主化工实验有限责任公司	6289	南宁市烟草公司上林营销部	4676
南宁市百盟贸易有限责任公司	6255	广西华商国糖贸易有限公司	4630
广西万维通信设备有限公司	6244	南宁诚迅供电物资供应有限责任公司	4614
广西南宁博德兴贸易有限责任公司	6123	南宁鼎鸿糖业有限公司	4604
广西南宁昊都物资有限公司	6106	南宁翠屏商贸有限责任公司	4550
深圳康佳通信科技有限公司南宁分公司	6068	南宁驰星家电经营有限公司	4486

单位:万元

企 业 名 称	商品销售收入	企业名称	商品销售收入
南宁宝双赢钢材贸易有限公司	4464	南宁康硕商业有限责任公司	3331
南宁市赛吉经贸有限公司	4428	邕宁县农资公司驻南宁购销供应站	3329
南宁乐谊洗衣机贸易有限公司	4400	广西壮族自治区宾阳县土产公司	3321
广西远闻工贸有限责任公司	4384	南宁诺基贸易有限公司	3245
广西千里通机械设备有限公司	4372	南宁市顺凯塑料有限公司	3224
广西路友经贸有限公司	4290	南宁市滕氏物资贸易有限责任公司	3223
广西南宁南南铝业劳动服务有限责任公司	4264	广西金展电脑系统有限责任公司	3200
广西中南华星机械设备有限公司	4252	南宁东信电梯空调有限责任公司	3193
广西南宁小松工程机械有限责任公司	4234	广西南宁正泽贸易有限公司	3185
南宁新科空调销售有限公司	4202	南宁市庆华贸易有限责任公司	3169
广西医保贸易有限责任公司	4175	中山市完美日用品有限公司广西分公司	3168
南宁神州医药有限责任公司	4111	南宁雅文办公设备有限责任公司	3129
南宁世达行机械设备有限公司	4107	南宁市灵海龙商贸有责任公司	3100
广西南宁柳工销售有限责任公司	4055	金德铝塑复合管有限公司南宁分公司	3060
广西壮族自治区民用爆破器材专营公司	4032	南宁市东飞电子有限责任公司	3045
南宁高新开发区进出口公司	3936	广西黎塘金属物资有限责任公司	3039
河南双汇投资发展有限公司南宁分公司	3936	广西红枫淀粉有限公司	3029
南宁市肉食水产公司	3934	广西南方印刷物资有限公司	3021
南宁市烟草公司隆安营销部	3887	广西天添贸易有限责任公司	2988
广西煤炭进出口公司	3886	广西千国通讯产品有限公司	2968
广西丰宁进出口有限公司	3879	广西壮族自治区地质物资总站	2947
金羚电器有限公司南宁分公司	3876	南宁市才兴物资有限责任公司	2935
南宁市西码数据技术有限公司	3851	南宁荣嘉盛物资有限公司	2929
广西万里成普教发行社	3837	南宁金瑞鸿汽车贸易有限公司	2925
南宁手扶拖拉机厂劳动服务公司	3803	南宁市燃建物资有限责任公司	2923
南宁闽业贸易有限公司	3790	南宁市彦兆商贸有限责任公司	2893
广西农军油脂有限公司	3669	南宁市宏创物资有限公司	2874
广西翔盈国贸有限公司	3663	横县华振废旧金属回收有限责任公司	2788
广西普天邮通通信设备有限公司	3648	南宁市物经物资供销有限责任公司	2778
南宁市中储管业经营部	3545	南宁百兴盛酒业有限公司	2777
广西南宁昌泉物资有限公司	3532	南宁市耀毅经贸有限责任公司	2776
南宁市华池商贸有限责任公司	3520	南宁市泰丰恒食品有限责任公司	2773
广西河池化学工业集团公司南宁化肥经营部	3499	南宁正安物资供销公司	2770
永恩(集团)有限公司南宁经销部	3491	南宁市宏广石油有限公司	2754
南宁市罗天贸易有限责任公司	3477	南宁钢贸物资有限公司	2737
南宁嘉华恒昌有限公司	3455	南宁金富昌贸易有限责任公司	2733
南宁市百年兴经贸有限责任公司	3413	江西新钢钢管有限责任公司南宁经销处	2725
南宁中联诚效贸易有限责任公司	3396	南宁瑞方电器有限责任公司	2721
广西南宁南大纸业有限责任公司	3383	雅芳有限公司广西分公司	2710
南宁恒帆科技有限公司	3377	广西金鑫进出口有限公司	2705
南宁市恒健顺钢管有限公司	3364	广西南宁嘉年华贸易有限责公司	2685
广西兴桂送变电设备有限责任公司	3359	南宁新龙伟业科贸有限责任公司	2672
广西沿海铁路经贸有限公司	3359	南宁市精密仪器仪表有限公司	2665
广西区石油化学工业公司壮鹰加油站	3353	南宁市昌祥钢管有限公司	2657
广西大泽联合商业有限公司	3349	福建实达电脑设备有限公司南宁分公司	2633
南宁骏鸿达汽车销售服务有限责任公司	3340	广西华能燃料有限责任公司	2598

企业名称	商品销售收入	企业名称	商品销售收入
南宁市丰业钢材经营部	2584	安利（中国）日用品有限公司广西分公司	18614
南宁长生花生油有限责任公司	2527	广西达利汽车销售有限公司	18585
南宁市西南鞍钢铸铁钢管销售有限公司	2525	南宁建江汽车贸易有限责任公司	18003
南宁盈桂通讯电器有限公司	2522	广西南宁梦之岛购物中心	17609
广西广达服装有限责任公司	2508	北京华联综合股份有限公司南宁分公司	17602
南宁再利生物资废旧金属回收有限责任公司	2495	上海汽车工业广西销售公司	16871
南宁市城郊坛洛供销社	2450	国药集团医药控股南宁有限公司	16200
广西金佳汽车销售服务有限公司	2430	广西外商投资企业物资有限公司	15912
南宁市科沃矿业有限公司	2420	广西钜荣汽车贸易有限公司	14413
广西宾阳县农业资料公司	2391	南宁广缘丰田汽车销售服务有限公司	14066
南宁瑞碧贸易有限公司	2386	广西弘帆汽车销售服务有限公司	13989
顺特电气有限公司（南宁办事处）	2340	南宁市机电设备股份有限公司	13559
广西奥光贸易有限公司	2328	沃尔玛深国投百货有限公司南宁朝阳路分店	13336
南宁华御堂医药有限责任公司	2315	广西华联综合超市有限公司	12877
广西进出口贸易股份有限公司	2314	广西南宁康城汽车销售维修中心	12737
广西南宁鑫天凯糖酒有限责任公司	2291	广西万事得汽车销售服务有限责任公司	12286
南宁龙润经贸有限责任公司	2258	广西通源汽车销售服务有限公司	11759
南宁市金宏科技有限公司	2229	广西弘晨汽车销售服务有限公司	10956
广西南宁宏威糖酒有限公司	2224	广西海康汽车销售服务有限公司	10900
广西壮族自治区医药保健品进出口公司	2214	南宁远勋汽车销售有限公司	10318
广西南宁伟光汽车贸易有限公司	2179	南宁市新华书店	10062
广西南宁鑫桂印刷物资有限公司	2175	广西鑫广达汽车销售服务有限公司	9571
南宁星鸿电器有限公司	2173	广西壮族自治区南宁医药批发站	9241
南宁市鸿基食品有限责任公司	2162	南宁王府井百货有限责任公司	9184
广西东方红商业有限责任公司	2153	南宁三燃燃气有限责任公司	8991
南宁那诺计算机科贸有限公司	2144	广西联道计算机有限责任公司	8914
广西凯鸿通讯电子设备有限公司	2140	上海大众广西销售服务有限公司	8606
广西壮族自治区宾阳县新华书店	2087	广西弘捷汽车销售服务有限公司	8474
广西桂贸通煤炭销售中心	2077	广西弘嘉汽车销售股份有限公司	8195
南宁市顺柏贸易有限公司	2029	广西壮族自治区汽车贸易公司	7713
广西信电贸易有限公司	2024	广西政府汽车队加油站	7704
南宁天怡信电脑系统有限责任公司	2017	广西万事顺汽车销售服务有限公司	7482
广西弘瑞汽车销售服务有限公司	2015	南宁市永新南城百货有限公司	7132
南宁市万路发机械设备配件有限公司	2009	广西江铃汽车销售服务有限公司	7124
零售贸易企业（209家）		广西南宁达尊食品有限责任公司	6742
广西壮族自治区机电设备有限责任公司	66610	广西老百姓大药房有限公司	6480
南宁百货大楼股份有限公司	52955	广西弘龙汽车销售服务有限公司	5796
南宁南百世华家电有限公司	41676	南宁市广诺商贸有限公司	5315
广西辉煌交通石化有限公司	40026	广西一心医药有限责任公司	4995
广西弘通汽车销售服务有限公司	39914	广西中达汽车有限公司	4912
广西南宁梦之岛百货有限公司	39485	广西天津汽车工业销售有限责任公司	4896
广西南宁康迈商业有限责任公司	38228	广西通惠汽车销售有限公司	4785
南宁市深南城百货有限公司	31737	广西准通通讯器材有限公司	4759
广西金蜂星电讯设备有限公司	29230	南宁市大热门购物中心	4720
广西壮族自治区机电设备南宁公司	28757	广西同济医药有限责任公司	4708
广西华昌汽车销售服务有限公司	18623	南宁市联道昆仑计算机有限责任公司	4518

单位:万元

企业名称	商品销售收入	企业名称	商品销售收入
昆明柏联百盛购物广场有限责任公司南宁分公司	4374	南宁市衣香廊商贸有限责任公司	1585
广西龙康汽车销售服务有限公司	4173	广西申达汽车销售有限公司	1505
南宁开河汽车销售服务有限公司	4153	武鸣县粮油购销有限总公司	1498
南宁市和总轮胎汽车配件有限公司	3778	广西富康能源有限公司	1449
南宁市三明通讯设备有限公司	3636	南宁市万里顺商贸有限责任公司	1420
南宁隆源电子科技有限责任公司	3614	广西计算中心海蓝电脑公司	1400
广西海腾汽车销售服务有限公司	3553	南宁市春林电子科技有限公司	1360
广西南宁朝阳大药房连锁有限责任公司	3485	南宁市方宁洲科技有限责任公司	1359
南宁利客隆相思湖大卖场有限责任公司	3456	广西全通木业有限责任公司	1323
广西联怡科技有限责任公司	3217	广西建达科技公司	1316
广西南方爱联机算计信息有限公司	3179	南宁市广源昌鹏商贸有限公司	1310
横县新华书店	3155	武鸣县方成宏业摩托车有限公司	1279
中国燕兴桂林公司南宁分公司	3145	广西壮族自治区汽车配件厂	1257
广西弘风汽车销售服务有限责任公司	3093	武鸣县糖业烟酒公司	1250
武鸣县新华书店	2960	南宁金冠信数码科技有限公司	1250
广西弘亚汽车销售服务有限公司	2874	北京用友软件股份有限公司广西分公司	1235
南宁南百佳年华超市有限公司	2842	南宁亚速商贸有限责任公司	1226
广西弘狮汽车销售服务有限公司	2730	广西南国书店	1221
广西南宁关联科技发展有限公司	2639	广西世伟电脑网络有限责任公司	1218
广西建设摩托车销售有限公司	2557	广西佳和大药房连锁有限责任公司	1212
南宁峰祺汽车销售有限公司	2534	南宁水产有限责任公司	1180
如新(中国)日用保健品有限公司南宁分公司	2496	广西润生计算机有限公司	1158
南宁汇盛工贸有限责任公司	2480	南宁迪菱数码影视器材有限公司	1144
广西中人科贸有限责任公司	2447	宾阳县药材公司	1144
南宁新星加油站	2340	广西盈龙汽车销售服务有限公司	1138
南宁信义德汽车销售公司	2337	广西药材有限责任公司	1112
广西华昌汽车贸易有限责任公司	2293	南宁风神汽车有限责任公司	1102
柳州市鑫辉通讯电子有限责任公司南宁分公司	2287	广西广电影视器材有限公司	1090
广西聚福龙超市有限公司	2256	南宁市南丰科技有限责任公司	1089
广西方程网络系统有限公司	2255	武鸣县百货总公司	1087
广西吉瑞汽车销售服务有限公司	2195	广西南宁欧亚体育用品有限公司	1087
广西兴通高速公路经营有限公司	2187	南宁市旭科电子科技有限责任公司	1069
广西荣通汽车销售服务有限公司	2149	南宁邮电液化石油气公司	1055
南宁港港汽车销售服务有限公司	2129	南宁市金焰燃气有限责任公司	1052
南宁三德好工贸有限公司	2066	上海诚美化妆品有限公司广西代表处	1043
邕宁县新华书店	1934	广西天时电脑数码科技有限责任公司	1033
广西国大药房连锁有限公司	1932	南宁硕嘉科技有限公司	1019
广西航天金穗信息技术有限公司	1856	广西康和福利汽车贸易有限公司	1007
南宁市爱浪音响设备有限责任公司	1844	南宁鹏炬电脑网络有限责任公司	984
南宁市松电工贸有限责任公司	1804	南宁市鑫恒运粮油购销有限责任公司	918
南宁科飞计算机有限责任公司	1727	南宁今日中脉科技发展有限公司	885
南宁得实科技有限公司	1681	南宁万星恒锋科技有限公司	873
广西跃进汽车销售服务有限公司	1675	南宁市泽通科贸有限责任公司	852
广西方正中力网络工程有限责任公司	1658	邕宁县南阳供销合作社	851
南宁广网电子有限责任公司	1637	武鸣县陆斡镇供销合作社	844
广西同济大药房（连锁）有限责任公司	1591	南宁市泰伊服装贸易有限责任公司	835

单位:万元

企业名称	商品销售收入	企业名称	商品销售收入
江西汪氏蜜蜂园有限公司南宁经营部	832	海南优美内衣有限公司南宁经营部	583
南宁市飘安卫材医疗设备有限责任公司	820	广西南宁万隆百货贸易有限责任公司	583
广西北轻汽车销售有限公司	792	横县万联超市商贸有限责任公司	582
广西壮族自治区隆安新华书店	785	南宁市联艺音响有限责任公司	571
南宁中创科贸有限责任公司	774	南宁地区新华书店	567
广西家乐佳商贸有限责任公司	769	广西南宁新华医药有限公司	558
广西华驰汽车销售服务有限公司	758	广西精华科贸有限责任公司	556
南宁市金山首饰有限公司	745	南宁市武鸣县大君宜百货有限责任公司	555
南宁市漓宁贸易有限公司	743	南宁声光艺灯光音响器材有限公司	548
南宁市万联通轮胎有限责任公司	710	南宁民典科贸有限责任公司	539
广西宾阳县芦圩供销合作社	695	广西百重泉文化音响发行有限责任公司	538
南宁市创联科贸有限公司	685	广西南宁市万兴达汽配有限公司	531
广西康全药业有限责任公司	683	南宁市骏韶舞器台器材有限公司	529
南宁赛盟数字设备有限公司	676	南宁市梵伊名商贸有限公司	526
南宁华树网络科技有限公司	672	南宁市百和药业连锁有限责任公司	520
新西洋武鸣城东超市	663	广西南宁浩特科技有限责任公司	520
南宁军粮供应站	657	广西鑫锰贸易有限公司	520
南宁市康成达科技有限责任公司	652	武鸣县马头镇供销合作社	517
广西博世照明有限公司	641	南宁市利安纳商贸有限公司	516
广西中免免税品有限公司	626	广西横县药材公司	516
南宁市黄氏成兴商贸有限公司	625	广西海信计算机有限公司	515
广西壮族自治区横县工业品贸易中心	624	武鸣县土产公司	513
南宁广播电视技术开发公司	609	南宁市大光明钟表眼镜有限公司	510
南宁九方脑业科技有限责任公司	604	南宁联翔科技有限责任公司	508
邕宁县昆仑供销合作社	602	南宁市精益眼镜有限责任公司	508
上林县三A摩托车商城	600	南宁市怡家装饰材料有限责任公司	506
南宁新大中机器设备有限公司	597	广西南宁九思科技电子有限责任公司	504
南宁神光科技有限责任公司	594	广西南宁市百分百体育文化用品商贸有限责任公司	503
马山县万里行车行	585	南宁市伊康通信器材有限公司	501
武鸣县双桥镇供销社合作社	584	南宁市宾阳县利客隆家电有限公司	500

4-2 星级以上住宿企业及限额以上餐饮企业一览表

(2004年)

单位:万元

企业名称	商品销售收入	企业名称	商品销售收入
住宿餐饮企业(92家)		南宁市外沙蛋家棚酒家	590
南宁肯德基有限公司	8848	广西南宁银林山庄有限责任公司	579
南宁明园饭店	7201	南宁赣浔民间瓦缸煨汤饮食有限责任公司	574
广西南宁饭店	6039	南宁市湾仔味休闲餐吧	564
广西麦当劳餐厅食品有限公司	5881	广西南宁蕾雨宾馆	545
广西锦华大酒店	5074	广西南宁南园大厦饭店	530
广西南宁凤凰宾馆	4728	广西南宁地区糖业有限责任公司	529
南宁跨世纪大酒店	4609	宾阳县饮食服务公司	522
广西南宁明园新都酒店	4605	南宁市浅水湾饮业有限公司	517
广西海鲜仔饮食有限责任公司	3883	南宁金丽港饮食娱乐有限公司	509
南宁市邕江宾馆	2475	南宁市大英雄海鲜鸡饭城	503
南宁市金都大酒店投资有限责任公司	2285	南宁市永华大酒店有限责任公司	500
南宁市好友缘饮食娱乐有限公司	2130	南宁汉斯自酿啤酒城	488
南宁金悦(宾馆)有限责任公司	1829	南宁市银月楼茶园	463
南宁万兴酒店有限公司	1665	南宁骏马实业有限责任公司	457
南宁南方大酒店	1656	南宁市大清茶楼餐饮责任公司	447
广西南宁翔云大酒店	1634	邕宁宾馆	423
南宁市大英雄餐饮娱乐有限责任公司	1598	广西华夏大酒店有限责任公司	405
南宁金禾宫大酒店有限公司	1314	邕宁县仙葫餐钦娱乐有限责任公司	383
南宁肥仔餐饮有限责任公司	1110	南宁市时代不夜城商贸有限责任公司	383
南宁市富满地酒店管理有限责任公司	1085	横县牡丹大酒店	382
广西黄金海岸饮食有限责任公司	1060	南宁市园湖饭店	368
南宁蕉之叶泰国风味饮食娱乐有限责任公司	960	广西宾阳县黎塘永凯大酒店有限责任公司	367
广西南宁三本娱乐贸易有限责任公司	954	南宁富皇钓鱼度假山庄	358
南宁市新渔港海鲜食街	897	南宁市星夜密工贸有限责任公司	358
南宁聚鑫堡工贸有限责任公司	885	百胜餐饮(广东)有限公司南宁分公司	337
南宁龙云港饮食娱乐有限公司	884	邕宁县长塘肥仔餐厅总店	330
南宁恒川大酒店有限公司	879	南宁市成都石头大酒店娱乐有限责任公司	324
广西壮族自治区新华大酒店	873	广西三月花大酒店管理有限公司	292
南宁铁道饭店	824	武鸣县电力开发公司明珠大厦	288
南宁新海霸王鱼翅海鲜酒楼有限公司	819	南宁市大聚通餐饮有限责任公司	285
南宁军供服务大厦	772	武鸣县宁电综合服务有限公司	269
广西南宁天湖酒店	772	广西壮族自治区百货公司宾馆	259
南宁市南华大厦	729	南宁市米萝咖啡厅	253
广西昌龙建工集团南宁昌龙大酒店有限公司	716	邕宁县大沙田兴大大酒店	230
广西林业职工培训基地	703	南宁市南湖饭店	226
广西邮电宾馆责任公司	701	南宁振宁宾馆有限责任公司	209
广西南宁市五千年餐饮有限责任公司	688	宾阳县金世纪大酒店	187
南宁市江南宾馆	668	广西林苑宾馆	187
南宁市金福兴大酒店有限责任公司	662	广西宾阳县龙泉游乐有限责任公司	150
南宁翡翠华轩鱼翅海鲜酒家饮食有限公司	647	广西南宁新万通酒店有限责任公司	125
邕宁县富丽假日酒店有限责任公司	628	广西区公路运输管理局运招大厦	117
南宁市食可依饮食有限公司	627	广西南宁运招大酒店	117
广西小哪来有限责任公司	615	南宁市教育宾馆	116
广西福彩宾馆	594	广西桂盐宾馆	86
南宁市雨石阁餐饮有限责任公司	593	南宁市凯莱大酒店有限责任公司	84
南宁市老成都风味饮食有限责任公司	593		

4-3 批发零售贸易业销售总额、利税总额前30名的企业

（2004年）

单位：万元

企业名称	按销售总额从大到小排列	企业名称	按利税总额从大到小排列
中国石油化工股份有限公司广西石油分公司	1114499	中国石油化工股份有限公司广西石油分公司	39069
中国石油化学股份有限公司广西南宁石油分公司	289360	中国石油化学股份有限公司广西南宁石油分公司	11693
广西南华糖业销售有限公司	284260	广西壮族自治区南宁市烟草公司	11267
中国石油天然气股份有限公司广西销售分公司	224277	广西新华书店集团有限公司	4536
中国烟草总公司广西壮族自治区公司	174533	中国石油天然气股份有限公司广西销售分公司	3403
广西壮族自治区南宁市烟草公司	125030	中国烟草总公司广西壮族自治区公司	3135
广西投资集团有色金属有限公司	98201	广西壮族自治区盐业公司	3108
广西新华书店集团有限公司	90443	广西辉煌交通石化有限公司	2885
广西富满地农资股份有限公司	71448	广西南宁梦之岛百货有限公司	2869
广西建设燃料有限责任公司	67785	广西南华糖业销售有限公司	2817
广西壮族自治区机电设备有限责任公司	66610	广西华晟五矿贸易有限公司	2709
广西联航投资有限公司	65685	南宁百货大楼股份有限公司	2358
广西壮族自治区交通物资总公司	60804	广西冠桂糖业有限公司	1683
广西侨虹金属材料有限公司	57121	广西华劲纸业集团有限公司	1604
南宁百货大楼股份有限公司	52955	广西南宁电信实业有限公司	1460
广西农垦糖业集团商贸有限责任公司	51840	南宁市新华书店	1394
广西华晟五矿贸易有限公司	48925	南宁南百世华家电有限公司	1249
南宁永凯实业集团有限责任公司	44434	广西壮族自治区机电设备有限责任公司	1198
南宁海尔工贸有限公司	44110	广西恒通达科工贸有限责任公司	1162
南宁南百世华家电有限公司	41676	广西弘通汽车销售服务有限公司	1040
广西辉煌交通石化有限公司	40026	广西松宇机电设备有限公司	1002
广西弘通汽车销售服务有限公司	39914	广西必顺化工有限公司	950
广西南宁梦之岛百货有限公司	39485	广西南宁康迈商业有限责任公司	911
广西壮族自治区盐业公司	38862	南宁市宏广石油有限公司	902
广西南宁康迈商业有限责任公司	38228	广西兴通高速公路经营有限公司	901
广西王者通讯设备有限公司	38021	广西开投燃料有限责任公司	889
广西开投燃料有限责任公司	37634	广西南宁梦之岛购物中心	837
广西吉天贸易有限公司	37486	广西南宁中正经贸有限公司	758
广西解放汽车贸易有限公司	35421	南宁市深南城百货有限公司	693
广西农垦糖业集团有限公司	34739	广西玉柴机电有限公司	677

2004年南宁市法人单位个数及个体经营户数（经济普查数据）

TOTAL NUMBERS OF LEGAL PERSONS AND SELF-EMPLOYED LABORERS IN YEAR 2004 (DATA OF ECONOMIC CENSUS)

1-1 全部单位和个体经营户总数

(2004年)

指标名称	单位个数（个）	法人单位（个）	下属产业活动单位（个）	个体经营户户数（户）
全　市	**31676**	**21995**	**9681**	**246039**
市　区	**19351**	**14157**	**5195**	**108945**
兴宁区	2795	1946	849	25394
新城区	7603	5949	1654	19346
江南区	1990	1377	613	14021
西乡塘区	4964	3682	1283	32433
良庆区	937	577	360	9414
邕宁区	1062	626	436	8337
武鸣县	2646	1401	1245	32404
隆安县	1020	819	200	10653
马山县	1072	787	285	9160
上林县	1083	852	231	11392
宾阳县	2739	2055	684	36641
横　县	3765	1924	1841	36844

1-2 全部单位和个体经营户就业人数

(2004年)　　　　单位：人

指标名称	单位就业人数	法人单位	下属产业活动单位	个体经营户就业人数
全　市	**846186**	**680485**	**165701**	**448735**
市　区	**653856**	**522803**	**131053**	**228656**
兴宁区	121781	88138	33643	49739
新城区	248005	210442	37563	50334
江南区	84570	64443	20127	29015
西乡塘区	157624	124836	32788	71028
良庆区	23409	20929	2480	16583
邕宁区	18467	14015	4452	11957
武鸣县	44021	35247	8774	51930
隆安县	18515	14054	4461	15372
马山县	15801	13088	2713	14134
上林县	17298	15017	2281	16379
宾阳县	47699	40185	7514	64021
横　县	48996	40091	8905	58243

注：本部分数据均为2004年经济普查数据。

1-3　法人单位、产业活动单位基本情况

(2004年)　　　　单位：个

指标名称	法人单位数			产业活动单位数	
	合计	单产业法人单位	多产业法人单位	合计	多产业法人所属的产业活动单位
总　　计	**21995**	**19702**	**2293**	**31658**	**11956**
按登记注册类型分组					
国有企业	7738	6987	751	11138	4151
集体企业	1284	1068	216	3368	2300
股份合作企业	109	93	16	216	123
联营企业	67	66	1	77	11
有限责任公司	1559	1382	177	2279	897
股份有限公司	256	218	38	912	694
私营企业	7880	7456	424	8918	1462
港、澳、台商投资企业	139	134	5	186	52
外商投资企业	184	174	10	440	266
其他企业	2779	2124	655	4124	2000
按国民经济行业中类分组					
农、林、牧、渔业	49	31	18	65	34
采矿业	135	131	4	144	13
制造业	2838	2717	121	3045	328
电力、燃气及水的生产和供应业	119	106	13	334	228
建筑业	583	526	57	765	239
交通运输、仓储和邮政业	372	313	59	991	678
信息传输、计算机服务和软件业	886	864	22	1230	366
批发和零售业	4286	3724	562	7567	3843
住宿和餐饮业	366	329	37	558	229
金融业	114	46	68	952	906
房地产业	1053	983	70	1182	199
租赁和商务服务业	1333	1267	66	2820	1553
科学研究、技术服务和地质勘查业	925	806	119	1046	240
水利、环境和公共设施管理业	231	202	29	279	77
居民服务和其他服务业	255	238	17	403	165
教　育	2584	2504	80	2712	208
卫生、社会保障和社会福利业	837	759	78	1713	954
文化、体育和娱乐业	375	345	30	458	113
公共管理和社会组织	4654	3811	843	5394	1583

1-4 法人单位、产业活动单位行业分布情况

(2004年)

指 标 名 称	单位个数（个）	法人单位	下属产业活动单位	就业人员（人）
总 计	**31676**	**21995**	**9681**	**846186**
农、林、牧、渔业	**82**	**49**	**33**	**20410**
农 业	21	15	6	15053
林 业	13	7	6	2861
畜牧业	10	4	6	1645
渔 业	5	2	3	399
农、林、牧、渔服务业	33	21	12	452
采矿业	**144**	**135**	**9**	**3247**
煤炭开采和洗选业	3	3		345
石油和天然气开采业				
黑色金属矿采选业	31	31		601
有色金属矿采选业	22	22		591
非金属矿采选业	88	79	9	1710
其他采矿业				
制造业	**3049**	**2838**	**211**	**173545**
农副食品加工业	358	303	55	33684
食品制造业	125	114	11	7082
饮料制造业	158	151	7	4101
烟草制品业	2	2		1225
纺织业	46	45	1	6223
纺织服装、鞋、帽制造业	44	44		4076
皮革、毛皮、羽毛(绒)及其制品业	47	45	2	2418
木材加工及木、竹、藤、棕、草制品业	102	91	11	3144
家具制造业	63	57	6	1404
造纸及纸制品业	242	235	7	9997
印刷业和记录媒介的复制	193	178	15	5767
文教体育用品制造业	5	5		124
石油加工、炼焦及核燃料加工业	11	9	2	155
化学原料及化学制品制造业	248	240	8	12261
医药制造业	105	91	14	9057
化学纤维制造业	3	2	1	60
橡胶制品业	15	15		300
塑料制品业	144	138	6	4916
非金属矿物制品业	474	456	18	33798
黑色金属冶炼及压延加工业	52	50	2	2679

1-4 续表1

指 标 名 称	单位个数（个）	法人单位	下属产业活动单位	就业人员（人）
有色金属冶炼及压延加工业	25	23	2	3199
金属制品业	124	113	11	3186
通用设备制造业	120	113	7	6151
专用设备制造业	100	92	8	5352
交通运输设备制造业	88	77	11	3760
电气机械及器材制造业	64	62	2	4032
通信设备、计算机及其他电子设备制造业	19	18	1	1352
仪器仪表及文化、办公用机械制造业	12	12		1159
工艺品及其他制造业	57	55	2	2872
废弃资源和废旧材料回收加工业	3	2	1	11
电力、燃气及水的生产和供应业	**334**	**119**	**215**	**9741**
电力、热力的生产和供应业	226	40	186	6669
燃气生产和供应业	1	1		147
水的生产和供应业	107	78	29	2925
建筑业	**765**	**583**	**182**	**152280**
房屋和土木工程建筑业	366	227	139	114515
建筑安装业	145	121	24	12930
建筑装饰业	208	196	12	6657
其他建筑业	46	39	7	18178
交通运输、仓储和邮政业	**998**	**372**	**626**	**30542**
铁路运输业	1		1	
道路运输业	489	202	287	13277
城市公共交通业	31	23	8	6052
水上运输业	49	31	18	3031
航空运输业	15	6	9	493
管道运输业				
装卸搬运和其他运输服务业	92	50	42	2451
仓储业	94	54	40	1755
邮政业	227	6	221	3483
信息传输、计算机服务和软件业	**1230**	**886**	**344**	**16694**
电信和其他信息传输服务业	436	114	322	11340
计算机服务业	674	658	16	3533
软件业	120	114	6	1821
批发和零售业	**7585**	**4286**	**3299**	**69408**
批发业	4445	2859	1586	41867
零售业	3140	1427	1713	27541

指标名称	单位个数（个）	法人单位	下属产业活动单位	就业人员（人）
住宿和餐饮业	**561**	**366**	**195**	**24647**
住宿业	291	183	108	15068
餐饮业	270	183	87	9579
金融业	**952**	**114**	**838**	**21798**
银行业	829	83	746	13604
证券业	16	4	12	718
保险业	90	18	72	7353
其他金融活动	17	9	8	123
房地产业	**1177**	**1053**	**124**	**29015**
房地产业	1177	1053	124	29015
租赁和商务服务业	**2793**	**1333**	**1460**	**29451**
租赁业	27	23	4	562
商务服务业	2766	1310	1456	28889
科学研究、技术服务和地质勘查业	**1047**	**925**	**122**	**27237**
研究与试验发展	118	111	7	6401
专业技术服务业	573	513	60	14646
科技交流和推广服务业	332	286	46	4596
地质勘查业	24	15	9	1594
水利、环境和公共设施管理业	**279**	**231**	**48**	**11285**
水利管理业	136	121	15	2531
环境管理业	79	51	28	5506
公共设施管理业	64	59	5	3248
居民服务和其他服务业	**403**	**255**	**148**	**5987**
居民服务业	160	86	74	2186
其他服务业	243	169	74	3801
教 育	**2712**	**2584**	**128**	**98885**
教 育	2712	2584	128	98885
卫生、社会保障和社会福利业	**1713**	**837**	**876**	**35107**
卫 生	1354	560	794	32877
社会保障业	183	182	1	1280
社会福利业	176	95	81	950
文化、体育和娱乐业	**458**	**375**	**83**	**12306**
新闻出版业	107	74	33	3325
广播、电视、电影和音像业	114	91	23	2849
文化艺术业	149	136	13	3020
体 育	31	29	2	1700
娱乐业	57	45	12	1412
公共管理和社会组织	**5394**	**4654**	**740**	**74601**
中国共产党机关	287	274	13	3659
国家机构	2443	1818	625	51984
人民政协和民主党派	30	30		578
群众团体、社会团体和宗教组织	894	805	89	4102
基层群众自治组织	1740	1727	13	14278

1-5 按机构类型分组的法人单位基本情况

(2004年)　　单位：个

指 标 名 称	全部法人单位	企业法人	事业法人	机关法人	社团法人	其他法人				
							居委会	村委会	民办非企业	其 他
总　　计	**21995**	**12382**	**5042**	**1166**	**792**	**2613**	**309**	**1418**	**585**	**301**
按登记注册类型分组										
国有企业	7738	1255	4959	1157	322	45				45
集体企业	1284	1153	38	3	55	35			3	32
股份合作企业	109	104	1		1	3				3
联营企业	67	63			1	3			2	1
国有独资公司	1559	1550	1			8				8
股份有限公司	256	254				2			1	1
私营企业	7880	7553	1		1	325			192	133
港、澳、台商投资企业	139	139								
外商投资企业	184	181				3			1	2
其他企业	2779	130	42	6	412	2189	309	1418	386	76
按国民经济行业中类分组										
农、林、牧、渔业	49	25	24							
采矿业	135	135								
制造业	2838	2838								
电力、燃气及水的生产和供应业	119	117	2							
建筑业	583	583								
交通运输、仓储和邮政业	372	290	77			5				5
信息传输、计算机服务和软件业	886	738	69			79			5	73
批发和零售业	4286	4286								
住宿和餐饮业	366	363	1			2				2
金融业	114	111				3				3
房地产业	1053	1031	22							
租赁和商务服务业	1333	1039	212			82			10	72
科学研究、技术服务和地质勘查业	925	399	506			20			2	18
水利、环境和公共设施管理业	231	41	186			4				4
居民服务和其他服务业	255	232	7			16			1	15
教 育	2584	37	2166			381			332	49
卫生、社会保障和社会福利业	837	22	545			270			229	41
文化、体育和娱乐业	375	95	269			11			6	5
公共管理和社会组织	4654		956	1166	792	1740	309	1418		14

1-6 按机构类型分组的产业活动单位基本情况

（2004年）

单位：个

指标名称	全部产业活动单位	企业产业活动单位	事业产业活动单位	机关产业活动单位	社团产业活动单位	其他产业活动单位			
							居委会	村委会	其他
总计	**19702**	**11265**	**4686**	**1020**	**772**	**1959**	**272**	**813**	**874**
按登记注册类型分组									
国有企业	6987	1013	4607	1011	313	43			43
集体企业	1068	944	35	3	54	32			32
股份合作企业	93	89	1			3			3
联营企业	66	62			1	3			3
国有独资公司	1382	1374	1			7			7
股份有限公司	218	216				2			2
私营企业	7456	7132	1		1	322			322
港、澳、台商投资企业	134	134							
外商投资企业	174	171				3			3
其他企业	2124	130	41	6	403	1544	272	813	459
按国民经济行业中类分组									
农、林、牧、渔业	31	16	15						
采矿业	131	131							
制造业	2717	2717							
电力、燃气及水的生产和供应业	106	104	2						
建筑业	526	526							
交通运输、仓储和邮政业	313	241	67			5			5
信息传输、计算机服务和软件业	864	717	68			79			79
批发和零售业	3724	3724							
住宿和餐饮业	329	326	1			2			2
金融业	46	45				1			1
房地产业	983	964	19						
租赁和商务服务业	1267	990	197			80			80
科学研究、技术服务和地质勘查业	806	371	415			20			20
水利、环境和公共设施管理业	202	38	161			3			3
居民服务和其他服务业	238	217	5			16			16
教育	2504	34	2095			375			375
卫生、社会保障和社会福利业	759	21	468			270			270
文化、体育和娱乐业	345	83	251			11			11
公共管理和社会组织	3811		922	1020	772	1097	272	813	12

1-7 按开业（成立）时间的单位个数

（2004年）　　单位：个

年 度	单位总数	法人单位合计	单产业法人单位	多产业法人单位	下属产业活动单位
总 计	**31676**	**21995**	**19702**	**2293**	**9681**
1949年以前	981	939	906	33	42
1949年	114	109	85	24	5
1950年	263	218	174	44	45
1951年	148	104	81	23	44
1952年	300	206	152	54	94
1953年	315	201	132	69	114
1954年	191	126	92	34	65
1955年	120	52	40	12	68
1956年	380	296	246	50	84
1957年	109	90	60	30	19
1958年	368	315	227	88	53
1959年	92	76	57	19	16
1960年	106	79	67	12	27
1961年	123	109	91	18	14
1962年	142	95	88	7	47
1963年	80	67	58	9	13
1964年	160	127	103	24	33
1965年	200	160	145	15	40
1966年	76	61	58	3	15
1967年	50	41	32	9	9
1968年	122	99	84	15	23
1969年	272	153	103	50	119
1970年	142	125	106	19	17
1971年	52	45	43	2	7
1972年	125	96	81	15	29
1973年	70	50	43	7	20
1974年	103	73	62	11	30

单位：个

年 度	单位总数	法人单位合计			下属产业活动单位
			单产业法人单位	多产业法人单位	
1975年	116	81	72	9	35
1976年	143	90	59	31	53
1977年	51	25	22	3	26
1978年	130	101	93	8	29
1979年	306	224	193	31	82
1980年	458	298	240	58	160
1981年	254	152	114	38	102
1982年	299	137	121	16	162
1983年	137	99	96	3	38
1984年	906	595	532	63	311
1985年	691	404	344	60	287
1986年	355	254	238	16	101
1987年	637	446	399	47	191
1988年	349	237	216	21	112
1989年	441	261	234	27	180
1990年	403	231	199	32	172
1991年	319	205	192	13	114
1992年	544	392	356	36	152
1993年	765	505	443	62	260
1994年	753	511	360	151	242
1995年	1156	620	538	82	536
1996年	889	619	537	82	270
1997年	973	594	545	49	379
1998年	1327	811	738	73	516
1999年	1372	856	785	71	516
2000年	1622	1162	1064	98	460
2001年	2196	1559	1463	96	637
2002年	2630	2000	1838	162	630
2003年	3118	2260	2164	96	858
2004年	3132	2154	2091	63	978

1-8 按二、三产业划分的单位个数

(2004年)　　　　单位：个

指标名称	单位及个体户总数	法人单位合计	单产业法人单位	多产业法人单位	下属产业活动单位
全　市	**31676**	**21995**	**19702**	**2293**	**9681**
第二产业	4292	3675	3480	195	617
第三产业	27384	18320	16222	2098	9064
市　区	**19351**	**14157**	**12751**	**1406**	**5194**
第二产业	2688	2336	2183	153	352
第三产业	16663	11821	10568	1253	4842
兴宁区	**2795**	**1946**	**1744**	**202**	**849**
第二产业	444	369	340	29	75
第三产业	2351	1577	1404	173	774
青秀区	**7603**	**5949**	**5456**	**493**	**1654**
第二产业	615	522	485	37	93
第三产业	6988	5427	4971	456	1561
江南区	**1990**	**1377**	**1235**	**142**	**613**
第二产业	479	416	389	27	63
第三产业	1511	961	846	115	550
西乡塘区	**4964**	**3682**	**3351**	**331**	**1282**
第二产业	225	209	202	7	16
第三产业	717	372	287	85	345
良庆区	**937**	**577**	**487**	**90**	**360**
第二产业	225	209	202	7	16
第三产业	712	368	285	83	344
邕宁区	**1062**	**626**	**478**	**148**	**436**
第二产业	80	66	61	5	14
第三产业	982	560	417	143	422
武鸣县	**2646**	**1401**	**1066**	**335**	**1245**
第二产业	328	262	255	7	66
第三产业	2318	1139	811	328	1179
隆安县	**1020**	**819**	**797**	**22**	**201**
第二产业	108	86	83	3	22
第三产业	912	733	714	19	179
马山县	**1072**	**787**	**757**	**30**	**285**
第二产业	112	63	61	2	49
第三产业	960	724	696	28	236
上林县	**1083**	**852**	**812**	**40**	**231**
第二产业	140	128	125	3	12
第三产业	943	724	687	37	219
宾阳县	**2739**	**2055**	**1957**	**98**	**684**
第二产业	484	429	416	13	55
第三产业	2255	1626	1541	85	629
横　县	**3765**	**1924**	**1562**	**362**	**1841**
第二产业	432	371	357	14	61
第三产业	3321	1549	1203	346	1772

1-9 按隶属关系划分的法人单位个数

(2004年)

单位：个

指标名称	全部法人单位	中央	省（自治区）	市	县	街道	镇	乡	居委会（社区）	村委会	其他
全　市	**21995**	**217**	**1717**	**1652**	**3730**	**132**	**2820**	**819**	**124**	**800**	**9984**
市　区	**14157**	**194**	**1655**	**1560**	**1266**	**124**	**721**	**86**	**97**	**273**	**8181**
兴宁区	1946	24	150	296	157	46	126	1	11	35	1100
新城区	5949	112	1156	563	194	13	91	10	48	50	3712
江南区	1377	16	121	221	169	22	144		7	59	618
西乡塘区	3682	42	210	460	314	42	149	12	17	17	2419
良庆区	577		10	13	109		132		6	46	261
邕宁区	626		8	7	323	1	79	63	8	66	71
武鸣县	1401	8	10	56	394	1	580	48		34	270
隆安县	819	1	5	3	339		204	163	1	2	101
马山县	787	1	2	3	225	2	253	229		6	66
上林县	852	3	12	5	272	2	240	160	3	2	153
宾阳县	2055	9	17	14	486	2	554	81	1	204	687
横　县	1924	1	16	11	748	1	268	52	22	279	526

1-10 按隶属关系划分的企业法人单位个数

(2004年)

单位：个

指标名称	企业法人单位	中央	省（自治区）	市	县	街道	镇	乡	居委会（社区）	村委会	其他
全　市	**12382**	**131**	**704**	**903**	**1035**	**23**	**228**	**31**	**15**	**46**	**9266**
市　区	**9799**	**115**	**689**	**859**	**380**	**23**	**67**	**2**	**8**	**38**	**7618**
兴宁区	1371	13	81	164	45	14	30		3	8	1013
新城区	4345	54	421	237	63	2	1	1	2	9	3555
江南区	858	12	70	146	45	1	9		1	16	558
西乡塘区	2782	36	112	300	64	6	19		1	5	2239
良庆区	297		3	8	59		7		1		219
邕宁区	146		2	4	104		1	1			34
武鸣县	465	7	3	29	123		29	5		1	268
隆安县	194			2	78		13	5	1	2	93
马山县	149	1		1	68		13	3			63
上林县	236	2	3	2	69		7	2	1	1	149
宾阳县	843	6	6	7	155		40	6	1		622
横　县	696		3	3	162		59	8	4	4	453

1-11　按隶属关系划分的事业法人单位个数

（2004年）　　　　单位：个

指标名称	事业法人单位	中央	省（自治区）	市	县	街道	镇	乡	居委会（社区）	村委会	其他
全　市	**5042**	**44**	**631**	**406**	**1768**	**25**	**1672**	**474**		**5**	**17**
市　区	**2119**	**40**	**603**	**376**	**478**	**21**	**515**	**70**		**4**	**12**
兴宁区	228		38	59	55	6	70				
新城区	794	35	445	148	79	3	73	9			2
江南区	250	2	38	44	60	1	100			2	3
西乡塘区	439	3	74	120	116	10	99	8		2	7
良庆区	139		6	3	29		101				
邕宁区	269		2	2	139	1	72	53			
武鸣县	538		6	19	158		327	27			1
隆安县	370	1	1		165		112	91			
马山县	376		1	1	108	1	146	117			2
上林县	358	1	6	1	127	2	128	92			1
宾阳县	584	2	6	5	228		294	48			1
横　县	697		8	4	504	1	150	29		1	

1-12　按隶属关系划分的机关法人单位个数

（2004年）　　　　单位：个

指标名称	机关法人单位	中央	省（自治区）	市	县	街道	镇	乡	居委会（社区）	村委会	其他
全　市	**1166**	**27**	**117**	**116**	**681**	**5**	**152**	**68**			
市　区	**562**	**24**	**104**	**103**	**282**	**5**	**37**	**7**			
兴宁区	70	2	3	17	40		8				
新城区	234	18	93	74	37	3	9				
江南区	56	2	1	2	46	1	4				
西乡塘区	117	2	4	9	101	1					
良庆区	13				2		11				
邕宁区	72		3	1	56		5	7			
武鸣县	133	1	1	4	96		27	4			
隆安县	84		4	1	73		1	5			
马山县	88		1	1	43		21	22			
上林县	100		3	2	64		17	14			
宾阳县	91	1	1	2	73		11	3			
横　县	108	1	3	3	50		38	13			

1-13 按隶属关系划分的社团法人单位个数

(2004年) 单位：个

指标名称	社团法人单位	中央	省（自治区）	市	县	街道	镇	乡	居委会（社区）	村委会	其他
全　市	**792**	**4**	**233**	**179**	**168**		**45**	**10**	**3**	**33**	**117**
市　区	**540**	**4**	**233**	**176**	**66**		**12**	**2**	**2**		**45**
兴宁区	96		25	48	10		6		1		6
新城区	301	4	184	89	8				1		15
江南区	39		12	17	6		1				3
西乡塘区	79		12	22	19		5				21
良庆区	1				1						
邕宁区	24				22			2			
武鸣县	35			2	14		15	2		1	1
隆安县	17				17						
马山县	22				6		4	5		6	1
上林县	10				10						
宾阳县	77				25					3	49
横　县	91			1	30		14	1	1	23	21

1-14 按隶属关系划分的民办非企业法人单位个数

(2004年) 单位：个

指标名称	民办非企业法人单位	中央	省（自治区）	市	县	街道	镇	乡	居委会（社区）	村委会	其他
全　市	**585**		**21**	**28**	**35**		**12**	**2**	**1**	**201**	**285**
市　区	**333**		**17**	**27**	**30**		**4**		**1**	**2**	**252**
兴宁区	53		3	5	5		2				38
新城区	88		8	9	4					1	66
江南区	42			6	4						32
西乡塘区	88		5	5	6					1	71
良庆区	34		1	2	9		2				19
邕宁区	28				2						26
武鸣县	2			1			1				
隆安县	16				2		4	2			8
马山县	1						1				
上林县	1										1
宾阳县	221		4		3					199	15
横　县	11						2				9

1-15　按隶属关系划分的其他法人单位个数

（2004年）

单位：个

指标名称	其他法人单位	中央	省（自治区）	市	县	街道	镇	乡	居委会（社区）	村委会	其他
全　市	**2028**	**11**	**11**	**20**	**43**	**79**	**711**	**234**	**105**	**515**	299
市区	**804**	**11**	**9**	**19**	**30**	**75**	**86**	**5**	**86**	**229**	254
兴宁区	128	9		3	2	26	10	1	7	27	43
新城区	187	1	5	6	3	5	8		45	40	74
江南区	132			6	8	19	30		6	41	22
西乡塘区	177	1	3	4	8	25	26	4	16	9	81
良庆区	93				9		11		4	46	23
邕宁区	87		1				1		8	66	11
武鸣县	228			1	3	1	181	10		32	
隆安县	138				4		74	60			
马山县	151					1	68	82			
上林县	147				2		88	52	2	1	2
宾阳县	239				2	2	209	24		2	
横　县	321		2		2		5	1	17	251	43

1-16 县区单位按行业划分情况

(2004年)

单位：个

指 标 名 称	兴宁区	青秀区	江南区	西乡塘区	良庆区	邕宁区
总 计	**1946**	**5949**	**1377**	**3682**	**577**	**626**
农、林、牧、渔业	3	3	2	5	1	3
采矿业	5	4	10	20		1
制造业	308	191	351	634	200	55
电力、燃气及水的生产和供应业	3	3	7	4	5	3
建筑业	53	324	48	96	4	7
交通运输、仓储和邮政业	40	52	44	101	10	14
信息传输、计算机服务和软件业	50	249	32	195	25	14
批发和零售业	590	1681	193	1236	32	45
住宿和餐饮业	54	163	14	52	8	9
金融业	8	45	8	11	5	8
房地产业	103	574	67	171	22	2
租赁和商务服务业	119	865	52	144	1	8
科学研究、技术服务和地质勘查业	57	352	60	166	11	44
水利、环境和公共设施管理业	19	27	12	24	4	7
居民服务和其他服务业	53	102	21	39	1	3
教 育	135	266	167	281	122	132
卫生、社会保障和社会福利业	44	80	36	68	22	32
文化、体育和娱乐业	23	158	27	31	4	15
公共管理和社会组织	279	810	226	404	100	224

1-16 续表

单位：个

指标名称	武鸣县	隆安县	马山县	上林县	宾阳县	横 县
总 计	**1401**	**819**	**787**	**852**	**2055**	**1924**
农、林、牧、渔业	17	3		8		4
采矿业	24	2	16	29	19	5
制造业	214	56	30	66	392	341
电力、燃气及水的生产和供应业	12	24	10	26	11	11
建筑业	12	4	7	7	7	14
交通运输、仓储和邮政业	25	14	1	3	33	35
信息传输、计算机服务和软件业	32	30	24	36	104	95
批发和零售业	68	21	43	39	189	149
住宿和餐饮业	15	3	3	3	26	16
金融业	13	1	1	13		1
房地产业	18	31	6	8	31	20
租赁和商务服务业	27	15	11	13	46	32
科学研究、技术服务和地质勘查业	43	27	41	14	39	71
水利、环境和公共设施管理业	20	22	15	17	22	42
居民服务和其他服务业	15	2	2	2	9	6
教 育	276	169	179	168	300	389
卫生、社会保障和社会福利业	78	57	40	52	271	57
文化、体育和娱乐业	12	21	23	20	29	12
公共管理和社会组织	480	317	335	328	527	624

1-17　个体经营户行业分布情况

(2004年)

指 标 名 称	总户数（户）	就业人员8人以上（含8人）	构成% 总户数	构成% 就业人员8人以上（含8人）
总　计	**246039**	**4675**	**100**	**100**
农、林、牧、渔业				
采矿业	1497	249	0.61	5.33
制造业	26841	1317	10.91	28.17
电力、燃气及水的生产和供应业	253	1	0.10	0.02
建筑业	1855	360	0.75	7.70
交通运输、仓储和邮政业	42402	106	17.23	2.27
信息传输、计算机服务和软件业	1117	42	0.45	0.90
批发和零售业	128125	718	52.08	15.36
住宿和餐饮业	14121	1145	5.74	24.49
金融业	2			
房地产业	192		0.08	
租赁和商务服务业	1873	34	0.76	0.73
科学研究、技术服务和地质勘查业				
水利、环境和公共设施管理业				
居民服务和其他服务业	21912	388	8.91	8.30
教　育	953	211	0.39	4.51
卫生、社会保障和社会福利业	3241	41	1.32	0.88
文化、体育和娱乐业	1655	63	0.67	1.35
公共管理和社会组织				

1-18　个体经营户户数及构成

(2004年)　　单位：户

指标名称	总户数		构成(%)	
		就业人员8人以上(含8人)	总户数	就业人员8人以上(含8人)
全　市	**246039**	**4645**	**100**	**100**
市　区	**108945**	**2818**	**44.28**	**60.67**
兴宁区	25394	670	10.32	14.42
青秀区	19346	820	7.86	17.65
江南区	14021	360	5.70	7.75
西乡塘区	32433	697	13.18	15.01
良庆区	9414	228	3.83	4.91
邕宁区	8337	43	3.39	0.93
武鸣县	32404	474	13.17	10.20
隆安县	10623	49	4.32	1.05
马山县	9160	83	3.72	1.79
上林县	11392	126	4.63	2.71
宾阳县	36641	598	14.89	12.87
横　县	36844	497	14.97	10.70

1-19　个体经营户就业人数及构成

(2004年)　　单位：人

指标名称	总人数		构成(%)	
		就业人员8人以上(含8人)	总人数	就业人员8人以上(含8人)
全　市	**448735**	**70967**	**100**	**100**
市　区	**228656**	**44290**	**50.96**	**62.41**
兴宁区	49739	9742	11.08	13.73
青秀区	50334	15390	11.22	21.69
江南区	29015	6066	6.47	8.55
西乡塘区	71028	9464	15.83	13.34
良庆区	16583	2850	3.70	4.02
邕宁区	11957	778	2.66	1.10
武鸣县	51930	6420	11.57	9.05
隆安县	15372	963	3.43	1.36
马山县	14134	1149	3.15	1.62
上林县	16379	1723	3.65	2.43
宾阳县	64021	9131	14.27	12.87
横　县	58243	7291	12.98	10.27

指标解释

EXPLANATORY NOTES ON STATISTICAL INDICATORS

主要指标解释

地区生产总值　是按市场价格计算的地区生产总值的简称。它是一个国家(地区)所有常住单位在一定时期内生产活动的最终成果。地区生产总值有三种表现形态，即价值形态、收入形态和产品形态。从价值形态看，它是所有常住单位在一定时期内所生产的全部货物和服务价值超过同期投入的全部非固定资产货物和服务价值的差额，即所有常住单位的增加值之和；从收入形态看，它是所有常住单位在一定时期内所创造并分配给常住单位和非常住单位的初次分配收入之和；从产品形态看，它是最终使用的货物和服务减去进口货物和服务。在实际核算中，地区生产总值的三种表现形态表现为三种计算方法，即生产法、收入法和支出法。三种方法分别从不同的方面反映地区生产总值及其构成。

可比价格　指在不同时期的价值指标对比时，扣除了价格变动的因素，以确切反映物量的变化。按可比价格计算有两种方法：一种是直接用产品产量乘某一年的不变价格计算；另一种是用价格指数换算。

不变价格　指用同类产品的年平均价格作为固定价格，来计算各年产品价值。按不变价格计算的产品价值消除了价格变动因素，不同时期对比可以反映生产的发展速度。新中国成立后，随着工农业产品价格水平的变化，国家统计局先后五次制定了全国统一的工业产品不变价格和农业产品不变价格，从1949年到1957年使用1952年工(农)业产品不变价格，从1957年到1971年使用1957年不变价格，1971年到1981年使用1970年不变价格，从1981年到1990年使用1980年不变价格，从1990年开始使用1990年不变价格。

平均每年增长速度　在我国计算平均增长速度有两种方法，一种是习惯上经常使用的“水平法”，又称几何平均法，是以间隔期最后一年的水平同基期水平对比来计算平均每年增长(或下降)速度。另一种是“累计法”，又称代数平均法或方程法，是以间隔期内各年水平的总和同基期水平对比来计算平均每年增长(或下降)速度。

在一般正常情况下，两种方法计算的平均每年增长速度比较接近，但在经济发展不平衡，出现大起大落时，两种方法计算的结果差别较大。

国有经济单位　指生产资料归国家所有的各种企业、事业单位，以及各级国家机关、人民团体等单位。

集体经济单位　指生产资料归公民集体所有的各种企业、事业单位。包括农村各种经济组织经营的农、林、牧、副、渔业，乡、村经营的企业、事业单位；城市、县、镇以及街道举办的集体经济性质的企业、事业单位。

私营经济单位　指生产资料归公民私人所有的单位。包括私营独资企业、私营合伙企业和私营有限责任公司。

联营经济单位　指不同所有制性质的企业之间或者企业、事业单位之间共同投资组成新的经济实体。包括紧密型联营企业，半紧密型联营企业和松散型联营企业。

股份制经济单位　指全部注册资本由全体股东共同出资，并以股份形式投资举办企业。主要包括股份有限公司和有限责任公司。

外商投资经济单位　指外国投资者根据中华人民共和国有关涉外经济的法律、法规，以合资、合作或独资的形式在中国大陆境内开办企业。包括中外合资经营企业、中外合作经营企业和外资企业。

港澳台投资经济单位　指港、澳、台地区投资者参照中华人民共和国有关涉外经济的法律、法规，以合资、合作或独资的形式在大陆举办企业。包括合资经营企业、合作经营企业和独资企业。

三次产业　根据社会生产活动历史发展的顺序对产业结构的划分，产品直接取自自然界的部门称为第一产业，对初级产品进行再加工的部门称为第二产业。为生产和消费提供各种服务的部门称为第三产业。它是世界上通用的产业结构分类，但各国的划分不尽一致。我国的三次产业划分是：

第一产业：农业(包括种植业、林业、牧业、副业和渔业)。

第二产业：工业(包括采矿业，制造业，电力、燃气及水的生产和供应业)和建筑业。

第三产业：除第一、第二产业以外的其他各业。第三产业包括：交通运输、仓储和邮政业，信息传输、计算机服务和软件业，批发和零售业，住宿和餐饮业，金融业，房地产业，租赁和商务服务业，科学研究、技术服务和地质勘察业，水利、环境和公共设施管理业，居民服务和其他服务业，教育，卫生，社会保障和社会福利业，文化、体育和娱乐业，公共管理和社会组织、国际组织。

劳动者报酬 劳动者报酬是指劳动者因从事生产活动所获得的全部报酬。它包括劳动者获得的各种形式工资、奖金和津贴，既包括货币形式的，也包括实物形式的，它还包括劳动者所享受的公费医疗和医药卫生费、上下班交通补贴和单位支付的社会保险费等。单位支付的社会保险费，就是单位直接支付给负责社会保险的政府单位(一般指劳动部门)的社会保险金或为本单位职工离退休、发生死亡、伤残、医疗保险等而支付的保险费。对于个体经济来说，其所有者所获得的劳动报酬和经营利润不易区分，这两部分统一作为劳动者报酬处理。

生产税净额 指生产税减生产补贴后的差额。生产税指政府对生产单位生产、销售和从事经营活动以及因从事生产活动使用某些生产要素，如固定资产、土地、劳动力所征收的各种税、附加费和规费。具体包括销售税金及附加、增值税、管理费中开支的各种税、应交纳的养路费、排污费和水电费附加、烟酒专卖上缴政府的专项收入等。生产补贴与生产税相反，是政府对生产单位的单方面收入转移，因此视为负生产税处理，包括政策亏损补贴、粮食系统价格补贴、外贸企业出口退税收入等。

固定资产折旧 指一定时期内为弥补固定资产损耗按照核定的固定资产折旧率提取的固定资产折旧，或按国民经济核算统一规定的折旧率虚拟计算的固定资产折旧。它反映了固定资产在当期生产中的转移价值。各种类型企业和企业化管理的事业单位的固定资产折旧指实际计提并计入成本费用中的折旧费；不计提折旧的单位，如政府机关、非企业化管理的事业和居民住房的固定资产折旧则是按照统一规定的折旧率和固定资产原值计算的虚拟折旧。原则上，固定资产折旧应按固定资产的重置价值来计算，但是我国目前尚不具备对全社会固定资产进行重估价的基础，所以暂时只能采用上述方法来计算。

营业盈余 指常住单位创造的增加值扣除劳动者报酬、生产税净额和固定资产折旧后的余额。它相当于企业的营业利润加上生产补贴，但要扣除从利润中开支的工资和福利以及从税后利润中提取的公益金等。

人口数 指一定时点、一定地区范围内的有生命的个人的总和。

年度统计的年末人口数是指每年 12 月 31 日 24 时的人口数。年度统计的全国人口总数内未包括台湾省和港澳同胞以及海外华侨人数。

人口自然增长率 指在一定时期内(通常为一年)人口自然增加数(出生人数减死亡人数)与该时期内平均人数(或期中人数)之比， 一般用千分率表示。计算公式：

$$人口自然增长率=\frac{本年出生人数-本年死亡人数}{年平均人数}1000‰$$

人口自然增长率＝人口出生率－人口死亡率

经济活动人口 指在 16 岁以上，有劳动能力，参加或要求参加社会经济活动的人口。包括：从业人员和失业人员。

从业人员 指从事一定社会劳动并取得劳动报酬或经营收入的人员。包括：

(1)全部职工

(2)再就业的离退休人员

(3)私营业主

(4)个体户主

(5)私营和个体从业人员

(6)乡镇企业从业人员

(7)农村从业人员

(8)其他从业人员(包括民办教师、宗教职业者、现役军人等)

这一指标反映了一定时期内全部劳动力资源的实际利用情况，是研究我国基本国情国力的重要指标。

各单位的从业人员是指在各级国家机关、政党机关、社会团体及企业、事业单位中工作，并取得劳动报酬的全部人员。包括职工、再就业的离退休人员、民办教师以及在各单位中工作的外方人员和港、澳、台方人员。

城镇私营和个体从业人员 城镇私营从业人员指在工商管理部门注册登记，其经营地址设在县城关镇(含城关镇)以上的私营企业从业人员。包括：私营企业投资者和雇工。城镇个体从业人员指在工商管理部门注册登记，并持有城镇户口或城镇长期居住，经批准从事个体工商经营的从业人员。包括：个体经营者和在个体工商户劳动的家庭帮工和雇工。

城镇登记失业人员及失业率 指有非农业户口，在一定的劳动年龄内，有劳动能力，无业而要求就业，并在当地就业服务机构进行求职登记的人员。城镇登记失业率指城镇登记失业人数同城镇从业人数与城镇登记失业人数之和的比。计算公式为

$$城镇登记失业率=\frac{城镇登记失业人数}{城镇从业人数+城镇登记失业人数}\times 100\%$$

职工 指在国有经济、城镇集体经济、联营经济、股份制经济、外商和港、澳、台投资经济、其他经济单位及其附属机构工作，并由其支付工资的各类人员。

合同制职工 指各单位根据国务院国发(1986)77 号文件和国务院第 99 号的规定，通过签订有固定期限劳动合同、无固定期限劳动合同和以完成一项工作为期限劳动合同所使用的职工。包括实行全员劳动合同制单位的全部职工。

国有经济单位职工 指在国有经济单位及其附属机构工作，并由其支付工资的各类人员，国有经济单位职工不包括：返聘的离退休人员、民办教师、在国有经济单位工作的外方人员和港、澳、台人员。

城镇集体经济单位职工 指在城镇集体经济单位及其管理部门工作，并由其支付工资的各类人员。

其他经济单位职工 指在联营经济、股份制经济、外商投资经济、港、澳、台投资经济单位工作，并由其支付工资的各类人员。

职工工资总额 指各单位在一定时期内直接支付给本单位全部职工的劳动报酬总额。

工资总额的计算原则应以直接支付给职工的全部劳动报酬为根据。各单位支付给职工的劳动报酬以及其他根据有关规定支付的工资，不论是计入成本的还是不计入成本的，不论是按国家规定列入计征奖金税项目的，还是未列入计征奖金税的，不论是以货币形式支付的还是以实物形式支付的，均包括在工资总额内。

职工平均工资 指企业、事业、机关单位的职工在一定时期内平均每人所得的货币工资额。它表明一定时期职工工资收入的高低程度，是反映职工工资水平的主要指标。计算公式为：

$$职工平均工资=\frac{报告期实际支付的全部职工工资总额}{报告期全部职工平均人数}$$

职工平均实际工资 指扣除物价变动因素后的职工平均工资。计算公式为：

$$职工平均实际工资=\frac{报告期职工平均工资}{报告期城镇居民消费价格指数}$$

农林牧渔业总产值 是以货币表现的农、林、牧、渔业全部产品的总量，它反映一定时期内农业生产总规模和总成果。

农、林、牧、渔业的统计范围包括国有经济的各种专业农(农、林、牧、渔)场以及国家各级机关团体学校、部队；集体所有制的乡、镇、村各级办农场；工矿企业经营的农、林、牧、渔业，农村各种经济组织和农户经营的农林牧渔业的农民家庭兼营的商品性工业等。

(1)**农业** 包括种植业和其他农业。

种植业 包括谷物、豆类、薯类、棉、油料、糖料、麻类、烟叶、蔬菜、药材、瓜类和其他农作物的种植，以及茶园、桑园、果园的生产经营。

其他农业 包括采集野生植物的果实、纤维、树胶、树脂、油料以及柴草、野生药材、菌类等及农民家庭兼营的商品性工业。

(2)**林业** 包括林木的栽培(不包括茶园、桑园和果园的栽培、管理和收获等活动)、林产品的采集和村及村以下合作经济组织和农户的竹木采伐。

(3)**牧业** 包括除渔业养殖以外的一切动物饲养和放牧以及野生动物的捕猎和饲养。

(4)**渔业** 包括水生动物和海藻类植物的养殖和捕捞。

农业总产值的计算方法通常是按农林牧渔业产品及其副产品的产量分别乘以各自单位产品价格求得，少数生产周期较长，当年没有产品或产品产量不易统计的，则采用间接方法匡算其产值，然后将四业产品产值相加即为农业总产值。

1957 年以前的农业总产值中包括了厩肥和农民自给性手工业（如农民自制衣服、鞋、袜，自已从事粮食初步

加工等)。1958 年及以后的农业总产值，林业中增加了村及村以下竹木采伐产值；牧业中取消费厩肥产值；副业中取消了农民自给性手工业产值，增加了村及村以下办的工业产值；渔业中增加了海洋捕捞水产品产值。1980 年及以后的农业总产值，在副业中增加了农民家庭兼营工业商品部分的产值。从 1984 年起村及村以下办工业产值划归工业。从 1993 年起，取消副业。将野生动物的捕猎划入牧业，野生植物采集和农民家庭兼营商品性工业划归农业。

粮食产量 指全社会的产量。包括国有经济经营的、集体统一经营的和农民家庭经营的粮食产量，还包括工矿企业办的农场和其他生产单位的产量。粮食除包括稻谷、小麦、玉米、高粱、谷子及其他杂粮外，还包括薯类和豆类。其产量计算方法，豆类按去豆荚后的干豆计算；薯类(包括甘薯和马铃薯，不包括芋头和木薯)1963 年以前按每 4 公斤鲜薯折 1 公斤粮食计算，从 1964 年开始及以后改为按 5 公斤鲜薯折 1 公斤粮食计算。城市郊区作为蔬菜的薯类(如：马铃薯等)按鲜品计算，并且不做为粮食统计。其他粮食一律按脱粒后的原粮计算。

水产品产量 指人工养殖的水产品和天然生长的水产品的捕捞量。包括海水的鱼类、虾蟹类、贝类和藻类以及内陆水域的鱼类、虾蟹类和贝类，不包括淡水生植物。

猪、牛、羊肉产量 指当年出栏并已屠宰后除去头蹄下水后带骨肉(即胴体重)的重量。

灌溉面积 指具有一定的水源，地块比较平整，灌溉工程或设备已经配套，在一般年景下当年能够进行正常灌溉的耕地面积。

农用化肥施用量 指本年内实际用于农业生产的化肥数量。包括氮肥、磷肥、钾肥和复合肥。化肥施用量要求按折纯量计算数量。折纯法化肥施用量是把氮肥、磷肥和钾肥分别按含氮、含五氧化二磷、含氧化钾的百分之一百成份折算后的数量。复合肥按其所含主要成分折算。

工业 指从事自然资源的开采，对采掘品和农产品进行加工和再加工的物质生产部门。具体包括：⑴对自然资源的开采，如采矿、晒盐、森林采伐等(但不包括禽兽捕猎和水产捕捞)；⑵对农副产品的加工、再加工，如粮油加工、食品加工、轧花、缫丝、纺织、制革等；⑶对采掘品的加工、再加工，如炼铁、炼钢、化工生产、石油加工、机器制造、木材加工等，以及电力、自来水、煤气的生产和供应等；⑷对工业品的修理、翻新，如机器设备的修理、交通运输工具(包括小卧车)的修理等。

工业统计调查单位 工业统计调查单位分为两类：独立核算法人工业企业和工业活动单位。

(1)**独立核算法人工业企业** 是指从事工业生产经营活动的单位。独立核算法人工业企业应同时具备以下条件：①依法成立，有自己的名称、组织机构和场所，能够承担民事责任；②独立拥有和使用资产，承担负债，有权与其他单位签订合同；③独立核算盈亏，并能够编制资产负债表。

(2)**工业活动单位** 是指在一个场所从事一种或主要从事一种工业生产活动的经济单位。它包括独立核算工业企业按主营业务活动(即工业生产活动)划分的主营业务活动单位和非工业企业所属的工业生产活动单位(即原非独立核算工业生产单位)。工业活动单位，一般应同时具备以下三个条件：①具有一个场所，从事一种或主要从事一种工业活动；②单独组织工业生产、经营或业务活动；③单独核算收入和支出。

国有经济工业(即过去的全民所有制工业或国营工业)指生产资料归国家所有的一种经济类型。包括中央和地方各级国家机关、部队、科研机构、学校、人民团体和国有经济企事业单位等举办的国有经济工业。1957 年以前的公私合营和私营工业，后均改造为国营工业，1992 年改为国有工业，这部分工业的资料不单独分列时，均包括在国有工业内。

集体经济工业 指生产资料归公民集体所有的一种经济类型，是社会主义公有制经济的组成部分。包括城乡所有使用集体投资举办的企业，以及部分个人通过集资自愿放弃所有权并依法经工商行政管理机关认定为集体所有制的企业。

其他经济类型工业 指除国有经济、集体经济、私营经济、个体经济、联营经济以外的其他经济类型工业企业(单位)。包括股份制经济(股份有限公司，有限责任公司)；外商投资经济(中外合资经营、中外合作经营、外资企业)；港、澳、台投资经济(与大陆合资经营、与大陆合作经营、港、澳、台资企业)及其他经济类型的工业。

轻工业 指主要提供生活消费品和制作手工工具的

工业。按其所使用的原料不同，可分为两大类：(1)以农产品为原料的轻工业，是指直接或间接以农产品为基本原料的工业。主要包括食品制造、饮料制造、烟草加工、纺织、缝纫、皮革和毛皮制作、造纸以及印刷等工业；(2)以非农产品为原料的轻工业，是指以工业品为原料的轻工业。主要包括文教体育用品、化学药品制造、合成纤维制造、日用化学制品、日用玻璃制品、日用金属制品、手工工具制造、医疗器械制造、文化和办公用机械制造等工业。

重工业　是指为国民经济各部门提供物质技术基础的主要生产资料的工业。按其生产性质和产品用途，可以分为下列三类：(1)采掘(伐)工业，是指对自然资源的开采，包括石油开采、煤炭开采、金属矿开采、非金属矿开采和木材采伐等工业；(2)原材料工业，指向国民经济各部门提供基本材料、动力和燃料的工业。包括金属冶炼及加工、炼焦及焦炭化学、化工原料、水泥、人造板以及电力、石油和煤炭加工等工业；(3)加工工业，是指对工业原材料进行再加工制造的工业。包括装备国民经济各部门的机械设备制造工业、金属结构、水泥制品等工业，以及为农业提供的生产资料如化肥、农药等工业。

根据上述划分原则，修理业中以重工业产品为修理作业对象的划为重工业，反之划为轻工业。

工业总产值　是以货币表现的工业企业在一定时期内生产的已出售或可供出售工业产品总量，它反映一定时间内工业生产的总规模和总水平。它包括：在本企业内不再进行加工，经检验、包装入库(规定不需包装的产品除外)的成品价值，工业性作业价值，自制半成品、在产品期末初差额价值。工业总产值采用“工厂法”计算，即以工业企业作为一个整体，按企业工业生产活动的最终成果来计算，企业内部不允许重复计算，不能把企业内部各个车间(分厂)生产的成果相加。但在企业之间、行业之间、地区之间存在着重复计算。

轻重工业总产值的划分也是按“工厂法”计算的，即一个工业企业在正常情况下生产的主要产品的性质属于轻工业，则该企业的全部总产值作为轻工业总产值；一个工业企业生产的主要产品的性质属于重工业，则该企业的全部总产值作为重工业总产值。

工业增加值　是指工业行业在报告期内以货币表现的工业生产活动的最终成果。

固定资产原价　固定资产原值指企业在建造、购置、安装、改建、扩建、技术改造某项固定资产时所支出的全部货币总额。它一般包括买价、包装费、运杂费和安装费等。

固定资产净值　是指固定资产原价减去历年已提折旧额后的净额。

利税总额　指企业利润总额、产品销售税金及附加和应交增值税之和。

产品销售收入　指企业销售产品的销售收入和提供劳务等主要经营业务取得的业务总额。

产品销售税金及附加　指企业销售产品和提供工业性劳务等主要经营业务应负担的城市维护建设税、消费税、资源税和教育费附加。

产值利税率　指报告期已实现的利润、税金总额(包括利润总额、产品销售税金及附加和应交增值税)占同期全部工业总产值的百分比，计算公式为：

$$产值利税率(\%)=\frac{利税总额}{工业总产值}\times 100\%$$

全员劳动生产率　指根据产品的价值量指标计算的平均每一个职工在单位时间内的产品生产量。是考核企业经济活动的重要指标，是企业生产技术水平、经营管理水平、职工技术熟练程度和劳动积极性的综合表现。目前我国的全员劳动生产率是将工业企业的工业增加值除以同一时期全部职工的平均人数来计算的。计算公式：

$$全员劳动生产率=\frac{工业增加值}{全部职工平均人数}$$

为了使各年度的全员劳动生产率数字可以比较，1990年以前各年的全员劳动生产率均按指数换算成1990年不变价格。

总负债　指企业承担并需要偿还的全部债务。包括流动负债和长期负债、递延税项等，即为企业资产负债表的负债合计项。

(1)**流动负债**　指企业在一年内或者超过一年的一个营业周期内需要偿还的债务合计，其中包括短期借款、应付及预收款项、应付工资、应交税金和应交利润等。

(2)**长期负债**　指企业在一年以上或者超过一年的一个生产周期以上需要偿还的债务合计，其中包括长期借款、应付债务、长期应付款项等。

所有者权益　指企业投资人对企业净资产的所有权。企业净资产等于企业全部资产减去全部负债后的余额，其中包括投资者对企业的最初投入，以及资本公积金、盈余公积金和未分配利润，对股份制企业即为股东权益。

货(客)运量　指在一定时期内，各种运输工具实际运送的货物(旅客)数量。是反映运输业为国民经济和人民生活服务的数量指标，也是制定和检查运输生产计划，研究运输发展规模和速度的重要指标。货运按吨计算，客运按人计算。货物不论运输距离长短，货物类别，均按实际重量统计；旅客不论行程远近或票价多少，均按一人一次作为客运量统计。半价票、小孩票也按一人统计。

货物(旅客)周转量　指在一定时期内，由各种运输工具运送的货物（旅客）数量与其相应运输距离的乘积之总和；是反映运输业生产总成果的重要指标，也是编制和检查运输生产计划，计算运输效率、劳动生产率以及核算运输单位成本的主要基础资料。通常以吨公里和人公里为计算单位。计算货物周转量通常按发出站与到达站之间的最短距离，也就是计费距离计算。

邮电业务总量　指以货币表现的邮电部门用于传递信息和提供其他邮电服务的总数量。它综合反映了一定时期邮电工作的总成果，是研究邮电业务量构成和发展趋势的重要指标。根据邮电管理体制不同，分为中央国营业务总量和地方国营业务总量。它用各种邮电分类业务量，如函件件数、电报份数、长话张数、市内电话和农村电话的年均户数、订销报刊累计份数等，分别乘以相应的平均单价(不变价)，加总后再加上出租电路和设备的收入、代用户维护电话交换机和线路等设备的收入、其他业务收入求得。

市内电话　指接入县城(包括个别城镇)及县以上城市的市内电话网上，并按市内电话进行经营管理的电话。按计费办法分为包月制和计次制两种。

(1)**住宅电话**　指话机装在居民住宅里的电话。它包括私人付费、 公费和免费三个部分。

(2)**私人付费电话**　指住宅居民自费安装并自己缴纳通话费的电话。

无线寻呼电话用户　指携带小型寻呼机，接收市话用户通过无线寻呼中心，在规定范围内向其发出声音、数字或文字显示信息的用户。目前在邮电部门办理登记手续的无线寻呼电话用户，每一部寻呼机按一户计算。

移动电话用户　指在邮电部门登记，通过移动电话交换机进入移动电话网、占有移动电话号码的电话用户。用户数量以实际办理登记手续进入邮电部门移动电话网的户数进行计算，一部或一台移动电话统计为一户。

全社会固定资产投资　固定资产投资是社会固定资产再生产的主要手段。通过建造和购置固定资产的活动，国民经济不断采用先进技术装备，建立新兴部门，进一步调整经济结构和生产力的地区分布，增强经济实力，为改善人民物质文化生活创造物质条件。这对我国的社会主义现代化建设具有重要意义。

固定资产投资额　是以货币表现的建造和购置固定资产活动的工作量，它是反映固定资产投资规模、速度、比例关系和使用方向的综合性指标。全社会固定资产投资包括国有经济单位投资、城乡集体经济单位投资、其他各种经济类型的单位投资和城乡居民个人投资。按照我国现行计划管理体制，全社会固定资产投资总额分为基本建设、更新改造、房地产开发投资和其他固定资产投资四个部分；城乡集体经济单位投资包括城镇集体所有制单位投资和农村集体所有制单位投资；其他各种经济类型单位投资包括联营经济、股份制经济、中外合资经营、中外合作经营、外资、与大陆合资经营、与大陆合作经营、港澳台独资及其他经济的单位投资。城乡居民个人投资包括城市、县城、镇、工矿区所辖范围内的个人建房和农村个人建房及购买生产性固定资产的投资。

基本建设投资　基本建设是企业、事业、 行政单位以扩大生产能力或工程效益为主要目的的新建、扩建工程及有关工作。包括(1) 列入中央和各级地方本年基本建设计划的建设项目，以及虽未列入本年基本建设计划，但使用以前年度基建计划内结转投资(包括利用基建设备材料)在本年继续施工的建设项目；(2) 本年基本建设计划内投资与更新改造计划内投资结合安排的新建项目和新增生产能力(或工程效益)达到大中型项目标准的扩建项目，以及为改变生产力布局而进行的全厂性迁建项目；(3)国有单位既未入基建计划， 也未列入更新改造计划的总投资在5万元以上的新建、扩建、恢复项目和为改变生产力布局而进行的全厂性迁建项目，以及行政、事业单位增建业务用房和行政单位增建生活福利设施的项目。

更新改造投资 更新改造是指企业、事业单位对原有设施进行固定资产更新和技术改造，以及相应配套的工程和有关工作(不包括大修理和维护工程)。包括：(1) 列入中央和各级地方本年更新改造计划的项目和虽未列入本年更新改造计划，但使用上年更新改造计划内结转的投资在本年继续施工的项目；(2)本年更新改造计划内投资与基本建设计划内投资结合安排的对企、事业单位原有设施进行技术改造或更新的项目，和增建主要生产车间、分厂等其新增生产能力(或工程效益)未达到大中型项目标准的项目，以及由于城市环境保护和安全生产的需要而进行的迁建工作；(3)国有企、事业单位既未列入基建计划也未列入更新改造计划，总投资在5万元以上的属于改建或更新改造性质的项目，以及由于城市环境保护和安全生产的需要而进行的迁建工程。

房地产开发投资 包括各种经济类型的房地产开发公司、商品房建设公司及其他房地产开发单位统一开发的包括统代建、拆迁还建的住宅、厂房、仓库、饭店、宾馆、度假村、写字楼、办公楼等房屋建筑物和配套的服务设施、土地开发工程，如道路、给水、排水、供电、供热、通讯、平整场地等基础设施工程的投资。包括非房地产企业实际从事房地产开发或经营活动，不包括单纯的土地交易活动。

新增生产能力 指通过固定资产投资活动而增加的设计能力或工程效益，它是用实物形态表示的固定资产投资的成果。新增生产能力的计算，是以能独立发挥生产能力或效益的单项工程(或项目)为对象。当单项工程(或项目)建成，经有关部门鉴定合格，正式移交投入生产，即可计算新增生产能力。

新增生产能力或工程效益有以下几种表现形式：

(1)以建设项目或单位工程建成后的年产能力表示。如煤炭开采、石油开采等。

(2)以建设项目或单项工程建成后处理原料的能力表示。如选矿工程的年处理矿石能力，洗煤厂年洗原煤能力等。

(3)以新增的主要设备数量或容量表示。如棉纺锭枚数，发电机组容量等。

(4)以建筑物容积、容量、面积或长度表示。如水库容量、铁路公路里程等。

新增生产能力的数量一般按设计能力计算。设计能力是指设计文件中规定的在正常情况下能够达到的生产能力，而不论投产后的实际产量如何。以设备数量、建筑物容积、面积、长度等表示的新增生产能力(或效益)，则按建成的实际数量计算。

施工和竣工房屋建筑面积 房屋建筑面积是从房屋外墙线算起的各层平面面积的总和，包括房屋结构(如柱、墙)占用的面积和地下室面积。多层建筑按各自然层面积总和计算，包括房屋内的楼隔层，突出墙面的眺望间、门斗、有柱雨罩的面积。不包括突出墙面结构的构件、艺术装饰等所占的面积，如台阶等。凹阳台、挑阳台按其水平投影面积一半计算建筑面积。

住宅建筑面积 指施工和竣工房屋建筑面积中供居住用的施工和竣工房屋建筑面积。

竣工面积 指在报告期内房屋建筑按照设计要求已全部完工，达到住人和使用条件，经验收鉴定合格，正式移交使用单位的建筑面积。

房屋建筑面积竣工率 指一定时期内房屋竣工面积占同期房屋施工面积的比率。它是从房屋建筑施工速度的角度反映投资效果和建筑业经济效益的指标。

新增固定资产 指通过投资活动所形成的新的固定资产价值。包括已经建成投入生产或交付使用的工程价值和达到固定资产标准的设备、工程、器具的价值及有关应摊入的费用。它是以价值形式表示的固定资产投资成果的综合性指标，可以综合反映不同时期、不同部门、不同地区的固定资产投资成果。

建设项目投产率 指一定时期内全部建成投入生产项目个数占同期正式施工项目个数的比率。它是从项目建设速度的角度反映投资效果的指标。

固定资产交付使用率 指一定时期新增固定资产与同期完成投资额的比率。它是反映各个时期固定资产动用速度，衡量建设过程中投资效果的一个综合性指标。

年底自来水生产能力 指年底城建部门管理的自来水厂和自备水源的社会单位取水、净化、送水、出厂输水干管等环节的实际生产能力。

年底供水管道长度 指从送水泵到用户水表之间所有管道的长度。

全年供水总量 指公用自来水厂和自备水源的社会单位全年的供水总量，包括有效供水量及损失水量。

生活用水量 指居民日常生活与公共福利设施的用水量。包括居民、饮食店、旅馆、医院、理发店、浴池、洗衣店、游泳池、商店、学校、机关、部队等单位的用水量。

城市人口用水普及率 指城市用水的非农业人口数（不包括临时人口和流动人口）与城市非农业人口总数之比。计算公式：

用水普及率＝(城市用水的非农业人口数÷城市非农业人口数)×100%

全年供气总量 指全年售给各类用户的全部煤气量。包括工业用量、家庭用量和其他用量。

城市用气普及率 指使用煤气(包括人工煤气、液化石油气、天然气）的城市非农业人口数(不包括临时人口和流动人口)与城市非农业人口总数之比。计算公式：

$$城市煤气普及率=\frac{城市用气的非农业人口数}{城市非农业人口总数}$$

年底实有铺装道路长度 指除土路外，路面经过铺装宽度在3．5米以上的道路，包括高级、次高级道路和普通道路。

城市下水道总长度 指所有排水总管、干管、支管及暗渠、检查井、连接井进出水口等长度之和。

城市污水日处理能力 指污水处理厂每昼夜处理污水量的设计能力。

年末实有公共汽(电)车 指年底可参加营运的全部车辆数，包括年底营运车辆数和库存查封未参加营运的车辆，不包括非营运车辆，如架线车、油罐车、工程车、货车及其他专用车辆和借人的客运车辆。

城市园林绿地面积 指城市公共绿地、专用绿地、生产绿地、防护绿地、郊区风景名胜区的全部面积。

公共绿地 指供游览休息的各种公园、动物园、植物园、陵园以及花园、游园和供游览休息用的林荫道绿地、广场绿地。不包括一般栽植的行道树及林荫道的面积。

能源生产总量 指一定时期内全国(地区)一次能源生产量的总和，是观察全国(地区)能源生产水平、规模、构成和发展速度的总量指标。一次能源生产量包括原煤、原油、天然气、水电及其他动力能(如风能、地热能等)发电量。不包括低热值燃料生产量、生物质能、太阳能等的利用和由一次能源加工转换而成的二次能源产量。

能源消费总量 指一定时期内全国(地区)物质生产部门、非物质生产部门和生活消费的各种能源的总和，是观察能源消费水平、构成和增长速度的总量指标，能源消费总量包括原煤和原油及其制品、天然气、电力。不包括低热值燃料、生物质能和太阳能等的利用。能源消费总量分为三部分，即终端能源消费量、能源加工转换损失量和损失量。

(1)终端能源消费量 指一定时期内全国(地区)物质生产部门、非物质生产部门和生活消费的各种能源在扣除了用于加工转换二次能源消费量和损失量以后的数量。

(2)能源加工转换损失量 指一定时期内全国(地区)投入加工转换的各种能源数量之和与产出各种能源产品之和的差额。它是观察能源在加工转换过程中损失量变化的指标。

(3)能源损失量 指一定时期内能源在输送、分配、储存过程中发生的损失和由客观原因造成的各种损失量。不包括各种气体能源放空、放散量。

社会消费品零售额 指各种经济类型的批发零售贸易业、餐饮业、制造业和其他行业对城乡居民和社会集团的消费品零售额。这个指标反映通过各种商品流通渠道向居民和社会集团供应的生活消费品来满足他们生活需要，是研究人民生活，社会消费品购买力、货币流通等问题的重要指标。社会消费品零售额包括：(1)售给城乡居民作为生活用的商品和修建房屋用的建筑材料；(2)售给机关、团体、学校、部队、企业、事业单位的职工食堂和旅店(招待所)附设专门供本店旅客食用，不对外营业的食堂的各种食品、燃料；企业、单位和国营农场直接售给本单位职工和职工食堂的自己生产的产品；(3)售给部队干部、战士生活用的粮食、副食品、衣着品、日用品、燃料；(4)售给来华的外国人、华侨、港澳台同胞的消费品；(5)居民自费购买的中、西药品、中药材及医疗用品；(6)报社、出版社直接售给居民和社会集团的报纸、图书、杂志、集邮公司出售的新、旧纪念邮票、特种邮票、首日封、集邮册、集邮工具等；(7)旧货寄售商店自购、自销部分的商品；(8)煤气公司、液化石油气站售给居民和社会集团的煤气灶具和罐装液化石油气；(9)农民售给非农业居民和社会集团的商品。不包括售给国民经济各部门企业、事业单位(包括国有经济的农场)生产经营用的各种原料、燃料、设备、工具等和给批发零售贸易业、餐饮业作为转卖用的商品、旧货寄售商店受托寄售卖出的商品、服务业的营业收入、邮局出售邮票的收入、自来水、电力、煤气生产(供应)单位的产品供应收入，也不包括农民之间的商品销售。

批发零销贸易业商品购、销、存总额 指以各种经济类型的批发、零售贸易业(不包括个体)为总体的商品购、销、存。

商品购进总额 指从本企业(单位)以外的单位和个人购进(包括从国外直接进口)作为转卖或加工后转卖的商品。这个指标反映批发零售贸易业从国内、国外市场上购进商品的总量。商品购进总额包括：(1)从工农业生产者购进的商品；(2)从出版社、报社的出版发行部门购进的图书、杂志和报纸；(3)从各种经济类型的批发零售贸易企业(单位)购进的商品；(4)从其他单位购进的商品，如从机关、团体、企业、单位购进的剩余物资，从餐饮业、服务业购进的商品，从海关、市场管理部门购进的缉私和没收的商品，从居民收购的废旧商品等；(5)从国(境)外直接进口的商品。不包括企业(单位)为自身经营用，和未通过买卖行为而收入的商品以及销售退回、商品升溢等。

商品销售总额 指对本企业(单位)以外的单位和个人出售(包括对国(境)外直接出口)的商品。这个指标反映批发零售贸易业在国内市场上销售商品以及出口商品的总量。商品销售总额包括：(1)售给城乡居民和社会集团消费用的商品；(2)售给工业、农业、建筑业、运输邮电业、批发零售贸易业、餐饮业、服务业等作为生产、经营使用的商品；(3)售给批发零售贸易业作为转卖或加工后转卖的商品；(4)对国(境)外直接出口的商品。不包括：出售本企业(单位)自用的废旧包装用品，未通过买卖行为付出的商品，经本单位介绍，由买卖双方直接结算，本单位只收取手续费的业务，购货退出的商品以及商品损耗和损失等。

城乡集市贸易成交额 指在农村集市和城市集市上买卖双方(包括农民、非农业居民、机关、团体、工商企业、个体商贩)成交的全部商品金额，是反映集市贸易规模的综合性指标。

批零贸易业法人机构 指独立核算批发零售贸易业、餐饮业法人企业。独立核算法人批发零售贸易企业、餐饮企业应同时具备以下条件：

(1)依法成立，有自己的名称、组织机构和场所，能够承担民事责任；

(2)独立拥有和使用(或授权使用)资产，承担负债，有权与其他单位签订合同；

(3)会计上独立核算，并能编制资产负债表。

批零贸易业网点 指本批发零售贸易企业(单位)设立的从事批发、零售贸易业务的自然单位[包括本企业(单位)自身]，凡具有独立固定的营业场所，配备一定的业务人员，不论单位大小，不论是否单独核算，均按自然网点计算，即有一个点就算一个网点。不包括同一营业场所内各柜组以及派出的流动推销小组，流动售货车等。

城市居民消费价格指数

是反映城市居民所购买的生活消费品和服务项目价格变动趋势及其程度的相对数。编制城市居民消费价格指数，可以观察和分析消费品的零售价格和服务项目价格变动对职工货币工资的影响，作为研究职工生活和确定工资政策的依据。

利用外资 指我国各级政府、部门、企业和其他经济组织通过对外借款、吸收外商直接投资以及用其他方式筹措的境外现汇、设备、技术等。

对外借款 是我国利用外资的主要部分。包括我国通过外国政府贷款，国际金融组织贷款，外国银行商业贷款，出口信贷以及对外发行债券，股票等方式，从境外筹措的资金。

外商直接投资 是指外国企业和经济组织或个人(包括华侨、港澳台胞以及我国在境外注册的企业)按我国有关政策、法规，用现汇、实物、技术等在我国境内开办外商独资企业、与我国境内的企业或经济组织共同举办中外合资经营企业、合作经营企业或作合作开发资源的投资(包括外商投资收益的再投资)以及经政府有关部门批准的项目投资总额内，企业从境外借入的资金。

旅游人数 指来我国参观、访问、旅行、探亲、访友、休养、考察、参加会议和从事经济、科技、文化、教育、体育、宗教等活动的外国人、华侨、港澳和台湾同胞的人数。不包括外国在我国的常住机构，如使领馆、通讯社、企业办事处的工作人员；来我国常驻的外国专家、留学生以及在岸逗留不过夜人员。

国际旅游(外汇)收入 指入境旅游的外国人、华侨、港澳台同胞在中国大陆旅游过程中发生的一切旅游支出，对于国家来说就是国际旅游(外汇)收入。

进出口总额 海关进出口总额指实际进出我国国境的货物总金额。包括对外贸易实际进出口货物，来料加工装配进出口货物，国家间、联合国及国际组织无偿援助物资和赠送品，华侨、港澳台同胞和外籍华人捐赠品，租赁期满归承租人所有的租赁货物，进料加工进出口货物，边境地方贸易及边境地区小额贸易进出口货物(边民互市贸易除外)，中外合资经营企业、中外合作经营企业、外商独资经营企业进出口货物和公用物品，到、离岸价格在规定限额以上的进出口货样和广告品(无商业价值、无使用价值和免费提供出口的除外)，从保税仓库提取在中国境内销售的进口货物，以及其他进出口货物。进出口总额用以观察一个国家在对外贸易方面的总规模。我国规定出口货物按离岸价格统计，进口货物按到岸价格统计。

财政收入 国家财政参与社会产品分配所取得的收入，是实现国家职能的财力保证。财政收入所包括的内容几经变化，目前主要包括：

(1)**各项税收** 包括增值税、营业税、消费税、土地增值税、城市维护建设税、资源税、城市土地使用税、印花税、固定资产投资方向调节税、个人所得税、企业所得税、关税、农牧业税和耕地占用税等。

(2)**专项收入** 包括征收排污费、征收城市水资源费收入，教育费附加收入等。

(3)**其他收入** 包括基本建设贷款归还收入、国家能源交通重点建设基金收入、国家预算调节基金等。

(4)**国有企业计划亏损补贴** 这项为负收入，冲减财政收入。

中央财政收入和地方财政收入 按财政体制划分的中央本级收入和地方本级收入。1994 年分税制财政体制以后，属于中央财政的收入包括关税、海关代征消费税和增值税，消费税，中央企业所得税，地方银行和外资银行及非银行金融企业所得税，铁道、银行总行、保险总公司等集中缴纳的营业税、所得税、利润和城市维护建设税，增值税的 75%部分，海洋石油资源税和证券(印花)税 50%部分。属于地方财政的收入包括营业税，地方企业所得税，个人所得税，城镇土地使用税，固定资产投资方向调节税，城镇维护建设税，房产税，车船使用税，印花税，屠宰税，农牧业税，农业特产税，耕地占用税，契税，增值税 25%部分，证券交易税(印花税)的 50%部分和除海洋石油资源税以外的其他资源税。

中央财政支出和地方财政支出 根据政府在经济和社会活动中的不同职责，划分中央和地方政府的责权，按照政府的责权划分确定的支出。中央财政支出包括国防支出，武装警察部队支出，中央级行政管理费和各项事业费，重点建设支出以及中央政府调整国民经济结构、协调地区发展，实施宏观调控的支出。地方财政支出主要包括地方行政管理和各项事业费，地方统筹的基本建设、技术改造支出，支援农村生产支出，城市维护和建设经费，价格补贴支出等。

预算外资金收支 预算外资金是有关单位凭借国家权力或由国家授权而取得的没有纳入国家预算管理的财政性资金。其收入包括地方财政部门的各项附加收入，集中事业收入，专项收入等，事业行政单位的专用基金，经营性服务纯收入，行政事业性收费，专项资金，中小学勤工俭学收入，税收分成等。其支出包括固定资产投资支出，城市维护支出，福利奖励支出，行政事业支出等。

信贷资金 国家银行用于发放贷款的资金叫信贷资金。中国人民银行信贷资金的来源有各项存款、对国际金融机构负债、流通中货币、银行自有资金及当年结益等。信贷资金的运用有各项贷款、黄金占款、外汇占款、财政借款及在国际金融机构中的资产等。

存款 企业、机关、团体或居民根据可以收回的原则，把货币资金存入银行或其他信用机构保管并取得一定利息的一种信用活动形式。根据存款对象的不同可划分为企业存款、财政存款、机关团体存款、基本建设存款、城镇储蓄存款、农村存款等科目。它是银行信贷资金的主要来源。

城乡居民储蓄存款余额 包括城镇居民储蓄存款和

农民个人储蓄存款两部分。不包括居民的手存现金和工矿企业、部队、机关团体等集团存款。储蓄存款余额，是指城乡居民存入银行及农村信用社储蓄的时点数(存入数扣除取出数的余额)，如月末、季末或年末数额。

贷款 银行或其他信用机构根据必须归还的原则，按一定利率，为企业、个人等提供资金的一种信用活动形式。我国银行贷款分为流动资金贷款、固定资产贷款、城乡个体工商户贷款以及农业贷款等科目。

承保额 又叫保险金额。它是保险人对被保险人负提损失补偿或约定给付的金额。它是保险合同上的最高责任额，也是计算保费的依据。

保费 又叫保险费。是保险人根据保险合同的有关规定，为被保险人取得因约定危险事故发生所造成的经济损失补偿(或给付)权利，付给保险人的代价。包括财产险和人身险储金收入。

赔款 保险事故发生后，经查证确属保险责任范围以内的保险标的损失，保险人根据保险合同的规定履行赔偿义务，给予被保险人的款项叫做赔款。赔款可分为已决赔款和未决赔款两种。

普通高等学校 指按照国家规定的设置标准和审批程序批准举办，通过国家统一招生考试，招收高中毕业生为主要培养对象，实施高等教育的全日制大学、独立设置的学院和高等专科学校、短期职业大学。

成人高等学校 指按照国家有关规定审批，招收通过全国成人高教统一招生考试的具有高中毕业或同等学历的在职从业人员利用脱产、半脱产、业余或函授等多种形式对其实施高等学历教育，培养高等教育专科或本科毕业水平的专门人才，修业年限、课程设置和总学时数均按高等学历教育要求付诸实施的学校。包括广播电视大学、职工高等学校、民高等学校、管理干部学院、教育学院、独立设置的函授学院等。

小学学龄儿童入学率 指调查范围内已入小学学习的学龄儿童占校内外学龄儿童总数(包括弱智儿童在内，但不包括聋哑儿童)的比重。计算公式：

$$\text{学龄儿童入学率}=\frac{\text{已入学的小学学龄儿童数}}{\text{校内外小学学龄儿童总数}}\times 100\%$$

科学家和工程师 指具有大学本科及以上学历的和不具备上述学历但有高、中级职称的人员。

其他科技人员 指大专、中专毕业和具有初级职称的从事科技活动人员。

专业技术人员 指已取得科学技术职称，或大学、中专的理、工、农、医科系毕业生，以及国民经济各部门从工作实践中提拨，从事理、工、农、医等自然科学技术的研究、教学、生产的专业人员和在机关、企业、事业中从事科学技术业务管理工作的专业人员。

文化事业机构 指从事专业文化工作和为专业文化工作服务的独立建制的单独核算的单位。不包括这些单位另外举办独立核算的其他机构和各部门的业余文化组织。

艺术表演团体 指从事戏曲、音乐、舞蹈、杂技等专业艺术表演，有独立帐户，实行单独核算的团体。不包括半工半艺、半农半艺和民间职业剧团。

电影放映单位 指具有放映机器设备、固定或不固定的放映场所与专职或兼职的放映技术人员，经有关部门登记批准，经常为一定的观众对象放映电影的机构。包括经批准对外开放进行营业，并与电影发行放映管理机构分帐的专用放映单位和军委系统租片单位。

艺术表演观众人数(人次) 指售票、包场演出或民族地区免费演出的艺术表演观众人次数。不包括彩排审查和内部观摩演出的观看人次数。

等级运动员人数 指经考核正式批准授予等级运动员称号的人数。运动员等级分别为国际级运动健将、运动健将、一级运动员、二级运动员、三级运动员、少年级运动员。

等级裁判员人数 指经考核正式批准授予等级裁判员称号的人数。裁判员等级分为国际裁判、国家级裁判、一级裁判、二级裁判、三级裁判。

体育场 指有400米跑道(中心含足球场)，有固定道牙，跑道6条以上，并有固定看台的室外田径场地。以看台容纳观众人数分：甲级 25000 人以上，乙级 15000-25000人，丙级5000-15000人，丁级5000人以下。

体育馆 指有固定看台，可供篮球、排球、羽毛球、乒乓球、体操等项目训练比赛活动用的室内运动场地。以看台容纳观众人数分：甲级6000人以上，乙级4000－6000人，丙级2000-4000人，丁级2000人以下。

医院 指名称为医院，设有固定床位能收容病人住院并能为病人提供医疗、护理服务的医疗机构。包括县及县以上医院、农村乡卫生院、其他医院三部分。按所属性质分为卫生部门、工业及其他部门，集体经济单位三类。其中县及县以上医院按业务性质分为综合医院和专科医院。

卫生技术人员 指卫生事业机构支付工资的全部固定职工和合同制职工中现任职务为卫生技术工作的专业人员。包括中医师、西医师、中西医结合高级医师、护师、中药师、西药师、检验师、其他技师、中医士、西医士、护士、助产士、中药剂士、西药剂士、检验士、其他技士、其他中医、护理员、中药剂员、西药剂员、检验员，其他初级卫生技术人员。

医生 指经卫生部门审查合格，从事医疗工作的专业人员。分为中医医生和西医医生。包括卫生技术人员中的中医师、西医师、中西结合高级医师、中医士、西医士和其他中医。

社会福利事业单位 指集中收养社会孤老、残、幼的机构。包括由民政部门管理的社会福利院、儿童福利院、精神病人福利院和城镇集体办的福利院，以及农村集体举办的的敬老院。

社会福利事业单位收养人数 包括民政部门管理的和城镇及农村集体举办的社会福利事业单位中收养的老人、少年儿童、缺乏生活自理能力的残疾人员和精神病人。

农村五保户 指农村中既无劳动能力，又无经济来源的老、弱、孤、残的农民生活由集体供养，实行保吃、保穿、保住、保医、保葬(孤儿保教)，简称：“五保”。享受五保待遇的家庭叫五保户。

城镇居民家庭全部收入 指被调查城镇居民家庭全部的实际现金收入， 包括经常或固定得到的收入和一次性收入。不包括周转性收入，如提取银行存款、向亲友借入款、收回借出款以及其他各种暂收款。

城镇居民家庭可支配收入 指被调查城镇居民家庭在支付个人所得税之后，所余下的实际收入。

城镇居民家庭消费性支出 指被调查的城镇居民家庭用于日常生活的全部支出，包括购买商品支出和文化生活、服务等非商品性支出。不包括罚没、丢失款和缴纳的各种税款(如个人所得税、牌照税、房产税等)，也不包括个体劳动者生产经营过程中发生的各项费用。

城镇居民家庭购买商品支出 指被调查的城镇居民家庭购买商品的全部支出，包括从商店、工厂、饮食业、工作单位食堂、集市以及直接从农民购买各种商品的开支。共分九类：食品、衣着品、日用品、文化娱乐用品、书报杂志、药及医疗用品、房屋及建筑材料、燃料、其他商品。不论自用的或赠送亲友的都包括在内。

农村居民家庭纯收入 指农村常住居民家庭总收入中， 扣除从事生产和非生产经营费用支出、缴纳税款和上交承包集体任务金额以后剩余的，可直接用于进行生产性、非生产性建设投资、生活消费和积蓄的那一部分收入。它是反映农民家庭实际收入水平的综合性的主要指标。农民家庭纯收入，既包括从事生产性和非生产性的经营收入，又包括取自在外人口寄回带回和国家财政救济、各种补贴等非经营性收入；既包括货币收入，又包括自产自用的实物收入。但不包括向银行、信用社和向亲友借款等属于借贷性的收入。

中国统计出版社最新资料简目

中国统计年鉴-2006
中国统计摘要-2006
2006 中国发展报告
中国城市统计年鉴-2006
中国劳动统计年鉴-2006
中国人口统计年鉴-2006
中国工业经济统计年鉴-2006
中国市场统计年鉴-2006
2006 中国经济景气年鉴
中国建筑业统计年鉴-2006
中国城市调查年鉴 2006
中国商品交易市场统计年鉴-2006
中国连锁餐饮业统计年鉴-2005、2006
中国能源统计年鉴-2004、2005
全国农产品成本收益资料汇编 2005
国际统计年鉴-2006
中国对外经济贸易统计年鉴-2005
中国基本单位统计年鉴-2005
中国民政统计年鉴-2006
中国高技术产业统计年鉴-2006
中国房地产行业名录
中国农村统计年鉴-2005
中国农村住户调查年鉴-2005（英文、中文）
中国乡镇统计资料-2006
中国县（市）社会经济调查年鉴-2006
中国西部农村统计资料-2006
中国建建制镇统计资料-2006
中国农产品价格调查年鉴-2006
中国国民经济核算年鉴-2006
中国经济普查年鉴-2004
中国棉花年鉴-2004、2005
中国百强县（市）发展年鉴-2006
中国教育经费统计年鉴-2005

北京统计年鉴-2006
天津统计年鉴-2006
河北统计年鉴-2006
山西统计年鉴-2006
内蒙古统计年鉴-2006
辽宁统计年鉴-2006
吉林统计年鉴-2006
黑龙江统计年鉴-2006
上海统计年鉴-2006
江苏统计年鉴-2006
浙江统计年鉴-2006
安徽统计年鉴-2006

福建统计年鉴-2006
江西统计年鉴-2006
山东统计年鉴-2006
河南统计年鉴-2006
湖北统计年鉴-2006
湖南统计年鉴-2006
广东统计年鉴-2006
广西统计年鉴-2006
海南统计年鉴-2006
重庆统计年鉴-2006
四川统计年鉴-2006
贵州统计年鉴-2006
云南统计年鉴-2006
西藏统计年鉴-2006
陕西统计年鉴-2006
甘肃年鉴-2006
青海统计年鉴-2006
宁夏统计年鉴-2006
新疆统计年鉴-2006
新疆生产建设兵团统计年鉴-2006
石家庄统计年鉴-2006
唐山统计年鉴-2006
邯郸统计年鉴-2006
张家口统计年鉴-2006
朔州统计年鉴-2006
呼和浩特经济统计年鉴-2006
鄂尔多斯市统计年鉴-2006
包头统计年鉴-2006
赤峰统计年鉴-2006
沈阳统计年鉴-2006
大连统计年鉴-2006
鞍山统计年鉴-2006
长春统计年鉴-2006
吉林市社会经济统计年鉴-2006
四平统计年鉴-2006
延吉统计年鉴-2006
哈尔滨统计年鉴-2006
齐齐哈尔经济统计年鉴-2006
黑龙江垦区统计年鉴-2006
上海浦东新区统计年鉴-2006
南京统计年鉴-2006
苏州统计年鉴-2006
无锡统计年鉴-2006
常州统计年鉴-2006
徐州统计年鉴-2006
南通统计年鉴-2006
盐城统计年鉴-2006
镇江统计年鉴-2006
江阴统计年鉴-2006

杭州统计年鉴-2006
宁波统计年鉴-2006
绍兴统计年鉴-2006
台州统计年鉴-2006
舟山统计年鉴-2006
温州统计年鉴-2006
金华统计年鉴-2006
嘉兴统计年鉴-2006
湖州统计年鉴-2006
安庆经济统计年鉴-2006
福州统计年鉴-2006
福州年鉴-2006
厦门经济特区年鉴-2006
福州经济技术开发区年鉴-2006
南昌经济社会统计年鉴-2006
上饶经济社会统计年鉴-2006
九江经济统计年鉴-2006
济南统计年鉴-2006
青岛统计年鉴-2006
潍坊统计年鉴-2006
淄博统计年鉴-2006
郑州统计年鉴-2006
洛阳统计年鉴-2006
三门峡统计年鉴-2006
南阳统计年鉴-2006
武汉统计年鉴-2006
宜昌统计年鉴-2006
十堰统计年鉴-2006
荆州统计年鉴-2006
长沙统计年鉴-2006
广州统计年鉴-2006
东莞统计年鉴-2006
惠州统计年鉴-2006
深圳统计年鉴-2006
南宁统计年鉴-2006
桂林经济社会统计年鉴-2006
柳州经济年鉴-2006
来宾统计年鉴-2006
河池地区经济社会统计年鉴-2006
海口统计年鉴-2006
成都统计年鉴-2006
贵阳统计年鉴-2006
昆明统计年鉴-2006
西安统计年鉴-2006
兰州统计年鉴-2006
西宁统计年鉴-2006
银川统计年鉴-2006
乌鲁木齐统计年鉴-2006
吐鲁番统计年鉴-2006

欲购以上图书请与中国统计出版社发行部联系。电话：（010）63376907 63376908 同榻行书店电话：68783171 68783172
通讯地址：北京市西城区三里河月坛南街 75 号。邮政编码：100826